Revue des Nouvelles Technologies de l'Information
Sous la direction de Djamel A. Zighed et Gilles Venturini

RNTI E.33 - ISBN 979-10-96289-05-9

Extraction et Gestion des Connaissances, EGC'2017

Rédacteurs invités : Fabien Gandon (INRIA), Gilles Bisson (LIG)

Imprimé par Books on Demand GmbH, Norderstedt, Allemagne

LE MOT DES DIRECTEURS DE LA COLLECTION RNTI

Très chers lecteurs et lectrices,

Nous avons créé RNTI pour soutenir et valoriser la production scientifique francophone dans tous les domaines des nouvelles technologies de l'information et de la communication (NTIC). Pour ce faire, nous avons mis en place un modèle de diffusion qui garantit la qualité des contenus et qui réduit drastiquement les contraintes financières d'édition. Nous voulons ainsi contribuer à la diffusion de la culture scientifique et des savoirs, sources de progrès et de paix.

La collection RNTI a aujourd'hui 16 ans. Le numéro que vous avez sous les yeux est le 71ème. Depuis le début des années 2000, plus de 10000 pages ont été publiées et plus de 2000 auteurs français et étrangers ont signé un ou plusieurs de ces articles. RNTI est aujourd'hui connue de tous comme l'une des principales publications scientifiques francophones dans le domaine des NTIC.

RNTI doit en permanence s'adapter aux nouvelles conditions de diffusion des connaissances. En effet, notre collection fait face aux mêmes contraintes que connait l'édition en ce début du 21 ème siècle. Le rôle de l'éditeur, qui assurait la qualité de la production sur la base d'un modèle économique fondé sur le livre ou la revue papier vendus en librairie, a changé. La dématérialisation des documents et l'internet ont rendu ce modèle obsolète, ce qui a engendré l'émergence de sites de publications sans contrôle ni évaluation des contenus par les pairs. Pourtant, sans outils d'évaluation et de contrôle de la qualité scientifique des publications, les savoirs et les connaissances risquent d'être polués et noyés dans un grand volume de textes de qualité douteuse, engendrant ainsi la confusion. RNTI tente de répondre à cette double exigence : qualité des contenus et accessibilité à coût financier quasi nul. Cela a été possible grâce, d'une part à l'engagement de nombreux relecteurs qui ont accepté de donner de leur temps pour garantir ce haut niveau de la revue et d'autre part à la mise en oeuvre de solutions techniques - chaine numérique d'édition et de diffusion - pour que la production et la diffusion des numéros requièrent le moins de ressources financières possibles. C'est pour aller encore plus loin sur ce second volet, que nous avons décidé :

1. de mettre en ligne gratuitement, dès la parution, l'intégralité de chaque numéro. Par le passé, il fallait attendre trois ans pour que les contenus deviennent libres et gratuits sur le site,

2. d'assurer nous-mêmes l'édition et la diffusion de la version papier, précédemment faite par une maison d'édition indépendante. Ainsi, grâce à l'impression à la demande devenue très compétitive, les lecteurs peuvent acquérir des versions papiers à un coup encore plus faible.

Outre ces deux évolutions, les principes de fonctionnement de RNTI restent inchangés. Ils s'articulent autour des points suivants :

1. Le maintien de l'évaluation par les pairs comme la seule garantie de la qualité des publications. Tout papier publié dans RNTI fait l'objet de trois évaluations au minimum ;

2. Le fait de s'appuyer sur des éditeurs invités, qui connaissent bien leurs spécialités et qui sont donc en mesure de renforcer la qualité des contenus, accroit la valeur scientifique des papiers ;

3. Le référencement dans les bases de données bibliographiques internationales comme DBLP ou Scopus.

Cette stratégie nous permet aujourd'hui de proposer à la communauté scientifique un outil de valorisation unique dans la sphère francophone. RNTI est maintenant bien identifiée pour sa crédibilité et son sérieux par toutes les instances et institutions en charge notamment la recherche scientifique et de l'enseignement supérieur. Loin de s'arrêter aux frontières, mêmes étendues, du Français, nous avons assuré une diffusion des meilleures productions vers le monde anglophone dans la série Studies in Computational Intelligence, publiée et diffusée par Springer à l'international.

Notre prochain objectif est de consolider d'avantage la publication électronique par un site offrant non seulement l'ensemble des articles mais proposant également des outils pour travailler sur les contenus de la production scientifique depuis le premier numéro. RNTI sera ainsi non seulement une base de documentation mais aussi un support de réflexion et de veille scientifique.

Tout ce travail n'a été possible que grâce à vos efforts et votre soutien, lecteurs, auteurs et rédacteurs invités. C'est vers vous que nos remerciements vont et nous restons toujours attentifs à vos suggestions car RNTI doit avant tout répondre à vos attentes.

Enfin, nous profitons de ce numéro spécial EGC'2017 pour remercier encore les acteurs d'EGC pour leur confiance en RNTI. Nous vous souhaitons à toutes et à tous une belle et riche année 2017.

Djamel A. Zighed et Gilles Venturini.

PRÉFACE

A l'heure où l'on parle beaucoup d'intelligence artificielle et de données massives, les sujets de l'extraction et de la gestion des connaissances apparaissent comme particulièrement centraux à de nombreux travaux de recherche et développement. Il y a cependant de nombreuses façons d'être intelligent et une grande variété de comportements intelligents à simuler (ex. l'apprentissage, la déduction, l'induction, la compréhension du langage, la vision, la planification, la coordination, la coopération, etc.). La mise en réseau massive des données et des intelligences pose le défi de réconcilier les différentes approches dans des systèmes hybrides combinant leurs avantages et palliant à leurs lacunes. Il en va non seulement de l'amélioration des techniques mais aussi de notre capacité à interagir, contrôler et gérer ces communautés hybrides[1] que nous construisons. A contrario, si l'on se focalise sur certaines formes d'intelligences simulées ou certains types de données nous risquons surtout de concevoir de la bêtise artificielle (uniformisation des comportements, reproduction de comportements non souhaités, couplages d'automates et réactions en chaîne) qui viendrait avec tous ses défauts : stérilisante, manipulable, vulnérable, etc.

Dans ce contexte, le traitement et l'intégration de sources de données et de connaissances posent sans cesse de nouveaux besoins en termes de méthodes, de techniques et d'outils pour acquérir les données, les classifier, les intégrer, les représenter, les stocker, les indexer, les visualiser, interagir avec elles, les protéger et surtout les transformer en connaissances utiles, pertinentes et respectueuses de nos droits.

Après la multiplication des sources de données en réseau, notamment sur le Web, nous nous préparons maintenant à un déploiement diffus de l'extraction et du traitement des connaissances. Après la connexion des personnes par les réseaux sociaux, ce sont les objets connectés qui ajoutent non seulement de nouvelles sources de données mais aussi de nouvelles architectures de traitement et gestion de connaissances.

Les applications connectées à ces réseaux privés et publics ont à gérer, intégrer et traiter des données de plus en plus nombreuses et variées. Aux besoins de passage à l'échelle posés par de grandes collections de données, s'ajoutent les besoins de traitement de données hétérogènes, de qualité variable et parfois très dynamiques allant de l'article de journal en ligne, à la température d'un capteur connecté, de la photo ou la vidéo virale à la position géographique de nos voitures, des messages courts d'un microblog aux données liées d'une base de génomique, etc.

La conférence Extraction et Gestion des Connaissances (EGC) est un événement annuel réunissant des chercheurs et praticiens de disciplines relevant de la science des données et des connaissances. Ces disciplines incluent notamment l'apprentissage automatique, l'ingénierie et la représentation des connaissances, les statistiques et l'analyse de données, la fouille de données, les systèmes d'information, les bases de

---

[1] Fabien Gandon, et al.. Challenges in Bridging Social Semantics and Formal Semantics on the Web. Hammoudi, S. and Cordeiro, J. and Maciaszek, L.A. and Filipe, J. 5h International Conference, ICEIS 2013, Jul 2013, Angers, France. Springer, 190, pp.3-15, 2014, Lecture Notes in Business Information Processing. <hal-01059273> http://hal.inria.fr/hal-01059273

données, le Web sémantique et les données ouvertes, etc. Mais elle cherche aussi rester en contact avec d'autres disciplines pour ne jamais perdre de vue que les problèmes, solutions et applications qu'elle considère ont de multiples facettes et implications qui requièrent systématiquement des collaborations transdisciplinaires.

Pour cela, la conférence EGC est l'occasion de faire se rencontrer des spécialistes du monde entier issus des milieux académique et industriel, privé et public, afin de confronter des travaux théoriques et des applications pratiques sur des données réelles et de communiquer des travaux de qualité, d'échanger et de favoriser la fertilisation croisée des idées, à travers la présentation de travaux de recherche récents, de développements industriels et d'applications originales.

Pour cette édition 2017 nous avons par conséquent invité des conférenciers couvrant des sujets aussi variés que l'engagement des utilisateurs, l'apprentissage de connaissances ontologiques, ou l'approche sociologique du calcul dans un monde de plus en plus numérique.

Les articles sélectionnés couvrent aussi des thématiques très diverses mais au cœur de cette la communauté : l'apprentissage, la fouille, la classification, l'extraction, la représentation, le stockage, le raisonnement, l'interrogation ou encore la visualisation. Les domaines d'applications allant de l'imagerie satellitaire à la gestion des voyageurs en passant par l'analyse des médias sociaux, l'internet des objets ou les modèles d'objets en 3D. Ces articles sont issus de 367 relectures sur 86 soumissions complètes. Pour assurer un retour de qualité, 2 articles ont reçu 3 relectures, 59 articles ont reçu 4 relectures, 25 articles ont reçu 5 relectures soit une moyenne de 4,3 relectures par article. Chaque article a aussi fait l'objet d'une méta-relecture pour synthétiser les retours et les discussions, arbitrer les échanges et recommander une décision. Ce travail a été effectué par un comité de 122 relecteurs assistés de 27 relecteurs externes additionnels et supervisés par 13 méta-relecteurs et moi-même. Nous avons retenu 22 articles longs (soit un taux de sélection de 25,6%), 21 articles courts, 3 articles de défi et 17 posters.

La conférence est aussi complétée par neuf ateliers sélectionnés sur un spectre de thématiques là encore très large : Fouille de Textes, Gestion et Analyse des données Spatiales et Temporelles, Fouille de Données Complexes, Visualisation d'informations et Interaction, Qualité des Données, Agrégation Contextuelle d'Information, Journalisme computationnel, Articles scientifiques (savoir, évaluation et modélisation) et Analyse et fouille de données pour le véhicule autonome.

EGC héberge aussi une école qui nous permet de nous former aux dernières méthodes et nouveaux outils. Les défis nous permettent de comparer et éprouver nos résultats et les sessions des posters, démos et " 2 minutes of madness " complètent le programme et facilitent rencontres et échanges.

J'aimerais conclure en remerciant l'ensemble des chairs, membres des comités, organisateurs et participants qui ont rendu cet évènement possible.

Fabien Gandon - http://fabien.info
Université Côte d'Azur, Inria, CNRS, I3S, Wimmics

Membres du comité de lecture

Le Comité de Lecture est constitué du comité de programme et des membres du comité de pilotage de l'association EGC ayant participé à la sélection des articles.

Amine Aït Younes - CreSTIC

Jacky Akoka - CNAM& TEM

Boyer Anne - Kiwi Team - LORIA

Marwane Ayaida - Univ. of Reims

Jérôme Azé - LIRMM

Hanane Azzag - Laboratoire d'Informatique de l'Univ. de Paris-Nord

Jean-Paul Barthès - UTC

Nicolas Béchet - IRISA

Sadok Ben Yahia - Faculty of Sciences, Tunis

Younès Bennani - LIPN Univ. Paris13

Fadila Bentayeb - ERIC

Giuseppe Berio - Univ. de Bretagne Sud and IRISA UMR 6074

Albert Bifet - Telecom ParisTech

Gilles Bisson - CNRS

Amel Borgi - ISI / LIPAH, Univ. de Tunis El Manar

Cecile Bothorel - Telecom Bretagne

Fatma Bouali - Lille 2 Univ.

Beatrice Bouchou - LI - Univ. François Rabelais Tours

Marc Boullé - Orange Labs, Equipe Profiling et Data Mining

Omar Boussaid - ERIC Laboratory

Agnès Braud - Univ. of Strasbourg

Paula Brito - Faculdade de Economia & LIAAD/INESC-Porto L.A., Universidade do Porto

Patrice Buche - INRA

Peggy Cellier - IRISA/INSA Rennes

Max Chevalier - IRIT

Guillaume Cleuziou - LIFO (Laboratoire d'Informatique Fondamentale d'Orléans)

Florence Cloppet - LIPADE - Univ. Paris Descartes

Martine Collard - Univ. of French West Indies

Camelia Constantin - LIP6, Univ. of Paris 6

Bruno Cremilleux - Universite de Caen

Mathieu D'Aquin - Knowledge Media Institute, the Open Univ.

Jérôme Darmont - Univ. de Lyon

Jérôme David - INRIA Rhône-Alpes

Francisco De A. T. De Carvalho - Centro de Informatica - CIn/UFPE

Cyril De Runz - CReSTIC, Univ. de Reims Champagne-Ardenne

Géraldine Del Mondo - LITIS

Sylvie Despres - Laboratoire d'Informatique Médicale et de BIOinformatique (LIM&BIO)

Juliette Dibie-Barthelemy - UMR MIA-Paris, AgroParisTech, INRA, Univ. Paris-Saclay, 75005, Paris, France(

Jérôme Euzenat - INRIA & Univ. Grenoble

Rim Faiz - IHEC, Univ. of Carthage

Gilles Falquet - Univ. of Geneva

Catherine Faron Zucker - Univ. Nice Sophia Antipolis

Cécile Favre - ERIC - Univ. Lyon 2

Frédéric Flouvat - Universiy of New Caledonia

Germain Forestier - Univ. de Haute Alsace

Esther Galbrun - Inria Nancy — Grand Est

Patrick Gallinari - LIP6 - Univ. of Paris 6

Jean-Gabriel Ganascia - Pierre and Marie Curie Univ. - LIP6

Pierre Gancarski - LSIIT

Fabien Gandon - Inria

Catherine Garbay - CNRS - LIG

Christiane Guinot - Univ. François Rabelais de Tours
Thomas Guyet - AGROCAMPUS OUEST, UMR6074 IRISA, F-35042 Rennes
Hakim Hacid - Bell Labs
Georges Hebrail - EDF R&D
Gilles Hubert - IRIT
Dino Ienco - IRSTEA
Antonio Irpino - Second Univ. of Naples, Italy
Mehdi Kaytoue - LIRIS - INSA de Lyon
Ali Khenchaf - Lab-Sticc, ENSTA Bretagne
Pascale Kuntz - LINA, Univ. Nantes
Nicolas Labroche - Universite François-Rabelais, Tours
Nicolas Lachiche - Univ. of Strasbourg
Frederique Laforest - Laboratoire Hubert Curien, Univ. Saint Etienne
Stéphane Lallich - Universit Lyon 2
Luigi Lancieri - Univ. of Lille
Christine Largeron - Univ. Saint Etienne
Chiraz Latiri - Laboratoire de recherche LIPAH - Faculté des sciences de Tunis
Anne Laurent - LIRMM - UM
Florence Le Ber - icube
Mustapha Lebbah - Univ. Paris 13, LIPN-CNRS
Yves Lechevallier - INRIA
Sébastien Lefèvre - Univ. de Bretagne Sud
Maxime Lefrançois - MINES Saint-Etienne
Vincent Lemaire - Orange Labs - Equipe Profiling et Data Mining
Philippe Lenca - Telecom Bretagne
Philippe Leray - LINA, Univ. Nantes
Marie-Jeanne Lesot - LIP6 - UPMC
Stephane Loiseau - leria
Stéphane Lopes - PRiSM Laboratory - Versailles Univ.
Sabine Loudcher - ERIC, Univ. Lyon 2
Sofian Maabout - Univ. de Bordeaux, LaBRI
Mondher Maddouri - Unité de Recherche en Programmation, Algorithmique et Heuristiques - URPAH,
Faculté des Sciences de Gafsa, Tunisie
Claudia Marinica - ETIS - ENSEA UCP CNRS - UMR 8051
Arnaud Martin - Univ. de Rennes1 / IRISA
Florent Masseglia - INRIA
Guy Melançon - Univ. de Bordeaux, LaBRI
Engelbert Mephu Nguifo - LIMOS - Blaise Pascal Univ. - CNRS
Rokia Missaoui - LARIM
Boughanem Mohand - IRIT Univ. Paul Sabatier Toulouse
Fabrice Muhlenbach - Hubert-Curien - Univ. de Saint-Étienne
Amedeo Napoli - LORIA Nancy
Benjamin Negrevergne - Inria
Ndèye Niang - CNAM
Jean-Marc Ogier - Univ. of La Rochelle, L3i
Teste Olivier - IRIT
André Péninou - IRIT
Nathalie Pernelle - LRI-Universit Paris SUD
Francois Petitjean - Monash Univ.
Fabien Picarougne - LINA, Univ. Nantes
Bruno Pinaud - Univ. de Bordeaux, LaBRI
Suzanne Pinson - Univ. Paris-Dauphine
Olivier Pivert - IRISA-ENSSAT
Marc Plantevit - LIRIS - Univ. Claude Bernard Lyon 1
Pascal Poncelet - LIRMM Montpellier
Frederic Precioso - I3S - UMR 6070 UNS/CNRS Univ. Nice-Sophia Antipolis
Philippe Preux - INRIA, LIFL, Univ. de Lille
Cédric Pruski - Luxembourg Institute of Science and Technology
Gianluca Quercini - CentraleSupélec

René Quiniou - IRISA/INRIA
Franck Ravat - IRIT, Univ. de Toulouse
Maria Rifqi - Univ. Panthéon-Assas - LEMMA
Mathieu Roche - Cirad, TETIS
Christophe Roche - Equipe Condillac - Univ. de Savoie
Fatiha Saïs - LRI (CNRS & Univ. Paris-Sud 11) & INRIA Saclay
Florence Sedes - Univ. Paul Sabatier - Toulouse III
Nazha Selmaoui-Folcher - Univ. of New Caledonia
Samira Si-Said Cherfi - CEDRIC - Conservatoire National des Arts et Métiers
Dan Simovici - Univ. of Massachusetts Boston
Malika Smail-Tabbone - Univ. of Lorraine
Arnaud Soulet - Univ. François Rabelais Tours
Luiz Angelo Steffenel - Univ. de Reims Champagne-Ardenne
Thomas Tamisier - Luxembourg Institute of Science and Technology
Maguelonne Teisseire - Cemagref - UMR Tetis
Alexandre Termier - Univ. de Rennes 1
Andrea Tettamanzi - Univ. Nice Sophia Antipolis
Marc Tommasi - Univ. of Lille
Fabien Torre - Univ. de Lille
Stefan Trausan-Matu - Univ. Politehnica of Bucharest
Thierry Urruty - XLIM-SIC
Julien Velcin - Univ. de Lyon 2
Gilles Venturini - LI, Univ. François Rabelais Tours
Emmanuel Viennet - L2TI, Institut Galilée, Univ. Paris 13
Nicole Vincent - Universite Paris Descartes Paris 5
Christel Vrain - LIFO - university of Orléans
Antoine Zimmermann - École des Mines de Saint-Étienne

Relecteurs additionnels

Julien Aligon, Sahar Aljalbout, Chiheb-Eddine Ben N'Cir, Carmen Brando, Laurent Brisson, Gaëtan Caillaut, Dumitru-Clementin Cercel, Yann Dauxais, Thomas Delacroix, Philippe Fournier-Viger, Clément Gautrais, David Genest, Christophe Gravier, Dhouha Grissa, Camille Kurtz, Eric Languenou, Labiod Lazhar, Sébastien Lefort, Vincent Levorato, Jerry Lonlac, Pierre Maillot, Cristina Manfredotti, Minh Tan Pham, Ahmed Samet, Julien Subercaze, Mihnea Tufis

Membres du comité de lecture des démonstrations de logiciels

Christophe Brouard - LIG, Université Grenoble Alpes
Cécile Favre - ERIC, Université Lyon 2

Relecteurs

Baghdad Atmani, Nicolas Béchet, Fadila Bentayeb, Peggy Cellier, Nicolas Dugué, Thomas Guyet, Vincent Labatut, Vincent Lemaire, Davy Monticolo, Gianluca Quercini, Mathieu Roche, Cyril de Runz, Fatiha Saïs, Yacine Sam, Lucile Sautot, Arnaud Soulet, Anna Stavrianou, Christophe Thovex, Ronan Tournier.

Comité d'organisation

Président : Gilles Bisson, CNRS, Laboratoire LIG, Université Grenoble Alpes (UGA)

Membres locaux : Sami Alkhoury, Cécile Amblard, Camille Bernard, Latifa Boudiba, Christophe Brouard, Catherine Garbay, Vincent Leroy, Nadine Mandran, Diana Popa, Cécile Saint-Marc, Vera Shalaeva, Danielle Ziébelin.

TABLE DES MATIÈRES

Conférences invitées

Articles longs

Articles courts

Posters

Démonstrations

"Engage moi": From retrieval effectiveness, user satisfaction to user engagement

Mounia Lalmas*

*Yahoo Labs, London
nia@acm.org,
http://www.dcs.gla.ac.uk/~mounia/

Summary

The effective prediction of a click remains a primary challenge in the areas of search, digital media and online advertising. In the context of search, satisfying a userâĂŹs information need by returning results that they will click on is an important objective in any information retrieval system. Consequently, information retrieval systems have had a long and varied history of how to evaluate their effectiveness of responding to a given query. However, building such a system that not only only returns relevant results to a user query but also encourages a long-term relationship between the user and the system is far more challenging. In this talk, we review the current state-of-the-art evaluation approaches for search before exploring other ways of quantifying more long-term engagement measures. Finally, the talk ends with a proposal of how the two approaches can be considered together to create a service that optimises for the query and the longer term engagement aspects.

Biography

Mounia Lalmas is a Director of Research at Yahoo London where she leads a team of scientists working on Advertising Sciences. She also hold an Honorary Professorship at University College London. Her work focuses on studying user engagement in areas such as native advertising, digital media, social media, and search. She also pursue research in social media and search. Prior to this, she held a Microsoft Research/RAEng Research Chair at the School of Computing Science, University of Glasgow. Before that, she was Professor of Information Retrieval at the Department of Computer Science at Queen Mary, University of London. She co-led the Evaluation Initiative for XML Retrieval (INEX), a large-scale project with over 80 participating organizations worldwide, which was responsible for defining the nature of XML retrieval, and how it should be evaluated.

Machine Learning for the Semantic Web: filling the gaps in Ontology Mining

Claudia d'Amato*

*University of Bari
claudia.damato@uniba.it,
http://www.di.uniba.it/~cdamato/

Summary

In the Semantic Web view, ontologies play a key role. They act as shared vocabularies to be used for semantically annotating Web resources and they allow to perform deductive reasoning for making explicit knowledge that is implicitly contained within them. However, noisy/inconsistent ontological knowledge bases may occur, being the Web a shared and distributed environment, thus making deductive reasoning no more straightforwardly applicable. Machine learning techniques, and specifically inductive learning methods, could be fruitfully exploited in this case. Additionally, machine learning methods, jointly with standard reasoning procedure, could be usefully employed for discovering new knowledge from an ontological knowledge base, that is not logically derivable. The focus of the talk will be on various ontology mining problems and on how machine learning methods could be exploited for coping with them. For ontology mining are meant all those activities that allow to discover hidden knowledge from ontological knowledge bases, by possibly using only a sample of data. Specifically, by exploiting the volume of the information within an ontology, machine learning methods could be of great help for (semi-)automatically enriching and refining existing ontologies, for detecting concept drift and novelties within ontologies and for discovering hidden knowledge patterns (also possibly exploiting other sources of information). If on one hand this means to abandon sound and complete reasoning procedures for the advantage of uncertain conclusions, on the other hand this could allow to reason on large scale and to to dial with the intrinsic uncertainty characterizing the Web, that, for its nature, could have incomplete and/or contradictory information.

Biography

Claudia d'Amato is a research assistant at the University of Bari – Computer Science Department and she got the Habilitation for the function of Associate Professor for the sector "01/B1 – Informatics" on January 2014 (application: round 2012). She obtained her PhD in 2007 from the University of Bari, Italy, defending the thesis titled "Similarity Based Learning Methods for the Semantic Web" for which she got the the nomination as author of one of the

Best Italian PhD Thesis in Artificial Intelligence from the Artificial Intelligence Italian Commission for the AI*IA award 2007. She pioneered the research on Machine Learning methods for ontology mining that represents her main research interest. During her research activity she won several best paper awards. She is member of the editorial board of the Semantic Web Journal and Journal of Web Semantics. She served/is serving as Program Chair at ISWC 2017, ESWC 2014, Vice-Chair at ISWC'09, Machine Learning Track Co-Chair at ESWC'12-'13-'16, PhD Symposium chair at ESWC'15 and Workshop and Tutorial Co-Chair at ISWC'12, EKAW'12, ICSC'12. She served/is serving as a program committee member of a number of international conferences in the area of Artificial Intelligence, Machine Learning and Semantic Web such as AAAI, IJCAI, ECAI, ECML, ISWC, WWW, ESWC. She was also co-organizers of the International Workshop on Inductive Reasoning and Machine Learning on the Semantic Web at ESCW'09-'11, the International Uncertainty Reasoning Workshop at ISCW'07-'11, the International Workshop on Linked Data for Information Extraction at ISWC'13-15, the International Workshop on Data Mining on Linked Data at ECML/PKDD'13, the International Workshop on Linked Data for Knowledge Discovery ECML/PKDD'15 and the International Workshop on Cross-fertilizing diverse Domains with and within the Semantic Web at ISWC'15. Claudia d'Amato research activity has been highly appreciated within the community, as documented by her comprehensive network of international academic cooperations, including, e.g., INRIA, Sophia-Antipolis, France (Dr. Fabien Gandon), University of Koblenz-Landau, Germany (Prof. Dr. Steffen Staab), University of Oxford, UK (Prof. Dr. Thomas Lukasiewicz), University of Poznan, Poland (Dr. Agnieszka Lawrynowicz), FBK, Trento, Italy (Dr. Luciano Serafini). Claudia d'Amato research activity has been disseminated through 17 journal papers, 12 book chapters, 53 papers in international collections, 27 papers in international workshop proceedings and 13 articles in national conference and workshop proceedings. She edited 27 books and proceedings and 3 journal special issues.

Une approche sociologique de la place des calculs dans les mondes numériques

Dominique Cardon*

*Sciences po/Médialab
domi.cardon@orange.com,
http://cems.ehess.fr/index.php?2553

Résumé

Dans cette présentation, on souhaite présenter un regard de sociologue sur les transformations sociales, politiques et culturelles du développement des mondes numériques dans nos sociétés. Les enjeux que doivent relever la fabrication d'environnements informatiques prennent aujourd'hui de plus en plus d'importance : protection de la vie privée, personnalisation des calculs, guidage des conduites, ouverture des données, éthique des automates, etc. Comment nos sociétés réagissent-elles et s'adaptent-elles à ces mutations ? Dans cette cnférence, on propose une réflexion sur le rôle joué par les algorithmes du web dans la construction de l'espace public numérique. Comment les calculateurs produisent-ils de la visibilité ? A partir de quels principes le PageRank de Google, les métriques du web social ou les outils de recommandation décident-ils de donner la prééminence à telle information plutôt qu'à telle autre ? Ces différentes familles de calcul cherchent à mesurer et à valoriser des principes différents : la popularité, l'autorité, la réputation et la prédiction efficace. L'approche proposée dans cette conférence soutient que les manières de calculer enferment des représentations particulières des individus et de leur place dans nos sociétés. Comprendre les algorithmes c'est aussi un moyen de redonner du pouvoir aux utilisateurs et de favoriser une critique éclairée de la manière dont le calcul s'introduit de plus en plus dans nos vies numériques.

Biographie

Dominique Cardon est professeur de sociologie à Sciences po/Médialab. Ses travaux portent sur les usages d'Internet et les transformations de l'espace public numérique. Il étudie les algorithmes permettant d'organiser l'information sur le web. Il a publié récemment A quoi rêvent les algorithmes. Nos vies à l'heure des big data , Paris, Seuil/République des idées, 2015.

Deep Dive on Smart Cities by Scaling
Reasoning and Interpreting the Semantics of IoT

Freddy Lécué*

*Accenture Technology Labs, INRIA
freddy.lecue@accenture.com,
http://www-sop.inria.fr/members/Freddy.Lecue/

Summary

Modern cities are facing tremendous amount of information, captured from internal infrastructures and/or exogenous sensors, humanincluded. This talk presents how big and heterogenous city data has been captured, represented, unified to serve one of the most pressing city objective: improving quality of city, in particular how understanding and reducing traffic congestion. We will also present lessons learnt from the deployment of our system and experimentation in Dublin (Ireland), Bologna (Italy), Miami (USA) and Rio (Brazil).

Biography

Dr Freddy Lecue (PhD 2008, Habilitation 2015) is a principal scientist and research manager in large scale reasoning Systems in Accenture Technology Labs, Dublin – Ireland. He is also a research associate at INRIA, in WIMMICS, Sophia Antipolis – France. Before joining Accenture in Junuary 2016, he was a research scientist and lead investigator in large scale reasoning systems at IBM Research – Ireland. His research area is at the frontier of learning, reasoning systems, and Internet of Things with a focus on smart enterprise and city applications (in Dublin – Ireland, Bologna – Italy, Miami – USA and Rio – Brazil). His research has received IBM internal recognition: IBM research division award in 2015 and IBM Technical Accomplishment award in 2014. His research received external recognition: best paper awards from ISWC (International Semantic Web Conference) in 2014, and ESWC (Extended Semantic Web Conference) in 2014, as well as semantic Web challenge awards from ISWC in 2013 and 2012.

Une métrique de sélection de variables appliquée à la centralité et à la détection des rôles communautaires

Nicolas Dugué*, Jean-Charles Lamirel**

* LIUM - University du Maine, 72000, Le Mans, France
** LORIA - SYNALP, 54000, Nancy, France

Résumé. La F-Mesure de trait est une métrique de sélection de variables statistique sans paramètres qui a montré de bonnes performances pour la classification, l'étiquetage de clusters ou encore la mesure de qualité des clusters. Dans cet article, nous proposons d'évaluer son utilisation dans le contexte des graphes de terrain et de leur structure communautaire pour bénéficier de son système sans paramètres et de ses performances bien évaluées. Nous étudions donc sur des graphes synthétiques réalistes les corrélations qui existent entre la F-Mesure de trait et certaines mesures de centralité, mais surtout avec des mesures destinées à caractériser le rôle communautaire des nœuds. Nous montrons ainsi que cette mesure est liée à la centralité des nœuds du réseau, et qu'elle est particulièrement adaptée à la mesure de leur connectivité au regard de la structure de communautés. Nous observons par ailleurs que les mesures usuelles de détection des rôles communautaires sont fortement dépendantes de la taille des communautés alors que celles que nous proposons sont par définition liées à la densité de la communauté, ce qui rend les résultats comparables d'un réseau à un autre. Ceci offre donc la possibilité d'applications comme le suivi temporel de la structure des communautés. Enfin, le processus de sélection appliqué aux nœuds permet de disposer d'un système universel, contrairement aux seuils fixés auparavant empiriquement pour l'établissement des rôles communautaires.

1 Introduction

De nombreux systèmes du réel sont modélisés et étudiés sous forme de réseau. L'université de Koblenz (Kunegis (2013)) recense et compile ainsi par exemple des réseaux sociaux, biologiques, routiers, lexicaux, de collaboration, etc. Ces réseaux fournissent une source importante de données pour étudier les systèmes qu'ils modélisent. Pour mieux exploiter ces données, les chercheurs d'un grand nombre de domaines (physiciens, sociologues, informaticiens, etc) ont développé des outils théoriques capables d'explorer et de fouiller ces données structurées en réseaux (Newman (2003)). Par exemple, la notion de *centralité* est étudiée depuis les années cinquante et l'impact de la centralité d'un individu dans une organisation a été discuté entre autres dans le cadre de la perception du leadership, de l'efficacité organisationnelle, de la diffusion de l'innovation technologique (Freeman (1979)). Cette notion reste très utilisée pour l'étude des nœuds d'un réseau, de leur position, de leur importance ou de leur influence, nous en rappelons donc les définitions essentielles.

Une métrique de sélection de variables appliquée à la centralité et aux rôles communautaires.

Centralité. Soit un graphe $G = (V, E)$ avec V l'ensemble de ses sommets, et E l'ensemble des arêtes. On note $N(u) = \{v \in V : \{u, v\} \in E\}$ le *voisinage* du nœud u, i.e. l'ensemble des nœuds connectés à u dans G. Le degré d'un nœud u est noté $d(u) = |N(u)|$.

La centralité d'*intermédiarité* $C_b(u)$ d'un nœud u est définie en fonction du nombre de plus court chemins entre chaque paire de nœuds du graphe qui passent par u (Freeman (1979)) :

Définition 1 (Centralité d'intermédiarité).

$$C_b(u) = \sum_{v,w \in V, v < w} \frac{\sigma_{vw}(u)}{\sigma_{vw}}$$

où σ_{vw} est le nombre total de plus court chemins entre les nœuds v et w, et $\sigma_{vw}(u)$ est le nombre de plus court chemins entre v et w qui passent par u.

La centralité de *proximité* $C_c(u)$ est définie en fonction de la distance du nœud au reste du graphe :

Définition 2 (Centralité de proximité).

$$C_c(u) = \frac{1}{\sum_{v \in V} dist(u, v)}$$

où $dist(u, v)$ est la distance géodesique entre les nœuds u et v, i.e. la taille du plus court chemin entre ces nœuds.

Le *pagerank* (Brin et Page (2012)) d'un nœud est une variante de la centralité de *vecteur propre*, également très utilisée. Son calcul est basé sur l'idée que plus les voisins d'un nœud sont importants et nombreux, plus celui-ci est considéré comme important. Il est ainsi défini (ici pour un réseau orienté) en fonction du pagerank des voisins du nœud comme suit :

Définition 3 (Pagerank d'un nœud). *Soit $G = (V, A)$ un graphe orienté avec A l'ensemble des arêtes orientées.*

$$PR(u) = (1 - d) + d \sum_{v \in N_u^-} \frac{PR(v)}{|N^+(v)|}$$

où d est un paramètre entre 0 et 1, N_u^- resp. N_u^+ désignent les voisins entrants resp. sortants de u, les nœuds v tels que $(v, u) \in A$ resp. $(u, v) \in A$.

Ces mesures, certes pertinentes, ne tiennent pas compte d'une réalité plus récente. En effet, avec l'avènement de l'internet mais aussi grâce à la rapide amélioration des moyens informatiques, les réseaux à étudier sont de plus en plus grands. Bien heureusement, il est démontré que pour la plupart, ces réseaux possèdent une structure *communautaire* (Newman et Girvan (2004)) qu'il est possible de mettre en évidence en utilisant des algorithmes dont les performances sont bien évaluées. Ceci permet ainsi d'étudier les réseaux non plus au niveau global, mais au niveau *mésoscopique*, et ainsi de pouvoir recueillir des informations en lien avec la communauté d'un nœud. Des mesures ont ainsi récemment été proposées pour apprécier la position, l'importance, la centralité d'un nœud dans sa communauté, mais également ses liens avec les communautés externes, et ainsi lui attribuer un *rôle communautaire*.

Rôles communautaires. Guimerà et Amaral (2005) définissent les rôles communautaires en s'inspirant de la notion d'équivalence structurelle proposée par Lorrain et White (1971). Pour cela, ils définissent deux mesures qui permettent d'évaluer la connectivité d'un nœud avec sa communauté d'une part (*degré intra-module*), et d'autre part avec le reste du réseau (*coefficient de participation*).

On considère C une partition de l'ensemble V des nœuds du réseau en communautés. Le *degré intra-module* évalue la connectivité d'un nœud à sa communauté relativement à celle des autres nœuds de sa communauté sous forme de z-score du degré interne du nœud :

Définition 4 (Degré intra-module).

$$Z_i(u) = \frac{d_i(u) - \mu_i(d_i)}{\sigma_i(d_i)}$$

avec $u \in c_i \subset C$, où $d_i(u)$ est le degré de u dans la communauté c_i, i.e. la somme des arêtes (u, v) telles que $v \in c_i$; $\mu_i(d_i)$ et $\sigma_i(d_i)$ dénotent respectivement la moyenne et l'écart-type du degré des nœuds appartenant à la communauté c_i dans cette communauté.

Le coefficient de participation quantifie la connectivité d'un nœud avec les nœuds des communautés externes. Une valeur proche de 1 signifie que le nœud est connecté de façon *uniforme* à un grand nombre de communautés différentes. Au contraire, une valeur de 0 ne peut être atteinte que si le nœud n'est connecté qu'à une seule communauté (vraisemblablement la sienne).

Définition 5 (Coefficient de participation).

$$P(u) = 1 - \sum_i \left(\frac{d_i(u)}{d(u)} \right)^2$$

où $d(u)$ est le degré du nœud u et $d_i(u)$ son degré dans la communauté c_i.

Guimerà et Amaral calculent donc ces deux mesures pour chaque nœud du réseau. Ensuite, ils appliquent des seuils définis *empiriquement* pour proposer une classification du nœud en 7 rôles comme le montre le Tableau 1.

Degré intra-module		Coefficient de participation	
Hub	≥ 2.5	Provincial	≤ 0.30
		Connecteur	$]0.30; 0.75]$
		Ultra-connecteur	> 0.75
Non-Hub	< 2.5	Ultra-périphérique	≤ 0.05
		Périphérique	$]0.05; 0.62]$
		Connecteur	$]0.62; 0.80]$
		Ultra-connecteur	> 0.80

TAB. 1 – *Rôles communautaires et leurs seuils empiriques (Guimerà et Amaral (2005)).*

Leur approche leur permet, notamment sur des données biologiques, de mettre en évidence qu'il existe une correspondance entre les connectivités interne (dans sa communauté) et externe (vers les autres communautés) d'un nœud et son *rôle biologique*.

Une métrique de sélection de variables appliquée à la centralité et aux rôles communautaires.

Néanmoins, ces mesures et les seuils *empiriques* que Guimerà et Amaral supposent universels ont été critiqués par Dugué et al. (2015), qui réimplémentent la notion de rôle communautaire pour l'étude du réseau issu des abonnements entre utilisateurs Twitter. Ils mettent ainsi en évidence que la distribution statistique du degré intra-module sur le réseau qu'ils étudient est sensiblement différente de celle constatée par Guimerà et Amaral, ce qui rend leur seuil inutilisable. Par ailleurs, ils montrent que les nœuds de degré très élevé sont très connectés aux communautés externes (forte participation aux communautés externes), mais de façon très *hétérogène*, ce qui aboutit à des valeurs du coefficient de participation relativement faible. Dugué et al. proposent ainsi de réviser l'évaluation de la connectivité externe en introduisant trois nouvelles mesures et de détecter les seuils entre rôles de façon automatique, par clustering des nœuds en utilisant les mesures comme attributs. Malgré des résultats encourageants, les seuils obtenus par clustering avec si peu d'attributs peuvent se révéler *peu stables* et les frontières entre rôles se trouver ainsi mal délimitées. Par ailleurs, la multiplication des mesures et le fait qu'elles soient exprimées sous forme de z-score ne simplifient pas leur interprétation. En effet, Klimm et al. (2014) montrent que des mesures exprimées ainsi ne permettent pas d'obtenir des chiffres comparables ni d'un réseau à un autre, ni d'une communauté à une autre. Ils proposent à la place des mesures basées sur la *densité* du réseau, mais sans fournir de seuils permettant de traduire ces mesures en rôles communautaires. Ceci constitue pourtant une étape cruciale qui permet de rendre possible la lecture des résultats sur des données très volumineuses : Dugué et al. (2015) étudient par exemple plus de 50 millions de nœuds.

Nos contributions. Nous proposons ainsi dans cet article, d'évaluer la possibilité de transposer une méthode de sélection de variables basée sur la *F-Mesure de trait* au problème de la détection des rôles communautaires dans des réseaux non orientés. Cette méthode a deux avantages majeurs. Premièrement, elle a été testée, évaluée et a montré son efficacité pour de nombreuses applications en classification et en clustering. Deuxièmement, elle est sans paramètres et propose un système de seuillage automatique stable. Ces deux atouts font en effet défaut à l'état de l'art actuellement. Nous commençons donc par introduire la F-Mesure de trait Section 2. Puis, Section 3, nous mettons en évidence sur des réseaux synthétiques réalistes (Lancichinetti et al. (2008)) les corrélations qui existent entre la F-Mesure de trait et les mesures classiques présentées dans cette introduction, telles que la centralité d'intermédiarité, le pagerank ou encore le degré intra-module et le coefficient de participation. Ceci montre la pertinence de la *F-Mesure de trait* dans le contexte des réseaux. Nous montrons également que cette approche est indépendante de la taille des communautés, peu corrélée au degré du nœud, et qu'elle produit des scores plus interprétables, et dont les valeurs sont comparables d'un réseau à un autre. Cette possibilité de comparer les valeurs d'un réseau à l'autre est particulièrement intéressante pour des applications telles que le suivi temporel des communautés d'un réseau comme le font Dugué et al. (2015) par une méthode diachronique.

2   F-mesure de Trait

La F-mesure de trait est définie pour évaluer l'importance d'une variable dans une classe ou dans un cluster. Elle a montré son intérêt pour la classification (Lamirel et al. (2015)), l'étiquetage de classes (Dugué et al. (2016)), le clustering (Lamirel et al. (2015)) ou encore la mesure de qualité d'un clustering (Lamirel et al. (2016)). Son calcul passe par la combinaison sous forme de moyenne harmonique de la Prédominance de trait, qui apprécie la capacité d'un trait (une variable numérique en général) à décrire une classe (Éq. 1), et du Rappel de trait, qui évalue la typicité et la saillance d'un trait dans une classe (Éq. 2). On considère un ensemble de données D décrites par des traits F et une partition de ces données C.

$$FP_c(f) = \frac{W_c^f}{W_c} \qquad (1) \qquad\qquad FR_c(f) = \frac{W_c^f}{W_D^f} \qquad (2)$$

avec $c \subset C$, W_c^f la somme des valeurs du trait $f \in F$ des données attachées à c, W_c la somme des valeurs des traits des données affectées à la classe c, et W_D^f la somme des valeurs du trait f pour toutes les données D.

Définition 6 (F-Mesure de trait).

$$FF_c(f) = 2 \left(\frac{FR_c(f) \times FP_c(f)}{FR_c(f) + FP_c(f)} \right)$$

Dans les applications précédemment citées, elle est associée à un processus de sélection de variables où une variable f est sélectionnée (dans S_c) pour décrire la classe c si :

$$S_c = \left\{ f \in F_c \mid FF_c(f) > \overline{FF}(f) \text{ and } FF_c(f) > \overline{FF}_D \right\} \text{ avec} \qquad (3)$$

$$\overline{FF}(f) = \Sigma_{c' \in C} \frac{FF_{c'}(f)}{|C_{/f}|} \text{ and } \overline{FF}_D = \Sigma_{f \in F} \frac{\overline{FF}(f)}{|F|} \qquad (4)$$

où $C_{/f}$ représente le sous-ensemble de C où le trait f est présent (non nul).

Un exemple. Dans la Table 2, l'ensemble de données D est constitué de 6 individus décrits par 3 traits et qui appartiennent soit à la classe M des hommes, soit à la classe F des femmes.

Taille Pieds	Longueur Cheveux	Taille Nez	Classe
9	5	5	M
9	10	5	M
9	20	6	M
5	15	5	F
6	25	6	F
5	25	5	F

TAB. 2 – *Un exemple pour la F-Mesure de trait sur des données jouet.*

Les valeurs de Feature Predominance et de Feature Recall sont définies ainsi pour le trait *Taille des pieds* dans la classe M :

$$W_M^{TaillePieds} = 27 \qquad\qquad FR_M(TaillePieds) = \frac{27}{43}$$

$$W_D^{TaillePieds} = 43$$

$$W_M = 78 \qquad\qquad FP_M(TaillePieds) = \frac{27}{78}$$

Les valeurs de F-Mesure de trait finalement obtenues pour chaque classe sont décrites Table 3.

Une métrique de sélection de variables appliquée à la centralité et aux rôles communautaires.

Taille Pieds	Longueur Cheveux	Taille Nez	
0.46	0.39	0.3	$FF_M(f)$
0.22	0.66	0.24	$FF_F(f)$
0.34	0.53	0.27	$\overline{FF}(f)$

TAB. 3 – Les valeurs de F-mesure de trait sur les données de la Table 2

Adaptation aux réseaux non orientés. La transcription de la F-mesure de trait aux réseaux est immédiate en remplaçant la fréquence d'un trait dans une classe par le nombre de liens qu'un nœud possède avec les nœuds d'une communauté.

Définition 7 (Rappel de nœud).

$$NR_i(u) = \frac{d_i(u)}{d(u)}$$

où $d_i(u)$ est le degré du nœud u dans la communauté c_i, i.e. la somme des arêtes (u,v) telles que $v \in c_i$.

Définition 8 (Prédominance de nœud).

$$NP_i(u) = \frac{d_i(u)}{d_{c_i}}$$

où d_{c_i} vaut pour la somme des liens dans la communauté c_i.

La *Prédominance de nœud* est ainsi utilisée pour caractériser la connectivité du nœud dans sa communauté. Plus elle est élevée, plus le nœud est connecté à sa communauté. On remarque d'ailleurs qu'elle est similaire à l'*enchâssement* proposé par Lancichinetti et al. (2010) pour caractériser la structure interne des communautés. Le *Rappel de nœud* sert à évaluer la connectivité du nœud avec les nœuds extérieurs à sa communauté. Plus ce rappel est faible, plus le nœud est connecté avec l'extérieur.

Dans le cadre de la procédure de détection des rôles communautaires, la méthode de sélection de variables basée sur la *F-mesure de trait* permet notamment de détecter les hubs provinciaux, très ancrés dans leur communauté mais peu connectés avec l'extérieur. Néanmoins, il est aisé d'envisager d'en étendre le principe pour le reste des rôles communautaires.

3 La F-Mesure de trait appliquée à des réseaux synthétiques

3.1 Les réseaux du LFR

Pour évaluer la pertinence de la méthode de la F-Mesure de trait pour la détection des rôles communautaires, nous utilisons l'outil de génération de réseaux artificiels introduit par Lancichinetti et al. (2008) que nous appelons *LFR*. L'outil permet de faire varier des paramètres importants et ainsi de générer des réseaux artificiels *réalistes* avec une structure de communautés. Dans nos expérimentations, nous nous intéressons particulièrement à la connectivité des nœuds relativement à la structure de communauté. Pour cela, les paramètres topologiques (distributions de degré, taille, degré moyen) des réseaux générés sont fixés, mais nous faisons en revanche varier la façon dont est structurée la communauté. Ainsi, l'exposant de la loi de puissance suivie par les degrés des nœuds du réseau est laissée à sa valeur par défaut 2 et celui de la loi de puissance suivie par la taille des communautés à détecter est fixée à 1, valeur usuelle. Nous générons des réseaux de 1000 nœuds avec un degré moyen de 15 et dans lequels le degré maximal est fixée à un tiers du nombre de nœuds, ce qui correspond aux valeurs observées sur les graphes de terrain (Kunegis (2013)).

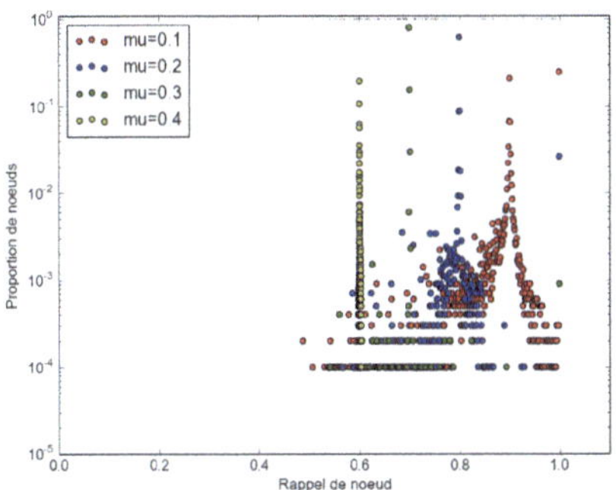

FIG. 1 – *Distribution du Rappel de nœuds en faisant varier mu.*

Nous faisons ensuite varier le paramètre de mélange μ qui sert à définir la netteté des communautés : quand μ est petit (resp. grand), les communautés sont faciles (resp. difficiles) à détecter. Nous générons 10 réseaux pour chaque valeur de μ : μ allant de 0.1 à 0.4, par pas de 0.1. Cela nous donne un total de 40 réseaux. La Figure 1, qui décrit la distribution du *Rappel de nœud* en fonction de μ sur ces réseaux nous permet de constater que pour $\mu = 0.4$, les réseaux générés ont une connectivité externe trop homogène, la valeur de Rappel de nœuds est quasiment constante. Les valeurs du *coefficient de participation* sont également très homogènes, ce biais n'est donc pas dû au Rappel de nœud, mais à la structure des réseaux générés. Ainsi, dans la suite, nous considérons uniquement les réseaux générés avec $0.1 \leq \mu \leq 0.3$, soit 30 réseaux au final.

3.2 Corrélation aux mesures de centralité

Sur les réseaux synthétiques décrits précédemment, nous nous intéressons dans un premier temps aux liens entre mesures de centralité définies globalement sur le graphe (sans considération pour la structure de communautés) et la *F-mesure de trait*.

Sur la Figure 2, on observe une corrélation entre la Prédominance de nœud, d'une part, et la centralité de degré et le pagerank, d'autre part. Pour obtenir cette corrélation, il est néanmoins nécessaire de multiplier la Prédominance de nœud par la taille de la communauté à laquelle le nœud appartient. Cela semble indiquer qu'un nœud fortement ancré dans une communauté de grande taille est particulièrement central et occupe une position importante dans le réseau.

Une métrique de sélection de variables appliquée à la centralité et aux rôles communautaires.

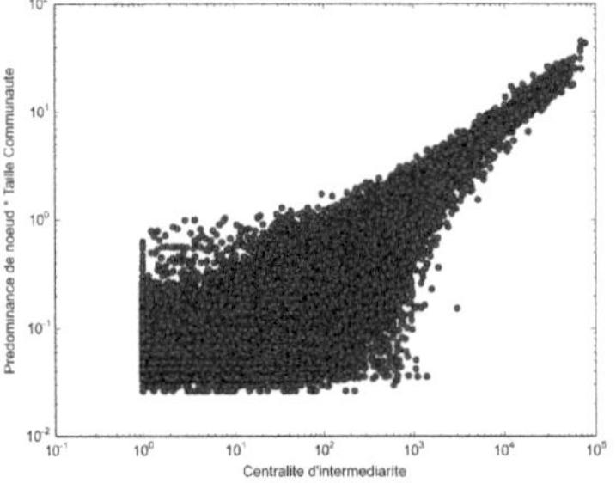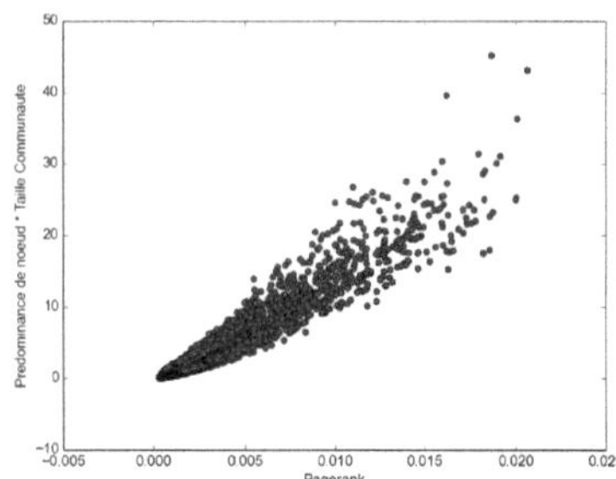

FIG. 2 – *À gauche, la Prédominance de nœud (Déf. 8) multipliée par la taille de communauté en fonction de la centralité d'intermédiarité (Déf. 1) à l'échelle logarithmique. À droite, idem en ordonnée mais le pagerank (Déf. 3) en abscisse.*

En revanche, on observe une quasi-indépendance entre la centralité de proximité (Déf. 2) et la Prédominance de nœud. De même, la valeur maximale du k du k-*core*[1] dans lequel le nœud se trouve semble indépendante de notre mesure. Cette valeur est importante pour l'étude de la propagation d'infection, ou de manière plus générale, pour celle de la diffusion d'information dans un réseau (Kitsak et al. (2010)). Le degré intra-module n'est pas non plus corrélé à ces mesures.

3.3 Corrélation avec les mesures de rôles communautaires

Après avoir montré les liens entre la *F-Mesure de trait* et les mesures de centralité, nous considérons maintenant le réseau à son niveau mésoscopique. Nous étudions les liens entre la *F-Mesure de trait* et les autres mesures destinées à évaluer la connectivité au regard de la structure communautaire, en particulier les mesures introduites par Guimerá et Amaral. Nous comparons donc, d'une part, la Prédominance de nœud (Déf. 8) au Degré intra-module (Déf. 4), qui évaluent la connectivité à l'intérieur de la communauté, et, d'autre part, le Rappel de nœud (Déf. 7) au Coefficient de participation (Déf. 5), qui évaluent la connectivité externe.

Degré intra-module et Prédominance de nœud.   Tout d'abord, la Figure 3 met en évidence le fait que la *Prédominance de nœud* est plus indépendante du degré du nœud que le *Degré intra-module*. C'est notamment dû à la normalisation sous forme de z-score utilisée dans le *Degré intra-module*. La *Prédominance de nœud* semble donc plus pertinente pour mesurer la connectivité d'un nœud dans sa communauté.

Néanmoins, on remarque Figure 4 que la Prédominance de nœuds est corrélée au Degré intra-module lorsqu'elle est multipliée par la taille de la communauté. Ceci tend à montrer la dépendance qui existe entre le Degré intra-module et la taille de la communauté, dépendance confirmée par la Figure 5 et dûe à la normalisation par z-score.

---

1. Un sous-graphe $H = (C, E|C)$ induit par $C \subset V$ tel que le degré de tout $v \in C$ induit dans H est $\geq k$

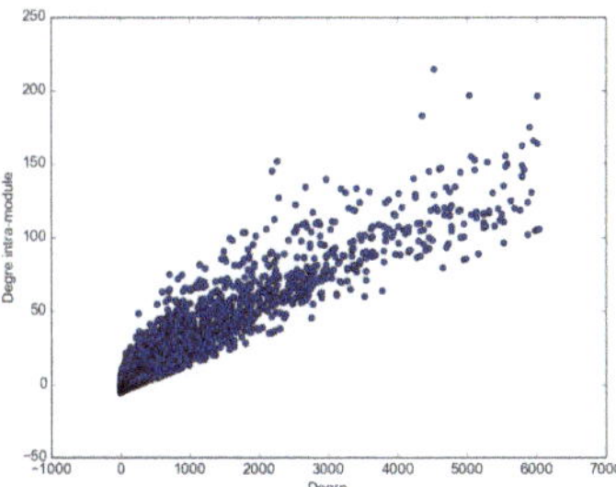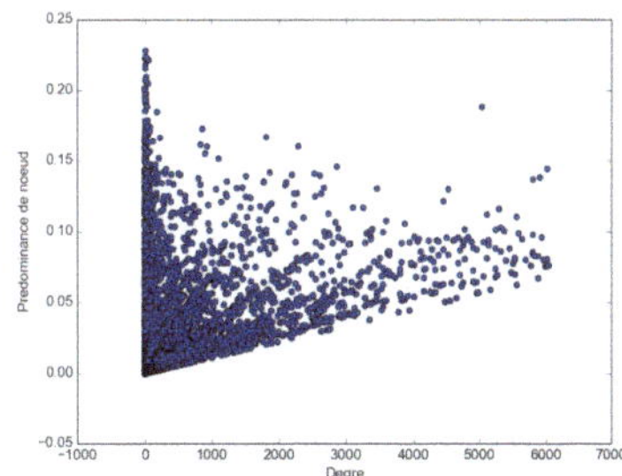

FIG. 3 – *À gauche, le Degré intra-module (Déf. 4) en fonction du degré. À droite, la Prédominance de nœud (Déf. 8) en fonction du degré.*

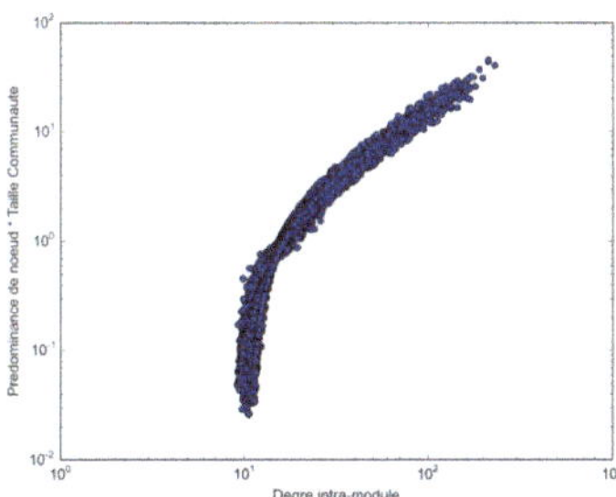

FIG. 4 – *La Prédominance de nœuds (Déf. 8) multipliée par la taille de la communauté en fonction du Degré intra-module (Déf. 4) à l'échelle logarithmique.*

On constate donc que la *Prédominance de nœud*, contrairement au degré intra-module est indépendante de la taille de la communauté dans lequel le nœud se trouve. En ce sens, elle rejoint le *Hub index* proposé par Klimm et al. (2014) pour caractériser la contribution d'un nœud à sa communauté. Celle-ci est conçue pour être absolue, et non relative à un graphe ou à une de ses communautés, ce qui rend possible de comparer des nœuds d'une communauté à une autre, ou d'un réseau à un autre. Pour cela, Klimm et al. (2014) proposent dans le *Hub index* (Équation 5) de comparer le degré du nœud à la distribution de degrés obtenue dans un réseau aléatoire équivalent au sous-graphe considéré (la communauté), i.e. avec le même nombre de nœuds et la même densité. La distribution de degrés d'un réseau aléatoire suit une loi de poisson : sa moyenne vaut $(N-1) \cdot \rho$ et son écart-type est la racine de sa moyenne (Barabási (2016)) avec ρ la densité du sous-graphe, N le nombre de nœuds du sous-graphe.

$$h(u) = \frac{d(u) - \mu(d_R)}{\sigma(d_R)} = \frac{d(u) - (N-1) \cdot \rho}{\sqrt{(N-1) \cdot \rho}} \tag{5}$$

avec d_R la distribution des degrés d'un graphe aléatoire équivalent au sous-graphe étudié (N nœuds, densité ρ). Or, comme pour le *Hub index*, notre mesure de *Prédominance de nœud*

Une métrique de sélection de variables appliquée à la centralité et aux rôles communautaires.

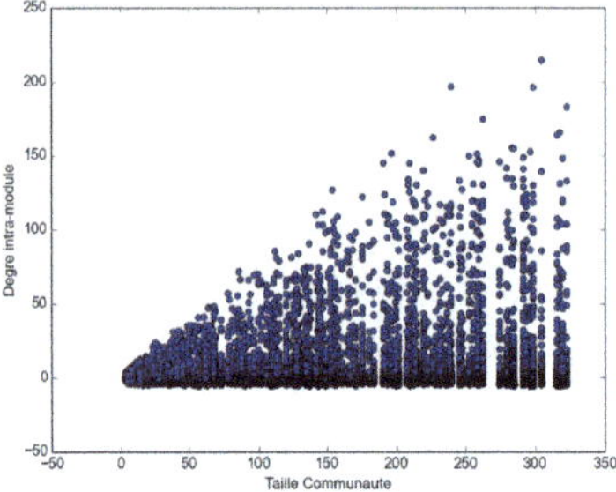 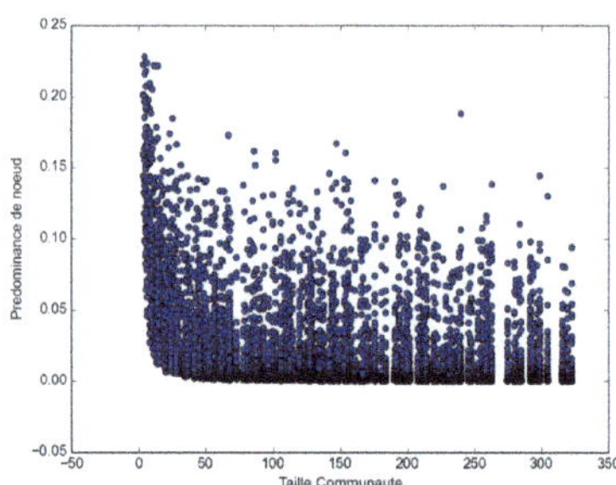

FIG. 5 – *Le Degré intra-module (à gauche) et la Prédominance de nœuds (à droite) en fonction de la taille des communautés.*

s'exprime en fonction de la densité puisque $d_{c_i} = \rho \cdot n \cdot (n-1)$. Il est donc possible de comparer les valeurs des nœuds d'un réseau à un autre, ce qui est important pour des applications telles que le suivi de l'évolution d'un réseau d'un point de vue communautaire : les correspondances entre communautés peuvent être détectées via les nœuds prédominants (Dugué et al. (2015)).

Coefficient de participation et Rappel de nœud. On observe Figure 6 une corrélation entre la métrique que nous proposons et celle introduite par Guimerá et Amaral. Celle-ci semble plus nette lorsque la structure de communautés est bien définie, i.e. lorsque μ est proche de 0. En effet, les deux mesures semblent diverger l'une de l'autre avec l'augmentation de μ.

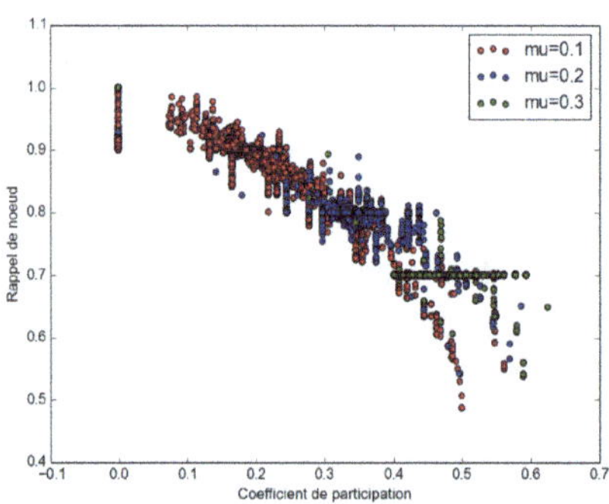

FIG. 6 – *Le Rappel de nœud (Déf. 7) en fonction du Coefficient de participation (Déf. 5).*

Ceci est probablement dû au fait que le *Coefficient de participation* encapsule plusieurs aspects de la connectivité externe : le nombre de liens vers l'extérieur mais également comment ceux-ci sont disséminés à travers les communautés. Ceci pose d'ailleurs problème dans le cadre de l'étude de grands réseaux où les nœuds de degré élevé ont tendance à être connectés à beaucoup de communautés externes, mais de façon hétérogène et donc à obtenir des scores de participation faibles (Dugué et al. (2015)). Le *Rappel de nœud* fournit donc une alternative stable au *Coefficient de participation*, et se combine efficacement à la *Prédominance de nœud* et à la méthode de sélection de variables performante basée sur la *F-mesure de trait*.

4   Conclusion et perspectives

Dans cet article, nous montrons qu'il est pertinent d'envisager l'utilisation de la F-mesure de trait dans le cadre de l'étude des réseaux complexes, en particulier pour l'évaluation de la connectivité des nœuds au regard de la structure communautaire de ces réseaux. En effet, cette mesure montre des propriétés intéressantes : elle est corrélée à la centralité d'intermédiarité et au pagerank, mais également aux mesures introduites par Guimerà et Amaral pour la caractérisation des rôles communautaires. Par ailleurs, la mesure est par définition liée à la densité de la communauté dans laquelle elle est calculée. Cela la rend indépendante de la taille de la communauté, contrairement aux mesures de Guimerà et Amaral, ce qui permet des comparaisons de valeurs entre communautés, et même entre différents réseaux. Ceci ouvre des perspectives intéressantes comme l'utilisation de cette mesure pour la caractérisation de l'évolution des communautés d'un réseau dans le temps. De plus, la procédure de sélection de variables sans paramètres est extensible pour la détection des rôles communautaires, répondant ainsi partiellement au flou de l'état de l'art quant aux seuils à utiliser. Nous prévoyons donc à court terme d'adapter complètement cette procédure et de proposer ainsi tous les seuils nécessaires à une cartographie fonctionnelle des réseaux du réel. Par ailleurs, nous souhaitons valider l'efficacité de cette mesure pour le suivi diachronique de l'évolution des communautés de chercheurs dans le temps en étendant les travaux de Dugué et al. (2015). Nous pensons que les nœuds détectés par la méthode de sélection de variables associée à la F-mesure de trait sont particulièrement pertinents pour suivre l'évolution des communautés qui semblent se structurer et évoluer autour de ces nœuds. Enfin, il serait intéressant d'étudier l'utilisation de ces mesures dans le contexte des communautés recouvrantes qui constituent une réalité de terrain.

Références

Barabási, A.-L. (2016). *Network Science*. Cambridge University Press.

Brin, S. et L. Page (2012). Reprint of : The anatomy of a large-scale hypertextual web search engine. *Computer networks 56*(18), 3825–3833.

Dugué, N., V. Labatut, et A. Perez (2015). A community role approach to assess social capitalists visibility in the twitter network. *Social Network Analysis and Mining 5*(1), 1–13.

Dugué, N., J.-C. Lamirel, et P. Cuxac (2016). Keep track of your clusters ! In *Research Challenges in Information Science (RCIS)*.

Dugué, N., A. Tebbakh, P. Cuxac, et J.-C. Lamirel (2015). Feature selection and complex networks methods for an analysis of collaboration evolution in science : an application to the istex digital library. In *ISKO-MAGHREB 2015*.

Freeman, L. C. (1979). Centrality in social networks conceptual clarification. *Social networks 1*(3), 215–239.

Une métrique de sélection de variables appliquée à la centralité et aux rôles communautaires.

Guimerà, R. et L. Amaral (2005). Functional cartography of complex metabolic networks. *Nature 433*, 895–900.

Kitsak, M., L. K. Gallos, S. Havlin, F. Liljeros, L. Muchnik, H. E. Stanley, et H. A. Makse (2010). Identification of influential spreaders in complex networks. *Nature Physics 6*(11), 888–893.

Klimm, F., J. Borge-Holthoefer, N. Wessel, J. Kurths, et G. Zamora-López (2014). Individual node's contribution to the mesoscale of complex networks. *New J. of Physics 16*(12).

Kunegis, J. (2013). Konect : the koblenz network collection. In *Proceedings of the 22nd International Conference on World Wide Web*, pp. 1343–1350. ACM.

Lamirel, J.-C., P. Cuxac, A. S. Chivukula, et K. Hajlaoui (2015). Optimizing text classification through efficient feature selection based on quality metric. *J. of I. IS 45*(3), 379–396.

Lamirel, J.-C., N. Dugué, et P. Cuxac (2016). New efficient clustering quality indexes. In *International Joint Conference on Neural Networks*.

Lamirel, J.-C., I. Falk, et C. Gardent (2015). Federating clustering and cluster labelling capabilities with a single approach based on feature maximization : French verb classes identification with igngf neural clustering. *Neurocomputing 147*, 136–146.

Lancichinetti, A., S. Fortunato, et F. Radicchi (2008). Benchmark graphs for testing community detection algorithms. *Physical review E 78*(4), 046110.

Lancichinetti, A., M. Kivelä, J. Saramäki, et S. Fortunato (2010). Characterizing the community structure of complex networks. *PloS one 5*(8), e11976.

Lorrain, F. et H. C. White (1971). Structural equivalence of individuals in social networks. *The Journal of mathematical sociology 1*(1), 49–80.

Newman, M. E. (2003). The structure and function of complex networks. *SIAM review 45*(2), 167–256.

Newman, M. E. et M. Girvan (2004). Finding and evaluating community structure in networks. *Physical review E 69*(2), 026113.

Summary

The Feature F-measure is a statistical and parameter-free metric used in feature selection that performs well for classification, clustering, cluster labeling, also used to evaluate cluster quality. We evaluate its use in the complex networks framework. We are especially interested in evaluating its use to characterize the node connectivity regarding the community structure. This would allow to benefit from its parameter-free system of feature selection, and of its well-evaluated performance. We thus study on a benchmark of realistic synthetic graphs the correlations between Feature F-measure and classic centrality measures, but also between Feature F-measure and measures designed to characterize community roles of nodes. We show that Feature F-Measure is linked to node centrality, and that it is well-fitted to evaluate their connectivity w.r.t. the community structure. We also observe that community roles detection measures are dependent of the community size, whereas Feature F-Measure is tied to density, which makes results comparable from a network to another. This allows to consider using Feature F-Measure to study dynamic temporal network, using it for community matching.

Extraction et Inférence de Connaissances à partir d'Assemblages Mécaniques Définis par une Représentation CAO 3D

Harold Vilmart[1]   Jean-Claude Léon[1]   Federico Ulliana[2]
`prenom.nom@inria.fr`

[1] inria - IMAGINE, Université Grenoble Alpes, Inria
655 av de l'Europe, 38330 Montbonnot-Saint-Martin
[2] inria - GRAPHIK, Université de Montpellier, LIRMM
860 rue de St Priest, 34095 Montpellier cedex 5

Résumé. L'extraction de connaissances à partir de modèles géométriques 3D et les raisonnements associés constituent un enjeu important pour permettre le développement d'ontologies capables de décrire fonctionnellement des produits manufacturés. Dans ce contexte, nous nous appuyons sur la logique déductive apportée par une base de connaissances étroitement couplée à un modeleur géométrique 3D. Les raisonnements faisant appel au concept de forme 3D restent difficiles à formaliser et les informations géométriques difficiles à extraire. Nous proposons une formalisation de propriétés telles que *'à la même forme que'*, *'est de la même famille que'* pour montrer comment l'extraction d'informations géométriques 3D est reliée à ces propriétés. Par la suite, une formalisation de propriétés telles que *'est un empilage'*, *'est un regroupement'* est introduite pour montrer les raisonnements qui contribuent à la structuration d'assemblages 3D. Ces propriétés sont illustrées à l'aide d'un exemple de pompe hydraulique.

1   Introduction et contexte

Les produits industriels, et les systèmes mécaniques en particulier, sont communément décrits sous la forme d'assemblages. Dans le milieu industriel, on utilise de plus en plus des bases de connaissances qui structurent les informations associées à la phase de fabrication ou de conception des produits [Rychtyckyj (2006); Kim et al. (2008)]. Ces dernières couplent une base de données "produit" avec une ontologie modélisant des règles "métier" propres aux assemblages, permettant ainsi d'associer des métadonnées aux composants définissant (i) leur *type* (vis, écrou) ainsi que (ii) leur *fonction structurelle* (support, guidage) dans l'assemblage. La sémantique des métadonnées permet d'améliorer nettement l'accès aux données partagées ainsi que leur cohérence au sein d'une entreprise, et ouvre de nouvelles possibilités, notamment pour la conception collaborative et distribuée de nouveaux produits dans l'entreprise [Kim et al. (2006)]. Dans le contexte industriel, l'utilisation des ontologies est essentiellement réservée à la phase de conception. Les approches de KBE (Knowledge-Based Engineering), assistent des techniciens et ingénieurs lors de la génération de nouveaux modèles 3D complexes [La Rocca

(2012)]. Ces modèles sont générés, d'une part, à partir de collections d'objets simples et de leurs métadonnées métier liées à une ontologie et, d'autre part, à des données géométriques.

L'originalité des approches KBE réside dans le fait que des modèles 3D sont liés à des inférences ontologiques pendant toute la phase de développement du produit. L'avantage pour l'entreprise est la réduction du temps de conception grâce à une réutilisation cohérente des composantes développées [Rychtyckyj (2006); Kim et al. (2008)].

Les résultats obtenus par les approches de KBE, cohérents du point de vue sémantique, peuvent toutefois présenter des *incohérences au niveau géométrique*. En effet, l'enrichissement de la base de connaissances avec des informations de type et de fonction, nécessaire pour chaque composant de l'assemblage, reste le plus souvent une activité *manuelle*. Cette tâche, critique pour les phases successives de conception, impose à l'utilisateur l'entrée d'un grand nombre d'informations qui peuvent engendrer des incohérences difficiles à détecter [Iyer et al. (2005); Chandrasegaran et al. (2013)]. De plus, ce grand nombre d'informations réduit souvent les approches de KBE à l'amélioration d'opérations routinières, afin de ne pas imposer d'augmentation du temps de développement de produit [La Rocca (2012)].

La présente contribution introduit une nouvelle application du raisonnement dans le domaine industriel, comportant une *méthode automatique d'extraction de connaissances à partir de modèles 3D*. Cette méthode permet d'optimiser la construction des bases de connaissances et établit un lien fort avec les modèles 3D, garant de la cohérence entre les connaissances et les modèles 3D. Elle peut donc servir de support aux systèmes de KBE étendre l'utilisation du KBE à des tâches non routinières et des phases de conception plus complexes. Elle combine (i) l'analyse géométrique des assemblages avec (ii) le raisonnement logique sur leurs propriétés intrinsèques. À la différence des approches existantes, la méthode présentée permet d'établir *automatiquement* un lien étroit entre les modèles 3D des composants d'un assemblage et :

- le *type* d'objet qu'ils représentent (par exemple, vis, écrou, roulement à billes, carter de transmission, pompe centrifuge) exprimé par des concepts de l'ontologie,
- la *fonction* (ou rôle) de l'objet dans le système (par exemple, liaison encastrement démontable, guidage en rotation, étanchéité) exprimé par des relations de l'ontologie.

Cette méthode couplée avec une plateforme de conception d'assemblages permet aussi la *visualisation* en 3D de requêtes ontologiques complexes, portant sur le type et le rôle des composants à l'intérieur de ceux-ci [Palombi et al. (2014); Shahwan et al. (2013)].

Nous considérons l'analyse de systèmes mécaniques tels que représentés dans le domaine de la CAO (Conception Assistée par Ordinateur) contenant des composants représentés par des solides [Mäntylä (1988)]. Les données d'entrée sont donc constituées par la représentation CAO 3D d'un assemblage contenant : (1) une description géométrique des composants et, (2) une décomposition structurelle d'un produit [1]. À la fin du traitement, les faits extraits, capturant des propriétés intrinsèques de type et fonction du modèle, alimentent la base de connaissances et relient sémantique et géométrie.

L'interaction entre l'analyse géométrique des assemblages 3D et le raisonnement logique permettent d'améliorer l'extraction de connaissances et l'efficacité des inférences permettant de les classifier. En premier lieu, cette démarche permet de regrouper, par une analyse géométrique, tous les composants de même forme de l'assemblage, possédant des contacts de même

---

1. Les noms des composants sont disponibles mais ne constituent pas des informations robustes permettant de constituer leur identifiant, à cause d'un manque de standardisation. Cela n'est pas le cas dans d'autres domaines d'application des ontologies, tels que la génétique ou l'anatomie [Palombi et al. (2014)].

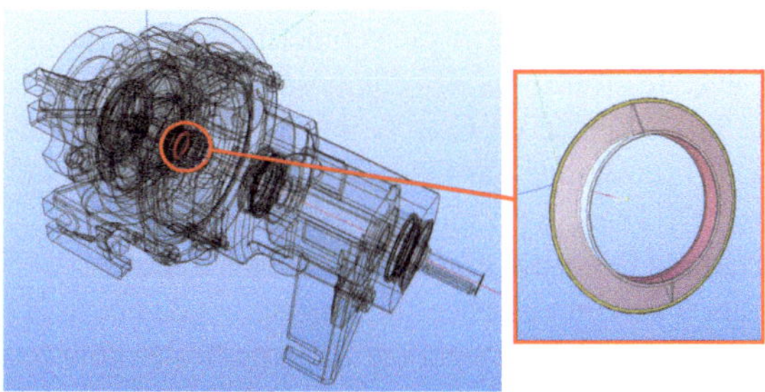 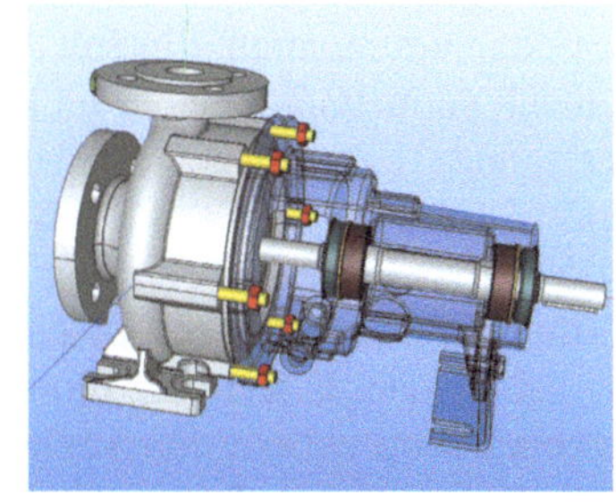

FIG. 1 – *(a) Localisation d'un empilage de composants à l'intérieur de la pompe et détail de cet empilage constitué de deux solides (les rondelles Belleville empilées tête-bêche) de même forme en contact. (b) Visualisation du résultat d'une requête ontologique utilisant la propriété* aLaMêmeFormeQue, *sur le modèle 3D de la pompe centrifuge. Chaque couleur indique un ensemble de solides identiques (ex : jaune : goujon, rouge : écrou). Regroupements de solides participants à une même fonction :* (1) *solides rouges et jaunes,* (2) *solides marrons, oranges et bleu-vert.*

FIG. 2 – *Illustration des axes de symétrie des solides S_3, S_2 et S_1 permettant d'instancier les propriétés* aTroisPlansOrthogonaux(*S_3*), aDeuxPlansOrthogonaux(*S_2*), *et* unPlanSymétrie(*S_1*).

nature avec leurs voisins. Après déduction de la fonction d'un seul d'entre eux, celle-ci peut être propagée à tout le groupe.

Considérons par exemple la notion "d'empilage simple". Un empilage simple en mécanique est défini par "un couple de solides de même forme et partageant un contact commun". L'analyse des empilages est découpée en deux phases. Dans la première phase, l'analyse géométrique permet de détecter les solides de même forme, ainsi que toutes les zones de contact (désignées par le terme "interfaces") entre les solides présents dans l'assemblage 3D. Ces informations sont intrinsèques à l'assemblage 3D. Lors de la deuxième phase, au niveau de l'ontologie, la règle d'inférence suivante est appliquée :

$$\forall S_1, S_2, I.$$

```
Solide(S₁) Solide(S₂) Interface(I)
aPourInterface(S₁,I) aPourInterface(S₂,I)  → EmpilageSimple(S₁,S₂)
aLaMêmeFormeQue(S₁,S₂)
```

La figure 1 illustre la visualisation du résultat de *l'interrogation* de l'ensemble des empilages de l'assemblage présents dans la base de connaissances. Le résultat est formé par deux rondelles Belleville (en rouge) empilées tête-bêche. Les empilages sont utilisés en mécanique dans des liaisons élastiques. Ceci indique une des propriétés permettant d'inférer la fonction des solides, d'une part, et une propriété concernant la raideur relative de ces derniers par rapport aux composants sur lesquels s'appuie l'empilage, d'autre part.

La règle suivante exprime une deuxième contrainte métier indiquant que tout solide ayant comme interface un contact plan joue le rôle d'une fonction d'appui plan dans l'assemblage.

```
∀S,I. Solide(S) ContactPlan(I)    ∃F. aPourFonction(S,F)
                               →
aPourInterface(S,I)                  AppuiPlan(F)
```

Les exemples montrent l'intérêt d'une approche combinant analyse géométrique 3D et raisonnement, permettant d'établir un lien étroit avec les fonctions des composants représentés par des solides. La présente contribution a été implémentée en C++ et intégrée dans l'environnement CAO de SALOME, [2] un logiciel CAO développé par OpenCascade en collaboration avec EDF et le CEA. Le serveur de triplets RDF Jena [3] a permis l'accès distant aux données. L'éditeur d'ontologie CoGui [4] a permis de faire le lien entre données et connaissances.

Par la suite, la section 2 illustre l'extraction de connaissances à partir de la géométrie 3D de composants et la section 3 présente une partie du raisonnement logique à partir des données et des connaissances. La section 4 décrit l'architecture de l'environnement utilisé . La section 5 analyse les travaux antérieurs et la section 6 conclut l'article.

2 Extraction de Faits par Analyse Géométrique

L'analyse géométrique d'assemblages 3D s'effectue à partir du fichier contenant la représentation CAO 3D de l'assemblage et donc de chaque composant. [5] Ce fichier contient un ensemble de solides et une décomposition arborescente de la structure de l'assemblage [Mäntylä (1988)]. Toutefois, cette arborescence ne constitue pas une représentation intrinsèque de l'assemblage. L'analyse s'appuie sur l'environnement d'un modeleur CAO 3D afin de disposer d'un certain nombre d'opérateurs géométriques permettant l'extraction de propriétés intrinsèques du modèle. L'architecture mise en place rend active la géométrie 3D de l'assemblage à travers l'extraction de propriétés géométriques, de forme, de topologie, propres à un composant ou un groupe de composants, qui contribueront ainsi au raisonnement qualitatif spatial pour la déduction d'informations structurelles propres à cet assemblage.

La caractérisation de formes selon des approches qualitatives reste un problème délicat [Cohn et Hazarika (2001); Chen et al. (2013)]. Nous étudions une caractérisation propre aux formes 3D de pièces mécaniques telles que décrites en CAO. Les objets sont des volumes, c'est-à-dire, des solides, conformes à la représentation dite B-Rep (Boundary-Representation) [Mäntylä (1988)]. Actuellement, les traitements effectués portent sur les surfaces canoniques, c'est-à-dire, plans, cylindres, cônes, sphères, tores, décrivant la frontière de chaque solide d'un assemblage, qui permettent la description complète d'un grand nombre de composants d'assemblages mécaniques. Les surfaces gauches de type NURBS (Non Uniform Rational B-Spline) définissent souvent des formes complexes qui ne comportent pas de propriétés de symétrie sur lesquelles sont basées l'extraction de connaissances.

L'objectif de l'analyse géométrique est d'extraire des faits alimentant la base de connaissances et permettant, en particulier, d'instancier les propriétés de forme, symétrie, et de structure de l'assemblage, présentées dans cette section, notamment :

aLaMêmeFormeQue(S_1,S_2)   estAxiSymétrique(S)   aPourInterface(S,I)

Forme. La propriété aLaMêmeFormeQue(S_1,S_2) exprime le fait que deux solides sont exactement identiques, à leur position spatiale près. Extraire cette propriété demande un traitement géométrique complexe afin d'être générique et précis [Mitra et al. (2012)]. La comparaison de deux solides est réalisée en confrontant leurs frontières respectives, qui sont décrites à l'aide d'hypergraphes [Li et al. (2014)], et de leurs repères intinsèques, générés en fonction de leurs propriétés de symétrie globales.

---

2. www.salome-platform.org   3. jena.apache.org   4. www.lirmm.fr/cogui   5. Plus précisément, ce sont des fichiers au standard STEP, défini selon la norme [ISO].

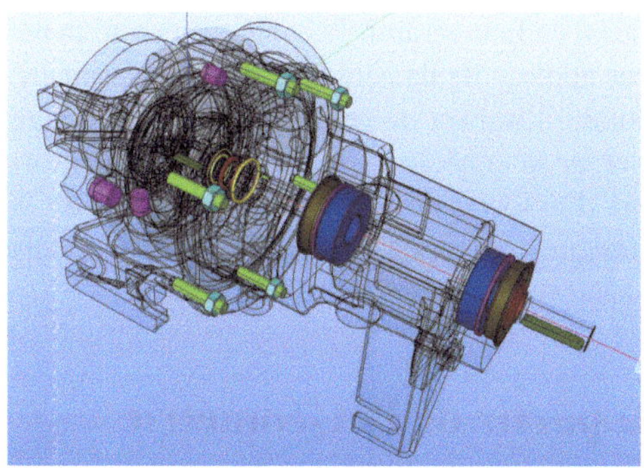 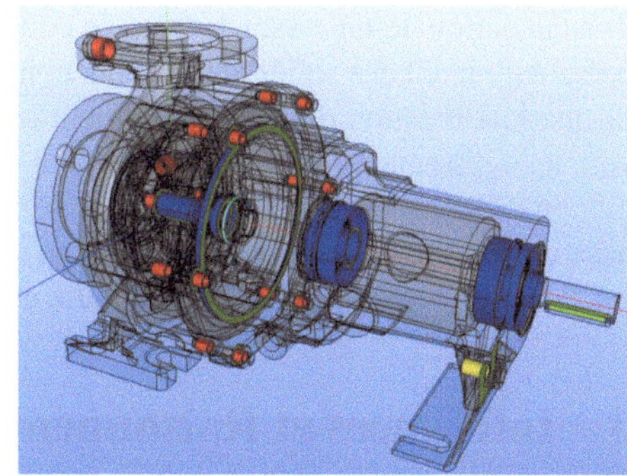

FIG. 3 – *(a) Détection de familles de solides (couleurs différentes). (b) Interfaces géométriques entre solides : interférences entre solides (en rouge), contacts plans (en vert), contacts cylindriques (en bleu), contact toriques (en cyan).*

Dans l'introduction, la figure 1.(b) illustre une requête de recherche de composants de formes identiques. Lors de l'affichage 3D, par convention de l'interface utilisateur en CAO, les solides répondant à une requête sont affichés en couleur.

Symétrie. Les propriétés de symétries globales des solides constituent également des propriétés élémentaires exploitées dans l'ontologie. La propriété estAxiSymétrique(S) indique que le solide possède un seul axe de symétrie. C'est le cas des surfaces de révolution, comme par exemple un cylindre. Les dix classes de cette propriété sont considérées pendant l'analyse, dont la figure 2 illustre trois classes.

Famille. La relation estDeLaMêmeFamilleQue(S_1,S_2) repose aussi sur les catégories de symétries globales de la figure 2. Sans entrer dans le détail de sa définition, une famille est engendrée par "tous les solides dont la frontière, décrite par des hypergraphes, est la même". Cela exprime le fait que les solides possèdent la même topologie et une forme semblable mais différent par leurs dimensions. Un résultat de requêtes de détermination de familles de solides dans un assemblage est illustré à la figure 3.

Module. Un *module d'assemblage* est un concept caractérisant un ensemble de solides avec des "positions relatives quelconques mais qui apparaissent au moins deux fois dans l'assemblage". Ce concept complexe généralise aLaMêmeFormeQue(S_1,S_2) pour un ensemble de solides et servira de base à la définition du concept de sous-ensemble. Les propriétés de symétries sont à la base de leur extraction.

Interface. Les interactions entre les solides d'un assemblage 3D sont exprimées par des *interfaces géométriques*. La propriété aPourInterface(S,I) indique la relation entre un solide et une de ses interfaces. A titre d'exemple, on peut citer le filetage entre une vis et un écrou engendrant une interférence de forme tubulaire bornée par deux surfaces cylindriques co-axiales. Les types d'interfaces instanciés sont : Interférence(**X**), ContactPlan(**X**), ContactLinéique(**X**), ContactCylindrique(**X**), etc. La figure 3 illustre un exemple d'interfaces géométriques entre les solides d'un assemblage. Les interfaces fournissent des propriétés qui vont pouvoir ensuite être exploitées dans la base de connaissances pour *déduire la fonction* d'un composant.

Du fait que l'analyse de forme repose sur un processus purement algorithmique et relié à l'instanciation de faits dans la base de connaissances, ce lien garantit la cohérence entre la re-présentation 3D des solides et les faits et inférences appliquées dans la base de connaissances. Si une modification de forme intervient sur un solide, l'impact de celle-ci peut être propagé vers les représentations symboliques afin de préserver la cohérence de l'ensemble des infor-mations. Ces mécanismes de base permettent alors d'associer étroitement des concepts de la base de connaissances et des traitements algorithmiques propres à la géométrie 3D auxquels ces concepts font référence [Wintermute et Laird (2007); Cohn et al. (2014)].

3 Inférences et Raisonnement à partir de la Géométrie d'Assemblages 3D

Sur la base des informations géométriques extraites précédemment et des faits correspon-dants insérés dans la base de connaissances, de nouvelles relations complexes peuvent être générées grâce aux ontologies. Celles-ci permettent d'inférer de nouveaux faits dans la base de connaissances, toujours étroitement liés avec les modèles 3D des solides.

L'ontologie mise en place contient un ensemble de règles en logique du premier ordre de la forme : $\forall \bar{X}, \bar{Y}($ Hypothèse$(\bar{X}, \bar{Y}) \to \exists \bar{Z}.$Conclusion$(\bar{X}, \bar{Z}))$, capturant des connais-sances métier. Ici, Hypothèse et Conclusion sont des ensembles d'atomes définis sur les ensembles de variables $\bar{X}, \bar{Y}, \bar{Z}$. La sémantique formelle des règles existentielles est basée sur la notion d'homomorphisme [Baget et al. (2011)]. Nous supposons le lecteur familier avec la notion de règle d'inférence.

Du point de vue applicatif, les règles de l'ontologie peuvent être regroupées dans quatre catégories :

(i) Règles de taxonomie et de typage des relations permettant de hiérarchiser certains des concepts de l'application ou bien de typer des arguments d'une relation,

(ii) Règles permettant l'inférence de structures complexes pour définir de nouveaux concepts complexes, tels que les empilages, les regroupements, ou les modules d'assemblages,

(iii) Règles d'inférence des fonctions des composants pour définir la fonction d'un com-posant, en vertu de sa forme, ses interfaces géométriques et de ses propriétés de symétrie,

(iv) Contraintes de complétude et de cohérence. Ce sont des règles spécifiant toutes les informations qui doivent être présentes dans la base de connaissances à la fin des traitements géométriques ainsi que les relations interdites entre les composants.

Taxonomie et Typage. Les règles de taxonomie et de typage permettent d'organiser la hié-rarchie des concepts de l'ontologie. Par exemple, les *contacts* et les *appuis* plans décrivent, respectivement, des aspects géométriques et fonctionnels des interfaces :

$\forall I.$ ContactPlan$(I) \to$ InterfaceGéométrique(I)

$\forall I.$ AppuiPlan$(I) \to$ InterfaceFonctionnelle(I)

$\forall S_1, S_2, I.$
sontInterfacés$(S_1, S_2, I) \to$ Solide(S_1) Solide(S_2) InterfaceGéométrique(I)

D'autres règles taxonomiques décrivent les relations entre les symétries :

$\forall S.$ aSymRéflexive$(S) \to$ aSymétrie(S)

$\forall S.$ estAxiSymétrique$(S) \to$ aSymReflexive(S)

$$\forall S.\ \texttt{aTroisPlanOrthogonaux}(S) \to \texttt{aSymRéflexive}(S)$$

Structures complexes Une partie des règles de l'ontologie est dédiée à la définition de nouveaux concepts complexes concernant la structure d'un assemblage 3D. À titre d'exemple, parmi les propriétés structurantes, nous décrivons maintenant les *empilages* et les *regroupements*. Les empilages sont des ensembles de *solides* de *même forme* en contact les uns avec les autres. Un exemple d'empilage (rondelles tête-bêche) est donné à la figure 1. L'inférence des empilages passe d'abord par la détection des empilages simples (les "couples de solides de même forme en contact") exprimée par la règle suivante :

$$\forall S_1, S_2, I.$$

$$\begin{array}{l} \texttt{Solide}(S_1)\ \texttt{Solide}(S_2)\ \texttt{Interface}(I) \\ \texttt{aPourInterface}(S_1, I)\ \texttt{aPourInterface}(S_2, I) \\ \texttt{aLaMêmeFormeQue}(S_1, S_2) \end{array} \to \texttt{EmpilageSimple}(S_1, S_2)$$

Ensuite, les "empilages simples" sont combinés entre eux pour former des empilages à l'aide des deux règles suivantes, modélisant respectivement le fait que : (i) si deux solides forment un empilage simple alors ils appartiennent au même empilage et, (ii) la propriété est transitive.

$$\forall S_1, S_2.\ \texttt{EmpilageSimple}(S_1, S_2) \to \texttt{Empilage}(S_1, S_2)$$

$$\forall S_1, S_2, S_3.\ \texttt{Empilage}(S_1, S_2)\ \texttt{Empilage}(S_2, S_3) \to \texttt{Empilage}(S_1, S_3)$$

Les *regroupements* sont des ensembles de solides de même forme ayant des interfaces géométriques de même nature en commun avec un seul autre solide. L'inférence des regroupements se fait par la règle suivante, en coopération avec une règle de transitivité supplémentaire.

$$\forall S_1, S_2, T, I_1, I_2.$$

$$\begin{array}{l} \texttt{Solide}(S_1)\ \texttt{Solide}(S_2)\ \texttt{Solide}(T)\ \texttt{Interface}(I_1)\ \texttt{Interface}(I_2) \\ \texttt{aLaMêmeFormeQue}(S_1, S_2)\ \texttt{aPourInterface}(S_1, I_1)\ \texttt{aPourInterface}(S_2, I_2) \\ \texttt{aPourInterface}(T, I_1)\ \texttt{aPourInterface}(T, I_2) \to \quad \texttt{Regroupement}(S_1, S_2) \end{array}$$

Cette règle est appliquée si parmi trois *solides*, deux d'entre eux ont la même forme et possèdent chacun une interface en commun avec le troisième. La figure 1 dans l'introduction permet d'illustrer les regroupements. Notamment : (1) les goujons (jaune) avec la volute (gris), les écrous (rouge) et le carter (transparent) et (2) les roulements à billes (marron) avec l'arbre de la pompe (gris). L'existence de *regroupements* est une première étape de structuration qui pourra être reliée à la détermination de fonctions. En effet, après avoir trouvé la liaison d'assemblage boulonné entre un écrou, un goujon, le carter et la volute, l'existence de celle-ci permettra de déduire qu'il existe, pour tous les écrous et les goujons, des regroupements semblables.

Fonctions. L'inférence des fonctions des solides dans un assemblage 3D ajoute une dimension importante à la description de celui-ci. Les règles suivantes indiquent que la fonction des solides en contact plan (respectivement linéique) avec d'autres solides est de fournir un appui plan (respectivement linéaire). Il s'agit ici d'un premier niveau élémentaire de fonctions.

$$\begin{array}{l} \forall X, I.\ \texttt{aPourInterface}(X, I)\ \texttt{Solide}(X) \\ \texttt{ContactPlan}(I) \end{array} \to \begin{array}{l} \exists F.\ \texttt{aPourFonction}(X, F) \\ \texttt{AppuiPlan}(F) \end{array}$$

$$\begin{array}{l} \forall X, I.\ \texttt{aPourInterface}(X, I)\ \texttt{Solide}(X) \\ \texttt{ContactLinéaire}(I) \end{array} \to \begin{array}{l} \exists F.\ \texttt{aPourFonction}(X, F) \\ \texttt{ContactLinéique}(F) \end{array}$$

Les variables existentiellement quantifiées dans la conclusion de la règle représentent l'identifiant de la fonction inférée à laquelle d'autres attributs seront ensuite ajoutés [6]. Dans la mesure où les propriétés de la base de connaissances ne suffisent pas à déterminer exactement la fonction d'un composant, il peut être néanmoins utile d'indiquer ses fonctions candidates.

$$\forall X, I \; \texttt{aPourInterface}(X, I) \; \texttt{Solide}(X) \; \texttt{ContactCirculaire}(I)$$
$$\rightarrow \exists F, G. \; \texttt{aPourFonctCandidate}(X, F) \; \texttt{ContactCirculAxial}(F)$$
$$\texttt{aPourFonctCandidate}(X, G) \; \texttt{ContactCirculRadial}(G)$$

Cette approche à granularité fine pour les composants s'étend à la description des fonctions des empilages, regroupements, familles et modules, afin *d'inférer par déduction logique une description fonctionnelle de l'assemblage*, et d'aboutir, par exemple, à indiquer que l'assemblage de la figure 1 répond à la fonction de *pompe centrifuge*, c'est-à-dire, de circulation d'un fluide et de générateur de pression constante par effet centrifuge.

Ainsi, l'extraction automatique de sous-ensembles intelligemment structurés évite la redondance de calculs, par exemple, ne pas répéter le même raisonnement pour des composants de même forme, possédant des interfaces géométriques de même nature.

Cohérence et Complétude. Les règles de cohérence et de complétude spécifient toutes les informations qui doivent être présentes dans la base de connaissances à la fin des traitements géométriques, ainsi que des contraintes de cohérence des descriptions de l'assemblage. On les appellera donc des *contraintes*. On écrit ces contraintes avec la syntaxe des règles existentielles, mais leur interprétation sémantique est différente du point de vue du raisonnement. Informellement, on dit qu'une contrainte exprimée par une règle existentielle est respectée chaque fois que la base de connaissance satisfait son hypothèse et donc aussi sa conclusion. Si cette condition n'est pas vérifiée, cela correspond à des données manquantes, c'est-à-dire, l'existence d'une incomplétude au niveau des données. Nous considérons aussi des contraintes dites *négatives* dont la conclusion contient le seul symbole "$\perp$". Ces règles expriment des incohérences au niveau des faits. Lorsque l'hypothèse d'une contrainte négative est satisfaite par la base de connaissances, on déclare les données incohérentes.

Ainsi, lorsque l'analyse géométrique détermine qu'un solide possède une symétrie centrale, par exemple pour une sphère, alors son centre de rotation doit être spécifié :

$$\forall S, I. \; \texttt{aSymétrieCentrale}(S) \; \rightarrow \exists P. \; \texttt{aPointDeRotation}(S, P) \; \texttt{Point}(P)$$

Ces règles ne contribuent pas aux inférences, mais vérifient l'existence de certains faits (il existe un point de rotation) à partir d'autres (une symétrie centrale).

Si les données requises ne sont pas déductibles à partir des faits et des connaissances disponibles, alors la base de faits est déclarée *incomplète*. D'une façon similaire, la règle suivante indique qu'un assemblage est toujours composé d'au moins un solide :

$$\forall X, I. \; \texttt{Assemblage}(X) \rightarrow \; \exists Y. \; \texttt{faitPartieDe}(Y, X) \; \texttt{Solide}(Y)$$

Enfin, à titre d'exemple de contrainte négative, nous présentons la règle suivante, exprimant qu'aucun centre de symétrie n'est valide pour un solide possédant aucune symétrie :

$$\forall X, P. \; \texttt{AucuneSymétrie}(X) \; \texttt{aPourPointDeRotation}(X, P) \rightarrow \perp$$

L'ontologie contient des contraintes de cohérence et de complétude pour les notions que nous avons présentées, notamment : solides, interfaces, familles, modules, empilages, regrou-

---

6. Les variables existentiellement quantifiées dans les règles de l'ontologie s'ont utilisées seulement dans des règles acycliques, dont le nombre d'applications est toujours borné. Ceci garantit ainsi la terminaison du raisonnement logique en temps polynomial [Fagin et al. (2005)].

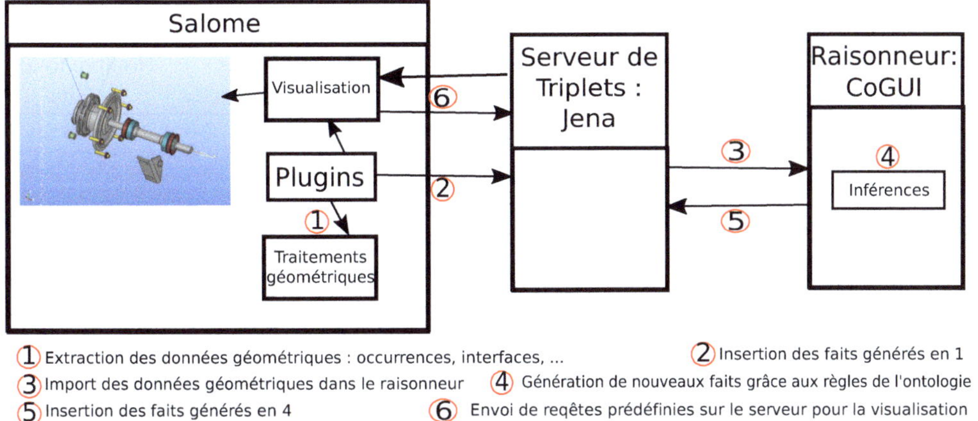

FIG. 4 – *Architecture de l'environnement d'analyse d'assemblages mécaniques 3D.*

pements, et pour toutes les classes de symétries. Au total, nous pouvons compter dans l'ontologie 88 concepts, 35 relations, 9 règles d'inférence de structures complexes, et 22 contraintes.

4   Architecture du système d'analyse d'assemblages 3D

L'architecture du système d'analyse géométrique et ontologique d'assemblages 3D est illustrée à la figure 4. L'approche présentée a été implémentée dans l'environnement CAO de SALOME [Salome], [7]. Ce logiciel libre permet de développer ses propres *plugins* en C++ pour effectuer des traitements spécifiques tout en utilisant des algorithmes propres à ce même logiciel. Un travail important d'implémentation a permis d'obtenir, entre autres, toutes les propriétés géométriques présentées à la section 2.

Les faits extraits par l'analyse géométrique sont ensuite exportés à l'aide du langage RDF et enregistrés dans un serveur de triplets permettant l'accès distant à plusieurs concepteurs de produits afin de contribuer avec leurs modèles 3D aux données de la base de connaissances. Enfin, le logiciel CoGui, a permis de mettre en place la base de connaissances en faisant le lien entre les données et l'ontologie. Ce logiciel a été utilisé en tant qu'éditeur de règles existentielles, basé sur le formalisme graphique très intuitif des graphes conceptuels [Chein et Mugnier (2014)] Ses fonctionnalités de raisonnement sont utilisées pour réaliser les inférences. Les logiciels Jena et CoGui ont été utilisés pour la mise en œuvre de la version actuelle de l'application, toutefois la modularité de l'architecture autorise naturellement leur remplacement par d'autres systèmes de gestion de données et moteurs d'inférences.

Données et connaissances ainsi extraites et inférées permettent in fine la mise en place d'un système de *visualisation 3D piloté par requêtes ontologiques* dans l'environnement CAO de SALOME capable d'interroger des assemblages mécaniques 3D avec des requêtes portant sur leurs propriétés structurelles et fonctionnelles. Quelques statistiques sur les modèles analysés sont présentées dans le tableau 1.

---

7. SALOME est un logiciel CAO développé par OpenCascade (`www.opencascade.com`) en collaboration avec EDF (`www.edf.fr`) et le CEA (`www.cea.fr`).

TAB. 1 – *Statistique de l'analyse des modèles*

Modèle	Nombre de Composants	Temps d'analyse géométrique	Temps d'inférences	Nombre total de faits
Pompe centrifugeuse	47	10min	4s	1288
Agrafeuse électrique	124	12min	47min	11533
Jonction d'une voilure d'avion	148	7min	42min5s	17083

5   Analyse de travaux impliquant géométrie et raisonnement

Parmi les travaux les plus proches de ceux qui ont été présentés, Palombi et al. (2014) proposent de relier des connaissances anatomiques avec des fonctions où la géométrie 3D des entités anatomiques est saisie manuellement. Shahwan et al. (2013) présentent une approche d'analyse d'assemblages 3D pour les enrichir d'informations fonctionnelles à partir de modèles 3D, mais les inférences doivent être répétées pour chaque composant, ce qui n'est pas efficace pour traiter des grands assemblages de plusieurs milliers de composants.

Wintermute et Laird (2007) ont aussi mis en place une approche incorporant une analyse géométrique mais limitée à des traitements en 2D. Certaines limitations de la méréotopologie ont été analysées par Varzi (1998) et vont devoir être transposées dans le contexte des assemblages 3D. L'utilisation de la méréotopologie a déjà été mise en œuvre pour définir une ontologie décrivant des connexions entre composants [Kim et al. (2008)]. Cependant, ces travaux se limitent à l'expression de liens entre certaines parties d'un modèle 3D, ils présupposent également une structuration des modèles géométriques en sous-parties mais ils ne décrivent pas les traitements algorithmiques permettant de localiser ces parties.

Parmi les raisonnements spatiaux qualitatifs, Cohn et Hazarika (2001); Chen et al. (2013) indiquent que les raisonnements sur la forme d'objets restent une difficulté importante ayant fait l'objet de peu de développements.

6   Conclusion

L'originalité de la contribution proposée concerne la mise en place d'une analyse d'assemblages 3D pour en extraire et structurer des connaissances propres à ses catégories de composants constitutifs et à leur fonctions, selon une approche *automatique*. Des concepts de forme et de fonction des composants sont pris en compte dans la modélisation des connaissances pour structurer les assemblages 3D et rendre plus efficaces les raisonnements qui permettent l'inférence de structures complexes et de fonctions de haut niveau dans un assemblage.

L'architecture proposée permet de lier une approche de logique déductive avec des représentations géométriques 3D. Celles-ci sont associées à des algorithmes d'extraction d'informations géométriques et topologiques et couplées à des représentations de connaissances. Ceci permet de rendre 'actives' les représentations 3D lors des mécanismes d'inférence. Cette architecture permet de maintenir la cohérence entre les informations symboliques nécessaires aux inférences et les informations géométriques 3D. Appliquée à des assemblages 3D, cette démarche permet leur analyse et leur structuration comme première phase d'extraction de fonctions. L'approche a été implémentée en tant qu'extension du modeleur CAO 3D SALOME.

Les résultats obtenus montrent que les propriétés actuellement formulées structurent efficacement et intrinsèquement un assemblage. Les travaux futurs permettront l'inférence de fonctions élémentaires puis de niveaux de plus en plus élevés [Varzi (1998)]. La base de connaissances constitue un atout important pour mettre en place les raisonnements requis. Il s'agit d'une première étape permettant l'extension de l'approche de Shahwan et al. (2013) dont un des intérêts concerne par exemple, le support aux systèmes KBE, la génération de modèles de simulation physique d'assemblages mécaniques [Boussuge et al. (2014)] ou bien d'autres phases de développement d'un produit.

Ces travaux ont été partiellement financé par l'ERC Expressive.

Références

Baget, J., M. Leclère, M. Mugnier, et E. Salvat (2011). On rules with existential variables : Walking the decidability line. *Artif. Intell. 175*(9-10), 1620–1654.

Boussuge, F., A. Shahwan, J.-C. Léon, S. Hahmann, G. Foucault, et L. Fine (2014). Template-based geometric transformations of a functionally enriched dmu into fe assembly models. *CAD & Applications 11*(4), 436–449.

Chandrasegaran, S. K., K. Ramani, R. D. Sriram, I. Horváth, A. Bernard, R. F. Harikf, et W. Gao (2013). The evolution, challenges, and future of knowledge representation in product design systems. *CAD 45*, 204–228.

Chein, M. et M. Mugnier (2014). Conceptual graphs are also graphs. In *Graph-Based Representation and Reasoning - ICCS 2014, Iaşi, Romania, July 27-30, 2014, Proceedings*, pp. 1–18.

Chen, J., A. Cohn, D. Liu, S. Wang, J. Ouyang, et Q. Yu (2013). A survey of qualitative spatial representations. *Knowledge Engineering Review 30*(1), 106–136.

Cohn, A. G. et S. M. Hazarika (2001). Qualitative spatial representation and reasoning : An overview. *Fundamenta Informaticae 46*, 1–29.

Cohn, A. G., S. Li, W. Liu, et J. Renz (2014). Reasoning about topological and cardinal direction relations between 2-dimensional spatial objects. *Journal of Artificial Intelligence Research 51*, 493–532.

Fagin, R., P. G. Kolaitis, R. J. Miller, et L. Popa (2005). Data exchange : semantics and query answering. *Theor. Comput. Sci. 336*(1), 89–124.

ISO. Systèmes d'automatisation industrielle et intégration - représentation et échange de données de produits.

Iyer, N., S. Jayanti, K. Lou, Y. Kalyanaraman, et K. Ramani (2005). Three-dimensional shape searching : state-of-the-art review and future trends. *CAD 37*(5), 509–530.

Kim, K.-Y., D. G. Manley, et H. Yang (2006). Ontology-based assembly design and information sharing for collaborative product development. *Comput. Aided Des. 38*(12), 1233–1250.

Kim, K.-Y., H. Yang, et D.-W. Kim (2008). Mereotopological assembly joint information representation for collaborative product design. *Robotics and Computer-Integrated Manufacturing 24*(6), 744–754.

La Rocca, G. (2012). Knowledge based engineering : Between ai and cad. review of a language based technology to support engineering design. *Advanced Engineering Informatics 26*, 159–179.

Li, K., G. Foucault, J.-C. Léon, et M. Trlin (2014). Fast global and partial reflective symmetry analyses using boundary surfaces of mechanical components. *CAD 53*, 70–89.

Mitra, N., M. Pauly, M. Wand, et D. Ceylan (2012). Symmetry in 3d geometry : extraction and applications. In M.-P. Cani et F. Ganovelli (Eds.), *STAR of Eurographics conference*, Cagliari, Italy, pp. 29–51.

Mäntylä, M. (1988). *An Introduction to Solid Modeling*. Computer Science Press, College Park, MD.

Palombi, O., F. Ulliana, V. Favier, J.-C. Léon, et M.-C. Rousset (2014). My corporis fabrica : an ontology-based tool for reasoning and querying on complex anatomical models. *J. of Biomedical Semantics 20*(5).

Rychtyckyj, N. (2006). Measuring long-term ontology quality : A case study from the automotive industry. In G. Sutcliffe et R. Goebel (Eds.), *19th Int. Florida Artificial Intelligence Research Society Conf.*, Melbourne Beach, Florida, pp. 147–152. The AAAI Press.

Salome. open-source platform for numerical simulation. `www.salome-platform.org`. last access 08-04-16.

Shahwan, A., J.-C. Léon, G. Foucault, M. Trlin, et O. Palombi (2013). Qualitative behavioral reasoning from components' interfaces to components' functions for dmu adaption to fe analyses. *CAD 45*(2), 383–394.

Varzi, A. (1998). Basic problems of mereotopology. In N. Guarino (Ed.), *Formal Ontology in Information Systems*, pp. 29–38. Amsterdam : IOS Press.

Wintermute, S. et J. E. Laird (2007). Predicate projection in a bimodal spatial reasoning system. In R. C. Holte et A. Howe (Eds.), *22nd AAAI Conf. on Artificial Intelligence*, Vancouver, British Columbia, pp. 1572–1577. The AAAI Press.

Summary

Knowledge extraction from 3D geometric models and reasoning is an important issue to the development of ontologies capable of functional description of man-made products. In this context, we rely on an architecture for deductive logic containing a knowledge base coupled with a 3D geometric modeler. Reasoning mechanisms addressing the concept of shape of 3D objects are still difficult to formalize and geometry related information is difficult to extract from 3D models. We propose formal properties such as *'has the same shape'*, *'belongs to the same family'* to show how the extraction of 3D geometry is connected to these properties. Then, formal properties such as 'is a pilling', 'is a grouping' are introduced to show how complementary reasonings can contribute to 3D assembly structuring. These properties are illustrated through an example of hydraulic pump.

Une mesure d'expertise pour le *crowdsourcing*

Hosna Ouni*, Arnaud Martin*, Laetitia Gros**, Mouloud Kharoune*, Zoltan Miklos*

*UMR 6074 IRISA, DRUID team, Université de Rennes 1, Lannion, France
hosnaouni@gmail.com, {arnaud.martin, mouloud.kharoune,zoltan.miklos}@univ-rennes1.fr,
http://www-druid.irisa.fr
** Orange Labs, 2, av. Pierre Marzin, F-22307 Lannion Cedex, France
laetitia.gros@orange.com

Résumé. Le *crowdsourcing*, un enjeu économique majeur, est le fait d'externaliser une tâche interne d'une entreprise vers le grand-public, la foule. C'est ainsi une forme de sous-traitance digitale destinée à toute personne susceptible de pouvoir réaliser la tâche demandée généralement rapide et non automatisable. L'évaluation de la qualité du travail des participants est cependant un problème majeur en *crowdsourcing*. En effet, les contributions doivent être contrôlées pour assurer l'efficacité et la pertinence d'une campagne. Plusieurs méthodes ont été proposées pour évaluer le niveau d'expertise des participants. Ce travail a la particularité de proposer une méthode de calcul de degrés d'expertise en présence de données dont l'ordre de classement est connu. Les degrés d'expertise sont ensuite considérés sur des données sans ordre pré-établi. Cette méthode fondée sur la théorie des fonctions de croyance tient compte des incertitudes des réponses et est évaluée sur des données réelles d'une campagne réalisée en 2016.

1 Introduction

Le *crowdsourcing*, concept lancé par Howe (2006), stimule la participation collective à l'élaboration de certaines tâches qu'une entreprise ne souhaite pas réaliser en interne par faute de ressources ou de temps et qu'il est compliqué voire impossible de confier à un ordinateur. Il s'inscrit dans une logique de partage dérivée de l'essor du web 2.0. En effet, l'échange des idées et des savoir-faire se réalise par l'intermédiaire d'une plateforme internet.

Plusieurs plateformes telles que Amazon Mechanical Turk (AMT), Microworker et Foule Factory sont destinées aux petites tâches que la machine est incapable d'effectuer rapidement et de façon fiable. Ces tâches sont généralement simples et courtes à l'instar de l'analyse des émotions, la catégorisation des produits ou la comparaison de designs.

Néanmoins, l'environnement d'une plateforme de *crowdsourcing* est incertain car finalement peu maîtrisé. Par suite, l'évaluation de la qualité et la fiabilité des contributions et des travailleurs eux-même est indispensable pour le bon déroulement d'un tel processus. Ainsi, plusieurs travaux ont été proposés pour identifier les experts ou les travailleurs sérieux de la plateforme.

Ce papier propose une solution permettant de calculer la pertinence des réponses des participants à partir des réponses à une campagne lancée par Orange Labs. Durant cette campagne, on se propose de faire évaluer par les travailleurs de la plateforme de *crowdsourcing* la qualité sonore restituée par différentes solutions de codage audio. La procédure consiste à faire écouter aux participants 12 extraits musicaux de différentes qualités et à leur demander d'en évaluer la qualité audio sur une échelle à 5 catégories (Excellente, Bonne, Moyenne, Médiocre, Mauvaise). A chaque catégorie est associée une note allant de 1 (pour Mauvais) à 5 (pour Excellent) voir ITU (1996). Parmi les extraits sonores présentés dans un ordre aléatoire, 5 sont de qualité connue (ajout d'un bruit modulé par le signal, avec différents rapports signal/bruit (MNRUs : *Modulated Noise Reference Unit* voir ITU (1996))). Ces signaux sont utilisés dans les tests comme références et ancrages sur l'échelle de qualité. Dans cette étude, les signaux MNRU vont permettre de définir des degrés d'expertise. L'idée est de structurer les réponses des travailleurs par des graphes, représentant un ordre de préférences (issu des notes) entre les signaux MNRU, puis de comparer ces graphes avec celui de référence issu des notes théoriques attendus. Ensuite, cette estimation sera prise en compte pour sélectionner les participants experts pour les 7 autres extraits sonores afin d'atteindre l'objectif souhaité de classement de ces signaux (*i.e.* des codeurs dont ils sont issus).

La comparaison des graphes consiste à quantifier la similarité entre deux graphes. Il s'agit d'un problème très courant surtout dans les réseaux sociaux car les graphes révèlent des propriétés topologiques qu'on cherche à comprendre et à comparer. Malheureusement, on manque de références permettant de construire une échelle de comparaison de leurs caractéristiques géométriques. En effet, il n'y a pas de métrique ou de méthode de comparaison de graphes universelle. De plus, du point de vue algorithmique, les méthodes classiques pour aborder ce genre de problèmes sont complexes.

De plus, les réponses étant fournies pas des humains dans un environnement non contrôlé, contrairement aux tests d'écoute classiques en laboratoire, il est nécessaire de modéliser les imperfections sur les réponses. La théorie des fonctions de croyance permet de répondre à cette problématique et d'offrir un cadre théorique pour réaliser la combinaison des informations issues de différentes sources.

Nous proposons donc dans ce travail une approche originale permettant une estimation d'une mesure d'expertise à partir d'une comparaison de graphes dans le cadre de la théorie des fonctions de croyance. Ainsi, la section suivante présente les concepts de base de la théorie des fonctions de croyance. La section 3, après un bref rappel des approches existantes, propose une approche originale pour la représentation des réponses sous forme de graphes et le calcul de degrés d'expertise. Finalement, l'évaluation de la méthode sur des données réelles fait l'objet de la section 4.

2   La théorie des fonctions de croyance

La théorie des fonctions de croyance issue des travaux de Dempster (1967) et de Shafer et al. (1976) permet une représentation à la fois des incertitudes et des imprécisions mais aussi de l'ignorance d'une source (ici la réponse d'un contributeur). Considérant un ensemble $\Omega = \{\omega_1, \omega_2, .., \omega_n\}$ qui représente les réponses possibles à une question, une fonction de masse est définie sur 2^Ω (ensemble de toutes les disjonctions de Ω) et à valeur dans $[0, 1]$ avec les contraintes :

$$\begin{cases} \sum_{A \subseteq \Omega} m(A) = 1 \\ m(\emptyset) = 0 \end{cases} \tag{1}$$

La fonction de masse $m(A)$ représente la part de croyance allouée à la proposition A et qui ne peut pas être affectée à un sous-ensemble strict de A. Elle peut être vue comme une famille d'ensembles pondérées ou une distribution de probabilité généralisée. Un ensemble A est un élément focal si $m(A) \neq 0$. Par exemple, si nous considérons la fonction de masse $m(\{\omega_1, \omega_2\}) = 0.8$, $m(\Omega) = 0.2$, cette quantité représente une imprécision sur ω_1 ou ω_2 et une incertitude car la valeur affectée à cette proposition est 0.8.

La manipulation des données imparfaites issues de plusieurs sources distinctes nécessite de fusionner les informations. On parle donc de la combinaison des fonctions de masse permettant l'aboutissement à un état de connaissance générique et pertinent. L'opérateur de combinaison conjonctive proposé par Smets (1990) est donné pour deux fonctions de masse issues de deux sources par :

$$(m_1 \copyright m_2)(A) = \sum_{B_1 \cap B_2 = A} m_1(B_1) m_2(B_2) \tag{2}$$

La masse affectée sur l'ensemble vide à l'issue de cette combinaison peut être interprétée comme l'inconsistance de la fusion.

Afin de mesurer l'écart à une fonction de masse attendue, par exemple pour prendre une décision ou définir une mesure, plusieurs distances ont été proposées. La distance de Jousselme et al. (2001) est la plus communément utilisée pour ses propriétés de répartitions des pondérations en fonction de l'imprécision des éléments focaux. Elle est donnée par :

$$d_J(m_1, m_2) = \frac{1}{2}(m_1 - m_2)^T \underline{\underline{D}}(m_1 - m_2) \tag{3}$$

avec :

$$\underline{\underline{D}}(X, Y) = \begin{cases} 1 \text{ si } X = Y = \emptyset \\ \dfrac{|X \cap Y|}{|X \cup Y|} \ \forall X, Y \in 2^{\Omega} \end{cases} \tag{4}$$

3 Caractérisation d'experts dans le crowdsourcing

3.1 Positionnement du travail

L'identification des experts sur les plateformes de crowdsourcing a fait l'objet de plusieurs travaux récents. Il faut distinguer deux types d'approches, celles tenant compte de questions dont on connaît la réponse (nommées données d'or) et celles où aucunes connaissances *a priori* n'est disponible. En effet, dans le contexte de ce dernier type d'approches, Ben Rjab et al. (2015, 2016) se sont intéressés à calculer un degré d'exactitude et de précision en supposant que la majorité a raison et en définissant ce degré à partir de la *distance de* Jousselme et al. (2001) entre sa réponse et la moyenne des réponses des autres participants. D'autre part, Dawid et Skene (1979) et Ipeirotis et al. (2010) ont utilisé l'algorithme Expectation-Maximisation (E.M) permettant dans une première phase d'estimer la bonne réponse pour chaque tâche, en utilisant des étiquettes affectées par les participants, puis, d'évaluer la qualité des travailleurs en comparant les réponses soumises à la bonne réponse inférée. Également, Smyth et al. (1995) et Raykar et al. (2010) ont utilisé cette approche pour les classements binaires et les étiquetages catégoriques. Raykar et Yu (2012) ont généralisé l'idée sur les classements ordinaires (associer des notes de 1 à 5 en fonction de la qualité d'un objet ou d'un service). Ces méthodes proposent de calculer la "sensibilité" (les vrais positifs) et la "spécificité" (les vrais négatifs) pour chaque label. Ainsi, le participant est un spammer si son score est proche de 0 ; un expert parfait a un score égal à 1.

Cependant, ces algorithmes proposent de déterminer la qualité des réponses des participants quand la vérité est inconnue alors que dans notre cas, les notes correctes théoriques attribuées aux signaux MNRUs sont connues. En effet, nous cherchons plutôt à identifier les experts en nous fondant sur des données correctes de référence et définir un degré d'expertise proportionnel à la similarité entre les réponses d'un participant et les réponses connues à l'avance. Ainsi, notre travail est fondé sur des données d'or qui servent à estimer directement la qualité des participants tel que proposé par Le et al. (2010). Les données d'or sont des questions dont les réponses correctes sont connues à l'avance et qui sont injectées d'une façon arbitraire. Les données d'or ont l'avantage de mesurer explicitement la précision des travailleurs et d'être utilisées pour prendre des décisions concernant le travailleur : pouvons-nous utiliser leur travail ? Faut-il les laisser finir la tâche ? Est-ce qu'ils méritent un bonus ? En second lieu, c'est processus transparent dans le sens où on s'assure que les travailleurs comprennent les détails nuancés ou difficiles des exigences de la tâche.

Pour évaluer l'impact de l'utilisation des données d'or, Ipeirotis (2010) a examiné la performance de l'algorithme de Dawid et Skene (1979) modifié pour tenir compte de l'existence de données d'or. En variant le pourcentage des données d'or (0%, 25%, 50% et 75%), il a essayé de mesurer à chaque fois l'erreur de classification (dans quelle mesure l'algorithme estime la classe correcte des exemples) et l'erreur d'estimation de la qualité (dans quelle mesure l'algorithme estime la qualité des travailleurs). Il a trouvé que ce genre de données ne fait pas de différence par rapport au modèle non supervisé. Par contre, il a considéré que l'utilisation des données d'or est nécessaire dans quelques cas tel que le travail sur des ensembles de données très déséquilibrés (évaluer toutes les classes). Selon Ipeirotis (2010), les raisons les plus importantes sont le gain de la confiance des personnes non techniques (en proposant une approche de contrôle de qualité) et le calibrage des résultats lorsque la sensibilité des utilisateurs influent sur leurs réponses.

Également, Philips (2011) traite les données d'or comme un outil pour associer des scores de confiance aux contributeurs. Les participants doivent donc dépasser des seuils de confiance minimum pour continuer à travailler sur une tâche. Si à tout moment un contributeur tombe en dessous du seuil de confiance, on exclue son travail.

Dans ce travail, nous allons pondérer les réponses des contributeurs à partir des relations sur les réponses des données d'or. Cette pondération, réalisée à partir d'un degré d'expertise, pourra aller jusqu'à ne plus considérer les contributeurs trop éloignés des réponses attendues sur les données d'or.

3.2   Calcul d'un degré d'expertise

Comme déjà mentionné, les réponses des contributeurs de la plateforme sont représentées par des graphes. Pour cela, considérant un participant p qui a associé les notes présentées dans le tableau 1 aux MNRUs (les données d'or), le graphe orienté et pondéré correspondant est construit (*cf.* figure 1). Le graphe est orienté pour la lisibilité des préférences ($a \rightarrow b$ signifie a est préféré à b) et la facilité du travail sur les successeurs et les prédécesseurs. Il est conçu comme suit :

TAB. 1 – *Exemple de notes*

MNRU	1	2	3	4	5
Note associée	2	1	2	4	5

— L'insertion du point de départ virtuel D, correspondant toujours à la note 5, qui sert à l'extraction de la note associée au morceau $MNRU_i$ de la façon suivante :

$$note.ass(MNRU_i) = 5 - d_G(D, i) \qquad (5)$$

— A chaque itération k, l'ensemble des nœuds ayant la k^{eme} note la plus élevée est recherché et cet ensemble est ajouté au graphe dans une même profondeur en respectant les normes suivantes :
  - Coût de l'arc : différence entre les notes des MNRUs de deux profondeurs consécutives.
  - Nom du nœud : numéro du MNRU

FIG. 1 – *Graphe complet*

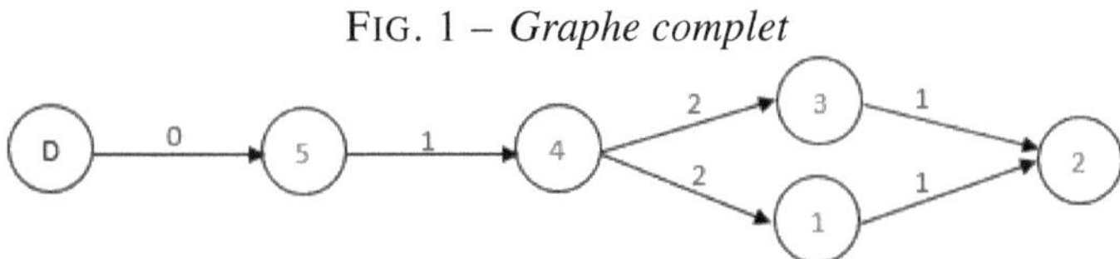

Pour calculer les degrés d'expertise, nous considérons le graphe de référence qui correspond aux notes théoriques attendues pour les MNRU et données par le tableau 2 qui correspond au graphe 2. Les graphes correspondants aux réponses des participants sont comparés

TAB. 2 – *Notes correctes*

MNRU	1	2	3	4	5
Note associée	1	2	3	4	5

FIG. 2 – *Graphe de référence*

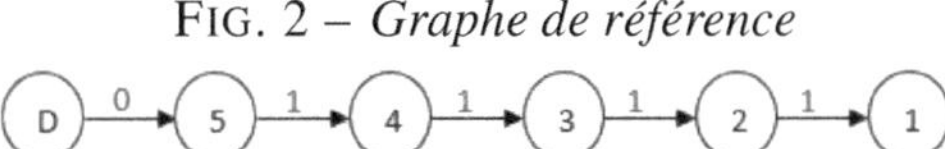

à ce graphe de référence et une fonction de masse est ainsi calculée pour chaque réponse des contributeurs.

L'idée est ici d'extraire un ensemble de critères hétérogènes permettant de contourner les différences entre deux nœuds, ce qui est proche de la notion de "signature des nœuds" introduite par Jouili (2011), bien que les critères considérés ne soient pas les mêmes.

Une particularité de la modélisation proposée est que tous les graphes ont les mêmes nœuds (même nombre et même attribut). Ainsi, l'idée est de comparer tous les couples $(N_{(1,i)}, N_{(2,i)})$

où $N_{(1,i)}$ est le nœud d'attribut i dans le graphe de référence et $N_{(2,i)}$ est le nœud de même attribut appartenant au graphe à comparer.

Pour ce faire, nous avons défini pour chaque nœud du graphe quatre critères représentant les différentes erreurs possibles que nous avons identifiées. Ces critères sont représentés puis fusionnés à l'aide des fonctions de masse où le cadre de discernement considéré est :

$$\Omega = \{E, NE\} \tag{6}$$

où E représente l'assertion *Expert* et NE *Non expert*. Nous cherchons ainsi à mesurer la croyance dans le fait qu'un contributeur soit un expert (*i.e.* détermine l'ordre correct sur les MNRUs) en fonction des notes qu'il a attribuées sur les MNRUs.

1. Degré d'exactitude de la note associée : Ce critère est caractérisé par la différence de position d'un nœud considéré entre la référence et la réponse du contributeur. La dissimilarité est calculée à l'aide de la distance Euclidienne dans (7).

$$d_1(N_{1,i}, N_{2,i}) = |d_{G_1}(D, N_{1,i}) - d_{G_2}(D, N_{2,i})| \tag{7}$$

où $d_G(D, N_i)$ est la profondeur du nœud N_i par rapport au nœud D.
La fonction de masse correspondante à ce critère est donnée par :

$$\begin{cases} m_1(N_{1,i}, N_{2,i})(E) = 1 - \dfrac{d_1(N_{1,i}, N_{2,i})}{d_{max}} \\ m_1(N_{1,i}, N_{2,i})(NE) = \dfrac{d_1(N_{1,i}, N_{2,i})}{d_{max}} \end{cases} \tag{8}$$

où d_{max} est la distance maximale entre deux nœuds. Compte tenu du fait que les graphes considérés ne représente que 5 notes, $d_{max} = 4$.

2. Degré de confusion entre les MNRUs : Ce critère mesure la proportion des nœuds de même note/distance au point de départ D que le nœud concerné. La dissimilarité de Jaccard sera ainsi employé pour la comparaison des contenus des ensembles dans (9)

$$d_2(N_{1,i}, N_{2,i}) = \frac{|I_{N_{1,i}} \bigcap I_{N_{2,i}}|}{|I_{N_{1,i}} \bigcup I_{N_{2,i}}|} \tag{9}$$

où $I_{N_i} = \{N_j \in V; d_G(D, N_j) = d_G(D, N_i)\}$, avec V l'ensemble des nœuds du graphe.
La fonction de masse associée est donnée par :

$$\begin{cases} m_2(N_{1,i}, N_{2,i})(E) = d_2(N_{1,i}, N_{2,i}) \\ m_2(N_{1,i}, N_{2,i})(NE) = 1 - d_2(N_{1,i}, N_{2,i}) \end{cases} \tag{10}$$

Cette masse représente une valeur minimale de 0.2.

3-4. Degré de mauvais ordre précédent (sur l'ensemble de prédécesseurs) et **de mauvais ordre suivant** (sur l'ensemble de successeurs). Le participant peut considérer un morceau meilleur qu'un autre, contrairement à ce qui est attendu. Ainsi ces critères mesurent ces erreurs d'inversion par rapport au précédent ou suivant. Afin de définir ces degrés, nous introduisons la définition des ensembles suivants respectivement pour l'ensemble des prédécesseurs ($P_{N_i}^{C}$ correctes et $P_{N_i}^{NC}$ non correctes) et l'ensemble des successeurs ($S_{N_i}^{C}$ correctes et $S_{N_i}^{NC}$ non correctes) :

$$\begin{cases} P_{N_i}^C = \{N_j \in V / N_j \in Pred_{G_1}(N_i)\} \\ P_{N_i}^{NC} = \{N_j \in V / N_j \in Succ_{G_1}(N_i)\} \end{cases} \text{ et } \begin{cases} S_{N_i}^C = \{N_j \in V / N_j \in Succ_{G_1}(N_i)\} \\ S_{N_i}^{NC} = \{N_j \in V / N_j \in Pred_{G_1}(N_i)\}\} \end{cases}$$

où $Succ_G(N)$ et $Pred_G(N)$ sont respectivement l'ensemble des successeurs et l'ensemble des prédécesseurs du nœud N dans le graphe G.

A partir de ces définitions, les distances d_3 et d_4 sont données par les équations (11) et (12).

$$\begin{cases} d_{3,1}(N_{1,i}, N_{2,i}) = \dfrac{|P_{N_{2,i}}^C \bigcap P_{N_{1,i}}|}{|P_{N_{1,i}} \bigcup P_{N_{2,i}}|} = m_3(N_{1,i}, N_{2,i})(E) \\ d_{3,2}(N_{1,i}, N_{2,i}) = \dfrac{|P_{N_{2,i}}^{NC}|}{|P_{N_{2,i}}|} = m_3(N_{1,i}, N_{2,i})(NE) \end{cases} \tag{11}$$

$$\begin{cases} d_{4,1}(N_{1,i}, N_{2,i}) = \dfrac{|S_{N_{2,i}}^C \bigcap S_{N_{1,i}}|}{|S_{N_{1,i}} \bigcup S_{N_{2,i}}|} = m_4(N_{1,i}, N_{2,i})(E) \\ d_{4,2}(N_{1,i}, N_{2,i}) = \dfrac{|S_{N_{2,i}}^{NC}|}{|S_{N_{2,i}}|} = m_4(N_{1,i}, N_{2,i})(NE) \end{cases} \tag{12}$$

Le reste de la masse sera associé à l'ignorance. La masse associée à l'ignorance peut être également dérivée des nœuds extrêmes qui n'ont pas des prédécesseurs (tous les nœuds sauf le nœud (5)) ou bien des successeurs (tous les nœuds sauf le nœud (1)).

Les équations (7), (8), (9), (10), (11) et (12) permettent de calculer les fonctions de masse par critère pour **chaque couple de nœuds** $(N_{1,i}, N_{2,i})$, respectivement du graphe de référence et du graphe correspondant à la réponse d'un participant, et d'attribut i. L'étape suivante définit une fonction de masse sur le **graphe tout entier** en faisant la moyenne des fonctions de masse sur tous les nœuds, calculées pour chaque critère :

$$\begin{cases} m_k(G_1, G_2)(E) = \dfrac{\displaystyle\sum_{i=1}^{O(G)} m_k(N_{1,i}, N_{2,i})(E)}{O(G)} \\[2em] m_k(G_1, G_2)(NE) = \dfrac{\displaystyle\sum_{i=1}^{O(G)} m_k(N_{1,i}, N_{2,i})(NE)}{O(G)} \end{cases} \tag{13}$$

où $O(G)$ est l'ordre du graphe (*i.e.* le nombre de sommets, ici 6).

Afin d'obtenir une fonction de masse pour la réponse considérée, nous combinons les fonctions de masse des quatre critères. Finalement, le degré d'expertise est donné en calculant la distance de Jousselme et al. (2001) entre la fonction de masse ainsi obtenue et la fonction de masse catégorique sur l'élément expert tel que Essaid et al. (2014).

4 Évaluation de la méthode en situation réelle

Historiquement, Orange Labs réalise des tests d'évaluation subjective de codeurs audio en laboratoire. Ces tests consistent à recruter des auditeurs dits naïfs (n'étant pas impliqués directement dans les travaux liés à l'évaluation de la qualité ou du codage audio), à leur présenter de courtes séquences de parole ou de musique traitées selon différentes configurations de codage et à leur demander d'en évaluer la qualité audio sur des échelles adaptées. Les tests se déroulent dans des salles traitées acoustiquement et plus globalement dans un environnement parfaitement contrôlé. Ces méthodes en laboratoire sont efficaces mais restent coûteuses et peuvent avoir une portée limitée quant à la représentativité des résultats (par rapport à une utilisation de services in situ) ou des stimuli (nombre limité par exemple).

Dans l'objectif d'ajouter l'approche crowdsourcing aux méthodes de test, deux campagnes déployées sur une plateforme de *crowdsourcing* ont été réalisées en vue de comparer les résultats avec ceux obtenus en laboratoire. Chaque campagne consistait en une réplique d'un même test initialement réalisé en laboratoire pour la normalisation du codeur G729EV. Dans ce test laboratoire, 7 conditions de test i.e. solutions de codage étaient considérées, auxquelles s'ajoutaient les 5 conditions de référence MNRU. Au total, douze conditions étaient évaluées à travers 16 extraits musicaux. 32 personnes ont été recrutées et réparties en 4 groupes. Chaque groupe écoutait et évaluait 4 *hits* , un *hit* (*Human Intelligence Task*) étant ici un ensemble de 12 séquences audio correspondant aux douze conditions de tests présentées à travers 12 extraits musicaux différents. Ainsi, chaque *hit* contenait les douze conditions de test (7 conditions de codage et les 5 MNRU) présentées dans un ordre aléatoire avec un set d'extraits musicaux différent pour chaque *hit*. Après chaque séquence audio, les auditeurs étaient invités à noter la qualité sur une échelle de 1 (= Mauvaise) à 5 (= Excellente).

Pour les campagnes de crowdsourcing, les participants ont également été répartis en **4 panels** de façon à ce que chacun ne puisse appartenir qu'à un et un seul panel, comme en laboratoire. Suivant le plan expérimental du test laboratoire, à chaque panel étaient associés 4 *hits* de 12 séquences audio à évaluer sur la même échelle de qualité. Chaque *hit* faisait l'objet d'un micro-job sur la plateforme de crowdsourcing. Ainsi chaque participant pouvait faire entre 1 et 4 *hit* (les 4 *hits* de son panel, différents de ceux des autres panels). La participation d'un participant a été prise en compte s'il ou elle avait terminé au moins un *hit*, sachant qu'il ou elle pouvait cesser les écoutes avant la fin du *hit* contrairement au laboratoire. Les instructions étaient présentées en anglais par écrit aux participants avant le test. Une session d'apprentissage avec 8 séquences audio devait également être réalisée avant le test, comme en laboratoire. Deux campagnes ont ainsi été menées en considérant deux zones géographiques différentes. Dans la première campagne, tout travailleur anglophone pouvait participer, quel que soit son pays. Les travailleurs ayant participé à cette campagne étaient majoritairement en Asie. La deuxième campagne se limitait aux USA. Les mêmes conditions sont appliquées dans le sens où les participants appartenant à un même $Panel_i$ écoutent les mêmes morceaux pour les deux campagnes.

Les degrés d'expertise ont été calculés d'une part sur les données de laboratoire et d'autre part sur les notes issues des plateformes de *crowdsourcing*. Pour les données du laboratoire, les résultats sont présentés par intervalles de degré d'expertise de longueur 0.1 sur la figure 3. On a obtenu 31 personnes (sur 32) avec un degré d'expertise supérieur à 0.4 (seuil choisi en comparaison des données issues de la plateforme) montrant ainsi la fiabilité des réponses des personnes en laboratoire. L'intervalle $[0.4, 0.5]$ contient le plus de personnes.

Dans un premier temps, les distributions des ensembles de tous les panels sur les données issues des plateformes de *crowdsourcing* sont représentées sur la figure 4. Sur ces distributions, nous notons un petit saut sur l'intervalle $[0.4, 0.5]$ qui permet ainsi de déterminer le seuil d'expertise à prendre en compte pour discriminer les participants.

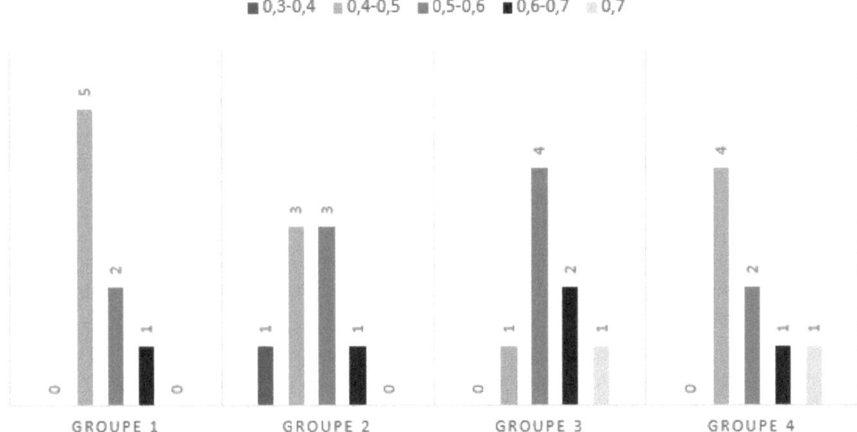

FIG. 3 – *Participants par intervalle d'expertise sur les données de laboratoire.*

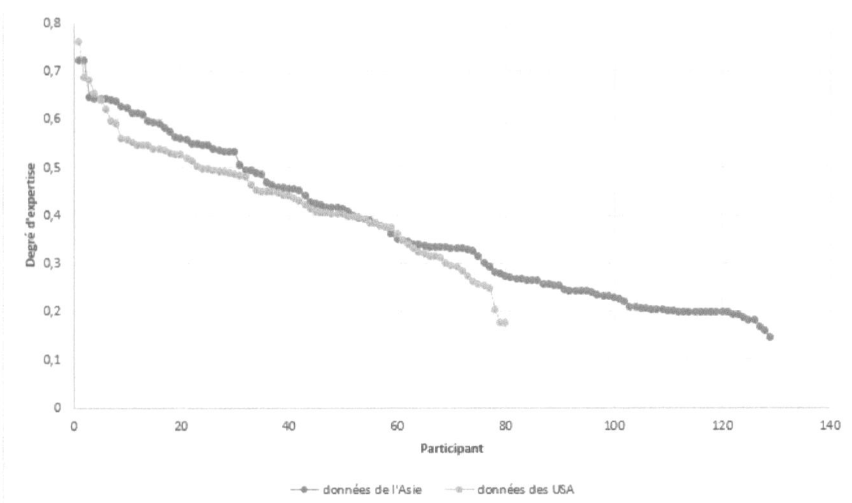

FIG. 4 – *Distribution des données*

Les degrés d'expertise varient dans un intervalle plus large que celui du laboratoire (de 0.1 à 0.7). Un premier facteur pouvant expliquer ces résultats serait le manque de sérieux chez un plus grand nombre de participants sur la plateforme de *crowdsourcing*. D'autre part, les conditions d'écoute (environnement sonore, casque ou haut-parleur(s), PC utilisé) sont variables d'un participant à l'autre, d'un *hit* à l'autre contrairement au laboratoire, et peuvent influer sur la qualité des réponses des participants. Dans ce travail, nous n'avons pas souhaité imposer des conditions d'expérimentation afin de placer les travailleurs dans un contexte familier. De plus, en comparant les deux distributions, on remarque une petite différence entre les deux campagnes. Par exemple, l'intervalle d'expertise [0.1,0.2] est presque absent pour les données de la campagne américaine (2 personnes sur l'ensemble des panels *cf.* courbe grise) alors que pour l'Asie cet intervalle contient 19 participants (*cf.* courbe noire). D'autre part, pour l'Asie l'intervalle [0.2,0.3] contient le plus de participants alors que pour les USA, il s'agit de l'intervalle [0.4,0.5]. Les différences observées entre les deux campagnes peuvent s'expliquer à travers les différences culturelles entre les deux régions, et notamment une plus grande proximité culturelle avec les extraits musicaux choisis (musique occidentale) pour la campagne américaine.

Nous retenons comme seuils dans une première analyse, les seuils de 0.4 et 0.5 qui sont proches des sauts dans les distributions (4). Les participants retenus sont ceux ayant un degré d'expertise supérieur au seuil considéré. La moyenne de leurs réponses sera prise en compte pour l'évaluation de la qualité audio. Nous comparons ainsi les données issues des deux campagnes sur les plateformes de *crowdsourcing* avec celles obtenues en laboratoire selon ces deux seuils.

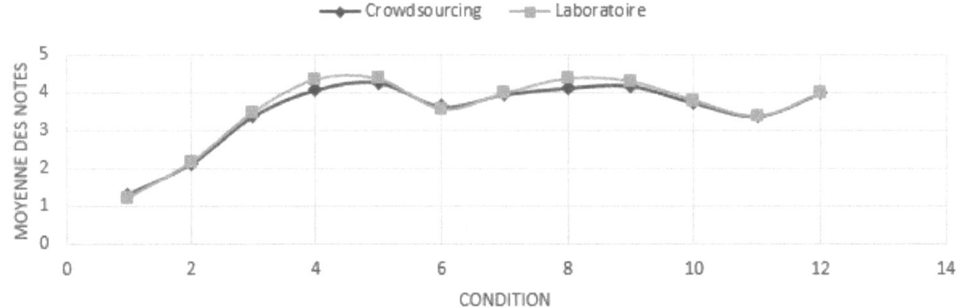

FIG. 5 – *Comparaison des courbes laboratoire/crowdsourcing des données fusionnées pour un seuil d'expertise de 0.4.*

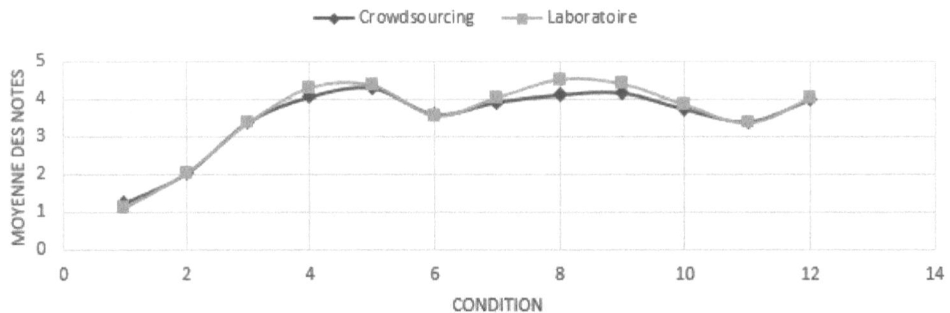

FIG. 6 – *Comparaison des courbes laboratoire/crowdsourcing des données fusionnées pour un seuil d'expertise de 0.5.*

Nous remarquons que les courbes obtenues (laboratoire et *crowdsourcing*) pour le premier seuil 0.4 (5) sont plus proches les unes des autres que pour un seuil à 0.5. Néanmoins, les courbes obtenues pour le deuxième seuil 0.5 (6) montrent que les participants qualifiés d'experts selon ce critère ont bien réussi à différencier les 5 premières conditions de référence (MNRU) de qualité connue.

Idéalement, la courbe sur les cinq premiers morceaux devrait être une droite car elle correspond aux MNRUs. Cependant, ces résultats sont expliqués par des comportements habituels que l'on retrouve ici sur les données de laboratoire et des plateformes. La proximité des deux courbes montre l'intérêt de réaliser ce type d'évaluation sur des plateformes de *crowdsourcing*, une fois que les participants les plus experts aient été sélectionnés.

5   Conclusion et discussion

Dans ce travail nous avons proposé une approche originale de calcul d'expertise pour des participants à une évaluation subjective de qualité audio à travers des tests d'écoute. L'approche proposée est fondée sur une modélisation des notations des participants sur la forme de graphe. Tenant compte de données dont l'ordre de préférence attendu est connu, nous avons développé une mesure de comparaison de deux graphes. Ainsi, l'approche est fondée sur quatre critères à partir desquels quatre fonctions de masse ont été définies afin de tenir compte des imperfections possibles des réponses des participants. A partir de ces fonctions de masse, un degré d'expertise est calculé pour chaque participant permettant ainsi de ne considérer que les participants ayant un degré d'expertise suffisant.

Les résultats comparant des données issues de deux campagnes de *crowdsourcing* et de laboratoire montrent l'intérêt de réaliser de telles évaluations à partir de plateformes de *crowdsourcing*. Il est cependant nécessaire d'évaluer correctement un degré d'expertise afin de ne pas considérer toutes les réponses issues des plateformes de *crowdsourcing*. L'approche développée dans ce travail pour l'évaluation des degrés d'expertise permet bien d'écarter les participants sans réponses pertinentes pour la tâche d'évaluation de la qualité audio.

Références

Ben Rjab, A., M. Kharoune, Z. Miklos, et A. Martin (2016). Characterization of experts in crowdsourcing platforms. In *The 4th International Conference on Belief Functions*.

Ben Rjab, A., M. Kharoune, Z. Miklos, A. Martin, et B. Ben Yaghlane (2015). Caractérisation d'experts dans les plate-formes de crowdsourcing. In *24 ème Conférence sur la Logique Floue et ses Applications*.

Dawid, A. P. et A. M. Skene (1979). Maximum likelihood estimation of observer error-rates using the em algorithm. *Journal of the Royal Statistical Society 28*(1), 20–28.

Dempster, A. P. (1967). Upper and lower probabilities induced by a multivalued mapping. *The annals of mathematical statistics*, 325–339.

Essaid, A., A. Martin, G. Smits, et B. B. Yaghlane (2014). A distance-based decision in the credal level. In *Artificial Intelligence and Symbolic Computation - 12th International Conference, AISC 2014, Seville, Spain, December 11-13, 2014. Proceedings*, pp. 147–156.

Howe, J. (2006). The rise of crowdsourcing. *Wired magazine 14*(6), 1–4.

Ipeirotis, P. (2010). Worker evaluation in crowdsourcing : Gold data or multiple workers ?

Ipeirotis, P. G., F. Provost, et J. Wang (2010). Machine-learning for spammer detection in crowd-sourcing. In *HCOMP '10 Proceedings of the ACM SIGKDD Workshop on Human Computation*.

ITU (1996). Modulated noise reference unit (MNRU). Technical Report ITU-T P.810, International Telecommunication Union.

Jouili, S. (2011). *Indexation de masses de documents graphiques : approches structurelles.* Ph. D. thesis, Université Nancy II.

Jousselme, A.-L., D. Grenier, et É. Bossé (2001). A new distance between two bodies of evidence. *Information fusion 2*(2), 91–101.

Le, J., A. Edmonds, V. Hester, et L. Biewald (2010). Ensuring quality in crowdsourced search relevance evaluation : The effects of training question distribution. In *Workshop on Crowdsourcing for Search Evaluation*.

Philips, P. (2011). Enterprise crowdsourcing or : How i learned to stop worrying and trust the crowd.

Raykar, V. C. et S. Yu (2012). Annotation models for crowdsourced ordinal data. *Journal of Machine Learning Research 13*.

Raykar, V. C., S. Yu, L. H. Zhao, G. Hermosillo Valadez, C. Florin, L. Bogoni, et L. Moy (2010). Learning from crowds. *Journal of Machine Learning Research 11*, 1297–1322.

Shafer, G. et al. (1976). *A mathematical theory of evidence*, Volume 1. Princeton university press Princeton.

Smets, P. (1990). The combination of evidence in the transferable belief model. *12*, 447 – 458.

Smyth, P., U. Fayyad, M. Burl, P. Perona, et P. Baldi (1995). Inferring ground truth from subjective labelling of venus images. *Advances in Neural Information Processing Systems 7*, 1085–1092.

Summary

Crowdsourcing, a major economic issue, is the fact that the firm outsources internal task to the crowd. It is a form of digital subcontracting for the general public. The evaluation of the participants work quality is a major issue in crowdsourcing. Indeed, contributions must be controlled to ensure the effectiveness and relevance of the campaign. We are particularly interested in small, fast and not automatable tasks. Several methods have been proposed to solve this problem, but they are applicable when the "golden truth" is not always known. This work has the particularity to propose a method for calculating the degree of expertise in the presence of gold data in crowdsourcing. This method is based on the belief function theory and proposes a structuring of data using graphs. The proposed approach will be assessed and applied to the data.

Défi EGC 2017: Modélisation Cost-Sensitive et Enrichissement de données

Vincent Levorato[*,**], Michel Lutz[***,****]
Matthieu Lagacherie[*]

[*]OCTO Technology
vlevorato@octo.com, mlagacherie@octo.com
[**]LIFO, Université d'Orléans
vincent.levorato@univ-orleans.fr
[***]TOTAL, Digital Corporate Team
michel.lutz@total.com
[****]Ecole des mines de Saint-Etienne

Résumé. La conférence EGC'2017 propose un défi dont le contexte est la gestion des espaces verts pour la ville de Grenoble, et notamment des arbres qui y sont présents. L'objectif est de proposer un modèle basé sur des données fournies qui permettrait de prédire au mieux les arbres malades, ainsi que la localisation potentielle de la maladie. Après avoir obtenu quelques résultats intéressants avec des modèles standards, notre approche utilisant un modèle Cost-Sensitive One Against All (CSOAA) nous permet d'obtenir une exactitude de 0,86, une précision de 0,88, et un rappel de 0,91 sur la prédiction unilabel, et une précision/rappel micro de 0,82/0,74 ainsi qu'une précision/rappel macro de 0,66/0,46 pour la prédiction multilabel. L'extraction de connaissances pour la tâche 2 nous a permis de mettre en relief l'intérêt de l'ajout de données sur la nature des maladies et la concentration de la pollution dans la ville.

1 Introduction et Données

Le travail présenté dans cet article répond au Défi EGC 2017, dont l'enjeu est, pour la ville de Grenoble, de prédire l'apparition de maladies parmi les arbres du parc urbain. Une partie de l'article expliquera notre approche sur les 2 types de prédiction proposés dans la tâche 1 (unilabel et multilabel). Une seconde partie proposera un enrichissement des données, suivie d'une conclusion. Avant cela, nous étudierons comment nous avons préparé les données afin de les intégrer à nos modèles.

1.1 Données disponibles

Chaque arbre possède 29 variables qui le décrivent, et 5 variables à prédire, dont une qui reflète si l'arbre est sain ou pas ('Default or not' prenant les valeurs 0 ou 1), et 4 variables spécifiant les endroits atteints ('Collet', 'Houppier', 'Racine', 'Tronc' prenant également les valeurs 0 ou 1). Parmi les données fournies, la géolocalisation de chaque arbre était présente à travers 2 coordonnées, x et y (voir figure 1 pour un aperçu de l'implantation des arbres dans la ville). Un premier jeu de données contenait environ 10 000 arbres et le second environ 5 000 pour un total d'un peu plus de 15 000 arbres. Le jeu final de test contient également 5 000 arbres, ce qui nous donne un jeu d'apprentissage correspondant à trois quarts des données contre un quart pour le test.

FIG. 1 – *Positionnement des arbres sains (en vert) et malades (en rouge)*

1.2 Préparation des données

1.2.1 Données numériques

Un certain nombre de champs (7 au total) possède des valeurs numériques (ADR_SEC-TEUR, ANNEEDEPLANTATION, ANNEEREALISATIONDIAGNOSTIC, ANNEE TRAVAUXPRECONISESDIAG, IDENTIFIANTPLU, coord_x, coord_y) pour lesquels aucun formatage n'est nécessaire. Nous rajoutons le champ DIAMETREARBREAUNMETRE dans cette catégorie en ne prenant que la première valeur de l'intervalle. Seules les valeurs manquantes ont été gérées pour certains de ces champs :
— ANNEEREALISATIONDIAGNOSTIC, ANNEETRAVAUXPRECONISESDIAG, IDENTIFIANTPLU : les valeurs manquantes ont été remplacées par 0 afin de garder la présence d'une non-information qui pourrait apparaître comme un signal faible.
— DIAMETREARBREAUNMETRE : les valeurs manquantes ont été remplacées par le mode en fonction du genre botanique de l'arbre (GENRE_BOTA), autrement dit le diamètre le plus fréquent par rapport au genre botanique de l'arbre en question.

1.2.2 Données catégorielles

A part le champ REMARQUES, tous les autres champs ont été transformés en valeurs numériques, avec un entier pour chaque modalité de la catégorie. Les valeurs manquantes ont

été gérées ainsi :
- — ESPECE : idem que pour le diamètre, les valeurs manquantes ont été remplacées par le mode en fonction du genre botanique de l'arbre (GENRE_BOTA).
- — Pour toutes les autres variables catégorielles, les valeurs manquantes ont été gérées comme une catégorie en soi.

Nous travaillerons, après préparation des données, sur *un ensemble de 15 213 arbres* exactement. Ce qui suit ne modifiera pas ce nombre.

1.2.3 Données textuelles

Seul le champ REMARQUES a retenu notre attention en tant que donnée textuelle. Remplacer tout texte par 1 et toute valeur manquante nulle ou manquante par 0 permet de garder le champ pour tester un premier modèle, mais n'utilise pas les informations du texte. Dans un deuxième temps, nous avons utilisé une technique connue pour la comparaison de grands volumes de textes : le LSH (Local Sensitive Hashing) (Andoni et Razenshteyn, 2015) couplé aux *n-grams* (Kondrak, 2005). Pour $n = 5$, nous avons haché chaque n-gram du champ REMARQUES, puis n'avons gardé que la valeur minimale (minHash). L'idée est que plus deux textes sont identiques, plus la probabilité d'avoir un certain nombre de codes de hachage identiques est grande. En utilisant 50 fonctions de hachage différentes, cela ajoute autant de variables numériques par arbre. Cela permettra d'améliorer légèrement le modèle comme nous le verrons dans les résultats.

1.2.4 Données de géolocalisation

Les coordonnées des arbres sont, dans notre cas, gérées comme de simples données numériques. Néanmoins, nous avons voulu vérifier si la densité d'arbres à un endroit donné pouvait ou non influer sur les prédictions. Nous avons donc effectué un clustering sur les points correspondant aux coordonnées des arbres. De prime d'abord, on pense à l'algorithme k-Means, cependant, celui-ci impose de choisir la valeur de k, contrainte qui peut être traitée, mais surtout a comme hypothèse forte d'avoir des clusters linéairement séparables. L'algorithme de clustering DBSCAN résout ces deux contraintes, mais ne permet pas de construire des clusters de densités différentes, ce qui est ce que nous voulons précisément obtenir. Nous nous sommes donc penchés sur l'algorithme OPTICS qui généralise DBSCAN et permet d'obtenir des clusters de densités différentes (Ankerst et al., 1999). Pour les paramètres ϵ et $minPts$ de la méthode qui sont respectivement le rayon maximum de recherche et le nombre minimum de voisins à trouver dans ce rayon, nous les avons traités comme suit : nous avons ignoré ϵ en prenant la plus grande valeur possible pour laquelle le résultat du clustering n'évolue plus, et avons choisi $minPts = 1$. Ces valeurs s'expliquent par la faible densité au global des arbres, et pour ainsi avoir tout arbre classifié dans un cluster, au lieu d'avoir des arbres non-classifiés (ce qui l'algorithme renverra si on augmente la valeur de $minPts$). L'algorithme produit ainsi une sorte de dendrogramme pour lequel une autre valeur ϵ_{cl} est nécessaire pour effectuer la coupe. Un certain nombre de recherche d'optimum existent, mais nous avons préféré choisir cette valeur de manière à obtenir la meilleure prédiction sur le jeu de test tout en maximisant l'homogénéité des clusters au sens de la V-mesure (Rosenberg et Hirschberg, 2007). Nous avons choisi la valeur $\epsilon_{cl} = 8$ ce qui donne 8227 clusters avec un score d'homogénéité d'environ 70%. Une nouvelle variable numérique catégorielle a été ajoutée au jeu de données en prenant comme valeur l'identifiant du cluster. Le nombre de clusters est dû à ceux de taille 1 qui n'amènent aucune information : les clusters les plus gros sont plus cohérents (fig. 2).

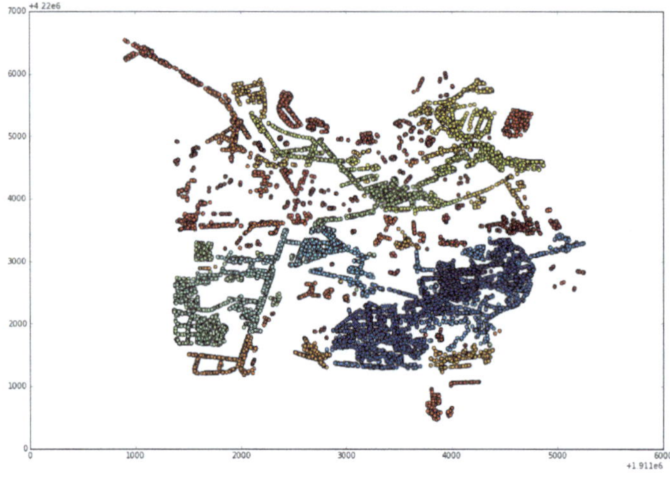

FIG. 2 – *Clustering obtenu par OPTICS*

2 Tâche 1 : prédiction des défauts de l'arbre

2.1 Modèles pour la prédiction unilabel

Dans un contexte supervisé, plusieurs algorithmes peuvent être utilisés pour l'apprentissage et la prédiction. Nous avons utilisé tout d'abord 2 modèles de classifieurs connus en Ensemble learning : les Random Forests (Breiman, 2001), et les Extremely Randomized Trees (appelés également Extra Trees) (Geurts et al., 2006). Pour faire simple, ces modèles sont composés d'un certain nombre d'arbres de décision qui ont chacun une vision partielle du problème. Le retour de la forêt correspond à l'ensemble des votes des arbres. Ces deux modèles sont implémentés dans la librairie Python Scikit-learn (Pedregosa et al., 2011) que nous avons utilisée.

2.2 Résultats pour la prédiction unilabel

La baseline du défi est de 86% pour l'exactitude, 82% de précision et 72% de rappel (valeurs que nous rappellerons entre parenthèses pour la comparaison). En utilisant que les données de base, nous obtenons les résultats du tableau 1 pour des forêts de 100 arbres sans optimisation particulière des paramètres. Les résultats sont similaires en terme d'exactitude. Nous avons ensuite ajouté la variable issue du clustering expliqué section 1.2.4, dont les résultats apparaissent dans le tableau 2, où l'on constate que cela a un impact positif sur le modèle ET. Dernier test avec ces modèles en ajoutant 50 variables numériques tirées du hachage du champ

REMARQUES expliqué section 1.2.3, dont les résultats sont donnés dans le tableau 3, et qui finalement ne fait gagner qu'un 1% d'amélioration sur la précision du modèle Extra Trees.

	RF	ET
Exactitude	**0,87** (0,86)	**0,87** (0,86)
Précision	0,81 (0,82)	0,78 (0,82)
Rappel	**0,79** (0,72)	**0,81** (0,72)

TAB. 1 – *Performances des modèles RF et ET (5-fold cross-validation) - Uni-label*

	RF	ET
Exactitude	**0,87** (0,86)	**0,87** (0,86)
Précision	0,81 (0,82)	0,79 (0,82)
Rappel	**0,79** (0,72)	**0,82** (0,72)

TAB. 2 – *Performances des modèles RF et ET (5-fold cross-validation) avec ajout de la variable issue du clustering OPTICS - Uni-label*

	RF	ET
Exactitude	**0,87** (0,86)	**0,87** (0,86)
Précision	0,81 (0,82)	0,79 (0,82)
Rappel	**0,79** (0,72)	**0,81** (0,72)

TAB. 3 – *Performances des modèles RF et ET (5-fold cross-validation) avec ajout de codes de hachage (champ REMARQUES) - Uni-label*

Une première analyse des 10 variables contribuant le plus sur l'ensemble des arbres nous indique que l'avis de l'expert a une grande influence, ainsi que la géolocalisation dans une moindre mesure, puis en dernier des caractéristiques propres à l'arbre [1].

Dans nos différents tests, nous avons voulu vérifier si seul l'expert pourrait fournir de bonnes prédictions, et si nous ne gardons que les variables propres à celui-ci (variables de type diagnostic), nous nous approchons des résultats utilisant l'ensemble des variables. Par exemple, sur un modèle Random Forest paramétré de la même manière, nous obtenons une exactitude de 86%, une précision de 83%, et un rappel de 71%. Sachant que nous atteignons 81% de rappel dans le meilleur des cas, cela montre qu'il y a bien d'autres informations permettant de couvrir un ensemble plus complet, et de réduire ainsi le nombre de faux négatifs.

2.3 Modèles pour la prédiction multi-label

En classification multi-label, qui consiste en un problème d'apprentissage où plusieurs classes peuvent être affectées simultanément à un exemple, on trouve usuellement deux grandes catégories d'approches (Tsoumakas et Katakis, 2007) :

---

1. Participation des variables : NOTEDIAGNOSTIC : 0,41 - coord_x : 0,08 - coord_y : 0,07 - PRIORITE-DERENOUVELLEMENT : 0,06 - DIAMETREARBREAUNMETRE : 0,05 - CODE_PARENT_DESC : 0,05 - CODE_PARENT : 0,04 - TRAVAUXPRECONISESDIAG : 0,03 - ESPECE : 0,02 - GENRE_BOTA : 0,02

— Transformer le problème pour le convertir en un problème pouvant être résolu par un algorithme de classification binaire ou multiclasses usuel ;
— Utiliser des algorithmes multiclasses transformés, qui peuvent résoudre directement le problème multi-label.

Nous avons cherché à exploiter des solutions multi-labels déjà existantes et rapidement implémentables, c'est pourquoi nous nous sommes tournés vers la seconde classe d'approche. Les modèles en Ensemble learning que nous avons utilisés pour la prédiction uni-label ont été adaptés pour traiter des problèmes de prédiction en multi-label, et sont également implémentés dans la librairie Python Scikit-learn. Dans les implémentations R, on trouve la méthode *Random Forest multivarié* de la librairie `randomForestSRC` qui est un algorithme directement dérivé des travaux de Breiman (Breiman, 2001) et la méthode *Random Ferns multi-label* de la librairie `rFerns`, inspirée par les classifieurs bayésiens (Ozuysal et al., 2010). Ces classifieurs peuvent être longs à entraîner sur le jeu de données du défi EGC, notamment en R. Nous nous sommes alors tournés vers une solution reconnue pour ses performances : le système d'apprentissage *out of core* (c'est-à-dire que les données d'apprentissage n'ont pas besoin d'être chargées entièrement en mémoire) Vowpal Wabbit (VW), développé par John Langford [2] au sein du laboratoire Microsoft Research et précédemment Yahoo ! Research. VW propose plusieurs implémentations d'algorithmes multi-classe, dont l'un qui peut être facilement "détourné" pour faire du multi-label : *Cost-sensitive one against all* (CSOAA). Cet algorithme combine trois éléments clés :

— *Classification multi-classe*, qui consiste à entraîner un classifieur par classe de réponse possible, où chaque classifieur sera spécialisé pour prédire l'une des classes. Le problème multi-classe est ainsi décomposé en plusieurs problèmes binaires (Biernat et Lutz, 2015) ;
— *Cost-senstitive learning*, une approche un peu différente d'une classification classique. On ne cherche pas à prédire une réponse positive ou négative, mais le coût associé à une réponse (Elkan, 2001). Dans les données d'apprentissage, une bonne réponse a un coût nul. Si on associe un coût égal à 1 à une mauvaise réponse, le *cost-senstitive learning* ressemble à "l'inverse" d'une classification classique. Mais on peut aussi pénaliser plus ou moins fortement certaines réponses avec des coûts différents de 1 ;
— *Réduction*, qui vise à transformer un problème d'apprentissage en un problème plus simple (Beygelzimer et al., 2015). Pour le CSOAA, VW transforme le problème initial en plusieurs problèmes de régression, chacun visant à prédire le coût associé à l'une des classes de réponse.

L'intérêt de cet algorithme VW est qu'il peut directement intégrer des exemples d'apprentissage avec une cible multi-label. En prédiction, CSOAA VW se comporte par défaut comme une prédiction multi-classe, mais on peut l'utiliser comme un classifieur multi-label en récupérant des fichiers intermédiaires de prédictions brutes, qui contiennent les coûts associés à chacune des décisions. Par défaut, VW va prédire la classe associée au coût le plus faible. Pour du multi-label, on peut prédire toutes les classes dont le coût est inférieur à un seuil donné.

---

2. https ://github.com/JohnLangford/vowpal_wabbit

2.4 Résultats pour la prédiction multi-label

Préparation des données En phase exploratoire, la librairie R `mldr`[3] permet de visualiser facilement des données et de représenter la problématique multi-label. Sur la figure 3, l'image de gauche quantifie les occurrences des différentes combinaisons de classes de réponse. La combinaison la plus fréquente est évidemment '00000', qui correspond un arbre sain (le premier 0 correspond à la présence d'un défaut ou non, les suivants à la maladie présente : Collet, Houppier, Racine ou Tronc). La seconde combinaison la plus fréquente représente les arbres malades uniquement au niveau du houppier ('10100'). La combinaison de maladies la plus fréquente est houppier + tronc, avec 539 occurrences. L'image de droite permet de visualiser les relations de co-occurrences entre maladies. Elle relie les maladies entre elles avec une surface qui croît avec le nombre d'occurrences de cette relation : on voit bien que houppier + tronc est la relation la plus fréquente.

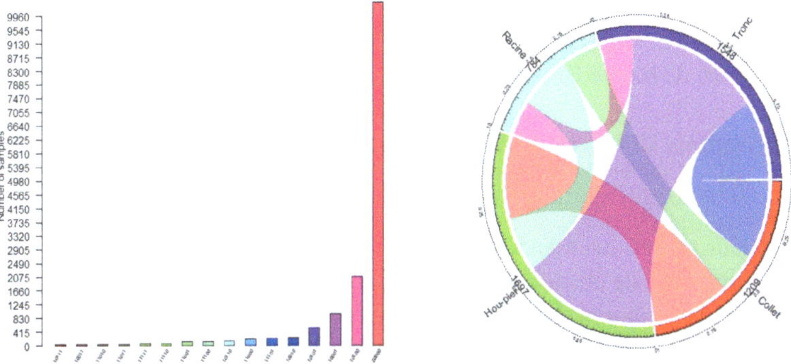

FIG. 3 – *Exploration de la problématique multi-label avec R* `mldr`

Nous souhaitons donc construire un classifieur CSOAA qui nous permette de prédire simultanément ces combinaisons de classes Sain ou Défaut / Collet / Houppier / Racine / Tronc. Pour cela, il faut transformer les données pour qu'elles puissent être ingérées par VW. La représentation de la problématique multi-label est spécifique à l'algorithme CSOAA. On associe une valeur numérique à chaque classe (Sain = 1, Collet = 2, Houppier = 3, Racine = 4, Tronc = 5). Pour chaque exemple, on associe ensuite le coût lié à chacune de ses réponses par une paire de points. Nous avons décidé d'associer le même coût de 1 pour chaque mauvaise réponse. Ainsi, un arbre sain se code `1:0 2:1 3:1 4:1 5:1`, un arbre malade du houppier et du tronc `1:1 2:1 3:0 4:1 5:0`. Nous pourrions chercher à affiner ces valeurs de coûts si on voulait pénaliser plus fortement certaines mauvaises réponses. Nous avons utilisé une technique un peu "brutale" mais communément utilisée par les férus de VW, qui consiste à déclarer chaque variable comme à la fois quantitative et qualitative.

Entraînement du modèle A partir des données transformées, nous entraînons le modèle en mode *batch* (et non pas en mode *online learning* qui est le fonctionnement par défaut de VW, c'est-à-dire qu'il réajuste ses paramètres à chaque nouvelle entrée, comportement que nous

---

3. https ://cran.r-project.org/web/packages/mldr/

	Micro	Macro
Précision	**0,82** *(0,70)*	**0,66** *(0,64)*
Rappel	**0,74** *(0,47)*	**0,46** *(0,37)*

TAB. 4 – *Performance du modèle CSOAA VW - multi-label*

Mesure	Résultat
Exactitude	0,86 (0,86)
Précision	**0,88** (0,82)
Rappel	**0,91** (0,72)

TAB. 5 – *Performance du modèle CSOAA VW - uni-label*

souhaitons éviter ici). Nous avons utilisé le paramétrage de base, mais le modèle pourrait être amélioré en jouant sur de nombreux paramètres de customisation (nombre de passes sur les données, etc.). Sur les données du défi, l'entraînement du modèle est quasi-instantané sur un ordinateur de bureau de bonne facture (processeur i7, 16Go de mémoire).

Prédiction et résultats Une ligne de prédiction brute aura l'apparence suivante :

$$1 : -0.0810122 \quad 2 : 1.18642 \quad 3 : 1.15586 \quad 4 : 1.07331 \quad 5 : 1.07771$$

On a donc la valeur numérique associée à chaque classe, suivie d'une prédiction de coût. Plus le coût est petit, plus on a de chance d'être face à une bonne réponse. Nous transformons alors ce résultat brut en un résultat multi-label classique : chaque classe associée à un coût inférieur à un certain seuil va être taguée positivement (c'est une bonne réponse, car son coût est faible), chaque classe associée à un coût supérieur à ce seuil sera taguée négativement (elle coûte "cher"). Nous avons choisi un seuil égal à 0.5, valeur qui pourrait peut-être être optimisée. Pour ce seuil, la ligne précédente devient, qui est un arbre sain :

$$1 : 1 \quad 2 : 0 \quad 3 : 0 \quad 4 : 0 \quad 5 : 0$$

Nous évaluons cette approche avec un validation croisée 5-*folds*. La performance est évaluée avec les métriques précision et rappel micro et macro disponibles dans `scikit-learn`. Concernant la baseline, il est proposé une précision micro de 70% et un rappel micro de 47%, ainsi qu'une précision macro de 64% et un rappel macro de 37%. Nos résultats sont présentés dans le tableau 4 (la *baseline* du défi est rappelée entre parenthèses).

Ce modèle peut être utilisé pour la prédiction uni-label, puisqu'il intègre directement la cible sain/malade (tab. 5). Sans aucun travail supplémentaire de *feature engineering*, on obtient donc un modèle performant, au-dessus de la *baseline* du défi (multi-label et uni-label), et également au dessus de nos premiers modèles utilisés pour la tâche de prédiction uni-label. Ce modèle pourrait encore être amélioré (paramétrage de l'entraînement, affinement du seuil, online learning...).

3   Tâche 2 : Enrichissement des données

Pour cette tâche, nous avons voulu isoler les données des experts qui permettent d'obtenir les résultats décrits pour la tâche 1 : en effet, sans cela, aucune amélioration significative n'était observée par l'ajout de données externes. Les champs que nous avons considérés comme renseignés par un expert sont donnés section 2.2. Pour clarifier le discours, nous n'utiliserons que 2 mesures pour la comparaison : l'exactitude et la F-mesure (moyenne harmonique de la précision et du rappel). Sans les champs "experts", de base, nous obtenons au mieux *0.76 d'exactitude*, et *0.64 pour la F-mesure*, tout modèle confondu.

3.1 Données sur les maladies

Pour enrichir les données présentes, nous avons étudié la question du risque pour les arbres de contracter une maladie. Pour ce faire, nous nous sommes largement appuyés sur le guide d'observation et de suivi des organismes nuisibles en zones non agricoles réalisé par "Plante & Cité" sous le pilotage du Ministère chargé de l'agriculture (Plante et Cité, 2011). Dans ce document, il y est répertorié les sensibilités de plantes-hôtes en fonction de leur groupe agronomique. En tout, 5 niveaux de sensibilités y sont décrits (de 4 à 0) : très sensibles, sensibles, moyennement sensibles, peu sensibles, et non sensibles (quand absent de la liste). Au niveau des maladies et autres nuisibles, nous avons extrait ce niveau de sensibilité pour 31 d'entres elles rattaché à chaque groupe botanique. Ainsi, pour chaque genre d'arbre, nous lui avons associé une probabilité (0 à 1) de contracter une maladie, en fonction de sa sensibilité : $4 \rightarrow 1.0$, $3 \rightarrow 0.75$, $2 \rightarrow 0.5$, $1 \rightarrow 0.25$, $0 \rightarrow 0.0$. Nous avons ensuite construit une simulation multi-agents définie comme suit :
— E : environnement (espace géographique discrétisé)
— A : ensemble des agents (arbres)
— M : ensembles des maladies ($|M| = 31$)
— D : opérations de diffusion des maladies
Chaque agent (arbre) possède les caractéristiques suivantes : en fonction de son genre botanique, une probabilité de contracter une maladie (une par maladie, soit 31), un ensemble de valeurs $\{q_1, ..., q_{31}\}$ initialisées à zéro, qui correspondra au nombre de fois que cet arbre aura été infecté par un autre arbre pour une maladie donnée. Le modèle de diffusion utilisé est très simple : un arbre donné a une certain probabilité d'être infecté dans un rayon r défini arbitrairement (fig. 4 à droite). Il est complexe de construire un modèle précis qui aurait réagi en fonction de la nature de la maladie, et nécessiterait une étude à part entière à l'instar de Chapman et al. (2015) qui liste pas moins de 468 modèles sur le sujet. Un aperçu de la simulation est donné figure 4 à gauche. Celle-ci a été réalisée avec Netlogo [4].

Voici le déroulé de la simulation :
— Pour chaque arbre $a \in A$
— Pour chaque maladie $m \in M$
— Pour chaque arbre voisin v de a dans un rayon r
1. Générer une valeur flottante aléatoire entre 0 et 1 (loi uniforme)
2. Déterminer si la valeur générée est supérieure à la probabilité de l'arbre de contracté la maladie m
3. Si oui, l'arbre v incrémente son nombre d'infections contractées pour la maladie m : $q_m = q_m + 1$

Pour enrichir les données d'origine, nous avons fait jouer plusieurs simulations (environ 10), avec plusieurs rayons (de 1 à quelques mètres) et avons ajouté pour chaque arbre 31 colonnes correspondant au ratio d'infection global par maladie. En faisant rejouer le modèle, nous n'obtenons malheureusement qu'un faible gain, avec une exactitude qui passe de 0.76 à 0.77 (pas de changement pour la F-mesure).

---

4. http ://ccl.northwestern.edu/netlogo/

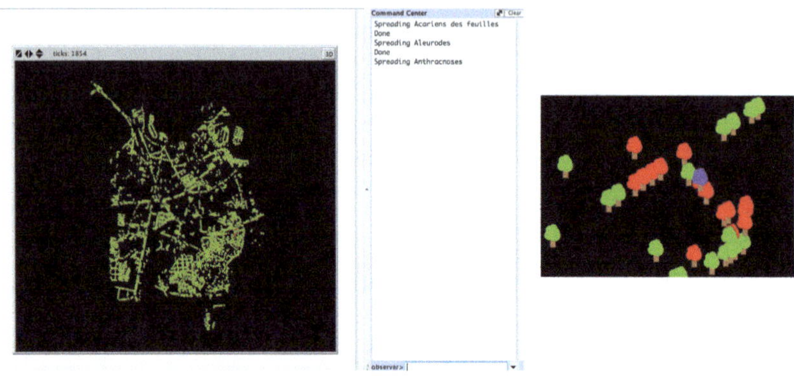

FIG. 4 – *Simulation de propagation de maladies*

Station	Latitude	Longitude	$PM10$	O_3	NO_2
1	45.190425	5.686977	269	290	18
2	45.180708	5.720161	471	_	345
3	45.182825	5.753152	220	299	84
4	45.158395	5.703683	648	_	329
5	45.161876	5.735583	290	202	4

TAB. 6 – *Scores cumulés de pollution à Grenoble sur l'année 2015*

3.2 Données sur la pollution

Nous avons également voulu vérifier si l'impact de la pollution de la ville pouvait ou non avoir un rapport avec le fait d'avoir un arbre malade ou non. Nous nous sommes intéressés à 3 composants polluants connus pour avoir des effets nocifs sur les arbres (Gillig et al., 2008) :

— *les particules $PM10$ (diamètre inférieur à 10 μm)* : peut former des couches gênant l'absorption lumineuse ou provoquant la corrosion et des lésions de la cuticule foliaire.

— *l'ozone (O_3)* : entraine des lésions sur la surface supérieure des feuilles, des tâches punctiformes, des chloroses et des nécroses.

— *le dioxyde d'azote (NO_2)* : contribue à la formation de pluies acides.

Les données ont été extraites de la plate-forme nationale de prévision de la qualité de l'air, PREV'AIR[5], dont l'outil permet de connaitre le taux de pollution journalier (maximum ou moyenne) par station. Nous avons travaillé sur les données journalières maximales issues de l'année 2015, en transformant les 6 intervalles de concentration en score de pollution (de 0 à 5). Si une station relève une pollution au NO_2 entre 80 et 120 $\mu g/m^3$, cela donnera un score de 1, la station relevant une pollution entre 120 et 160 $\mu g/m^3$ donnant un score de 2. Pour NO_2, les valeurs réelles vont de 0 à plus de 400 $\mu g/m^3$, pour $PM10$, les valeurs réelles vont de 0 à plus de 125 $\mu g/m^3$, et pour O_3, les valeurs réelles vont de 0 à plus de 240 $\mu g/m^3$.

Le tableau 6 récapitule les 5 stations relevant les scores cumulés, la valeur pour chaque polluant correspondant à la somme des scores journaliers sur l'année 2015 (pollution cumulée).

---

5. http ://www2.prevair.org

A partir de ces données, nous donnons une valeur de pollution cumulée pour chaque arbre par interpolation via la pondération inverse à la distance (exemple d'interpolation des scores de pollution NO_2, fig. 5, du moins pollué (bleu) au plus pollué (rouge)). En ajoutant les scores des 3 polluants à nos modèles pour chaque arbre, nous obtenons une exactitude de 0.78 (contre 0.76 sans) et une F-mesure de 0.67 (contre 0.64 sans), ce qui permet de déduire un certain gain de la donnée liée à la pollution pour notre tâche de prédiction.

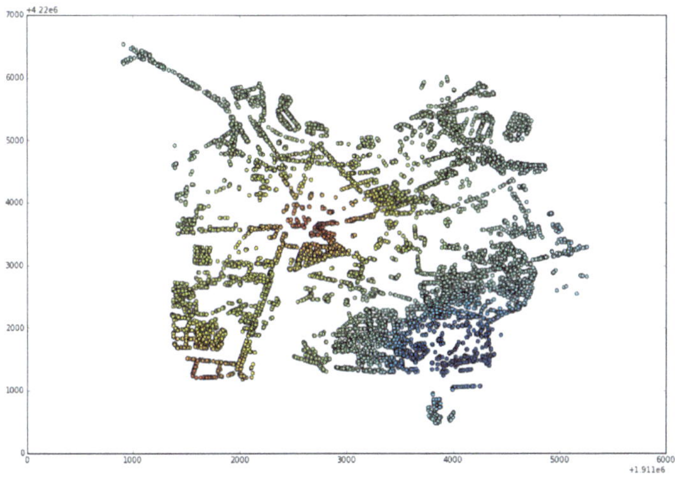

FIG. 5 – *Pollution au NO_2 cumulée sur l'année 2015*

4 Conclusion

Notre travail a permis de proposer une approche pour répondre au défi EGC'2017. Dans un premier temps, nous avons travaillé sur les variables (feature engineering) afin de pouvoir les rendre utilisables dans des modèles d'apprentissage supervisé, et d'en sortir un maximum de signal. Pour la tâche 1, après avoir obtenu des premiers résultats avec des modèles "classiques" (RF, ET), nous avons utilisé un modèle plus avancé (CSOAA) qui nous a donné les meilleurs résultats de notre étude. Concernant la tâche 2, d'autres données ont été considérées (maladies, pollution) afin de confirmer l'intérêt d'enrichir le jeu de données avec des informations extérieures, même si le gain peut rester faible. D'autres pistes seraient à creuser en fonction de la disponibilité des données, comme par exemple la nature du sous-sol, ainsi que l'aspect temporel (état des arbres dans le temps, météo).

Références

Andoni, A. et I. Razenshteyn (2015). Optimal Data-Dependent Hashing for Approximate Near Neighbors. In *Proceedings of the Forty-Seventh Annual ACM on Symposium on Theory of Computing*, STOC '15, New York, NY, USA, pp. 793–801. ACM.

Ankerst, M., M. M. Breunig, H.-P. Kriegel, et J. Sander (1999). OPTICS. In *Proceedings of the 1999 international conference on Management of data - SIGMOD'99*. ACM.

Beygelzimer, A., J. Langford, et B. Zadrozny (2015). Machine learning techniques - Reductions between prediction quality metrics. University Lecture.

Biernat, E. et M. Lutz (2015). *Data science : fondamentaux et études de cas*. Eyrolles.

Breiman, L. (2001). Random Forests. *Machine Learning 45*(1), 5–32.

Chapman, D., S. White, D. Hooftman, et J. Bullock (2015). Inventory and review of quantitative models for spread of plant pests for use in pest risk assessment for the EU territory. *EFSA Supporting Publications 12*(4), 795E–n/a. 795E.

Elkan, C. (2001). The Foundations of Cost-sensitive Learning. In *Proceedings of the 17th International Joint Conference on Artificial Intelligence - Volume 2*, IJCAI'01, San Francisco, CA, USA, pp. 973–978. Morgan Kaufmann Publishers Inc.

Geurts, P., D. Ernst, et L. Wehenkel (2006). Extremely randomized trees. *Machine Learning 63*(1), 3–42.

Gillig, C.-M., C. Bourgery, et N. Amann (2008). *L'arbre en milieu urbain : plantations, conception et mise en œuvre*. Infolio.

Kondrak, G. (2005). N-gram similarity and distance. In *Proc. Twelfth Int'l Conf. on String Processing and Information Retrieval*, pp. 115–126.

Ozuysal, M., M. Calonder, V. Lepetit, et P. Fua (2010). Fast Keypoint Recognition Using Random Ferns. *IEEE Transactions on Pattern Analysis and Machine Intelligence 32*(3), 448–461.

Pedregosa, F. et al. (2011). Scikit-learn : Machine Learning in Python. *Journal of Machine Learning Research 12*, 2825–2830.

Plante et Cité (2011). Guide d'observation et de suivi des organismes nuisibles en ZNA.

Rosenberg, A. et J. Hirschberg (2007). V-Measure : A Conditional Entropy-Based External Cluster Evaluation Measure. In *Proceedings of the 2007 Joint Conference on Empirical Methods in Natural Language Processing and Computational Natural Language Learning(EMNLP-CoNLL)*, pp. 410–420.

Tsoumakas, G. et I. Katakis (2007). Multi-label classification : an overview. *International Journal of Data Warehousing and Mining 3*(3), 1–13.

Summary

The EGC'2017 conference proposes a contest whose context is the management of green space for the city of Grenoble, focused on trees. The aim is to propose a model based on the data provided that would better predict the diseased trees, as well as the potential location of the disease. After getting some interesting results with standard models, our approach using a Cost-Sensitive One Against All model (CSOAA) allows us to obtain an accuracy of 0.86, a precision of 0.88, and a recall of 0.91 for the unilabel prediction, and a precision/recall micro of 0.82/0.74 though a precision/recall macro 0.66/0.46 for multilabel prediction. The extraction of knowledge for task 2 allowed us to highlight the interest of adding data about diseases and the concentration of pollution in the city.

Approche préventive pour une gestion élastique du traitement parallèle et distribué de flux de données

Roland Kotto-Kombi*,Nicolas Lumineau**, Philippe Lamarre*

* Univ Lyon, INSA de Lyon, LIRIS UMR5205, F-69621 Villeurbanne, France
affil2 Univ Lyon, Université Claude Bernard Lyon 1, LIRIS UMR5205,
F-69622 Villeurbanne, France
http://liris.cnrs.fr/
prénom.nom@liris.cnrs.fr

Résumé. Dans un contexte de traitement de flux de données, il est important de garantir à l'utilisateur des propriétés de performance, qualité des résultats et passage à l'échelle. Mettre en adéquation ressources et besoins, pour n'allouer que les ressources nécessaires au traitement efficace des flux, est un défi d'actualité majeur au croisement des problématiques du Big Data et du Green IT. L'approche que nous suggérons permet d'adapter dynamiquement et automatiquement le degré de parallélisme des différents opérateurs composant une requête continue selon l'évolution du débit des flux traités. Nous proposons i) une métrique permettant d'estimer l'activité future des opérateurs selon l'évolution des flux en entrée, ii) l'approche *AUTOSCALE* évaluant a priori l'intérêt d'une modification du degré de parallélisme des opérateurs en prenant en compte l'impact sur le traitement des données dans sa globalité iii) grâce à une intégration de notre proposition à *Apache Storm*, nous exposons des tests de performance comparant notre approche par rapport à la solution native de cet outil.

1 Introduction

Avec la multiplication des sources de flux de données (capteurs, objets connectés...), les méthodes d'acquisition, stockage et traitement de ces données ont évolué pour en gérer la masse et la vélocité. Ces flux sont des séquences de n-uplets dont le débit et la distribution des valeurs peuvent varier au cours du temps. L'interrogation de ces flux via des requêtes, dites *continues* (Sattler et Beier (2013)), soulèvent des défis majeurs en terme de performance et passage à l'échelle. En terme de performance, les systèmes de gestion de flux de données doivent pouvoir traiter à la volée les données issues de flux. De la capacité de ces systèmes à absorber ces flux pour les traiter, dépend également la qualité des résultats qui seront produits. En ce qui concerne le passage à l'échelle, ces systèmes doivent être en mesure d'absorber des débits de données potentiellement très variables et élevés.

Travaux partiellement financés par le projet Socioplug ANR-13-INFR-0003, http://socioplug.univ-nantes.fr/index.php/SocioPlug_Project

Afin de répondre à ces enjeux, des systèmes de gestion de flux de données (Gedik et al. (2014); Neumeyer et al. (2010); Peng et al. (2015); Schneider et al. (2009); Zaharia et al. (2012)) ont été développés. Nous nous concentrerons ici sur les systèmes représentant les requêtes continues comme un graphe d'opérateurs, dit *workflow* et gérant un support d'exécution distribué car ces solutions répondent au mieux aux défis ciblés. Nous nous plaçons dans un cadre où des techniques, dont celles de réécriture, ont permis d'identifier les différentes factorisations possibles entre un ensemble de requêtes continues et donc les workflows à traiter. Notre problème est donc de traiter au mieux ces workflows face aux évolutions des flux d'entrée et en accord avec les ressources disponibles.

Dans un contexte parallèle et distribué, deux aspects distincts jouent des rôles majeurs sur l'usage des ressources : la gestion du degré de parallélisme des opérateurs et la stratégie d'allocation des ressources. La dispersion globale des traitements dépend du degré de parallélisme de chaque opérateur. Modifier dynamiquement le degré de parallélisme d'un opérateur permet d'adapter sa capacité d'absorption en fonction des variations des flux de données en entrée. La stratégie adoptée par le mécanisme d'allocation a un impact évident sur les ressources utilisées. Par exemple, une stratégie de répartition de charge utilisera au maximum l'ensemble des ressources disponibles. A contrario, une stratégie centrée sur la diminution du trafic réseau aura l'effet de concentrer davantage les opérateurs sur un sous-ensemble de ressources. La qualité de l'adaptation dynamique, tant du point de vue de la qualité des résultats que de l'usage des ressources est le résultat des solutions apportées à ces deux aspects ainsi qu'à leur interaction.

Dans cet article, nous focaliserons sur l'adaptation du degré de parallélisme de chaque opérateur face à des flux à débits variants. En effet, une augmentation du débit en entrée d'un opérateur peut conduire à sa *congestion* (Gedik et al. (2014); Xu et Peng (2016)). Cela se traduit par une augmentation rédhibitoire de la latence pouvant conduire à une défaillance du système. Pour éviter ce problème, le mécanisme d'allocation peut déplacer les opérateurs vers des ressources ayant plus de puissance disponible. Lorsque cela n'est plus possible, seul le changement de degré de parallélisme constitue une solution.

Des travaux récents (Gedik et al. (2014); Peng et al. (2015); Xu et al. (2014)) s'intéressent à la notion d'élasticité pour optimiser les performances et l'usage des ressources. Par ressources, nous entendons CPU et RAM des machines ainsi que la bande passante du réseau. À notre connaissance, les solutions adaptant dynamiquement le degré de parallélisme des opérateurs (Gedik et al. (2014); Schneider et al. (2009)) ne permettent pas d'anticiper l'activité des opérateurs. D'autre part, des solutions (Neumeyer et al. (2010); Xu et Peng (2016)) nécessitent l'intervention de l'utilisateur.

Nous avons choisi d'intégrer notre système de gestion dynamique du degré de parallélisme de chaque opérateur à *Apache Storm*[2]. Le nombre de répliques d'un opérateur est calculé à partir d'une métrique permettant d'anticiper l'activité à court terme. Cette métrique se base sur l'évolution des flux d'entrée et sur l'activité récente d'un opérateur. Les reconfigurations passant par une augmentation (*scale-out*) ou une diminution (*scale-in*) du degré de parallélisme sont évaluées par notre approche *AUTOSCALE* à la fois individuellement et globalement afin d'identifier celles qui sont cohérentes et favorables à la performance et la stabilité du système.

Dans la suite, nous présentons les limites des solutions existantes (Section 2). Les métriques caractérisant l'activité d'un opérateur sont introduites dans la Section 3. L'approche *AUTOSCALE* adaptant dynamiquement le degré de parallélisme des opérateurs est décrit dans

---

2. Apache Storm : https://storm.apache.org/

la Section 4. Enfin, nous exposons les résultats de l'évaluation expérimentale de l'approche que nous proposons dans la Section 5.

2 Motivation

2.1 Contexte d'exécution

Afin de préciser le problème que nous traitons et de nous positionner par rapport à l'existant, nous considérons trois requêtes continues. Comme illustré sur la Figure 1, ces requêtes sont représentées par les topologies R1, R2 et R3 qui correspondent à leurs plans d'exécution logiques respectifs.

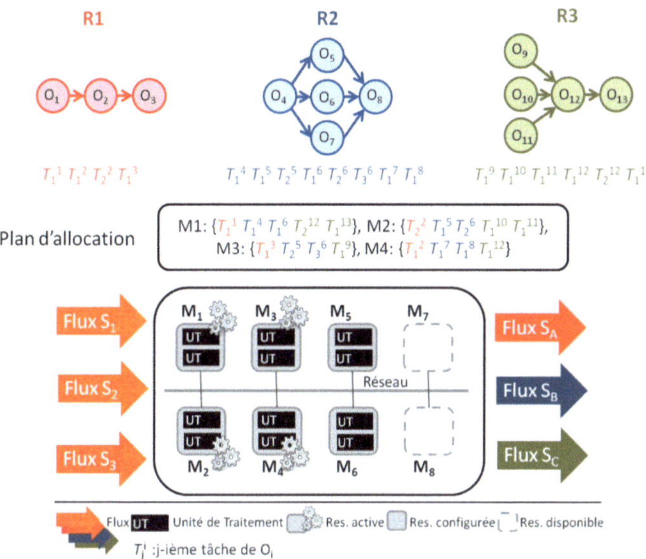

FIG. 1 – *Principe du traitement parallèle et distribué multi-requêtes sur des flux de données.*

Chaque requête porte sur les flux en entrée S_1, S_2 et S_3. La topologie R1 est séquentielle, R2 est organisée en diamant et R3 est en étoile. Chacune de ces topologies représente un motif élémentaire car toute topologie peut être considérée comme une composition de ces topologies. À chaque opérateur est associé un ensemble de *tâches*. Le nombre de tâches associées à un opérateur correspond à son *degré de parallélisme*. L'opérateur O_2 est, par exemple, associé aux tâches T_1^2 et T_2^2 et a donc un degré de parallélisme de 2. Ces tâches sont allouées selon le plan d'allocation sur les unités de traitement des machines M_1, M_2,..., M_8 disponibles pour y être exécutées. Sur la Figure 1, les quatre tâches de la topologie R1 sont distribuées sur les machines M_1 à M_4. Nous distinguons trois types de machines et donc trois types de ressources. Les machines de M_1 à M_4 sont des ressources *actives*, car elles traitent des tâches qui leurs ont été affectées. Les machines M_5 et M_6 sont des ressources *configurées* mais non actives car aucune de leurs unités de traitement ne traitent de tâches. Enfin, les machines M_7 et M_8

sont des ressources *disponibles* mais non configurées et donc non utilisable en l'état par le mécanisme d'allocation.

Nous posons les hypothèses suivantes sur le contexte d'exécution. Premièrement, les ressources et latences réseaux sont homogènes (H1). De plus, ces ressources sont suffisantes pour traiter les flux d'entrée (H2). Nous nous plaçons dans le cas où plusieurs requêtes continues peuvent être traitées simultanément (H3). Ensuite, la stratégie d'allocation est gérée par le système de gestion de flux de données (H4). Enfin nous considérons un ensemble de flux à débits variant mais dont la distribution des valeurs à un écart type faible (H5).

La problématique d'adaptation dynamique face à une distribution variante des valeurs est abordée dans Rivetti et al. (2015) et est hors du scope de cet article.

2.2   Approches existantes

La performance d'une solution de traitement de flux et la qualité des résultats produits sont fortement dépendants de la réactivité du système aux variations de l'environnement d'exécution. Le problème est cependant complexe car tout en réagissant aux variations du contexte d'exécution, il faut éviter l'instabilité du système qui affecterait la performance et la qualité des résultats.

Certaines solutions (Aniello et al. (2013); Xu et al. (2014)) se basent sur l'état des ressources et le trafic réseau afin de déterminer l'ensemble quasi-optimal des affectations des tâches sur les unités de traitement. Cela permet de réduire la latence globale de la topologie en évitant des échanges réseaux coûteux entre les machines. Toutefois, ces solutions n'ont qu'un impact limité sur la capacité de traitement de chaque opérateur. En effet, une fois que toutes les tâches associées à un opérateur sont réparties sur un maximum de ressources, la capacité de traitement ne peut plus être augmentée.

Les solutions se basant systématiquement sur l'usage maximal de l'ensemble des ressources (Neumeyer et al. (2010); Zaharia et al. (2012)) permettent de garantir, selon l'hypothèse H2, le traitement d'une requête continue sans dégradation de la qualité des résultats. Par exemple, sur un support d'exécution donné, cela revient à paralléliser au maximum les opérateurs et les placer sur les unités de traitement selon une stratégie de répartition de charge. Malheureusement, cette solution s'avère inappropriée dans un contexte d'exécution multi-requêtes. De plus, d'un point de vue énergétique et économique cela n'est pas souhaitable.

Dans Xu et Peng (2016), les auteurs nous présentent un algorithme permettant de faire des *scale-in* et *scale-out* à la demande. Cette approche repose soit sur l'utilisateur soit sur la définition d'un script lié à des règles métier, si elles existent. Enfin, cette approche est uniquement curative car n'augmente que le degré de parallélisme des opérateurs déjà congestionnés sans possibilité d'anticipation.

Des solutions (Gedik et al. (2014); Schneider et al. (2009)) permettent d'adapter dynamiquement et automatiquement le degré de parallélisme des opérateurs toutefois elles reposent sur la détection de congestions effectives. Bien que ces solutions puissent réduire la durée de congestion des opérateurs, elles ne peuvent les prévenir. De même, dans Heinze et al. (2014), les auteurs nous proposent une solution basée sur un algorithme d'apprentissage. De cette manière, le système peut adapter le degré de parallélisme des opérateurs en apprenant au fur et à mesure les gains réalisés en fonction des reconfigurations effectuées. Toutefois, cette détection se base sur la consommation des ressources (CPU et RAM) et donc en aval des congestions du système.

Ces différentes approches sont donc toutes curatives puisqu'elles interviennent pour résoudre un problème de congestion qui s'est déjà produit avec des conséquences sur la qualité des résultats. De plus, la plupart nécessite la présence et l'expertise de l'utilisateur. Une solution anticipant les congestions afin de les limiter, voire de les éviter, est donc naturellement souhaitable.

3 Anticipation de l'activité d'un opérateur

Nous proposons ici une formalisation des différentes notions que nous manipulons pour caractériser l'exécution d'une topologie de requête continue. De plus, nous introduisons les métriques nécessaires à l'estimation de l'adéquation entre degré de parallélisme et niveau d'activité des opérateurs.

Soit $\mathcal{T} = (\mathcal{O}, \mathcal{V})$ la topologie d'une requête continue représentée par un graphe orienté où l'ensemble $\mathcal{O}$ des nœuds représente les opérateurs et l'ensemble $\mathcal{V}$ des arcs représente le sens de transmission des données. Nous considérons chaque opérateur $\mathcal{O}_i$ comme un opérateur physique pouvant être exécuté en parallèle par un ensemble de tâches. Le nombre de ces tâches, noté $degree(\mathcal{O}_i)$, définit le degré de parallélisme de l'opérateur.

Soit $\mathcal{F}$ un ensemble de fenêtres d'analyse $\mathcal{F}_i = \{(F_j^i)\}_{j \in \mathbb{N}+}$ chacune composée d'un ensemble d'itérations F_j^i. Chaque fenêtre d'analyse $\mathcal{F}_i$ est associée à l'opérateur O_i. Chaque F_j^i est définit par une durée Δ et regroupe les mesures effectuées durant cet intervalle de temps. Ces mesures sont effectuées selon un ensemble prédéfini de *timestamps* $\mathcal{M}_{i,j} = \{m_1^{i,j}, m_2^{i,j}, ..., m_n^{i,j}\}_{n \in \mathbb{N}+}$. Pour chaque opérateur O_i, nous effectuons, à chaque *timestamp* $m_k^{i,j}$, des mesures prenant en compte les n-uplets reçus et traités sur l'intervalle $[m_{k-1}^{i,j}, m_k^{i,j}[$ avec k=1...n. Il est important de préciser que les mesures effectuées sur des opérateurs appartenant à une même topologie sont synchrones.

Soit $\mathcal{R}^i$ l'ensemble potentiellement infini des n-uplets émis en entrée de l'opérateur O_i. Nous définissons $\mathcal{R}^{i,j}$ l'ensemble des n-uplets reçus par l'opérateur O_i durant la fenêtre F_j^i et $\mathcal{R}_k^{i,j}$ l'ensemble des n-uplets reçus durant l'intervalle $[m_{k-1}^{i,j}, m_k^{i,j}[$.

3.1 Estimation de la charge à traiter par l'opérateur

Nous proposons d'estimer, en fin d'une itération, le nombre de n-uplets que le système devra traiter durant l'itération suivante et d'estimer si la capacité de traitement est compatible avec cette charge. Si ce n'est pas le cas l'opérateur sera considéré comme une source potentielle de congestion du système.

La charge à traiter d'un opérateur durant une itération correspond au nombre de n-uplets nouvellement reçus qui s'ajoutent aux n-uplets qui n'ont pas pu être traités à l'itération précédente. La charge effective de l'itération F_j^i correspond à la valeur :

$$Charge_j^i = |\mathcal{R}^{i,j}| + nbEnAttente_{F_{j-1}^i} \tag{1}$$

où $nbEnAttente(F_j^i)$ correspond au nombre de n-uplets en attente de traitement durant l'itération F_j^i et dont le traitement sera achevé durant une itération ultérieure. Du fait de la valeur $|\mathcal{R}^{i,j}|$ dans la formule (1), le calcul de cette charge effective ne peut se faire qu'à la fin de F_j^i.

Pour pouvoir anticiper une congestion, nous avons besoin d'estimer cette charge dès la fin de F_{j-1}^i. Nous estimons le nombre de nouveaux n-uplets reçus durant l'itération F_j^i par régression linéaire [3] en se basant sur le nombre de n-uplets observés durant l'itération F_{j-1}^i. Soit f_{j-1}^i la fonction affine calculée par régression linéaire à partir des couples $(m_k^{i,j-1}, \mathcal{R}_k^{i,j-1})$. L'estimation du nombre total des n-uplets attendus durant l'itération F_j^i à la fin de l'itération F_{j-1}^i est définie par :

$$|Estim\mathcal{R}^{i,j}| = \sum_{m_k^{i,j-1} \in \mathcal{M}_{i,j-1}} \lceil f_{j-1}^i(m_k^{i,j-1}) \rceil \qquad (2)$$

L'estimation de la charge attendue durant l'itération F_j^i est donc définie par :

$$EstimCharge_{F_j^i} = |Estim\mathcal{R}^{i,j}| + nbEnAttente_{F_{j-1}^i} \qquad (3)$$

3.2   Estimation de la capacité de traitement de l'opérateur

Maintenant que nous avons une estimation de la quantité de n-uplets que devrait avoir à traiter l'opérateur O_i sur l'itération F_j^i, il nous reste à estimer la capacité de traitement de l'opérateur sur cette même itération.

Nous définissons la capacité de traitement d'un opérateur comme étant le nombre moyen de n-uplets que l'opérateur est capable de traiter durant une itération.

$$Capacite_{F_j^i} = \frac{1}{Lat_{F_j^i}} \times degree(\mathcal{O}_i) \times \Delta \qquad (4)$$

où $Lat_{F_j^i}$ correspond à la latence intra-opérateur, hors file d'attente, moyenne observée sur les n-uplets traités durant l'itération F_j^i. Sous l'hypothèse H5 portant sur le caractère uniforme de la distribution des données dans les flux en entrée des opérateurs, nous utilisons simplement la covariance pour estimer la capacité moyenne de traitement de l'opérateur O_i durant la fenêtre F_j^i :

$$EstimCapacite_{F_j^i} = Capacite_{F_{j-1}^i} + \epsilon_i \qquad (5)$$

où ϵ_i correspond à la covariance entre la capacité de traitement estimée pour l'itération F_j^i et les capacités de traitement observées sur les itérations précédentes.

3.3   Estimation du niveau d'activité et de la congestion d'un opérateur

Ces différentes observations et estimations nous permettent à présent de définir une métrique de contrôle de l'activité d'un opérateur. La notion de 'Niveau d'Activité', noté NdA, représente intuitivement l'adéquation entre degré de parallélisme et débit des flux en entrée. Elle est définie par :

$$NdA_{F_j^i} = \frac{EstimCharge_{F_j^i}}{EstimCapacite_{F_j^i}} \qquad (6)$$

---

3. Choix arbitraire des auteurs d'une technique de régression non remise en cause par les résultats expérimentaux.

Soit θ_{min} et θ_{max}, deux seuils paramétrables définissant respectivement un niveau d'activité faible et un niveau d'activité fort. L'interprétation du NdA d'un opérateur est la suivante :

- Si $NdA_{F_j^i} \leq \theta_{min}$, l'activité de l'opérateur est dite 'faible' car la capacité de l'opérateur est considérée comme trop importante par rapport au nombre de n-uplets en attente de traitement durant l'itération F_j^i.
- Si $\theta_{min} < NdA_{F_j^i} \leq \theta_{max}$, l'activité de l'opérateur est dite 'normale' car l'opérateur est en capacité de traiter tous les n-uplets en attente de traitement durant l'itération F_j^i.
- Si $\theta_{max} < NdA_{F_j^i} \leq 1$, l'activité de l'opérateur est dite 'forte' car l'opérateur arrive en limite de capacité pour traiter tous les n-uplets en attente de traitement durant l'itération F_j^i.
- Si $NdA_{F_j^i} > 1$, l'activité de l'opérateur est dite 'critique' car l'opérateur n'est pas en mesure de traiter tous les n-uplets en attente de traitement durant l'itération F_j^i.

4 Approche *AUTOSCALE*

L'approche *AUTOSCALE* détermine pour chaque opérateur une modification de son degré de parallélisme qui peut être une augmentation (*scale-out*), une diminution (*scale-in*) ou une conservation en l'état (*nothing*). Notre approche prend en compte à la fois l'estimation du niveau d'activité de chaque opérateur mais aussi le contexte global. En effet, les reconfigurations ont des effets en cascade prévisibles. Par exemple, l'augmentation de la capacité d'un opérateur dont l'activité est forte ou critique va augmenter son débit en sortie et donc avoir un impact sur le débit en entrée des opérateurs en aval.

4.1 Initialisation du Graphe d'Actions Possibles

Dans un premier temps, nous allons définir l'ensemble des reconfigurations à effectuer pour chaque opérateur en fonction de son activité. Cet ensemble est représenté sous la forme d'un graphe disposant de la même structure que la topologie $\mathcal{T}$. Les sommets sont étiquetés par une proposition d'action sur l'opérateur correspondant dans $\mathcal{T}$. Les actions possibles sont : *scale-in*, *scale-out* ou *nothing*.

Soit $\mathcal{G}_j = (\mathcal{A}_j, \mathcal{V})$ le graphe des actions possibles ($\mathcal{A}_j$) pour la fenêtre F_j^i. Pour rappel, la fonction affine f_j^i calculée par régression linéaire pour estimer la charge d'un opérateur (voir formule 2). Cette fonction permet d'estimer la tendance d'évolution de la charge via sa dérivée. Si cette dérivée est strictement positive, la charge est considérée comme croissante, sinon elle est considérée comme décroissante ou constante.

Tous les opérateurs de la topologie sont parcourus les uns après les autres. Pour la fenêtre courante et pour l'opérateur courant, selon le niveau d'activité de l'opérateur (faible, normal, fort ou critique) et la tendance d'évolution de la charge, il est possible de proposer une action de modification du degré de parallélisme selon la matrice de décision locale définie dans le Tableau 1.

	Activité de l'opérateur	activité faible	activité normale	activité forte	activité critique
Tendance d'évolution de la charge					
Décroissante ou constante		*scale-in*	*nothing*	*nothing*	*scale-out*
Croissante		*nothing*	*nothing*	*scale-out*	*scale-out*

TAB. 1 – *Matrice de décision locale pour la construction du graphe d'actions possibles*

4.2 Prise en compte du contexte global

Une fois le graphe des actions possibles construit, l'approche *AUTOSCALE* vérifie la cohérence globale du graphe d'actions possibles ainsi obtenu. Pour cela nous introduisons une relation d'ordre sur l'ensemble des actions possibles. Ainsi, une action *scale-out* prédomine sur une action *scale-in* qui elle même prédomine sur une action *nothing*. Afin de déterminer si une action prise localement est cohérente globalement, nous définissons la matrice de décision globale (voir Tableau 2).

Pour le déclenchement des actions de reconfiguration, nous parcourons le graphe des actions possibles à partir des opérateurs d'entrée. En utilisant la matrice de décision globale, nous identifions l'ensemble des reconfigurations cohérentes à effectuer sur les opérateurs d'une topologie.

	décision locale pour l'opérateur	*nothing*	*scale-in*	*scale-out*
action prédominante en amont de l'opérateur				
	nothing	*nothing*	*scale-in*	*scale-out*
	scale-in	*nothing*	*scale-in*	*scale-out*
	scale-out	*scale-out*	*nothing*	*scale-out*

TAB. 2 – *Matrice de décision globale*

Grâce à l'ordre sur l'ensemble des actions possibles, nous pouvons déterminer l'action prédominante observée sur les nœuds précédant le nœud courant dans la topologie. Ainsi, d'après le Tableau 2, un *scale-in* est validé si en amont du nœud courant, l'action prédominante est au plus un *scale-in*. Dans le cas contraire, le *scale-in* est remplacé par une action nulle afin d'éviter une contradiction à court terme.

4.3 Quantification des reconfigurations

Les étapes précédentes nous permettent de savoir s'il faut reconfigurer un opérateur ainsi que le type de reconfiguration Il nous reste donc à quantifier le degré de parallélisme de chaque opérateur à reconfigurer. Soit $degree_{j-1}(O_i)$, le nombre de tâches associées à l'opérateur O_i

durant l'itération F^i_{j-1}. Soit $maxP_{O_i}$ le nombre de maximal de tâches pouvant être initialisées pour l'opérateur O_i. Si une action *scale-out* ou *scale-in* est validée pour O_i alors le degré de parallélisme $degree_j(O_i)$ pour F^i_j sera défini par :

$$degree_j(O_i) = min(maxP_{O_i}, \lceil\, degree_{j-1}(O_i) \times \text{NdA}(F^i_j)\,\rceil)$$

Dans le cas particulier où un *scale-out* est préconisé à cause d'une activité forte mais non critique, le degré de parallélisme courant de l'opérateur est incrémenté de 1.

5 Expérimentations

Apache Storm permet de définir une requête continue sous la forme d'une *topologie* d'opérateurs dans un langage de programmation haut niveau (Java, Python, Clojure...). Cet outil permet à l'utilisateur de configurer la parallélisation des opérateurs. De plus, contrairement à Neumeyer et al. (2010); Zaharia et al. (2012), Storm n'impose pas un paradigme de représentation des données comme le modèle clé-valeur, fondement des approches MapReduce (Zaharia et al. (2012)). Cela offre une plus grande flexibilité pour la définition des opérateurs. De plus, *Apache Storm* garantit que chaque n-uplet soit suivi individuellement jusqu'à sa sortie d'une topologie. Nous avons développé notre approche en l'intégrant à *Apache Storm* 0.10.1. Nous présentons nos protocoles et résultats expérimentaux.

5.1 Protocole expérimental

Notre cluster de test se compose de 7 machines virtuelles disposant chacune de deux CPU Intel(R) Xeon(R) E5-2620 cadencés à 2.00GHz, 4Go de mémoire RAM et 40Go de disque dur. Une machine gère la coordination des 6 autres qui sont dédiées à l'exécution de tâches qui leurs sont affectées. Chacune de ces 6 machines (*supervisors*) gère 4 unités de traitement (*workers*). Notre module de gestion dynamique du degré de parallélisme implémente l'interface *IScheduler* de l'API Storm. Sur l'hôte du coordinateur (*Nimbus*), nous avons également déployé une base de données MySQL afin de stocker l'historique des différentes mesures détaillées dans la Section 3.

Afin de valider notre approche, nous avons choisi de mettre en avant son impact sur 3 topologies caractéristiques : une topologie linéaire, une topologie en étoile et une en diamant. Chaque topologie caractéristique est composée de deux types d'opérateurs : les opérateurs *intermediate* ayant une faible latence intra-opérateur et les opérateurs *sink* possédant une forte latence intra-opérateur.

Nous avons construit un flux synthétique possédant plusieurs caractéristiques : 1) une distribution uniforme des valeurs 2) des variations caractéristiques. En effet, comme présenté sur la figure 2, le flux d'entrée est stable en émettant peu de n-uplets puis il augmente exponentiellement en se stabilisant à un débit important. Enfin, le débit du flux synthétique diminue par paliers jusqu'à se stabiliser sur un débit faible. Nous avons également fait en sorte à ce que ce flux soit irrégulier afin nous approcher d'un flux réel. Cela nous permet d'observer l'adaptation automatique de Storm avec l'approche *AUTOSCALE* .

Nous nous comparons à la solution native dans deux configurations *Storm* pour lesquelles nous paramétrons le nombre de tâches par opérateur. Dû à notre support d'exécution, au plus

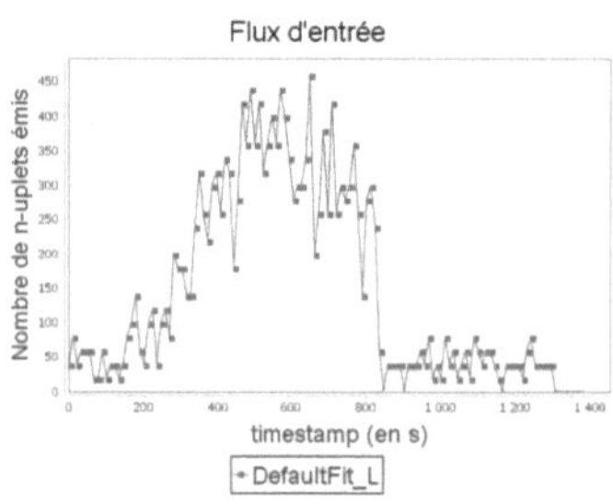

FIG. 2 – *Flux d'entrée des topologies*

24 *workers* peuvent être alloués pour une topologie. Dans la configuration *ConfMin*, le nombre initial de tâches par opérateur est équivalent au nombre minimal de tâches soit 1. Intuitivement, la configuration *ConfMin* est adaptée à de faibles débits en entrée mais ne peut absorber les débits maximaux. Dans la configuration *ConfExpt*, le nombre initial de tâches pour l'opérateur *intermediate* est de 1. Pour l'opérateur *sink*, le nombre initial de tâches est de 4 pour la topologie en étoile et 12 pour les topologies linéaire et diamant. Les choix faits pour la configuration *ConfExpt* se justifie par une expertise sur le flux d'entrée. En effet, les paramètres de la configuration *ConfExpt* permettent d'absorber les débits maximaux du flux d'entrée sans gaspillage de ressources.

Pour chaque configuration, nous avons mesuré la latence globale de la topologie (performance de calcul) et le nombre de n-uplets déphasés (qualité des résultats). En ce qui concerne la réactivité du système et la consommation des ressources, nous nous sommes intéressés au nombre de de tâches affectées pour chaque opérateur.

5.2   Résultats

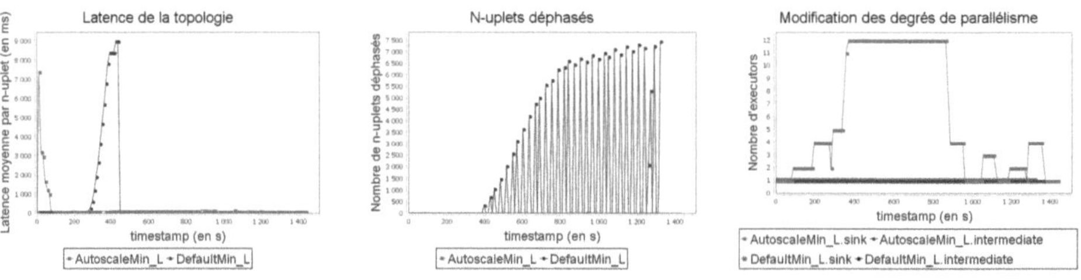

FIG. 3 – *Comparatif entre Storm (Default) et AUTOSCALE avec ConfMin.*

Nous avons choisi d'exposer uniquement les résultats pour la topologie linéaire qui sont représentatifs des résultats pour les autres topologies élémentaires. L'intégralité des résultats de nos expérimentations peuvent être consultés en annexe [4]. Afin de respecter les pratiques de programmation d'*Apache Storm*, nous avons implémenté le rejeu de n-uplets lorsque ceux-ci

---

4. Annexe disponible sur : https://liris.cnrs.fr/~rkottoko/autoscale/v1/

sont déphasés. Avec *ConfMin*, nous observons que le flux ne peut plus être absorbé et conduit à une congestion totale de la topologie. En effet, la topologie n'est plus en mesure d'émettre des n-uplets. Dès lors, tous les n-uplets émis par la source finissent par être déphasés et sont rejoués indéfiniment par la source jusqu'à intervention d'un utilisateur. À l'inverse, notre approche *AUTOSCALE* augmente dynamiquement et automatiquement le degré de parallélisme de l'opérateur critique afin d'absorber les variations du flux d'entrée. Lorsque le flux diminue, le degré de parallélisme est diminué en conséquence afin d'éviter la surconsommation de ressources.

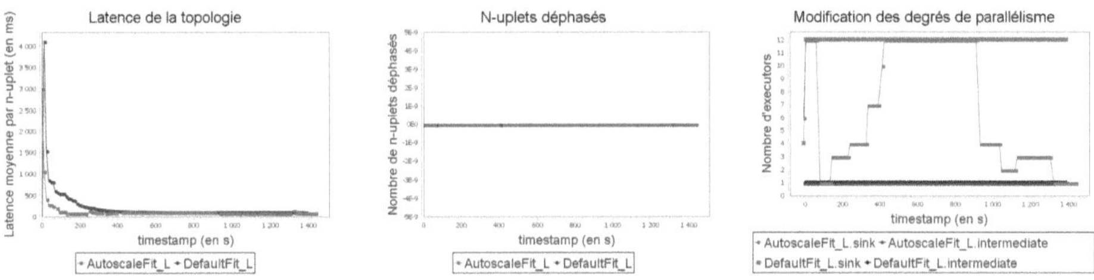

FIG. 4 – *Comparatif entre Storm (Default) et AUTOSCALE avec ConfExpt.*

Avec *ConfExpt* (voir Figure 4), nous partons d'une configuration capable d'absorber le débit maximal du flux d'entrée cependant cette configuration est surévaluée en début et fin de notre flux synthétique. Notre approche *AUTOSCALE* diminue donc le degré de parallélisme lorsque les opérateurs ne nécessitent pas une telle capacité de traitement au vue de la charge. Puis, à l'instar de la *ConfMin*, le degré de parallélisme est adapté progressivement. *AUTOSCALE* parvient ainsi à diminuer dynamiquement et automatiquement la quantité de ressources allouées de près de 30% et à maintenir une latence équivalente.

6   Conclusion

Nous avons proposé une approche permettant d'adapter dynamiquement et automatiquement le degré de parallélisme des opérateurs d'une topologie *Apache Storm* en fonction de l'évolution du flux d'entrée. Les expérimentations nous ont montré d'une part que cette approche permet de limiter les risques de congestion des opérateurs mais également qu'elle converge vers une configuration utilisant uniquement les ressources nécessaires. Cette approche offre un traitement élastique sous l'hypothèse que le support d'exécution fournisse suffisamment de ressources. Nos travaux en cours portent sur une expérimentation large échelle ainsi que sur les problématiques liées à des configurations où les ressources sont insuffisantes.

Références

Aniello, L., R. Baldoni, et L. Querzoni (2013). Adaptive online scheduling in storm. In *The 7th ACM International Conference on Distributed Event-Based Systems, DEBS '13, Arlington, TX, USA - June 29 - July 03, 2013*, pp. 207–218.

Gedik, B., S. Schneider, M. Hirzel, et K.-L. Wu (2014). Elastic scaling for data stream processing. *IEEE Trans. Parallel Distrib. Syst. 25*(6), 1447–1463.

Heinze, T., V. Pappalardo, Z. Jerzak, et C. Fetzer (2014). Auto-scaling techniques for elastic data stream processing. In *Proceedings of the 8th ACM International Conference on Distributed Event-Based Systems*, DEBS '14, New York, NY, USA, pp. 318–321. ACM.

Neumeyer, L., B. Robbins, A. Nair, et A. Kesari (2010). S4 : Distributed stream computing platform. In *Data Mining Workshops (ICDMW), 2010 IEEE International Conference on*, pp. 170–177.

Peng, B., M. Hosseini, Z. Hong, R. Farivar, et R. H. Campbell (2015). R-storm : Resource-aware scheduling in storm. In *Proceedings of the 16th Annual Middleware Conference, Vancouver, BC, Canada, December 07 - 11, 2015*, pp. 149–161.

Rivetti, N., L. Querzoni, E. Anceaume, Y. Busnel, et B. Sericola (2015). Efficient key grouping for near-optimal load balancing in stream processing systems. In *Proceedings of the 9th ACM International Conference on Distributed Event-Based Systems, DEBS '15, Oslo, Norway, June 29 - July 3, 2015*, pp. 80–91.

Sattler, K.-U. et F. Beier (2013). Towards elastic stream processing : Patterns and infrastructure. In G. Cormode, K. Yi, A. Deligiannakis, et M. N. Garofalakis (Eds.), *BD3@VLDB*, Volume 1018 of *CEUR Workshop Proceedings*, pp. 49–54. CEUR-WS.org.

Schneider, S., H. Andrade, B. Gedik, A. Biem, et K.-L. Wu (2009). Elastic scaling of data parallel operators in stream processing. In *Parallel Distributed Processing, 2009. IPDPS 2009. IEEE International Symposium on*, pp. 1–12.

Xu et G. Peng (2016). Stela : Enabling stream processing systems to scale-in and scale-out on-demand. In *Proc. IEEE International Conference on Cloud Engineering (IC2E), 2016*.

Xu, J., Z. Chen, J. Tang, et S. Su (2014). T-storm : Traffic-aware online scheduling in storm. In *Distributed Computing Systems (ICDCS), 2014 IEEE 34th International Conference on*, pp. 535–544.

Zaharia, M., T. Das, H. Li, T. Hunter, S. Shenker, et I. Stoica (2012). Discretized streams : A fault-tolerant model for scalable stream processing. Technical Report UCB/EECS-2012-259, EECS Department, University of California, Berkeley.

Summary

In a context of stream processing, it is important to guarantee some properties of performance, quality of results and scalability to final users. Adjusting resource usage to processing requirements in order to consume only necessary resources, is a major challenge dealing with Big Data and Green IT. The approach suggested in this article, adapts dynamically and automatically the parallelism degree of operators belonging to a same continuous query. It takes into account the evolution of input stream rates. We suggest i) a metric estimating the activity level of operators in a near future ii) the approach *AUTOSCALE* which evaluates the gain brought by a set of the parallelism degree modifications at local and global scope iii) thanks to an integration to the solution *Apache Storm*, we show performance tests comparing our approach to the native solution of this stream processing engine.

Optimisation des performances dans les entrepôts de données NoSQL en colonnes

Mohamed Boussahoua*, Omar Boussaid*, Fadila Bentayeb *

*Université de Lyon, Université Lyon 2, ERIC EA 3083
5 avenue Pierre Mendes-France, F-69676 Bron Cedex, France
{mohamed.boussahoua, omar.boussaid, fadila.bentayeb}@univ-lyon2.fr

Résumé. Le modèle NoSQL orienté colonnes propose un schéma de données flexible et hautement dénormalisé. Dans cet article, nous proposons une méthode d'implantation d'un entrepôt de données dans un système NoSQL en colonnes. Notre méthode est basée sur une stratégie de regroupement des attributs issus des tables de faits et de dimensions, sous forme de familles de colonnes. Nous utilisons deux algorithmes *OEP* et *k-means*. Pour évaluer notre méthode, nous avons effectué plusieurs tests sur le benchmark TPC-DS au sein du SGBD NoSQL orienté colonnes *Hbase*, avec une architecture de type *MapReduce* sur une plateforme *Hadoop*.

1 Introduction

Les entrepôts de données jouent un rôle important dans la collecte et l'analyse de grandes masses de données pour l'aide à la décision. Généralement, ils sont souvent implémentés sous les systèmes de gestion de bases de données relationnelles (SGBDR). Ces derniers s'imposent par la richesse de leurs fonctionnalités et les performances de leurs requêtes. Cependant, ils sont peu appropriés pour construire des entrepôts de données distribuées, nécessaires pour faire face à l'augmentation du volume de données et à la scalabilité de l'espace de stockage Leavitt (2010). De plus, l'exécution des requêtes décisionnelles dégrade les performances des entrepôts de données dans un SGBDR. Pour améliorer les performances des entrepôts de données relationnels, différents travaux de recherche existent et portent notamment sur les techniques d'indexation, la fragmentation ou la compression des données. De la même manière, il est nécessaire de recourir à de nouvelles solutions de stockage fiables et à moindre coût dans les systèmes décisionnels distribués. Parmi ces solutions, il y a lieu de citer la plateforme Hadoop [1], qui comprend différents modules, tels que Apache Hive [2], un système d'entreposage de données muni d'une interface de type SQL, Apache Pig et de nouveaux modèles de données dits NoSQL (*Not Only SQL*) [3] apparus ces dernières années sous l'impulsion des grands acteurs du Web (*Google, Yahoo, Facebook, Twitter, Amazon...*). Ces SGBD, dits aussi non relationnels, s'appuient sur le théorème de CAP (*Consistency,*

---

1. http ://hadoop.apache.org
2. https ://hive.apache.org
3. https ://fr.wikipedia.org/wiki/NoSQL

Availability, Partition Tolerence) Brewer (2000). Ils offrent une grande flexibilité de représentation et de gestion de gros volumes de données sur des serveurs de stockage distribués.

Nos travaux se focalisent sur la modélisation et l'implémentation d'un entrepôt de données selon le modèle NoSQL orienté colonnes. Dans les entrepôts relationnels, la construction d'un cube OLAP nécessite l'accès aux attributs des tables des faits et des dimensions. Par conséquent, pour sélectionner une colonne (axe d'analyse), il faut charger toute la table de dimension concernée. Contrairement aux systèmes relationnels, dans le modèle NoSQL en colonnes, il est possible d'accéder uniquement à la colonne souhaitée puis de la charger en mémoire, ceci facilite l'application d'une fonction d'agrégation.

Dans cet article, nous nous intéressons aux techniques de regroupement des attributs pour la constitution de familles de colonnes. Notre objectif est d'obtenir des ensembles d'attributs homogènes permettant d'accroître les performances des requêtes décisionnelles. Nous proposons alors une stratégie de regroupement d'attributs, à partir d'une charge initiale de requêtes, en utilisant deux algorithmes : une méta-heuristique, en l'occurrence l'*Optimisation par Essaim Particulaire (OEP)*, et l'algorithme de fouille, *k-means*.

Nous avons étudié le gain en performance de requêtes décisionnelles en comparant les résultats obtenus et en exécutant celles-ci sur un entrepôt construit selon notre approche, puis sur d'autres entrepôts construits selon deux autres méthodes de regroupement : (1) l'ensemble des attributs des tables de faits et des dimensions est mis dans une même famille de colonnes ; (2) chacune des tables de faits et des dimensions correspond à une famille de colonnes.

Pour réaliser nos expérimentations, nous avons utilisé le banc d'essai TPC-DS [4] (*Transaction Processing Council Decision Support*) conçu pour mesurer les performances des entrepôts de données relationnels. De plus, nous avons étendu la charge de requêtes initiale de TPC-DS afin d'obtenir un schéma de regroupements d'attributs plus significatif. Nos tests montrent que nos méthodes de regroupement OEP et K-means améliorent de façon significative le temps d'exécution des requêtes décisionnelles dans l'entrepôt CN-DW (Column NoSQL Data Warehouse) pour un nombre de familles de colonnes compris entre 7 et 12. Ces résultats sont également valables en comparaison avec les deux autres méthodes.

Ce papier est organisé comme suit. La Section 2 présente un état de l'art des travaux portant sur le développement des entrepôts de données selon le modèle NoSQL orienté colonnes. La Section 3 détaille la problématique liée à l'accès aux données dans un entrepôt basé sur un systéme NoSQL en colonnes. Dans la Section 4, nous détaillons l'approche proposée. La Section 5 présente l'évaluation de notre approche. Enfin, nous concluons cet article et présentons quelques perspectives dans la section 6.

2   Etat de l'art

Les bases de données NoSQL en colonnes sont caractérisées par leur schéma de données libre et leur modèle logique favorisant la dénormalisation, et dont la définition

---

4. Benchmark TPC DS (TPC-DS) v2.0.0, http ://www.tpc.org/tpcds

reste tout de même une tâche délicate. Plusieurs travaux de recherche y sont consacrés.

Dans Li (2010), les auteurs proposent une approche pour transformer un schéma d'une base de données relationnelle en un schéma d'une base NoSQL orientée colonnes via *HBase*, où le schéma relationnel est restructuré en une grande table où chaque table relationnelle devient une famille de colonnes.

Les auteurs de Abelló et al. (2011), présentent trois méthodes pour construire un cube OLAP, à partir d'un entrepôt implémenté dans *HBase*. Les auteurs ont recouru à la dénormalisation du schéma de l'entrepôt, et ont défini une famille de colonnes pour chaque attribut. Dans la première méthode, ils proposent d'utiliser le paradigme *MapReduce* de manière naïve et sans aucune optimisation, et de bénéficier de la puissance de *HBase* pour parcourir les données et construire le cube. L'inconvénient est la taille importante des données manipulées lors de l'interrogation. Pour résoudre ce problème, les auteurs proposent d'utiliser, dans une seconde méthode, des indexes au niveau des valeurs d'une colonne. L'inconvénient est le nombre important de blocs de données parcourus. Ils sont amenés ainsi à utiliser, dans une troisième méthode, l'index bitmap comme index supplémentaire pour réduire davantage le nombre de valeurs parcourues et réaliser un accès direct aux blocs de données.

Les travaux de Dehdouh et al. (2014) proposent des méthodes d'implantation des cubes OLAP dans le modèle NoSQL en colonnes. Les auteurs ont développé un banc d'essai décisionnel en NoSQL colonnes (*CNSSB : Columnar NoSQL Star Schema Benchmark*) basé sur SSB (*Star Schema Benchmark*). Pour représenter les tables de faits et des dimensions dans un système NoSQL en colonnes, les auteurs ont proposé, dans Dehdouh et al. (2015), trois approches à savoir : NLA (*Normalized Logical Approach*) où les tables de faits et des dimensions sont stockées séparément sur différentes tables ; DLA (*Denormalized Logical Approach*), ce processus favorise la dénormalisation du schéma conceptuel dimensionnel et regroupe les faits et les dimensions dans une table unique appelée *BigFactTable*, où chaque famille de colonnes est composée d'un seul attribut ; DLA-CF (*Denormalized Logical Approach by using Column Family*) permet d'encapsuler les tables de faits et des dimensions dans une même table, où chacune devient une famille de colonnes.

Dans les traveaux de Chevalier et al. (2015), les auteurs ont présenté une approche basée sur des régles de transformation d'un modèle conceptuel multidimensionnel en un modèle logique NoSQL orienté colonnes ou orienté documents. Ils proposent alors trois modèles pour implémenter un entrepôt de donnée dans *HBase*. MLC0 (*simple flat model*) : les attributs des tables des faits et des dimensions sont combinés dans une même table en une seule famille de colonnes ; MLC1 : l'avantage de ce modèle est de regrouper, au sein d'une même table, les attributs des faits dans une famille de colonnes, et ceux de chaque dimension dans une famille de colonnes distincte ; MLC2 (*shattered model*) : chacune des tables des faits et des dimensions correspondrait à une table avec une seule famille de colonnes.

Dans Scabora et al. (2016), les auteurs s'orientent vers un modèle de données NoSQL orienté colonnes pour résoudre le problème de distribution des attributs entre les familles de colonnes afin d'optimiser les requêtes et faciliter la gestion des données. Pour ce faire, ils ont implémenté les données de l'entrepôts dans une table *HBase* composée de deux familles de colonnes. La première réunit les attributs des faits et des dimensions fréquemment interrogés. La deuxième regroupe les attributs des autres dimensions. Cependant, les auteurs n'utilisent pas des techniques de regroupement.

3   Définition du problème

L'implémentation d'un entrepôt de données dans un système NoSQL en colonnes prend en compte les spécificités de l'environnement du stockage physique des données. Rappelons que ces dernières sont organisées en familles de colonnes composées d'un ensemble d'attributs. Ainsi, il s'agit d'un principe de partitionnement vertical des données. La figure 1 montre un exemple représentant une table T avec 7 attributs et 3 familles de colonnes. Chaque famille CF_i consiste en un ensemble d'attributs ayant chacun une valeur, chaque ligne des données est référencée par une clé de ligne Ri.

Row-Key	store CF_1	store CF_2	store CF_3
R_1	$CF1{:}A1{:}tm_{11}{:} V_{11}$ $CF1{:}A2{:}tm_{12}{:} V_{12}$	$CF2{:}A3{:}tm_{13}{:} V_{13}$ $CF2{:}A4{:}tm_{14}{:} V_{14}$ $CF2{:}A5{:}tm_{15}{:} V_{15}$	$CF3{:}A6{:}tm_{16}{:} V_{16}$ $CF3{:}A7{:}tm_{17}{:} V_{17}$
R_m	$CF1{:}A1{:}tm_{m1}{:} V_{m1}$ $CF1{:}A2{:}tm_{m2}{:} V_{m2}$	$CF2{:}A3{:}tm_{m3}{:} V_{m3}$ $CF2{:}A4{:}tm_{m4}{:} V_{m4}$ $CF2{:}A5{:}tm_{m5}{:} V_{m5}$	$CF3{:}A6{:}tm_{m6}{:} V_{m6}$ $CF3{:}A7{:}tm_{m7}{:} V_{m7}$

FIG. 1 – *Stockage orienté colonnes d'une table*

En réalité d'un point de vue stockage (figure 1), toutes les données, faisant référence à une même clé de ligne (*Rowkey*), sont stockées ensemble, le nom de la famille de colonnes agissant alors comme clé de chacune de ses colonnes et la clé de la ligne comme clé de l'ensemble des attributs d'un même « *enregistrement* » au sens relationnel du terme. On peut remarquer dans cette technique de stockage, que deux éléments influent sur la vitesse d'exécution des requêtes : le choix des colonnes et celui des lignes. Pour une requête portant, par exemple, sur les valeurs d'attributs $\{CF\_1 : A1, CF\_2 : A4, CF\_3 : A6\}$, la table est parcourue au niveau des familles de colonnes 3 fois ; la recherche se fera sur 3 partitions de données différentes : CF_1 , CF_2 et CF_3 avec un balayage complet des valeurs de l'attribut concerné. Ceci nécessite alors un temps d'exécution élevé pour atteindre les valeurs. Cependant, l'implémentation des entrepôts de données, selon un modèle NoSQL en colonnes, se base sur les méthodes de dénormalisation, qui regroupe à la fois les données des faits et celles des dimensions dans une même table. Ceci impose la duplication des données des dimensions pour chaque instance de fait, ce qui minimise l'avantage du regroupement d'attributs en familles de colonnes. De ce fait, pour éviter l'accès à plusieurs familles de colonnes (plusieurs méta-données) et un balayage complet de toutes les données, il est important de proposer un regroupement des données qui soit plutôt approprié aux besoins des utilisateurs. De plus, les implémentations NoSQL habituelles s'exécutent entièrement *in memory*, générant ainsi un coût. Celui-ci sera particulièrement élevé selon l'importance du volume des données. De ce fait, le problème qui se pose lors de la construction de la table est de savoir comment définir le bon nombre (seuil) de familles de colonnes pour une bonne stratégie de regroupement des attributs.

Nous discuterons, dans la section suivante, l'approche proposée pour l'implantation des entrepôts de données selon le modèle NoSQL orienté colonnes.

4 Regroupement des colonnes en familles

4.1 Principe

Notre méthode d'implantation d'un entrepôt relationnel (schéma en étoile ou en flocon de neige) selon un modèle logique NoSQL orienté colonnes, s'appuie sur le processus suivant :

1. extraction des attributs des tables des faits et des dimensions ;

2. regroupement des attributs et construction des familles de colonnes selon *OEP* ou *k-means* ;

3. génération d'un schéma (métadonnées) de l'entrepôt de données dans le modèle NoSQL en colonnes en fonction des regroupements obtenus ;

4. préparation des données et chargement de l'entrepôt.

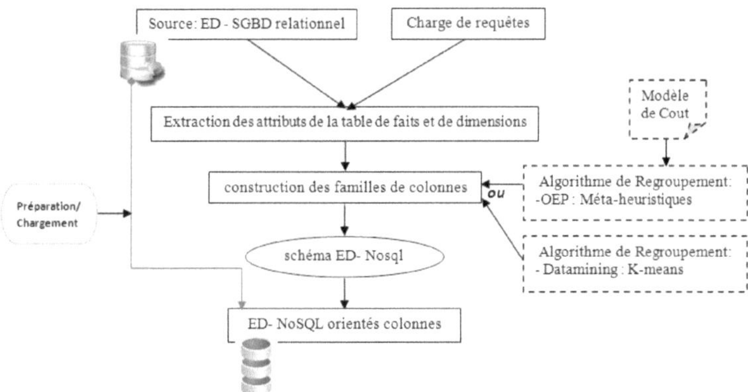

FIG. 2 – *Processus semi-automatique pour l'implémentation d'un entrepôt selon le modèle NoSQL en colonnes*

4.2 Formalisation

Un entrepôt de données est défini par $D = \{d_1, d_2, ..., d_j\}$ tables de dimension et une table de faits F de n attributs. Chaque table de dimension $(d_m)_{m=1,...,j}$ est composée de plusieurs attributs A_m^i avec $i \in [1, k]$, tel que $d_m = \{A_m^1, A_m^2, ..., A_m^k\}$ où k peut varier d'une dimension à l'autre. Nous considérons également un ensemble des requêtes $Q = \{q_1, q_2, ..., q_q\}$. Celles-ci exploitent la totalité du schéma de l'entrepôt par des opérations de sélection, de jointure et d'agrégation ($MAX, COUNT, SUM...$). Chaque requête q_i contient un ensemble d'attributs.

Soit $F = \{FC_1, FC_2, ..., FC_w\}$ l'ensemble des familles de colonnes qui sera généré. Le nombre de familles de colonnes (w) est défini tel que : $2 \leq w \leq W$. Pour contrôler le nombre maximum de familles de colonnes à créer, un seuil W est fixé à priori.

4.3 Extraction des attributs des tables de faits et de dimensions

Notre technique d'implantation d'un entrepôt selon un modèle NoSQL en colonnes est un processus semi-automatique (figure 2). Il est basé sur une analyse statistique des requêtes les plus fréquentes et s'appuie sur des informations tant qualitatives que quantitatives de l'utilisation des données. Celles-ci portent sur les relations, l'ensemble d'attributs et les tuples accédés, les prédicats portant sur les attributs, le type des requêtes, le nombre de requêtes de lecture, la fréquence d'exécution d'une requête, le site à partir duquel la requête est exécutée, la capacité de stockage et le coût de transfert des données entre sites. Cette première étape consiste alors à traiter l'ensemble des attributs (*présents dans les clauses Select et Where*) relatifs à la charge de requêtes, pour construire la matrice d'usage des attributs (MUA) et la matrice d'affinités (MAA). Pour ce faire, nous nous sommes inspirés des travaux de Navathe et al. (1984). Ces derniers utilisent le principe des affinités entre attributs pour concevoir des groupes d'attributs.

4.4 Construction des familles de colonnes

Dans cette étape, notre objectif est de définir un schéma logique NoSQL de l'entrepôt qui optimise au mieux l'accès aux données pour les requêtes. Notre solution consiste à mettre en œuvre un processus visant le regroupement des attributs qui sont fréquemment interrogés ensemble. Ce regroupement permettra de former des familles de colonnes composant le schéma logique de l'entrepôt NoSQL. Nous avons choisi pour cela d'utiliser deux types d'algorithmes : (1) une méta-heuristique *OEP* développée par Eberhart et al. (1995) ; (2) et l'algorithme *k-means* (MacQueen et al., 1967). Notre choix d'utiliser ces deux algorithmes *OEP* et *k-means* est motivé par le fait qu'on puisse contrôler le nombre de classes (familles de colonnes) dans *k-means* ; cela s'avère être un avantage, du moment que nous voulons limiter le nombre des familles de colonnes. De plus, *EOP* offre la possibilité de contrôler le nombre d'attributs par groupe (famille de colonnes), et d'avoir en plus le même avantage que les *k-means*. Cela nous aide à construire des familles de colonnes avec le même nombre d'attributs pour équilibrer la charge.

4.4.1 Optimisation par Essaim Particulaires (OEP)

Cet algorithme est inspiré des essaims d'insectes ou d'animaux et de leurs déplacements en groupes pour trouver de la nourriture. Au départ l'essaim est réparti au hasard dans l'espace, chaque particule ayant une vitesse aléatoire. Ensuite, les particules se déplacent dans l'espace de recherche en se basant sur des informations limitées, c'est-à-dire chaque particule doit décider de son prochain mouvement et sa nouvelle vitesse. Pour ce faire, elle combine linéairement trois informations : (1) sa vitesse actuelle ; (2) sa meilleure performance : chaque particule est capable d'évaluer la qualité de sa position et de garder en mémoire sa meilleure performance, c'est-à-dire le meilleur point par lequel elle est déjà passée ; (3) la meilleure performance de ses voisines (ses informatrices) : chaque particule peut interroger ses plus proches voisines pour connaître leurs meilleures performances afin de décider de son déplacement. Les algorithmes à essaim de particules peuvent s'appliquer aussi bien à des données discrètes que continues.

Adaptation de l'algorithme OEP pour la regroupement des Attributs

Notre problème est défini par :

— $R = \{A_1, A_2, .., A_{nb}\}$: ensemble des attributs
— Q : nombre total des requêtes fréquentes
— fq : fréquence d'accès de la requête q, pour $q = 1, 2, .., Q$
— W : nombre maximum des familles de colonnes ($2 \leq W$)
— P : nombre d'attributs par famille de colonnes ($1 \leq P < nb$)
— C : ensemble de contraintes physiques *(nombre de nœuds du cluster, capacité de stockage des nœuds, espace mémoire utilisé par les machines, taille de l'entrepôt...)*
— $S = \{S_1, S_2, ..., S_t\}$: ensemble de toutes les solutions réalisables, tel que t est le nombre maximum d'itérations de l'OEP, $(S_i)_{i=1,..,t} = \{FCi_1, FCi_2, .., FCi_w\}$, où les $(FCi_j)_{j=1,..,W}$ sont des sous-ensembles finis de P attributs de R ;
— F : une fonction objectif qui prend ses valeurs sur S.

Le problème consiste à trouver une solution $S^* \in S$ optimisant la valeur de la fonction objective F tel que : $F(S^*) \leq F(S_i)$, pour tout élément $S_i \in S$, et F la fonction objectif à minimiser.

La fonction objectif F permet de mesurer la qualité des solutions $(S_i)_{i=1,..,t}$ obtenues après chaque itération d'*OEP*. Notre fonction de coût s'inspire des travaux de Derrar et al. (2008), qui consistent à évaluer, lors de la phase de conception, la pertinence des schémas de partitionnement générés. Initialement, cette fonction est calculée en utilisant l'erreur au carrée (*Square-Error*) et en tenant compte des fréquences d'accès des requêtes aux attributs des différents groupes. L'erreur au carrée du schéma global de partitionnement de la relation R se calcule comme suit :

$$E_W^2 = \sum_{j=1}^{W} \sum_{q=1}^{Q} [(f_q)^2 \times s_j^q (1 - \frac{(s_j^q)}{P})]$$

Avec s_j^q le nombre d'attributs du groupe FCi_j sur un schéma de partitionnement S_i accédé par la requête q.

Afin de trouver la solution optimale S^*, nous utilisons l'algorithme *OEP-FC* qui exploite la fonction objectif F. Cette fonction évalue, pour chaque itération i de l'algorithme, l'erreur carrée E_W^2 du schéma S_i généré lors d'une itération. Il s'agit donc de déterminer un schéma S^* qui minimise la valeur de E_W^2, sous l'ensemble des contraintes C, cette fonction est définie comme suit :

$$F(S^*) = Min(E_W^2, S_i)_{i=1,..,t}$$

4.4.2 Application de *k-means* pour le regroupement d'attributs

Cet algorithme prend en entrée un ensemble de points et un entier k; le problème consiste à diviser les points en k groupes en minimisant la somme des carrés des distances entre les points d'un groupe et son centre. Les points sont alors les attributs et leurs distances sont les affinités. *k-means* prend en entrée la matrice des affinités d'attributs (MAA) et le nombre de clusters k, et retourne les familles de colonnes.

5   Implémentation et expérimentations

5.1   Protocole expérimental

Nous avons développé un outil nommé TA-EDRC (Transformation Automatique d'un Entrepôt de Données Relationnel en NoSQL orienté Colonnes), avec le langage de programmation Java, qui implémente les méthodes *OEP-FC* et *k-means*.

Entrepôt de données : Nous utilisons le benchmark TPC-DS, implémenté sous PostgreSQL. Celui-ci sert aux tests de performance; il modélise plusieurs aspects des opérations commerciales dans lesquels les données correspondent aux trois modes de vente : en magasin, par catalogue et par Internet. TPC-DS utilise un schéma en constellation, composé de 17 tables de dimensions et 7 tables de faits. Dans notre cas, nous utilisons la table des faits STORE_SALES et 9 tables de dimensions. Le générateur de données DSDGEN de TPC-DS permet de générer des fichiers de données dans un format (*fichier.dat*) avec différentes tailles selon un facteur d'échelle (*Scale Factor* - SF); chaque fichier correspond à une table de faits ou une table de dimension. Nous avons fixé SF à 100 pour produire 100 Go de données, pour les requêtes sur un cluster de 19 noeuds.

Charge de requêtes : Le benchmark TPC-DS propose 99 requêtes. Nous avons sélectionné une charge composée de 19 requêtes distinctes, qui exploitent la table de faits STORE_SALES et ses dimensions. Elles sont organisées selon : (1) le nombre des tables (de faits et dimensions) parcourues par les requêtes et (2) le nombre des prédicats de sélection définis sur les différents attributs des tables de faits et de dimensions. Les requêtes concernées sont classées en six catégories, nommées respectivement : $SQ1$, $SQ2$, $SQ3$, $SQ4$, $SQ5$ et $SQ6$.

Configuration expérimentale : Pour mener nos expérimentations, nous avons mis en place deux environnements de stockage. Le premier est relationnel non distribué, et consiste en une machine intel-Core TMi7-4790S CPU@3.20 GHZ avec 8 Go de RAM, et un disque de 500 Go; celle-ci fonctionne sous le système d'exploitation Ubuntu-14.04 LTS de 64 bits, utilisée comme serveur PostgreSQL dédié au stockage de l'entrepôt de données relationnel. Le deuxième est un environnement de stockage NoSQL distribué; c'est un cluster d'ordinateurs composé d'un serveur maître (*NameNode*) et de 19 machines esclaves (*DataNodes*). Le *NameNode* est équipé d'un processeur Intel-Core TMi5-3550 CPU@3.30 GHZx4 avec une mémoire RAM de 16 Go, et d'un disque d'1 To SATA. Les *DataNodes* sont tous équipés d'un processeur Intel-Core i5-2400M, de 8 Go de RAM, et de 300 Go d'espace disque. Ces machines fonctionnent sous Ubuntu-14.04 LTS de 64 bits et la version Java JDK 8. Nous avons utilisé la version Hadoop 2.6.0 et le SGBD NoSQL orienté colonnes *HBase-0.98.8-Hadoop2*, dédié à la gestion des données dans un environnement distribué. Pour simplifier la manipulation des données et augmenter les performances du SGBD *HBase*, nous avons renforcé cette configuration avec une couche SQL dédiée à *HBase*, appelée *Phoenix* (v4.6.0). Pour utiliser cette dernière et interroger les données *HBase*, nous avons utilisé un client JDBC appelé *SQuirreL* (interface graphique). En outre, la machine *NameNode* est configurée pour jouer le rôle de *master server* du système *HDFS* et *Zookeper* de *HBase*. Les autres machines (*DataNodes*) sont considérées comme des *Region-Servers* de *HBase*.

Chargement et transfert des données : Le processus complet de chargement et de transfert des données du modèle relationnel au modèle non relationnel est présenté dans la figure 3. La connexion D-W entre les deux systèmes de gestion de données se fait grâce à un connecteur JDBC. Celui-ci est présent du côté *HBase* et du côté du SGBD relationnel utilisé. Afin de transférer efficacement les données de PostgreSQL à *HBase*, nous avons intégré toutes les fonctionnalités de *Sqoop*[5] (SQL-to-Hadoop) à notre outil TA-EDRC. Nous avons opéré un import de *Sqoop* pour le transfert des lignes des données en les spécifiant ainsi que les colonnes dans une vue intermédiaire que nous avons créée. Celle-ci est totalement dénormalisée, et est composée de l'ensemble des attributs. Les données appartenant à cette vue proviennent de la table de faits STORE_SALES et des instances associées de chaque dimension (CUSTOMER, CUSTOMER_DEMOGRAPHICS, CUSTOMER_ADDRESS, ITEM, TIME, DATE, HOUSE-HOLD_DEMOGRAPHICS, PROMOTION, STORE, INCOME) où chaque ligne de données est identifiée par une clé *Key*, qui correspond à l'ordre séquentiel croissant des enregistrements de données de la table de faits. Cette dernière contient 287 997 024 d'enregistrements. En plus, cette clé est utilisée comme une clé de ligne, *Row_Key*, dans la table de données *HBase*.

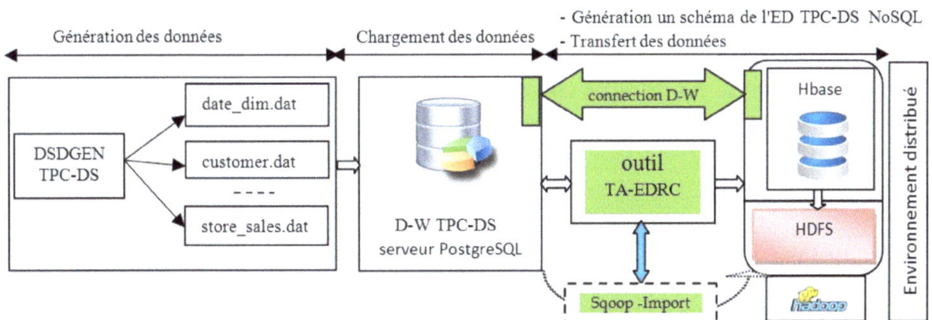

FIG. 3 – *Processus de chargement et de transfert des données.*

5.2 Résultats expérimentaux

Nous avons choisi 4 méthodes de construction des familles de colonnes : (1) l'ensemble des attributs des tables de faits et de dimensions est mis dans une même famille

---

5. https ://sqoop.apache.org.

de colonnes (approche "Plate") ; (2) chacune des tables de faits et de dimensions correspondrait à une famille de colonnes (approche "Naïve") ; (3) les familles sont déterminées selon le regroupement obtenu à l'aide de l'algorithme OEP ; (4) les familles de colonnes sont obtenues par l'algorithme des *k-means*. Lors de l'exécution de *OEP-FC* et *k-means*, nous avons utilisé 67 attributs. A chaque exécution, nous avons fait varier le seuil W (*OEP*) et le nombre k (*k-means*) entre 2 et 12 familles de colonnes. A chacune de ces variations, correspond un schéma différent de l'entrepôt de données. Nous avons exécuté toutes les séries de requêtes sur les différents schémas de l'entrepôt NoSQL issus des quatre configurations décrites ci-dessus. Les schémas obtenus sont implémentés sous *HBase* avec le même jeu de données (100 Go).

Par manque de place, nous ne pouvons pas présenter et discuter dans cet article tous les résultats obtenus. Nous avons choisi de présenter les expérimentations de la série SQ2 afin de mesurer l'impact du nombre de familles de colonnes sur le temps d'exécution des requêtes, notamment les requêtes *Rq3*.

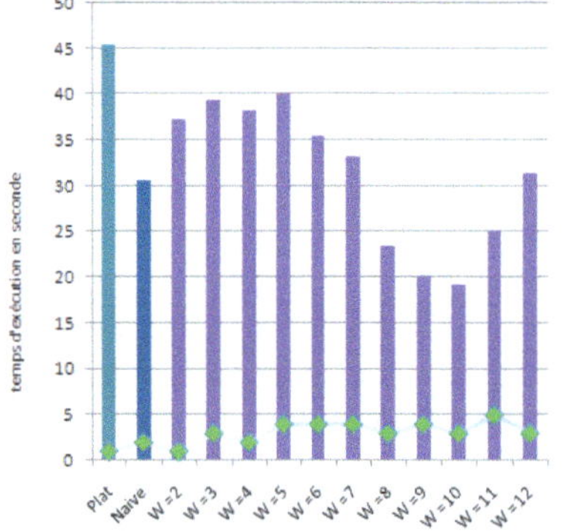

FIG. 4 – *Nombre de familles de colonnes parcourues par Rq3 et temps d'exécution ("Plat","Naïve" et OEP-FC)*

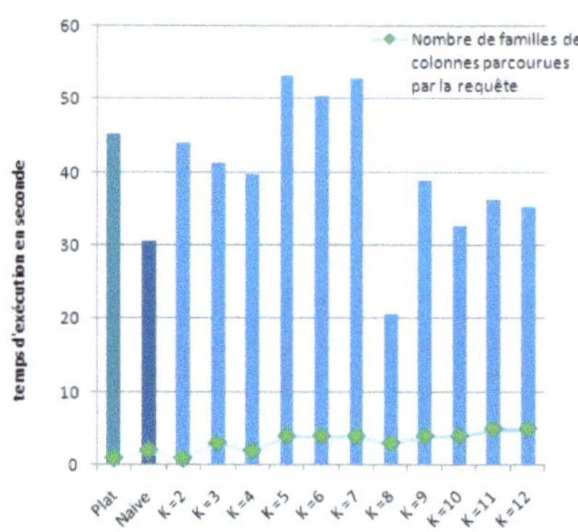

FIG. 5 – *Nombre de familles de colonnes parcourues par Rq3 et temps d'exécution (Plat,"Naïve" et k-means)*

Discussion : A partir des figures 4 et 5, nous constatons que le temps d'exécution de *Rq3* varie d'un schéma d'entrepôt à un autre. La méthode OEP-FC donne de meilleurs résultats, avec un temps d'exécution égal à 19,140 secondes, pour ($W = 10$). Dans le cas de ce schéma, la requête porte sur les valeurs d'attributs de **3** familles de colonnes parcourues ayant la même petite taille des données (regroupement d'attributs équilibré). Cependant, avec l'algorithme *k-means*, ce temps est plus élevé, entre 50,438 et 53,287 s, pour ($5 \leq k \leq 7$). Cela est dû à l'augmentation des combinaisons des opérations (sélection, filtrage et agrégation) entre les familles de colonnes parcourues par la requête, pour déterminer l'ensemble des prédicats à considérer et identifier les valeurs des attributs. Donc, il est évident que ces opérations représentent une contrainte supplémentaire pour la phase de traitement des données au niveau de la mémoire. Dans ces schémas de l'entrepôt, la requête fait appel à **4** familles de colonnes non homogènes (regroupement d'attributs déséquilibré) ayant des tailles de données trop grandes ou trop petites. Pour récupérer les données et les résultats intermédiaires des traitements, le système HBase exploite un nombre important de blocs de données HFile correspondant aux différentes familles de colonnes. Ces blocs sont dispersés sur plusieurs noeuds du cluster ; ce qui pénalise le flux de résultats intermédiaires, et nécessite, par conséquent, un temps d'exécution élevé. D'autre part, nous constatons aussi pour la méthode *k-means*, avec ($9 \leq k \leq 12$), les temps d'exécutions observés sont toutefois proches ; ils varient entre 32,782 et 38,912 s. Dans ces schémas, $Rq3$ sollicite une variation de 3 à 5 familles de colonnes ayant des tailles des données moyennes ; ce qui permet entre autre de réduire la surcharge des données au niveau de la mémoire. Cela se traduit par un temps d'exécution moins élevé par rapport à ($5 \leq k \leq 7$). En revanche, avec la méthode "Naïve", le temps d'exécution de la requête ne nécessite que 30,629 s ; ceci s'explique par le fait que celle-ci exploite moins de combinaisons d'opérations, 2 familles de colonnes ayant 2 tailles de données différentes (une avec 21 attributs : taille grande) et l'autre 12 attributs : taille moyenne). Ceci présente un certain équilibre entre l'ensemble de données et les traitements associés au niveau de la mémoire. Ceci permet de réduire le temps d'exécution de la requête. Pour terminer, les résultats montrent l'interdépendance entre la variation de nombre des familles de colonnes parcourues par la requête et leur taille de données. Nous remarquons aussi que la méthode OEP-FC présente de meilleures performances lorsque ($8 \leq W \leq 11$). Nous pensons que cela est dû au fait que OEP-FC prend en compte le choix de la taille des familles de colonnes. De ce fait, pour éviter les situations qui pénalisent le temps de traitement des requêtes, il est nécessaire de définir un nombre maximum d'attributs par familles de colonnes.

6   Conclusion

Dans cet article, nous avons présenté une approche de conception d'un entrepôt de données NoSQL en colonnes sur un cluster de plusieurs nœuds. Nous avons procédé à des regroupements d'attributs en familles de colonnes plus pertinentes, en utilisant les méthodes de fouille *OEP-FC* et *k-means*. Ceci nous a permis d'obtenir un gain de performance dans le traitement des requêtes décisionnelles. Nous avons développé un outil TA-EDRC dans le cadre de la transformation d'un entrepôt relationnel vers un entrepôt NoSQL en colonnes. Nous avons mené plusieurs expérimentations selon plus cas de familles de colonnes. Les résultats obtenus confirment l'intérêt de regrouper les colonnes en familles en tenant compte des besoins d'utilisateurs. Nous planifions par la suite d'étudier des stratégies de partitionnement et de placement intentionnels des blocs de données d'un entrepôt NoSQL en colonnes sur les différents nœuds du cluster.

Références

Abelló, A., J. Ferrarons, et O. Romero (2011). Building cubes with mapreduce. In *Proceedings of the ACM 14th International Workshop on Data Warehousing and OLAP*, DOLAP '11, New York, NY, USA, pp. 17–24. ACM.

Brewer, E. A. (2000). Towards robust distributed systems (abstract). In *Proceedings of the Nineteenth Annual ACM Symposium on Principles of Distributed Computing*, PODC '00, New York, NY, USA, pp. 7–. ACM.

Chevalier, M., M. El Malki, A. Kopliku, O. Teste, et R. Tournier (2015). Entrepôts de données multidimensionnelles nosql. In *EDA*, pp. 161–176.

Dehdouh, K., F. Bentayeb, O. Boussaid, et N. Kabachi (2015). Using the column oriented nosql model for implementing big data warehouses. In *Int. Conf. on Parallel and Distributed Processing Techniques and Applications (PDPTA)*, pp. 469–475.

Dehdouh, K., O. Boussaid, et F. Bentayeb (2014). Columnar nosql star schema benchmark. In *Int. Conf. on Model and Data Engineering*, pp. 281–288. Springer.

Derrar, H., O. Boussaïd, et M. Ahmed-Nacer (2008). Répartition des données d'un entrepôt basée sur l'optimisation par essaim particulaire. In *EDA*, pp. 141–149.

Eberhart, R. C., J. Kennedy, et al. (1995). A new optimizer using particle swarm theory. In *Proceedings of the sixth international symposium on micro machine and human science*, Volume 1, pp. 39–43. New York, NY.

Leavitt, N. (2010). Will nosql databases live up to their promise? *Computer 43*(2), 12–14.

Li, C. (2010). Transforming relational database into hbase : A case study. In *2010 IEEE Int. Conf. on Software Engineering and Service Sciences*, pp. 683–687. IEEE.

MacQueen, J. et al. (1967). Some methods for classification and analysis of multivariate observations. In *Proceedings of the fifth Berkeley symposium on mathematical statistics and probability*, Volume 1, pp. 281–297. Oakland, CA, USA.

Navathe, S., S. Ceri, G. Wiederhold, et J. Dou (1984). Vertical partitioning algorithms for database design. *ACM Transactions on Database Systems (TODS) 9*(4), 680–710.

Scabora, L. C., J. J. Brito, R. R. Ciferri, C. D. d. A. Ciferri, et al. (2016). Physical data warehouse design on nosql databases olap query processing over hbase. In *Inter. Conf. on Enterprise Information Systems, XVIII*, pp. 111–118. Inst. for Systems and Technologies of Information, Control and Communication-INSTICC.

Summary

NoSQL Column Oriented model offer a flexible and highly non-normalized database schema. In this paper, we propose a method that transforms a relational data warehouse to a NoSQL one with distributed columns in a multi-node cluster. Our method is based on a strategy of grouping attributes from fact tables and dimensions, as families' columns. In this purpose, we used two algorithms, the first one is a meta-heuristic algorithm, in this case the Particle Swarm Optimization : PSO, and the second one is the k-means algorithm. To evaluate our method, we use TCP-DS benchmark. We conducted several tests to evaluate these algorithms in the generation of families of columns and data partitions in the NoSQL Column Oriented Hbase DBMS, with a MapReduce paradigm and Hadoop distributed system.

Interopérabilité sémantique libérale
pour les services et les objets

Maxime Lefrançois

Univ Lyon, MINES Saint-Étienne, CNRS, Laboratoire Hubert Curien UMR 5516,
F-42023 Saint-Étienne, France
prenom.nom@emse.fr

Résumé. Le Web des données promeut l'utilisation de RDF comme modèle pour les données structurées sur le Web. Cependant, la majorité des services Web consomment et exposent principalement du CSV, JSON, ou XML, des format non-RDF. Il est peu probable que tous ces services se convertissent un jour aux formats RDF existants. Ceci est d'autant plus vrai dans le contexte du Web des objets, puisque les formats RDF sont pour la plupart textuels alors que les objets contraints préféreront des formats binaires tels que EXI ou CBOR. Dans cet article, nous proposons une approche pour permettre l'interopérabilité sémantique de ces services et objets, tout en leur laissant la liberté d'utiliser leurs formats préférés. Notre approche s'ancre sur les principes de l'architecture du Web et ceux du Web des données liées, et repose sur la définition de Présentation RDF. En supposant qu'une Présentation RDF soit identifiée par une IRI et déréférençable sur le Web, nous montrons comment, avec différents protocoles du Web, un client/serveur peut faire comprendre à l'autre partie comment le contenu d'une message peut être interprété en RDF, ou généré à partir de RDF. Nous nommons ceci la négociation de Présentation RDF. En utilisant ces principes, nous montrons comment les services et objets existants pourraient être rendus interopérables à moindre coût sur le Web Sémantique.

1   Introduction

Nous cherchons à faciliter l'accès aux formalismes et outils du Web Sémantique pour les entreprises, services Web, et objets contraints. Un des objectifs clé à atteindre est de permettre à ces différentes entités d'accéder à la signification des messages qu'ils s'échangent : ce qu'on appelle l'*interopérabilité sémantique*. Aujourd'hui sur le Web, les entreprises et services web échangent les données dans une multitude de formats. Le format XML (pas RDF/XML) est encore très présent. Les portails open data préfèrent CSV, et les API web : JSON. Quant aux objets contraints sur le Web des objets (Wilde, 2007; Guinard et Trifa, 2009; Guinard et al., 2010), ils préfèrent des formats légers, potentiellement binaires, tels que EXI (Schneider et al., 2014) ou CBOR (Bormann et Paul, 2014). Dans ce contexte, les formats de données RDF (RDF/XML, Turtle, JSON-LD) ne remplaceront vraisemblablement jamais les formats de données existants. Par contre, le *modèle* de données RDF peut toujours servir de *lingua franca* pour l'interopérabilité sémantique.

Dans cet article, nous repartons des définitions et principes de base du Web et du Web des données, et proposons une approche pour permettre l'interopérabilité sémantique de ces services et objets, tout en leur laissant la liberté d'utiliser leurs formats préférés. Notre approche apporte notamment des solutions aux scénarios suivants :

1. Lorsqu'un serveur répond à un client, il lui envoie son message dans un format arbitraire, tout en lui expliquant comment interpréter le message en RDF. Ceci permet au serveur d'avoir une certaine latitude concernant le choix de la représentation qu'il peut transmettre au client, tout en lui laissant la possibilité d'accéder à la signification du message qu'il lui transmet.

2. A l'inverse, lorsqu'un client cherche à obtenir une représentation d'une ressource, il informe le serveur de la manière dont il préférerait recevoir la représentation de la ressource. Typiquement, un format optimisé pour son usage ou ses contraintes. Le serveur peut alors adapter sa réponse au format qui convient au client, tout en lui laissant la possibilité de l'interpréter correctement.

3. Enfin, un serveur peut mentionner à ses clients potentiels comment ils doivent formuler leurs requêtes pour qu'il sache les interpréter. Il peut là encore demander aux requêtes d'être dans un format optimisé pour son usage.

Le reste de cet article est organisé de la manière suivante. La section 2 construit les fondations de notre approche sur la base des définitions et principes fondamentaux du Web et du Web des données. Nous proposons ensuite une mise en œuvre théorique de cette approche dans la section 3, notamment à l'aide d'une ontologie et de champs d'en-têtes HTTP. La section 4 rapporte enfin une implémentation concrète de notre approche dans une librairie open source basée sur Java Jersey et Apache Jena. Cette librairie permet à un ingénieur qui souhaiterait utiliser notre approche de développer à moindre coût un service HTTP RESTful qui consomme et/ou expose du RDF.

2 Bases de l'interopérabilité sémantique sur le Web

Afin d'assurer la compatibilité de nos travaux avec les formalismes du Web, nous proposons d'abord une réécriture d'extraits choisis de document du W3C, qui posent les principes fondamentaux du Web et du Web des données. Ceci nous permet ensuite de construire les fondations de notre approche.

2.1 Rappels préliminaires

Cette section propose une synthèse des documents (Jacobs et Walsh, 2004), (Sauermann et Cyganiak, 2008) et (Cyganiak et al., 2014), orientée pour poser les fondations de notre approche [1].

Le World Wide Web est un espace d'informations composé d'éléments caractérisés par identifiants globaux, les IRI, sur lequel interagissent des *agents Web* : les *agents utilisateurs* et

---

1. Nous utilisons la terminologie des traductions françaises des documents du W3C - `https://www.w3.org/2003/03/Translations/byLanguage?language=fr`

les *agents logiciels*. Un des principes clé du Web est la séparation du contenu, de la présentation et de l'interaction. Précisons ces concepts.

Les IRI *identifient* de manière unique des *ressources*, qui peuvent être localisées sur le Web, ou en dehors (notamment dans le monde réel). Les ressources dont les caractéristiques essentielles peuvent être empaquetées dans un message sont nommées *ressources informationnelles*. Les ressources localisées sur le Web sont des ressources informationnelles nommées *document Web*. L'information qui décrit l'état d'une ressource informationnelle est ce qu'on appelle le *contenu* de cette ressource.

Une *représentation d'une ressource* est un ensemble de données qui encode le contenu de la ressource (l'information décrivant l'état de cette ressource). On ne peut avoir de représentation que des ressources informationnelles. Le terme *présentation* n'est pas défini précisément. Notre interprétation est qu'il est utilisé pour décrire le lien entre les ressources informationnelles et leurs représentations.

Déréférencer une IRI est une action qui a pour but d'accéder à la ressource identifiée. « Accéder » doit être pris au sens large, chaque *protocole d'interaction* pouvant définir plusieurs manières d'accéder à une ressource (ex., HTTP GET : obtenir une représentation de la ressource ; HTTP DELETE : supprimer la ressource). Étant donnée une IRI, les agents web devraient pouvoir obtenir une *description* sur le Web de la ressource identifiée par l'IRI. Cette action est nommée « *chercher* » (*look up*) une IRI, et est plus spécifique que *déréférencer*. C'est ce que permet une suite d'appels HTTP GET avec suivi des redirections. Permettre cette action est important pour pouvoir établir une compréhension partagée de ce que l'IRI identifie. Les agents logiciels devraient obtenir une description en RDF, et les agents utilisateurs devraient obtenir une description adaptée, du HTML par exemple.

Une IRI peut inclure un identifiant de fragment (#). Une IRI sans fragment identifie ce qu'on appelle une *ressource primaire*, et cette IRI augmentée d'un fragment identifie une *ressource secondaire* à cette ressource. Un client Web ne peut déréférencer que des IRI sans fragment.

Avec le protocole d'interaction HTTP, si un serveur répond avec le code de statut 200 OK à un appel à une IRI (qui ne peut pas avoir de fragment), alors : (i) l'IRI identifie un document Web, et (ii) le corps de la réponse HTTP est une représentation qui empaquette les caractéristiques essentielles du document Web, à l'instant où elle a été générée [2].

Une représentation est une description, mais le contraire n'est pas toujours vrai. Citons deux cas importants pour le Web sémantique, qui permettent à des clients Web d'obtenir des descriptions de ressources du monde réel sans que ces ressources puissent être confondues avec des documents Web :

— Si l'on cherche une IRI HTTP avec fragment, que le serveur répond avec le code de statut 200 OK, alors ce qu'on obtient est une représentation du document Web identifié par l'IRI HTTP sans le fragment. C'est donc une description de la ressource secondaire identifiée par l'IRI cherchée.

— Si l'on cherche une IRI HTTP (avec ou sans fragment), et que dans la suite des redirections on rencontre le code de statut HTTP 303 See Other, alors même si au final on obtient une représentation d'un document Web (un code 200 OK), cette représentation ne sera qu'une description de la ressource identifiée par l'IRI originellement cherchée.

---

2. Cette assertion correspond à la décision prise au bout d'une discussion de plus de 10 ans au W3C : HTTP Range 14 - `https://en.wikipedia.org/wiki/HTTPRange-14`

La *négociation de contenu* consiste à fournir plusieurs représentations par l'intermédiaire d'une même IRI, chaque représentation devant par ailleurs être transmise comme un *flux d'octets*, typé par un type de média internet (Jacobs et Walsh, 2004). Un document Web peut avoir plusieurs représentations avec des types de média internet différents, mais il est également possible qu'il ait plusieurs représentations avec le même type de média internet. HTTP permet notamment la négociation de contenu selon le type de media internet, la langue, ou encore l'encodage de caractères.

Cyganiak et al. (2014, §1.5) utilisent informellement le terme *source RDF* pour se référer à une source ou un conteneur de graphes RDF persistant mais changeant au cours du temps. Une source RDF est une ressource dont on peut dire qu'elle a un état qui change au cours du temps. Un instantané de cet état peut être exprimé comme un graphe RDF. Par exemple, n'importe quel document sur le Web qui a une représentation RDF peut être considéré comme une source RDF. Comme toute ressource, les sources RDF peuvent être nommées avec des IRI et par conséquent être décrites dans d'autres graphes RDF.

2.2   Formalisation

Notre approche repose sur une extension des définitions de la section précédente, et la formalisation de concepts. Proposons tout d'abord une définition du concept de source RDF basée sur la notion de ressource informationnelle :

Définition 1 *Une* source RDF *est un document Web dont les caractéristiques essentielles peuvent être empaquetées dans un graphe RDF.*

Notre définition de source RDF précise donc la définition informelle de Cyganiak et al. (2014, §1.5), en permettant de confondre ses caractéristiques essentielles et le graphe RDF qu'elle contient.

Soit $\mathcal{G}$ l'ensemble des graphes RDF, $\mathcal{O}$ l'ensemble des flux d'octets, et $\mathcal{M}$ l'ensemble des types de media internet. Nous avons vu qu'une représentation est un flux d'octets typé au moins par un type de média internet, mais qu'il existe d'autres manières de typer ces flux d'octets selon le protocole d'interaction. Nous définissons donc un ensemble abstrait de *types de flux d'octets* $\mathcal{T}$. Chaque type de flux d'octet $t \in \mathcal{T}$ est au moins associé à un type de média internet media(t), qui décrit le type de média internet du flux d'octet.

Définition 2 *Un* flux d'octets typé *est une paire* $s = \langle o, t \rangle$ *composée d'un flux d'octets* $o \in \mathcal{O}$ *et d'un type* $t \in \mathcal{T}$*. L'ensemble des flux d'octets typés est noté* $\mathcal{S}$*.*

Une *présentation RDF* définit une relation entre des graphes RDF et leurs représentations sous la forme de flux d'octets tous typés de la même manière.

Définition 3 *Une* présentation RDF p *est une injection partielle de l'ensemble des graphes RDF* $\mathcal{G}$ *vers l'ensemble des flux d'octets typés* $\mathcal{S}$*, de sorte que tous les types des flux d'octets du co-domaine sont égaux. Ce type unique est le* type de la présentation RDF $type(p) \in \mathcal{T}$*. Le domaine d'une présentation RDF est l'ensemble des graphes RDF qui peuvent être représentés en utilisant cette présentation.*

Un graphe RDF peut donc potentiellement avoir plusieurs représentations selon une présentation RDF, mais un flux d'octets typés ne peut être la représentation que d'un graphe RDF. L'ensemble des graphes RDF qui ont une représentation pour la présentation RDF est l'ensemble des graphes RDF *valides*, et l'ensemble des flux d'octets typés qui sont la représentation d'un graphe RDF est l'ensemble des *représentations valides*. Le processus qui permet de passer d'un graphe RDF à une de ses représentations est appelé *abaissement* (*lowering*), alors que celui qui permet de passer d'un flux d'octets typé au graphe RDF qu'il représente est appelé *élévation* (*lifting*)[3].

Nous proposons ci-dessous une formalisation de ces notions qui se conforme à l'intuition que l'on pourrait avoir de différents formalismes et standards existants, que l'on mentionnera après chaque définition.

Soit $p \in \mathcal{P}$ une présentation RDF.

Définition 4 *Un graphe RDF est* valide *pour p si et seulement si il appartient au domaine de p. La* règle de validation *de p est une application de $\mathcal{G}$ vers $\{vrai, faux\}$, qui associe à tout graphe $g \in \mathcal{G}$ la valeur $vrai$ si et seulement si g est valide pour p.*

Les formalismes SPIN (Knublauch, 2011) ou bien les expressions Shape (Prud'hommeaux et al., 2014; Gayo et al., 2014) permettent de définir des règles de validation pour des graphes RDF.

Définition 5 *Une* règle d'abaissement *pour p est une fonction de $\mathcal{G}$ vers $\mathcal{S}$, qui est injective, et un super-ensemble de p.*

Les formalismes qui permettent de définir des règles d'abaissement incluent XSPARQL (Akhtar et al., 2008), et STTL alias SPARQL-Template (Corby et Faron-Zucker, 2015). Puisqu'une règle d'abaissement de p est un super-ensemble de p, on peut définir plusieurs présentation RDF à partir d'une même règle d'abaissement, en choisissant comment on restreint l'ensemble des graphes RDF valides pour la présentation.

Définition 6 *Un flux d'octets typé t est une* représentation valide *pour p si et seulement si il appartient au co-domaine de p. La* règle de validation de représentation *de p est l'application de $\mathcal{S}$ vers $\{vrai, faux\}$, qui associe à tout flux d'octets typé $s \in \mathcal{S}$ la valeur $vrai$ si et seulement si s est une représentation valide pour p.*

Les formalismes permettant de définir des règles de validation de représentations incluent XML Schema pour les types de média internet basés sur XML, JSON Schema pour ceux basés sur JSON, etc.

La définition de règle d'élévation de p est plus délicate. Pour chaque flux d'octet typé valide, il s'agit de choisir un unique graphe RDF antécédent par rapport à p, ce qui est possible grâce à l'axiome du choix. De plus, comme pour les règles d'abaissement, on veut pouvoir définir plusieurs présentations RDF à partir d'une même règle d'élévation. S'en suit la définition suivante :

---

3. L'emploi des termes lifting et lowering remonte à la recommandation Semantic Annotation for WSDL and XML Schema - https://www.w3.org/TR/sawsdl/

Définition 7 *Une* règle d'élévation *pour p est une application injective partielle de S vers G, telle que l'image d'un flux d'octet typé s valide pour p est l'un des antécédents de s par rapport à p.*

Les formalismes qui permettent de définir des règles d'élévation sont assez nombreux. Citons le langage de correspondances RML (Dimou et al., 2014), les règles XSPARQL (Akhtar et al., 2008), les règles SPARQL-Generate (Lefrançois et al., 2016, 2017), des métadonnées CSV (Tennison et Kellogg, 2015). Nous considérons également que c'est le cas pour GRDDL[4].

Nous pouvons donc proposer une interprétation des formats RDF existants selon notre définition de présentation RDF. Par exemple, RDF/XML (Beckett, 2004) est applicable à n'importe quel graphe RDF, et impose aux représentations d'un graphes RDF d'avoir pour type de media internet `application/rdf+xml`. On pourrait donc considérer que RDF/XML définit une unique présentation RDF dont le domaine est l'ensemble de tous les graphes RDF. De cette présentation RDF/XML principale, on peut définir une infinité de sous-présentations RDF, en restreignant l'ensemble des graphes RDF valides. C'est la même chose pour Turtle (Beckett et Berners-Lee, 2008).

Pour JSON-LD (Sporny et al., 2014), qui impose aux représentations de graphes RDF d'avoir le type de media internet `application/json+ld`, il n'existe pas d'unique présentation RDF dont le domaine est l'ensemble de tous les graphes RDF. En effet, de multiples présentations RDF différentes peuvent être définies à l'aide de contextes JSON-LD différents. Pour un contexte JSON-LD donné par contre, JSON-LD définit une unique présentation RDF dont le domaine est l'ensemble des graphes RDF. Comme pour RDF/XML, une infinité de sous-présentations RDF pourraient alors être définies, en restreignant l'ensemble des graphes RDF valides.

On peut donc considérer que le contexte JSON-LD paramètre les présentations RDF qui ont pour type de media internet `application/json+ld`. On peut également utiliser d'autres moyens de paramétrer les présentations RDF, comme justement les règles de validation, élévation, abaissement, ou validation de représentation.

2.3 Proposition d'extension des principes du Web des données liées

Avec la définition de nouveaux protocoles d'interaction pour le Web (notamment le protocole CoAP pour le Web des objets (Shelby et al., 2014)), il devient opportun de proposer de préciser et d'étendre les principes du Web des données liées. Nous proposons notamment d'inclure deux règles supplémentaires qui impliquent les concepts de source et présentation RDF définis dans la section 2.2. Notre proposition est donc :

1. utiliser des IRI pour *identifier* les choses ;

2. utiliser des IRI pour lesquelles le protocole d'interaction définit un mécanisme de *recherche* (ce qui est le cas pour HTTP et CoAP) ;

---

4. GRDDL définit un attribut XML qui permet de lier un document XML à une transformation (possiblement XSLT) de XML vers RDF/XML. Si l'on se restreint aux transformations qui transforment tout document XML vers un document RDF/XML valide, alors les règles de transformation GRDDL sont des règles d'élévation.

3. lorsque quelqu'un cherche cette IRI, faire en sorte qu'ils puissent obtenir une *description* de la ressource identifiée par cette IRI ;

4. faire en sorte que la *représentation* renvoyée au client soit celle d'une source RDF ;

5. faire en sorte que le client puisse découvrir la présentation RDF de cette représentation ;

6. inclure des liens vers d'autres IRI, pour qu'il puisse découvrir plus de choses.

3 Mise en œuvre d'une l'interopérabilité sémantique libérale sur le Web

Nous discutons dans cette section de la mise en œuvre des principes établis à la section 2.3, dans le but de rendre possible les scénarios décrits en introduction.

3.1 Une ontologie pour décrire les présentations RDF

Comme toute ressource, les présentations RDF et les règles des différents types que nous avons définis à la section 2.2 peuvent être identifiées par des IRI, et être décrites sur le Web en conformité avec les principes énoncés à la section 2.3. Nous proposons une ontologie pour décrire les présentations RDF. Les règles de validation sont attachées aux instances de la classe des *descriptions de graphes*, qui sont donc liées à une ou plusieurs instances de la classe des présentations RDF. Cette ontologie est référencée sur le Linked Open Vocabulary Cloud[5], et est disponible et documentée à l'URL :

$$\texttt{https://w3id.org/rdfp/}$$

Le préfixe enregistré pour cet espace de nom est `rdfp`. En guise d'exemple d'utilisation de cette ontologie, le code Turtle ci-dessous décrit une présentations RDF pour le media type `application/xml`. Les règles de validation, élévation, et abaissement pour cette présentation RDF sont nommées par des IRI, qui devraient être déréférençables.

```
@prefix rdfp: <https://w3id.org/rdfp/>.
@base <https://w3id.org/rdfp/example/>.

<graph/xml> a rdfp:Presentation ;
  rdfp:mediaType "application/xml" ;
  rdfp:liftingRule <graph/xml/liftingRule> ;
  rdfp:loweringRule <graph/xml/loweringRule> ;
  rdfp:validatedBy <graph/xml/validationRule> ;
  rdfp:presentationFor [
    a rdfp:GraphDescription ;
    rdfp:validatedBy <validationRule>
  ] .
```

3.2 Découverte directe de présentation RDF pour HTTP

Ce qui peut permettre en pratique la réalisation des scénarios mentionnés en introduction est un « ancrage » (*binding*) sur les protocoles d'interaction du Web. Il s'agit au client et au serveur Web de découvrir d'une façon ou d'une autre des informations sur la présentation RDF utilisée, ou à utiliser. Nous limitons ici le cadre de notre étude de deux manières :

---

5. `http://lov.okfn.org/dataset/lov/vocabs/rdfp`

— nous ne nous intéressons qu'à la découverte directe, c'est à dire qui survient pendant l'échange entre le client et le serveur. La découverte pourrait être indirecte, notamment via une description d'un objet contraint (*Thing Description*) sur le Web des Objets [6].

— Nous ne nous intéressons qu'au protocole HTTP. Une mise en œuvre similaire pourrait être proposée pour d'autres protocoles d'interaction, notamment CoAP.

Présentation RDF utilisée. La présentation RDF qualifie le lien entre la source RDF et la manière dont elle est représentée. Puisque nous suivons les principes de l'architecture du Web résumés dans la section 2.1, nous souhaitons garder orthogonaux les concepts d'identification et de présentation. Nous soutenons l'idée que la présentation RDF fait partie de ce qui type le flux de données de la représentation, et non pas la ressource elle même. Il serait opportun d'associer la présentation RDF au type de média internet utilisé via un paramètre de type de média internet, comme par exemple : `application/seas;p="https://w3id.org/rdfp/example/graph/sensor"`. Cependant même si ce paramètre peut être défini pour de nouveaux types de média internet, il n'est pas possible de définir un paramètre global pour tous les types de média internet, ce qui est imposé par la RFC 2045 (Freed et Nathaniel, 1996) :

> There are NO globally-meaningful parameters that apply to all media types. Truly global mechanisms are best addressed, in the MIME model, by the definition of additional Content-* header fields.

Nous introduisons donc un nouveau champ d'en-tête HTTP `Content-Presentation` dans ce but. La valeur de ce champ est une IRI absolue qui identifie une présentation RDF.

En rajoutant de tels champs d'en-tête à chaque réponse 200 OK du serveur, un service existant peut être adapté aux formalismes du Web Sémantique à moindre coût, et faire « comme si » il exposait des sources RDF. Charge alors au client de (i) chercher l'IRI de présentation RDF, (ii) d'interpréter le document RDF obtenu pour trouver l'IRI des règles de validation ou d'élévation associées, (iii) de chercher ces IRI, et (iv) d'utiliser la représentation de ces règles pour interpréter le document en RDF. Cette approche peut être utilisée pour les serveurs contraints également, qui peuvent envoyer des messages dans des formats aussi légers et spécifiques à leur application qu'ils le souhaitent. Tant qu'ils permettent au client de découvrir la présentation RDF utilisée, ces clients peuvent interpréter le message en RDF. Si le client lui-même est contraint, il peut également s'appuyer sur un serveur tiers de confiance pour effectuer la transformation à sa place.

Négocier la présentation RDF à utiliser. La négociation de présentation RDF permet au client de préciser ses préférences concernant la présentation RDF qui doit être utilisée pour représenter le graphe RDF dans le corps de la réponse HTTP.

Pour qu'un client puisse transmettre cette information au serveur, une solution est d'introduire un champ d'en-tête HTTP `Accept-Presentation`. La valeur de ce champ est une IRI absolue, qui identifie la présentation RDF que le client aimerait que le serveur utilise.

---

6. La description des objets et la découverte de ces descriptions d'objets est l'un des axes de travail du groupe d'intérêt W3C pour le Web des objers

En utilisant cet en-tête, un client contraint peut demander à un serveur de lui présenter la réponse dans un format spécifique qu'il peut interpréter. Si le serveur est lui-même contraint, il peut là aussi demander à un serveur tiers de confiance d'effectuer la transformation à sa place.

Pointer directement à une règle.   Dans certaines situations, il semble déraisonnable de s'attendre à ce qu'un client/serveur : (i) cherche l'IRI de présentation RDF, (ii) interprète le document RDF obtenu pour trouver l'IRI des règles de validation ou d'élévation associées, (iii) cherche ces IRI, et (iv) utilise la représentation de ces règles pour interpréter le document en RDF. Dans les cas simples, qui représentent la plupart des cas, il suffit de connaître l'IRI d'une seule des règles. Nous proposons donc d'introduire des champs d'en-tête HTTP additionnels pour pointer directement vers ces règles. Par exemple :

— l'en-tête HTTP `Content-Lifting-Rule` signifie que le receveur de la représentation peut utiliser la règle d'élévation identifiée par cette IRI pour élever la représentation vers le graphe RDF qui est exactement la ressource identifiée ;

— l'en-tête HTTP `Accept-Lowering-Rule` signifie que le client demande au serveur d'utiliser la règle d'abaissement identifiée par cette IRI pour générer une représentation de la source RDF qu'il pourra interpréter.

4   Première implémentation sur Jersey, et démonstration

Nous avons implémenté une librairie Java, `rdfp-jersey-server`[7], pour démontrer l'utilisation des présentations RDF et de la négociation de présentation RDF. Cette librairie est une extension de Java Jersey[8], et permet à un ingénieur qui souhaiterait utiliser notre approche de développer à moindre coût un service HTTP RESTful qui consomme et/ou expose du RDF. Elle masque tous les mécanismes de présentation RDF et de négociation des présentation RDF, et simplifie la tâche du développeur final qui peut se concentrer sur la manipulation de graphes RDF comme des *modèles* Apache Jena[9]. La version actuelle (1.2) de `rdfp-jersey-server` est disponible sur Maven central et implémente les règles d'élévation SPARQL-Generate, et les règles d'abaissement STTL. La page `https://w3id.org/rdfp/demonstration.html` décrit une démonstration de cette librairie sur une source RDF identifiée par :

$$\texttt{http://ci.emse.fr/rdfp/example}$$

4.1   Consommer du RDF présenté arbitrairement

`rdfp-jersey-server` utilise les champ d'en-tête HTTP, les principes du Web des données liées, et l'ontologie des présentations RDF, pour élever le corps de la requête HTTP en un graphe RDF lorsque c'est possible. Pour l'instant, les champs d'en-tête utilisés sont `Content-Type` et `Content-Presentation`. Toute la complexité est masquée au développeur final, qui peut directement utiliser un paramètre de type Apache Jena Model dans une méthode « ressource » Jersey :

---

7. `http://w3id.org/rdfp/get-started.html`
8. `https://jersey.java.net/`
9. `http://jena.apache.org/`

```
@POST
public Response doPost(@GraphDescription("https://w3id.org/rdfp/example/graph") Model
    model) {
    ...
}
```

L'annotation `@GraphDescription` informe la libraire `rdfp-jersey-server` de la description de graphe (une instance de `rdfp:GraphDescription`) à laquelle la source RDF est conforme. Si le client ne spécifie pas le champ d'en-tête `Content-Presentation`, alors `rdfp-jersey-server` cherche cette IRI pour trouver la présentation qu'elle peut appliquer pour élever la représentation reçue vers le graphe RDF correspondant. Dans le cas présent, la description de graphe déclare deux présentations RDF, une en `application/xml`, et une en `application/json` :

```
<https://w3id.org/rdfp/example/graph> a rdfp:GraphDescription ;
  rdfp:presentedBy <https://w3id.org/rdfp/example/graph/xml> ;
  rdfp:presentedBy <https://w3id.org/rdfp/example/graph/json> .
```

4.2   Négocier une présentation RDF

`rdfp-jersey-server` utilise la description de la présentation RDF pour négocier une présentation RDF du graphe RDF dont elle souhaite envoyer une représentation au client. Elle utilise pour l'instant les champs d'en-tête HTTP `Accept` et `Accept-Presentation`. Toute la complexité est masquée au développeur final, qui peut faire en sorte que la méthode « ressource » Jersey renvoie directement un objet de type Apache Jena Model :

```
@GET
@GraphDescription("https://w3id.org/rdfp/example/graph")
public Model doGet() {
    Model model = ...
    return model;
}
```

L'annotation `@GraphDescription` informe `rdfp-jersey-server` de la description de graphe à laquelle la source RDF est conforme. Si le client ne demande pas de présentation RDF spécifique à l'aide du champ d'en-tête `Accept-Presentation`, alors `rdfp-jersey-server` cherche cette IRI pour trouver une présentation RDF pour abaisser la sortie vers une représentation.

5   Conclusion

Dans cet article, nous avons étendu et formalisé certaines définitions des documents du W3C qui posent les fondamentaux du Web. Cette formalisation nous a permis de définir la notion de source RDF et de présentation RDF, ainsi que des règles de validation, élévation, abaissement, et validation de représentation. Ces notions permettent de catégoriser des formalismes et standards existants, qui en retour peuvent être utilisés pour répondre à la question principale de cet article :

> *Comment permettre aux agents Web d'être interopérable sémantiquement,*
> *tout en leur laissant la liberté d'utiliser leurs formats préférés ?*

Nous avons défini une ontologie pour décrire les présentations RDF, ainsi qu'une manière de mettre en œuvre notre approche pour la découverte directe et la négociation directe de présentation RDF pour le protocole d'interaction HTTP. Parmi les directions possibles de travaux futurs, on peut donc citer la découverte et la négociation indirecte, la mise en œuvre sur d'autres protocoles, mais également l'étude de l'impact sur les performances (nombre d'appels et taille des messages) que notre approche peut avoir pour une interopérabilité sémantique libérale.

Nous avons décrit une première implémentation open-source au dessus de Apache Jena et Java Jersey. Cette implémentation se limite à HTTP, aux solutions de mise en œuvre décrites dans la section 3, et n'utilise qu'un formalisme d'élévation et un formalisme d'abaissement. D'autres implémentations, en particulier sur des objets contraints, sont en cours de réalisation.

Notre approche peut être implémentée dans des objets contraints, et dans des « serveurs de traduction », formant ainsi un écosystème global d'objets et de services utilisant des formats différents, mais conservant leur interopérabilité sémantique.

Remerciements

Ce travail a été partiellement financé par le projet ITEA2 12004 Smart Energy Aware Systems (SEAS), ainsi que par une convention bilatérale de recherche avec ENGIE R&D.

Références

Akhtar, W., J. Kopeckỳ, T. Krennwallner, et A. Polleres (2008). XSPARQL : Traveling between the XML and RDF worlds–and avoiding the XSLT pilgrimage. In *European Semantic Web Conference*, pp. 432–447. Springer.

Beckett, D. (2004). RDF/XML Syntax Specification (Revised) W3C Recommendation 10 February 2004. W3C Recommendation, W3C.

Beckett, D. et T. Berners-Lee (2008). Turtle - Terse RDF Triple Language, W3C Team Submission 14 January 2008. W3C team submission, W3C.

Bormann, C. et H. Paul (2014). Concise Binary Object Representation (CBOR). IETF RFC 7049.

Corby, O. et C. Faron-Zucker (2015). Sttl : A sparql-based transformation language for rdf. In *11th International Conference on Web Information Systems and Technologies*.

Cyganiak, R., D. Wood, et M. Lanthaler (2014). RDF 1.1 Concepts and Abstract Syntax, W3C Recommendation 25 February 2014. W3C Recommendation, W3C.

Dimou, A., M. Vander Sande, P. Colpaert, R. Verborgh, E. Mannens, et R. Van de Walle (2014). Rml : A generic language for integrated rdf mappings of heterogeneous data. In *LDOW*.

Freed, N. et B. Nathaniel (1996). Multipurpose Internet Mail Extensions (MIME) Part One : Format of Internet Message Bodies. IETF RFC 2045.

Gayo, J. E. L., E. Prud'hommeaux, H. R. Solbrig, et J. M. Á. Rodríguez (2014). Validating and Describing Linked Data Portals using RDF Shape Expressions. In *Workshop on Linked Data Quality, SEMANTICS*. Citeseer.

Guinard, D. et V. Trifa (2009). Towards the web of things : Web mashups for embedded devices. In *Workshop on Mashups, Enterprise Mashups and Lightweight Composition on the Web (MEM 2009), in proceedings of WWW (International World Wide Web Conferences)*, Madrid, Spain.

Guinard, D., V. Trifa, et E. Wilde (2010). A resource oriented architecture for the web of things. In *Internet of Things (IOT), 2010*, pp. 1–8. IEEE.

Jacobs, I. et N. Walsh (2004). Architecture of the World Wide Web, Volume One, W3C Recommandation 15 December 2004. W3C Recommendation, W3C.

Knublauch, H. (2011). SPIN-modeling vocabulary. *W3C Member Submission 22.*

Lefrançois, M., A. Zimmermann, et N. Bakerally (2016). Flexible RDF generation from RDF and heterogeneous data sources with SPARQL-Generate. In *Proceedings of the 20th International Conference on Knowledge Engineering and Knowledge Management (EKAW'16)*, Bologna, Italy.

Lefrançois, M., A. Zimmermann, et N. Bakerally (2017). Génération de RDF à partir de sources de données aux formats hétérogènes. In *Actes de la 17ème conférence Extraction et Gestion des Connaissances (EGC'17)*, Grenoble, France.

Prud'hommeaux, E., J. E. Labra Gayo, et H. Solbrig (2014). Shape expressions : an RDF validation and transformation language. In *Proceedings of the 10th International Conference on Semantic Systems*, pp. 32–40. ACM.

Sauermann, L. et R. Cyganiak (2008). Cool URIs for the Semantic Web. W3C Note, W3C.

Schneider, J., T. Kamiya, D. Peinter, et R. Kyusakov (2014). Efficient XML Interchange (EXI) Format 1.0 (Second Edition). W3C Recommendation, W3C.

Shelby, Z., K. Hartke, et C. Bormann (2014). The constrained application protocol (CoAP). IETF RFC 7252.

Sporny, M., G. Kellogg, et M. Lanthaler (2014). A JSON-based Serialization for Linked Data. W3C Recommendation, W3C.

Tennison, J. et G. Kellogg (2015). Model for Tabular Data and Metadata on the Web. W3C Recommendation, W3C.

Wilde, E. (2007). Putting things to REST. *School of Information.*

Summary

RDF aims at being the universal abstract data model for structured data on the Web. However, the vast majority of web services consume and expose non-RDF data, and it is unlikely that all these services be converted to RDF one day. This is especially true in the Web of Things, as most RDF formats are textual while constrained devices prefer to consume and expose data in binary formats. In this paper, we propose an approach to make these services and things reach semantic interoperability, while letting them the freedom to use their prefered formats. Our approach is rooted in the Web architecture principles and the Web of linked data principles, and relies on the definition of RDF presentations. Supposing a RDF presentation is identified by a IRI and dereferenceable on the Web, we discuss what it takes for a client/server to be able to discover how a message content can be interpreted as RDF, generated from RDF, or validated. We propose practical solutions to direct RDF presentation discovery and negotiation. Using these principles, we show how existing services and things can be made interoperable at low cost on the Semantic Web.

Génération de RDF à partir de sources de données aux formats hétérogènes

Maxime Lefrançois, Antoine Zimmermann, Noorani Bakerally

Univ Lyon, MINES Saint-Étienne, CNRS, Laboratoire Hubert Curien UMR 5516,
F-42023 Saint-Étienne, France
prenom.nom@emse.fr

Résumé. Contrairement à ce que promeut le Web des données, les données exposées par la plupart des organisations sont dans des formats non-RDF tels que CSV, JSON, ou XML. De plus sur le Web des objets, les objets contraints préféreront des formats binaires tels que EXI ou CBOR aux formats RDF textuels. Dans ce contexte, RDF peut toutefois servir de lingua franca pour l'interopérabilité sémantique, l'intégration de données aux formats hétérogènes, le raisonnement, et le requêtage. Dans ce but, plusieurs outils et formalismes permettent de transformer des documents non-RDF vers RDF, les plus flexibles étant basés sur des langages de transformation ou de correspondance (GRDDL, XSPARQL, R2RML, RML, CSVW, etc.). Cet article définit un nouveau langage, SPARQL-Generate, qui permet de générer du RDF à partir: (i) d'une base de données RDF, et (ii) d'un nombre quelconque de documents aux formats arbitraires. L'originalité de SPARQL-Generate est qu'il étend SPARQL 1.1, et peut donc (i) être appris facilement par les ingénieurs de la connaissance familiers de SPARQL, (ii) être implémenté au dessus de n'importe quel moteur SPARQL existant, (iii) tirer parti des mécanismes d'extension de SPARQL pour prendre en compte de futurs formats.

1   Introduction

Nous cherchons à faciliter l'accès aux formalismes et outils du Web Sémantique pour les entreprises, services Web, et objets contraints. Une étape clé pour utiliser ces formalismes est de générer du RDF à partir de documents ayant des formats variés. En effet, les entreprises et services web stockent et échangent les données dans une multitude de modèles et formats de données : les modèles de données relationnels ainsi que le format XML (pas RDF/XML) sont encore très présent. Les portails open data préfèrent CSV, et les API web : JSON. Quand aux objets contraints sur le Web des objets, ils préfèrent des formats légers, potentiellement binaires, tels que EXI ou CBOR. Dans ce contexte, les formats de données RDF (RDF/XML, Turtle, JSON-LD) ne remplaceront vraisemblablement jamais les formats de données existants. Par contre, le *modèle* de données RDF peut toujours servir de *lingua franca* pour l'interopérabilité sémantique, l'intégration de données aux formats hétérogènes, le raisonnement, et le requêtage.

Générer du RDF à partir d'autres modèles et formats est l'objet de plusieurs travaux de recherche et outils, qui ont parfois fait l'objet de standards. Cependant, dans le cadre des projets auxquels nous participons, nous avons identifié des cas d'utilisation et des besoins, écrits dans la section 2, que les approches existantes ne satisfont que partiellement. Notamment :

— la solution doit être expressive, flexible, et pouvoir prendre en compte de nouveaux formats de données à la demande ;

— elle doit permettre de générer du RDF à partir de plusieurs sources de données aux format hétérogènes, conjuguées à un ensemble de données RDF (*RDF dataset*).

— elle doit être aussi proche que possible du langage d'interrogation SPARQL, pour pouvoir être maîtrisée rapidement par les ingénieurs de la connaissance.

Nous décrirons les solutions existantes et leurs limitations dans la section 3. Afin de répondre à ces besoins, nous définissons le langage SPARQL-Generate, une extension de SPARQL 1.1 qui répond aux besoins ci-dessus et combine les avantages suivants : (i) il bénéficie de l'expressivité et de la flexibilité de SPARQL, notamment le mécanisme standard d'extension des fonctions de liaison ; (ii) il peut s'implémenter au dessus d'un moteur SPARQL existant.

La principale contribution de cet article est la formalisation de SPARQL-Generate, présentée dans la section 4. Cette formalisation permet alors de démontrer que SPARQL-Generate peut être implémenté au dessus de n'importe quel moteur SPARQL 1.1 existant (section 5.1). Nous décrivons ensuite brièvement l'implémentation qui a été réalisée sur Apache ARQ (section 5.2), et discutons finalement de l'évaluation de SPARQL-Generate dans la section 5.3.

2   Cas d'utilisation et besoins

Dans le cadre de sessions d'ingénierie de la connaissance organisées pour des partenaires industriels et académiques qui souhaitent bénéficier des avancées du Web Sémantique à moindre coût, nous avons identifié les cas d'utilisation et besoins suivants pour la génération de RDF à partir de modèles et formats non RDF.

Dans le contexte des données ouvertes, les organisations atteignent péniblement la troisième étoile sur les cinq requises pour le schéma de déploiement des données ouvertes liées [1]. Les données sont exposées sur le Web, plus ou moins structurées, et peuvent utiliser des formats non propriétaires. La quatrième étoile consiste à utiliser des IRI et les formalismes du Web Sémantique pour encoder les données, ce qui n'est pas le cas chez nos partenaires. Il s'agit donc de pouvoir générer du RDF à partir de plusieurs de ces sources, potentiellement dans des formats différents. Ceci tout en ayant un contrôle fin sur le RDF généré, et les liens entre jeux de données. Ce contrôle doit d'ailleurs pouvoir impliquer des données contextuelles en RDF. La liste des formats à partir desquels du RDF devra être généré doit pouvoir être étendue facilement. Et la solution doit être maîtrisable facilement par ceux qui ont des notions de RDF et SPARQL.

Sur le Web des objets, les dispositifs contraints doivent échanger des messages légers, ceci à cause de leurs contraintes inhérentes de bande passante, d'énergie, ou de mémoire. Les syntaxes RDF encodent beaucoup d'informations textuelles dont les IRI et les littéraux avec des IRI de types de données. Même si certains groupes de travail au W3C souhaitent définir des

---

1. http://5stardata.info/en/

syntaxes légères pour RDF (notamment une version EXI de RDF/XML ou CBOR de JSON-LD), il est à prédire que de nombreux autres formats binaires optimisés pour chaque objet ou application resteront utilisés.

De ces cas d'utilisation découlent donc les besoins suivants :

Besoin 1 : transformer plusieurs sources aux formats hétérogènes ;

Besoin 2 : contextualiser la transformation avec un ensemble de données RDF ;

Besoin 3 : être extensible à d'autres formats de données ;

Besoin 4 : simple cognitivement et facile à maîtriser par les experts en Web Sémantique.

Besoin 5 : implémentation facile au dessus de moteurs RDF ou SPARQL existants ;

Besoin 6 : la solution doit être la plus performante possible (temps, espace).

Besoin 7 : transformer aussi bien des formats binaires que des formats textuels ;

3   Approches existantes

Pour générer du RDF à partir de données aux modèles et formats hétérogènes, les fournisseurs ou consommateurs de données peuvent coder des mécanismes de traduction *ad hoc*, ce qui s'avère coûteux. Un certain nombre de travaux de recherche et d'outils permettent de simplifier cette tâche.

De nombreux *convertisseurs vers RDF* ont été référencés par le groupe d'intérêt SWEO (*Semantic Web Education and Outreach*) du W3C : https://www.w3.org/wiki/ConverterToRdf. Ils ciblent pour la plupart un format ou des métadonnées spécifiques, comme ID3tag, Bib-TeX, EXIT, etc. Certains peuvent convertir différents types de données en RDF, c'est le cas de Apache Any23, Datalift, ou bien Virtuoso Sponger. Citons également le standard Direct Mapping (Arenas et al., 2012), qui décrit une transformation par défaut pour les données relationnelles. Ces solutions restent ad hoc, et permettent peu ou prou de contrôler comment le RDF est généré. En conséquence, la sortie RDF décrit souvent la structure des données plutôt que les données elle-mêmes. Il serait possible de transformer cette sortie à l'aide de règles SPARQL CONSTRUCT, mais cela nécessiterait de se familiariser avec le vocabulaire utilisé pour la sortie de chacun de ces outils. Ils ne satisfont donc pas les besoins exprimés dans la section 2.

D'autres approches proposent d'utiliser un langage de transformation ou de correspondance pour paramétrer la génération de RDF. Cependant, la plupart de ces solutions s'intéressent à un ou quelques modèles (comme le modèle relationnel) ou formats (comme le format JSON) de données spécifiques. Par exemple GRDDL utilise XSLT et cible XML (Connolly, 2007). XSPARQL est basé sur XQuery et ciblait originellement XML (Polleres et al., 2009), avant d'être étendu pour le modèle relationnel (Lopes et al., 2011), puis pour JSON (Dell'Aglio et al., 2014). Plusieurs autres formalismes ont été proposés pour générer du RDF à partir de données relationnelles (Hert et al., 2011). Ces travaux sont à l'origine du standard R2RML (Das et al., 2012)[2], qui définit un vocabulaire RDF pour décrire la transformation des données en RDF. Enfin, CSVW (Tandy et al., 2015) adopte cette même dernière approche, mais cible le format de données CSV.

---

2. XSPARQL est une implémentation de R2RML (Lopes et al., 2011)

Une approche qui se distingue est RML (Dimou et al., 2014), qui étend le vocabulaire R2RML pour décrire des sources logiques différentes des tables de bases de données relationnelles : JSON (à l'aide de JSONPath), XML (à l'aide de XPath), CSV [3], TSV, ou HTML (à l'aide des sélecteurs CSS3). L'approche est implémentée sur Sesame [4]. RML répond au moins aux besoins 1, 3, 5. Il serait possible d'implémenter le support de types de données binaires (besoin 7), et des recherches sont en cours pour prendre en compte des sources RDF sur le linked data RDF (besoin 2).

Dans la suite de cet article, nous présentons une alternative à RML basée sur une extension de SPARQL 1.1, nommée SPARQL-Generate, qui bénéficie de l'expressivité et de l'extensibilité de SPARQL 1.1, et peut être implémenté au dessus de ses moteurs.

4   Spécification de SPARQL-Generate

SPARQL-Generate est basé sur un langage qui requête la combinaison d'un ensemble de données RDF (RDF *dataset*) [5] et de ce qu'on appelle un *ensemble de documents* (*document-set*), où chaque document est nommé et typé par une IRI. En guise d'illustration, voici une exécution de SPARQL-Generate à partir d'un dataset RDF qui contient un graphe par défaut, et de deux documents (identifiés ici par `<position.txt>` et `<mesures.json>`). Cette requète répond à la question : *"quels capteurs sont proches de moi, et qu'indiquent-ils ?"*.

Graphe par défaut (Turtle)

```
<s25> a :TempSensor ;
    geo:lat 38.677220 ;
    geo:long -27.212627 .
<s26> a :TempSensor ;
    geo:lat 37.790498 ;
    geo:long -25.501970 .
<s27> a :TempSensor ;
    geo:lat 37.780768;
    geo:long -25.496294 .
```

Document position.txt

```
37.780496,-25.495157
```

Document mesures.json

```
{ "s25": 14.24,
  "s26": 18.18 }
```

Résultat (Turtle)

```
<s26> a :NearbySensor ;
    :temp 18.18 .
<s27> a :NearbySensor .
```

Requête SPARQL-Generate

```
GENERATE {

  ?sensor a :NearbySensor .

  GENERATE {
    ?sensorIRI :temp ?temp .
  }
  ITERATOR sgiter:JSONListKeys(?mesures) AS ?sensorId
  WHERE {
    BIND( IRI( ?sensorId ) AS ?sensorIRI )
    FILTER( ?sensor = ?sensorIRI )
    BIND( CONCAT( "$." , ?sensorId ) AS ?jsonPath )
    BIND( sgfn:JSONPath( ?measures , ?jsonPath ) AS ?temp
        )
  }
}
SOURCE <position.txt> AS ?pos
SOURCE <mesures.json> AS ?mesures
WHERE {
  BIND( sgfn:SplitAtPosition(?pos,"(.*),(.*)",1) AS ?long )
  BIND( sgfn:SplitAtPosition(?pos,"(.*),(.*)",2) AS ?lat )
  ?sensor a :TempSensor .
  ?sensor geo:lat ?slat .
  ?sensor geo:long ?slong .
  FILTER( ex:distance(?lat, ?long, ?slat, ?slong) < 10 )
}
```

---

3. RML est une implémentation du standard CSV on the Web (Tandy et al., 2015)

4. `http://rdf4j.org/`

5. Nous utilisons la terminologie des traductions françaises des documents W3C `https://www.w3.org/2003/03/Translations/byLanguage?language=fr`

La syntaxe concrète de SPARQL-Generate étend légèrement celle de SPARQL 1.1, en y ajoutant trois nouvelles clauses. La clause **source** permet de lier un document à une variable (p.ex. ici, ceux identifiés par `<position.txt>` et `<mesures.json>` à `?pos` et `?mesures`).

La clause **iterator** permet d'extraire des sous-éléments à l'aide de fonctions d'*itération* et de les lier successivement à une variable (p.ex. ici, la fonction `sgiter:JSONListKeys` est utilisée pour extraire l'ensemble des clés de l'objet JSON lié à `?mesures` et les lier à `?sensorId`).

Enfin, la clause **generate** remplace la clause **construct** pour l'étendre et permettre de factoriser la génération de RDF à l'aide de requêtes imbriquées. Différents formats de données peuvent être supportés à l'aide de l'ensemble extensible de fonctions de *liaison* et d'*itération*.

4.1 Syntaxe concrète

Pour faciliter l'apprentissage de SPARQL-Generate par les ingénieurs de la connaissance, nous n'étendons que légèrement la EBNF de SPARQL 1.1 (Harris et Seaborne, 2013, §19.8) :

```
[174] GenerateUnit ::= Generate
[175] Generate ::= Prologue GenerateQuery
[176] GenerateQuery ::= 'GENERATE' GenerateTemplate DatasetClause* IteratorOrSourceClause
     * WhereClause? SolutionModifier
[177] GenerateTemplate ::= '{' GenerateTemplateSub '}'
[178] GenerateTemplateSub ::= ConstructTriples? ( SubGenerateQuery ConstructTriples? )*
[179] IteratorOrSourceClause ::= IteratorClause | SourceClause
[180] IteratorClause ::= 'ITERATOR' FunctionCall 'AS' Var
[181] SourceClause ::= 'SOURCE' FunctionCall ( 'ACCEPT' VarOrIri )? 'AS' Var
[182] SubGenerateQuery ::= 'GENERATE' ( SourceSelector | GenerateTemplate ) (
     IteratorOrSourceClause* WhereClause? SolutionModifier '.' )?
```

Alors que la production des requête SPARQL Query et SPARQL Update commencent à `QueryUnit` et `UpdateUnit`, la production d'une requête SPARQL-Generate commence à la règle `GenerateUnit`. Cette syntaxe concrète contient deux caractéristiques notoires.

La première caractéristique notoire réside dans la règle `[181]`. La partie optionnelle (`'ACCEPT' VarOrIri`) permet de spécifier l'IRI du type du document à lier dans la clause **source**. Dans le cas où l'implémentation irait récupérer le document ainsi nommé u et typé t sur le Web, l'IRI t désigne la manière dont le contenu de la ressource identifiée par u devrait être négocié. Cette IRI peut décrire différentes sortes de négociation, en rapport avec le *media type*, la langue ou encore l'encodage. Le type du document obtenu peut être différent de ce qui a été demandé.

La seconde réside dans la règle `[182]`, et permet, en pratique, de modulariser la requête. Une sous-requête SPARQL-Generate (i.e., une requête dans la partie **generate** d'une requête parente) peut contenir un gabarit **generate** (*generate template*), incluant un motif de graphe et potentiellement d'autres sous-requêtes. Il peut également faire référence à un **SourceSelector**, i.e., une IRI. Les implémentations sont libres de choisir comment cette IRI doit être déréférencée pour obtenir une nouvelle requête SPARQL-Generate. Ceci n'a pas besoin d'être représenté dans la syntaxe abstraite de SPARQL-Generate, mais permet par exemple : (1) de modulariser de grosses requêtes pour les rendre plus lisibles, ou (2) de permettre à une requête d'"appeler" une requête existante qui serait déréférencée sur le Web. Charge à l'implémentation de faire attention aux boucles d'appels de requêtes.

4.2 Syntaxe abstraite

Nous utilisons les notations $\mathbf{I}$, $\mathbf{B}$, $\mathbf{L}$, et $\mathbf{V}$ pour les ensembles d'*IRI*, *nœud anonyme* (*blank node*), *littéraux*, et *variables*, disjoints deux à deux. L'ensemble des *termes RDF* est $\mathbf{T} =$

$\mathbf{I} \cup \mathbf{B} \cup \mathbf{L}$. L'ensemble des *motifs de triplets* est défini par $\mathbf{T} \cup \mathbf{V} \times \mathbf{I} \cup \mathbf{V} \times \mathbf{T} \cup \mathbf{V}$, et un *motif de graphe* est un ensemble fini de motifs de triplets. L'ensemble des motifs de graphes est noté $\mathcal{P}$. Nous notons $\mathbf{F_0}$ l'ensemble des noms de fonctions SPARQL 1.1 [6], disjoint de $\mathbf{T}$. L'ensemble des patrons de requête SPARQL 1.1 est noté $\mathcal{Q}$. Enfin, pour tout ensemble X, nous notons $X^* = \bigcup_{n \geqslant 0} X^n$ l'ensemble des listes de X.

L'ensemble des *expressions de fonctions* est noté $\mathcal{E}$, et est le plus petit ensemble tel que : (i) $\mathbf{T} \cup \mathbf{V} \subseteq \mathcal{E}$ (p. ex., `<position.txt>`), (ii) $(\mathbf{F_0} \cup \mathbf{I}) \times \mathbf{T}^* \subseteq \mathcal{E}$ (p. ex., `CONCAT("$.", ?sensorId)`, `sgiter:JSONListKeys(?mesures)`), et (iii) les imbriquées : $\forall E \subseteq \mathcal{E}, (\mathbf{F_0} \cup \mathbf{I}) \times E^* \subseteq \mathcal{E}$.

L'abstraction de la règle de grammaire [181] est l'ensemble des *clauses* source, et permettra de sélectionner un document dans l'ensemble de documents pour le lier à une variable. Par exemple dans la requête ci-dessus la variable `?pos` est liée au document identifié par `<position.txt>`. Nous introduisons un élément spécial $\omega \notin \mathbf{T} \cup \mathbf{V}$, qui représente *null*, et notons $\hat{X} = X \cup \{\omega\}$ l'ensemble *généralisé* d'un ensemble X.

Définition 1 (Clause source). *L'ensemble $\mathcal{S}$ des clauses* source *est défini par l'équation* $\mathcal{S} = \mathcal{E} \times (\hat{\mathbf{I}} \cup \mathbf{V}) \times \mathbf{V}$. *On note* $v \overset{source}{\longleftarrow} \langle e, a \rangle \in \mathcal{S}$ *une clause* source *particulière, avec* $v \in \mathbf{V}$, $e \in \mathcal{E}$, $a \in \hat{\mathbf{I}} \cup \mathbf{V}$.

Dans la plupart des cas d'utilisation pour SPARQL-Generate, une variable doit itérer sur plusieurs parties d'un même document. Par exemple dans la requête d'illustration, la variable `?sensorId` est liée successivement aux clés de l'objet JSON `?mesures`. [7] Dans SPARQL 1.1, la seule manière d'extraire un terme d'un littéral serait d'utiliser une clause bind impliquant une fonction de liaison. Cependant, ces fonctions sortent au plus un terme, et ne peuvent donc pas être utilisées pour générer plus de liaisons (*bindings*). En conséquence, nous introduisons une seconde extension, les *clauses* iterator, qui sortent un *ensemble de termes*, et remplacent la liaison courante par autant de liaisons qu'il y a d'éléments dans cet ensemble.

Définition 2 (Clause iterator). *L'ensemble $\mathcal{I}$ des clauses* iterator *est défini par l'équation* $\mathcal{I} = \mathbf{I} \times \mathcal{E}^* \times \mathbf{V}$. *On note* $v \overset{iterator}{\longleftarrow} \langle u, e_0, \ldots, e_k \rangle \in \mathcal{I}$ *une clause* iterator *particulière, avec* $v \in \mathbf{V}$, $u \in \mathbf{I}$, $e_0, \ldots, e_k \in \mathcal{E}$, *et* $k \in \mathbb{N}$.

On peut alors étendre les patrons de requête SPARQL 1.1 $\mathcal{Q}$ avec une liste de clauses source et iterator, en nombre et ordre quelconque. Nous faisons exprès de ne pas changer la définition de $\mathcal{Q}$ pour faciliter la réutilisation des implémentations SPARQL existantes.

Définition 3 (Patron de requête SPARQL-Generate). *L'ensemble des patrons de requête SPARQL-Generate est une séquence de clauses* source *et* iterator, *suivie d'un patron de requête SPARQL 1.1 :* $\mathcal{Q}^+ = (\mathcal{S} \cup \mathcal{I})^* \times \mathcal{Q}$.

Finalement, l'ensemble des requêtes SPARQL-Generate étend $\mathcal{Q}^+$ avec un gabarit de graphe, et potentiellement d'autres requêtes SPARQL-Generate.

Définition 4 (Requête SPARQL-Generate). *L'ensemble des requêtes SPARQL-Generate est noté $\mathcal{G}$, et défini comme le plus petit ensemble tel que : (i)* $\mathcal{P} \times \mathcal{Q}^+ \subseteq \mathcal{G}$, *et (ii)* $\forall G \subseteq \mathcal{G}, \mathcal{P} \times G^* \times \mathcal{Q}^+ \subseteq \mathcal{G}$.

Les requêtes SPARQL-Generate définies par (ii) sont des requêtes imbriquées, qui permettent de factoriser la génération de RDF.

---

6. SPARQL 1.1 définit des fonctions intégrées nommées `IF`, `IRI`, `CONCAT`, etc.

7. Autre exemple : les résultats d'une évaluation XPath sur un document XML, voir test unitaire *rmlproeg1* - `http://w3id.org/sparql-generate/tests-reports.html`

4.3   Sémantique de SPARQL-Generate

Une requête SPARQL-Generate est exécutée sur un modèle de données qui étend celui de SPARQL : l'ensemble de données RDF. Un *ensemble de données RDF* est une paire $\langle D, N \rangle$ tel que D est un graphe RDF, appelé le *graphe par défaut*, et N est un ensemble fini de paires $\langle u, G \rangle$ où u est une IRI et G est un graphe RDF, de sorte qu'aucune paire ne contient la même IRI. Afin de requêter des documents aux formats arbitraires, nous introduisons la notion d'*ensemble de documents* (documentset) par analogie aux ensembles de données RDF.

Définition 5 (Ensemble de documents). *Un ensemble de documents est un ensemble fini de triplets* $\Delta \subseteq \mathbf{I} \times \hat{\mathbf{I}} \times \mathbf{L}$. *Un élément de* Δ *est un triplet* $\langle u, a, \langle d, t \rangle \rangle$ *où : u est le nom du document ; a est le type demandé pour le document ; le littéral* $\langle d, t \rangle$ *modélise le document ; et t (l'IRI du type de donnée du littéral) est le type du document.* Δ *doit être tel qu'aucune paire de triplets distincts n'a les mêmes deux premiers éléments.*

Pour alléger les formules, on note également $\Delta : \hat{\mathbf{T}} \times \hat{\mathbf{T}} \to \hat{\mathbf{L}}$ l'application qui associe à un couple $\langle u, a \rangle$ un littéral l si et seulement si $\langle u, a, l \rangle \in \Delta$, et ω sinon. Un ensemble de documents peut donc être stocké en interne, ou représenter le Web : u représente là où un appel (ex. HTTP GET) doit être fait, a décrit comment le contenu doit être négocié, d est le contenu de la représentation obtenue en cas de succès, et t décrit le type de la représentation (son media type, sa langue, son encodage, etc.).

Nous réutilisons certains concepts de la sémantique de SPARQL 1.1, mais avec des notations plus concises. L'ensemble des *liaisons* est noté $\mathcal{M}$, et est défini par l'équation (1). Contrairement au standard SPARQL 1.1, nous utilisons une fonction totale sur l'ensemble des termes et des variables, et utilisons l'élément ω pour représenter l'image d'une *variable non liée*. Comme pour SPARQL, le *domaine* d'une liaison est l'ensemble des variables qui sont liées à un terme (voir Eq. (2)).

$$\mu : \mathbf{T} \cup \mathbf{V} \to \hat{\mathbf{T}} \text{ t.q., } \forall t \in \mathbf{T}, \mu(t) = t \tag{1}$$

$$\forall \mu \in \mathcal{M}, \mathsf{dom}(\mu) = \{v \in \mathbf{V} | \mu(v) \in \mathbf{T}\} \tag{2}$$

Nous introduisons un ensemble particulier de liaisons appelées *liaisons de substitution*, dont le domaine est un singleton. i.e., $\forall v \in \mathbf{V}$ et $t \in \hat{\mathbf{T}}$, $[v/t]$ est une liaison de substitution avec :

$$\forall t' \in \mathbf{T}, [v/t](t') = t', \quad [v/t](v) = t, \quad \text{et } \forall x \in \mathbf{V}, x \neq v, [v/t](x) = \omega \tag{3}$$

L'opérateur de *composition à gauche* $\overset{\circ}{,}$ est défini tel que dans $\mu_1 \overset{\circ}{,} \mu_2$, la priorité de liaison revient à μ_1. En d'autres termes, toute variable v liée à la fois dans μ_1 et μ_2 est finalement liée à $\mu_1(v)$ dans $\mu_1 \overset{\circ}{,} \mu_2$.

$$\mu_1 \overset{\circ}{,} \mu_2 : \begin{cases} x \mapsto \mu_1(x) & \text{si } x \in \mathsf{dom}(\mu_1) \\ x \mapsto \mu_2(x) & \text{si } x \in \mathsf{dom}(\mu_2) \backslash \mathsf{dom}(\mu_1) \\ x \mapsto \omega & \text{dans les autres cas} \end{cases} \tag{4}$$

Chaque moteur SPARQL 1.1 reconnaît un ensemble F_b d'IRI de fonctions de liaison SPARQL 1.1 (p.ex. ici, au moins `sgfn:JSONPath` et `ex:distance`). Une fonction de liaison associe à une expression de fonction son évaluation, i.e., un terme RDF. Formellement, pour un moteur SPARQL 1.1 donné, l'équation (5) définit l'*application des fonctions de liaison* f_b, qui associe à une IRI de fonction de liaison reconnue sa fonction de liaison. L'*application des fonctions d'itération* est définie de manière analogue pour un moteur SPARQL-Generate (p.ex. ici, il reconnait au moins `sgiter:JSONListKeys`), sauf que l'évaluation d'une expression de fonction est ici un ensemble de termes RDF. Etant donné un ensemble F_i d'IRI de fonctions d'itération reconnues, l'équation (6) définit l'*application des fonctions d'itération* f_i.

$$f_b : F_b \rightarrow \left(\hat{\mathbf{T}}^* \rightarrow \hat{\mathbf{T}}\right) \qquad (5) \qquad\qquad f_i : F_i \rightarrow \left(\hat{\mathbf{T}}^* \rightarrow 2^{\hat{\mathbf{T}}}\right) \qquad (6)$$

Nous généralisons la définition des liaisons pour que leur domaine inclue l'ensemble des fonctions d'expression. L'ensemble des *liaisons généralisées* est noté $\bar{\mathcal{M}}$. Il contient la *généralisation* $\bar{\mu}$ des liaisons $\mu \in \mathcal{M}$, où $\bar{\mu} : \mathbf{T} \cup \mathbf{V} \cup \mathcal{E} \rightarrow \hat{\mathbf{T}}$ est défini récursivement par :

$$\forall t \in \mathbf{T} \cup \mathbf{V}, \bar{\mu}(t) = \mu(t) \tag{7}$$

$$\forall \langle u, e_1, \ldots, e_n \rangle \in \mathcal{E} \text{ t.q. } u \in F_b, \ \bar{\mu}(\langle u, e_1, \ldots, e_n \rangle) = f_b(u)(\bar{\mu}(e_1), \ldots, \bar{\mu}(e_n)) \tag{8}$$

Une clause **source** $v \xleftarrow{\text{source}} \langle e, a \rangle \in \mathcal{S}$ permet de modifier la liaison μ pour lier la variable v à un document de Δ (p.ex. `?pos` à `"37.780496,-25.495157"`). Une clause **iterator** $v \xleftarrow{\text{iterator}} \langle t, e_0, \ldots, e_k \rangle \in \mathcal{I}$ sert typiquement à extraire les parties importantes d'un document : elle permet, à partir d'une liaison μ, de générer plusieurs autres liaisons où la variable v est liée aux éléments de l'évaluation de $f_i(t)$ sur $e_0, \ldots, e_k$ (p.ex. ici, `?sensorId` sera liée successivement à `"s25"` puis à `"s26"`). Ces clauses peuvent être combinées en liste quelconques.

Soit $\Sigma \in (\mathcal{S} \cup \mathcal{I})^n$, et $n \geqslant 1$. Définissons par induction l'évaluation d'une telle liste $[\![\Sigma]\!]^\mu_\Delta$:

$$[\![v \xleftarrow{\text{source}} \langle e, a \rangle]\!]^\mu_\Delta = [v/\Delta(\bar{\mu}(e), a)] \mathbin{\fatsemi} \mu \tag{9}$$

$$[\![v \xleftarrow{\text{iterator}} \langle t, e_0, \ldots, e_k \rangle]\!]^\mu_\Delta = \left\{ [v/t'] \mathbin{\fatsemi} \mu \,|\, t' \in f_i(t)(\bar{\mu}(e_0), \ldots, \bar{\mu}(e_k)) \right\} \tag{10}$$

$$[\![\langle \Sigma, v \xleftarrow{\text{source}} e \rangle]\!]^\mu_\Delta = \left\{ [\![v \xleftarrow{\text{source}} e]\!]^{\mu'}_\Delta \,|\, \mu' \in [\![\Sigma]\!]^\mu_\Delta \right\} \tag{11}$$

$$[\![\langle \Sigma, v \xleftarrow{\text{iterator}} e \rangle]\!]^\mu_\Delta = \bigcup_{\mu' \in [\![\Sigma]\!]^\mu_\Delta} [\![v \xleftarrow{\text{iterator}} e]\!]^{\mu'}_\Delta \tag{12}$$

Soit $Q \in \mathcal{Q}$ un patron de requête SPARQL 1.1, D un ensemble de données RDF, et $[\![Q]\!]^\mu_D$ l'ensemble des liaisons solutions de Q pour une liaison μ, définie par SPARQL 1.1. Soit également Σ une liste de clauses **source** et **iterator**. L'évaluation du patron de requête SPARQL-Generate $Q^+ = \langle \Sigma, Q \rangle \in (\mathcal{S} \cup \mathcal{I})^* \times \mathcal{Q}$ sur D et l'ensemble de documents Δ est défini par l'équation (13). Si l'on définit maintenant une liaison initiale $\mu_0 : v \mapsto \omega, \forall v \in \mathbf{V}$, alors l'ensemble des liaisons solution de la requête Q^+ sur D et Δ est définie par l'équation (14).

$$[\![Q^+]\!]^\mu_{\Delta, D} = \bigcup_{\mu' \in [\![\Sigma]\!]^\mu_\Delta} [\![Q]\!]^{\mu'}_D \qquad (13) \qquad\qquad [\![Q^+]\!]_{\Delta, D} = [\![Q^+]\!]^{\mu_0}_{\Delta, D} \qquad (14)$$

Pour tout gabarit de graphe $P \in \mathcal{P}$ et toute liaison $\mu \in \mathcal{M}$, nous notons $\maltese^\mu(P)$ le graphe RDF généré par l'instanciation de P par rapport à μ selon Harris et Seaborne (2013, §16.2.1). On peut finalement définir le résultat de l'évaluation d'une requête SPARQL-Generate récursivement. Soient une requête simple $\langle P, Q \rangle \in \mathcal{P} \times \mathcal{Q}^+$, une requête quelconque $G =$

$\langle P, G_0, \ldots, G_j, Q \rangle \in \mathcal{P} \times \mathcal{G}^* \times \mathcal{Q}^+$, et une liaison μ. Les trois équations suivantes définissent le graphe RDF généré par G.

$$\mathfrak{H}^{\mu}_{\Delta,D}(\langle P, Q \rangle) = \bigcup_{\mu' \in [\![Q]\!]^{\mu}_{\Delta,D}} \mathfrak{H}^{\mu'}(P) \tag{15}$$

$$\mathfrak{H}^{\mu}_{\Delta,D}(\langle P, G_0, \ldots, G_j, Q \rangle) = \bigcup_{\mu' \in [\![Q]\!]^{\mu}_{\Delta,D}} \left(\mathfrak{H}^{\mu'}(P) \cup \bigcup_{0 \leqslant i \leqslant j} \mathfrak{H}^{\mu'}_{\Delta,D}(G_i) \right) \tag{16}$$

$$\mathfrak{H}_{\Delta,D}(G) = \mathfrak{H}^{\mu_0}_{\Delta,D}(G) \tag{17}$$

5 Implémentation et évaluation de SPARQL-Generate

5.1 Approche générique

Il serait avantageux de pouvoir implémenter SPARQL-Generate sur n'importe quel moteur SPARQL existant. En effet, un tel moteur fournit déjà : (i) l'application des fonctions de liaison f_b (on peut donc connaître pour toute liaison $\mu \in \mathcal{M}$ sa version généralisée $\bar{\mu}$) ; (ii) une fonction SELECT qui prend un patron de requête SPARQL 1.1 en entrée, et renvoie un ensemble de liaisons solution ; (iii) une fonction INSTANTIATE qui prend un gabarit de graphe $P \in \mathcal{P}$ et une liaison $\mu \in \mathcal{M}$ en entrée, et renvoie le graphe RDF correspondant à l'instanciation de P par rapport à μ ; (iv) la gestion des ensembles de données RDF D. L'implémentation de SPARQL-Generate pourrait se contenter de fournir : (i) l'ensemble de documents Δ, et (ii) l'application des fonctions d'itération f_i.

Soit $\mathcal{V} = 2^{\mathcal{M}}$ l'ensemble des blocs de données en ligne (*inline data block*). Soit $\langle V, Q \rangle \in \mathcal{Q}$ le résultat de préfixer le patron de requête Q par un bloc de données en ligne $V \in \mathcal{V}$. Le théorème 1 ci-dessous permet de proposer l'algorithme naïf 1 qui peut être utilisé pour implémenter SPARQL-Generate au dessus de n'importe quel moteur SPARQL 1.1.

Théorème 1. *Soit une requête SPARQL 1.1 $Q \in \mathcal{Q}$, et une liste de clauses* source *et* iterator *$\Sigma \in (\mathcal{S} \cup \mathcal{I})^*$. L'évaluation du patron de requête SPARQL-Generate $\langle \Sigma, Q \rangle \in \mathcal{Q}^+$ est équivalente à l'évaluation de $\langle [\![\Sigma]\!]_{\Delta,D}, Q \rangle$, où $[\![\Sigma]\!]_{\Delta,D}$ est le résultat de l'évaluation de Σ.*

Démonstration. Le résultat est direct à partir des équations 13, 14, et de la traduction dans nos notations de la phrase `https://www.w3.org/TR/sparql11-query/#data-block` de la sémantique de SPARQL 1.1 : $[\![\langle V, Q \rangle]\!] = \bigcup_{\mu \in V} [\![Q]\!]^{\mu}$. $\qquad \square$

5.2 Implémentation sur Jena

Une première implémentation de SPARQL-Generate a été développée au dessus du moteur SPARQL de Apache Jena[8], décrite plus précisément par Lefrançois et al. (2016), documentée en ligne[9], et rendue disponible en code open source, archive exécutable, service web, et formulaire en ligne. Cette implémentation intègre pour l'instant des fonctions de liaison et d'itération pour générer du RDF à partir des formats de données suivants : XML, CSV, TSV, HTML, JSON, CBOR, et texte brut.

---

8. `http://jena.apache.org/`
9. `https://w3id.org/sparql-generate`

Algorithm 1 Implémentation naïve de SPARQL-Generate sur un moteur SPARQL 1.1. [10]

1: **procedure** GENERATE($\langle P, G_0, \dots, G_j, \langle E_0, \dots, E_n \rangle, Q \rangle, \mu$)   ▷ Voir Def. 4

2:     $M \leftarrow \{\mu\}$ ▷ M est un singleton qui contient une liaison

3:     **for** $0 \leqslant i \leqslant n$ **do**

4:       **if** $E_i = v \xleftarrow{\text{source}} e$ **then**   ▷ Voir Def. 1

5:         **for all** $\mu \in M$ **do**

6:           $\mu(v) \leftarrow \Delta(\bar{\mu}(e))$ ▷ Voir Def. 5 et Eq. 7

7:         **end for**

8:       **else if** $E_i = v \xleftarrow{\text{iterator}} \langle t, e_0, \dots, e_k \rangle$ **then**   ▷ Voir Def. 2

9:         $M' \leftarrow \varnothing$

10:         **for all** $\mu \in M$ **do**

11:           **for all** $t' \in f_i(t)(\bar{\mu}(e_0), \dots, \bar{\mu}(e_k))$ **do**   ▷ Voir Eq. 8

12:             $\mu' \leftarrow \mu\,;\, \mu'(v) \leftarrow t'\,;$ and $M' \leftarrow M' \cup \{\mu'\}$

13:           **end for**

14:         **end for**

15:         $M \leftarrow M'$ ▷ remplacer M par M'

16:       **end if**

17:     **end for**

18:     $M \leftarrow$ SELECT($\langle M, Q \rangle$) ▷ le patron de requête préfixé par le bloc de données en ligne

19:     $G \leftarrow \varnothing$ ▷ le graphe RDF vide

20:     **for** $\mu \in M$ **do**

21:       $G \leftarrow G \cup$ INSTANTIATE(P, μ)   ▷ opérer une union de graphe RDF (pas fusion : ne pas fusionner les nœuds anonymes même si ils ont le même nom)

22:       **for** $0 \leqslant i \leqslant j$ **do**

23:         $G \leftarrow G \cup$ GENERATE(G_i, μ)

24:       **end for**

25:     **end for**

26:     **return** G

27: **end procedure**

5.3   Evaluation préliminaire

L'évaluation de SPARQL-Generate n'est pas la contribution principale de cet article. Nous pouvons néanmoins rapporter un certain nombre de comparaisons qualitatives, qui sont autant de pistes pour développer une étude comparative approfondie entre SPARQL-Generate et RML en terme de complexité cognitive, d'expressivité, de performance, ou encore de passage à l'échelle. Tout d'abord, l'implémentation de SPARQL-Generate propose une suite de test unitaires. En particulier, chacun des exemples rencontrés dans les spécifications de RML a été transposé en une requête SPARQL-Generate, de même que chacun des tests unitaires de l'implémentation de référence de RML. Ceci suggère que l'expressivité de SPARQL-Generate est suffisante pour la plupart des cas envisagés par RML. Les requêtes semblent d'ailleurs être plus concises que leur équivalent en RML. Enfin, SPARQL-Generate bénéficie de l'expressivité de

---

10. Cet algorithme est simplifié et ne montre pas les subtilités liées à la gestion des nœuds anonymes, qui feront l'objet d'un autre article.

SPARQL. Contrairement à RML, il est donc possible de filtrer, d'agréger les résultats, ou bien de modifier les séquences de solutions. Enfin, SPARQL-Generate bénéficie des fonctions intégrées à SPARQL, ainsi que du mécanisme d'extension standard des fonctions de liaison. Un équivalent de ce mécanisme d'extension pour les fonctions d'itération est par ailleurs proposé par l'implémentation de SPARQL-Generate, rendant possible aux tiers de développer et d'utiliser des fonctions d'itération personnalisées pour n'importe quel format.

6   Conclusion

Le problème de l'exploitation des données de sources et formats hétérogènes est commun sur le Web, et certaines solutions existent pour intégrer des données dans le modèle de données RDF. Dans cet article, nous avons défini un nouveau langage, SPARQL-Generate, qui permet de décrire la génération de RDF à partir d'un ensemble de données RDF et d'un ensemble de documents aux formats hétérogènes. SPARQL-Generate étend SPARQL 1.1 et bénéficie donc de son expressivité et de son extensibilité, et peut être maîtrisé rapidement pas les ingénieurs de la connaissance. Nous avons défini les syntaxes concrètes et abstraites, ainsi que la sémantique de ce nouveau langage. Nous avons alors démontré qu'il peut être implémenté au dessus de n'importe quel moteur SPARQL 1.1 existant. Une première implémentation sur Apache Jena démontre que les cas d'utilisation des approches concurrentes sont couverts, et permet déjà de générer du RDF à partir des formats de données suivants : XML, CSV, TSV, HTML, JSON, CBOR, et texte brut. Les travaux futurs incluent notamment un étude comparative approfondie entre SPARQL-Generate et RML en terme de complexité cognitive, d'expressivité, de performance, ou encore de passage à l'échelle.

Remerciements

Ce travail a été partiellement financé par le projet ITEA2 12004 Smart Energy Aware Systems (SEAS), le projet ANR 14-CE24-0029 OpenSensingCity, et une convention bilatérale de recherche avec ENGIE R&D.

Références

Arenas, M., A. Bertails, E. Prud'hommeaux, et J. Sequeda (2012). A Direct Mapping of Relational Data to RDF, W3C Recommendation 27 September 2012. W3C Recommendation, World Wide Web Consortium (W3C).

Connolly, D. (2007). Gleaning Resource Descriptions from Dialects of Languages (GRDDL), W3C Recommendation 11 September 2007. W3C Recommendation, World Wide Web Consortium (W3C).

Das, S., S. Sundara, et R. Cyganiak (2012). R2RML : RDB to RDF Mapping Language, W3C Recommendation 27 September 2012. W3C Recommendation, World Wide Web Consortium (W3C).

Dell'Aglio, D., A. Polleres, N. Lopes, et S. Bischof (2014). Querying the web of data with XSPARQL 1.1. In R. Verborgh et E. Mannens (Eds.), *Proceedings of the ISWC Developers*

Workshop 2014, co-located with the 13th International Semantic Web Conference (ISWC 2014), Riva del Garda, Italy, October 19, 2014., Volume 1268 of *CEUR Workshop Proceedings*. Sun SITE Central Europe (CEUR).

Dimou, A., M. V. Sande, P. Colpaert, R. Verborgh, E. Mannens, et R. V. de Walle (2014). RML : A Generic Language for Integrated RDF Mappings of Heterogeneous Data. In C. Bizer, T. Heath, S. Auer, et T. Berners-Lee (Eds.), *Proceedings of the Workshop on Linked Data on the Web, co-located with the 23rd International World Wide Web Conference (WWW 2014), Seoul, Korea, April 8, 2014*, Volume 1184 of *CEUR Workshop Proceedings*. Sun SITE Central Europe (CEUR).

Harris, S. et A. Seaborne (2013). SPARQL 1.1 Query Language, W3C Recommendation 21 March 2013. W3C Recommendation, World Wide Web Consortium (W3C).

Hert, M., G. Reif, et H. C. Gall (2011). A comparison of RDB-to-RDF mapping languages. In C. Ghidini, A.-C. N. Ngomo, S. N. Lindstaedt, et T. Pellegrini (Eds.), *Proceedings the 7th International Conference on Semantic Systems, I-SEMANTICS 2011, Graz, Austria, September 7-9, 2011*, ACM International Conference Proceeding Series, pp. 25–32. ACM Press.

Lefrançois, M., A. Zimmermann, et N. Bakerally (2016). Flexible RDF generation from RDF and heterogeneous data sources with SPARQL-Generate. In *Proc. of the 20th International Conference on Knowledge Engineering and Knowledge Management (EKAW'16)*.

Lopes, N., S. Bischof, et A. Polleres (2011). On the semantics of heterogeneous querying of relational, XML, and RDF data with XSPARQL. In *Proceedings of the 15th Portuguese Conference on Artificial Intelligence (EPIA2011) - Computational Logic with Applications Track, Lisbon, Portugal, October 2011*.

Polleres, A., T. Krennwallner, N. Lopes, J. Kopecký, et S. Decker (2009). XSPARQL Language Specification, W3C Member Submission 20 January 2009. W3C Member Submission, World Wide Web Consortium (W3C).

Tandy, J., I. Herman, et G. Kellogg (2015). Generating RDF from Tabular Data on the Web, W3C Recommendation 17 December 2015. W3C Recommendation, World Wide Web Consortium (W3C).

Summary

Unlike what is promoted by the Web of Data initiative, data published by most organizations are in non-RDF formats such as CSV, JSON, or XML. Furthermore in the Web of Things, constrained objects prefer binary formats such as EXI or CBOR over textual RDF formats. In this context, RDF can still be used as a *lingua franca* to enable semantic interoperability, integration of data with heterogeneous formats, reasoning, and querying. Several tools and formalisms have been designed to transform non-RDF documents to RDF. The most flexible ones are based on transformation or mapping languages (GRDDL, XSPARQL, R2RML, RML, CSVW, etc.). This paper defines a new such language, SPARQL-Generate, designed as an extension of SPARQL 1.1 to generate RDF from a RDF dataset and a set of documents with arbitrary formats. We show it can be implemented on top of any existing SPARQL 1.1 engine, mention a first implementation on top of Apache Jena, and show that it leverages the expressivity and the extensibility of SPARQL 1.1 to open the set of supported formats.

Extraction des évolutions récurrentes dans un unique graphe dynamique attribué

Zhi Cheng, Frédéric Flouvat, Nazha Selmaoui-Folcher

PPME - Université de la Nouvelle Calédonie, BP R4, 98851, Nouméa, Nouvelle Calédonie
prénom.nom@univ-nc.nc,
http://pages.univ-nc.nc/~ nom

Résumé. Un grand nombre d'applications nécessitent d'analyser un unique graphe attribué évoluant dans le temps. Cette tâche est particulièrement complexe car la structure du graphe et les attributs associés à chacun de ses nœuds ne sont pas figés. Dans ce travail, nous nous focalisons sur la découverte de motifs récurrents dans un tel graphe. Ces motifs, des séquences de sous-graphes connexes, représentent les évolutions récurrentes de sous-ensembles de nœuds et de leurs attributs. Différentes contraintes ont été définies (e.g. fréquence, volume, connectivité, non redondance, continuité) et un algorithme original a été proposé. Les expérimentations réalisées sur des jeux de données synthétiques et réelles démontrent l'intérêt de l'approche proposée et son passage à l'échelle.

1 Introduction

Les graphes sont de plus en plus utilisés pour représenter des données (ex. spatio-temporelles) et modéliser des phénomènes complexes. Un grand nombre d'algorithmes de fouille de graphes ont été développés (Aggarwal et Wang (2010); Cook et Holder (2006)) et utilisés dans différents domaines d'application tels que la télédétection, les réseaux sociaux, les réseaux biologiques et la bioinformatique (Berlingerio et al. (2011); Prakash et al. (2014); Sanhes et al. (2013)). Récemment, plusieurs algorithmes ont été proposés pour analyser des évolutions de graphes à travers le temps (Ahmed et Karypis (2015); Araujo et al. (2016); Berlingerio et al. (2009); Borgwardt et al. (2006); Desmier et al. (2012); Inokuchi et Washio (2012); Ozaki et Ohkawa (2009); Robardet (2009)). Par exemple, Ahmed et Karypis (2015) ont exploité des co-évolutions relationnelles fréquentes dans un graphe dynamique labélisé, i.e. ensemble de nœuds dont les liens évoluent de façon similaire. Araujo et al. (2016) ont adopté une approche incrémentale d'analyse des tenseurs pour découvrir des communautés périodiques dans un large réseau (graphe non étiqueté). Berlingerio et al. (2009) ont introduit de nouveaux motifs de sous-graphes (absolute-time) pour extraire des règles de graphes d'évolution. Borgwardt et al. (2006) recherchent des sous-graphes dans des graphes dynamiques étiquetés en insérant et supprimant des arêtes dans le temps. Inokuchi et Washio (2012) ont proposé une méthode pour extraire des motifs fréquents et pertinents dans une base de séquences de graphes étiquetés. Ozaki et Ohkawa (2009) ont proposé une méthode pour découvrir des séquences de sous-graphes corrélés dans une séquence de graphes étiquetés. Robardet (2009) développe une méthode de découverte des évolutions de quasi-cliques qui sont légèrement modifiées à des temps consécutifs. Dans la littérature, peu de travaux s'attaquent au problème de l'extraction dans un graphe dynamique attribué, i.e. un graphe où les attributs, les arêtes et les nœuds évoluant dans le temps. Fouiller ce type de graphe est une tâche complexe. Desmier et al. (2012) étudient l'extraction de co-évolution cohésives dans un graphe dynamique attribué. Ces motifs représentent un ensemble de sommets avec les mêmes valeurs d'attributs et les mêmes voisins pendant un certain lapse de temps (les nœuds et les valeurs d'attributs restent figés). Ces auteurs ont étendu leurs travaux dans Desmier et al. (2013) en intégrant des contraintes sur la topologie et les valeurs d'attributs du graphe. Notre travail se focalise sur la recherche de motifs plus généraux, décrivant des évolutions récurrentes dans un graphe dynamique attribué (section 2). Ces motifs représentent des séquences de sous-graphes vérifiant des contraintes topologiques, des contraintes de fréquence et de non redondance. Nous décrivons une stratégie originale, appelée *RPminer* basée sur des intersections de sous-graphes et une extension progressive des motifs au cours du temps (section 3). Les expérimentations réalisées sur des jeux de données synthétiques et réelles démontrent le passage à l'échelle de cet algorithme incrémental et l'intérêt des motifs extraits (section 4).

2   Notations et définitions

2.1   Graphe dynamique attribué

La base de données en entrée est constituée d'un unique graphe dynamique attribué $\mathcal{G} = < G_{t_1}, G_{t_2}, ..., G_{t_{max}} >$ représentant l'évolution d'un graphe sur un ensemble de temps $\mathcal{T} = \{t_1, t_2, ...t_{max}\}$. L'ensemble des nœuds de $\mathcal{G}$ est noté $\mathcal{V}$. Un nœud de $\mathcal{G}$ est étiqueté par un ensemble d'attributs A (numériques ou catégoriels). Chaque attribut $a \in A$ est associé à un domaine de valeurs $\mathbb{D}_a$. Pour chaque temps $t \in T$, le graphe $\mathcal{G}$ est un graphe attribué non-orienté noté $G_t = (V_t, E_t, \lambda_t)$ où $V_t \subseteq \mathcal{V}$ est l'ensemble des nœuds au temps t, $E_t \subseteq V_t \times V_t$ est l'ensemble des arêtes au temps t, et $\lambda_t : V_t \to 2^{A\mathbb{D}}$ est la fonction associant à chaque sommet de V_t un ensemble de valeurs $A\mathbb{D} = \bigcup_{a \in A}(a \times \mathbb{D}_a)$. Dans la suite de l'article, nous prendrons $\mathbb{D}_a = \{+, -, 0\}$ afin de simplifier les exemples ($\mathcal{G}$ représente alors un graphe de tendances). La figure 1 présente un exemple de graphe dynamique attribué qui n'est pas nécessairement connexe à un temps donné.

Un graphe $G' = (V', E', \lambda')$ est un sous-graphe attribué d'un graphe $G = (V, E, \lambda)$, noté $G' \sqsubseteq G$, si et seulement si (1) $V' \subseteq V$, (2) $E' \subseteq E$, et (3) $\forall v' \in V' : \lambda'(v') \subseteq \lambda(v')$. Le graphe G' est un sous-graphe attribué connexe de G, noté $G' \sqsubseteq_{conn} G$, si et seulement si $G' \sqsubseteq G$ et, pour tout $u', v' \in V'$, il existe un chemin entre u' et v' dans G'.

2.2   Une nouveau domaine de motifs et ses contraintes

2.2.1   Evolutions récurrentes de nœuds

Soit (V, λ) un sous-ensemble de nœuds attribués de $\mathcal{G}$ avec $V \subseteq \mathcal{V}$ et $\lambda : V \to 2^{A\mathbb{D}}$. (V, λ) peut être vu comme un graphe attribué sans arêtes. La définition d'un sous-graphe attribué présentée dans la section précédente peut être facilement étendue à un ensemble des nœuds attribués. Nous obtenons ainsi $(V', \lambda') \sqsubseteq (V, \lambda)$ ssi $V' \subseteq V$ et $\forall v' \in V' : \lambda'(v') \subseteq \lambda(v')$. Pour faciliter la lecture des exemples, l'ensemble des nœuds attribués (V, λ) sera noté $(v_1 :$

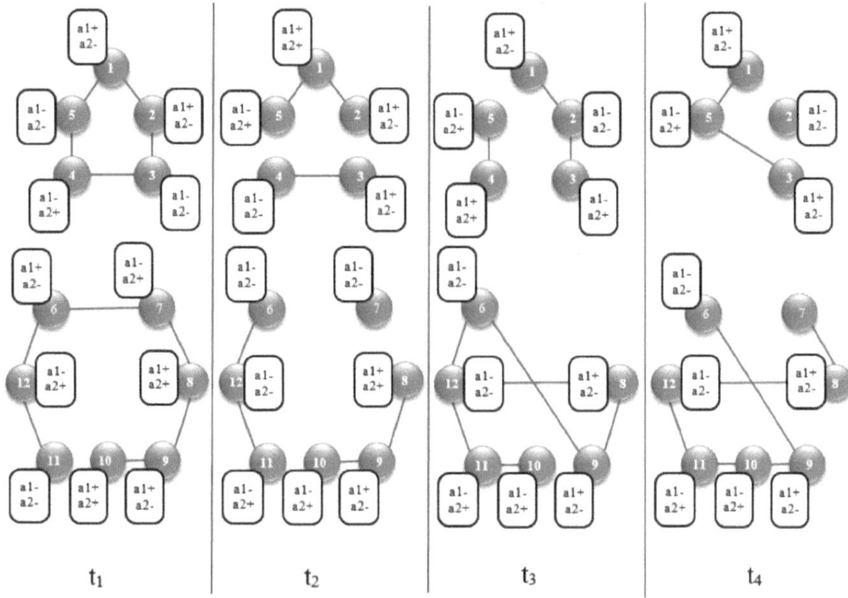

t_1 t_2 t_3 t_4

FIG. 1 – *Un exemple de graphe dynamique attribué $\mathcal{G}$*

$\lambda(v_1) \mid v_2 : \lambda(v_2) \mid ...), \forall v_1, v_2... \in V$. Dans la figure 1, $(1 : a_1 + a_2- \mid 2 : a_1 + a_2- \mid 3 : a_1 - a_2- \mid 4 : a_1 - a_2+ \mid 5 : a_1 - a_2-)$ est un ensemble de nœuds attribués de t_1.

L'évolution d'un sous-ensemble de nœuds de $\mathcal{G}$ à un temps $t \in \mathcal{T}$ est une séquence $S = <(V_1', \lambda_1'), ..., (V_k', \lambda_k') >$ telle que $\forall i \in \{1, 2, ..., k\}$, $\exists E_i' \subseteq E_{t+i-1}$, $(V_i', E_i', \lambda_i') \sqsubseteq G_{t+i-1}$. Par exemple, dans la figure 1, $\langle (1 : a_1 + a_2- \mid 2 : a_1 + a_2- \mid 3 : a_1 - a_2- \mid 4 : a_1 - a_2+ \mid 5 : a_1 - a_2-) (1 : a_1 + a_2+ \mid 2 : a_1 + a_2- \mid 5 : a_1 - a_2+) \rangle$ est une évolution débutant au temps t_1.

Soit $T_P = \{t_{i_1}, t_{i_2}, ..., t_{i_m}\}$ un ensemble de temps associés à l'évolution $S_P = < (V_1', \lambda_1'), (V_2', \lambda_2'), ..., (V_k', \lambda_k') >$. Une évolution récurrente d'un sous-ensemble de nœuds de $\mathcal{G}$ à T_P, selon la séquence S_P, est notée $P = (S_P, T_P)$. Dans ce cas, la taille de P est k. Dans la figure 1, $(\langle (1 : a_1+ \mid 2 : a_1 + a_2- \mid 5 : a_1-)(1 : a_1+ \mid 2 : a_2-) \rangle, \{t_1, t_2\})$ est un exemple d'évolution récurrente débutant aux temps t_1 et t_2.

Une relation de spécialisation/généralisation peut être définie sur ce domaine de motifs. Soit $P1 = (< (V_1', \lambda_1'), (V_2', \lambda_2'), ..., (V_k', \lambda_k') >, T_{P1})$ et $P2 = (< (V_1'', \lambda_1''), (V_2'', \lambda_2''), ..., (V_l'', \lambda_l'') >, T_{P2})$, deux motifs représentant des évolutions récurrentes de $\mathcal{G}$. $P1$ est une évolution récurrente plus générale (resp. plus spécifique) que $P2$, noté $P1 \preceq P2$, s'il existe $j \in \{0, ..., l - k\}$, tel que $\forall i \in \{1, ..., k\}$, $(V_i', \lambda_i') \sqsubseteq (V_{i+j}'', \lambda_{i+j}'')$. Par exemple dans la figure 1, $(\langle 1 : a_1+ \mid 2 : a_1 + a_2- \mid 5 : a_1-)(1 : a_1+ \mid 2 : a_2-) \rangle, \{t_1, t_2\})$ est un évolution récurrente plus spécifique que $(\langle (1 : a_1+ \mid 2 : a_1 + a_2-)(1 : a_1+) \rangle, \{t_1, t_2\})$.

2.2.2 Mesures d'intérêt et contraintes

Nous proposons dans cette sous-section plusieurs mesures et contraintes permettant à l'utilisateur de filtrer des motifs d'intérêt en sortie de l'extraction.

Connectivité. Les nœuds d'un graphe représentent souvent des individus/objets, et les arêtes représentent des relations entre ces individus/objets. L'intégration lors de l'extraction d'une contrainte de connexité entre les nœuds permet de désigner des évolutions potentiellement corrélées. $P = (< (V_1', \lambda_1'), (V_2', \lambda_2'), ..., (V_k', \lambda_k') >, T_P)$ est une évolution de nœuds connexes dans $\mathcal{G}$ si pour $\forall t \in T_P$, $\forall i \in \{1, 2, ..., k\}$, $\exists E_i' \subseteq E_{t+i-1}$, $(V_i', E_i', \lambda_i') \sqsubseteq_{conn} G_{t+i-1}$. Par exemple, $(\langle(1 : a_1+ \mid 2 : a_1 + a_2- \mid 5 : a_1-)(1 : a_1+ \mid 2 : a_2-)\rangle, \{t_1, t_2\})$ est une évolution de nœuds connexes (figure 1).

Non redondance. Il est bien connu que le nombre de motifs générés est souvent très grand et que certains de ces motifs sont redondants. Si deux motifs $P1 = (S_{P1}, T_{P1})$ et $P2 = (S_{P2}, T_{P2})$ sont tels que $P1 \preceq P2$ et $T_{P1} = T_{P2}$, alors il n'est pas nécessaire de conserver $P1$. En effet, la séquence de nœuds attribués de $P1$ se retrouve dans $P2$ et ses éléments apparaissent exactement aux mêmes temps. Cette contrainte se rapproche de la notion de fermé utilisée pour d'autres domaines de motifs (p.ex. itemset, séquence, arbre). Plus formellement, soit Sol l'ensemble des motifs solutions. Soient $P1 = (S_{P1}, T_{P1})$ et $P2 = (S_{P2}, T_{P2})$ deux évolutions récurrentes. Si $P1 \in Sol$ alors $\nexists P2 \in Sol$ tel que $P1 \prec P2$ et $T_{P1} = T_{P2}$. Par exemple, $(\langle(1 : a_1+ \mid 2 : a_1 + a_2-)(1 : a_1+ \mid 2 : a_2-)\rangle, \{t_1, t_2\})$ et $(\langle(1 : a_1+ \mid 2 : a_1 + a_2- \mid 5 : a_1-)(1 : a_1+ \mid 2 : a_2-)\rangle, \{t_1, t_2\})$ sont deux évolutions redondantes.

Fréquence. La contrainte de fréquence minimale vise à filtrer les motifs apparaissant plus d'un certain nombre de fois. Elle est couramment utilisée lorsque la base de données est une collection de transactions. Toutefois, sa définition dans le cadre d'un graphe unique est généralement plus complexe (Fiedler et Borgelt, 2007; Bringmann et Nijssen, 2008), principalement à cause de la présence d'occurrences entrelacées. De par la nature des motifs, elle reste simple à calculer dans notre cas. La fréquence d'un motif est tout simplement le nombre de temps à partir desquels débute l'évolution étudiée. Elle représente le nombre de récurrences de l'évolution. Soit $P = (S_P, T_P)$ un motif. La fréquence de P est $sup(P) = |T_P|$. Ainsi, P est une évolution récurrente fréquente (encore appelée évolution récurrente) ssi $sup(P) \geq minsup$, où $minsup$ est un seuil défini par l'utilisateur. Par exemple, dans la figure 1, la fréquence de $(\langle(6 : a_2- \mid 11 : a_1- \mid 12 : a_1-)(11 : a_1 - a_2+ \mid 12 : a_1 - a_2-)\rangle, \{t_1, t_2, t_3\})$ est 3, car cette évolution commence à t_1, t_2 et t_3.

Volume. Le volume est une autre mesure correspondante au nombre de nœuds du sous-graphe considéré. Elle représente par exemple la taille d'une communauté dans un réseau social (en supposant que les nœuds soient les individus et les arêtes les liens d'amitié). Soit $vol(P) = min_{\forall i \in \{1...k\}}(|V_i'|)$, le volume du motif $P = (< (V_1', \lambda_1'), ..., (V_k', \lambda_k') >, T_P)$. P est une évolution récurrente suffisamment volumineuse ssi $vol(P) \geq minvol$, où $minvol$ est un seuil défini par l'utilisateur. Par exemple, $(\langle(1 : a_1+ \mid 2 : a_1 + a_2- \mid 5 : a_1-)(1 : a_1+ \mid 2 : a_2-)\rangle, \{t_1, t_2\})$ a un volume de 2.

Continuité. Par défaut, une évolution peut représenter des nœuds très différents à chaque étape. Autrement dit, si $P = (< (V_1', \lambda_1'), ..., (V_k', \lambda_k') >, T_P)$, il est possible d'avoir $\bigcap_{\forall i \in 1...k} V_i' = \emptyset$. L'interprétation de telles évolutions peut être difficile par les utilisateurs car il n'y a pas a priori de lien direct entre les individus/objets observés (les nœuds). Nous proposons donc une nouvelle contrainte visant à cibler les motifs décrivant des évolutions autour d'un noyau commun d'individus. Ainsi, il est possible de suivre l'évolution dans le temps d'un certain nombre de nœuds, tout en considérant aussi les nœuds voisins (directement ou indirectement). Soit $com(P) = |\bigcap_{\forall i \in 1...k} V_i'|$, le nombre de nœuds apparaissant à toutes les étapes de $P = (\, <(V_1', \lambda_1'), ..., (V_k', \lambda_k')>, T_P\,)$. P est une évolution récurrente continue dans le temps ssi $com(P) \geq mincom$, où $mincom$ est un seuil défini par l'utilisateur. Par exemple, le motif $(\langle(1 : a_1+ \mid 2 : a_1 + a_2- \mid 5 : a_1-)(1 : a_1+ \mid 2 : a_2-)\rangle, \{t_1, t_2\})$ a deux nœud communs à t_1 et à t_2, i.e. $comp(P) = 2$.

2.2.3 Problème étudié

Etant donné un graphe dynamique attribué $\mathcal{G}$, le problème est d'énumérer l'ensemble des évolutions récurrentes dans $\mathcal{G}$, noté Sol, tel que $\forall P \in Sol$, (1) les nœuds de P sont connectés à chaque temps, (2) P est non redondant dans Sol, (3) P est fréquent (i.e. $sup(P) \geq minsup$), (4) P est suffisamment volumineux (i.e. $vol(P) \geq minvol$) et (5) P est centré sur un noyau suffisamment grand (i.e. $com(P) \geq mincom$), où $minsup$, $minvol$ et $mincom$ sont des seuils définis par l'utilisateur.

3 L'extraction des évolutions sous-contraintes

Dans cette section, nous présentons les propriétés et les stratégies développées pour extraire les évolutions récurrentes satisfaisant les contraintes présentées dans la section précédente. Nous introduisons également l'algorithme permettant d'extraire efficacement ces motifs. Contrairement à un certain nombre d'algorithmes d'extraction de motifs, notre approche ne s'appuie pas sur une stratégie générer-tester. Elle ne suit pas un parcours de l'espace de recherche en largeur ou en profondeur. Elle ne fait pas non plus un parcours basé sur des projections successives des données (comme dans *PrefixSpan*). Elle utilise des intersections successives des composantes connexes entre chaque temps. Au fur et à mesure de ces intersections et du parcours des temps, les motifs sont progressivement étendus. On obtient ainsi à chaque itération (à chaque temps) un ensemble de solutions de taille différente. L'avantage de cette approche est d'éviter la génération d'un grand nombre de motifs ne vérifiant pas les contraintes et de traiter de manière incrémentale le graphe dynamique attribué, i.e. la séquence de graphes. Dans la sous-section suivante, nous allons introduire la notion d'intersection entre des graphes attribués sur laquelle repose notre stratégie d'énumération.

3.1 L'intersection de graphes attribués

Lien entre intersection et fréquence   Soient $i, j \in \mathcal{T}$. L'intersection entre deux graphes attribués $G_i = (V_i, E_i, \lambda_i)$ et $G_j = (V_j, E_j, \lambda_j)$, notée $G_i \sqcap G_j$, est un graphe attribué $G' = (V', E', \lambda')$ tel que $V' = V_i \cap V_j$, $E' = E_i \cap E_j$, $\forall v \in V$, $\lambda'(v) = \lambda_i(v) \cap \lambda_j(v)$. G' est un graphe constitué des nœuds, des arêtes et des valeurs d'attributs communs aux graphes G_i et G_j. On remarque que tout sous-graphe de G' apparaît aux temps i et j. Ils apparaissent donc au moins deux fois dans $\mathcal{G}$. La figure 2 montre que le sous-graphe c apparaît au moins 2 fois dans les données (à t_1 et t_3).

Cette définition peut être généralisée à l'intersection de k graphes, avec $k \in \{2, 3, ...|\mathcal{T}|\}$. Soit $T^k \subseteq \mathcal{T}$ un sous-ensemble de temps tel que $|T^k| = k$. L'intersection des graphes de $\mathcal{G}$ sur les k temps de T^k, notée $\underset{i \in T^k}{\sqcap} G_i$, est un graphe $G = (V, E, \lambda)$ avec $V = \underset{i \in T^k}{\cap} V_i$, $E = \underset{i \in T^k}{\cap} E_i$,

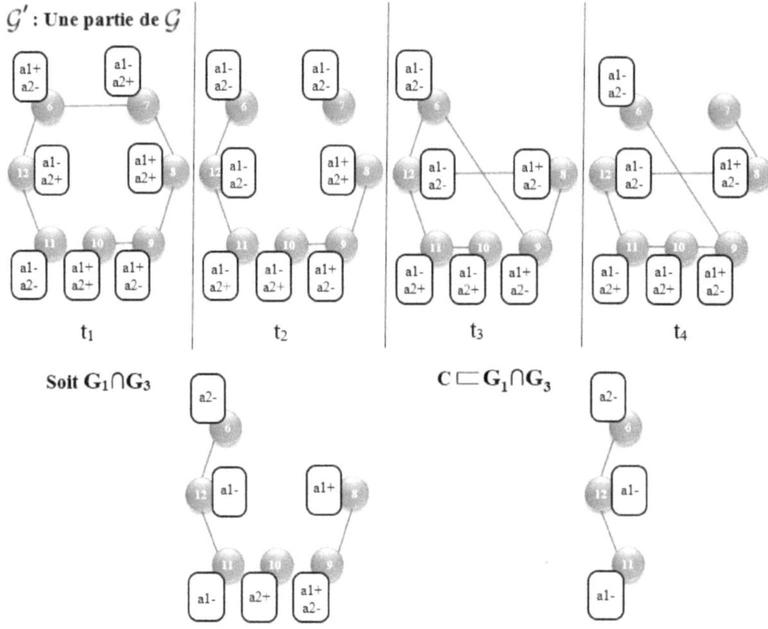

FIG. 2 – *Exemple d'intersection de graphes*

$\forall v \in V, \lambda(v) = \underset{i \in T^k}{\cap} \lambda_i(v)$. La fréquence minimale d'apparition dans $\mathcal{G}$ de tout sous-ensemble de nœuds attribués de $\underset{i \in T^k}{\sqcap} G_i$ est k. Ainsi, tout motif construit à partir de l'intersection d'un nombre $minsup$ de graphes de $\mathcal{G}$ respectera la contrainte de fréquence minimale.

Lien entre intersection et non redondance L'intersection de graphes permet aussi d'avoir d'autres propriétés. Etudions plus particulièrement les composantes connexes issues de l'intersection de plusieurs graphes. Nous noterons $\mathbb{C}_{i \sqcap j}$ l'ensemble des composantes connexes du graphe obtenu après intersection des graphes de $\mathcal{G}$ aux temps i et j, i.e. $G_i \sqcap G_j$. Plus formellement, $\mathbb{C}_{i \sqcap j} = \{(V, E, \lambda) \mid (V, E, \lambda) \sqsubseteq_{conn} G_i \sqcap G_j$ et $\nexists (V', E', \lambda'), (V, E, \lambda) \sqsubset (V', E', \lambda')$ tel que $(V', E', \lambda') \sqsubseteq_{conn} G_i \sqcap G_j\}$.

Soient deux composantes connexes c et c' obtenues après intersection des graphes aux temps $\{i, j\}$ et $\{k, l\}$, i.e. $c \in \mathbb{C}_{i \sqcap j}$ et $c' \in \mathbb{C}_{k \sqcap l}, \forall i, j, k, l \in \mathcal{T}$. Soit $T_c = \{t \in \mathcal{T} \mid c \sqsubseteq G_t\}$ (resp. $T_{c'}$) l'ensemble des temps de $\mathcal{T}$ où la composante connexe c (resp. c') apparaît. Il est impossible d'avoir $c \sqsubset c'$ (ou l'inverse) et $\boldsymbol{T_c} = \boldsymbol{T_{c'}}$. En effet, cela impliquerait que c' apparaitrait aux temps $\{k, l\}$ mais aussi $\{i, j\}$. On aurait donc $c' \sqsubseteq G_i \sqcap G_j$, ce qui n'est pas possible car c est une composante connexe de $G_i \sqcap G_j$ (elle est donc maximale). Dans la figure 2, la composante connexe $c_1 = (6 : a_2- \mid 11 : a_1- \mid 12 : a_1-)$ est dans G_1, G_2 et G_3. Elle apparaît donc dans $G_1 \sqcap G_2$ et $G_1 \sqcap G_3$. Il n'existe pas de sur-ensemble de nœuds attribués l'incluant et apparaissant aux même temps. A noter que le sous-ensemble $c_2 = (11 : a_1- \mid 12 : a_1-)$ est obtenu en faisant $G_1 \sqcap G_4$, mais il apparaît à des temps différents (t_1, t_2, t_3 et t_4). Pour conclure, si $c = (V, E, \lambda)$, alors le motif $(< (V, \lambda) >, T_c)$ vérifie la contrainte de connexité

(c est une composante connexe), mais aussi la contrainte de non redondance (dans l'ensemble des solutions de taille 1). Autrement dit, ce motif sera soit un motif solution, soit une partie d'un motif solution. Cette propriété peut être généralisée à tous les ensembles $T, T' \subseteq \mathcal{T}$. Notons $\mathbb{C}_{\sqcap T}$ (resp. $\mathbb{C}_{\sqcap T'}$), l'ensemble des composantes connexes obtenues après intersection des graphes aux temps T (resp. T'), i.e $\underset{i \in T}{\sqcap} G_i$. Si $c \in \mathbb{C}_{\sqcap T}$, alors $\nexists c' \in \mathbb{C}_{\sqcap T'}$ tel que $c \sqsubset c'$ et $T_c = T_{c'}$. Les motifs de taille 1 associés à ces composantes connexes vérifient les contraintes de connectivité et de non redondance. La réciproque est vraie. Tout motif solution de taille 1, ou tout sous-motif de taille 1 d'un motif solution, peut être dérivé des composantes connexes obtenues après intersection entre des graphes de $\mathcal{G}$. Ces intersections permettent donc d'obtenir les "briques de base" servant à construire l'ensemble des motifs solutions. L'avantage de ces intersections est d'éviter de faire un grand nombre de tests d'inclusion lors de l'extraction (pour vérifier les contraintes de support et de non redondance). Le nombre d'intersections est $2^{|\mathcal{T}|}$. Il ne dépend que du nombre de temps dans $\mathcal{G}$ alors que le nombre de tests d'inclusion dépend du nombre de motifs générés qui est beaucoup plus important.

3.2 La construction des motifs de taille 1

Les motifs de taille 1, i.e. du type $(< (V, \lambda) >, T)$, construits précédemment à partir des composantes connexes extraites des intersections de $\mathcal{G}$, vérifient directement les contraintes de fréquence, de connectivité et de non redondance. Pour que ces motifs soient des solutions, il suffit donc qu'ils vérifient les contraintes de volume et de continuité. Or, ces contraintes sont simples et peu coûteuses à calculer car elles s'appuient uniquement sur la structure du motif. L'ensemble des motifs de taille 1 vérifiant toutes les contraintes peut donc être défini de la manière suivante : $\{ (< (V, \lambda) >, T) \mid T \subseteq \mathcal{T}, |T| \geq minsup, |V| \geq minvol,$ et $\exists c = (V, E, \lambda)$ tel que $c \in \mathbb{C}_{\sqcap T} \}$. Un prétraitement des graphes avant intersections permet de réduire les tests de connectivités. Les intersections ne sont pas alors réalisées sur les graphes initiaux mais sur leurs composants connexes. Pour résumer, les composantes connexes sont d'abord identifiées dans les graphes de $\mathcal{G}$, et l'extraction des motifs est ensuite effectuée sur les intersections de ces composantes connexes.

3.3 L'extension des motifs

Les motifs de taille 1 extraits dans les intersections peuvent ensuite être combinés, en fonction des temps où ils apparaissent, afin de générer les autres motifs. Cette extension peut se faire de manière incrémentale en traitant les temps les uns après les autres.
La figure 3 illustre cette construction incrémentale à partir des temps t_1 et t_2. Elle représente l'extension en parallèle des motifs apparaissant à t_1 et t_2 (donc de deux de leurs occurrences donc). A noter que la contrainte de fréquence étant directement liée au nombre de temps "intersectés", nous pouvons en déduire que la fréquence minimale dans cet exemple est 2. $\mathbb{C}_i$ et $\mathbb{C}_j$ sont les ensembles de composantes connexes de G_i et G_j. Les rectangles représentent les motifs de taille 1 obtenus après intersection de $\mathbb{C}_i$ et $\mathbb{C}_j$, et extraction des composantes connexes. Supposons par exemple qu'il existe un motif solution $P = (< (V'_1, \lambda'_1), ...(V'_n, \lambda'_n) >, \{t_1, t_2, t_3\})$. Les traitements réalisés pour $\{t_1, t_2\}$ permettent d'obtenir deux occurrences de la séquence $< (V'_1, \lambda'_1) >$ (celle en t_1 et t_2). L'occurrence au temps t_1 ne peut être étendue que par un ensemble de nœuds attribués de t_2 (aucun "gap" de temps n'étant autorisé), à condition

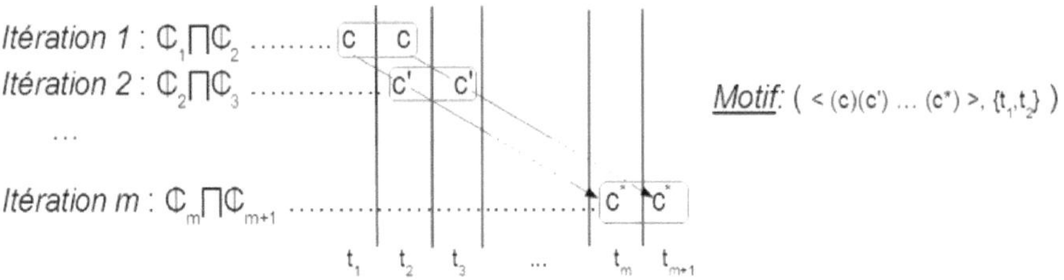

FIG. 3 – *Extension en parallèle des motifs à partir de* $\{t_1, t_2\}$

que ces deux ensembles aient un nombre suffisamment important de nœuds en communs (contrainte de continuité). De même, celle au temps t_2 ne peut être étendue que par les motifs de taille 1 trouvés à t_3. En étudiant ainsi $\{t_2, t_3\}$, on étend $< (V_1', \lambda_1') >$ avec (V_2', λ_2'), et on obtient $< (V_1', \lambda_1'), (V_2', \lambda_2') >$. Ce processus continue jusqu'à ce que l'on ne puisse plus étendre les séquences étudiées. On obtient alors un motif solution (non redondant). Au delà du motif P, cette succession d'extension permet de générer de façon incrémentale tous les motifs commençant à t_1, tous ceux commençant à t_2, etc. En effet, si un motif de taille 1 obtenu à partir de $\{t_2, t_3\}$ ne peut être utilisé pour étendre un motif construit "au temps précédent", il constitue le point de départ pour un nouveau motif.

Avec cette approche, le motif P sera généré et étendu 4 fois (à partir de $\{t_1, t_2\}$, de $\{t_1, t_3\}$, de $\{t_2, t_3\}$, et de $\{t_1, t_2, t_3\}$). A chaque génération, les temps associés au motif sont mis à jour. Bien que l'étude de la combinaison $\{t_1, t_2, t_3\}$ n'apporte pas d'informations par rapport à P, elle permet de découvrir ou d'étendre d'autres motifs. Toutes ces combinaisons d'intersections sont donc nécessaires, d'où l'importance du pré-traitement décrit précédemment pour limiter le coût de cette opération.

3.4 L'algorithme RPMiner

L'algorithme 1 présente en détail l'approche proposée. La ligne 1 correspond à l'extraction des composantes connexes de chaque graphe. Les lignes 3-7 construisent les motifs de taille 1 dont la fréquence est supérieure au seuil minimum et dont au moins une occurence commence au temps t_1. Pour cela, l'algorithme calcule toutes les combinaisons de temps contenant t_1 (T_1^k, ligne 4), puis génère des motifs de taille 1 en faisant l'intersection des composantes connexes apparaissant à ces temps (ligne 5, méthode *ExtractIntersect*). Les autres temps sont ensuite traités les uns après les autres. Pour chaque temps t_i, **RPMiner** construit de nouveau toutes les combinaisons de temps contenant t_i (T_i^k, ligne 11), et extrait des motifs P_i de taille 1 (ligne 12). Ensuite chaque motif P généré à l'itération précédente (ligne 13-14) est étendu. Si P' résultant de l'extension de P avec P_i vérifie la contrainte de continuité, on l'ajoute dans les motifs générés au temps t_i (ligne 15-16). Sinon, on retient le motif P comme solution généré à l'étape précédente et on sauvegarde P_i pour une future extension. A la fin (ligne 26), on regroupe les solutions construites à chaque temps, en prenant soin de mettre à jour les temps des motifs identiques, mais générés à partir de temps différents.

Algorithm 1 *RPMiner* : Extraction des évolutions récurrentes

---

Require: $\mathcal{G}$: un graphe dynamique attribué , $minsup$: fréquence minimale, $minvol$: volume minimum, $mincom$: nombre minimum de nœuds en commun dans le temps

Ensure: Sol : l'ensemble des évolutions vérifiant les contraintes

1: $\mathbb{C} = \{\mathbb{C}_i$ ensemble des composantes connexes de $G_i \mid \forall c \in \mathbb{C}_i, c = (V, E, \lambda), |V| \geq minvol\}$
2: $Cand_i = \emptyset, \forall i \in \{1, 2, ..., |\mathcal{T}|\}$
3: **for** $k = minsup$ à $|\mathcal{T}|$ **do**
4:     **for** chaque $T_1^k \subseteq \mathcal{T}$ tel que $\|T_1^k\| = k$ et $t_1 \in T_1^k$ **do**
5:         $Cand_1 = Cand_1 \cup \{P_1 \in ExtractIntersect(\mathbb{C}, T_1^k) \mid vol(P) \geq minvol\}$
6:     **end for**
7: **end for**
8: $Sol_i = \emptyset, \forall i \in \{1, 2, ..., |\mathcal{T}|\}$
9: **for** $i = 2$ à $|\mathcal{T}|$ **do**
10:     **for** $k = minsup$ à $|\mathcal{T}|$ **do**
11:         **for** chaque $T_i^k \subseteq \mathcal{T}$ tel que $\|T_i^k\| = k$ et $t_i \in T_i^k$ **do**
12:             **for** chaque $P_i \in ExtractIntersect(\mathbb{C}, T_i^k)$ tel que $vol(P) \geq minvol$ **do**
13:                 **for** chaque $P = (S, T_P)$ tel que $P \in Cand_{i-1}$ et $T_P = T_i^k$ **do**
14:                     $P' = ExtendWith(P, P_i)$
15:                     **if** $com(P') \geq mincom$ **then**
16:                         $Cand_i = Cand_i \cup \{P'\}$
17:                     **else**
18:                         $Sol_{i-1} = Sol_{i-1} \cup \{P\}$
19:                         $Cand_i = Cand_i \cup \{P_i\}$
20:                     **end if**
21:                 **end for**
22:             **end for**
23:         **end for**
24:     **end for**
25: **end for**
26: $Sol = MergeUpdate(\bigcup_{\forall i \in \mathcal{T}} Sol_i)$

---

4   Résultats expérimentaux

L'algorithme a été implémenté en $C + +$ sur un PC avec un processeur IntelCore 3.5GHz et 8 Go de mémoire. Nous avons utilisé pour nos tests 2 jeux de données réelles et 28 jeux de données synthétiques.

Jeux de données synthétiques. Des séquences de graphes ont été générées aléatoirement suivant une distribution uniforme. Pour étudier les performances de notre approche, nous avons fait varier différents paramètres tels que le nombre de nœuds, le nombre d'attributs, le nombre d'arêtes et la taille de la séquence.

DBLP. Ce jeu de données utilisé dans Desmier et al. (2012) représente les auteurs publiant des articles répertoriés dans DBLP (>10 publications) et leurs co-publications entre 1990 et 2010. Il est composé de 2,723 nœuds par date (auteurs), 10,737 arêtes en moyenne, 43 attributs (conférences/revues) et 9 dates ([1990-1994], [1992-1996]...[2006-2010]).

Trafic aérien. Ce jeu de données utilisé dans Kaytoue et al. (2014) représente le trafic aérien aux USA pendant la période cyclonique de 01/08/2005 à 25/09/2005. Il est composé de 280 nœuds par date (aéroports), 1206 arêtes en moyenne (liaisons aériennes), 8 attributs (e.g. nombre de départs/arrivées, nombre de vols annulés), et 8 dates (dates regroupées par semaine).

Résultats quantitatifs. Fig. 4 (i) présente le temps d'exécution et le nombre de solutions pour 12 jeux de données synthétiques avec un nombre croissant de nœuds et d'arêtes (le nombre d'attributs est fixé à 30 et le nombre de dates à 6). Comme le montre ces résultats, notre approche reste relativement extensible pour des graphes larges (20,000 nœuds et 80,000 arêtes par date) et des seuils bas. Fig. 4 (ii) montre l'impact du nombre de temps sur notre algorithme. Cet impact est important mais les performances de notre approche incrémentale restent comparable à celles des méthodes proposées dans Desmier et al. (2012, 2013), alors que notre algorithme extrait des motifs plus généraux et plus complexes. Fig. 4 (iii) présente les résultats de performances avec un nombre d'attributs différents. Le temps d'exécution reste quasiment inchangé quand le nombre d'attributs augmente. Fig. 4 (iv) et (v) montrent les performances sur les données DBLP en fonction de différents seuils de fréquence et volume. **RPMiner** est toujours efficace sur ces données réelles même pour des seuils bas. L'impact du seuil de volume est moins important que celui avec le seuil de support car les volumes des composantes connexes sont larges (nombreuses co-publications). Les temps d'exécution pour le trafic aérien (jeu de données plus petit) ne sont pas présentés ici à cause de la limitation d'espace mais ils sont très petits (120 sec. dans le pire des cas).

Interprétation qualitative Nous avons choisi quelques motifs extraits des deux jeux de données réelles pour les interpréter ($minvol = 2$, $minsup = 2$ et $mincom = 1$). Un exemple de motif extrait dans les données DBLP est ($\langle(NingZhong : TKDE+, PAKDD-, PKDD- \mid SetsuoOhsuga : PAKDD-, PKDD-)(NingZhong : DMKD+, ICDM-, PAKDD-, JIntellInfSys-) (NingZhong : IEEEIntSys+, PAKDD-, KDD+)\rangle, \{[98 - 02], [00, 04]\}$). Il met en évidence une séquence de taille 3 de publications de 2 co-auteurs. Elle représente une évolution sur une période de 8 ans. Cette séquence se répète deux fois de 1996 à 2004 (i.e. [96-00], [98-02] et [00-04]) et de 2000 à 2006 (i.e.[98-02], [00-04] et [02-06]). Ce motif montre une diminution des publications dans PAKDD et PKDD, avec en parallèle une augmentation des publications dans certaines revues. A noter que cette séquence ne pourrait pas être extraite par l'approche de Desmier et al. (2012, 2013) car les nœuds/auteurs changent tout comme les attributs et leur valeurs.

Les motifs extraits de la base de données du trafic aérien ont mis en évidence des évolutions récurrentes du trafic lors de l'occurrence d'un cyclone. Par exemple, le motif ($\langle(Bangor : DelayDeparture+ \mid Boston : DelayArrival+ \mid NewportNews : DelayDeparture+) (Augusta : Cancelled- \mid Bangor : Cancelled- \mid Boston : Cancelled-Diverted-)\rangle, \{01/08, 08/08, 29/08, 05/09\}$) montre l'impact des cyclones sur les retards, les annulations et les vols détournés. Les retards augmentent d'abord dans les aéroports "connectés" pendant une semaine. Puis, les annulations et les vols détournés diminuent la semaine suivante. On remarque que tous les aéroports concernés se situent sur la côte Est. Ce motif s'est reproduit 4 fois et correspond aux cyclones survenus pendant cette période. Pour la clarté de la présentation, nous présentons juste un petit nombre d'aéroports impactés par ce motif. En fait, ce motif contient plus de vingt aéroports aux USA.

5   Conclusion

En conclusion, nous avons étudié un problème d'exploration de motifs dans un graphe dynamique attribué. Nous avons proposé un nouveau domaine de motifs et plusieurs contraintes pour extraire des évolutions récurrentes dans de tel graphe. Un algorithme adoptant une stratégie originale a été développé et mis en œuvre. Nous avons conduit des expérimentations sur des jeux de données réelles et artificielles pour mettre en évidence le passage à l'échelle et l'intérêt

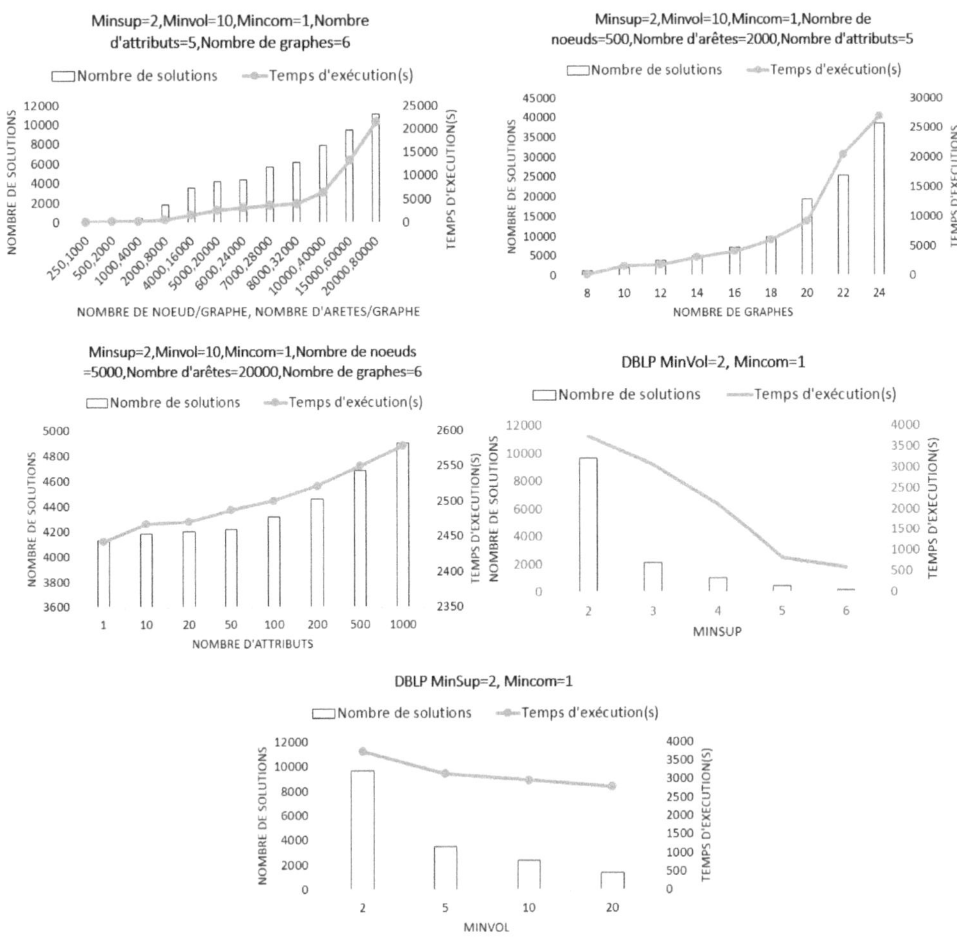

FIG. 4 – *Résultats de performance : (i)Nombre de nœuds et arêtes/graphe, (ii)Nombre de graphes, (iii)Nombre d'attributs, (iv)Minsup(DBLP), (v)Minvol(DBLP)*

des motifs extraits. Une des perspectives est d'appliquer **RPMiner** à une problématique réelle en intégrant d'autres contraintes relatives au domaine d'application. La deuxième perspective est d'utiliser une autre stratégie de parcours pour améliorer la performance de **RPMiner**. Enfin nous envisageons de proposer un post-traitement pour grouper des motifs similaires.

Références

Aggarwal, C. C. et H. Wang (Eds.) (2010). *Managing and Mining Graph Data*, Volume 40. Springer.

Ahmed, R. et G. Karypis (2015). Algorithms for mining the coevolving relational motifs in dynamic networks. *ACM (TKDD) 10*(1), 4.

Araujo, M., S. Günnemann, S. Papadimitriou, C. Faloutsos, P. Basu, A. Swami, E. E. Papalexakis, et D. Koutra (2016). Discovery of "comet" communities in temporal and labeled graphs com^2. *KaIS 46*(3), 657–677.

Berlingerio, M., F. Bonchi, B. Bringmann, et A. Gionis (2009). Mining graph evolution rules. In *ECML-PKDD2009*, pp. 115–130. Springer.

Berlingerio, M., M. Coscia, F. Giannotti, A. Monreale, et D. Pedreschi (2011). Foundations of multidimensional network analysis. In *ASONAM'11*, pp. 485–489.

Borgwardt, K. M., H. Kriegel, et P. Wackersreuther (2006). Pattern mining in frequent dynamic subgraphs. In *ICDM'06*, pp. 818–822.

Bringmann, B. et S. Nijssen (2008). What is frequent in a single graph? In *PAKDD'08*, pp. 858–863.

Cook, D. J. et L. B. Holder (2006). *Mining graph data.* John Wiley & Sons.

Desmier, E., M. Plantevit, C. Robardet, et J.-F. Boulicaut (2012). Cohesive co-evolution patterns in dynamic attributed graphs. In *DS'12*, pp. 110–124.

Desmier, E., M. Plantevit, C. Robardet, et J.-F. Boulicaut (2013). Trend mining in dynamic attributed graphs. In *ECML-PKDD'2013*, pp. 654–669. Springer.

Fiedler, M. et C. Borgelt (2007). Subgraph support in a single large graph. In *Workshops Proceedings of the 7th IEEE (ICDM 2007)*, pp. 399–404.

Inokuchi, A. et T. Washio (2012). Frissminer : Mining frequent graph sequence patterns induced by vertices. *IEICE Transactions 95-D*(6), 1590–1602.

Kaytoue, M., Y. Pitarch, M. Plantevit, et C. Robardet (2014). Triggering patterns of topology changes in dynamic graphs. In *ASONAM'14*, pp. 158–165.

Ozaki, T. et T. Ohkawa (2009). Discovery of correlated sequential subgraphs from a sequence of graphs. In *ADMA'09*, pp. 265–276.

Prakash, B. A., J. Vreeken, et C. Faloutsos (2014). Efficiently spotting the starting points of an epidemic in a large graph. *KaIS 38*(1), 35–59.

Robardet, C. (2009). Constraint-based pattern mining in dynamic graphs. In *IEEE ICDM*, pp. 950–955.

Sanhes, J., F. Flouvat, C. Pasquier, N. Selmaoui-Folcher, et J. Boulicaut (2013). Weighted path as a condensed pattern in a single attributed DAG. In *IJCAI'13*, pp. 1642–1648.

Summary

A great number of applications require to analyze a single attributed graph that changes over time. This task is particularly complex because both graph structure and attributes associated with each node can change. In the present work, we focus on the discovery of recurrent patterns in such a graph. These patterns are sequences of subgraphs which represent recurring evolutions of subsets of nodes w.r.t. their attributes. Various constraints have been defined (frequency, volume, connectivity, non-redundancy and temporal continuity) and an original algorithm has been developed. Experiments performed on synthetic and real-world datasets have demonstrated the interest of our approach and its scalability.

Mesure de la confiance dans les systèmes d'information : application aux données de navires

Benjamin Costé*, Cyril Ray**
Gouenou Coatrieux***

*Chaire de Cyber Défense des Systèmes Navals
École Navale - CC 600
29240 Brest Cedex 9, FRANCE
benjamin.coste@ecole-navale.fr
**Institut de Recherche de l'École Navale
École Navale - CC 600
29240 Brest Cedex 9, FRANCE
cyril.ray@ecole-navale.fr
***Institut Mines-Télécom - Télécom-Bretagne
Technopole Brest-Iroise, CS 83818
29238 Brest Cedex 3, FRANCE
gouenou.coatrieux@telecom-bretagne.eu

Résumé. Ces dernières années, la prolifération rapide des capteurs et des objets communicants de tous types a significativement enrichi le contenu des systèmes d'information. Cependant, cela suscite de nouvelles questions quant à la confiance que l'on peut accorder aux informations et aux sources d'informations. En effet, ces sources peuvent être leurrées ou sous l'emprise d'un tiers qui falsifie ou altère les informations. Cet article propose donc d'aborder la sécurité des systèmes d'informations sous l'angle de la confiance dans les sources d'informations.

En premier lieu, la définition puis l'évaluation de la confiance dans un réseau hétérogène sont introduits. Une modélisation des sources est ensuite proposée. La confiance dans ces sources d'informations est abordée au travers de deux caractéristiques : la compétence et la sincérité. L'extraction de la confiance est réalisée via un ensemble de mesures de ces deux caractéristiques. Une expérience basée sur plusieurs sources simulées à partir d'un jeu de données réelles montrent la pertinence de l'approche; approche qui peut être transposée à d'autres systèmes d'information. Cette étude est appliquée à l'analyse des données de navigation et de positionnement d'un navire.

1   Introduction

Les systèmes d'information (SI) produisent puis stockent, analysent, traitent et diffusent de nombreuses informations. Lorsqu'il s'agit de SI à bord des navires, ces informations renseignent le système sur son environnement (informations géographiques, météorologiques, etc.) aussi bien que sur son état interne (par ex. alimentation, température, orientation). Ces renseignements sont produits par diverses sources qui peuvent être des capteurs (par ex. GPS, gyroscope), des équipement industriels (automates, actionneurs ...), des outils informatiques classiques (routeurs, switchs, ordinateurs personnels, serveurs etc.), des logiciels (IHM, microcodes, noyau ...) ou même des humains (administrateur, opérateur ...). Les multiples informations produites par les sources assurent la sécurité du navire. Ces informations sont susceptibles d'être altérées à chaque étape des traitements dont elles font l'objet, depuis l'observation d'un phénomène physique à la réception par le système. Divers moyens existent pour garantir l'intégrité de l'information : codes correcteurs d'erreurs, fonctions de hachage, codes d'authentification de message, tatouage de données, etc. . Toutefois, ces solutions sont limitées quand une source est leurrée ou sous l'emprise d'un tiers malveillant. Se pose alors la question de savoir quelle confiance accorder tant aux sources qu'aux informations elles-mêmes.

Cet article aborde la sécurité des systèmes d'information sur la base de la confiance qu'ils peuvent avoir de leur environnement. La confiance est une notion complexe qui permet de raisonner en présence d'incertitudes (Abdul-Rahman et Hailes, 2000). Dans un contexte de sécurité d'un SI, pouvoir mesurer la confiance en son sein nous semble donc adapté pour gérer l'absence de preuve formelle de compromission du SI et ainsi d'être capable de faire face à des attaques inconnues a priori. Nous proposons donc une définition de la confiance et une mesure de celle-ci réalisée à partir de l'analyse des multiples informations reçues, collectées et manipulées par le système. Cette mesure est dépendante des caractéristiques intrinsèques d'une source mais également de l'évolution des informations qu'elle transmet, au regard des données transmises par les autres sources du système d'information.

Le reste de cet article est organisé comme suit. La Section 2 présente plusieurs définitions et mesures de confiance existantes. Les Sections 3 et 4 développent une modélisation des sources d'informations puis un ensemble de mesures de la confiance fondées sur ce modèle. Avant de conclure, la Section 5 expose des résultats expérimentaux appliqués aux navires.

2   Modèles de confiance

Divers modèles de confiance existent. Tandis que certains cherchent à définir cette notion complexe (Demolombe, 2004) d'autres tentent de la mesurer (Capra et Musolesi, 2006).

Les définitions de la confiance proposées jusqu'à aujourd'hui concernent de multiples domaines (Blomqvist, 1997; McKnight et Chervany, 2000). Bien qu'originellement étudiée pour appréhender les rapports entre individus (Lewis et Weigert, 1985), la confiance est de plus en plus considérée dans le cadre des nouveaux moyens de communication qui mélangent humains et services (Grandison et Sloman, 2000). De manière assez générale, la confiance dans une source peut être exprimée à partir de multiples critères intrinsèques à cette dernière ou non (par ex. risques ou menaces auxquels cette source est soumise). Pour une source d'information, la confiance que le système lui accorde peut être définie comme étant fonction de sa *compétence* et de sa *sincérité* (Paglieri et al., 2014; Liu et Williams, 2002). Grandison et Sloman (2000) définissent la compétence comme "la capacité d'une source à assurer les fonctions qui lui sont attribuées". Ainsi, une source n'est pas compétente si elle commet des erreurs car celles-ci témoignent de son incapacité à informer le système d'information sur son environnement. De même, une source est sincère "si elle croit vraie les informations qu'elle transmet" (Demolombe, 2001). Une source malveillante est donc non sincère puisqu'elle envoie de fausses informations tout en ayant connaissance de l'information vraie. Afin de participer au renforcement de la sécurité d'un système d'information, la confiance doit prendre en compte l'éventuelle malveillance de la source qui se traduit par une falsification volontaire de l'information. Cependant, une source peut également commettre des erreurs comme donner accidentellement une information erronée. Ainsi, pour modéliser séparément les erreurs accidentelles d'une source, de ses falsifications intentionnelles, un modèle pertinent de confiance devrait s'appuyer a minima sur les notions de compétence et de sincérité (Costé et al., 2016).

Plusieurs travaux ont cherché à mesurer la confiance. La plupart de ces contributions sont basées sur un modèle de réseau dans lequel les divers nœuds interagissent. Les interactions sont alors sources de recommandations faites par les divers membres du réseau pour calculer leurs indices de confiance (Yan et al., 2003; Teacy et al., 2006; Das et Islam, 2012; Josang et al., 2015). La recommandation est le processus par lequel un nœud i va communiquer sa confiance $C_{i,j}$ dans le nœud j. Très utilisée, cette mesure suppose cependant que les nœuds ont conscience les uns des autres. Si chaque nœud est isolé des autres et n'a pas conscience du réseau alors la recommandation est impossible. Bien que cette hypothèse soit vérifiée dans les réseaux sociaux ou sur le web, elle ne l'est cependant pas en général. Par exemple, la recommandation est difficile dans les réseaux dits centralisé où un serveur communique avec plusieurs clients qui ne se connaissent pas entre eux.

Lorsqu'il n'est pas possible d'obtenir les diverses appréciations des sources entre elles, il est encore possible de mesurer la confiance à partir de l'analyse des informations transmises par la source (Matt et al., 2010). Nombre de ces mesures sont construites sur la base de la théorie de l'argumentation (Dung, 1993) qui modélise un ensemble de propositions appelées *arguments* et un ensemble d'*attaques* entre ces arguments. Les arguments sont assimilés aux nœuds d'un réseau et les attaques à des arêtes unidirectionnelles. La théorie de l'argumentation cherche à établir quels arguments sont rationnellement acceptables. Plus clairement, et comme illustré en figure 1, l'argument d est acceptable puisqu'il n'est attaqué par aucun autre. Il en est de même pour l'argument f. En revanche, l'argument e est contesté à la fois par b et f.

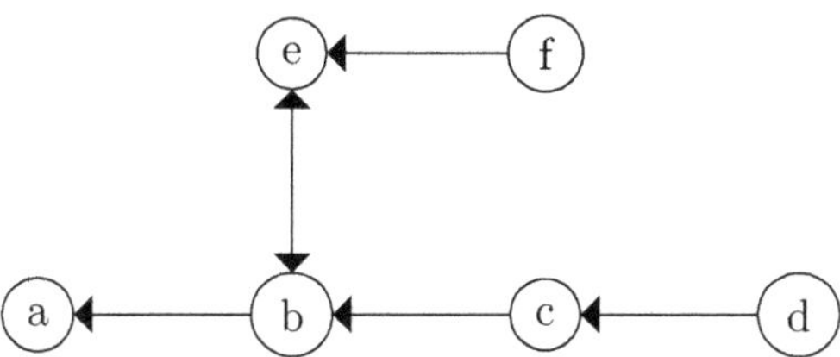

FIG. 1 – *Exemple d'un modèle utilisant 6 arguments et 6 attaques entre ces arguments.*

Sur la base de cette théorie, divers modèles de confiance utilisant des sources d'information ont été suggérés (Stranders et al., 2008; Parsons et al., 2011; Villata et al., 2013; Paglieri et al., 2014). Ces modèles reposent sur deux hypothèses : l'ensemble des arguments utilisables ainsi que leurs liens (c.-à-d. les attaques) sont connus et sont en nombre fini. Pour juger de l'acceptabilité d'un argument (sur laquelle repose la confiance), il est donc nécessaire de pouvoir comparer l'ensemble de ceux à disposition et donc de pouvoir clairement identifier les attaques. Ce n'est pas toujours possible, notamment en présence d'incertitude. En effet, les arguments peuvent ne pas s'opposer formellement. Par exemple, les deux assertions "il fait chaud" et "il fait froid" ne s'opposent pas nécessairement : elles peuvent indiquer une température modérée, intermédiaire. La théorie de l'argumentation n'est donc pas adaptée lorsqu'un conflit entre informations n'est pas clairement identifié et est donc incertain.

Néanmoins, plusieurs travaux ont cherché à pallier cette faiblesse. Parmi ceux-là, l'article de Da Costa Pereira et al. (2011) propose un modèle dans lequel l'acceptabilité des arguments (i.e. le degré de croyance qu'ils sont vrais) est évaluée selon la confiance attribuée à la source. Contrairement aux modélisations de Dung (1993) et Villata et al. (2013) où un argument est soit accepté soit rejeté, l'acceptabilité d'un argument est ici continue. Cependant, la confiance est considérée comme un concept unidimensionnel alors qu'elle est multidimensionnelle pour Villata et al. (2013) qui la modélisent à partir de la compétence et de la sincérité de la source.

D'autres théories plus adaptées à la gestion de l'incertitude ont été utilisées (Josang, 2001; Yu et Singh, 2002; Sun et al., 2006; Wang et Singh, 2007). En particulier, Sun et al. (2006) arguent que la confiance est une mesure de l'incertitude et définissent ainsi leur mesure de confiance sur la probabilité qu'une entité effectue une certaine action. De même, Wang et Singh (2007) considèrent l'importance de la prise en compte de la certitude comme critère pour mesurer la confiance. Malgré une gestion efficiente des grandeurs réelles, ces travaux se basent cependant exclusivement sur une confiance unidimensionnelle.

Nous souhaitons donc étendre ces modèles en proposant une mesure de la confiance qui soit multidimensionnelle, fondée sur la compétence et la sincérité. Cette mesure ne repose pas, voire peu, sur une connaissance a priori et ne nécessite pas d'interactions entre les sources. Elle doit, de plus, être adaptée à des informations continues telles que des valeurs réelles.

3   Modélisation des producteurs et des sources d'information

Un système d'information est composé de multiples blocs fonctionnels interconnectés qui mesurent, analysent, traitent voire prennent des décisions et émettent de l'information. Ces blocs, quelle que soit leur fonction, peuvent être vus comme des *producteurs d'informations* (capteurs, automates, humains, etc.) pouvant être perçus comme mono ou multisources.

Au contraire d'un producteur, une source est à l'origine d'une information d'une nature ou d'un type particulier. Il peut s'agir d'une entité physique comme un capteur. Cette section présente notre modélisation des sources et des producteurs d'information ; laquelle différencie les constituants d'un système d'information comme cibles ou objets de la confiance.

3.1   Modélisation des producteurs d'informations

Les producteurs d'informations sont de différentes natures. Ils produisent de nombreuses informations (position, vitesse …) sous différentes formes (nombre, texte, image, son, vidéo, etc.). On pourra distinguer différents types de producteurs : mono-source mono-information, multi-sources mono-information (cas d'un système constitué de plusieurs capteurs de même type) ou multi-sources multi-informations.

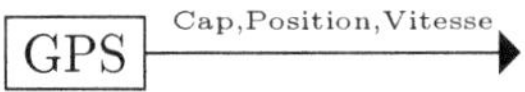

FIG. 2 – *Modélisation du GPS sous la forme d'un producteur multi-informations*

La figure 2 illustre la modélisation du producteur "GPS", et la figure 3, les sources qui le constituent. Cette modélisation permet de simplifier l'ajout ou la suppression d'un producteur au niveau du système (par ex. nouveau capteur installé, capteur en panne). La notion de producteur permet également de prendre en compte le fait que des sources et leurs informations sont liées à un même composant du système. Cette représentation pourra être utile notamment en cas d'attaque par leurre du producteur de données. Un producteur est cependant plus complexe à manipuler du fait du nombre d'informations transmises à un instant t qui n'est pas forcément fixe. Les informations ne sont pas émises à la même période, certaines pouvant être envoyées occasionnellement (par ex. les alertes SAR[1] du système AIS[2]). D'où l'intérêt de pouvoir modéliser un producteur comme constitué de sources d'informations. Ce dernier modèle allie simplicité (une source est spécialisée, c'est-à-dire qu'elle n'envoie qu'un seul type d'information et sert une unique fonctionnalité) et souplesse (il est facile d'ajouter ou d'enlever des sources d'un producteur, en cas de défaillance par exemple).

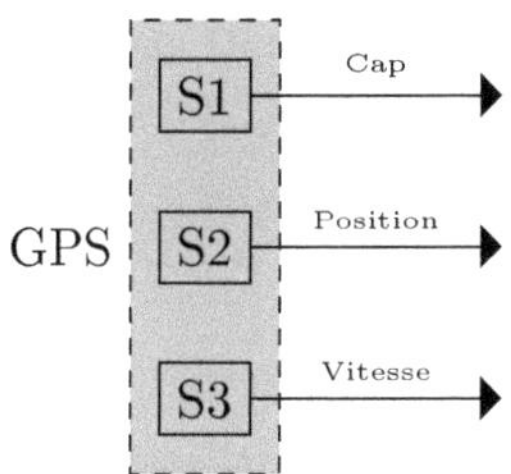

FIG. 3 – *Modélisation multi-sources mono-information du GPS.*

Si l'on revient à l'exemple de la figure 3, le producteur GPS est constitué de trois sources distinctes émettant respectivement les informations de cap, position et vitesse. Si le GPS est éteint alors trois sources distinctes n'émettront plus d'informations. Ce modèle prend en compte les liens qui existent entre les différentes sources, en particulier le fait qu'elles font partie d'un même producteur. Enfin, pour aller plus loin, il est possible de rassembler plusieurs producteurs en un sous-système, comme illustré en figure 4, où un sous-système regroupe un ensemble de producteurs qui n'interagissent qu'entre eux. Avec cette modélisation, nous pourrons évaluer la confiance au niveau des sources, des producteurs et des sous-systèmes.

---

1. Search and Rescue, alerte pour le sauvetage en mer.
2. Automatic Identification System, système standardisé par l'Organisation Maritime Internationale pour la diffusion en temps réel d'informations de navigation par VHF

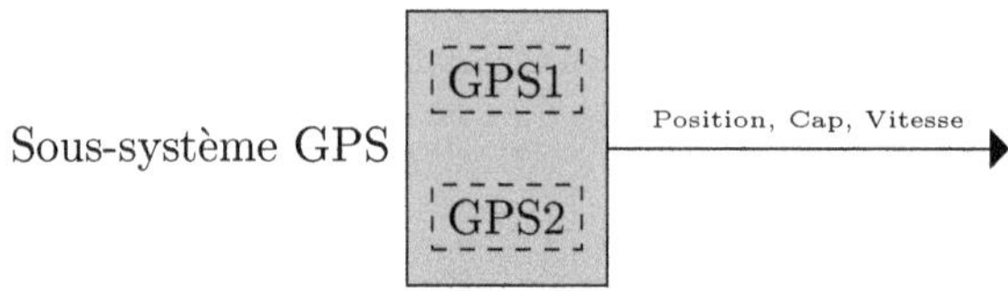

FIG. 4 – *Modélisation d'un sous-système GPS regroupant l'ensemble des producteurs GPS du navire.*

3.2 Modélisation des sources

Une source d'information est une entité qui observe un phénomène et le restitue au système. Par exemple, lorsque la source est un capteur, elle mesure une grandeur physique (vitesse, température etc.). Cette mesure est imparfaite et entachée d'erreur. En effet, la mesure est dépendante des caractéristiques du capteur (sensibilité, usure …). Deux sources mesurant le même phénomène et ayant les mêmes caractéristiques ne rendront pas forcément compte de la réalité de la même manière du fait d'un bruit dans la mesure. Cependant, ces mesures ne seront pas très éloignées et en tous cas seront proches de la réalité à moins de la défaillance du capteur ou d'une attaque. Suivant la complexité des capteurs, des phénomènes physiques observés et des composants électroniques utilisés, il est plus ou moins difficile de quantifier cette erreur dans la mesure. Néanmoins, une solution simple consiste à résumer l'ensemble des bruits de la chaîne d'acquisition à un bruit additif, de nature gaussienne le plus souvent.

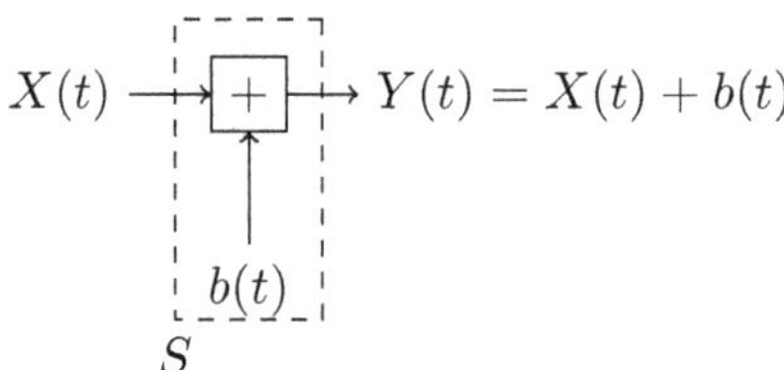

FIG. 5 – *Modélisation d'une source par un canal gaussien*

Comme illustré en figure 5, nous considérons qu'une source S observe le phénomène réel $X(t)$, une fonction dépendante du temps (température, vitesse, position), transmet sa mesure $Y(t) = X(t) + b$ où b est une variable aléatoire de loi normale $\mathcal{N}(\mu, \sigma)$ de moyenne μ et d'écart-type σ. Sans perte de généralité, nous supposerons que b est centrée (c.-à-d. $\mu = 0$). Par la suite, une source sera dite *idéale* ou *parfaite* si celle-ci renvoie telle quelle l'information observée, c'est-à-dire $X(t) = Y(t)$ pour tout t (c.-à-d. $\mu = 0$, $\sigma = 0$).

4   Mesurer la confiance

Comme décrit en Section 2, nous définissons la confiance accordée à une source comme une fonction de la compétence et de la sincérité de cette dernière. Nous précisons ci-après les concepts et comment les mesurer.

4.1   Mesure de compétence

Nous rappelons que la compétence d'une source est "sa capacité à remplir les fonctions qui lui sont attribuées" (Grandison et Sloman, 2000). Cette capacité de la source est dépendante de ses caractéristiques intrinsèques. D'après cette définition et le modèle de source proposé, la compétence $Comp$ d'une source est donc dépendante de l'imprécision de sa mesure. Ainsi, une source *idéale* est jugée compétente car elle remplit sa fonction en fournissant exactement la mesure réelle. Nous avons

$$Comp = f(b) \stackrel{b \text{ est centrée}}{=} f(\sigma)$$

où f est une fonction de la mesure de la compétence à définir (telle que $Comp = f(\sigma) \in [0;1]$). Considérant que si la source est parfaite alors la compétence est maximale, c.-à-d. $f(\sigma = 0) = 1$ et qu'a contrario, si la source est très imprécise (c.-à-d. $\sigma \to +\infty$) alors elle est incompétente, c.-à-d. sa compétence tend vers 0 ($\lim_{\sigma \to +\infty} f(\sigma) = 0$), nous proposons de définir la fonction f telle que

$$Comp = \frac{1}{1 + \sigma}.$$

Malgré sa simplicité, nous verrons que cette fonction répond au besoin. Par exemple, dans le cas d'un GPS qui mesure une latitude avec une précision de l'ordre de 10^{-5}, la compétence de la source associée à cette mesure est de l'ordre de 0.99999.

4.2   Mesure de sincérité

La sincérité d'une source est par nature difficile à évaluer. Liu et Williams (2002) proposent de la mesurer à partir de la croyance que les sources ont dans l'information qu'elles envoient. Ils l'identifient à la différence entre ce que la source, un humain dans le contexte, "dit" et ce qu'elle "pense", ou "sait". Dans notre cas, sur la base de notre modèle de source, ce concept de "pensée" d'une source n'est pas valide. Nous proposons donc de comparer les informations des différentes sources entre elles à l'instar de (Paglieri et al., 2014). Plus clairement, la sincérité d'une source est évaluée à partir des informations émises par les autres sources.

Il est également important de souligner qu'il existe un phénomène de dépendance entre la compétence et la sincérité. En effet, lorsqu'une source est incompétente, elle émet une information très imprécise qui complexifie sa comparaison avec des informations fournies par des sources compétentes. Plus une information est imprécise et plus celle-ci sera éloignée de la réalité et, par voie de conséquence, des autres informations plus précises et de même nature. Dès lors, dans le cas où la compétence de la source est faible, sa sincérité doit l'être également. Par contraposition, lorsque la compétence de la source est élevée (c.-à-d. proche de 1), aucune conclusion ne peut être induite sur sa sincérité. Nous proposons alors de borner la mesure de sincérité d'une source par sa compétence :

$$\forall i \geq 1 \; Sinc_i(t) = min(p_i(t), Comp_i(t))$$

où $p_i \in [0;1]$ représente le degré d'accord de la source i avec les autres à l'instant t. Le degré d'accord d'une source avec les autres se mesure en comparant les informations que celle-ci fournit avec celles émises par les autres sources. Il sera élevé si l'information émise par la source est en accord avec celle des autres. Ainsi, considérant un ensemble de sources compétentes, une source émettant une information similaire à la majorité sera jugée plus sincère qu'une source contestée (c.-à-d. en accord avec une minorité). Tel que défini, le degré d'accord est une mesure de consensus, c'est-à-dire à quel point la source est confortée par les autres sources. Elle peut être vu comme le ratio entre le nombre de sources en accord avec la source i à l'instant t, et le nombre total de sources. Pour mesurer l'accord entre deux sources, une solution possible est de passer par un consensus binaire, comme proposé dans (Paglieri et al. (2014)) : deux sources sont complètement d'accord ou en complet désaccord. Dans notre contexte, et avec notre modèle de source, cette approche n'est pas la plus judicieuse, car l'information correspond à des nombres réels. Nous proposons plutôt d'utiliser une fonction de similarité, notée Sim, continue pour mesurer le consensus prenant en compte les informations émises aux instants précédents, c'est-à-dire :

$$
p_i(t) = \begin{cases} 1 & n = 1 \\ \dfrac{1}{n-1} \sum_{\substack{j=1 \\ j \neq i}}^{n} Sim(\{Y_i(t)\}_{t>0}, \{Y_j(t)\}_{t>0}) & n \geq 2 \end{cases}
$$

où n est le nombre de sources et $\{Y_i(t)\}_{t>0}$ l'ensemble des informations émises par la source i jusqu'à l'instant t. De manière à garantir $p_i = 1$ lorsque toutes les sources sont en accord et inversement si $p_i = 0$ lorsque la source i s'oppose à toutes les autres, la fonction de similarité utilisée ci-après correspond à une mesure de corrélation entre les informations des différentes sources. Un autre intérêt de cette mesure est que la valeur de p_i est relativement stable lorsque le nombre n de sources est "suffisamment" grand.

Au contraire, dans le cas particulier d'une unique source, le consensus ne peut être mesuré à cause du manque d'informations supplémentaires. Par convention, nous proposons alors de poser $p_1(t) = 1$ ce qui symbolise l'accord de la source avec elle-même. Il en résulte alors une égalité directe entre la sincérité d'une source unique et sa compétence (i.e. $Sinc_1(t) = Comp_1(t)$ pour tout t).

4.3 De la compétence et de la sincérité à la confiance

Pour obtenir une mesure de confiance $Conf(S_i)$ à partir des mesures de compétence et de sincérité (c.-à-d. $Conf(S_i) = Conf(Comp(S_i), Sinc(S_i))$), plusieurs solutions ont été définies dans (Liu et Williams (2002)). Ces mesures respectent toutes les contraintes suivantes :
- $Conf(1, 1) = 1$
- $Conf(0, 0) = 0$
- $Conf(Comp, 1) = Comp, \ Comp \in [0; 1]$
- $Conf(1, Sinc) = Sinc, \ Sinc \in [0; 1]$

Les auteurs proposent ainsi plusieurs mesures en adéquation avec ces contraintes :

$$
\begin{aligned}
Conf_1(Comp, Sinc) &= Comp * Sinc & (1) \\
Conf_2(Comp, Sinc) &= min(Comp, Sinc) & (2) \\
Conf_3(Comp, Sinc) &= 1 - (1 - Comp)(1 - Sinc) & (3)
\end{aligned}
$$

Comme nous le verrons, la mesure $Conf_3$ ne traduit pas nécessairement l'absence de confiance en une source incompétente ou non sincère. En particulier, $Conf_3$ est non nulle lorsque la compétence ou la sincérité de la source est nulle, propriété cependant souhaitée dans notre contexte. Cela revient à augmenter le jeu de contraintes précédent des règles suivantes :

- $Conf(0, Sinc) = 0,\ Sinc \in [0; 1]$
- $Conf(Comp, 0) = 0,\ Comp \in [0; 1]$

Dans la section suivante, nous expérimentons ces différentes mesures sur des données réelles.

5 Expériences

Les mesures de confiance, compétence et sincérité définies précédemment ont été testées sur des données provenant de l'*Automatic Identification System* d'un bateau, à proximité de Brest. L'AIS fournit différentes informations : position, vitesse, identifiant du bateau, etc. À partir de ces données, nous avons simulé 3 producteurs d'information (cf Section 3.2) : deux GPS et un Loch Doppler. Ces producteurs peuvent se retrouver embarqués sur des navires tels que des navires de croisière par exemple. Dans notre contexte expérimental, les deux GPS sont respectivement situés à l'avant et à l'arrière du navire et le Loch Doppler en son milieu. Si un GPS est constitué de trois sources donnant trois types d'informations distinctes : la position, la vitesse et le cap, un Loch Doppler ne comporte qu'une seule source : la vitesse. En effet, un Loch Doppler mesure la vitesse du navire par rapport au fond en utilisant un signal ultrasonore.

La figure 6 montre le comportement des différentes mesures de compétence, de sincérité et de confiance en simulant les trois sources de vitesse des producteurs à partir des données de vitesse produites par l'AIS. Un bruit gaussien centré a été ajouté pour simuler les 3 sources suivant le modèle de source décrit en Section 5. Les trois bruits gaussien sont de variance identique. Pour simuler une attaque de "leurrage", le Loch Doppler émet de fausses informations à partir de l'instant $t = 500$; instant à partir duquel la vitesse transmise est de 1 nœud supérieure à la vitesse réelle. En effet, un attaquant peut vouloir falsifier les informations de vitesse pour ralentir le navire (e.g. pour faciliter son interception par des pirates) ou bien le faire accélérer (e.g. surconsommation, usure prématurée du moteur ou de la ligne d'arbre). Cette attaque, bien que peu subtile (un regard à l'historique suffit à la détecter), peut se révéler gênante voire dangereuse sur le long terme.

La première ligne de courbes en figure 6 montre la vitesse telle que perçue par chaque source avec une précision d'environ 0.1 nœuds (spécifications constructeur). Les deux lignes intermédiaires montrent l'évolution de la compétence et de la sincérité de chacune des sources au fil du temps. On peut voir que la compétence de chaque source est identique, du fait qu'un bruit de même variance a été ajouté aux données réelles. On peut voir l'impact de l'attaque du Loch Doppler au niveau de la mesure de sincérité des trois sources. Dès que ce dernier indique une vitesse différente de celle mesurée par les GPS, la mesure de sa sincérité tend à la baisse et de manière plus forte que les mesures de sincérité des deux GPS.

La dernière ligne de courbes montre l'évolution de la confiance respective des trois capteurs en utilisant les trois mesures tirées de (Liu et Williams, 2002). La confiance dans la deuxième source (c.-à-d. celle attaquée) diminue comme sa sincérité dès l'instant où elle envoie de fausses informations, et cela de manière plus importante que les deux autres sources, comme attendu. Comme supposé en section 4.3, la mesure $Conf_3$ est très peu sensible aux variations de sincérité (et de compétence, par symétrie). Parmi les trois mesures testées, c'est la seule à ne pas respecter les contraintes additionnelles (voir la Section 4.3). Dans un contexte de détection de falsifications d'informations, cette mesure n'est donc pas adaptée.

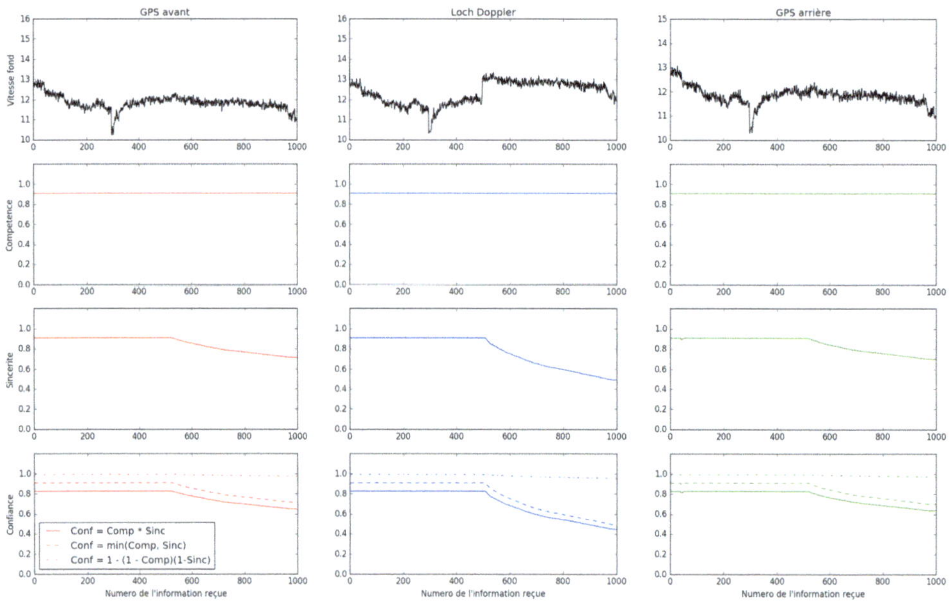

FIG. 6 – *Comparaison des trois mesures de confiance en présence de trois sources de vitesse sur un navire.*

Cette expérimentation basée sur plusieurs sources simulées à partir d'un jeu de données réelles montrent la pertinence de l'approche ; approche qui peut être transposée à d'autres systèmes d'information. Cependant, bien que fondées sur les spécifications techniques des capteurs, les sources modélisées sont de compétences identiques. De plus, comme l'ont montré Bhatti et Humphreys (2015), un attaquant peut utiliser des falsifications incrémentales pour dissimuler ses agissements. La confrontation de nos modèles à des scenarii plus complexes fera l'objet de travaux ultérieurs.

6 Conclusion

Sur un navire, un système d'information (SI) est composé de multiples sources d'informations qui peuvent être leurrée ou malveillantes, mettant en danger sa sécurité. Cet article propose d'extraire la confiance que peut avoir le SI envers les sources qui le constituent par l'analyse des informations qu'elles émettent. Sur la base d'un modèle de sources et de producteurs d'informations constituant le SI, une mesure de confiance a été élaborée à partir de mesures de compétence et de sincérité des sources. Ces mesures ont été testées et comparées dans une situation de falsification d'informations. Les résultats obtenus valident l'approche. Toutefois, les sources sont jugées indépendamment les unes des autres. La prise en compte des relations qui les unissent, notamment de dépendance, pourrait permettre de limiter la portée des collusions éventuelles.

Références

Abdul-Rahman, A. et S. Hailes (2000). Supporting trust in virtual communities. In *Proceedings of the 33rd Annual Hawaii International Conference on System Sciences*, pp. 9–19. IEEE.

Bhatti, J. et T. Humphreys (2015). Hostile control of ships via false gps signals : Demonstration and detection. *submitted to Navigation, in review*.

Blomqvist, K. (1997). The many faces of trust. *Scandinavian journal of management 13*(3), 271–286.

Capra, L. et M. Musolesi (2006). Autonomic trust prediction for pervasive systems. In *20th International Conference on Advanced Information Networking and Applications*, Volume 2, pp. 48–59. IEEE.

Costé, B., C. Ray, et G. Coatrieux (2016). Évaluation de la confiance dans un environnement multisources. In *Informatique des Organisations et Systèmes d'Information et de Décision (INFORSID), Atelier Sécurité des systèmes d'information : technologies et personnes*.

Da Costa Pereira, C., A. B. TeTettamanzi, et S. Villata (2011). Changing one's mind : Erase or rewind ? possibilistic belief revision with fuzzy argumentation based on trust. In *Proceedings of the Twenty-Second International Joint Conference on Artificial Intelligence*, Volume 1, pp. 164–171.

Das, A. et M. M. Islam (2012). Securedtrust : a dynamic trust computation model for secured communication in multiagent systems. *IEEE Transactions on Dependable and Secure Computing 9*(2), 261–274.

Demolombe, R. (2001). To trust information sources : a proposal for a modal logical framework. In *Trust and deception in virtual societies*, pp. 111–124. Springer.

Demolombe, R. (2004). Reasoning about trust : A formal logical framework. In *Trust Management*, pp. 291–303. Springer.

Dung, P. M. (1993). On the acceptability of arguments and its fundamental role in nonmonotonic reasoning and logic programming. In *International Joint Conferences on Artificial Intelligence*, pp. 852–857.

Grandison, T. et M. Sloman (2000). A survey of trust in internet applications. *Communications Surveys & Tutorials, IEEE 3*(4), 2–16.

Josang, A. (2001). A logic for uncertain probabilities. *International Journal of Uncertainty, Fuzziness and Knowledge-based Systems 9*(3), 279–311.

Josang, A., M. Ivanovska, et T. Muller (2015). Trust revision for conflicting sources. In *Proceedings of the 18th International Conference on Information Fusion (FUSION 2015)*, pp. 550–557.

Lewis, J. D. et A. Weigert (1985). Trust as a social reality. *Social Forces 63*(4), 967–985.

Liu, W. et M.-A. Williams (2002). Trustworthiness of information sources and information pedigree. In *Intelligent Agents VIII*, pp. 290–306. Springer.

Matt, P.-A., M. Morge, et F. Toni (2010). Combining statistics and arguments to compute trust. In *Proceedings of 9th International Conference on Autonomous Agents and Multiagent Systems*, pp. 209–216.

McKnight, D. H. et N. L. Chervany (2000). What is trust ? a conceptual analysis and an interdisciplinary model. *Americas Conference on Information Systems*, 827–833.

Paglieri, F., C. Castelfranchi, C. da Costa Pereira, R. Falcone, A. Tettamanzi, et S. Villata (2014). Trusting the messenger because of the message : feedback dynamics from information quality to source evaluation. *Computational and Mathematical Organization Theory 20*(2), 176–194.

Parsons, S., Y. Tang, E. Sklar, P. McBurney, et K. Cai (2011). Argumentation-based reasoning in agents with varying degrees of trust. In *Proceedings of the International Conference on Autonomous Agents and Multiagent Systems*.

Stranders, R., M. de Weerdt, et C. Witteveen (2008). Fuzzy argumentation for trust. In *Computational Logic in Multi-Agent Systems*, pp. 214–230. Springer.

Sun, Y. L., Z. Han, W. Yu, et K. R. Liu (2006). A trust evaluation framework in distributed networks : Vulnerability analysis and defense against attacks. In *INFOCOM*, pp. 1–13.

Teacy, W. T. L., J. Patel, N. R. Jennings, et M. Luck (2006). TRAVOS : Trust and reputation in the context of inaccurate information sources. *Autonomous Agents and Multi-Agent Systems 12*(2), 183–198.

Villata, S., G. Boella, D. M. Gabbay, et L. van der Torre (2013). A socio-cognitive model of trust using argumentation theory. *International Journal of Approximate Reasoning 54*(4), 541–559.

Wang, Y. et M. P. Singh (2007). Formal trust model for multiagent systems. In *International Joint Conference on Artificial Intelligence*, pp. 1551–1556.

Yan, Z., P. Zhang, et T. Virtanen (2003). Trust evaluation based security solution in ad hoc networks. In *Proceedings of the Seventh Nordic Workshop on Secure IT Systems*, Volume 14.

Yu, B. et M. P. Singh (2002). An evidential model of distributed reputation management. In *Proceedings of the first international joint conference on Autonomous agents and multiagent systems : part 1*, pp. 294–301. ACM.

Summary

Rapid evolution of numerous types of sensors and communicating objects has significantly enhanced the content of information systems, especially mobile ones. However, it raises new questions about trust one can have in information and sources. Indeed, sources can be duped or under external control falsifying source's information. This paper proposes to study security of information systems through the notion of trust. First, definition then evaluation of trust in heterogeneous networks are introduced. Afterwards, we propose modelling of sources. Trust in sources is studied and measured through two characteristics: competence and sincerity. Experiments based on several simulated sources from a real dataset show the relevance of our approach. This work is applied to the analysis of position and navigation data.

K-Spectral Centroïd pour des données massives

Brieuc Conan-Guez, Alain Gély, Lydia Boudjeloud-Assala, Alexandre Blansché

Université de Lorraine - Site de Metz - île du Saulcy 57045 METZ CEDEX 1
brieuc.conan-guez@univ-lorraine.fr, alain.gely@univ-lorraine.fr,
lydia.boudjeloud-assala@univ-lorraine.fr, alexandre.blansche@univ-lorraine.fr
http://www.lita.univ-lorraine.fr/

Résumé. Nous nous intéressons à la classification non supervisée de séries chronologiques. Pour ce faire, nous utilisons l'algorithme K-Spectral Centroïd (K-SC), une variante des K-Means. K-Spectral Centroïd utilise une mesure de dissimilarité entre séries chronologiques, invariante par translation et par changement d'échelle. Cet algorithme est coûteux en temps de calcul : lors de la phase d'affectation, il nécessite de tester toutes les translations possibles pour identifier la meilleure ; lors de la phase de représentation, le calcul du nouveau barycentre nécessite l'extraction de la plus petite valeur propre d'une matrice. Nous proposons dans ce travail trois optimisations de K-SC. L'identification de la meilleure translation peut être réalisée efficacement en utilisant la transformée de Fourier discrète. Chaque matrice peut être calculée incrémentalement. Le calcul du nouveau barycentre peut s'effectuer à moindre coût grâce à la méthode de la puissance itérée. Ces trois optimisations fournissent exactement la même classification que K-SC.

1 Introduction

Dans ce travail, nous nous intéressons à la classification non supervisée de séries chronologiques issues de l'analyse de media-sociaux, pour faire émerger différents types de partages de l'information. Ce travail s'inscrit dans le cadre de l'ANR INFO-RSN dont l'objet principal est l'étude de la diffusion de l'information sur les réseaux socionumériques (Twitter).

Pendant 6 mois, les tweets citant l'URL d'un article de presse issu d'une liste prédéfinie de 32 médias ont été collectés. Plusieurs types de séries temporelles peuvent être définis. On peut par exemple associer une série temporelle à chacune des URL collectées, ou encore à chacun des hashtags apparaissant dans la collecte. La série temporelle est alors l'ensemble des informations d'horodatage des tweets citant un article, ou comportant un hashtag.

L'étude de séries chronologiques présente deux problématiques. L'une est sémantique et concerne le choix de la dissimilarité pour comparer les séries. L'autre, plus technique, concerne le temps de calcul pour la classification de ces séries.

D'un point de vue sémantique, la dissimilarité choisie doit permettre de mettre en évidence des comportements similaires, bien qu'à des échelles différentes. En effet, le volume de tweets engendré par un quotidien national est bien évidemment très différent de celui d'un journal de presse locale. D'autre part il faut permettre une certaine lattitude de façon à distinguer les

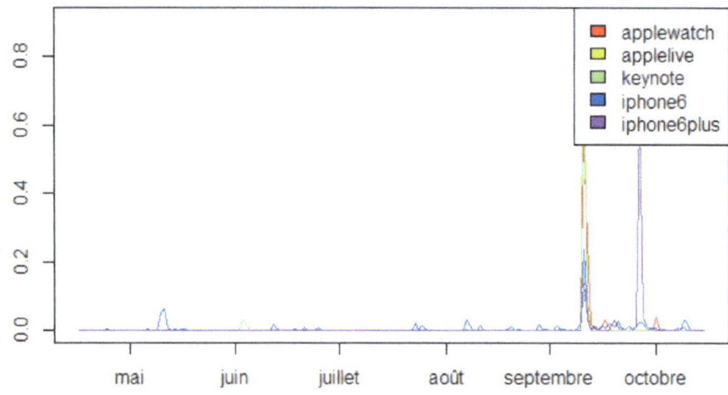

FIG. 1 – *Hashtags de comportements similaires tout au long de l'étude*

formes de partages indépendamment du moment de ces derniers. On voudrait par exemple que les différentes séries chronologiques de la figure 1 se retrouvent dans la même classe. En effet, elles ont le même comportement mais à des dates différentes. Ainsi, le hashtag « iphone6plus » (fin septembre) a un comportement similaire à « applewatch », « applelive », « keynote », « iphone6 » mais n'est pas utilisé au même moment (début septembre).

Dans un premier temps, nous avions étudié l'impact d'une échelle logarithmique sur la classification des séries (Charpentier et Flachaire (2014); Conan-Guez et al. (2016)) mais celle-ci a une trop grande tendance à minimiser le poid de la fin de série. Nous avons donc besoin d'une dissimilarité qui soit invariante au changement d'échelle et à la translation. Il existe de nombreux travaux sur la comparaison de séries temporelles, et on pourra par exemple se référer à Aghabozorgi et al. (2015) pour une étude comparative. Une approche classique se base sur la distance DTW (Dynamic Time Warping) et l'adapte à des données de grande dimension (voir par exemple Keogh et Pazzani (2000); Keogh et Ratanamahatana (2005)). Cependant, cette distance ne préserve pas forcément la forme des pics d'activités, ces derniers pouvant être plus ou moins étirés ou compressés sur l'axe des temps par DTW.

D'autres travaux proposent une dissimilarité qui, bien qu'indépendante de la translation dans le temps et des effets d'échelles, conserve l'aspect général des périodes d'activités. L'algorithme K-Spectral Centroïd proposé dans Yang et Leskovec (2011) est l'une de ces méthodes. Basé sur l'algorithme K-means, il souffre de deux écueils. Lors de la phase d'affectation, il nécessite de tester toutes les translations possibles entre séries temporelles pour identifier la meilleure. Lors de la phase de représentation, le calcul d'un nouveau barycentre nécessite tout d'abord la construction d'une matrice, puis l'extraction de la plus petite valeur propre de cette même matrice. Ces deux étapes se révèlent coûteuses en temps de calcul. Pour pallier ce problème, les auteurs proposent une approche multi-niveaux : l'algorithme est appliqué sur une succession de séries représentant la même information, mais à des résolutions différentes. Ici, nous présentons trois améliorations de l'algorithme K-SC de base. Ce dernier étant utilisé à l'identique dans l'approche multi-niveaux, cette dernière bénéficie automatiquement des améliorations proposées dans ce travail. Aussi nous nous comparons à l'algorithme de base pour présenter nos trois optimisations de K-Spectral Centroïd :

La première amélioration porte sur la phase d'affectation, l'identification de la meilleure translation peut être réalisée efficacement dans l'espace fréquentiel en utilisant les transformées de Fourier. Cette approche permet de réduire la complexité algorithmique de la recherche. Les deux améliorations suivantes portent sur la phase de représentation : la première permet d'accélérer le calcul des matrices nécessaires à l'obtention des barycentres grâce à une approche incrémentale, la seconde ramène l'extraction de la plus petite valeur propre à un problème équivalent d'extraction de la plus grande valeur propre. Ce dernier problème est classique en algèbre linéaire et possède des algorithmes de résolution aux performances éprouvées (par exemple par la méthode de la puissance itérée). Ces trois optimisations fournissent exactement le même résultat (classification) que celui de K-SC mais en réduisant fortement les temps de calcul.

Dans la suite de l'article, nous présentons l'algorithme K-Spectral Centroïd (section 2), puis les trois optimisations que nous proposons pour réduire les temps de calculs (section 3). Les résultats expérimentaux sont exposés dans la section 4 et nous concluons dans la section 5.

2   L'algorithme K-Spectral Centroïd

2.1   Dissimilarité invariante par décalage et changement d'échelle

On considère ici des séries chronologiques à valeurs positives indicées par un intervalle de $\mathcal{Z}$. On note $\dot{x}$ l'indice le plus petit de la série x et $\ddot{x}$ l'indice le plus grand. On a donc $x = (x_{\dot{x}}, x_{\dot{x}+1}, x_{\dot{x}+2}, \ldots, x_{\ddot{x}})$. Le nombre de valeurs de x est noté $L(x)$ et vaut $\ddot{x} - \dot{x} + 1$.

La norme de x se définit classiquement par $\|x\| = \sqrt{x \cdot x}$ grâce au produit scalaire :

$$x \cdot y = \sum_{i=\max(\dot{x},\dot{y})}^{\min(\ddot{x},\ddot{y})} x_i\, y_i$$

On considère l'opérateur de décalage temporel τ_o de paramètre o. Ce paramètre appartient à un sous-intervalle de $\mathcal{Z}$, noté $\mathcal{O}$. La série décalée $z = \tau_o(y)$ a pour indice $\dot{z} = \dot{y}+o$, $\ddot{z} = \ddot{y}+o$ et pour valeurs $z_i = y_{i-o}$. Le produit scalaire avec un décalage s'écrit :

$$x \cdot \tau_o(y) = \sum_{i=\max(\dot{x},\dot{y}+o)}^{\min(\ddot{x},\ddot{y}+o)} x_i\, y_{i-o} = y \cdot \tau_{-o}(x)$$

Comme indiqué dans l'introduction, la dissimilarité utilisée dans l'algorithme K-SC est invariante par décalage temporel et par changement d'échelle. Elle se concentre donc sur la forme des séries chronologiques. La minimisation d'un paramètre α permet de neutraliser les effets d'échelle entre deux séries qui auraient le même comportement mais sur des ordres de grandeur différents. Voici l'expression de la dissimilarité :

$$d(x,y) = \min_{o \in \mathcal{O}, \alpha \in \mathbb{R}^+} \frac{\|x - \alpha\, \tau_o(y)\|}{\|x\|}$$

On pose $g(x,y) = \min_{\alpha \in \mathbb{R}^+} \frac{\|x - \alpha y\|}{\|x\|}$. Ce qui permet d'obtenir l'expression suivante : $d(x,y) = \min_{o \in \mathcal{O}} g(x, \tau_o(y))$. La valeur α permettant le calcul de g est obtenue par annulation de la dérivée : $\alpha = \frac{x \cdot y}{\|y\|^2}$. En remplaçant α par cette expression dans g, on obtient :

$$g(x,y) = \sqrt{1 - \frac{(x \cdot y)^2}{\|x\|^2 \|y\|^2}}$$

Comme dans la pratique, les normes de x et y peuvent être précalculées, le calcul de g ne nécessite plus que l'évaluation d'un unique produit scalaire. Ce résultat apparait dans la version longue du papier Yang et Leskovec (2011), lors de la démonstration de la propriété de symétrie de d, qui est évidente de par l'expression de g obtenue.

2.2 K-Spectral Centroïd

L'algorithme K-Spectral Centroïd (K-SC) est une variante des K-Means, qui utilise la dissimilarité d définie dans la section précédente. Cet algorithme optimise le critère d'inertie suivant :

$$F = \sum_{k=1}^{K} \sum_{x_i \in C_k} d^2(\mu_k, x_i)$$

où K est le nombre total de classes et C_k est la classe numéro k, μ_k le barycentre de C_k et x_i les séries chronologiques à traiter.

De manière identique à K-Means, K-SC exécute itérativement deux étapes : affectation (production d'une nouvelle partition), et représentation (calcul des nouveaux barycentres).

La phase d'affectation utilise la dissimilarité d. La complexité de l'étape d'affectation est $O(nKt^2)$, où n est le nombre de séries chronologiques, K est le nombre de classes, t est la longueur moyenne des séries chronologiques. En effet l'évaluation de d a pour complexité $O(t^2)$ (on considère ici que $|\mathcal{O}| = O(t)$).

La phase de représentation calcule le barycentre μ_k de la classe C_k en minimisant l'inertie suivante :

$$\mu_k = \arg\min_{\mu} \sum_{x_i \in C_k} d^2(\mu, x_i) = \arg\min_{\mu} \frac{1}{\|\mu\|^2} \mu^t \sum_{x_i \in C_k} \left(Id - \frac{x_i \, x_i^t}{\|x_i\|^2} \right) \mu$$

Dans Yang et Leskovec (2011), les auteurs indiquent que ce problème de minimisation est équivalent à l'extraction de la plus petite valeur propre de la matrice "somme" apparaissant dans l'expression de droite. Si l'on effectue une diagonalisation complète de la matrice pour extraire cette valeur propre, la complexité algorithmique est $O(nt^2 + Kt^3)$, avec le terme nt^2 pour le calcul des matrices "somme" et le terme Kt^3 pour l'extraction de toutes les valeurs propres de toutes les matrices. Si on considère que $n \gg t$, la complexité est donnée par $O(nt^2)$. On voit bien ici que le coût de calcul des matrices est supérieur à celui de leur diagonalisation.

3 Améliorations proposées

3.1 Affectation : calcul efficace grâce à la transformée de Fourier

Le calcul de la dissimilarité d nécessite de calculer $g(x, \tau_o(y))$ pour toute les valeurs de $o \in \mathcal{O}$ afin de trouver o minimisant $g(x, \tau_o(y))$. Nous proposons ici d'accélérer le calcul de d en menant le calcul dans l'espace fréquentiel grâce aux transformées de Fourier.

On remarque tout d'abord que minimiser $g(x, \tau_o(y))$ en o revient à maximiser le produit scalaire $S(o) = x \cdot \tau_o(y)$ en o. On note x^0 le vecteur contenant les mêmes valeurs que x mais complété par des zéros à droite. $x^0 = (x_{\dot{x}}, \ldots, x_{\ddot{x}}, 0, \ldots, 0)$. La longueur de x^0 est égale à $L(x^0) = L(x) + L(y) - 1$. On définit de même ^0y, le vecteur complété par des zéros à gauche et de même longueur $L(^0y) = L(x^0)$. On a $^0y = (0, \ldots, 0, y_{\dot{y}}, \ldots, y_{\ddot{y}})$.

On note $\mathcal{F}$ l'opérateur qui calcule la transformée de Fourier discrète d'un vecteur. La transformation inverse est notée $\mathcal{F}^{-1}$. En remarquant que la fonction S est une fonction de corrélation croisée, et que la transformée de Fourier d'une corrélation croisée s'exprime sous la forme d'un simple produit entre spectres dans l'espace fréquentiel (Kunt (1986)), les valeurs de $S(o)$ pour $\dot{x} - \ddot{y} \le o \le \ddot{x} - \dot{y}$ sont données par la transformation suivante :

$$S \equiv \mathcal{F}^{-1}\left(\mathcal{F}(x^0)\, \mathcal{F}^*(^0y)\right)$$

où z^* est l'application de conjugaison complexe, qui a $z = a + ib$ associe $z^* = a - ib$.

L'évaluation de toutes les valeurs de $S(o)$ nécessite donc trois transformées de Fourier, dont une transformée inverse et un produit de deux vecteurs complexes dans l'espace fréquentiel (produit du spectre de x^0 et du conjugué du spectre de ^0y). La complexité algorithmique du calcul de la transformée de Fourier rapide (Kunt (1986)) est de $O(t \ln(t))$, où t est la longueur moyenne des séries. La complexité algorithmique de la phase d'affectation est donc à présent de $O(nKt \ln(t))$ au lieu de $O(nKt^2)$ pour un calcul complet de tous les produits scalaires.

Dans notre implémentation, les transformées de Fourier des séries du jeu de données ainsi que celles des barycentres sont pré-calculées. Grâce à ces pré-calculs, l'évaluation de la dissimilarité d ne nécessite seulement que le calcul de la transformée inverse $\mathcal{F}^{-1}$, les deux autres transformées ne sont plus nécessaires. Cette optimisation ne change pas la complexité théorique, mais permet de gagner au moins un facteur 2 sur le temps de calcul de la phase d'affectation.

3.2 Représentation : Calcul des barycentres

3.2.1 Calcul des valeurs propres par la méthode de la puissance itérée

Comme indiqué dans la section précédente, le calcul d'un barycentre nécessite l'extraction de la plus petite valeur propre λ_{min} d'une matrice. Ce calcul peut se réaliser soit par une diagonalisation complète de la matrice, soit en utilisant un algorithme qui extrait juste λ_{min} : la méthode de la puissance inverse. Bien que ne nécessitant pas le calcul de l'inverse de la matrice, cette approche est coûteuse car elle impose la résolution d'un système à chaque itération.

On peut cependant remarquer que le problème de l'extraction de λ_{min} peut se ramener simplement à l'extraction de la plus grande valeur propre λ_{max} de la matrice $M_k = \sum_{x_i \in C_k} \frac{x_i\, x_i^t}{\|x_i\|^2}$. Plus précisément :

$$\mu_k \quad = \quad \arg\min_{\mu} \frac{\mu^t \sum_{x_i \in C_k} \left(Id - \frac{x_i \, x_i^t}{\|x_i\|^2} \right) \mu}{\|\mu\|^2}$$

$$= \quad \arg\max_{\mu} \frac{\mu^t \left(\sum_{x_i \in C_k} \frac{x_i \, x_i^t}{\|x_i\|^2} \right) \mu}{\|\mu\|^2}$$

$$= \quad \arg\max_{\mu} \frac{\mu^t M_k \mu}{\|\mu\|^2}$$

$R_{M_k}(\mu) = \frac{\mu^t M_k \mu}{\|\mu\|^2}$ est le quotient de Rayleigh associé à la matrice M_k. Cette fonction a la propriété suivante : $\max_\mu R_{M_k}(\mu) = \lambda_{max}$ et $\min_\mu R_{M_k}(\mu) = \lambda_{min}$. Maximiser $R_{M_k}(\mu)$ revient à extraire le vecteur propre associé à la plus grande valeur propre $\lambda_{\max}$ de M_k. Ceci peut être réalisé efficacement par la méthode de la puissance itérée (Björck (2015)).

On peut remarquer que pour des x_i à valeurs positives, le barycentre peut être choisi à valeurs positives. En effet, si μ contient des valeurs négatives, le vecteur des valeurs absolues, noté μ^+ mènera nécessairement à une valeur $R_{M_k}(\mu^+) \geq R_{M_k}(\mu)$. Dans la pratique, le vecteur propre μ_k a donc toutes ses valeurs de même signe. Dans le cas négatif, il suffit de prendre l'opposé du vecteur.

Le terme $\frac{x_i \, x_i^t}{\|x_i\|^2}\mu$ peut se réécrire de la manière suivante $(\mu \cdot \frac{x_i}{\|x_i\|}) \frac{x_i}{\|x_i\|}$. Ce terme correspond à la projection du vecteur μ sur le vecteur unitaire $\frac{x_i}{\|x_i\|}$. Cet opérateur de projection $P_i = \frac{x_i \, x_i^t}{\|x_i\|^2}$ a donc sa plus grande valeur propre égale à 1 et les suivantes sont nulles. On a donc $\lambda_{max} = \max_\mu R_{M_k}(\mu) \leq \sum_{x_i \in C_k} \max_\mu R_{P_i}(\mu) = |C_k|$, où $|C_k|$ est le cardinal de la classe C_k. Avec le même argument pour λ_{min}, on constate que les valeurs propres de M_k sont comprises dans l'intervalle $[0, |C_k|]$. Toutes les valeurs propres sont donc positives, et surtout les deux plus grandes valeurs propres de M_k sont bien distinctes, ce qui favorise la convergence de la méthode de la puissance itérée. Cette méthode ne nécessite à chaque itération que la multiplication de la matrice M_k par un vecteur, et le nombre d'itérations est relativement réduit. Le calcul exact des barycentres peut donc être mené efficacement.

3.2.2 Calcul des matrices par une approche incrémentale

On peut remarquer que le calcul des K matrices $M_k = \sum_{x_i \in C_k} \frac{x_i \, x_i^t}{\|x_i\|^2}$ peut être mené de manière incrémentale. En effet, une matrice M_k est la somme des contributions de chaque individu de la classe : une contribution est la matrice $P_i = \frac{x_i \, x_i^t}{\|x_i\|^2}$ de rang 1. On peut remarquer que les matrices P_i n'ont pas les mêmes dimensions, car les séries ne sont pas de mêmes longueurs. La sommation s'effectue donc en ajoutant à la bonne position la sous-matrice P_i à la matrice M_k. Le calcul complet de toutes les matrices nécessite donc n sommes, une par individu.

Si au cours d'une itération, un individu change de classes, on peut mettre à jour la matrice de la classe de départ et la matrice de la classe d'arrivée de la manière suivante : on retranche la contribution de l'individu à la matrice de départ, et on ajoute cette contribution à la matrice d'arrivée. Dans le cas spécifique de K-SC, un autre cas nécessite d'effectuer cette double opération : si un individu reste dans la même classe, mais que la meilleure translation n'est plus la même. On doit alors dans la même matrice, retrancher l'ancienne contribution et ajouter la contribution translatée à la matrice.

Le calcul incrémental ne se révèle efficace que dans le cas où le nombre de modifications (changement de classes, ou translation différente) reste faible. Si l'on note p le nombre de modifications, le calcul incrémental nécessite $2p$ sommes de matrices (soustraction puis addition p fois), alors que le calcul complet nécessite n sommes. Si $2p < n$, on peut espérer que le calcul incrémental se révèle plus rapide que le calcul complet. On peut remarquer que ce critère qui détermine si l'approche incrémentale doit être utilisée est simple à mettre en oeuvre. Une faiblesse de ce critère tient au fait qu'il ne prend pas en compte la longueur des séries. C'est le critère utilisé dans ce travail.

Enfin, le calcul incrémental impose un coût mémoire beaucoup plus important. On peut proposer l'estimation suivante : les matrices sont symétriques, et donc seuls les triangulaires inférieures des matrice sont à mémoriser. La longueur d'une matrice peut dans le pire cas être égale au double de la longueur de la plus grande série (à cause des translations). Pour des séries de longueur maximum 5000 (taille maximum traitée dans ce travail), chaque matrice peut occuper jusqu'à 400Mo. Pour une dizaine de classes, le coût mémoire du calcul incrémental peut atteindre 4Go. Ce qui est important.

4 Résultats expérimentaux

4.1 Jeu de test

Notre jeu de test se base sur un millier (976) de séries temporelles correspondant aux hashtags cités plus de 1000 fois lors de l'étude. Une discrétisation à l'échelle de la journée (24h) est mise en place. Chaque valeur d'une série contient donc le nombre de tweets ayant fait référence à un hashtag pendant une journée entière. Après cette discrétisation, les séries ont en moyenne 155 points (la série la plus courte comptant 2 points - les tweets sont répartis sur 2 jours - et la série la plus longue 183).

De façon à faciliter les comparatifs en limitant les biais, nous utiliserons ce jeu d'essai comme données à partir desquelles nous en construirons d'autres, comptant plus de séries, ou bien des séries plus longues. Nous nous assurons ainsi avoir des séries similaires en forme pour l'ensemble de nos tests. Pour ce faire :

- Nous augmentons le nombre de séries en répliquant les séries du jeu de données initial. Nous obtenons ainsi un jeu de données 1, 3, 5, 7, 9 fois plus grand que le jeu de données initial.
- Nous augmentons la longueur des séries en concaténant 1, 2, 3, 4, 5, 10, 20, 30 fois chacune des séries précédentes.
- Nous bruitons chacune des séries obtenues : chaque point de la série est modifié d'une amplitude d'au plus 5% (tirage uniforme) de sa valeur initiale.

Nous obtenons ainsi un nouveau jeu de données dont nous contrôlons la taille et la longueur des séries. Puis nous appliquons comme dans Yang et Leskovec (2011) une régularisation à chaque série grâce à un noyau gaussien d'écart-type σ. En effet, les données Twitter sont naturellement bruitées, et nécessitent donc un lissage avant d'exécuter l'algorithme K-SC.

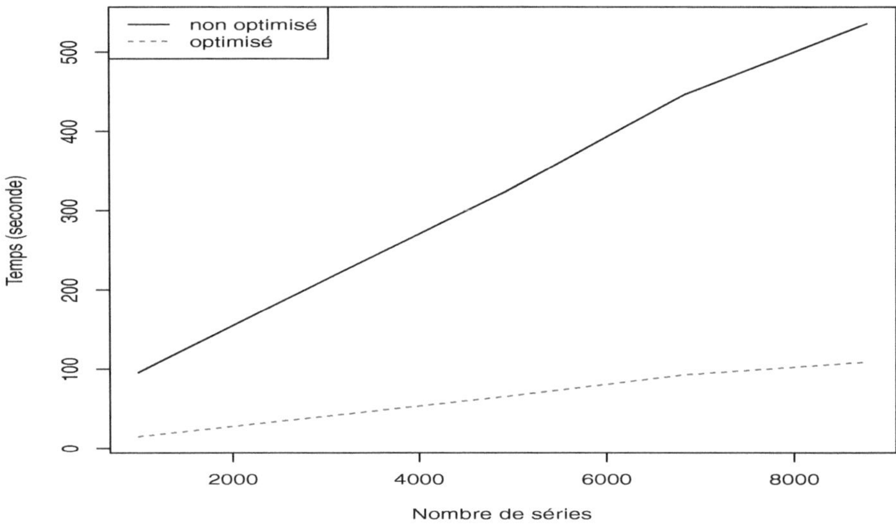

FIG. 2 – *Temps d'exécution (seconde) normalisé en fonction du nombre de séries*

4.2 Analyse des résultats

Nous cherchons à analyser l'impact des trois optimisations sur le temps de calcul.

Le paramètre de lissage gaussien est $\sigma = 1$. On rappelle que chaque point des séries correspond à une journée. Le choix $\sigma = 1$ a été validé visuellement. Le nombre de classes de la partition est fixe pour toutes les expériences et est fixé à 8. Le nombre maximum d'itérations de K-SC est fixé à 40. K-SC peut s'arrêter avant si le gain d'inertie normalisé prend une valeur inférieure à 1e-4. L'algorithme non optimisé et l'algorithme avec les trois optimisations sont exécutés 10 fois sur un même jeu de données avec 10 initialisations aléatoires. Le temps "machine" de l'ensemble de ces 10 exécutions est reporté en secondes dans la suite de ce travail.

Les expériences ont été menées sur un serveur contenant 40 coeurs d'exécution à 2.3GHz et 32 Go de mémoire vive. Tous les algorithmes ont été réimplémentés en Java. La diagonalisation des matrices utilise la bibliothèque EJML (Abeles (2016)), et le calcul des transformées de Fourier utilise la bibliothèque JTransforms (Wendykier (2015)).

4.2.1 Etude de l'effet de la taille du jeu de données

Dans cette première expérience, nous étudions l'effet de la taille du jeu de données sur le temps d'exécution de l'algorithme et de ses différentes optimisations. Les cinq jeux de données utilisés ont respectivement 976, 2 928, 4 880, 6 832 et 8 784 séries chronologiques. La longueur des séries est comprise entre 2 et 183, avec une moyenne à 155.

Comme indiqué précédemment, le critère d'arrêt de K-SC est double : le nombre maximum d'itérations est fixé à 40 et l'algorithme est stoppé dès lors que le gain d'inertie normalisé est inférieur à 1e-4. De ce fait, le nombre d'itérations de l'algorithme varie d'une exécution à l'autre, et donc les temps de calcul sont dépendants de ce nombre d'itérations. Or dans ce travail, nous souhaitons analyser l'impact sur la durée de calcul des trois optimisations en supprimant l'effet lié au nombre d'itérations réalisé par l'algorithme. Pour résoudre ce problème, nous avons appliqué aux temps de calcul reportés dans ce travail une normalisation en considérant que chaque exécution réalise 20 itérations. La valeur de 20 correspondant à la moyenne du nombre d'itérations de toutes les expérimentations.

L'algorithme K-SC avec ou sans optimisations a une complexité linéaire en le nombre de séries chronologiques à traiter. Les expérimentations représentées sur la figure 2 sont cohérentes avec cette complexité théorique. Les complexités étant linéaires, le facteur d'accélération estimé est de 4.6.

nb séries	K-SC		affectation		calcul des M_k		barycentres	
	durée	$\frac{nonopti}{opti}$	durée	$\frac{nonopti}{opti}$	durée	$\frac{nonopti}{opti}$	durée	$\frac{nonopti}{opti}$
976	14.8	6.5	13.1	4.0	0.6	2.8	1.0	41.7
2 928	39.7	5.3	37.4	4.2	1.4	3.4	0.9	51.8
4 880	64.8	4.9	61.7	4.2	2.1	4.0	0.9	57.0
6 832	92.8	4.8	88.8	4.3	2.8	4.1	0.9	60.7
8 784	109.0	4.9	104.5	4.5	3.4	4.4	0.9	56.9

TAB. 1 – *Temps d'exécution (seconde) normalisé de la version optimisée et facteur d'accélération par rapport à la version non optimisée*

La table 1 fournit les durées (normalisées) totales et intermédaires en secondes de l'algorithme optimisé et les facteurs d'accélération de ce dernier par rapport à la version non optimisée. Il est donc aisé de recalculer les durées associées à la version non optimisée. La phase de précalcul (transformées de Fourier des séries du jeu de données) n'est pas reportée, car elle est négligeable devant les autres quantités. On l'obtient facilement en retranchant au temps total la somme des temps intermédiaires (affectation, calcul des M_k et des barycentres). On constate que la phase d'affectation est la partie la plus coûteuse pour l'algorithme optimisé. Pour le jeu de données le plus grand, elle représente 96% du temps total. L'utilisation de la transformée de Fourier fournit un facteur d'accélération de 4.5 pour cette phase d'affectation.

Les temps de calcul des matrices M_k et l'extraction des plus grandes valeurs propres pour l'algorithme optimisé sont marginaux comparés à ceux de la phase d'affectation. Pour le plus grand jeu de données, le calcul des M_k représente 3.1% du temps total, et le calcul des barycentres 0.9%. Le facteur d'accélération pour la phase de calcul des matrices M_k croît avec le nombre de séries, passant de 2.8 à 4.4. Ceci s'explique par une plus grande efficacité du calcul incrémental quand le nombre de séries augmente. Enfin, on peut noter les facteurs d'accélération très importants obtenus grâce à l'utilisation de la méthode de la puissance itérée. Pour les plus grands jeux de données, cette accélération ne se retrouve pas dans le facteur d'accélération global. En effet, le calcul global est dominé par le nombre de séries n.

4.2.2 Etude de l'effet de la longueur des séries

Dans cette expérience, on souhaite étudier l'effet de la longueur des séries sur le temps d'exécution. La taille des jeux de données est fixée à 976. On considère ici huit jeux de données

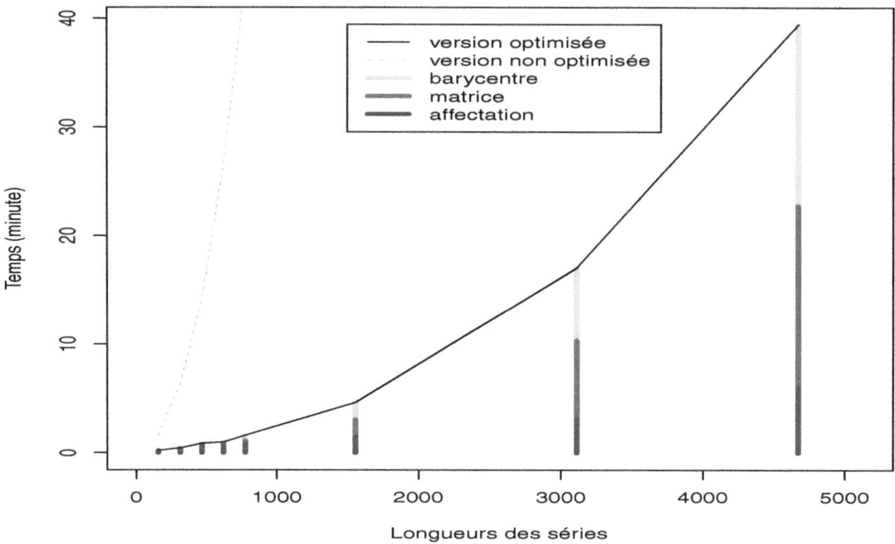

FIG. 3 – *Temps d'exécution (minute) normalisé en fonction de la longueur des séries. Les durées intermédiaires (affectation, calcul des matrices puis des barycentres) sont empilées.*

obtenus en appliquant les facteurs multiplicatifs suivants : 1, 2, 3, 4, 5, 10, 20 et 30. Le premier jeu de données (facteur multiplicatif unité) a des séries de longueur moyenne 155 (min=2 et max=183). Pour les jeux de données suivants, on a pour longueurs moyennes : 311, 466, 622, 778, 1 556, 3 113 et 4 669. Les longueurs maximales sont 366, 549, 732, 915, 1 830, 3 660 et 5 490.

La phase d'affectation a une complexité en $O(t \ln(t))$ (le nombre de séries et de barycentres étant ici intégré dans la notation O), où t est la longueur des séries. La phase de calcul des matrices M_k a une complexité quadratique en t. La phase de calcul des barycentres grâce à la méthode de la puissance itérée semble avoir elle aussi une complexité quadratique : le nombre d'itérations de la méthode est relativement constant et indépendant de la taille des matrices pour les jeux de données considérés. On rappelle que les algorithmes d'extraction de l'ensemble des valeurs propres d'une matrice ont une complexité cubique, ce qui explique les facteurs d'accélération importants liés à la méthode de la puissance itérée. En modélisant la relation entre le temps de calcul total et la longueur des séries t par un modèle non linéaire à deux paramètres $temps \sim \alpha t^\beta$. La valeur estimée pour le paramètre β vaut 1.99, soit une complexité quadratique en la longueur des séries.

La figure 3 et le tableau 2 donnent quelques éléments chiffrés sur le comportement pratique de l'algorithme. Du fait des temps observés plus importants pour ces expériences portant sur les longueurs des séries, les durées sont toutes exprimées en minutes. La figure 3 permet non seulement une comparaison de l'algorithme optimisé par rapport à la version non optimisée,

longueurs	K-SC		affectation		calcul des M_k		barycentres	
	durée	$\frac{nonopti}{opti}$	durée	$\frac{nonopti}{opti}$	durée	$\frac{nonopti}{opti}$	durée	$\frac{nonopti}{opti}$
155	0.25	6.5	0.22	4.0	0.01	2.8	0.02	41.7
311	0.46	13.7	0.36	8.4	0.04	2.6	0.05	61.9
466	0.89	15.9	0.67	9.5	0.10	2.7	0.12	60.2
622	1.00	25.8	0.70	15.6	0.16	2.8	0.18	84.9
778	1.62	26.6	0.81	20.2	0.32	2.0	0.49	52.9
1 556	4.63	51.2	1.48	37.0	1.57	1.6	1.57	114.4
3 113	17.06	154.4	3.11	98.3	7.22	3.3	6.72	342.6
4 669	39.45	211.4	5.89	112.9	16.87	2.9	16.69	457.0

TAB. 2 – *Temps d'exécution (minute) normalisé de la version optimisée et facteur d'accélération par rapport à la version non optimisée.*

mais permet aussi de visualiser la part de chacune des phases (affectation, calcul des matrices M_k, calcul des barycentres) dans le temps total. Les temps d'exécution de la version non optimisée pour des longueurs au delà de 1000 ne sont pas reportés sur la figure 3, car ils sont très grands devant ceux de la version optimisée. Ils peuvent être recalculés grâce aux facteurs d'accélération fournis dans le tableau 2.

Contrairement aux expériences portant sur le nombre de séries, la part de la phase de représentation (calcul des M_k et des barycentres) n'est pas négligeable par rapport à la phase d'affectation : elle domine maintenant cette dernière. On constate que le calcul des matrices M_k et le calcul des barycentres ont des temps proportionnels : pour ce jeu de données de 976 séries groupées en 8 classes, le coefficient est proche de 1. Enfin nos optimisations sont d'autant plus efficaces que la longueur des séries augmente. Pour des séries de 150 éléments, le facteur d'accélération est déjà de 6 ; pour des séries de presque 5 000 éléments, il est supérieur à 200.

5   Conclusions

Nous avons proposé un ensemble d'optimisations qui permet d'améliorer la complexité de l'algorithme tout en fournissant des résultats identiques. Les expériences suggèrent que d'une complexité cubique en la taille des séries, on obtient à présent une complexité quadratique. De plus, pour une dizaine de classes et à longueurs de séries égales, la version optimisée est presque 5 fois plus rapide.

Afin de conforter ces premiers résultats, il semble souhaitable de mener d'autres expériences sur de nouveaux jeux de données, notamment issus d'autres domaines que les réseaux socionumériques.

6   Remerciement

Ce travail est réalisé dans le cadre de l'ANR INFO-RSN.

Références

Abeles, P. (2016). Efficient java matrix library (ejml) - http ://ejml.org.

Aghabozorgi, S., A. S. Shirkhorshidi, et Y. W. Teh (2015). Time-series clustering - a decade review. *Inf. Syst. 53*(C), 16–38.

Björck, A. (2015). *Numerical Methods in Matrix Computations.* Springer International Publishing.

Charpentier, A. et E. Flachaire (2014). Log-transform kernel density estimation of income distribution. Work paper, Université du Québec à Montréal - CTAN (http://www.ctan.org/). <halshs-01115988>.

Conan-Guez, B., A. Gély, L. Boudjeloud, A. Blansche, D. Compagno, et A. Mercier (2016). Représentation de données temporelles par un modèle à échelle logarithmique. In *Proceedings 13ème atelier sur la Fouille de Données Complexes (FDC) Extraction et Gestion des Connaissances (EGC) Reims, Janvier.*

Keogh, E. J. et M. J. Pazzani (2000). Scaling up dynamic time warping for datamining applications. In *Proceedings of the Sixth ACM SIGKDD International Conference on Knowledge Discovery and Data Mining*, KDD '00, New York, NY, USA, pp. 285–289. ACM.

Keogh, E. J. et C. A. Ratanamahatana (2005). Exact indexing of dynamic time warping. *Knowledge and Information Systems 7*(3), 358–386.

Kunt, M. (1986). *Digital signal processing.* Artech House communication and electronic defense library. Artech House.

Wendykier, P. (2015). Jtransforms - https://sites.google.com/site/piotrwendykier/software.

Yang, J. et J. Leskovec (2011). Patterns of temporal variation in online media. In *Proceedings of the fourth ACM international conference on Web search and data mining*, pp. 177–186. ACM.

Summary

We introduce a K-Spectral Centroïd algorithm, a variant of K-Means to cluster large time series. K-Spectral Centroïd uses a dissimilarity between time series, which is invariant regarding translation and scaling. This algorithm is relatively expensive in computation time. Indeed, during the assignment phase, it requires testing all possible translations to identify the best solution. During the representation phase, the calculation of the new barycenter requires the extraction of the smallest eigenvalue of a matrix. We propose in this work to improve these two points. We measure subsequently the impact of these improvements on various experiments.

Co-clustering de données mixtes
à base des modèles de mélange

Aichetou Bouchareb*, Marc Boullé*, Fabrice Rossi**

*Orange Labs
prenom.nom@orange.com
**SAMM EA 4534 - Université Paris 1 Panthéon-Sorbonne
prenom.nom@univ-paris1.fr

Résumé. La classification croisée (co-clustering) est une technique non super-visée qui permet d'extraire la structure sous-jacente existante entre les lignes et les colonnes d'une table de données sous forme de blocs. Plusieurs approches ont été étudiées et ont démontré leur capacité à extraire ce type de structure dans une table de données continues, binaires ou de contingence. Cependant, peu de travaux ont traité le co-clustering des tables de données mixtes. Dans cet article, nous étendons l'utilisation du co-clustering par modèles à blocs latents au cas des données mixtes (variables continues et variables binaires). Nous évaluons l'efficacité de cette extension sur des données simulées et nous discutons ses limites potentielles.

1   Introduction

La classification croisée a pour objectif de réaliser une classification jointe des lignes et des colonnes d'un tableau de données. Proposée par Good (1965) puis par Hartigan (1975), la classification croisée est une extension de la classification simple (clustering) qui permet d'ex-traire la structure sous-jacente dans les données sous forme de groupes de lignes et groupes de colonnes. L'avantage de cette technique, par rapport à la classification simple, réside dans l'étude *simultanée (jointe)* des lignes et des colonnes qui permet d'extraire un maximum d'in-formations sur la dépendance entre elles. L'utilité du co-clustering réside dans sa capacité de créer des groupes facilement interprétables et dans sa capacité de réduction d'une grande table de données en une matrice significativement plus petite et ayant la même structure que les données originales. Le traitement de la matrice résumée permet d'étudier et de prendre des décisions sur les données originales tout en réduisant significativement les coûts de calcul en temps et en mémoire.

Depuis son introduction, plusieurs méthodes ont été développées pour effectuer une classi-fication croisée (Bock (1979); Cheng et Church (2000); Dhillon et al. (2003); Xu et al. (2010)). Ces méthodes diffèrent principalement dans le type des données étudiées (continues, binaires ou de contingence), les hypothèses considérées, la méthode d'extraction utilisée et la forme souhaitée pour les résultats (classification stricte ou floue, hiérarchie, etc.). L'une des approches les plus connues est celle de la classification par modèles à blocs latents qui est basée sur des modèles de mélanges où les classes des lignes et les classes des colonnes sont définies par des variables latentes à estimer (Govaert et Nadif (2003, 2007, 2008, 2010, 2013)). Ces modèles étendent au contexte de la classification croisée les mélanges de gaussiennes pour les données continues et ceux de Bernoulli pour les données binaires.

Des modèles à blocs latents ont ainsi été proposés et validés pour des données numériques, binaires, de contingence et catégorielles (Govaert et Nadif (2013)). Toutefois, à notre connaissance, ces modèles n'ont pas été appliqués aux données mixtes. En pratique, les données ne se présentent pas seulement sous forme continue ou binaire et l'extraction des informations nécessite le traitement des données mixtes. Sachant que la plupart des méthodes d'analyse de données sont conçues pour un type particulier des données en entrée, l'analyste se trouve obligé de passer par une phase de pré-traitement des données en les transformant sous une forme uni-type (souvent binaire) pour utiliser une approche appropriée, ou d'analyser ses données indépendamment par type et d'effectuer une interprétation conjointe des résultats. Le pré-traitement des données de types différents risque de faire perdre des informations importantes et le traitement indépendant risque de rendre difficile l'interprétation des résultats des méthodes reposant sur différents types de modélisation.

Les modèles de mélange ont été utilisés pour étudier des données mixtes dans le contexte de clustering par McParland et Gormley (2016) qui proposent un modèle à variables latentes suivant une loi gaussienne quel que soit le type des données (numérique, binaire, ordinales ou nominales) mais l'utilisation de ces modèles en classification croisée des donnés mixtes reste inexistante. Nous proposons d'étendre les modèles proposés dans Govaert et Nadif (2003, 2008) au cas des données mixtes (continues et binaires), en adoptant comme ces auteurs une approche d'estimation par maximum de vraisemblance.

Le reste de cet article est organisé comme suit : dans la section 2, nous commençons par définir les modèles à blocs latents et leur utilisation pour la classification croisée. Dans la section 3, nous présentons notre extension pour les données mixtes. La section 4 présente les résultats expérimentaux sur des données simulées et la section 5 les conclusions et perspectives.

2   Co-clustering par modèles à blocs latents

Considérons le tableau de données $\mathbf{x} = (x_{ij}, i \in I, j \in J)$ où I est un ensemble de n objets et J l'ensemble des d variables caractérisant les objets (représentés respectivement par les lignes et les colonnes de la matrice $\mathbf{x}$). L'objectif est d'obtenir une partition des lignes en g groupes et une partition des colonnes en m groupes, notées $\mathcal{Z}$ et $\mathcal{W}$, qui permettent, après avoir réordonné les lignes et les colonnes par groupe, de former des *blocs* homogènes aux intersections de ces groupes. Nous supposons ici que le nombre de classes en lignes et de classes de colonnes g et m sont connus. Un élément x_{ij} appartient au bloc $B_{kl} = (I_k, J_l)$ si et seulement si la ligne $x_{i.}$ appartient au groupe I_k des lignes et la colonne $x_{.j}$ appartient au groupe J_l des colonnes. Les partitions des lignes et des colonnes sont représentées par une matrice binaire d'appartenance aux classes de lignes $\mathbf{z}$ et une matrice binaire d'appartenance aux classes des colonnes $\mathbf{w}$ où $z_{ik} = 1$ si et seulement si $x_{i.} \in I_k$ et $w_{jl} = 1$ si et seulement si $x_{.j} \in J_l$.

La vraisemblance du modèle à blocs latents s'écrit alors :

$$f(\mathbf{x}; \theta) = \sum_{(\mathbf{z},\mathbf{w}) \in \mathcal{Z} \times \mathcal{W}} p((\mathbf{z}, \mathbf{w}); \theta) f(\mathbf{x}|\mathbf{z}, \mathbf{w}; \theta)), \tag{1}$$

où $\mathcal{Z} \times \mathcal{W}$ représente l'ensemble de toutes les partitions possibles $\mathbf{z}$ de I et toutes les partitions possibles $\mathbf{w}$ de J qui vérifient les conditions ci-dessous et θ l'ensemble des paramètres inconnus du modèle.

Hypothèses : Le modèle à blocs latents (LBM) est basé sur 3 hypothèses principales

1. Il existe des partitions des lignes en g classes $\{I_1, \ldots, I_g\}$ et des partitions des colonnes en m classes $\{J_1, \ldots, J_m\}$ telles que chaque élément x_{ij} est le résultat d'une distribution de probabilité qui ne dépend que de sa classe en ligne et de sa classe en colonne. Ces partitions peuvent être représentées par des variables latentes à estimer.

2. Les appartenances aux classes lignes et aux classes colonnes sont indépendantes.

3. Connaissant les appartenances aux classes, les données observées sont indépendantes (indépendance conditionnelle au couple$(\mathbf{z}, \mathbf{w})$).

Sous ces hypothèses, la vraisemblance du modèle s'écrit alors :

$$f(\mathbf{x}; \theta) = \sum_{(\mathbf{z},\mathbf{w}) \in \mathcal{Z} \times \mathcal{W}} \prod_{ik} \pi_k^{z_{ik}} \prod_{jl} \rho_l^{w_{jl}} \prod_{ijkl} \varphi_{kl}(x_{ij}; \alpha_{kl})^{z_{ik} w_{jl}},$$

et la log-vraisemblance est donnée par

$$L(\theta) = \log f(\mathbf{x}; \theta) = \log \left(\sum_{(\mathbf{z},\mathbf{w}) \in \mathcal{Z} \times \mathcal{W}} \prod_{ik} \pi_k^{z_{ik}} \prod_{jl} \rho_l^{w_{jl}} \prod_{ijkl} \varphi_{kl}(x_{ij}; \alpha_{kl})^{z_{ik} w_{jl}} \right),$$

où les sommes et les produits sur i, j, k, l ont des limites de 1 à n, d, g, et m respectivement, π_k et ρ_l sont les proportions de la $k^{\text{ème}}$ classe des lignes et de la $l^{\text{ème}}$ classe des colonnes, α_{kl} est l'ensemble des paramètres du bloc B_{kl}. La vraisemblance φ_{kl} est celle d'une loi gaussienne pour les données continues et correspond une loi de Bernoulli pour les données binaires.

Pour une matrice $\mathbf{x}_{(n \times d)}$ et pour une partition en $g \times m$ classes, la somme sur $\mathcal{Z} \times \mathcal{W}$ nécessite au moins $g^n \times m^d$ opérations (Brault et Lomet (2015)) : il est donc impossible de calculer directement la log-vraisemblance en un temps raisonnable, ce qui empêche une application directe de l'algorithme EM classiquement utilisé pour les modèles de mélange. Govaert et Nadif (2008) utilisent donc une approximation variationnelle (et un algorithme VEM).

3   Contribution

Pour la suite, nous considérons une table des données mixtes $\mathbf{x} = (x_{ij}, i \in I, j \in J = J_c \cup J_d)$ où I est un ensemble de n objets décrits par des variables continues et binaires avec J_c l'ensemble des d_c variables continues et J_d l'ensemble des d_d variables binaires. L'objectif est d'obtenir une partition des lignes en g groupes, une partition des colonnes continues en m_c groupes et une partition des colonnes binaires en m_d groupes, notées $\mathcal{Z}$, $\mathcal{W}_c$ et $\mathcal{W}_d$ respectivement. Nous supposons que la partition des lignes, la partition des colonnes continues et la partition des colonnes binaires sont indépendantes. Ces partitions sont représentées par les matrices binaires de classification $\mathbf{z}$, $\mathbf{w}_c$, $\mathbf{w}_d$ et par les matrices de classification floue s, tc et td respectivement. De plus, conditionnellement à $\mathbf{w}_c$, $\mathbf{w}_d$ et $\mathbf{z}$, les $(x_{ij})_{\{i \in I, j \in J\}}$ sont indépendantes et il existe un moyen de distinguer les colonnes continues des discrètes. Sous ces hypothèses, la vraisemblance du modèle génératif des données mixtes s'écrit :

$$
f(\mathbf{x}; \theta) = \sum_{(\mathbf{z}, \mathbf{w}_c, \mathbf{w}_d) \in \mathcal{Z} \times (\mathcal{W}_c, \mathcal{W}_d)} \left(\prod_{ik} \pi_k^{z_{ik}} \prod_{j_c l_c} \rho_{l_c}^{wc_{j_c l_c}} \prod_{j_d l_d} \rho_{l_d}^{wd_{j_d l_d}} \right.
$$

$$
\left. \prod_{ij_c k l_c} \varphi_{kl_c}^c(x_{ij_c}; \alpha_{kl_c})^{z_{ik} wc_{j_c l_c}} \prod_{ij_d k l_d} \varphi_{kl_d}^d(x_{ij_d}; \alpha_{kl_d})^{z_{ik} wd_{j_d l_d}} \right)
$$

Notons que les hypothèses conduisent à une simple combinaison des deux situations précédentes (binaire et numérique). Il n'y a donc pas de difficulté mathématique nouvelle par rapport au cas non mixte, mais plutôt des conséquences pratiques potentielles, induites par le couplage entre des distributions très différentes (par la classification des lignes) et par le caractère incommensurable des densités (variables continues) et des probabilités (variables binaires).

Nous optimisons la vraisemblance par un algorithme itératif de type VEM inspiré de Govaert et Nadif (2008) décrit ci-dessous.

3.1   Vraisemblance complétée

Nous dérivons tout d'abord l'expression de la log vraisemblance complétée, qui demande la connaissance des valeurs des variables latentes, ici $\mathbf{z}$, $\mathbf{w}_c$ et $\mathbf{w}_d$. On a

$$
L_c(\mathbf{x}, \mathbf{z}, \mathbf{w}_c, \mathbf{w}_d; \theta) = \sum_{ik} z_{ik} \log \pi_k + \sum_{j_c l_c} wc_{j_c l_c} \log \rho_{l_c} + \sum_{j_d l_d} wd_{j_d l_d} \log \rho_{l_d}
$$

$$
+ \sum_{ij_c k l_c} z_{ik} wc_{j_c l_c} \log \varphi_{kl_c}^c(x_{ij_c}; \alpha_{kl_c}) + \sum_{ij_d k l_d} z_{ik} wd_{j_d l_d} \log \varphi_{kl_d}^d(x_{ij_d}; \alpha_{kl_d}),
$$

où les sommes sur i, j_c, j_d, k, l_c, l_d ont des limites de 1 à n, d_c, d_d, g, m_c et m_d respectivement.

3.2   Approximation variationnelle

Dans les modèles à blocs latents, il n'est pas possible d'appliquer l'algorithme EM directement vu la dépendance entre $\mathbf{z}$ et $\mathbf{w}_c$ d'un côté et entre $\mathbf{z}$ et $\mathbf{w}_d$ de l'autre côté ce qui rend infaisable le calcul de la distribution jointe $p(\mathbf{z}, \mathbf{w}_c, \mathbf{w}_d | \mathbf{x}, \theta)$. On ne peut donc pas intégrer la log vraisemblance complétée par rapport à cette distribution.

Comme dans Govaert et Nadif (2008), nous utilisons une approximation variationnelle qui consiste à approcher les distributions conditionnelles des variables latentes sous une forme factorisable. Plus précisément, nous approchons $p(\mathbf{z}, \mathbf{w}_c, \mathbf{w}_d | \mathbf{x}, \theta)$ par le produit de distributions ajustables $q(\mathbf{z}|\mathbf{x}, \theta)$, $q(\mathbf{w}_c|\mathbf{x}, \theta)$ et $q(\mathbf{w}_d|\mathbf{x}, \theta)$, de paramètres $s_{ik} = q(z_{ik} = 1|\mathbf{x}, \theta)$, $tc_{jl} = q(wc_{jl} = 1|\mathbf{x}, \theta)$ et $td_{jl} = q(wd_{jl} = 1|\mathbf{x}, \theta)$ respectivement.

On minore ainsi la vraisemblance complétée par le critère F_c suivant

$$
F_c(s, tc, td, \theta) = \sum_{ik} s_{ik} \log \pi_k + \sum_{j_c l_c} tc_{j_c l_c} \log \rho_{l_c} + \sum_{j_d l_d} td_{j_d l_d} \log \rho_{l_d}
$$

$$
+ \sum_{ij_c k l_c} s_{ik} tc_{j_c l_c} \log \varphi_{kl_c}^c(x_{ij_c}; \alpha_{kl_c}) + \sum_{ij_d k l_d} s_{ik} td_{j_d l_d} \log \varphi_{kl_d}^d(x_{ij_d}; \alpha_{kl_d})
$$

$$
- \sum_{ik} s_{ik} \log s_{ik} - \sum_{j_c l_c} tc_{j_c l_c} \log tc_{j_c l_c} - \sum_{j_d l_d} td_{j_d l_d} \log td_{j_d l_d}.
$$

3.3 Algorithme VEM

La maximisation de la borne inférieure F_c se fait, jusqu'à convergence à un ϵ près, en trois étapes :

- par rapport à s avec θ, tc et td fixés, ce qui revient à calculer

$$\hat{s}_{ik} \propto \pi_k \exp\Big(\sum_{j_c l_c} tc_{j_c l_c} \log \varphi^c_{kl_c}(x_{ij_c}, \alpha_{kl_c})\Big) \exp\Big(\sum_{j_d l_d} td_{j_d l_d} \log \varphi^d_{kl_d}(x_{ij_d}, \alpha_{kl_d})\Big) \tag{2}$$

- par rapport à tc et td avec s et θ fixés, ce qui revient à calculer

$$\hat{tc}_{j_c l_c} \propto \rho_{l_c} \exp\Big(\sum_{ik} s_{ik} \log \varphi^c_{kl_c}(x_{ij_c}, \alpha_{kl_c})\Big)$$

$$\text{et } \hat{td}_{j_d l_d} \propto \rho_{l_d} \exp\Big(\sum_{ik} s_{ik} \log \varphi^d_{kl_d}(x_{ij_d}, \alpha_{kl_d})\Big), \tag{3}$$

avec : $\sum_k s_{ik} = \sum_{l_c} tc_{jl_c} = \sum_{l_d} td_{jl_d} = 1$.
— par rapport à θ : ce qui revient à calculer les proportions des classes et leurs paramètres

$$\hat{\pi}_k = \frac{\sum_i \hat{s}_{ik}}{n}; \ \hat{\rho}_{l_c} = \frac{\sum_{j_c} \hat{tc}_{jl_c}}{d_c}; \ \hat{\rho}_{l_d} = \frac{\sum_{j_d} \hat{td}_{jl_d}}{d_d}; \ \hat{\mu}_{kl_c} = \frac{\sum_{ij_c} \hat{s}_{ik} \hat{tc}_{j_c l_c} x_{ij_c}}{\sum_i \hat{s}_{ik} \sum_{j_c} \hat{tc}_{j_c l_c}};$$

$$\hat{\sigma}^2_{kl_c} = \frac{\sum_{ij_c} \hat{s}_{ik} \hat{tc}_{j_c l_c} (x_{ij_c} - \hat{\mu}_{kl_c})^2}{\sum_i \hat{s}_{ik} \sum_{j_c} \hat{tc}_{j_c l_c}} \text{ et } \hat{\alpha}_{kl_d} = \frac{\sum_{ij_d} \hat{s}_{ik} \hat{td}_{j_d l_d} x_{ij_d}}{\sum_i \hat{s}_{ik} \sum_{j_d} \hat{td}_{j_d l_d}} \tag{4}$$

Dans notre implémentation (algorithme 1), nous avons choisi $\epsilon = 10^{-5}$ pour les boucles intérieures, $\epsilon = 10^{-10}$ pour la boucle extérieure et nous normalisons $\hat{s}$, $\hat{tc}$ et $\hat{td}$, après calcul, en prenant les valeurs relatives : $\hat{s}_{ik} \leftarrow \frac{\hat{s}_{ik}}{\sum_h \hat{s}_{ih}}$ et de même pour $\hat{tc}$ et $\hat{td}$.

4 Expérimentations

Il est difficile d'évaluer les méthodes par modèles de mélange sur des données réelles dont la distribution sous-jacente est inconnue. Dans cette section nous présentons les expériences réalisées sur des jeux de données simulées. La première expérience a pour objectif de valider notre implémentation sur des données uni-type et de vérifier l'apport de l'approche. La deuxième expérience nous permettra d'étudier l'influence de plusieurs paramètres tels que le nombre de blocs, la taille de la matrice et le niveau de bruit.

4.1 Première expérience

4.1.1 Le jeu de données

Notre premier jeu de données simulé est une matrice de $g = 4$ classes de lignes, $m_c = 2$ classes de colonnes continues et $m_d = 2$ classes de colonnes binaires. Prises individuellement, les parties continues et binaires permettent de distinguer seulement deux classes de lignes

---

Algorithm 1 : Latent Block VEM étendu

Require: $\mathbf{x}$, g, m_c, m_d

  iteration c$\leftarrow$0

  Initialiser : $s = c^c$, $td = tc^c$, $td = td^c$ aléatoirement et calculer $\theta = \theta^c$ (Équation (4))

  while $c \leq maxITER$ **and** Unstable($Criterion$) **do**

    t$\leftarrow$0, $s^t \leftarrow s^c$, $tc \leftarrow tc^c$, $td \leftarrow td^c$, $\theta^t \leftarrow \theta^c$

    while $t \leq InnerMaxIter$ **and** Unstable($Criterion$) **do**

        Pour tout $i = 1 : n$ et $k = 1 : g$, calculer s_{ik}^{t+1} : Équation (2)

        Pour tout $k = 1 : g$, $l_c = 1 : m_c$ et $l_d = 1 : m_d$, calculer π_k^{t+1}, $\mu_{kl_c}^{t+1}$, $\sigma_{kl_c}^{t+1}$ et $\alpha_{kl_d}^{t+1}$:

    Équation (4)

        $Criterion \leftarrow F_c(s^{t+1}, tc, td, \theta^{t+1})$

        $t \leftarrow t + 1$

    end while

    $s \leftarrow s^{c+1} \leftarrow s^{t-1}$, $\theta \leftarrow \theta^{c+1} \leftarrow \theta^{t-1}$

    $t \leftarrow 0$

    while $t \leq InnerMaxIter$ **and** Unstable($Criterion$) **do**

        Pour tout $j_c = 1 : d_c$, $j_d = 1 : d_d$, $l_c = 1 : m_c$ et $l_d = 1 : m_d$, calculer $tc_{j_c l_c}^{t+1}$ et

    $td_{j_d l_d}^{t+1}$: Équation (3)

        Pour tout $k = 1 : g$, $l_c = 1 : m_c$ et $l_d = 1 : m_d$, calculer ρ_c^{t+1}, ρ_d^{t+1}, $\mu_{kl_c}^{t+1}$, $\sigma_{kl_c}^{t+1}$ et

    $\alpha_{kl_d}^{t+1}$: Équation (4)

        $Criterion \leftarrow F_c(s, tc^{t+1}, td^{t+1}, \theta^{t+1})$

        $t \leftarrow t + 1$

    end while

    $tc \leftarrow tc^{c+1} \leftarrow tc^{t-1}$, $td \leftarrow td^{c+1} \leftarrow td^{t-1}$, $\theta \leftarrow \theta^{c+1} \leftarrow \theta^{t-1}$

    $Criterion \leftarrow F_c(s, tc, td, \theta)$

    $c \leftarrow c + 1$

  end while

Ensure: (s, tc, td, θ)

---

mais conjointement, on espère trouver les quatre classes de lignes. Dans ce jeu de données, nous étudions l'influence de :

La taille de la matrice des données : le nombre de lignes, de colonnes continues et de colonnes binaires. Nous considérons les tailles de matrice représentées par 25, 50, 100, 200 et 400 lignes et colonnes de chaque type (les matrices mixtes résultantes ont donc 25×50, 50×100, 100×200, 200×400 et 400×800 éléments).

Le niveau de confusion entre les mélanges où nous considérons trois niveaux : *Faible* (moyennes des gaussiennes $\mu \in \{\mu_1 = 1, \mu_2 = 2\}$, écarts types des gaussiennes $\sigma = 0.25$ et paramètres de Bernoulli $\alpha \in \{\alpha_1 = 0.2, \alpha_2 = 0.8\}$), *Moyen* ($\mu \in \{\mu_1, \mu_2\}$, $\sigma = 0.5$ et $\alpha \in \{\alpha_1 = 0.3, \alpha_2 = 0.7\}$) et *Élevé* ($\mu \in \{\mu_1, \mu_2\}$, $\sigma = 1$ et $\alpha \in \{\alpha_1 = 0.4, \alpha_2 = 0.6\}$).

Le type de configuration : lors de nos expériences nous avons remarqué que l'algorithme a parfois du mal à retrouver la structure dans le cas de blocs carrés et dont les marginales des paramètres sont égales. Nous considérons donc deux configurations nommées *asymétrie* où les marginales des paramètres des classes lignes et des classes colonnes sont différentes et *symétrie* où les marginales sont identiques. La spécification des paramètres des blocs continus et binaires par type de configuration est détaillée dans Table 1. Il est à noter que les mélanges de gaussiennes (colonnes Jc_1 et Jc_2) permettent de distinguer deux classes de ligne en associant $\{I_1$ et $I_3\}$ d'une part et $\{I_2$ et $I_4\}$ d'autre part. De même, les paramètres de Bernoulli (colonnes Jd_1 et Jd_2) permettent de distinguer deux classes de lignes en associant $\{I_1$ et $I_2\}$ d'une part et $\{I_3$ et $I_4\}$ d'autre part. En étudiant les données mixtes conjointement, on s'attend à distinguer quatre classes de lignes.

<table>
<tr><td colspan="5" align="center">asymétrie</td><td></td><td colspan="5" align="center">symétrie</td></tr>
<tr><td>μ et α</td><td>Jc_1</td><td>Jc_2</td><td>Jd_1</td><td>Jd_2</td><td></td><td>μ et α</td><td>Jc_1</td><td>Jc_2</td><td>Jd_1</td><td>Jd_2</td></tr>
<tr><td>I_1</td><td>μ_2</td><td>μ_1</td><td>α_2</td><td>α_1</td><td></td><td>I_1</td><td>μ_1</td><td>μ_2</td><td>α_1</td><td>α_2</td></tr>
<tr><td>I_2</td><td>μ_2</td><td>μ_2</td><td>α_2</td><td>α_1</td><td></td><td>I_2</td><td>μ_2</td><td>μ_1</td><td>α_1</td><td>α_2</td></tr>
<tr><td>I_3</td><td>μ_2</td><td>μ_1</td><td>α_2</td><td>α_2</td><td></td><td>I_3</td><td>μ_1</td><td>μ_2</td><td>α_2</td><td>α_1</td></tr>
<tr><td>I_4</td><td>μ_2</td><td>μ_2</td><td>α_2</td><td>α_2</td><td></td><td>I_4</td><td>μ_2</td><td>μ_1</td><td>α_2</td><td>α_1</td></tr>
</table>

TAB. 1 – *La vraie spécification des blocs dans les configurations asymétrie et symétrie.*

Nos expérimentations sont effectuées en deux étapes : appliquer l'algorithme de coclustering aux données continues seules et binaires seules pour valider notre implémentation et appliquer ensuite l'algorithme sur l'ensemble des données mixtes. Avec 5 tailles de matrice, 3 niveaux de confusion, 2 types de configuration, un co-clustering appliqué à la partie continue, la partie binaire ou à l'ensemble des variables mixtes, au total 90 expériences ont ainsi été effectuées.

Connaissant les vraies classes des données, nous mesurons la performance d'une classification en blocs par l'Indice de Rand Ajusté (ARI), qui permet de mesurer l'écart entre la partition retrouvée par les méthodes de co-clustering et la vraie partition. Nous nous focalisons sur la capacité de notre approche à potentiellement mieux identifier les classes de lignes en utilisant toutes les variables de types mixtes, et nous collectons à cet effet les ARI lignes dans les trois cas de figure : ARI observé dans l'étude des variables continues (ARI_cont), binaires (ARI_disc) ou mixtes (ARI_mix). Pour chaque type de jeux de données, nous générons 5 échantillons de données selon les paramètres de la configuration et nous présentons les résultats sous la forme de diagrammes en violon. Les diagrammes en violon (Hintze et Nelson (1998)) permettent de combiner les avantages des boîtes à moustaches et des estimateurs de densité de probabilité des différentes valeurs, permettant ainsi une meilleure visualisation de la variabilité des résultats.

4.1.2 Validation de l'implémentation

Pour valider notre implémentation, nous avons appliqué l'algorithme aux données continues seules et aux données binaires seules en comparant nos résultats avec ceux du package blockcluster (Bhatia et al. (2014)).

Dans un premier temps, nous avons pu vérifier que notre implémentation obtient au moins les mêmes performances en ARI que ceux de blockcluster. En appliquant l'algorithme sur des données uni-type, nous avons néanmoins observé quelques problèmes dans l'optimisation du critère. En premier, l'algorithme converge rapidement vers un optimum local et très souvent cet optimum correspond à une seule classe de lignes et une seule classe de colonnes. Ce point peut être amélioré en imposant un nombre minimal d'itérations (le paramètre c dans l'algorithme1) ce qui permet d'améliorer significativement la qualité des résultats d'optimisation. Dans la configuration *symétrie* où les marginales des paramètres sont égales, le problème de séparabilité des classes devient intrinsèquement plus difficile et l'algorithme a du mal à sortir de la zone de l'optimum local correspondant à une classe de lignes et une classe de colonnes dans lequel il tombe dès la première itération. Pour remédier à ce problème, nous commençons l'algorithme par des petits pas dans le calcul des appartenances aux classes (s, tc et td) sans que le critère se stabilise, puis après les premières itérations de la phase initiale, on itère jusqu'à stabilisation. Cette stratégie permet de trouver une meilleure solution dans le cas des données binaires mais ne permet pas d'amélioration notable dans le cas continu. Dans la configuration symétrie, les résultats obtenus tant avec notre implémentation qu'avec le package blockcluster sont de faible qualité, avec une variance importante due aux problèmes d'optimisation. Dans la suite de l'article, nous ne présentons pas les résultats portant sur cette configuration, d'une part par manque de place, d'autre part parce que la faible qualité des résultats n'a pas permis d'observer des variations de comportement significatives dans les expériences effectuées.

4.1.3 Apport du co-clustering de données mixtes

Nous vérifions ici si la méthode exploitant les données mixtes arrive effectivement à identifier les quatre clusters de lignes. Comme attendu, les méthodes n'exploitant que les données continues ou binaires séparément ne peuvent pas identifier les quatre clusters correctement, et leur ARI ne dépasse jamais 0.7. En revanche, nous remarquons une amélioration importante et significative des ARI quand les données continues et binaires sont utilisées conjointement (cf. figure 1).

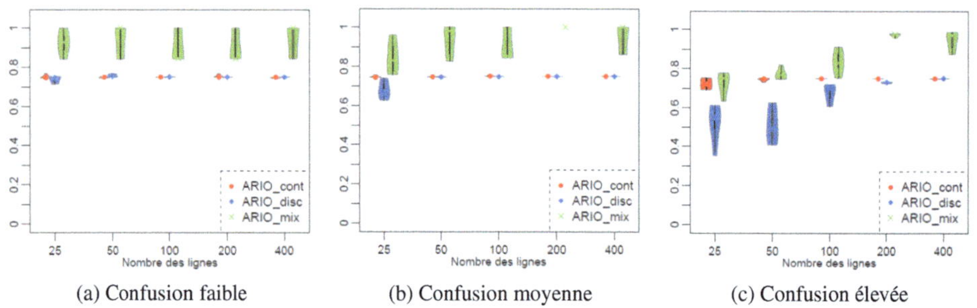

(a) Confusion faible   (b) Confusion moyenne   (c) Confusion élevée

FIG. 1 – *Première expérience (asymétrie) : ARI des lignes en continu, binaire et mixte.*

Rappelons que 5 échantillons sont générés pour chaque configuration de données et que les ARI sont calculés pour chaque échantillon. Les diagrammes en violon permettent de voir des statistiques comme la moyenne, la médiane et l'étendue mais aussi la distribution des valeurs. Par exemple, dans la figure 1a, les ARI de la partie continue (en rouge) de tous les échantillons de taille 25 ont la même valeur de 0.75 environ et ont donc une étendue et une variance nulles. Dans l'étude du cas mixte, le diagramme en violon montre (en vert) une concentration plus importante autour de 0.9 pour la matrice de taille 25 et autour de 1 pour la matrice de taille 50.

Il apparaît clairement que quelle que soit la configuration et quelle que soit la taille de la matrice, la prise en compte des données mixtes améliore l'ARI de façon significative.

Influence de la taille de la matrice. La quantité de données disponibles augmente avec la taille de la matrice, ce qui facilite la convergence des algorithmes vers les vraies distributions sous-jacentes. Cette tendance est observée systématiquement sur la figure 1, notamment dans les cas binaire et mixte en cas de confusion élevée.

Influence du niveau de confusion. Quand le niveau de bruit augmente, il devient plus difficile de retrouver la bonne partition des lignes. Cet effet est visible en particulier sur la figure 1c, où le niveau élevé de confusion rend plus difficile la séparation des classes de lignes dans les cas binaire ou mixte, surtout quand les matrices sont petites.

Pour résumer. L'utilisation conjointe des variables continues et binaires permet d'identifier une structure en quatre clusters de lignes, ce qui dans le jeu de donné étudié n'est pas possible avec les variables continues seules ou binaires seules. Les résultats obtenus avec le co-clustering des données mixtes sont d'autant meilleurs que le niveau de bruit est faible, et que la taille des matrices est grande.

4.2 Deuxième expérience

4.2.1 Le jeu de données

Nous ne considérons ici que des configurations asymétriques, avec des marginales de valeurs des paramètres différentes sur chaque cluster de lignes ou de colonnes, afin d'utiliser les algorithmes de co-clustering là où ils sont performants (cf. section 4.1). Pour ce jeu de données, nous avons choisi une configuration où les clusters de lignes peuvent être identifiés dans tous les cas de figure : en utilisant les variables continues seules, binaires seules ou mixtes. Pour étudier l'influence du nombre de blocs sur le co-clustering du mixte, notre deuxième jeu de données est généré en fonction des paramètres suivants :

Le nombre de blocs : nous considérons 3 configurations de partitions $g \times (m_c + m_d)$ de la matrice initiale : $2 \times (2+2)$, $3 \times (3+3)$ et $4 \times (4+4)$.

La taille de la matrice des données : nous considérons les tailles de 25, 50, 100, 200 et 400 lignes et colonnes de chaque type.

Le niveau de confusion entre les mélanges où nous considérons trois niveaux : *Faible* (moyennes des gaussiennes $\mu \in \{p_1 = 1, p_2 = 2\}$, écart type des gaussiennes $\sigma = 0.25$ et paramètre de Bernoulli $\alpha \in \{p_1 = 0.2, p_2 = 0.8\}$), *Moyen* ($\mu \in \{p_1, p_2\}$, $\sigma = 0.5$ et $\alpha \in \{p_1 = 0.3, p_2 = 0.7\}$) et *Élevé* ($\mu \in \{p_1, p_2\}$, $\sigma = 1$ et $\alpha \in \{p_1 = 0.4, p_2 = 0.6\}$).

Les types de configuration utilisés sont présentés dans la table 2.

Avec 3 tailles de blocs, 5 tailles de matrice, 3 niveaux de confusions, un co-clustering appliqué à la partie continue, la partie binaire ou à l'ensemble des variables mixtes, au total 135 expériences ont ainsi été effectuées. Comme dans la première expérience, nous générons 5 échantillons de données selon les paramètres de chaque configuration et nous présentons les résultats d'ARI ligne sous la forme de diagrammes en violon.

4.2.2 Les résultats du co-clustering

La figure 2 présente les ARI des lignes du co-clustering des variables continues, binaires et mixtes. Pour des raisons de place, nous ne montrons que les configurations $2 \times (2+2)$

asymétrie

μ ou α	J_1	J_2
I_1	p_1	p_1
I_2	p_1	p_2

μ ou α	J_1	J_2	J_3
I_1	p_1	p_2	p_1
I_2	p_1	p_2	p_2
I_3	p_1	p_1	p_1

μ ou α	J_1	J_2	J_3	J_4
I_1	p_2	p_1	p_2	p_1
I_2	p_2	p_1	p_2	p_2
I_3	p_2	p_2	p_2	p_2
I_4	p_2	p_1	p_1	p_1

TAB. 2 – *La vraie spécification des blocs dans la configuration asymétrie pour* $2 \times (2+2)$, $3 \times (3+3)$ *et* $4 \times (4+4)$ *blocs.*

et $3 \times (3 + 3)$, qui illustrent bien l'influence de l'augmentation du nombre de blocs. Les configurations comportant le plus de blocs, $4 \times (4+4)$ non visualisées ici, confirment le même type d'impact quand le nombre de blocs augmente.

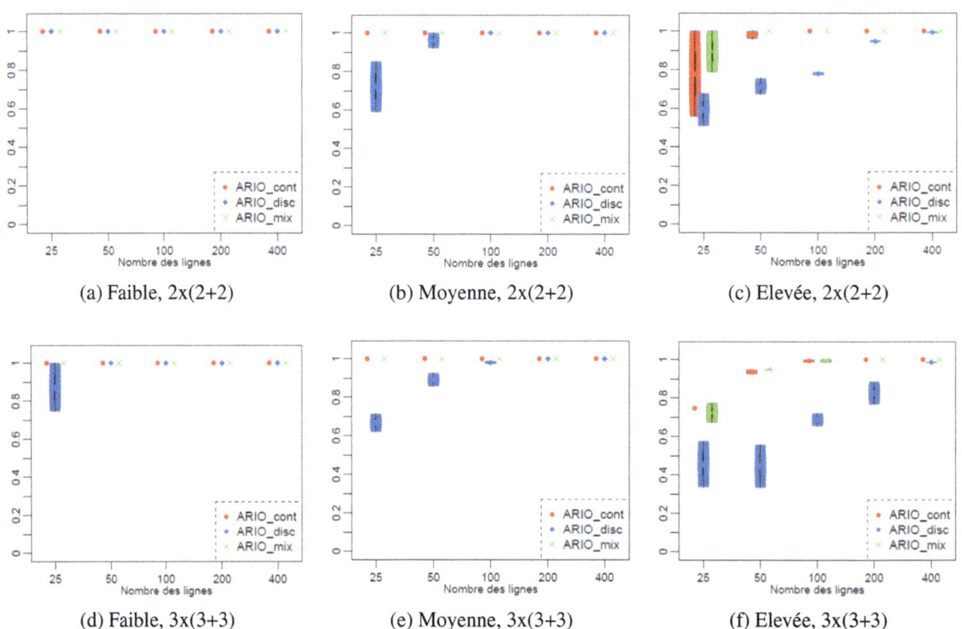

(a) Faible, 2x(2+2)   (b) Moyenne, 2x(2+2)   (c) Elevée, 2x(2+2)

(d) Faible, 3x(3+3)   (e) Moyenne, 3x(3+3)   (f) Elevée, 3x(3+3)

FIG. 2 – *Deuxième expérience : ARI des lignes en continu, binaire et mixte.*

Comme dans la première expérience, l'utilisation des données mixtes améliore nettement les performances du co-clustering, alors même qu'ici, les variable continues seules ou binaires seules permettaient en théorie de retrouver les clusters de lignes. La première constatation est que la partie binaire des données est sensible à la taille de la matrice, au nombre de blocs et au niveau de confusions alors que la partie continue est généralement plus stable et n'est influencée que par le niveau de confusion.

Influence du nombre de blocs.   Nous constatons sur la figure 2 que plus le nombre de blocs est grand, plus il est difficile de séparer les classes. Cet effet est observé en particulier dans le cas des variables binaires seules, où la variabilité des résultats est plus grande lorsque le nombre de blocs est important. Cette variabilité est moins présente dans le cas des donnés continues et encore moins dans le cas mixte.

Influence de la taille de la matrice.   La partie continue est bien séparable quelle que soit la taille de la matrice alors que les blocs discrets sont moins séparables pour les petites matrices. La meilleure séparation des blocs mixtes est constatée dans les matrices moyennes à grandes quel que soit le nombre de blocs et quel que soit le niveau de confusion.

Influence du niveau de confusion.   Dans nos expériences, on retrouve le comportement attendu par rapport au niveau de confusion dans les mélanges. Plus le niveau de confusion est élevé, plus il est difficile de classer correctement les lignes, en particulier dans le cas des petites matrices (partie gauche des figures 2f et 2c). Par contre, même avec un niveau de confusion élevé, la qualité des partitions des lignes s'améliore avec la taille des matrices.

Pour résumer.   L'utilisation conjointe des variables continues et binaires permet d'améliorer la qualité des clusters de lignes obtenus avec le co-clustering, même dans le cas où ces clusters étaient identifiables avec les données continues seules ou binaires seules. Les résultats obtenus avec le co-clustering des données mixtes sont d'autant meilleurs que le niveau de bruit est faible, que le nombre de blocs est faible et que la taille des matrices est grande.

5   Conclusion et discussion

Dans cet article, nous avons présenté une extension du modèle à blocs latents pour le co-clustering des données mixtes. Les expériences montrent une amélioration systématique de la qualité des résultats obtenus, en utilisant les données continue et binaires conjointement plutôt que séparément. Bien que nous n'ayons montré que les résultats de classification des lignes, le co-clustering dans le cas mixte améliore également nettement la qualité de la classification des colonnes. Lors de nos expérimentations, nous avons remarqué que pour des jeux de données avec des distributions marginales égales, tant notre algorithme que les méthodes de l'état de l'art peinent à retrouver la structure en blocs des données, en restant figés dans des optimaux locaux en sortie des étapes d'initialisation. Ce problème peut être limitant pour l'utilisation en pratique de ce type d'approche, pour l'analyse exploratoire de données dont on ne connait pas la vraie distribution sous-jacente. Lors de travaux futurs, nous viserons à améliorer la résolution de ce problème algorithmique, à étendre l'approche au cas de données catégorielles au delà des données binaires, et à étudier des solutions de régularisation de type BIC pour retrouver automatiquement le nombre de clusters de ligne et de colonnes.

Références

Bhatia, P., S. Iovleff, et G. Govaert (2014). blockcluster : An r package for model based co-clustering. working paper or preprint : https://hal.inria.fr/hal-01093554.

Bock, H. (1979). Simultaneous clustering of objects and variables. In *E. Diday (ed) Analyse des données et Informatique*, pp. 187–203. INRIA.

Brault, V. et A. Lomet (2015). Revue des méthodes pour la classification jointe des lignes et des colonnes d'un tableau. *Journal de la Société Française de Statistique 156*(3), 27–51.

Cheng, Y. et G. M. Church (2000). Biclustering of expression data. In *Proceedings of the International Conference on Intelligent Systems for Molecular Biology*, Volume 8, pp. 93–103. AAAI Press.

Dhillon, I. S., S. Mallela, et D. S. Modha (2003). Information-theoretic co-clustering. In *Proceedings of the ninth international conference on Knowledge discovery and data mining*, pp. 89–98. ACM Press.

Good, I. J. (1965). Categorization of classification. In *Mathematics and Computer Science in Biology and Medicine*, pp. 115–125. Her Majesty's Stationery Office, London.

Govaert et M. Nadif (2010). Latent block model for contingency table. *Communications in Statistics, Theory and Methods 39*(3), 416 – 425.

Govaert, G. et M. Nadif (2003). Clustering with block mixture models. *Pattern Recognition 36*(2), 463–473.

Govaert, G. et M. Nadif (2007). Clustering of contingency table and mixture model. *European Journal of Operational Research 183*(3), 1055–1066.

Govaert, G. et M. Nadif (2008). Block clustering with Bernoulli mixture models : Comparison of different approaches. *Computational Statistics and Data Analysis 52*(6), 3233–3245.

Govaert, G. et M. Nadif (2013). *Co-Clustering*. ISTE Ltd and John Wiley & Sons Inc.

Hartigan, J. A. (1975). *Clustering Algorithms*. New York, NY, USA : John Wiley & Sons, Inc.

Hintze, J. L. et R. D. Nelson (1998). Violin plots : A box plot-density trace synergism. *The American Statistician 52*(2), 181–184.

McParland, D. et I. C. Gormley (2016). Model based clustering for mixed data : clustmd. *Advances in Data Analysis and Classification. Springer 10*(2), 155–169.

Xu, G., Y. Zong, P. Dolog, et Y. Zhang (2010). *Co-clustering Analysis of Weblogs Using Bipartite Spectral Projection Approach*, pp. 398–407. Springer Berlin Heidelberg.

Summary

Co-clustering is a data mining technique used to extract the underlying block structure between the rows and columns of a data matrix. Many approches have been studied and have shown their capacity to extract such structures in continuous, binary or contingency tables. However, very little work has been done to perform co-clustering on mixed type data. In this article, we extend the use of latent bloc models to co-clustering in the case of mixed data (continuous and binary variables). We then evaluate the effectiveness of our extention on simulated data and we discuss its potential limits.

Anonymiser des données multidimensionnelles à l'aide du coclustering

Françoise Fessant*, Tarek Benkhelif*,**, Fabrice Clérot *

*Orange Labs, Lannion
francoise.fessant, tarek.benkhelif, fabrice.clerot@orange.com,
**DUKe, LINA, Nantes
http://duke.univ-nantes.fr/

Résumé. Dans cet article, nous proposons une méthodologie pour anonymiser une table de données multidimensionnelles contenant des données individuelles (soit n individus décrits par m variables). L'objectif est de publier une table anonyme construite à partir d'une table initiale qui protège contre le risque de ré-identification. En d'autres termes, on ne doit pas pouvoir retrouver dans les données publiées un individu présent dans la table originale. La solution proposée consite à agréger les données à l'aide d'une technique de coclustering, puis à utiliser le modèle produit pour générer une table de données synthétiques du même format que les données initiales. Les données synthétiques, qui contiennent des individus fictifs, peuvent maintenant être publiées. Les données produites sont évaluées en termes d'utilité pour différentes tâches de fouille (analyse exploratoire, classification) et de niveau de protection.

1 Introduction

Il y a une très forte demande économique et citoyenne pour l'ouverture des données que ce soit pour la recherche ou le marketing. Le secteur public en particulier, à travers ses instituts de statistique nationaux, de santé ou de transport est soumis à des pressions pour mettre à disposition du public autant d'informations que possible au nom de la transparence [1]. Les entreprises privées sont également concernées par la valorisation de leur données à travers l'échange ou la publication. Orange a ainsi récemment mis à disposition de la communauté scientifique différents jeux de communications mobiles collectées sur ses réseaux de Côte d'Ivoire ou du Sénégal, dans le cadre des challenges D4D (Data for Developement) dans un objectif de service à des projets de développement ou d'amélioration de politiques publiques (Blondel et al., 2012).

Quand les données publiées concernent des individus et comportent des données à caractère personnel, elles doivent être anonymisées. On peut définir l'anonymisation comme le processus par lequel des données sont rendues anonymes et à l'issue duquel elles ne peuvent plus être affectées ou rattachées à une personne en particulier. [2]

---

1. https ://www.republique-numerique.fr

2. Définition de l'Association Française des Correspondants à la protection des Données à caractère Personnel. Glossaire anonymisation de données de l'AFCDP du 23 mai 2007.

Le G29 qui regroupe les autorités de protection des données européennes propose trois critères pour évaluer une solution d'anonymisation i) l'individualisation : est-il toujours possible d'isoler un individu ? ii) la corrélation : est-il possible de relier entre eux des ensembles de données distincts concernant un même individu ? iii) l'inférence : peut-on déduire de l'information sur un individu ? Un ensemble de données pour lequel il n'est possible ni d'individualiser, ni de corréler, ni d'inférer est a priori anonyme. Un ensemble de données pour lequel au moins un des trois critères n'est pas respecté ne pourra être considéré comme anonyme qu'à la suite d'une analyse détaillée des risques (G29, 2014). Les deux premiers items font référence à la ré-identification d'un individu qui se produit quand un attaquant peut reconnaître l'individu dans les enregistrements publiés. Le dernier item concerne une violation de la confidentialité dans laquelle un attaquant n'a pas besoin d'identifier précisément un individu pour déduire une information sensible le concernant, information dont il n'aurait pas eu connaissance sans la publication des données (on peut prendre l'exemple de l'hôpital qui publie l'information que toutes les patientes femmes de 50-60 ans qui ont fréquenté l'hopital ont le cancer).

La littérature sur le domaine de la publication respectueuse de la vie privée s'organise principalement autour de ces deux notions de protection des données personnelles : l'individualisation avec le concept de k-anonymat et la confidentialité avec le concept de confidentialité différentielle (ou Differential Privacy, DP). Le principe du k-anonymat est de cacher un individu dans un groupe de k, en réduisant le niveau de détail des données, de manière à empêcher sa ré-identification (Sweeney, 2002). La notion de protection défendue par la DP est la suivante : faire en sorte qu'on ne puisse pas savoir si un individu contribue à un résultat agrégé (que l'individu soit présent ou non dans les données ne doit pas avoir d'impact significatif sur le résultat du calcul de l'agrégat). On atteint la DP en rajoutant un bruit aléatoire à la valeur recherchée (Dwork, 2008). La publication de données respectant la DP est appropriée à la fourniture de statistiques agrégées (comptes, histogrammes, tables de contingence) plutôt qu'à la publication de données individuelles détaillées (Cormode, 2015). Une des solutions utilisées, notamment par les organismes publics d'enquêtes, pour pouvoir fournir des données individuelles détaillées, tout en protégeant la vie privée des individus (Vilhuber et al., 2016) est la génération de données synthétiques. Une voie qui se dessine actuellement consiste à coupler modèles statistiques génératifs DP et données synthétiques. La plupart des méthodes proposent d'approximer la distribution jointe globale des données à l'aide de distributions jointes estimées de manière DP sur des sous-ensembles de variables, puis de les combiner pour construire le modèle génératif final qui sert à produire les données synthétiques (Zhang et al., 2014) ou (Chen et al., 2015). Pour une revue des avancées récentes sur le thème de la publication respectueuse de la vie privée, on peut se reporter à (Fung et al., 2010).

Dans le cadre de cet article, nous nous intéressons à la protection de tables multidimensionnelles contenant les enregistrements détaillés d'un ensemble d'individus. Les données protégées sont générées à l'aide d'une méthode qui modifie les données originales et seul l'ensemble protégé est publié. Le risque contre lequel on cherche à se prémunir ici est le risque de ré-identification de l'individu dans les données publiées. On propose d'utiliser la technique du coclustering pour construire des groupes de k individus (comme dans une technique de k-anonymat). Le coclustering produit une vue agrégée des données initiales qui peut être plus ou moins fine selon le niveau de protection désiré et optimale à chaque niveau au sens de l'information mutuelle (Boullé, 2011). Le modèle de coclustering peut également être considéré comme un modèle générateur qui permet de générer une table de données synthétiques qui préservent les propriétés statistiques des données originales et du même format que celles-ci.

Quelle que soit la méthode de protection, elle a en général pour effet de diminuer l'utilité des données. L'enjeu est donc de publier une version anonymisée de la table qui reste exploitable pour la fouille, tout en offrant des garanties de protection (Hundepool et al., 2012).

Après avoir rappelé le principe du coclustering et détaillé le k-anonymat, on décrit la méthodologie d'anonymisation proposée. L'utilité des données synthétiques est évaluée sur différentes tâches de fouille (analyse exploratoire, classification), tâches qui ne sont pas connues au moment de la mise en œuvre du processus d'anonymisation. On évalue également le niveau de protection offert par les données publiées.

2 Description de la méthodologie d'anonymisation

2.1 Coclustering

Le coclustering est une technique qui a pour but de réaliser une partition simultanée des lignes et des colonnes d'une matrice de données. Dans le cas où les dimensions de la matrice sont les observations et les variables, on réalise simultanément une partition des individus et des variables descriptives des individus (qui peuvent être aussi bien catégorielles que numériques).

On utilise la méthode de coclustering KHC de (Boullé, 2012) utilisable via le logiciel Khiops[3]. KHC est libre de tout paramétrage utilisateur, robuste (évite le sur-apprentissage), supporte des bases volumineuses et permet de réaliser une partition de plusieurs variables, continues ou catégorielles.

KHC suit l'approche MODL (Boullé, 2006) qui permet d'estimer la densité jointe d'un ensemble de variables, sur la base de modèles en grille. Les modèles en grille réalisent cette estimation de densité de façon non paramétrique, en partitionnant chaque variable, en intervalles dans le cas numérique et en groupes de valeurs dans le cas catégoriel. Le produit cartésien de ces partitions univariées forme une partition multivariée de l'espace de représentation, i.e., une grille ou matrice de cellules et il représente aussi un estimateur de densité jointe des variables. La granularité optimale de la grille est établie au moyen d'une approche Bayesienne MAP (Maximum A Posteriori) de la sélection de modèles, et la meilleure grille est recherchée au moyen d'algorithmes d'optimisation combinatoire.

La construction du critère permettant de générer la structure du coclustering, ainsi que l'algorithme d'optimisation et les propriétés asymptotiques de l'approche sont détaillés dans (Boullé, 2011) pour le cas d'un coclustering à deux dimensions catégorielles et dans (Boullé, 2012) pour le cas de données mixtes, i.e numériques et catégorielles. (Boullé, 2012) a démontré que l'approche se comporte comme un estimateur universel de densité jointe convergeant asymptotiquement vers la vraie distribution.

L'approche MODL permet de réaliser un coclustering en d dimensions. Le problème est que le nombre d'observations nécessaires pour peupler une grille de coclustering croît exponentiellement avec le nombre de dimensions (ainsi, il faut plusieurs millions d'observations pour inférer une structure dans le cas d'un 5-clustering (Guigourès, 2013)). On peut cependant se ramener à un coclustering de deux variables catégorielles au moyen d'un recodage simple de la table. Chaque variable numérique est recodée comme une variable catégorielle (par exemple

---

3. www.khiops.com

en partiles). Un individu est décrit par la liste des modalités qu'il prend sur chaque variable catégorielle. Chaque individu peut maintenant être vu comme un texte décrit par un vocabulaire formé par les modalités. L'analyse peut se dérouler via un coclustering entre l'ensemble des individus d'une part et l'ensemble de ces modalités d'autre part. Le problème que l'on résout maintenant se ramène au clustering simultané des individus et des modalités de variables.

2.2 K-anonymat

Le k-anonymat est un modèle de protection dédié à la prévention de la ré-identification et bien adapté à la publication des tables multidimensionnelles (Samarati, 2001). Il permet de produire une table protégée qui respecte le même format que les données de départ, mais avec un appauvrissement de la distribution des données. Il suppose de distinguer les attributs d'une table selon :
— les identifiants qui identifient directement et de manière unique un individu (numéro de sécurité sociale, de téléphone, adresse mac d'un terminal). La préconisation est de ne pas diffuser ces informations ;
— le quasi identifiant (QI) est l'ensemble des attributs qui, combinés entre eux, et associés à des données externes permettent d'identifier un individu (par exemple {date de naissance, sexe, code postal} croisés avec des données démographiques publiques) ;
— les attributs sensibles sont ceux qui touchent à l'intimité de la personne et donc à sa vie privée et qui utilisés peuvent conduire à des discriminations (origine ethnique, croyances religieuses, opinion politique, santé).

Le k-anonymat garantit que pour chaque combinaison du QI il y a au moins k enregistrements qui partagent la même combinaison de valeurs. On ne peut donc pas lier un individu à un individu du fichier protégé mais à un groupe d'individus. La probabilité de ré-identification est au plus de *1/k*. Les algorithmes du k-anonymat sont principalement basés sur des combinaisons de suppressions et de généralisations qui consistent à remplacer les valeurs précises des différents attributs du QI par des ensembles de valeurs (intervalles numériques ou catégories) de façon à ce que la combinaison résultante soit partagée par k individus. Le groupe de k individus décrit par ses variables généralisées est appelé une classe d'équivalence. De nombreux algorithmes permettant d'atteindre le k-anonymat ont été publiés (Ciriani et al., 2007). Ils fonctionnent principalement par partitionnement (LeFevre et al., 2005) et cherchent à obtenir l'algorithme satisfaisant le k-anonymat avec un nombre minimum de généralisations. Des solutions basées sur le clustering ont également été proposées (Torra et al., 2016).

Les tables 1 a) et b) illustrent le principe du k-anonymat. On donne un exemple de table dans laquelle les atributs *code zip*, *age* et *nationalité* forment le QI et l'attribut *diagnostic* est l'attribut sensible. On donne la table originale et la table transformée pour respecter le 4-anonymat. L'*age* a été généralisé en 3 groupes de valeurs. Une partie de l'information *code zip* a été masquée. Les modalités de *nationalité* ont été regroupées en une seule et supprimées.

Le k-anonymat protège contre la ré-identification mais ne résiste pas à la divulgation d'attributs sensibles (ainsi dans l'exemple de la table 1b) 4-anonyme, l'attaquant peut observer que tous les individus de la dernière classe d'équivalence ont le cancer). Différentes techniques ont été développées pour pallier ce défaut du k-anonymat. Elles visent à imposer une diversité minimale aux valeurs sensibles des classes d'équivalence, afin de limiter ce que peut apprendre l'attaquant ayant différentes connaissances sur sa cible (l-diversité, (Machanavajjhala et al., 2007)) ou encore à créer des classes d'équivalence au sein desquelles la distribution des données sensibles est à peu près la même que dans la population globale (t-proximité, (Li et al., 2007)).

Il existe maintenant des outils open source pour l'anonymisation tels qu'ARX[4] qui implémente différentes méthodes (k-anonymat, l-diversité, t-proximté, etc). Une phase de préparation des données est nécessaire. Il faut en effet spécifier, pour chaque attribut du QI, la hiérarchie de généralisation appropriée, ce qui suppose une bonne connaissance métier. Cette phase peut s'avérer très couteuse pour l'utilisateur. On trouve peu d'exemples d'application du k-anonymat au delà de k=10 (Prasser et al., 2016). Quand le nombre de dimensions augmente, l'agrégation détruit l'information contenue dans les données qui deviennent peu exploitables.

(a) table originale

	code zip	age	nationalité	diagnostic
1	13053	28	russe	trouble cardiaque
2	13068	29	américain	infection virale
3	13068	21	japonais	trouble cardiaque
4	13053	23	américain	infection virale
5	14853	50	indien	cancer
6	14853	55	russe	trouble cardiaque
7	14850	47	américain	infection virale
8	14850	49	américain	infection virale
9	13053	31	américain	cancer
10	13053	37	indien	cancer
11	13068	36	japonais	cancer
12	13068	35	américain	cancer

(b) table 4-anonyme

	code zip	age	nationalité	diagnostic
1	130**	<30	*	trouble cardiaque
2	130**	<30	*	infection virale
3	130**	<30	*	trouble cardiaque
4	130**	<30	*	infection virale
5	1485*	>40	*	cancer
6	1485*	>40	*	trouble cardiaque
7	1485*	>40	*	infection virale
8	1485*	>40	*	infection virale
9	130**	[30-40]	*	cancer
10	130**	[30-40]	*	cancer
11	130**	[30-40]	*	cancer
12	130**	[30-40]	*	cancer

TAB. 1 – *Table originale a) et table 4-anonyme correspondante b). Le QI est formé par les atributs {code zip,age,nationalité}, diagnostic est l'attribut sensible. Le k-anonymat de la table est obtenu par des combinaisons de généralisations et de suppressions.*

---

4. http ://arx.deidentifier.org développé à l'université de Munick

2.3   Principe technique de la solution

La solution proposée consiste à s'appuyer sur la technique du coclustering rappelée ci-dessus pour obtenir le k-anonymat d'une table multidimensionnelle individus x variables. On notera que pour produire un coclustering informatif sur un jeu de données, il faut suffisamment d'exemples. La méthodologie d'anonymisation que l'on décrit dans cet article est dédiée à des ensembles de données plutôt grands. Les différentes phases de la méthodologie sont décrites ci-dessous :

1. **préparation des données**

   La phase de préparation consiste à recoder toutes les variables de la table comme des variables catégorielles.
   — s'il s'agit déjà d'une variable catégorielle, on peut la conserver en l'état ou limiter le nombre de ses modalités,
   — si c'est une variable numérique, on recode en partiles (déciles, centiles, etc) en fonction de la quantité de données.
   Un individu est décrit par la liste des modalités qu'il prend sur chaque variable catégorielle.

2. **coclustering**

   Le coclustering est appliqué sur la nouvelle représentation des données entre l'ensemble des individus d'une part et l'ensemble des modalités d'autre part. On obtient une hiérarchie de clusters d'individus dont chaque niveau vise à maximiser l'information retenue. On obtient également une hiérarchie duale des modalités.

3. **simplification du coclustering**

   On remonte dans cette hiérarchie jusqu'à ce que tous les clusters d'individus soient peuplés de plus de k individus.
   — chaque individu est représenté par son cluster d'appartenance,
   — un cluster d'individus est représenté par une densité de probabilité sur les clusters de modalités
   A ce stade, on a une représentation de clusters d'individus k-anonymes (en ce sens qu'un individu est fondu dans un groupe de k et n'est plus décrit que par une densité de probabilité sur les clusters de modalités).

4. **génération des données synthétiques**

   Le cocustering est également un modèle dont on peut se servir notamment pour affecter un nouvel individu à son cluster d'appartenance. Le coclustering peut aussi être vu comme un modèle générateur qui permet de générer des individus du même format que les individus de départ en s'appuyant sur les densités de probabilités. Pour chaque individu que l'on veut construire, on a adopté la stratégie suivante :
   — sélectionner un cluster d'individus
      — pour simuler un individu correspondant à ce cluster d'individus, tirer une modalité pour une première variable selon la distribution des populations dans les coclusters. Dans chaque cocluster on dispose de la distribution des comptes sur chacune des modalités de variable du cocluster). On respecte la contrainte qui est qu'un individu simulé ne peut recevoir qu'une modalité par variable,

— continuer le tirage des modalités de variables tant que l'individu n'a pas peuplé toutes ses variables. Ce sont des tirages avec remise dans les effectifs des modalités de variables.
— procéder de même pour l'ensemble des clusters et des individus à simuler.

On obtient ainsi des individus synthétiques qui ne sont plus les individus empiriques.

3   Expérimentation

La méthodologie proposée est déroulée pour l'anonymisation d'une table de données multidimensionnelles. On évalue l'utilité des données synthétiques produites sur deux tâches de fouille : une tâche de classification supervisée et une tâche d'analyse exploratoire. Le niveau de protection offert contre la ré-identification des individus est également évalué.

3.1   Conditions de l'expérimentation

On expérimente avec la base de données Adult [5] qui contient 48842 observations décrites par 14 variables numériques et catégorielles, parmi lesquelles on retient les variables {age, workclass, education, education num, marital status, occupation, relationship, race, sex, capital gain, capital loss, hours per week, native country}. On réserve 20% des observations (choisies de manière aléatoire) pour les évaluations et on utilise les 80% restants pour la mise en œuvre du coclustering et la génération des données synthétiques.

Préparation des données. Pour la phase de préparation des données, les variables numériques sont recodées en déciles, les variables catégorielles ne sont pas modifiées.

Coclustering. La grille la plus fine du coclustering est obtenue pour 34 clusters d'individus et 58 clusters de modalités. A ce niveau, le cluster d'individus le moins peuplé compte 500 individus, le cluster le plus peuplé 950. On peut remonter dans la hiérarchie du coclustering jusqu'à ce que tous les clusters soient peuplés du nombre k d'individus désiré ; ainsi pour obtenir $k = 1300$ il faut remonter jusqu'à 15 clusters d'individus. On obtient une représentation plus grossière des clusters d'individus et des clusters de modalités. La figure 1 donne les populations min et max des clusters d'individus obtenus à un niveau donné de la hiérarchie (avec en abscisse le nombre de clusters d'individus et en ordonnée les populations correpondantes).

Génération des ensembles de données synthétiques. Pour les besoins de l'expérimentation on génère une table d'individus synthétiques à différents niveaux d'agrégation du coclustering. Les niveaux choisis : {34, 30, 25, 20, 15, 10, 5, 1} clusters d'individus. A chaque niveau, la table générée contient autant d'individus qu'il y en avait dans la table initiale.

3.2   Evaluation de l'utilité des données synthétiques

On s'intéresse maintenant à l'exploitation des données synthétiques générées. La question que l'on se pose est : les données synthétiques sont elles représentatives des données réelles et peuvent elles être utilisées pour la fouille de la même manière que celles-ci ?

---

5. https ://archive.ics.uci.edu/ml/

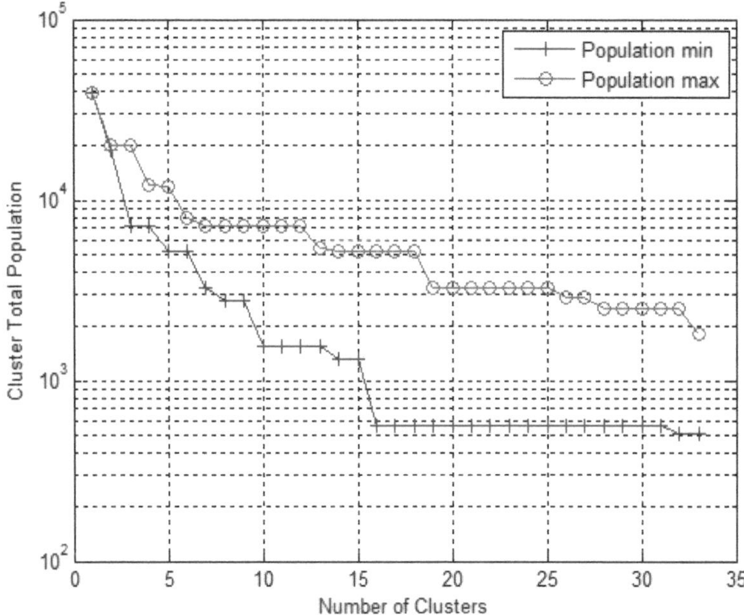

FIG. 1 – *Population min et max des clusters d'individus pour différents niveaux d'agrégation du coclustering.*

Classification supervisée La première tâche de fouille à laquelle on s'intéresse est une tâche de classification. On sélectionne une variable qui sera la cible, les autres variables constituant les variables explicatives. On a utilisé l'outil d'apprentissage supervisé de la suite logicielle khiops qui implémente un classifieur bayésien naïf avec sélection de variables et moyennage de modèles. Khiops supervisé et khiops coclustering sont téléchargeables [6].

Deux classifieurs sont appris : le premier avec l'ensemble des données synthétiques générées à un niveau donné du coclustering, le second avec les données réelles. Puis les deux modèles sont déployés successivement sur les données de test réelles qui avaient été mises de coté précédemment. On évalue ainsi les performances des classifieurs sur les «vrais individus ». Les critères qui sont évalués sont le taux de bonne classification (ACC) et l'aire sous la courbe de ROC (AUC). On présente figure 2 les résultats expérimentaux obtenus avec la variable cible *education* dont les différentes modalités ont été réparties en 2 classes {études supérieures ou non}. 11 variables explicatives ont été retenues pour l'apprentissage des modèles {age, workclass, marital status, occupation, relationship, race, sex, capital gain, capital loss, hours per week, native country}. On donne en abscisse les différents niveaux de coclustering expérimentés, et en ordonnée l'ACC figure 2 a) et l'AUC figure 2 b) obtenus sur le fichier de test. On indique également les performances obtenues quand ce sont les données réelles qui sont utilisées pour l'apprentissage du modèle (no privacy). La figure 1 fait le lien entre le

---

6. https ://khiops.predicsis.com/

nombre de clusters d'individus retenus pour construire un ensemble synthétique, à un niveau de la hiérarchie du coclustering et le niveau de k-anonymat correspondant.

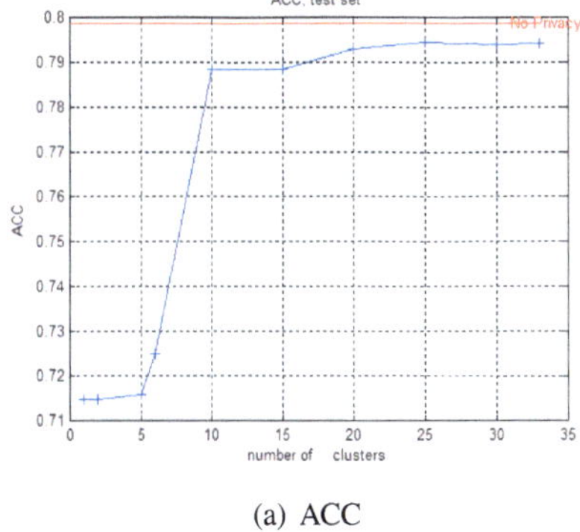

(a) ACC

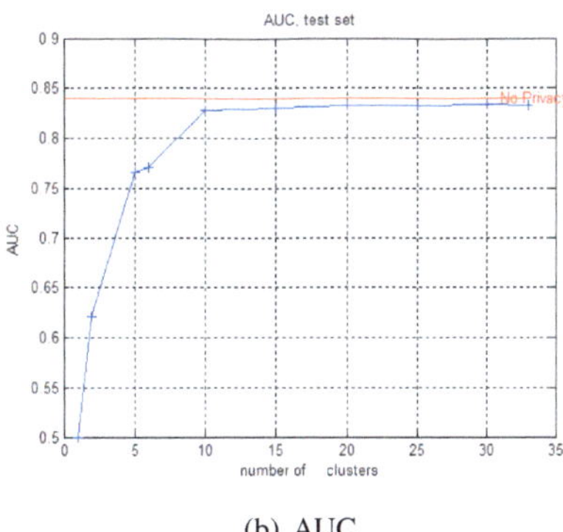

(b) AUC

FIG. 2 – *ACC a) et AUC b) obtenus sur les données de test réelles. Pour un niveau donné du coclustering (donné par le nombre de clusters d'individus) le modèle a été appris à partir des données synthétiques générées à ce niveau.*

On observe que les performances de classification obtenues sur les données de test réelles, à partir des modèles appris sur les ensembles synthétiques sont proches de celles que l'on obtient quand ce sont les données réelles qui sont utilisées pour l'apprentissage du modèle. Les performances se dégradent quand le niveau d'agrégation du coclustering devient élevé.

Différentes variables cibles ont été évaluées de la même manière (genre et état marital). On a observé un comportement de classification similaire à celui présenté ci-dessus. On en conclut que les données synthétiques générées conservent bien les propriétés des données réelles.

Analyse exploratoire On s'intéresse maintenant à une seconde tâche de fouille, une tâche d'analyse exploratoire. La question que l'on se pose ici est : quelle connaissance peut on extraire d'un ensemble de données synthétiques et cette connaissance se compare t'elle à celle que l'on obtiendrait sur les données réelles ? Le protocole expérimental est le suivant :
— construction d'un coclustering à partir des données synthétiques,
— déploiement du coclustering sur les données de test, le déploiement consiste à affecter à chaque individu de l'ensemble de test son cluster d'appartenance,
— déploiement du coclustering ayant servi à construire l'ensemble de données synthétiques sur les même données de test.

On peut maintenant comparer les 2 coclusterings, celui construit à partir des données réelles et celui construit à partir des données synthétiques, en traçant la matrice de confusion croisant les 2 coclusterings. La figure 3 donne les tables de confusion obtenues pour 2 jeux synthétiques obtenus à 2 niveaux d'agrégation du coclustering (pour 33 clusters d'indivus 3 a) et 5 clusters d'individus 3 b)) avec le code couleur suivant : une cellule de la matrice de confusion est d'autant plus claire qu'elle est peuplée.

Quel que soit le niveau auquel on s'intéresse, les 2 coclusterings produits «synthétique» et «réel» sont cohérents, avec des tables de confusion relativement diagonales. On retrouve dans

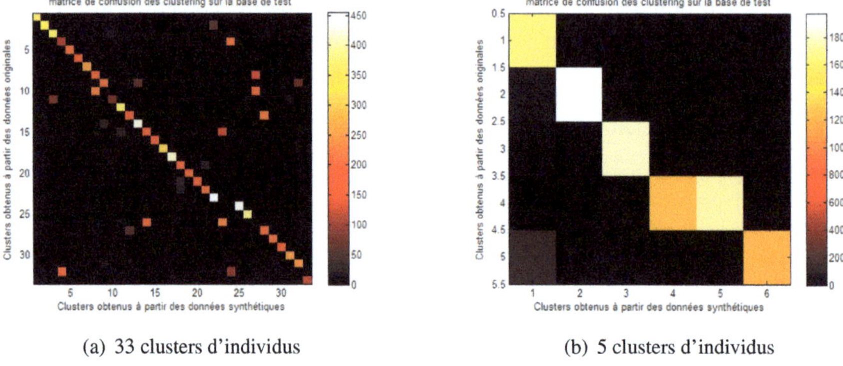

<table>
<tr><td>(a) 33 clusters d'individus</td><td>(b) 5 clusters d'individus</td></tr>
</table>

FIG. 3 – *Tables de confusion des coclusterings synthétique et réel.*

les données synthétiques le niveau d'information qu'il y avait dans les données originales. Cependant, les données synthétiques ne conservent pas d'information à un niveau plus fin que celui auquel elles ont été générées. Elles ne permettent pas de construire un coclustering de niveau plus fin. On n'apprend donc pas de nouvelle information à travers l'analyse car il n'est pas possible de descendre en dessous du niveau prédéfini par le jeu de données synthétiques.

3.3 Protection des individus

Pour évaluer le niveau de protection contre la ré-identification d'un ensemble de données synthétiques. On se place dans le contexte où un attaquant qui dispose des données synthétiques connaît également toute la base initiale, sauf un individu, et on évalue la capacité de retrouver cet individu à partir des informations dont dispose l'attaquant. On se demande ici dans quelle mesure l'individu est caché à l'attaquant ? Le protocole expérimental est le suivant :
— sélectionner une ligne correspondant à un individu dans le fichier original ; on fait l'hypothèse que l'observation sélectionnée est inconnue de l'attaquant,
— l'attaquant peut faire la correspondance entre les 2 bases, réelle et synthétique, en fonction de la connaissance dont il dispose,
— évaluer le niveau d'incertitude de l'attaquant en comptant à combien d'individus synthétiques il peut attribuer l'observation réelle inconnue,
procéder ainsi pour tous les individus du fichier réel.

Pour un ensemble synthétique, généré à partir du niveau le plus fin du coclustering, en moyenne, une observation réelle inconnue peut être attribuée à 80,6% des exemples synthétiques. Pour un ensemble synthétique généré à partir du coclustering à 10 clusters d'individus, la valeur moyenne est de 86,4%.

4   Conclusion

Cet article a proposé une méthodologie pour anonymiser des données multidimensionnelles individuelles en vue de leur publication. L'approche consiste à coupler k-anonymat et génération de données synthétiques. Dans une première phase, un coclustering des données partitionne conjointement les individus et les variables descriptives et permet de constituer des groupes d'individus k-anonymes. Obtenir le coclustering optimal ne nécessite aucun paramétrage utilisateur. De plus, pour atteindre le k-anonymat, il n'est pas nécessaire de passer par une étape coûteuse de préparation des données comme dans la plupart des méthodes classiques. Le coclustering est également un modèle générateur sur lequel on s'appuie pour construire des individus synthétiques du même format que les individus initiaux.

On a montré que les données synthétiques conservent les propriétés des données originales et qu'il est donc possible d'envisager leur utilisation pour la fouille.

En termes de protection, on s'est intéressé au risque de ré-identification des individus. On va maintenant étendre la technique pour répondre au risque de divulgation d'attribut sensible en intervenant sur les clusters de modalités de manière à controler l'information divulguée.

Références

Blondel, V. D., M. Esch, C. Chan, F. Clérot, P. Deville, E. Huens, F. Morlot, Z. Smoreda, et C. Ziemlicki (2012). Data for development : the d4d challenge on mobile phone data. *arXiv preprint arXiv :1210.0137*.

Boullé, M. (2006). An enhanced selective naive bayes method with optimal discretization. In *Feature Extraction*, pp. 499–507. Springer.

Boullé, M. (2011). Estimation de la densité d'arcs dans les graphes de grande taille : une alternative à la détection de clusters. In *EGC*, pp. 353–364.

Boullé, M. (2012). Functional data clustering via piecewise constant nonparametric density estimation. *Pattern Recognition 45*(12), 4389–4401.

Chen, R., Q. Xiao, Y. Zhang, et J. Xu (2015). Differentially private high-dimensional data publication via sampling-based inference. In *Proceedings of the 21th ACM SIGKDD International Conference on Knowledge Discovery and Data Mining*, KDD '15, New York, NY, USA, pp. 129–138. ACM.

Ciriani, V., S. D. C. di Vimercati, S. Foresti, et P. Samarati (2007). κ-anonymity. In *Secure data management in decentralized systems*, pp. 323–353. Springer.

Cormode, G. (2015). The Confounding Problem of Private Data Release (Invited Talk). In M. Arenas et M. Ugarte (Eds.), *18th International Conference on Database Theory (ICDT 2015)*, Volume 31 of *Leibniz International Proceedings in Informatics (LIPIcs)*, Dagstuhl, Germany, pp. 1–12. Schloss Dagstuhl–Leibniz-Zentrum fuer Informatik.

Dwork, C. (2008). Differential privacy : A survey of results. In *International Conference on Theory and Applications of Models of Computation*, pp. 1–19. Springer.

Fung, B., K. Wang, R. Chen, et P. S. Yu (2010). Privacy-preserving data publishing : A survey of recent developments. *ACM Computing Surveys (CSUR) 42*(4), 14.

G29 (2014). Article 29 data protection working party, opinion 05/2014 on anonymization techniques). Technical report, EC (www.http://ec.europa.eu/).

Guigourès, R. (2013). *Utilisation des modèles de co-clustering pour l'analyse exploratoire des données*. Thèse de doctorat, Université Paris 1 Panthéon-Sorbonne.

Hundepool, A., J. Domingo-Ferrer, L. Franconi, S. Giessing, E. S. Nordholt, K. Spicer, et P.-P. De Wolf (2012). *Statistical disclosure control.* John Wiley & Sons.

LeFevre, K., D. J. DeWitt, et R. Ramakrishnan (2005). Incognito : Efficient full-domain k-anonymity. In *Proceedings of the 2005 ACM SIGMOD international conference on Management of data*, pp. 49–60. ACM.

Li, N., T. Li, et S. Venkatasubramanian (2007). t-closeness : Privacy beyond k-anonymity and l-diversity. In *2007 IEEE 23rd International Conference on Data Engineering*, pp. 106–115. IEEE.

Machanavajjhala, A., D. Kifer, J. Gehrke, et M. Venkitasubramaniam (2007). l-diversity : Privacy beyond k-anonymity. *ACM Transactions on Knowledge Discovery from Data (TKDD) 1*(1), 3.

Prasser, F., R. Bild, J. Eicher, H. Spengler, F. Kohlmayer, et K. A. Kuhn (2016). Lightning : Utility-driven anonymization of high-dimensional data. *Transactions on Data Privacy 9*(2), 161–185.

Samarati, P. (2001). Protecting respondents identities in microdata release. *IEEE transactions on Knowledge and Data Engineering 13*(6), 1010–1027.

Sweeney, L. (2002). K-anonymity : A model for protecting privacy. *International Journal of Uncertainty, Fuzziness and Knowledge-Based Systems 10*(05), 557–570.

Torra, V., G. Navarro-Arribas, et K. Stokes (2016). An overview of the use of clustering for data privacy. In *Unsupervised Learning Algorithms*, pp. 237–251. Springer.

Vilhuber, L., J. M. Abowd, et J. P. Reiter (2016). Synthetic establishment microdata around the world. *Statistical Journal of the IAOS 32*(1), 65–68.

Zhang, J., G. Cormode, C. M. Procopiuc, D. Srivastava, et X. Xiao (2014). Privbayes : Private data release via bayesian networks. In *Proceedings of the 2014 ACM SIGMOD international conference on Management of data*, pp. 1423–1434. ACM.

Summary

In tis paper we propose a methodology to anonymize multidimensional individual data. The goal is to be able to protect data against the reidentification risk. The proposed solution is based on a coclustering method. The coclustering is used to build an aggregated representation of the data, then the model is used to draw synthetic individual data. We show that these synthetic data preserve sufficient information to be used in place of the real data. Finally the protection against the reidentification risk is evaluated.

Extraction de chroniques discriminantes

Yann Dauxais*, David Gross-Amblard*, Thomas Guyet** et André Happe***

*Université Rennes-1/IRISA
prenom.nom@irisa.fr
**Agrocampus-Ouest/IRISA
*** CHRU Brest - équipe REPERE

Résumé. L'extraction de motifs séquentiels vise à extraire des comportements récurrents dans un ensemble de séquences. Lorsque ces séquences sont étiquetées, l'extraction de motifs discriminants engendre des motifs caractéristiques de chaque classe de séquences. Cet article s'intéresse à l'extraction des chroniques discriminantes où une chronique est un type de motif temporel représentant des durées inter-évènements quantitatives. L'article présente l'algorithme DCM dont l'originalité réside dans l'utilisation de méthodes d'apprentissage automatique pour extraire les intervalles temporels. Les performances computationnelles et le pouvoir discriminant des chroniques extraites sont évalués sur des données synthétiques et réelles.

1 Introduction

La fouille de données temporelles, *e.g.* séries temporelles ou des séquences, est dédiée à l'analyse de données portant une information temporelle. De telles données sont largement rencontrées dans les domaines tels que la médecine, l'ingénierie ou la finance. Pour ces domaines, l'aspect temporel est primordial et il est crucial de proposer des approches capables d'analyser ces données en tenant compte de cette spécificité. Dans cet article, nous nous concentrons sur l'extraction de motifs dans des séquences d'évènements datés. Nous cherchons à extraire des motifs pouvant servir à discriminer précisément des comportements associés aux séquences Fradkin et Mörchen (2015). Il s'agit, par exemple, d'associer une suite d'évènements à l'état pathologique d'un patient.

L'extraction de motifs séquentiels, *i.e.* tenant compte de la séquentialité des évènements, mais pas de leurs dates, a été largement étudiée et fait l'objet de plusieurs états de l'art (Masseglia et al., 2004; Mooney et Roddick, 2013). L'extraction de motifs séquentiels est efficace pour une contrepartie non-négligeable : l'information temporelle n'est pas prise en compte dans son intégralité. Les motifs décrivant une information temporelle riche tels que les motifs d'intervalles (Guyet et Quiniou, 2011) ou les chroniques (Dousson et Duong, 1999; Cram et al., 2012; Huang et al., 2012) captent une information plus riche. De ce fait, leur utilisation permet des prédictions plus précises.

D'autre part et bien que l'objectif d'extraction de motifs séquentiels soit la prédiction d'évènements, la plupart des approches de fouille se sont intéressées à extraire des motifs fréquents, *i.e.* qui apparaissent fréquemment dans la base d'exemples. L'extraction de motifs fréquents *et discriminants* semble être une approche plus intéressante en vue de proposer des motifs qui permettront une prédiction plus précise. De plus, les motifs discriminants sont intéressants pour réduire le nombre de motifs à extraire. Face au problème bien connu du déluge de motifs, cette approche semble pertinente pour se focaliser uniquement sur des motifs d'intérêt.

Dans l'objectif de proposer aux utilisateurs des motifs qui permettent une discrimination précise de séquences, nous nous intéressons à la fouille de motifs temporels fréquents et discriminant. Pour la grande expressivité des chroniques et leurs propriétés algorithmiques, nous nous intéressons plus précisément à l'extraction de chroniques fréquentes et discriminantes.

Cet article propose l'algorithme DCM pour extraire des chroniques discriminantes d'un jeu de données temporelles étiqueté. Sa contribution majeure réside dans l'utilisation d'un algorithme d'apprentissage de règles relationnelles pour extraire les contraintes temporelles discriminantes.

2   Travaux antérieurs

Fradkin et Mörchen (2015) ont comparé plusieurs méthodes d'extraction de motifs séquentiels discriminants allant du post-traitement de l'ensemble des motifs fréquents à la construction d'un arbre de décision utilisant les motifs séquentiels. Ce sont les algorithmes auxquels nous nous sommes comparés par la suite (voir section 5).

Des ordres partiels discriminants fermés sont extraits par Fabrègue et al. (2014) pour fouiller des données liées à des écosystèmes aquatiques pollués. Pour extraire ces motifs, les ordres partiels fermés sont d'abord extraits de chacune des bases de données puis un post-traitement est effectué pour ne retenir que ceux qui sont discriminants. L'ensemble des ordres partiels discriminants est un sous-ensemble de celui des chroniques discriminantes. La définition d'ordre partiel correspond à celle d'épisode (Mannila et al., 1997).

Des chroniques discriminantes ont déjà été extraites par Carrault et al. (2003). Ces chroniques permettaient de décrire des problèmes d'arythmies cardiaques sur les données ECG. L'inconvénient majeur de cette approche réside dans l'apport de connaissances expertes pour l'extraction et la reconnaissance des chroniques. En particulier, les intervalles temporels discriminants ne sont pas directement extraits mais spécifiés initialement suivant différentes étiquettes tels que « court », « normal » et « long ».

Les motifs utilisés dans ces travaux n'apportent pas la richesse d'information contenue par les chroniques ou ne l'extrait pas directement des données. De plus, ces travaux utilisent des approches basées principalement sur un post-traitement, c'est-à-dire que l'ensemble des motifs discriminants est extrait à partir d'un plus gros ensemble de motifs et non directement comme ce qui a pu être fait avec les motifs émergents (Dong et Li, 1999).

3   Définitions

Cette section commence par introduire les définitions utiles puis définit le problème d'extraction de chroniques discriminantes.

3.1 Séquences et chroniques

Soit $\mathbb{E}$ un ensemble de types d'évènement et $\mathbb{T}$ un domaine temporel tel que $\mathbb{T} \subseteq \mathbb{R}$, un **évènement** est un couple (e, t) tel que $e \in \mathbb{E}$ et $t \in \mathbb{T}$. L'ensemble $\mathbb{E}$ est supposé totalement ordonné et est noté $\leq_{\mathbb{E}}$. Une **séquence** est un triplet $\langle SID, \langle (e_1, t_1), (e_2, t_2), ..., (e_n, t_n) \rangle, C \rangle$ tel que SID est l'indice de la séquence, $\langle (e_1, t_1), (e_2, t_2), ..., (e_n, t_n) \rangle$ est une séquence finie d'évènements et $L \in \mathbb{L}$ est une étiquette. Les éléments de la séquence sont ordonnés selon un ordre $\prec$ défini par $\forall i, j \in [1, n]$, $(e_i, t_i) \prec (e_j, t_j) \Leftrightarrow (i < j \wedge t_i < t_j) \vee (i = j \wedge e_i <_{\mathbb{E}} e_j)$.

Exemple 1 (Ensemble de séquences, $\mathcal{S}$). Le tableau 1 représente un ensemble de 6 séquences contenant 5 types d'évènement (A, B, C, D et E) et étiquetées par deux labels différents ($\mathbb{L} = \{+, -\}$). Ce jeu de données sera réutilisé pour les exemples suivants.

SID	Séquence	Label
1	$(A, 1), (B, 3), (A, 4), (C, 5), (C, 6), (D, 7)$	+
2	$(B, 2), (D, 4), (A, 5), (C, 7)$	+
3	$(A, 1), (B, 4), (C, 5), (B, 6), (C, 8), (D, 9)$	+
4	$(B, 4), (A, 6), (E, 8), (C, 9)$	-
5	$(B, 1), (A, 3), (C, 4)$	-
6	$(C, 4), (B, 5), (A, 6), (C, 7), (D, 10)$	-

TAB. 1 – *Ensemble de six séquences appartenant à deux classes.*

Une **contrainte temporelle** est un quadruplet (e_1, e_2, t^-, t^+), noté $e_1[t^-, t^+]e_2$, tel que $e_1, e_2 \in \mathbb{E}$, $e_1 \leq_{\mathbb{E}} e_2$ et $t^-, t^+ \in \mathbb{T}$, $t^- \leq t^+$. Une contrainte temporelle $e_1[t^-, t^+]e_2$ est dite satisfaite par un couple d'évènements $((e, t), (e', t'))$ ssi $e = e_1$, $e' = e_2$ et $t' - t \in [t^-, t^+]$. On notera $e_1[a, b]e_2 \subseteq e_1'[a', b']e_2'$ ssi $e_1 = e_1'$, $e_2 = e_2'$ et $[a, b] \subseteq [a', b']$.

Une **chronique** est un couple $(\mathcal{E}, \mathcal{T})$ tel que $\mathcal{E} = \{\!\{e_1 ... e_n\}\!\}$, $e_i \in \mathbb{E}$ et $\forall i, j, 1 \leq i < j \leq n$, $e_i \leq_{\mathbb{E}} e_j$ et tel que $\mathcal{T}$ est un ensemble de contraintes temporelles tel qu'il existe une contrainte temporelle dans $\mathcal{T}$ pour chaque paire d'éléments de $\mathcal{E}$, *i.e.* $\forall e, e' \in \mathcal{E}$, $e \leq_{\mathbb{E}} e'$, $e[a, b]e' \in \mathcal{T}$. L'élément $\mathcal{E}$ sera appelé un **multiset**, *i.e.* $\mathcal{E}$ peut contenir plusieurs occurrences d'un même type d'évènement. Dans la mesure où la contrainte $e[a, b]e'$ est équivalente à $e'[-b, -a]e$, on utilise l'ordre sur les items, $\leq_{\mathbb{E}}$, pour orienter la contrainte entre deux évènements d'une chronique.

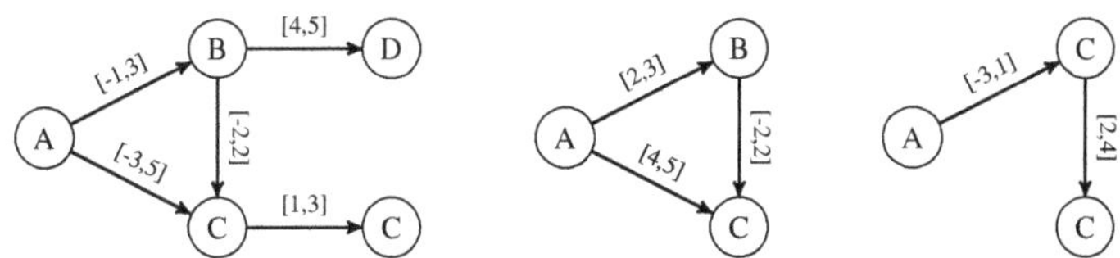

FIG. 1 – *Exemple de trois chroniques apparaissant dans le tableau 1 (cf. exemples 2 et 3). L'absence d'arc entre deux évènements traduit une contrainte de la forme $[-\infty, \infty]$.*

Exemple 2. La figure 1 illustre sous forme de graphe trois chroniques. La chronique $\mathcal{C} = (\mathcal{E}, \mathcal{T})$ où $\mathcal{E} = \{\!\{e_1 = A, e_2 = B, e_3 = C, e_4 = C, e_5 = D\}\!\}$ et $\mathcal{T} = \{e_1[-1, 3]e_2, e_1[-3, 5]e_3, e_2[-2, 2]e_3, e_2[4, 5]e_5, e_3[1, 3]e_4\}$ y est représentée à gauche. On remarque que ce graphe n'est pas complet. En l'absence d'arc entre deux évènements traduit une contrainte de la forme $[-\infty, \infty]$, *i.e.* qu'il n'y a pas de contrainte.

3.2   Support d'une chronique

Soient $s = \langle(e_1, t_1), ..., (e_n, t_n)\rangle$ une séquence et $\mathcal{C} = (\mathcal{E} = \{\!\{e'_1, ..., e'_m\}\!\}, \mathcal{T})$ une chronique. Une **occurrence** de $\mathcal{C}$ dans s est une sous-séquence d'évènements $\tilde{s} = \langle(e_{f(1)}, t_{f(1)}),$ $..., (e_{f(m)}, t_{f(m)})\rangle$ tel qu'il existe une fonction $f : [1, m] \mapsto [1, n]$ injective telle que 1) $\forall i,\ e'_i = e_{f(i)}$ et 2) $\forall i, j,\ t_{f(j)} - t_{f(i)} \in [a, b]$ où $e'_i[a, b]e'_j \in \mathcal{T}$. Il faut noter que f n'est pas nécessairement croissante. Ceci résulte de la différence entre (i) l'ordre du multiset d'une chronique défini sur les items et (ii) l'ordre des évènements dans une séquence, $\prec$, définie par le domaine temporel. La chronique $\mathcal{C}$ **apparaît** dans s, noté $\mathcal{C} \in s$, s'il existe au moins une occurrence de $\mathcal{C}$ dans s. Le **support** d'une chronique $\mathcal{C}$ dans un ensemble de séquences $\mathcal{S}$ est le nombre de séquences dans lesquelles $\mathcal{C}$ apparaît : $support(\mathcal{C}, \mathcal{S}) = |\{S \mid S \in \mathcal{S} \text{ et } \mathcal{C} \in S\}|$.

Exemple 3. La chronique $\mathcal{C}$, à gauche de la figure 1, apparaît dans les séquences 1, 3 et 6 du tableau 1. On remarque qu'il existe deux occurrences de $\mathcal{C}$ dans la séquence 1. On a $support(\mathcal{C}, \mathcal{S}) = 3$ et cette chronique est fréquente dans $\mathcal{S}$ pour tout seuil de fréquence minimal σ_{min} inférieur ou égal à 3. Les deux autres chroniques de la figure 1, que l'on nommera $\mathcal{C}_1$ et $\mathcal{C}_2$ de gauche à droite, apparaissent respectivement dans les séquences 1 et 3 et dans la séquence 6. On a donc $support(\mathcal{C}_1, \mathcal{S}) = 2$ et $support(\mathcal{C}_2, \mathcal{S}) = 1$.

3.3   Extraction de chroniques discriminantes

Soient deux bases de séquences $\mathcal{S}^+$ et $\mathcal{S}^-$ et deux paramètres σ_{min} et g_{min} donnés. Une chronique est dite **discriminante** pour $\mathcal{S}^+$ ssi $support(\mathcal{C}, \mathcal{S}^+) \geq \sigma_{min}$ et $support(\mathcal{C}, \mathcal{S}^+) \geq g_{min} \times support(\mathcal{C}, \mathcal{S}^-)$. Le **taux de croissance** $g(\mathcal{C}, \mathcal{S})$ d'une chronique est défini comme égal à $\frac{support(\mathcal{C}, \mathcal{S}^+)}{support(\mathcal{C}, \mathcal{S}^-)}$ si $support(\mathcal{C}, \mathcal{S}^-) > 0$ et égal à $+\infty$ si $support(\mathcal{C}, \mathcal{S}^-) = 0$.

Exemple 4. En reprenant la chronique $\mathcal{C}$ de la figure 1, $support(\mathcal{C}, \mathcal{S}^+) = 2$, $support(\mathcal{C}, \mathcal{S}^-) = 1$ donc $g(\mathcal{C}, \mathcal{S}) = 2$, c'est-à-dire que cette chronique est discriminante si $g_{min} \leq 2$. Pour les chroniques $\mathcal{C}_1$ et $\mathcal{C}_2$, $support(\mathcal{C}_1, \mathcal{S}^+) = 2$ et $support(\mathcal{C}_1, \mathcal{S}^-) = 0$ donc $g(\mathcal{C}_1, \mathcal{S}) = +\infty$ et $support(\mathcal{C}_2, \mathcal{S}^+) = 0$ et $support(\mathcal{C}_2, \mathcal{S}^-) = 1$ donc $g(\mathcal{C}_2, \mathcal{S}) = 0$. Donc, pour toute valeur de g_{min}, $\mathcal{C}_1$ est discriminante, mais pas $\mathcal{C}_2$.

L'utilisation d'une contrainte de fréquence en complément de la contrainte de discriminance évite des chroniques trop peu fréquentes et donc insignifiantes. Par exemple, une chronique telle que $\mathcal{C}_\infty$ pour laquelle $support(\mathcal{C}, \mathcal{S}^+) = 1$ et $support(\mathcal{C}, \mathcal{S}^-) = 0$ est considérée comme discriminante mais n'a que peu d'intérêt. Le second avantage de cette contrainte de fréquence minimale est de réduire fortement le nombre de motifs à extraire en tronquant une partie généralement importante de l'espace de recherche contenant les motifs non fréquents. Cette contrainte de fréquence est monotone et, en particulier, si une chronique [1] $(\mathcal{E}, \mathcal{T}_\infty)$ n'est pas fréquente, alors aucune chronique de la forme $(\mathcal{E}, \mathcal{T})$ ne le sera.

Extraire l'ensemble complet des chroniques discriminantes n'est pas intéressant à cause de nombreuses chroniques discriminantes similaires. Dans ce cas, il est préférable d'extraire les chroniques pour lesquelles les contraintes temporelles sont les plus larges, *i.e.* plus généralisatrices. L'approche proposée dans la section suivante est incomplète. Elle se focalise sur l'extraction efficace d'un sous-ensemble des chroniques discriminantes que nous cherchons à être signifiant.

---

1. $\mathcal{T}_\infty$ est l'ensemble de contraintes temporelles dont toutes les bornes sont fixées à ∞.

4 Algorithme DCM

Cette section présente l'algorithme DCM pour l'extraction des chroniques discriminantes.

Algorithme 1 Algorithme DCM pour l'extraction de chroniques discriminantes

---

Require: $\mathcal{S}^+, \mathcal{S}^-$: ensembles de séquences, σ_{min} : fréquence minimum, g_{min} : croissance minimum
1: $\mathbb{M} \leftarrow$ FINDMULTISET$(\mathcal{S}^+, \sigma_{min})$ ▷ $\mathbb{M}$ est l'ensemble des multisets fréquents
2: $\mathbb{C} \leftarrow \emptyset$ ▷ $\mathbb{C}$ est l'ensemble des chroniques discriminantes
3: **for all** $ms \in \mathbb{M}$ **do**
4:       **if** $support\left(\mathcal{S}^+, (ms, \mathcal{T}_\infty)\right) > g_{min} \times support\left(\mathcal{S}^-, (ms, \mathcal{T}_\infty)\right)$ **then**
5:           $\mathbb{C} \leftarrow \mathbb{C} \cup \{(ms, \mathcal{T}_\infty)\}$ ▷ La chronique sans contrainte temporelle est discriminante
6:       **else**
7:           **for all** $\mathcal{T} \in$ EXTRACTDISCRCONSTRAINTS$(\mathcal{S}^+, \mathcal{S}^-, ms, g_{min}, \sigma_{min})$ **do**
8:               $\mathbb{C} \leftarrow \mathbb{C} \cup \{(ms, \mathcal{T})\}$ ▷ Ajout d'une nouvelle chronique discriminante
9: **return** $\mathbb{C}$

L'algorithme 1 illustre la procédure d'extraction des chroniques fréquentes discriminantes. Cette dernière comporte deux étapes : l'extraction des multisets fréquents, puis la spécification des contraintes temporelles des multisets.

Dans un premier temps, ligne 1, FINDMULTISET extrait les multisets d'items fréquents, $\mathbb{M}$. Ceci est réalisé par un algorithme de fouille d'itemsets fréquents en construisant un jeu de données pour lequel chaque occurrence d'un même item a été numérotée. Un item $a \in \mathbb{E}$ apparaissant n fois dans une séquence est encodé par n items : $I_1^a, ..., I_n^a$. Un itemset fréquent de taille m, $(I_{i_k}^{e_k})_{1 \leq k \leq m}$, extrait à partir de ce jeu de données est transformé en le multiset contenant, pour tout k, i_k occurrences de l'évènement e_k. Tous les itemsets fréquents contenant plusieurs occurrences d'un même item (*i.e.* $\exists i, j \in [1, m]$, $i \neq j$, tq $e_i = e_j$) avec une cardinalité différente ont été préalablement supprimés car redondants.

Dans un second temps, les lignes 3 à 11 extraient les contraintes temporelles de chaque multiset. L'approche naïve dans laquelle les contraintes temporelles discriminantes sont extraites pour chaque multiset fréquent a l'inconvénient de générer un grand nombre de chroniques. L'information de la discriminance du multiset est considérée plus généralisatrice, et seule cette chronique est conservée. Aucune contrainte temporelle n'est spécifiée pour ces multisets discriminants. Pour cela, la ligne 4 teste si le multiset ms est discriminant. Si tel est le cas, ms est ajouté à l'ensemble des motifs discriminants. Et seulement dans le cas contraire, les lignes 7 à 9 engendrent des chroniques à partir des contraintes temporelles discriminantes identifiées par EXTRACTDISCRCONSTRAINTS.

4.1 Extraction de contraintes temporelles

L'idée générale de EXTRACTDISCRCONSTRAINTS est de ramener l'extraction des intervalles décrivant les contraintes temporelles à une tâche classique d'apprentissage relationnel.

Pour chaque extraction on construit un jeu de données relationnelles tel que ses attributs sont les paires d'évènements du multiset et tel que ses exemples sont les occurrences du multiset. Les valeurs d'un attribut pour un exemple sont les durées inter-évènements de la paire d'évènements au sein d'une occurrence. Un exemple est étiqueté par le SID séquence. Cette étiquette est conservée afin de faire correspondre la définition de support d'une chronique avec la comparaison de ces occurrences.

SID	A→B	B→C	A→C	Label
1	2	2	4	+
1	−1	2	1	+
2	5	−2	3	+
3	3	0	3	+
5	−1	3	1	-
6	6	−1	5	-

TAB. 2 – *Jeu de données associé au multiset $\{A, B, C\}$.*

Exemple 5. Le tableau 2 correspond au jeu de données obtenu à partir des occurrences du multiset $\{\!\{A, B, C\}\!\}$ dans le tableau 1. L'attribut « **A→B** » désigne les durées entre **A** et **B**. On remarque sur cet exemple que plusieurs exemples peuvent provenir de la même séquence.

Ce jeu de données relationnelles est traitable par un algorithme d'apprentissage relationnel dont les résultats seront des conjonctions de règles de la forme $e_1 \to e_2 \geq x$ ou $e_1 \to e_2 \leq y$ où e_1, e_2 sont des évènements et $(x, y) \in \mathbb{R}$. Ces règles sont alors traduites comme des contraintes temporelles, $e_1[x, y]e_2$.

Exemple 6. La conjonction de règles $A \to B \leq 5 \wedge B \to C \leq 2 \implies +$ caractérisant parfaitement les exemples étiquetés par $+$ dans le tableau 2 est traduite par l'ensemble de contraintes temporelles $\mathcal{T} = \{A[-\infty, 5]B, B[-\infty, 2]C\}$ ce qui donne la chronique discriminante $\mathcal{C} = (\mathcal{E} = \{\!\{e_1 = A, e_2 = B, e_3 = C\}\!\}, \mathcal{T} = \{e_1[-\infty, 5]e_2, e_2[-\infty, 2]e_3\})$.

Apprentissage de règles ($Ripper_k$) L'apprentissage de règles est effectué en pratique par l'algorithme $Ripper_k$ (Cohen, 1995). Cet algorithme a été choisi parmi l'état de l'art des algorithmes d'apprentissage de règles relationnelles, d'une part, parce qu'il est l'un des plus performants et, d'autre part, parce qu'il permet l'extraction de règles non-ordonnées. Le problème des extracteurs de règles ordonnées (*e.g.* CN2, C4.5) est qu'ils extraient une liste de conjonctions de règles dont la discriminance de la règle ordonnée à la position n n'est valable qu'en dehors des cas décrits par $n - 1$ règles précédentes. La discriminance d'une chronique obtenue à partir de l'une de ces règles ne serait valide que pour un sous-ensemble des séquences du jeu de données. Ceci ne correspond pas à notre définition de discriminance.

Pour une classe à apprendre, $Ripper_k$ sépare le jeu de données en deux : *Grow* et *Prune*. Le premier permet de construire la conjonction de règles discriminant les exemples d'une classe aux autres. La construction s'arrête lorsqu'il n'est plus possible d'ajouter une règle à la conjonction qui améliore la discriminance. Le second est utilisé pour élaguer la règle construite. Si la conjonction est plus discriminante sans sa dernière règle, on lui retire et on réessaie jusqu'à ce qu'elle ne puisse plus être améliorée. Si la discriminance n'est pas satisfaite pour cette conjonction, la recherche s'arrête pour cette étiquette. Sinon la conjonction est retournée, les exemples associés à celle-ci sont retirés de *Grow* et la recherche recommence. Les étapes précédentes sont répétées pour chaque étiquette présente dans le jeu de données.

Le choix d'utiliser un algorithme d'apprentissage basé sur une heuristique incomplète, en l'occurrence une heuristique basée sur le principe MDL (*Minimum Description Length*), se montre ici indispensable pour des raisons calculatoires. Néanmoins, $Ripper_k$ combine (1) une complexité algorithmique raisonnable – les temps de calculs restent donc raisonnables, (2) des performances en classification intéressantes – les chroniques extraites sont donc bien représentatives du jeu de données – et (3) des ensembles de règles réduits – les chroniques extraites restent facilement interprétables (Lattner et al.).

Limite des instances multiples Le problème des instances multiples (Foulds et Frank, 2010) désigne les problèmes de comptage rencontrés lorsqu'un motif apparaît plusieurs fois dans un objet. Dans notre cas, un objet est une séquence. Cette situation est rencontrée lors de la constitution du jeu de données (*cf.* table 2) et fausse le comptage du nombre d'objets validant une conjonction de règles fait par $Ripper_k$. Lorsque les lignes 1 et 2 de la table 2 sont couvertes par une règle, elle ne doivent ici compter que pour un objet (*i.e.* un SID). Ce cas d'utilisation n'est pas prévu par $Ripper_k$.

La solution choisie est celle consistant à post-traiter les conjonctions de règles de $Ripper_k$ et à ne conserver que celles qui valident effectivement les contraintes de fréquence minimale et de discriminance. Cette solution n'assure pas que des chroniques discriminantes soient extraites mais ne rajoute pas de lourdeur calculatoire.

Une seconde solution à ce problème serait de modifier le système de comptage de $Ripper_k$ afin qu'il évalue une conjonction de règles en comptant les SID distincts. Mais l'heuristique de $Ripper_k$ n'est pas faite pour écarter des exemples après en avoir sélectionné d'autres et donc l'efficacité serait faible dans le cas de jeux de données contenant de nombreux exemples portant les mêmes SID.

La troisième solution serait d'utiliser des méthodes adaptées à ce type de problème. Par exemple, Doran et Ray (2014) sélectionnent un exemple témoin pour chaque objet afin de se ramener à une tâche d'apprentissage de règles classique. Le jeu de données fourni à $Ripper_k$ peut être prétraité suivant ces méthodes afin de ne lui transmette qu'un seul exemple par séquence. Cette solution paraît être la plus fiable mais ajoute une complexité importante au processus d'extraction de contraintes temporelles.

La prise en compte des instances multiples se ferait donc nécessairement au prix d'un ajout de complexité calculatoire. Les instances multiples étant rarement rencontrées dans nos applications, nous avons privilégié l'efficacité calculatoire en ne mettant pas en place de solution spécifique à ce problème.

Satisfaction de la contrainte de discriminance Pendant le post-traitement des règles pour le problème précédent l'algorithme filtre les règles selon notre seuil de croissance. En effet, l'utilisation du paramètre g_{min} comme seuil de croissance pour $Ripper_k$ risque d'élaguer des règles intéressantes. Les erreurs peuvent survenir lorsque les jeux $Grow$ et $Prune$ ne sont pas répartis de manière équilibrées et que la proportion des exemples d'un jeu n'est pas représentatif de l'ensemble.

5   Expériences et résultats

L'implémentation de DCM, écrite en $C++$, repose sur les implémentations préexistantes de LCM (Uno et al., 2004) et de $Ripper_k$ (Cohen, 1995).

5.1   Données synthétiques

Les bases de données sont générées par un simulateur qui introduit des chroniques fréquentes aux séquences. Le simulateur gère des bases contenant deux classes $\mathbb{L} = \{\mathcal{S}^+, \mathcal{S}^-\}$.

$\mathcal{C}^-$	$Base1$	$Base2$	$Base3$				$Base4$					$Base5$			
$\Delta c\backslash\Delta g$	1	1	1	0.96	0.89	0.86	1	0.96	0.93	0.89	0	1	0.93	0.91	0
1	31	40	30	2	5	3	30	3	3	1	0	15	1	1	0
0.9	6														
0.85	1														
0.72							1								
0.66	2														
0.5												1			
0.47							1								
0											1				2

TAB. 3 – *Nombre de motifs extraits par couple* $(\Delta c, \Delta g)$ *pour chaque motifs discriminants introduits. L'absence de chiffre correspond à une valeur 0.*

Les expérimentations sur données synthétiques permettent de valider l'extraction des chroniques discriminantes au sein d'un jeu de données.

Le principe général du simulateur est de générer des séquences basées sur deux chroniques $\mathcal{C}^+$ et $\mathcal{C}^-$ puis de les bruiter aléatoirement. Afin de générer un jeu de données dont il est possible de discriminer les classes positives et négatives, $\mathcal{C}^+$ et $\mathcal{C}^-$ sont majoritairement introduites dans deux ensembles respectivement $\mathcal{S}^+$ et $\mathcal{S}^-$. Deux paramètres gèrent l'introduction de ces chroniques : $f_{min}^{\mathcal{D}}$ et $g_{min}^{\mathcal{D}}$. $f_{min}^{\mathcal{D}}$ définit le pourcentage de séquences de la classe majoritaire dans lesquelles une chronique apparaîtra. $g_{min}^{\mathcal{D}}$ définit le rapport entre les nombres de séquences des deux classes dans lesquelles apparaît cette chronique. On ne cherche pas à extraire $\mathcal{C}^+$ et $\mathcal{C}^-$, on cherche à extraire les motifs décrivant le plus d'occurrences de $\mathcal{C}^+$ et le moins d'occurrences de $\mathcal{C}^-$.

Le simulateur est paramétré pour générer par défaut des jeux de données contenant 800 séquences de chaque classe de longueur moyenne 10. La taille du vocabulaire est fixée à 50 items et $f_{min}^{\mathcal{D}}$ et $g_{min}^{\mathcal{D}}$ sont fixés respectivement à 80% et 10%.

Les jeux de données $BaseN$ ont été créés à partir de chroniques basées sur le même multiset $\{\!\{A, B\}\!\}$ de taille 2. Elles comportent donc chacune un unique intervalle temporel. Les deux intervalles se chevauchent plus ou moins. Ainsi, pour tous ces jeux $\mathcal{C}^+ = (\{\!\{A, B\}\!\}, A[3, 10]B)$ et $\mathcal{C}^- = (\{\!\{A, B\}\!\}, A[7, 8]B)$ puis les contraintes $A[6, 8]B$, $A[4, 8]B$, $A[4, 9]B$ et $A[4, 10]B$ ont été utilisées pour générer respectivement $Base1$, $Base2$, $Base3$, $Base4$ et $Base5$.

Pour chaque jeu de données, les résultats sont moyennés sur 20 exemplaires de bases. Les résultats présentés regrouperont donc jusqu'à 40 motifs du fait de ces 20 générations. La capacité de l'extracteur à extraire les bons motifs peut être évaluée en comparant les ensembles des motifs extraits et des motifs recherchés puisque les motifs discriminants recherchés sont connus à l'introduction des chroniques. Deux mesures ont pour cela été utilisées : $\Delta c_{(m,m^t)}$ et $\Delta g_{(m,m^t)}$. $\Delta c_{(m,m^t)}$, le rapport de couverture, représente le rapport entre le nombre de séquences de la classe $\mathcal{S}^+$ contenant une occurrence partagée par m et m^t et le nombre de celles contenant m^t. $\Delta g_{(m,m^t)}$, le rapport de croissance, représente le rapport entre les taux de croissance de m et de m^t. Si $support(m, \mathcal{S}^-) = support(m^t, \mathcal{S}^-) = 0$ alors $\Delta g_{(m,m^t)} = 1$ sinon si $support(m^t, \mathcal{S}^-) = 0$ alors $\Delta g_{(m,m^t)} = 0$. Pour chacun des motifs recherchés m^t, un seul couple $(\Delta c_{(m,m^t)}, \Delta g_{(m,m^t)})$ est retenu tel que $\Delta c_{(m,m^t)}$ soit le plus élevé pour tout motif extrait m et que $\Delta g_{(m,m^t)}$ soit le plus élevé s'il existe plusieurs $\Delta c_{(m,m^t)}$ maximaux.

Le tableau 3 présente les résultats d'extraction de DCM sur les 20 jeux de données générés pour chaque $BaseN$. Le rapport de couverture est donné en ligne et celui de croissance en colonne. Chaque cellule du tableau correspond au nombre de motifs extraits pour un rapport de couverture, un rapport de croissance et un type d'expérience donnés.

On remarque sur le tableau 3 que DCM extrait pour au moins 75% des motifs discriminants introduits dans chaque jeu de données un motif discriminant dont les rapport de couverture et de croissance sont parfaits ($= 1$). De plus, il n'y a que pour les jeux de données $Base4$ et $Base5$ que notre extracteur n'extrait aucun motif pour certains motifs discriminants introduits, 1 sur 40 pour $Base4$ et 2 sur 20 pour $Base5$.

Afin d'expliquer ces erreurs, l'extraction a été relancée avec un taux de croissance minimal de 1.1. Avec cette configuration, tous les motifs de $Base4$ sont extraits (avec $\Delta c = 1$ et $\Delta g = 0.83$). Il est à noter que le motif correspondant à $\Delta c = 0.47$ pour la première extraction des motifs de $Base4$ obtient les mêmes rapports Δc et Δg.

Ces résultats sur des données synthétiques simples montrent que notre extracteur extrait effectivement les motifs discriminants avec une certaine robustesse.

5.2 Expérimentations sur données réelles

Deux types de jeux de données réelles ont été utilisés : nous utilisons tout d'abord les jeux de données utilisés pour évaluer $BIDE\text{-}D$ (Fradkin et Mörchen, 2015) afin de nous comparer à cette approche. Nous illustrons ensuite la qualité des chroniques extraites à partir de jeux de données ECG (*i.e.* électrocardiogrammes).

Comparaison avec $BIDE\text{-}D$ Les premières données réelles utilisées pour tester notre extracteur sont les données proposées pour tester les algorithmes de $BIDE\text{-}D$. Ces données proviennent d'applications variées. Afin de se comparer avec $BIDE\text{-}D$ sur un sous-ensemble des jeux de données utilisés, ni trop simples comme *blocks* où les taux de prédiction approchent les 100% ni trop difficiles comme $Auslan2$ où les approches de $BIDE\text{-}D$ dépassent difficilement les 30%, nous avons choisi de nous concentrer sur *asl-bu*, *asl-gt* et *context*. L'évaluation des résultats se fera en comparaison avec ceux présentés pour $BIDE\text{-}D$ (*cf.* annexe à (Fradkin et Mörchen, 2015)).

Les résultats suivants comparent les performances en classification des chroniques discriminantes avec les séquences discriminantes extraites par $BIDE\text{-}D$. Les paires $\langle C, L \rangle$ de chroniques discriminantes, C et d'étiquettes, L, ont été utilisées pour prédire l'étiquette d'une séquence. On prédira donc une étiquette, L, pour une séquence dans le cas où cette séquence contiendrait la chronique C. Dans le cas de plusieurs chroniques apparaissant dans la séquence on retiendra l'étiquette associée à la chronique ayant le taux de croissance le plus élevé. Cette méthode naïve a été jugée plus juste que l'utilisation d'un classifieur pour évaluer les chroniques extraites.

Les résultats commentés ci-dessous sont présentés dans le tableau 4. Une contrainte de taille maximale des motifs a été fixée à 5 pour faciliter leur extraction et limiter leur nombre.

	asl-bu				asl-gt				context				
$\sigma_{min} \backslash g_{min}$	2	3	4	5	2	3	4	5	2	3	4	5	6
0.2					0.09	0.07	0.07	0.06	0.06	0.58	0.57	0.59	0.55
0.3	0.66	0.65	0.63		0.08	0.06	0.05	0.04	0.58	0.56	0.56	0.52	0.52
0.4	0.66	0.66	0.65		0.04	0.04	0.03	0.02	0.58	0.54	0.49	0.48	0.45
0.5	0.66	0.64	0.58	0.50	0.03	0.03	0.02	0.02	0.58	0.55	0.52	0.48	0.43
0.6	0.65	0.55	0.51	0.37	0.03	0.02	0.02	0.01	0.55	0.56	0.49	0.42	0.43

TAB. 4 – *Évolution de la précision en fonction de σ_{min}, de g_{min} et du jeu de données.*

Sur *asl-bu* les résultats sont quelque peu meilleurs que ceux de $BIDE\text{-}D$. On remarque, que ce soit pour $\sigma_{min} = 0.3$ ou $\sigma_{min} = 0.6$, que le taux de prédiction pour $g_{min} = 2$ est équivalent alors que le nombre de motifs extraits est réduit de plus de 30000 à 1600.

Sur *asl-gt* les résultats sont malheureusement très mauvais. Là où les taux de prédictions vont de 0.27 pour $\sigma_{min} = 0.6$ à 0.83 pour $\sigma_{min} = 0.2$ pour $BIDE\text{-}D$, ceux-ci n'atteignent pas 0.1 pour les chroniques discriminantes. De nombreux motifs sont extraits mais sont mal répartis entre les étiquettes du jeu de données. Ces résultats proviennent peut-être de la contrainte de taille maximale des chroniques ou montrent la limite de l'utilisation de $Ripper_k$ dans un contexte d'instances multiples.

Finalement pour *context*, les résultats sont similaires à ceux de *asl-bu* pour notre approche. Ce sont donc nos meilleurs résultats puisque les résultats présentés par $BIDE\text{-}D$ oscillent entre 0.26 et 0.53. On remarque que les faibles résultats de $BIDE\text{-}D$ sont sûrement liés à l'utilisation de seuils de support minimaux différents pour ce jeu de données. L'écart du nombre de motifs extraits par les paramètres $\sigma_{min} = 0.2$ ou $\sigma_{min} = 0.6$ est beaucoup moins important que pour *asl-bu*. Il va de 360 motifs pour $\sigma_{min} = 0.2$ et $g_{min} = 2$ à 145 motifs pour $\sigma_{min} = 0.6$ et $g_{min} = 4$.

Analyse d'électrocardiogrammes Ces mêmes expériences ont été réalisées sur les données ECG, des données d'électrocardiogramme contenant majoritairement des cycles cardiaques problématiques. Chaque jeu de données concerne le patient et ses cycles cardiaques. Le jeu de données présenté dans les résultats est celui concernant le patient 214 dont les cycles cardiaques sont étiquetés « bloc de branches » et « extrasystole », deux problèmes cardiaques. Ces données ont déjà été utilisées pour extraire des chroniques discriminantes par Carrault et al. (2003). Ces données ont été prétraitées afin que chaque séquence corresponde à un cycle cardiaque. L'intérêt de ces données est la très faible diversité d'événements, et l'équivalence de la plupart des séquences, quelle que soit leur classe, en terme d'items. Elles ne contiennent que quatre types d'évènements, les ondes cardiaques p et qrs annotées des mentions *normal* ou *abnormal*. En effet, aucun multiset d'items ne peut être discriminant dans de telles conditions et les évènements cardiaques se déroulant toujours dans le même ordre, un motif purement séquentiel ne pourrait pas non plus être discriminant. L'aspect temporel devient donc le seul moyen d'établir une discriminance[2]. Ceci met en évidente l'utilité des chroniques discriminantes face à d'autres types de motifs moins riches.

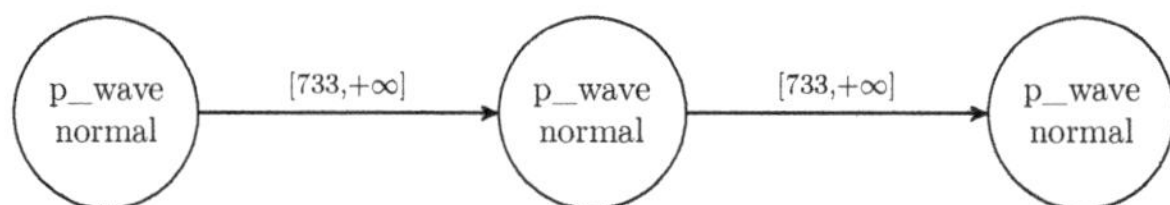

FIG. 2 – *Chronique discriminant les blocs de branche des extrasystoles du patient* 214.

Pour des jeux de données ECG rééquilibrés le taux de prédiction est toujours supérieur à 80% pour un taux de croissance minimal fixé à 2. Le bloc de branche est un problème cardiaque qui rend les cycles anormalement longs et l'extrasystole correspond à une contraction prématurée du cœur. On remarque que la chronique discriminante de la Figure 2 représente un cycle cardiaque anormalement long dont les bornes inférieures (733) correspondent finalement

---

2. Ces données correspondent à un cas réel des jeux de données synthétiques de la section 5.1.

à des cycles normaux. Cette chronique est un exemple de l'intérêt de l'information temporelle pour la discriminance. Les trois évènements sont les mêmes, leur ordre n'a aucune importance.

6 Conclusion et perspectives

L'extraction de chroniques était déjà connue mais il n'existait pas de travaux concernant l'extraction de chroniques discriminantes. L'algorithme DCM a été proposé pour résoudre ce problème. Il ajoute, d'une part, la prise en compte d'une information temporelle riche par rapport aux algorithmes d'extraction de motifs séquentiels discriminants et il ajoute, d'autre part, la contrainte de discriminance à l'extraction de chroniques. Cet algorithme se base sur les travaux antérieurs d'apprentissage de règles relationnelles. Les expérimentations réalisées utilisant l'algorithme $Ripper_k$ ont montré que DCM était capable d'extraire efficacement des chroniques discriminantes. Les comparaisons en terme de pouvoir de prédiction entre DCM et les algorithmes de $BIDE\text{-}D$ (Fradkin et Mörchen, 2015) ont montré que les chroniques discriminantes extraites par DCM étaient capables de concurrencer les méthodes de l'état de l'art, et ce, sans avoir à entraîner de classifieur.

Le modèle global permettant la classification n'est pourtant pas la finalité de l'extraction de chroniques discriminantes comme le serait un algorithme inspiré du framework $LeGo$ (Knobbe et al., 2008). L'extraction de chroniques discriminantes a été pensée dans un contexte de génération d'hypothèses, d'associations de motifs à une classe, où chaque motif extrait doit être compréhensible indépendamment des autres. La classification n'intervient que pour évaluer la capacité de notre extracteur à couvrir l'ensemble des données à l'aide de motifs représentatifs des sous-groupes de séquences. L'évaluation de l'intérêt des chroniques discriminantes pour faire émerger de nouvelles hypothèses est actuellement en cours sur des données médicales.

Pour certains jeux de données, DCM n'extrait pas de chroniques suffisamment discriminantes pour prédire au moins aussi bien que les algorithmes de $BIDE\text{-}D$. Une perspective d'amélioration serait d'extraire des contraintes temporelles avec une approche gérant les instances multiples. L'ensemble des motifs extraits reste important. L'extraction de représentations condensées de chroniques, *e.g.* des chroniques minimales, ou un post-traitement identifiant des chroniques similaires permettraient une meilleure lecture des résultats. Finalement, les extractions de contraintes temporelles étant indépendantes les unes des autres, la performance computationnelle de DCM pourrait être améliorée au travers du parallélisme.

Remerciements Ce travail a été financé par l'ANSM dans le cadre de la plate-forme PEPS.

Références

Carrault, G., M.-O. Cordier, R. Quiniou, et F. Wang (2003). Temporal abstraction and inductive logic programming for arrhythmia recognition from electrocardiograms. *Artificial intelligence in medicine 28*(3), 231–263.

Cohen, W. W. (1995). Fast effective rule induction. In *Machine Learning, Proceedings of the International Conference on Machine Learning*, pp. 115–123.

Cram, D., B. Mathern, et A. Mille (2012). A complete chronicle discovery approach : application to activity analysis. *Expert Systems 29*(4), 321–346.

Dong, G. et J. Li (1999). Efficient mining of emerging patterns : Discovering trends and differences. In *Proceedings of ACM SIGKDD*, pp. 43–52.

Doran, G. et S. Ray (2014). A theoretical and empirical analysis of support vector machine methods for multiple-instance classification. *Machine Learning 97*(1), 79–102.

Dousson, C. et T. V. Duong (1999). Discovering chronicles with numerical time constraints from alarm logs for monitoring dynamic systems. In *Proceedings of the IJCAI*, pp. 620–626.

Fabrègue, M., A. Braud, S. Bringay, C. Grac, F. Le Ber, D. Levet, et M. Teisseire (2014). Discriminant temporal patterns for linking physico-chemistry and biology in hydro-ecosystem assessment. *Ecological Informatics 24*, 210–221.

Foulds, J. et E. Frank (2010). A review of multi-instance learning assumptions. *The Knowledge Engineering Review 25*(01), 1–25.

Fradkin, D. et F. Mörchen (2015). Mining sequential patterns for classification. *Knowl. Inf. Syst. 45*(3), 731–749.

Guyet, T. et R. Quiniou (2011). Extracting temporal patterns from interval-based sequences. In *Proceedings of the IJCAI*, pp. 1306–1311.

Huang, Z., X. Lu, et H. Duan (2012). On mining clinical pathway patterns from medical behaviors. *Artificial Intelligence in Medicine 56*(1), 35–50.

Knobbe, A., B. Crémilleux, J. Fürnkranz, et M. Scholz (2008). From local patterns to global models : the LeGo approach to data mining. *LeGo 8*, 1–16.

Lattner, A. D., S. Kim, G. Cervone, et J. J. Grefenstette. Experimental comparison of symbolic learning programs for the classification of gene network topology models. *Center for Computing Technologies–TZI 2*, 1.

Mannila, H., H. Toivonen, et A. I. Verkamo (1997). Discovery of frequent episodes in event sequences. *Data mining and knowledge discovery 1*(3), 259–289.

Masseglia, F., M. Teisseire, et P. Poncelet (2004). Recherche des motifs séquentiels. *Revue Ingénierie des Systemes d'Information (ISI) 9*(3-4), 183–210.

Mooney, C. H. et J. F. Roddick (2013). Sequential pattern mining – approaches and algorithms. *ACM Journal of Computing Survey 45*(2), 1–39.

Uno, T., M. Kiyomi, et H. Arimura (2004). LCM ver. 2 : Efficient mining algorithms for frequent/closed/maximal itemsets. In *FIMI*, Volume 126.

Summary

Sequential pattern mining attempts to extract frequent behaviours from sequential dataset. When sequences are labeled, it is interesting to extract characteristic behaviors for each sequence class. This task is called discriminant pattern mining. In this paper, we introduce discriminant chronicle mining. Conceptually, a chronicle is a graph whose vertices are events and edges represent quantitative time constraints between events. We also propose DCM, an algorithm dedicated to mining of discriminant chronicles. It is based on rule learning methods to extract the temporal constraints. Computational performances and discriminant power of extracted chronicles are evaluated on synthetic and real data.

Application du coclustering à l'analyse exploratoire d'une table de données

Aichetou Bouchareb*, Marc Boullé*, Fabrice Clérot*, Fabrice Rossi**

*Orange Labs
prenom.nom@orange.com
**SAMM EA 4534 - Université Paris 1 Panthéon-Sorbonne
prenom.nom@univ-paris1.fr

Résumé. La classification croisée est une technique d'analyse non supervisée qui permet d'extraire la structure sous-jacente existante entre les individus et les variables d'une table de données sous forme de blocs homogènes. Cette technique se limitant aux variables de même nature, soit numériques soit catégorielles, nous proposons de l'étendre en proposant une méthodologie en deux étapes. Lors de la première étape, toutes les variables sont binarisées selon un nombre de parties choisi par l'analyste, par discrétisation en fréquences égales dans le cas numérique ou en gardant les valeurs les plus fréquentes dans le cas catégoriel. La deuxième étape consiste à utiliser une méthode de coclustering entre individus et variables binaires, conduisant à des regroupements d'individus d'une part, et de parties de variables d'autre part. Nous appliquons cette méthodologie sur plusieurs jeux de donnée en la comparant aux résultats d'une analyse par correspondances multiples ACM, appliquée aux même données binarisées.

1 Introduction

Les méthodes d'analyse de données peuvent être regroupées en deux grandes catégories : l'analyse supervisée où l'objectif est de prédire une variable cible à partir de variables explicatives et l'analyse non-supervisée où l'objectif est de découvrir la structure sous-jacente des données en regroupant les individus dans des groupes homogènes (clustering). Apparue comme extension du clustering, la classification croisée (Good (1965); Hartigan (1975)), appelée aussi coclustering, est une technique non-supervisée dont l'objectif est d'effectuer une classification simultanée des individus et des variables d'un tableau de données. De nombreuses méthodes ont été développées pour effectuer de la classification croisée (par exemple : Bock (1979); Govaert (1983); Dhillon et al. (2003); Govaert et Nadif (2013)). Ces méthodes diffèrent principalement dans le type des données étudiées (continues, binaires ou de contingence), les hypothèses considérées, la méthode d'extraction utilisée et les résultats souhaités. En particulier, deux grandes familles de méthodes ont été largement étudiées : les méthodes de reconstruction de matrices où le problème est présenté sous forme d'approximation matricielle et les méthodes basées sur les modèles de mélange où les blocs sont définis par des variables latentes à estimer (voir Brault et Lomet (2015) pour une revue des méthodes de classification jointe). Dans ce dernier cas, des mélanges de gaussiennes sont souvent utilisés pour modéliser les données continues et des mélanges de Bernoulli pour modéliser les données binaires.

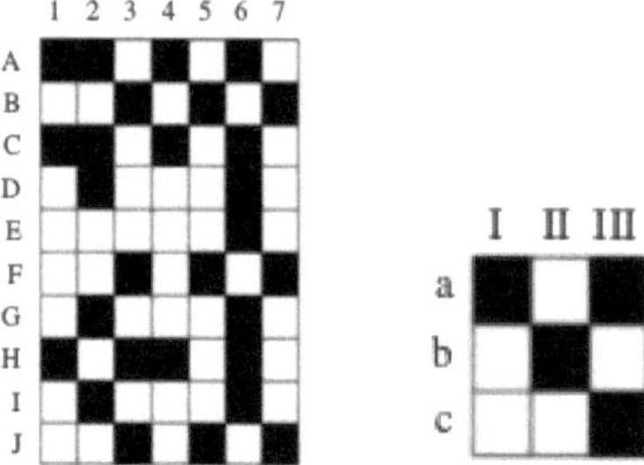

FIG. 1: Exemple de classification croisée, avec à gauche les données binaires initiales, et à droite après coclustering des lignes et colonnes.

La figure 1 montre l'exemple d'un tableau de données binaires représentant $n = 10$ individus et $p = 7$ variables binaires (Govaert et Nadif (2008)) et le tableau binaire résumant le résultat d'une classification croisée en $3 \times 3 = 9$ blocs binaires, résumé qui permet de visualiser plus simplement les principales associations.

Les méthodes de coclustering s'appliquent naturellement à des données de même nature, avec des variables devant être toutes binaires, numériques ou catégorielles. Nous proposons ici d'étendre ces méthodes d'analyse exploratoire selon une méthodologie en deux étapes. Lors de la première étape, toutes les variables sont binarisées selon un nombre de parties choisi par l'analyste, par discrétisation en fréquences égales dans le cas numérique ou en gardant les valeurs les plus fréquentes dans le cas catégoriel. La deuxième étape consiste à utiliser une méthode de coclustering entre individus et variables binaires, conduisant à des regroupements d'individus d'une part, et de parties de variables d'autre part. Le nombre de parties étant fixé, nous ne souhaitons pas imposer de paramètres supplémentaires, tels que le nombre de groupes d'individus ou de parties de variable. Pour ce faire, nous utilisons l'approche MODL (Boullé (2011)) de coclustering pour sa nature non paramétrique, son efficacité pour découvrir les structures de corrélation et sa capacité de passage à l'échelle.

Étant intéressé par l'étude des variables de types mixtes, nous comparons notre méthodologie à la méthode dérivée de l'analyse factorielle la plus utilisée en présence de données qualitatives : l'analyse par correspondances multiples ACM. En effet, l'ACM est une méthode permettant d'analyser les corrélations entre les variables qualitatives tout en réalisant une typologie des individus. Elle permet ainsi de traiter l'étude des individus et des variables comme deux problèmes complémentaires et les résout en dualité, les résultats sur les individus pouvant s'interpréter sur les variables et inversement. Ces objectifs sont cohérents avec ceux de la classification croisée selon notre approche, d'où l'intérêt de cette comparaison.

Le reste de cet article est organisé comme suit. Dans la section 2, nous rappelons l'approche de coclustering MODL, puis dans la section 3 nous présentons la méthodologie de coclustering entre individus et variables de types mixtes. Dans la section 4, nous résumons le principe et déroulement de l'analyse par correspondances multiples ACM. La section 5 présente les résultats expérimentaux ainsi qu'une analyse comparative, et la section 6 les conclusions et perspectives.

2   Coclustering MODL de deux variables catégorielles

On résume ici l'approche MODL (Boullé (2011)) des modèles en grille dans le cas de deux variables catégorielles X et Y, dont on cherche à décrire conjointement les valeurs. On introduit en définition 2.1 une famille de modèles d'estimation de densité jointe entre les variables, sur la base d'une partition des valeurs de chaque variable en groupes de valeurs.

Définition 2.1. *Un modèle de groupement de valeurs bivarié est défini par :*
— *un nombre de groupes pour chaque variable,*
— *la partition de chaque variable en groupes de valeurs,*
— *la distribution des individus sur les cellules de la grille de données ainsi définie,*
— *la distribution des individus de chaque groupe sur les valeurs du groupe, par variable.*

Soient :
— N : nombre d'individus de l'échantillon
— V, W : nombre de valeurs pour chaque variable (connu)
— I, J : nombre de groupes pour chaque variable (inconnu)
— $G = IJ$: nombre de cellules de la grille du modèle
— $m_{i.}, m_{.j}$: nombre de valeurs du groupe i (resp. j)
— $n_{v.}, n_{.w}$: nombre d'individus pour la valeur v (resp. w)
— n_{vw} : nombre d'individus pour la paire de valeurs (v, w)
— $N_{i.}, N_{.j}$: nombre d'individus du groupe i (resp. j)
— N_{ij} : nombre d'individus de la cellule (i, i) de la grille

Afin de rechercher le meilleur modèle, on applique une approche MAP visant à maximiser la probabilité $P(M|D) = P(M)P(D|M)/P(D)$ du modèle connaissant les données. A cet effet, on introduit une distribution a priori sur les paramètres des modèles, exploitant la hiérarchie des paramètres de modélisation, uniforme à chaque étage de cette hiérarchie.

En utilisant la définition formelle des modèles et leur distribution a priori hiérarchique, la formule de Bayes permet de calculer de manière exacte la probabilité d'un modèle connaissant les données, ce qui conduit au théorème 2.1.

Théorème 2.1. *Un modèle d'estimation de densité par grille suivant un a priori hiérarchique est optimal au sens de Bayes si son évaluation par la formule suivante est minimale sur l'ensemble de tous les modèles (Boullé (2011)) :*

$$c(M) = \log V + \log W + \log B(V, I) + \log B(W, J)$$

$$+ \log \binom{N + G - 1}{G - 1} + \sum_{i=1}^{I} \log \binom{N_{i.} + m_{i.} - 1}{N_{i.} - 1} + \sum_{j=1}^{J} \log \binom{N_{.j} + m_{.j} - 1}{N_{.j} - 1}$$

$$+ \log N! - \sum_{i=1}^{I} \sum_{j=1}^{J} \log N_{ij}! + \sum_{i=1}^{I} \log N_{i.}! + \sum_{j=1}^{J} \log N_{.j}! - \sum_{v=1}^{V} \log n_{v.}! - \sum_{w=1}^{W} \log n_{.w}!$$

où $B(V, I)$ est le nombre de répartitions des V valeurs en I groupes ce qui peut s'écrire comme une somme des nombres de Stirling de deuxième espèce : $B(V, I) = \sum_{i=1}^{I} S(V, i)$.

L'estimation de la densité jointe de deux variables catégorielles selon un a priori hiérarchique sur les paramètres est implémentée dans le logiciel Khiops (Boullé (2008)). Nous utilisons ce logiciel dans les expérimentations effectuées en section 5.

3   Coclustering entre individus et variables de type mixte

Nous présentons ici notre approche, qui consiste à binariser les variables numériques et catégorielles avant d'appliquer une méthode de coclustering individus x variables dans le cas de variables binaires.

3.1   Prétraitement des données

Dans une première étape, les variables sont binarisées selon un paramètre utilisateur k, représentant le nombre maximal de parties par variable. Dans le cas de variables numériques, ces parties sont obtenus selon une discrétisation non supervisée en k intervalles de fréquence égale. Dans le cas de variables catégorielles, les $k - 1$ valeurs les plus fréquentes définissent les premiers parties, le dernier accueillant toutes les autres valeurs.

Ce paramètre k définit la granularité maximale à laquelle se fera l'analyse. Son choix repose sur un compromis entre finesse de l'analyse, temps de calcul du coclustering effectué en deuxième étape, et interprétabilité des résultats. Il est à noter que ce paramètre de granularité initiale des données est moins contraignant que les paramètres de type nombre de clusters d'individus ou de variables habituellement utilisés dans la plupart des méthodes de coclustering. Dans les expériences, nous utiliserons k=5 et $k = 10$. Pour la base Iris par exemple, le résultat de la binarisation des variables en 5 parties est illustré dans le tableau 1.

SepalLength	SepalWidth	PetalLength	PetalWidth	Class
$]-\infty; 5.05]$	$]-\infty; 2.75]$	$]-\infty; 1.55]$	$]-\infty; 0.25]$	Iris-setosa
$]5.05; 5.65]$	$]2.75; 3.05]$	$]1.55; 3.95]$	$]0.25; 1.15]$	Iris-versicolor
$]5.65; 6.15]$	$]3.05; 3.15]$	$]3.95; 4.65]$	$]1.15; 1.55]$	Iris-virginica
$]6.15; 6.55]$	$]3.15; 3.45]$	$]4.65; 5.35]$	$]1.55; 1.95]$	
$]6.55; +\infty[$	$]3.45; +\infty[$	$]5.35; +\infty[$	$]1.95; +\infty[$	

TAB. 1: les resultats de discretisation pour $k = 5$

3.2   Transformation des données en deux variables

L'approche MODL (Boullé (2011)) résumée en section 2 est intéressante pour son absence de paramètre utilisateur, son efficacité pour découvrir les structures de corrélation et sa capacité de passage à l'échelle. Bien que dédiée à l'estimation de densité jointe entre deux variables, elle a été appliquée dans le cas de coclustering entre individus et variables binaires, par exemple dans le cas d'un corpus de textes de grande taille, où chaque texte est décrit par une dizaine de milliers de variables binaires représentant l'utilisation d'un mot. Pour ce cas, le corpus de texte a été préalablement transformé en une représentation en deux variables, *IdText* et *IdMot*.

IdInstance	IdVarPart
$I1$	$SepalLength]5.05; 5.65]$
$I1$	$SepalWidth]3.45; +\infty[$
$I1$	$PetalLength] - \infty; 1.55]$
$I1$	$PetalWidth] - \infty; 0.25]$
$I1$	$Class\{Iris\text{-}setosa\}$
$I2$	$SepalLength] - \infty; 5.05]$
$I2$	$SepalWidth]2.75; 3.05]$
$I2$	$PetalLength] - \infty; 1.55]$
$I2$	$PetalWidth] - \infty; 0.25]$
$I2$	$Class\{Iris\text{-}setosa\}$

TAB. 2: Les 10 premieres instances de la base Iris binarisée

De la même façon, on transforme ici le jeu de donnée binarisé en deux variables, *IdInstance* et *IdVarPart*, en créant pour chaque individu initial un enregistrement par variable, mémorisant le lien entre l'individu et sa partie de variable. L'ensemble des n individus initiaux représentés par m variables est ainsi transformé en un nouveau jeu de données de taille $N = nm$ ayant deux variables catégorielles, la première comportant $V = N$ valeurs et la seconde (au plus) $W = m \times k$ valeurs. Dans la base Iris par exemple, cette étape résulte en deux colonnes de 750 instances. Le tableau 2 montre les dix premiers instances.

3.3 Coclustering et interprétation des résultats

Les données étant représentées sous forme de deux variables, la méthode MODL est appliquée pour rechercher un modèle d'estimation de densité jointe entre ces deux variables. Dans le coclustering résultat, les individus de la base initiale (valeurs de la variable *IdInstance*) sont regroupés s'ils sont distribués de façon similaire sur les groupes de parties de variables (valeurs de la variable *IdVarPart*), et réciproquement.

4 L'analyse des correspondances multiples ACM

L'analyse factorielle est un ensemble de méthodes qui s'appliquent aux tableaux de données dont les lignes représentent les individus et les colonnes représentent les variables (de type quelconque). Les questions qui se posent en analyse factorielle sont celles de ressemblance ou dissimilarité entre des groupes d'individus (problème étudié dans la classification non supervisée) et des niveaux de liaisons (corrélations) entre les variables. L'analyse de correspondances multiples permet d'analyser les corrélations entre les variables qualitatives, de transformer les variables qualitatives en quantitatives et de réaliser une typologie d'individus et des variables de manière complémentaire.

4.1 L'analyse des correspondances multiples en pratique

Considérons le tableau de données individus×variables $\mathbf{x} = (x_{ij}, i \in I, j \in J)$ où I est un ensemble de n objets étudiés et J l'ensemble des p variables qualitatives (de m_j modalités chacune) caractérisant les objets (représentés, respectivement, par les lignes et les colonnes de la matrice $\mathbf{x}$). Les opérations mathématiques n'ayant pas de sens sur les variables catégorielles, l'ACM passe par la représentation de ces mêmes données sous forme d'un Tableau Disjonctif Complet (TDC) ; une juxtaposition des p tableaux d'indicatrices des variables où les lignes représentent les individus et les colonnes représentent les modalités des variables. Ce tableau peut être considéré comme un tableau de contingence entre les individus et les modalités des variables. Pour un TDC donné, noté ici T, la somme des éléments de chaque ligne de T est égale à p le nombre de variables, la somme des éléments d'une colonne s de T donne l'effectif marginal de la modalité correspondante (noté n_s), la somme des colonnes de chaque tableau d'indicatrices est égale au vecteur 1, la somme de tous les éléments de T est (np), la matrice des poids des lignes de T est $r = \frac{1}{n}I$, la matrice des poids des colonnes de T est la matrice diagonale $D = diag(D_1, D_2, \ldots, D_p)$ où chaque D_j correspond à la matrice diagonale contenant les fréquences marginales des modalités de la j^{eme} variable.

4.2 Principaux résultats de l'ACM

Les coordonnées des modalités sur les axes factoriels sont les vecteurs propres de la solution $\frac{1}{p}\mathbf{D}^{-1}\mathbf{T}^t\mathbf{T}$ de l'équation :

$$\frac{1}{p}\mathbf{D}^{-1}\mathbf{T}^t\mathbf{T}\mathbf{a} = \mu\mathbf{a}$$

Les coordonnées des individus sur les axes factoriels sont les vecteurs propres de $\frac{1}{p}\mathbf{T}\mathbf{D}^{-1}\mathbf{T}^t$, solution de l'équation :

$$\frac{1}{p}\mathbf{T}\mathbf{D}^{-1}\mathbf{T}^t\mathbf{z} = \mu\mathbf{z}$$

On déduit (Saporta (2006)) les formules de transition : $z = \frac{1}{\sqrt{\mu}}\frac{1}{p}\mathbf{T}\mathbf{a}$ et $\mathbf{a} = \frac{1}{\sqrt{\mu}}\mathbf{D}^{-1}\mathbf{T}^t\mathbf{z}$
Notons que :
— l'inertie totale du nuage étudié vaut $(\frac{m}{p} - 1)$
— l'inertie des m_j modalités de la variable V_j vaut $\frac{1}{p}(m_j - 1)$. Cette inertie, étant liée directement au nombre de modalités de la variable V_j, il est préférable d'exiger des nombres de modalités égaux pour toutes les variables actives, d'où l'intérêt du prétraitement (section 3.1).
— les contributions de l'individu i et de la modalité s sur un axe factoriel h sont données par :

$$Ctr_h(i) = \frac{1}{n}\frac{z_{ih}^2}{\mu_h} \text{ et } Ctr_h(s) = \frac{n_s}{np}\frac{a_{ih}^2}{\mu_h}$$

— la contribution d'une variable à l'inertie d'un facteur permettant de mesurer la liaison entre cette variable et ce facteur est la somme des contributions de toutes ses modalités.

L'ACM permet d'analyser simultanément des variables qualitatives et quantitatives. Pour cela, nous suivons l'approche classique de décomposer la plage de valeurs des chaque variable quantitative en plusieurs intervalles (classes).

5   Expérimentation

Nous comparons les méthodes de coclustering (section 3) et ACM (section 4) sur la base
Iris pour des raisons didactiques, puis nous évaluons notre approche sur la base Adult (Lichman
(2013)) pour évaluer le passage à l'échelle.

5.1   Comparaison des méthodes sur la base Iris

La base Iris comporte $n = 150$ individus et $m = 5$ variables, quatre numériques et une
catégorielle.

5.1.1   Coclustering

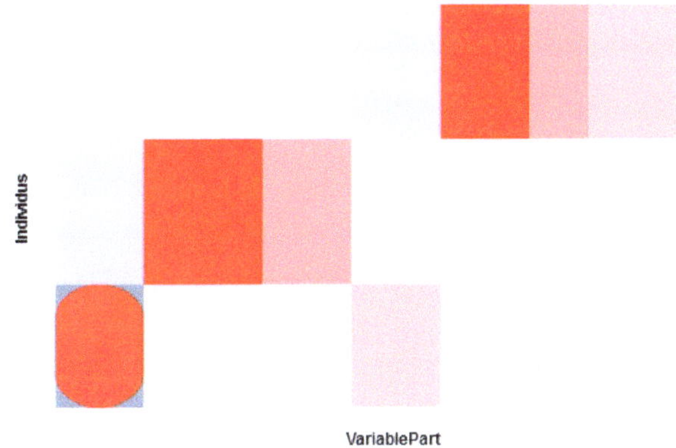

FIG. 2: Coclustering pour la base Iris

Après avoir binarisé les données de la base Iris selon une granularité en $k = 5$ parties
et appliqué la méthode de coclustering MODL, la grille optimale obtenue consiste en 3 clusters d'individus et 8 clusters de parties de variables. La figure 2 présente cette grille, avec en
ligne les clusters d'individus, en colonne les clusters de parties de variables. L'information
mutuelle entre les deux dimensions est visualisée dans les cellules, en rouge dans le cas de sur-
représentation des instances dans la cellule par rapport à l'hypothèse où les deux dimensions
seraient indépendantes, en bleu en cas de sous-représentation. Les trois clusters d'individus
visibles sur la figure 2 peuvent être caractérisés d'une part par les types de fleurs dont ils
sont composés, d'autre part par les parties de variables les plus représentées pour ces clusters
(cellule rouge la plus sur-représentée de chaque ligne) :
— en haut : cluster de 50 fleurs, toutes de la classe *Iris-setosa*, et caractérisé par les parties
de variables *Class{Iris-setosa}*, *PetalLength*] $- inf$; 1.55] et *PetalWidth*] $- inf$; 0.25],
— au milieu : cluster de 54 fleurs, dont 50 de la classe *Iris-virginica*, et caractérisé par
les parties de variables données par : *Class{Iris-virginica}*, *PetalLength*]5.35; $+inf$[,
PetalWidth]1.95; $+inf$[et *PetalWidth*]1.55; 1.95],

— en bas : cluster de 46 fleurs, toutes de la classe *Iris-versicolor*, et caractérisé par les parties de variables données par : *Class{Iris-versicolor}*, *PetalLength*]3.95; 4.65] et *PetalWidth*]1.15; 1.55].

De façon intéressante, les trois clusters d'individus sont facilement interprétables : il s'agit de haut en bas des *petites*, *grandes* et *moyennes* fleurs. Ces clusters sont expliqués principalement par trois clusters de parties de variables, faisant toutes intervenir les variables *Class*, *PetalLength* et *PetalWidth*.

De façon duale, en regardant les clusters de parties de variables, on trouve deux clusters de parties de variables (la quatrième et la huitième colonne) peu informatifs (les deux colonnes les moins contrastées claires), et basés essentiellement sur la variable *SepalWidth* :

— quatrième colonne : contient les parties *SepalWidth*]$-\infty$; 2.75], *SepalWidth*]2.75; 3.05], *SepalLength*]5.65; 6.15],

— huitième colonne : contient les parties *SepalWidth*]3.05; 3.15], *SepalWidth*]3.15; 3.45].

Les faibles valeurs de *SepalWidth* (quatrième colonne) sont légèrement sur-représentées pour les clusters d'individus associés aux classes *Iris-versicolor* et *Iris-virginica*, alors que les valeurs intermédiaires (huitième colonne) sont légèrement sur-représentées pour le cluster d'individus associé à la classe *Iris-versicolor*.

5.1.2   Analyse ACM

L'analyse sur les bases Iris est effectuée sur la base de la même binarisation des variables que précédemment.

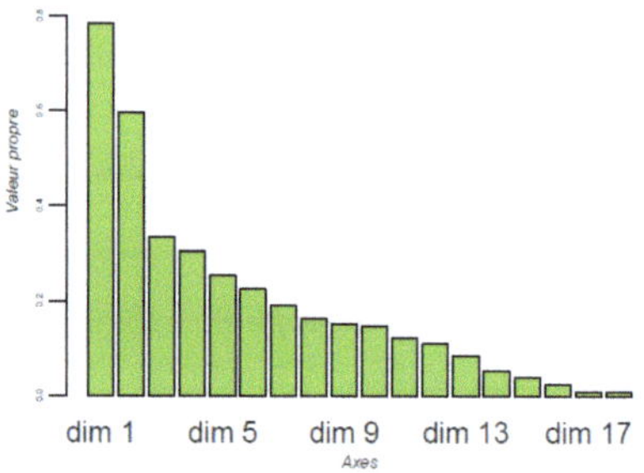

FIG. 3: Histogramme des valeurs propres pour l'analyse ACM de Iris

La distribution des valeurs propres (Figure 3) indique que les deux premiers axes factoriels capturent suffisamment de variabilité pour limiter l'analyse au premier plan factoriel.

La comparaison de la projection des variables (Figure 4 droite) et de la projection des individus (Figure 4 gauche) sur ce premier plan factoriel fait apparaître une nette corrélation de certaines variables entre elles :

— en haut à gauche du premier plan factoriel, Iris-virginica est corrélé avec les fortes valeurs de PetalLength (supérieures à 4.65), les fortes valeurs de PetalWidth (supérieures à 1.55) et les fortes valeurs de SepalLength (supérieures à 6.15)

— à droite du premier plan factoriel, Iris-setosa est fortement corrélé avec les faibles valeurs de PetalLength (inférieures à 3.95), les faibles valeurs de PetalWidth (inférieures à 1.15) et les faibles valeurs de SepalLength (inférieures à 5.05)

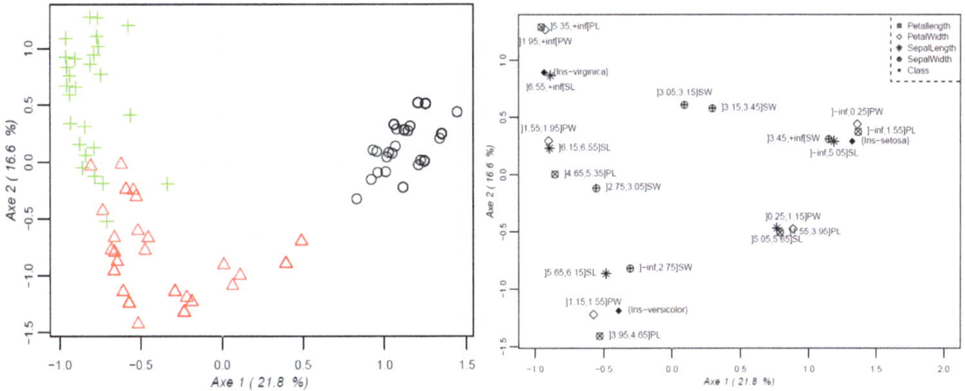

FIG. 4: Projection des individus et des variables de Iris sur les deux premiers axes

— en bas à gauche du premier plan factoriel, Iris-versicolor est corrélé avec les valeurs
  intermédiaires de PetalLength, PetalWidth et SepalWidth

La projection des individus (Figure 4 gauche) montre l'existence d'une zone de mélange
entre Iris-virginica et Iris-versicolor. Ces résultats sont identiques à ceux qu'on a pu déduire
de l'analyse par coclustering.

Les variables issues de SepalWidth montrent une plus faible corrélation avec les autres et
sous-tendent moins le premier plan factoriel : les faibles valeurs (inférieures à 3.05 sont ass-
sociées à la zone de mélange Iris-virginica et Iris-versicolor, les valeurs intermédiaires (entre
3.05 et 3.45) se projettent entre les nuages Iris-virginica et Iris-setosa (et sont donc présentes
dans les deux populations). Ces résultats sont également en accord avec ceux déduits du coclustering (voir ci-dessus l'interprétation des colonnes 4 et 8 du coclustering).

Finalement, sur cet exemple didactique où l'interprétation de l'ACM peut se faire par
simple inspection du premier plan factoriel, on fait apparaître un très bon accord entre ACM et
coclustering.

5.2 Coclustering de la base Adult

La base Adult comporte $n = 48842$ individus représentés par $m = 15$ variables, 6 numériques et 9 catégorielles.

Après binarisation en $k = 10$ parties et transformation selon la méthodologie présentée en
section 3, on obtient un jeu de données comportant $N \approx 750000$ lignes et deux colonnes :
la variable *IdInstance* comportant environ $n \approx 50000$ valeurs (les individus) et la variable
IdVarPart comportant $m \times k \approx 150$ valeurs (les parties de variable). L'algorithme de coclustering est un algorithme *anytime* qui publie régulièrement son indice de qualité (taux de
compression atteint par le modèle). Pour la base Adult, le coclustering nécessite environ 4 mn
de temps de calcul pour un premier résultat de qualité (le taux de compression ne varie plus
de façon significative), et nous avons poursuivi l'optimisation pendant environ une heure pour
une amélioration d'environ 5% de la log vraisemblance du modèle. Le résultat obtenu est très
fin, avec 34 clusters d'individus et 62 clusters de parties de variables. Dans le cas de l'analyse
exploratoire, cette finesse des résultats nuit à l'interprétabilité. Il est ici possible de simplifier

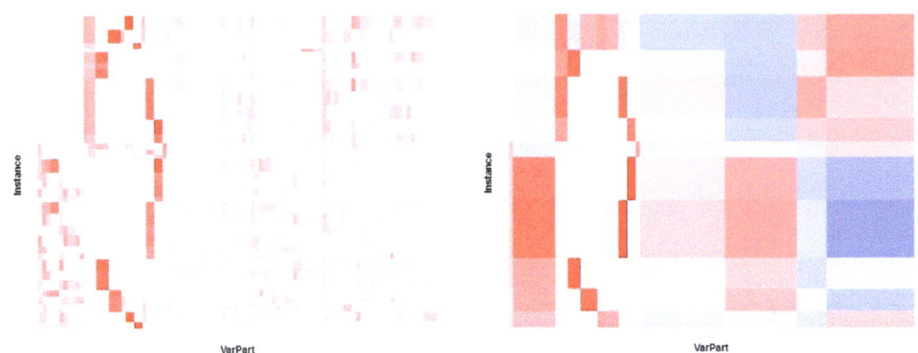

FIG. 5: Coclustering pour la base Adult, avec à gauche 100% et à droite 70% de l'information

le résultat d'analyse en fusionnant itérativement les lignes et les colonnes du coclustering le plus fin, jusqu'à garder un pourcentage donné de l'information initiale. La figure 5 présente ainsi les résultats du coclustering, avec à gauche un coclustering en 34 x 62 cellules contenant toute l'information, et à droite une version simplifiée en 10 x 14 cellules conservant 70% de l'information.

Le premier niveau de structuration dans les données apparait clairement comme une découpe en deux parties des clusters d'individus, visibles respectivement sur les moitiés hautes et basses des matrices de coclustering représentées sur la figure 5. Les clusters d'individus du haut sont principalement des hommes mariés plutôt aisés, avec une sur-représentation sur les clusters de parties incluant *sex{Male}*, *relationship{Husband}*, *relationship{Married...}*, *class-{More}*, *age*]45.5; 51.5], *age*]51.5; 58.5], *hoursPerWeek*]48.5; 55.5], *hoursPerWeek*]55.5; $+\infty$[. Les cluster d'individus du bas sont principalement des femmes ou des hommes non mariés plutôt pauvres, avec une sur-représentation sur les clusters de parties incluant *class{Less}*, *sex-{Female}*, *maritalStatus{Never-married}*, *maritalStatus{Divorced}*, *relationship{Own-child}*, *relationship{Not-in-family}*, *relationship{Unmarried}*.

Dans la figure de gauche, le cluster d'individus le plus contrasté, donc le plus informatif, est sur la première ligne en partant du haut. Il s'interprète aisément en inspectant les clusters de partie de variable les plus sur-représentés sur cette ligne :
— *relationship{Husband}*, *relationship{Married...}*,
— *educationNum*]13.5; $+\infty$[, *education{Masters}*,
— *education{Prof-school}*,
— *sex{Male}*,
— *class{more}*,
— *occupation{Prof-specialty}*,
— *age*]45.5; 51.5], *age*]51.5; 58.5],
— *hoursPerWeek*]48.5; 55.5], *hoursPerWeek*]55.5; $+\infty$[.

Il s'agit donc d'un cluster d'environ 2000 individus, avec principalement des hommes mariés ayant fait des études longues, travaillant dans l'enseignement en fin de carrière, travaillant beaucoup et gagnant bien leur vie.

Dans la figure de droite, les clusters de variables les plus contrastés, donc les plus informatifs, sont portés par les colonnes 4 à 9, et ne contiennent que des parties de variables *education*

et *educationNum*, qui sont les plus structurantes pour ce jeu de données.
- *educationNum]11.5; 13.5]*, *education{Assoc-acdm}*, *education{Bachelors}*,
- *educationNum] − ∞; 7.5]*, *education{10th}*, *education{11th}*, *education{7th-8th}*,
- *educationNum]13.5; +∞[*, *education{Masters}*,
- *educationNum]10.5; 11.5]*, *education{Assoc-voc}*, *education{Prof-school}*,
- *educationNum]7.5; 9.5]*, *education{HS-grad}*,
- *educationNum]9.5; 10.5]*, *education{Some-college}*.

Les variables *education* et *educationNum* sont respectivement catégorielle et numérique et très corrélées entre elles : leurs clusters de parties présentés ci-dessus apparaissent particulièrement cohérents.

Un apport important de notre méthodologique, par rapport à l'ACM, réside dans sa facilité d'application et dans l'interprétabilité directe des résultats. Avec une ACM sur une base de taille importante (comme Adult et au-delà), la projection des individus et des variables sur le premier et même le deuxième plan factoriel ne permet souvent pas de distinguer des zones denses. De plus, il est souvent nécessaire de sélectionner un grand nombre d'axes. Sur la base Adult par exemple, les règles de sélection du nombre d'axes à interpréter indiquent qu'il faut choisir au moins 8 ou 9 axes ce qui fait qu'un traitement a posteriori est nécessaire pour pouvoir distinguer des groupes comme par exemple au moyen d'un k-means sur les coordonnées. A cela s'ajoute la difficulté d'interpréter les classes dans le nouvel espace factoriel. Avec notre méthode, les hiérarchies des classes permettent de choisir manuellement le niveau de détail souhaité en fonction du pourcentage d'information expliquée et nous pouvons alors facilement distinguer les classes les plus importantes en fonction de leur apport en information mutuelle.

6 Conclusion

Dans cet article, nous avons proposé une méthodologie d'utilisation du coclustering pour l'analyse exploratoire dans le cas de données mixtes. Un nombre de parties par variable étant fixé par l'analyste, les variables numériques sont discrétisées en intervalles de fréquence égale et les valeurs les plus fréquentes de variables catégorielles sont conservées. Un coclustering entre les individus et les variables ainsi binarisées est alors effectué, en laissant l'algorithme inférer automatiquement la taille de la matrice résumant le jeu de données. Nous avons montré sur un jeu de données de petite taille que l'analyse exploratoire fait apparaître un très bon accord entre ACM et coclustering, en dépit des différences d'approche tant du point de vue des modèles que des méthodologies utilisées. Nous avons montré que l'analyse exploratoire restait praticable sur un jeu de données plus complexe et de plus grande taille, en permettant une interprétation aisée du jeu de données par une analyse conjointe des clusters d'individus et de parties de variables. Les résultats de ces expérimentations sont particulièrement prometteurs et permettent déjà une utilisation en pratique de cette méthodologie sur des cas réels d'analyse exploratoire.

Néanmoins, cette méthode reste limitée par le choix d'un paramètre utilisateur : le nombre de parties par variable utilisé pour la binarisation du jeu de données. De plus, la méthode de coclustering utilisée n'exploite pas l'origine des parties, en particulier la structure de corrélation intrinsèque entre les parties d'une même variable qui forment une partition. Dans des travaux futurs, nous viserons à remédier à ces limites en définissant des modèles de coclustering intégrant le paramètre de granularité des binarisations et la connaissance des groupes de colonnes formant des partition de variables. En définissant alors un critère d'évaluation spécialisé d'un tel coclustering ainsi que des algorithmes dédiés, nous espérons automatiser le choix de la granularité et améliorer la qualité des résultats.

Références

Bock, H. (1979). Simultaneous clustering of objects and variables. In *E. Diday (ed) Analyse des données et Informatique*, pp. 187–203. INRIA.

Boullé, M. (2008). Khiops : outil de préparation et modélisation des données pour la fouille des grandes bases de données. In *Extraction et gestion des connaissances*, pp. 229–230.

Boullé, M. (2011). Data grid models for preparation and modeling in supervised learning. In I. Guyon, G. Cawley, G. Dror, et A. Saffari (Eds.), *Hands-On Pattern Recognition : Challenges in Machine Learning*, pp. 99–130. Microtome Publishing.

Brault, V. et A. Lomet (2015). Revue des méthodes pour la classification jointe des lignes et des colonnes d'un tableau. *Journal de la Société Française de Statistique 156*(3), 27–51.

Dhillon, I. S., S. Mallela, et D. S. Modha (2003). Information-theoretic co-clustering. In *Proceedings of the ninth international conference on Knowledge discovery and data mining*, pp. 89–98. ACM Press.

Good, I. J. (1965). Categorization of classification. In *Mathematics and Computer Science in Biology and Medicine*, pp. 115–125. Her Majesty's Stationery Office, London.

Govaert, G. (1983). *Classification croisée*. Thèse d'état, Université Paris 6, France.

Govaert, G. et M. Nadif (2008). Block clustering with Bernoulli mixture models : Comparison of different approaches. *Computational Statistics and Data Analysis 52*(6), 3233–3245.

Govaert, G. et M. Nadif (2013). *Co-Clustering*. ISTE Ltd and John Wiley & Sons Inc.

Hartigan, J. A. (1975). *Clustering Algorithms*. New York, NY, USA : John Wiley & Sons, Inc.

Lichman, M. (2013). UCI machine learning repository. `http://archive.ics.uci.edu/ml`.

Saporta, G. (2006). *Probabilités, analyse des données et statistique*. Editions Technip.

Summary

The cross-classification method is an unsupervised analysis technique that extracts the existing underlying structure between individuals and the variables in a data table as homogeneous blocks. This technique is limited to variables of the same type, either numerical or categorical, and we propose to extend it by proposing a two-step methodology. In the first step, all the variables are binarized according to a number of bins chosen by the analyst, by discretization in equal frequency in the numerical case, or keeping the most frequent values in the categorical case. The second step applies a coclustering method between the individuals and the binary variables, leading to groups of individual and groups of variable parts. We apply this methodology on several data sets and compare with the results of a multiple correspondence analysis MCA applied to the same data.

Suivi de l'évolution de Clusters de Liens dans des Réseaux Sociaux Dynamiques

Erick Stattner*, Martine Collard*

* Laboratoire LAMIA
Université des Antilles
FRANCE
{erick.stattner, martine.collard}@univ-antilles.fr

Résumé. De nombreuses méthodes ont été proposées pour extraire des clusters des réseaux sociaux. Si un travail important est aujourd'hui mené sur la conception de méthodes innovantes capables de rechercher des clusters de nature différente, la plupart des approches font l'hypothèse de réseaux statiques. L'une des récentes méthodes concerne notamment la recherche de liens conceptuels. Il s'agit d'une nouvelle approche de clustering de liens, qui exploite à la fois la structure du réseau et les attributs des noeuds dans le but d'identifier des liens fréquents entre des groupes de noeuds au sein desquels les noeuds partagent des attributs communs. Dans ce travail, nous nous intéressons au suivi des liens conceptuels dans des réseaux dynamiques, c'est-à-dire des réseaux qui connaissent des changements structurels importants. Nous cherchons en particulier à comprendre comment les liens conceptuels se forment et évoluent au cours du développement du réseau. Pour ce faire, nous proposons un ensemble de mesures qui visent à capturer des comportements caractérisant l'évolution de ces clusters. Notre approche est ainsi utilisée pour comprendre l'évolution des liens conceptuels extraits sur deux réseaux réels : un réseau de co-auteurs d'articles scientifiques et un réseau de communications mobiles. Les résultats obtenus permettent de mettre en lumière des tendances significatives dans l'évolution des clusters sur ces deux réseaux.

1   Introduction

Le domaine de l'analyse et l'extraction de connaissances à partir de réseaux sociaux est devenu un des axes de recherche très actif du 21e siècle (Barbier et Liu, 2011). Si les méthodes fondatrices ont d'abord tiré partie des mesures issues de la théorie des graphes pour analyser ces structures, les approches récentes, aujourd'hui regroupées dans le domaine la *"fouille de réseaux sociaux"* (ou plus simplement *"fouille de liens"*) appliquent les principes de la fouille de données traditionnelle aux réseaux (Philip et al., 2010).

L'extraction de clusters est en particulier une des tâches de la modélisation descriptive les plus courantes du domaine de la fouille de réseaux sociaux (Stattner et Collard, 2015). En effet dans de nombreux systèmes, qu'ils soient naturels ou sociaux, les entités impliquées ont souvent tendance à s'organiser en groupes. Identifier ces groupes s'avère alors être un défi important pour comprendre les structures émergeant des interactions entre les entités, étudier les mécanismes qui y prennent place et déterminer le rôle des agents au sein de ces systèmes.

C'est ainsi que de nombreuses méthodes de clustering de réseaux ont été proposées ces dernières années (Fortunato, 2010). Les approches qui ont vu le jour ont d'ailleurs permis une évolution de la notion même de cluster. En effet, alors que les premières contributions exploitaient uniquement la structure des réseaux pour en extraire des groupes de noeuds densément connectés, aussi appelés *communautés* (Newman et Girvan, 2004), les approches récentes se sont intéressées à l'extraction de clusters de plus en plus complexes définis à la fois par leur structure et par les attributs des noeuds qui les composent. L'une des récentes méthodes de clustering de réseaux concerne notamment la recherche de liens conceptuels. Il s'agit d'une nouvelle approche de clustering de liens, qui exploite à la fois la structure du réseau et les attributs des noeuds, dans le but d'identifier des liens fréquents entre des groupes au sein desquels les noeuds partagent des attributs communs.

Pourtant, si un travail important est actuellement mené sur la conception de méthodes innovantes, capables de rechercher des clusters de nature différente, la plupart de ces approches font l'hypothèse de réseaux statiques. Or, nous savons que la dimension temporelle fait partie inhérente de ces structures (Toivonen et al., 2009). Les réseaux sont en effet des structures vivantes au sein desquelles des noeuds et des liens peuvent apparaitre ou disparaitre. Certains réseaux, tels que les réseaux de communications (Calabrese et al., 2011) ou les réseaux de proximité géographique (Stehle et al., 2011), connaissent des changements structurels assez importants au cours de leur évolution.

Dans ce travail, nous nous intéressons au suivi des liens conceptuels dans des réseaux dynamiques. Nous cherchons en particulier à comprendre comment les liens conceptuels se forment et évoluent au cours du développement du réseau. Pour ce faire, nous proposons d'abord un ensemble de mesures qui visent à capturer des comportements caractérisant l'évolution de ces clusters, c'est-à-dire certaines transitions qui prennent place au sein de ces clusters. Notre approche est ensuite utilisée pour étudier l'évolution des liens conceptuels extraits sur deux réseaux réels : un réseau de co-auteurs d'articles scientifiques et un réseau de communications mobiles.

Cet article est organisé comme suit. La Section 2 passe en revue les principales méthodes de modélisation descriptive des réseaux et présente les travaux menés sur la dynamique des clusters. La Section 3 décrit formellement la notion de liens conceptuels. La Section 4 détaille l'approche que nous proposons pour suivre l'évolution des liens conceptuels. La Section 5 est consacrée aux résultats obtenus sur deux jeux de données. La Section 6 conclut le papier et présente nos travaux futurs.

2   Travaux antérieurs

Le clustering de réseau fait référence à une famille de méthodes qui vise à extraire des groupes à partir de structures de réseau. Si les approches pionnières ont dans un premier temps exploité uniquement la structure des réseaux, les approches récentes ont tenté d'inclure toutes les informations disponibles sur la structure et les propriétés des noeuds lors de la phase d'extraction. Nous pouvons ainsi distinguer 3 principales approches, qui s'intéressent chacune à un type bien spécifique de cluster.

Le clustering de réseau traditionnel, aussi appelé "recherche de communautés", a pour objectif de partitionner le réseau en plusieurs composantes (appelées groupes, clusters ou communautés) de sorte que les noeuds au sein de chaque communauté possèdent une forte densité de connexions internes (Fortunato, 2010). L'objectif de ces méthodes est d'identifier des groupes qui maximisent un critère de distance, le plus connu étant la modularité (Newman et Girvan, 2004). Deux types de méthodes sont généralement distinguées : (i) les approches ascendantes, qui fusionnent, à chaque itération, des noeuds ou des groupes de noeuds (Shen et al., 2009). (ii) les approches descendantes, qui partent du réseau complet et le divisent jusqu'à obtenir un partitionnement suffisant (Rattigan et al., 2007).

Le clustering hybride fait référence à de nouvelles approches de clustering de noeuds qui tentent de prendre en compte la structure du réseau et les attributs des noeuds lors du processus de partitionnement (Yang et al., 2013). Ces approches redéfinissent la notion de cluster en s'intéressant à des *"groupes de noeuds densément connectés au sein desquels les noeuds partagent des attributs communs"* (Zhou et al., 2009). Ces méthodes s'appuient sur de nouvelles mesures de pertinence des clusters qui visent à trouver un équilibre entre la similarité de la structure et la similarité des noeuds. Les clusters mis ainsi en évidence ont une sémantique beaucoup plus forte et adaptée au contexte.

L'extraction de liens conceptuels est une très récente approche de clustering qui cherche, elle, à identifier des clusters de liens (Stattner et Collard, 2015). Elle exploite à la fois les informations disponibles sur la structure du réseau et les attributs des noeuds dans l'objectif d'extraire les groupes de noeuds les plus connectés du réseau, au sein desquels les noeuds partagent des caractéristiques communes. L'extraction des liens conceptuels implique deux étapes (Stattner et Collard, 2012) : (i) une phase de clustering des noeuds, qui regroupe les noeuds sur la base du partage d'attributs communs et (ii) une phase d'identification des liens conceptuels, qui évalue la fréquence des liens entre les clusters identifiés en phase (i).

Bien que toutes ces méthodes soient aujourd'hui largement utilisées pour identifier des clusters des réseaux sociaux, elles opèrent sur des structures supposées statiques. Pourtant, la plupart des réseaux du monde réel connaissent des évolutions structurelles au cours du temps. C'est la raison pour laquelle des travaux sont aujourd'hui menés sur la façon dont un cluster évolue avec le réseau. Une approche naturelle consiste à considérer le réseau comme possédant plusieurs états, selon le moment d'observation, puis à appliquer l'algorithme de clustering sur chacun des états. De cette façon, l'évolution des clusters est étudiée en s'intéressant à 5 grands comportements (Oliveira et Gama, 2010; Greene et al., 2010; Aynaud et al., 2013) : apparition du cluster, sa disparition, sa survie, la fusion de plusieurs clusters, la division d'un cluster en différents clusters.

Dans ce travail, nous cherchons à comprendre comment évoluent les liens conceptuels au cours du développement du réseau. A notre connaissance, l'étude présentée dans ce papier est la première contribution qui s'intéresse à l'évolution de ce type de clusters sur des réseaux dynamiques.

3 Clustering de liens à travers les liens conceptuels

Soit $G = (V, E)$ un réseau, dans lequel V est l'ensemble des noeuds et E l'ensemble des liens avec $E \subseteq V \times V$. L'ensemble V est défini comme une relation $R(A_1, ..., A_p)$ où

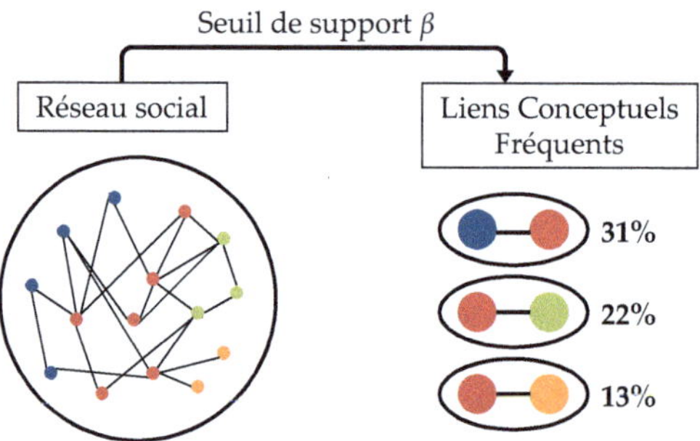

FIG. 1 – *Extraction des liens conceptuels à partir d'un réseau social*

chaque A_i est un attribut. Ainsi, chaque noeud $v \in V$ est défini par le tuple $(a_1, ..., a_p)$ où $\forall k \in [1..p], v[A_k] = a_k$ correspond à la valeur de l'attribut A_k du noeud v.

Un item est une expression logique $A = x$ où A est un attribut et x une valeur. L'item vide est noté $\emptyset$. Un itemset est une conjonction d'items, par exemple $(A_1 = x$ et $A_2 = y$ et $A_3 = z)$. Quand un itemset est une conjonction k items non-vides, on parle de k-itemset. Soit m un itemset, nous notons V_m, l'ensemble des noeuds de V qui satisfont m.

Posons m_1 et m_2 deux itemsets et V_{m_1}, V_{m_2}, respectivement les ensembles de noeuds dans V qui satisfont m_1 et m_2. Nous notons $E_{(m_1,m_2)}$ le cluster de liens connectant des noeuds de V_{m_1} à des noeuds de V_{m_2}, i.e.

$$E_{(m_1,m_2)} = \{e \in E \; ; \; e = (v_1, v_2) \quad v_1 \in V_{m_1} \;\; et \;\; v_2 \in V_{m_2}\} \tag{1}$$

Le cluster $E_{(m_1, m_2)}$ est appelé "*lien conceptuel*" dans la mesure où il ne s'agit pas d'un lien du réseau, mais d'un cluster de liens entre deux groupes de noeuds qui peuvent être vus comme des "*concepts*", au sens de l'analyse de concepts formels (Ganter et al., 2005), c'est-à-dire des objets qui partagent des attributs communs.

Le *support* du lien conceptuel $E_{(m_1,m_2)}$, est le pourcentage de liens appartenant à $E_{(m_1,m_2)}$, i.e. $supp(E_{(m_1,m_2)}) = \frac{|E_{(m_1,m_2)}|}{|E|}$.
Le lien conceptuel entre les itemsets m_1 et m_2 est fréquent si le support de $E_{(m_1,m_2)}$ est plus grand qu'un seuil de support minimum β, i.e. $supp(E_{(m_1,m_2)}) > \beta$. Par simplicité nous notons les liens conceptuels fréquents par les deux itemsets associés (m_1, m_2).

Soit I l'ensemble des itemsets construits à partir de V, nous définissons LC comme l'ensemble des clusters de liens extraits de G.

$$LC = \bigcup_{m_1 \in I, m_2 \in I} \{E_{(m_1,m_2)} \; ; \; supp(E_{(m_1,m_2)}) > \beta\} \tag{2}$$

La Figure 1 montre un exemple de liens conceptuels extraits à partir d'un réseau social. Nous pouvons, par exemple, y observer que 31% des liens du réseau connectent des noeuds qui vérifient la propriété "bleu" à des noeuds qui vérifient la propriété "rouge".

4   Caractériser la dynamique des clusters

Notre objectif dans ce papier est d'étudier l'évolution des clusters de liens durant le développement du réseau. Comme l'illustre la Figure 2, il s'agit d'identifier entre deux états du réseau les transitions qui s'opèrent sur les liens conceptuels, c'est-à-dire si les clusters se maintiennent, se divisent, fusionnent, apparaissent ou disparaissent entre les instants t et $(t+1)$.

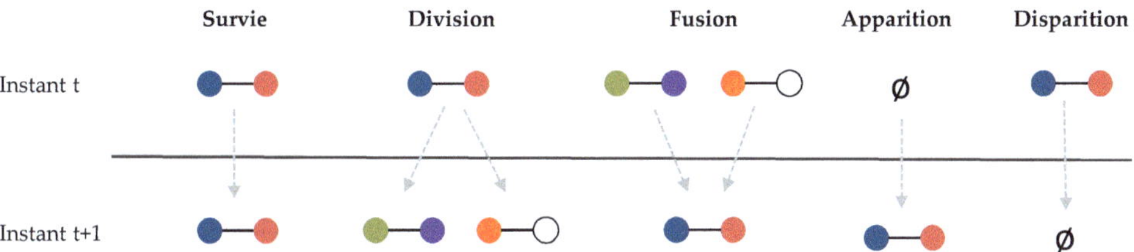

FIG. 2 – *Comportement d'évolution possibles des clusters*

Ainsi, nous adaptons les règles utilisées pour suivre les communautés dans les réseaux sociaux aux liens conceptuels (Aynaud et al., 2013). Plus précisément, soient $L = E(m_1, m_2)$ et $L' = E(m'_1, m'_2)$ deux clusters de liens extraits à des états successifs du réseau. Nous définissons la *similarité* entre deux clusters comme étant la quantité de liens partagés entre ces deux ensembles.

$$sim(L, L') = min\left(\frac{|L \cap L'|}{|L|}, \frac{|L \cap L'|}{|L'|}\right) \tag{3}$$

Cette mesure, comprise entre 0 et 1, fournit une information sur la taille des intersections entre L et L'. Une valeur de 0 indique que les ensembles sont disjoints, alors qu'une valeur proche de 1 indique que les clusters sont très proches ; la valeur de 1 étant atteinte pour des ensembles strictement identiques.

A partir de cette notion de similarité, nous définissons un certain nombre de comportements qui caractérisent les changements qui peuvent prendre place sur un lien conceptuel entre l'état G_t du réseau et son état G_{t+1}. Plus précisément, soit L un cluster de liens extrait de G_t, nous introduisons $match(L)$ comme l'ensemble des clusters de liens L' dans G_{t+1} dont l'intersection avec L dépasse un certain seuil, c'est-à-dire dont la similitude est supérieure au seuil fixé. Dans nos expériences nous utilisons un seuil de 0.75. S'il n'existe pas dans G_{t+1} un tel cluster, nous avons $match(L) = \emptyset$. De cette façon, nous utilisons un ensemble de règles pour identifier chacun des comportements d'évolution présentés sur la Figure 2.
  — **Fusion** : L dans G_t fusionne avec d'autres liens conceptuels pour former L' dans G_{t+1} si $L' \in match(L)$ et $\exists Z \neq L$ dans G_t tel que $L' \in match(Z)$.
  — **Division** : L dans G_t se divise en plusieurs liens conceptuels $L'_1, L'_2, ...L'_k$ dans G_{t+1} si $\forall i, L'_i \in match(L)$.
  — **Survie** : L dans G_t devient L' dans G_{t+1} si $L' \in match(L)$ et $\forall Z \neq L$ dans G_t, $L' \notin match(Z)$.
  — **Disparition** : L dans G_t disparait si aucun des cas précédents ne survient.
  — **Apparition** : L' dans G_{t+1} apparait si $\forall L$ dans G_t, $L' \notin match(L)$.

Précisons que les événements de fusion et de division ne sont pas disjoints. Une partie d'un cluster peut intervenir dans une fusion alors qu'une autre sera impliquée dans une division.

5 Résultats expérimentaux

Nous avons appliqué notre approche à deux réseaux dynamiques de nature différente pour comprendre comment évoluent les liens conceptuels au cours du développement de ces réseaux et selon différents seuils de support β d'extraction des clusters. Nous détaillons les principales propriétés de ces jeux de données dans la section 5.1 et présentons les résultats obtenus dans la section 5.2.

5.1 Environnement de tests

Deux jeux de données ont été utilisés pour nos expériences. (i) Un réseau de co-auteurs d'articles scientifiques, qui représente l'ensemble des auteurs ayant co-écrit des articles à la conférence EGC[1] de 2004 à 2015. (ii) Un réseau de communications mobiles qui représente les appels téléphoniques effectués par les abonnés d'un opérateur de téléphonie mobile local sur une journée de 5h à 15h.

Ces réseaux sont intéressants pour notre étude puisqu'ils connaissent, tous deux, des évolutions assez significatives de leur structure. Le réseau de co-auteur passe par exemple de 139 à 1349 noeuds de 2004 à 2015 et les liens de 167 à 2366 sur cette même période. Le réseau mobile passe, lui, de 6786 noeuds à 246253 noeuds et de 3799 liens à 255947 sur les dix heures d'étude. Plus généralement,la Figure 3 montre comment évoluent les principales propriétés structurelles de ces réseaux au cours de leur développement : nombre de noeuds et de liens, densité, degré moyen, et distribution des degrés. Précisons que ces réseaux ne font que croitre durant leur développement, puisque seuls des ajouts de noeuds ou de liens sont effectués. De plus, nous observons sur la distribution des degrés que le réseau de communications maintient une structure scale-free sur toute la durée de l'étude.

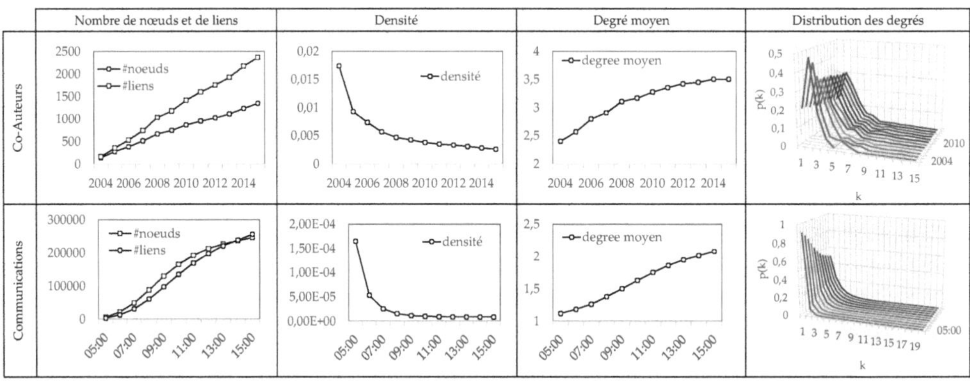

FIG. 3 – *Propriétés des jeux de données utilisées*

Dans le réseau de co-auteur, chaque noeud est identifié par 7 attributs : (1) label, (2) nombre d'articles publiés, (3) nombre moyen de co-auteurs par papier, (4) taille moyenne des résumés, (5) nombre moyen d'articles par an, (6) position moyenne dans la liste d'auteurs, (7) nombre de fois qu'il apparait premier auteur.

---

1. Téléchargeable ici : http ://www.erickstattner.com/datasets/CollaborationNetwork.zip

Au sein du réseau de communications, chaque noeud est identifié par 10 attributs : (1) numéro, (2) localisation (Martinique, Guadeloupe ou Guyane), (3) tranche horaire sur laquelle il est le plus actif, (4) type de forfait, (5) nombre moyen d'appels passés, (6) durée moyenne des appels passés, (7) nombre moyen d'appels reçus, (8) durée moyenne des appels reçus, (9) nombre de sms envoyés et (10) nombre de sms recus.

Sur les deux jeux de données, les attributs ont été pré-traités de façon à les discrétiser sur cinq classes. Nous avons extrait les liens conceptuels des deux réseaux en utilisant l'algorithme MFCL-Min (Stattner et Collard, 2012) avec 3 seuils de support différents : $\beta = 0.1$, $\beta = 0.2$ et $\beta = 0.3$. Nous ne détaillons pas ici la sémantique des clusters obtenus puisque notre objectif est d'étudier les changements qui prennent place au sein de ces clusters. La Figure 4 montre cependant le nombre de clusters identifiés à chaque instant pour (a) le réseau de co-auteurs et (b) le réseau de communications.

FIG. 4 – *Nombre de clusters extraits sur : (a) réseau co-auteurs et (b) réseau communications*

Nous observons que les tendances sont différentes pour les deux réseaux. Si le nombre de liens conceptuels extraits semble croitre avec le temps sur le réseau de co-auteurs, et ce quel que soit le seuil utilisé, le nombre de clusters identifiés sur le réseau de communications semble se stabiliser après quelques heures d'accumulation des données. Ce résultat est particulièrement intéressant, puisque bien que le nombre de clusters se stabilise sur ce réseau, nous observerons dans la section suivante qu'ils ne sont pourtant pas les mêmes.

5.2 Résultats

Dans un premier temps, nous avons étudié quels étaient les changements qui survenaient sur les clusters. Plus précisément, pour chacun des réseaux, nous dénombrons entre l'état G_t et G_{t+1} du réseau, le pourcentage d'apparition de clusters, de disparition, de survie, de fusion et de division. La Figure 5 détaille les résultats obtenus.

Il est intéressant d'observer que pour les deux réseaux, durant les premiers instants de l'étude, 100% des clusters de liens extraits sont des apparitions. Cela peut s'expliquer par le fait qu'au début de l'étude, les clusters identifiés sont très volatiles du fait du peu de données accumulées qui ne reflètent finalement pas des tendances réelles. Ainsi, les clusters ne sont pas confirmés lors du passage à l'état suivant. Cette observation peut également être faite sur le taux de disparition qui est de 100% sur les premiers instants.

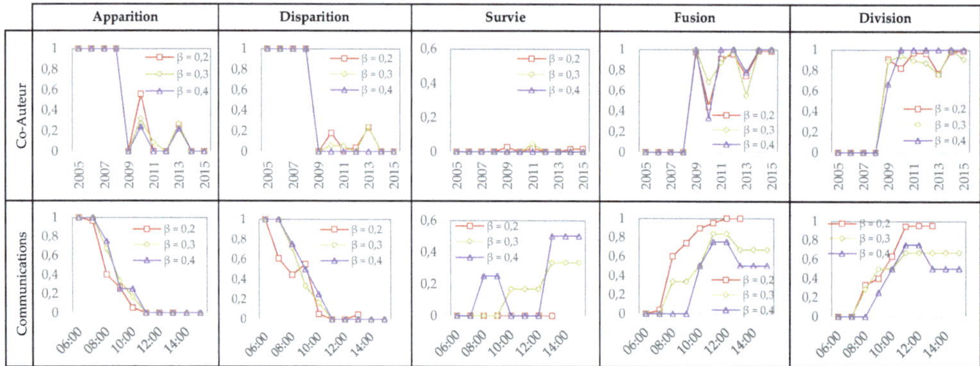

FIG. 5 – *Changements prenant place sur les clusters de liens*

Cependant, après un certain temps d'étude, nous observons une diminution du taux d'apparition et de disparition, ce qui laisse penser que les tendances mises en évidence dans les clusters se confirment d'un état à l'autre. Par exemple, à partir de l'instant $t_0 + 6$, le réseau de communications ne connait plus aucune apparition quel que soit le seuil β utilisé. Ce taux s'abaisse également fortement pour le réseau de co-auteurs à partir de l'instant $t_0 + 4$.

Ces résultats sur l'apparition et la disparition des clusters laissent à penser que sur ces deux réseaux, après un certain temps d'accumulation des données, les tendances sous-jacentes aux clusters tendent à se confirmer d'un état du réseau à l'autre, ce qui conduit à une diminution des taux d'apparition et de disparition.

Pour comprendre ce que deviennent ces clusters qui semblent ne plus disparaitre après un certain temps, intéressons nous dans un premier temps au taux de survie (cf. Figure 5). Les tendances sont cette fois différentes selon le jeu de données. Quel que soit le seuil de support utilisé, le réseau de co-auteurs voit une fraction négligeable de clusters survivre. Ce résultat suggère que ces clusters, qui pourtant ne disparaissent pas, sont présents sous d'autres formes à travers des comportements de fusion ou de division. En ce qui concerne le réseau de communications, nous observons en revanche que le taux de survie varie selon le seuil de support et semble croître avec le temps. Par exemple, à l'instant $t_0 + 8$, nous pouvons observer que 50% des clusters survivent avec un seuil $\beta = 0.4$, contre environ 30% avec un seuil $\beta = 0.3$.

Les résultats obtenus sur la survie des clusters sont intéressants, puisqu'ils montrent que, sur certains jeux de données, des clusters peuvent ne pas disparaitre, mais ne pas survivre pour autant entre deux états successifs du réseau. Ce qui laisse penser qu'ils ne se maintiennent qu'à travers des comportements de fusion et de division.

Ainsi, si nous nous concentrons sur les comportements de fusion et de division (cf. Figure 5), les résultats obtenus confirment nos observations précédentes. En effet, sur le réseau de co-auteurs la grande majorité des changements sur les clusters s'avèrent être des fusions et des divisions de clusters (rappelons que ces deux événements ne sont pas disjoints). Sur le réseau de communications, le taux de fusion et de division reste également important, mais varie selon le seuil support β. Par exemple, à l'instant $t_0 + 8$, nous pouvons observer que 50%

des clusters sont impliqués dans une fusion avec un seuil $\beta = 0.4$, contre environ 66% avec un seuil $\beta = 0.3$.

Si les taux de fusion et de division peuvent paraître importants, il convient toutefois de les nuancer au regard du nombre de clusters extraits. Par exemple, dans le réseau de communications avec $\beta = 0.4$, nous observons que 50% des communautés se divisent, mais il s'agit de 50% des 4 clusters extraits (cf. Figure 4).

Les taux de fusion et division observés permettent de mettre en évidence des résultats assez surprenants. En effet, après un certain temps d'accumulation des données, si aucun nouveau cluster n'apparaît, les clusters existants semblent se maintenir pour l'essentiel d'entre eux à travers des comportements de fusion et de division. Ce résultat laisse penser qu'un certain temps d'accumulation est nécessaire pour identifier des tendances fortes, avant de n'observer que des brassages entre les clusters.

Les résultats obtenus ont permis de mettre en évidence que la grande majorité des comportements identifiés sur ces deux réseaux sont des comportements de fusion et de division. Ainsi dans un second temps, nous avons cherché à mieux caractériser ces événements en nous intéressant au pourcentage de clusters impliqués durant les phases de fusion et de division.

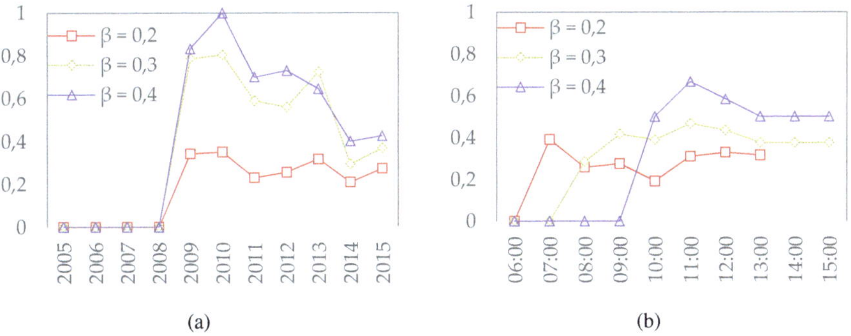

FIG. 6 – *Moyenne du pourcentage de clusters impliqués dans une fusion : (a) réseau de co-auteurs, (b) réseau de communications*

La Figure 6 montre, pour les deux réseaux, le pourcentage de clusters impliqués lors d'une phase de fusion. Si ce pourcentage varie selon le seuil de support β, nous observons qu'il reste relativement stable et élevé au cours du temps. Par exemple, pour le réseau de co-auteurs, avec un seuil de 0.2, nous observons qu'en moyenne une fusion implique 30% des clusters. Pour le réseau de communication, 50% des clusters sont en moyenne impliqués dans une fusion avec un seuil de $\beta = 0.4$, contre environ 40% pour avec un seuil de $\beta = 0.3$.

De la même façon, la Figure 7 montre le pourcentage de clusters impliqués lors d'une phase de division pour les deux jeux de données. Comme précédemment, nous pouvons observer que le taux de clusters impliqués dans une division reste relativement élevé. Par exemple, pour le réseau de communication, 50% des clusters sont en moyenne impliqués dans une fusion avec un seuil de $\beta = 0.4$, contre environ 40% avec un seuil de $\beta = 0.3$.

A travers ces résultats, nous pouvons observer que si les taux de fusion et de division sont importants (observés sur la Figure 5), ils impliquent également un fort pourcentage des clusters

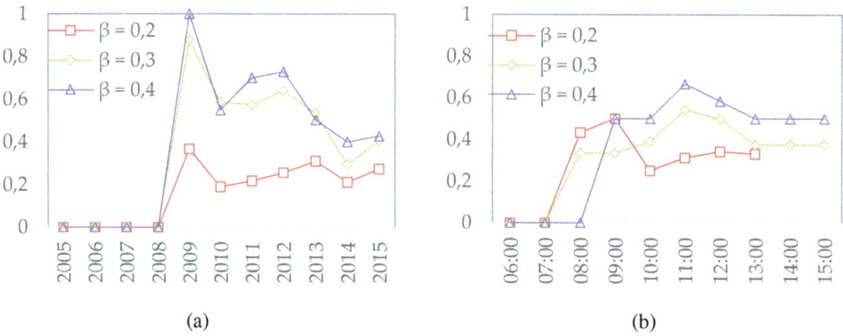

FIG. 7 – *Moyenne du pourcentage de clusters impliqués dans une division : (a) réseau de co-auteurs, (b) réseau de communications*

présents (cf. Figures 6 et 7). Ils complètent ainsi nos observations précédentes et confirment le fait que, sur ces deux réseaux, bien que le taux de survie des clusters ne soit pas important, les clusters continuent d'exister essentiellement à travers des comportements de fusion et de division impliquant une quantité importante des clusters présents. Il convient cependant de nuancer ces résultats au regard du faible nombre de clusters qui est obtenu selon le seuil de support β utilisé.

6 Conclusion et perspectives

Dans ce travail, nous nous sommes intéressés à la façon dont évoluent des clusters extraits sur des réseaux sociaux dynamiques. L'étude menée dans ce papier s'intéresse à un type bien spécifique de clusters : les liens conceptuels. Il s'agit d'une nouvelle approche de clustering de liens qui exploite à la fois la structure du réseau et les attributs des noeuds, dans le but d'identifier des liens fréquents entre des groupes de noeuds partageant des attributs communs.

Ainsi, nous avons dans un premier temps identifié un ensemble de comportements d'évolution susceptibles de prendre place sur les liens conceptuels : la survie du cluster, la fusion avec d'autres clusters, la division en plusieurs clusters, l'apparition et la disparition. Nous avons ensuite introduit la notion de similarité entre les liens conceptuels afin de décrire formellement ces comportements. Notre approche a été implémentée et testée sur deux réseaux sociaux connaissant des changements importants de leur structure au cours du temps : un réseau de co-auteurs d'articles scientifiques et un réseau de communications téléphoniques. Les résultats obtenus ont permis d'observer qu'un temps d'accumulation des données était nécessaire avant que le taux d'apparition de nouveaux clusters devienne négligeable. Nous avons également pu observer que très peu de comportement de survie de clusters sont identifiés et que la majeure partie des clusters se retrouvent d'un état à l'autre du réseau à travers des comportements de fusion et de division.

Si les résultats obtenus sont encourageants et permettent de mettre en lumière des tendances significatives dans l'évolution des liens conceptuels sur ces réseaux, il est important de pouvoir confirmer ces observations sur d'autres jeux de données. Ainsi, en perspectives nous souhaitons appliquer notre approche à d'autres jeux de données dans l'espoir de confirmer les tendances ou d'en identifier de nouvelles. Il sera également important de comprendre comment évoluent les liens conceptuels selon la nature des réseaux étudiés. A long terme, la compréhension de l'évolution des liens conceptuels devrait permettre de mieux appréhender les mouvements de groupes au sein des réseaux sociaux, et pourrait permettre de proposer de nouveaux modèles de génération et d'évolution des réseaux sociaux.

Références

Aynaud, T., E. Fleury, J.-L. Guillaume, et Q. Wang (2013). Communities in evolving networks : definitions, detection, and analysis techniques. In *Dynamics On and Of Complex Networks, Volume 2*, pp. 159–200. Springer.

Barbier, G. et H. Liu (2011). Data mining in social media. In *Social network data analytics*, pp. 327–352. Springer.

Calabrese, F., Z. Smoreda, V. D. Blondel, et C. Ratti (2011). Interplay between telecommunications and face-to-face interactions : A study using mobile phone data. *PloS one 6*(7), e20814.

Fortunato, S. (2010). Community detection in graphs. *Physics Reports 486*, 75–174.

Ganter, B., G. Stumme, et R. Wille (2005). Formal concept analysis, foundations and applications. *Lecture Notes in Computer Science 3626*.

Greene, D., D. Doyle, et P. Cunningham (2010). Tracking the evolution of communities in dynamic social networks. In *Advances in social networks analysis and mining (ASONAM), 2010 international conference on*, pp. 176–183. IEEE.

Newman, M. E. et M. Girvan (2004). Finding and evaluating community structure in networks. *Physical review E 69*(2), 026113.

Oliveira, M. et J. Gama (2010). Bipartite graphs for monitoring clusters transitions. In *International Symposium on Intelligent Data Analysis*, pp. 114–124. Springer.

Philip, S. Y., J. Han, et C. Faloutsos (2010). *Link mining : Models, algorithms, and applications*. Springer.

Rattigan, M. J., M. Maier, et D. Jensen (2007). Graph clustering with network structure indices. In *Proceedings of the 24th international conference on Machine learning*, pp. 783–790. ACM.

Shen, H., X. Cheng, K. Cai, et M.-B. Hu (2009). Detect overlapping and hierarchical community structure in networks. *Physica A : Statistical Mechanics and its Applications 388*(8), 1706–1712.

Stattner, E. et M. Collard (2012). Social-based conceptual links : Conceptual analysis applied to social networks. *International Conference on Advances in Social Networks Analysis and Mining*.

Stattner, E. et M. Collard (2015). Descriptive modeling of social networks. *Procedia Computer Science 52*, 226–233.

Stehle, J., N. Voirin, A. Barrat, C. Cattuto, L. Isella, J. Pinton, M. Quaggiotto, W. Van Den Broeck, C. Regis, B. Lina, et al. (2011). High-resolution measurements of face-to-face contact patterns in a primary school. *PloS one 6*(8).

Toivonen, R., L. Kovanen, M. Kivela, J. Onnela, J. Saramaki, et K. Kaski (2009). A comparative study of social network models : network evolution models and nodal attribute models. *Social Networks 31*.

Yang, J., J. McAuley, et J. Leskovec (2013). Community detection in networks with node attributes. In *Data Mining (ICDM), 2013 IEEE 13th International Conference on*, pp. 1151–1156. IEEE.

Zhou, Y., H. Cheng, et J. Yu (2009). Graph clustering based on structural/attribute similarities. *VLDB Endowment 2*(1), 718–729.

Summary

Numerous methods have been proposed in order to extract clusters from social networks. While many studies are conducted on the design of innovative methods that are able to search for various kinds of clusters, most approaches make the assumption of static networks. One of the recent methods concerns the search for conceptual links. This is a new approach of link clustering that exploits both network structure and node attributes in order to identify frequent links between groups of nodes in which nodes share common attributes. In this work, we focus on the tracking of conceptual links in dynamic networks, namely networks experiencing important structural changes during their evolution. In particular, we seek to understand how conceptual links appear and evolve during the network development. For this purpose, we propose a set of measures that aim to capture some behaviors caracterising the evolution of these clusters. Our approach is thus used to understand the evolution of the conceptual links extracted on two real world networks: a scientific co-author network and a mobile communication network. The results obtained highlight significant trends in the evolution of the conceptual links in these two networks.

Reconnaissance de sections et d'entités dans les décisions de justice : application des modèles probabilistes HMM et CRF

Gildas Tagny Ngompé*,**, Sébastien Harispe*, Guillaume Zambrano**, Jacky Montmain*,
Stéphane Mussard**

*Laboratoire LGI2P , École des mines d'Alès
{gildas.tagny-ngompe, sebastien.harispe}@mines-ales.fr
**Equipe CHROME , Université de Nîmes

Résumé. Une décision de justice est un document textuel rapportant le dénouement d'une affaire judiciaire. Les juristes s'en servent régulièrement comme source d'interprétation de la loi et de compréhension de l'opinion des juges. La masse disponible de décisions exige des solutions automatiques pour aider les acteurs du droit. Nous proposons d'adresser certains des défis liés à la recherche et l'analyse du volume croissant de décisions de justice en France dans un projet plus global. La première phase de ce projet porte sur l'extraction d'information des décisions dans l'objectif de construire une base de connaissances jurisprudentielles structurant et organisant les décisions. Une telle base facilite l'analyse descriptive et prédictive de corpus de décisions. Cet article présente une application des modèles probabilistes pour la segmentation des décisions et la reconnaissance d'entités dans leur contenu (lieu, date, participants, règles de loi, ...). Nos tests montrent l'avantage d'approches basées sur les champs aléatoires conditionnels (CRF) par rapport à des modèles plus simples et rapides basés sur les modèles cachés de Markov (HMM). Nous présentons ici les aspects techniques de la sélection et l'annotation du corpus d'apprentissage, et la définition de descripteurs discriminants. La spécificité des textes est importante et doit être prise en compte lors de l'application de méthodes d'extraction d'information dans un domaine spécifique.

1   Introduction

Une décision de justice est soit le résultat rendu par des juges à l'issue d'un procès, soit un document contenant la description de l'affaire, le résultat des juges et les motifs qui ont conduit à ce résultat. Cet article présente une approche de reconnaissance de sections (entête, exposé de l'affaire, et dispositif) et d'entités (date, ville, nom des juges, ...) dans ces documents. Plus précisément, nous évaluons l'application de deux approches de reconnaissance d'information à base de deux modèles markoviens HMM (*Hidden Markov Model*) et CRF (*Conditional Random Fields*). Les décisions jurisprudentielles sont essentielles pour les juristes parce qu'elles sont des sources d'interprétation de la loi. Les juristes doivent rassembler et analyser des décisions pertinentes pour résoudre les problèmes auxquels ils s'intéressent afin de mieux anticiper les décisions des juges. Généralement manuelle, cette analyse rencontre quelques limites. D'abord, l'accès à un corpus exhaustif de décisions est difficile vu l'énorme volume de décisions réparti dans les juridictions (plus de 4 millions de décisions en France par an [1]). Malgré la disponibilité d'un nombre important de décisions en ligne, les moteurs de recherche juridiques proposent essentiellement des critères à mots-clés. L'extraction d'information aiderait à mieux décrire et organiser les décisions tout en enrichissant les critères de recherche avec notamment les noms des juges ou les articles de loi. D'autre part, l'analyse manuelle de décisions peut devenir pénible lorsque les documents sont longs et nombreux. Par ailleurs, la justice est complexe et son langage difficilement compréhensible (Crctin, 2014) pour permettre à un non-juriste d'estimer les conclusions d'une décision sans l'aide d'un initié en droit. Les technologies actuelles de traitement du langage naturel et de fouille de textes peuvent permettre une analyse automatisée de documents afin d'atténuer ces obstacles. Par exemple, la reconnaissance d'entités et la classification de textes ont aidé à structurer une large collection d'articles scientifiques pour faciliter leur recherche (McCallum et al., 2000b). D'une part, une analyse automatisée des décisions jurisprudentielles peut aider des avocats et chercheurs en droit à comprendre l'opinion des juges sur certaines questions. D'autre part, elle constitue potentiellement une aide précieuse pour les particuliers et entreprises soucieux de connaitre les chances que leurs requêtes aboutissent en justice.

Comment exploiter un corpus de décisions pour analyser, voire prédire, les décisions des juges sachant que l'interprétation subjective des règles juridiques rend l'application de la loi non déterministe ? Cette question intéresse de nombreuses entreprises telles que LexisNexis avec son système LexMachina [2], et de jeunes startups françaises telles que Predictice [3] et CASE LAW ANALYTICS [4]. Afin d'y répondre, nous développons actuellement une approche automatisée permettant une analyse exhaustive, descriptive et prédictive de la jurisprudence. Cette analyse nécessite tout d'abord de structurer le corpus de décisions à analyser à partir d'informations les caractérisant : numéro d'inscription au répertoire général (R.G.), juridiction, ville, date, juges, normes utilisées, demandes et quanta demandés, résultats des juges et quanta accordés... Cette formalisation des informations et de leurs relations (ex. demande fondée sur une norme) permet une description et une organisation des décisions en une base de connaissances. L'objectif premier de notre projet vise ainsi à extraire des informations des contenus textuels d'un corpus de décisions. Par la suite, ces informations doivent être normalisées afin de construire une base de connaissances de la jurisprudence française. Les cas d'application pouvant bénéficier d'une telle base sont nombreux, par ex. : mieux comprendre l'application de règles juridiques, anticiper les résultats des juridictions, rechercher des décisions similaires, analyser et comparer le risque judiciaire entre des périodes ou des lieux, ou encore identifier les facteurs qui influencent les résultats des juges. La construction d'une telle base de connaissances nécessite une description des décisions. Ces dernières sont des textes libres mais avec une structure standard. Elles comprennent plusieurs informations nécessaires à la compréhension de l'affaire (le lieu, les parties, les juges, la date, les requêtes des parties, les résultats des juges, ...). Les natures différentes de ces informations imposent différentes tâches d'analyse de texte. Par exemple, l'extraction du lieu, de la date, des noms des juges, et des règles juridiques (normes) s'assimile à de la reconnaissance d'entités nommées ; problématique largement étu-

---

1. http ://www.justice.gouv.fr/budget-et-statistiques-10054/chiffres-cles-de-la-justice-10303/
2. https ://lexmachina.com
3. http ://predictice.com
4. http ://caselawanalytics.com

diée en traitement automatique du langage naturel (Marrero et al., 2013). Cependant, pour l'extraction d'information concernant les demandes des parties et les résultats des juges, des approches novatrices doivent être définies.

Cet article se restreint à la segmentation des décisions et à la reconnaissance des entités (tableau 1) à l'aide de modèles probabilistes. On peut distinguer quatre approches de reconnaissance d'entités (Chau et al., 2002) : à base de lexique, à base de règles, à base de statistiques, à base d'apprentissage automatique. Ces approches ont déjà été appliquées pour l'extraction d'entités dans des textes juridiques. Après une segmentation des documents avec un CRF, Dozier et al. (2010) combinent ces approches pour reconnaître des entités dans les décisions de la cour suprême des Etats-Unis. Ils définissent séparément entre autres des détecteurs à base de règles respectivement pour identifier la juridiction (zone géographique), le type de document, et les noms de juges ; un détecteur à lexique pour la cour, et un classificateur entrainé pour le titre. Ces détecteurs ont des performances prometteuses mais avec des rappels limités entre 72% et 87%. Par ailleurs, sur des décisions tchèques, Kríž et al. (2014) comparent l'application du HMM et d'un algorithme de perceptron à marges inégales (PAUM) pour reconnaitre des institutions et des références à d'autres décisions et aux actes (loi, contrat, ...). Ces deux modèles présentent de bonnes performances avec des mesures-F1 comprises entre 89% et 97% pour le HMM avec des trigrammes et entre 87% et 97% pour le PAUM avec les 5-grammes des lemmes et les rôles grammaticaux des termes.

2   L'étiquetage de texte à base des modèles HMM et CRF

Considérons un texte T comme étant la séquence d'observations $t_{1:n}$. Chaque t_i est un segment de texte (mot, ligne, phrase, ...). Une tâche de segmentation de T consiste à découper T en des groupes ne se chevauchant pas de telle sorte que les éléments liés soient dans le même groupe. Tandis que l'étiquetage de T consiste à assigner les labels appropriés à chaque t_i. La segmentation de T passe par un étiquetage où les t_i consécutifs ayant le même label font partie du même groupe. Le HMM et le CRF ont démontré leur efficacité pour diverses tâches comme la distinction des questions et des réponses dans des foires aux questions ou FAQs (McCallum et al., 2000a), ou l'extraction d'entités dans les entêtes et références d'articles scientifiques (Peng et McCallum, 2006). Nous décrivons dans cette section leur principe de fonctionnement.

2.1   Les modèles cachés de Markov (HMM)

Un HMM est une machine à états finis $\{s_1, s_2, ..., s_m\}$ dont l'objectif est d'affecter une probabilité jointe $P(T|L)$ à des séquences couplées d'observations $T = t_{1:n}$ et de labels $L = l_{1:n}$. Le HMM étant un modèle génératif, chaque label l_i correspond à l'état s_j dans lequel la machine a généré l'observation t_i. Il y a donc autant de type de labels que d'états. Le processus d'étiquetage de T consiste à déterminer L^* tel que $L^* = \underset{L}{\arg\max}\, P(T, L)$. Une évaluation de toutes les séquences possibles de labels serait nécessaire pour déterminer le L^* qui, globalement, correspond le mieux à T. Pour éviter la complexité exponentielle $O(n^m)$ de cette approche, le processus d'étiquetage utilise généralement l'algorithme de décodage Viterbi (Viterbi, 1967) basé sur une programmation dynamique. Son principe général est de parcourir le texte de t_1 à t_n tout en recherchant le chemin d'états (ou de labels) qui a le meilleur score à chaque position i de T (probabilité $P(t_{1:i}, l_{1:i})$ la plus élevée). Rabiner (1989) donne plus de détails dans son tutoriel. Cet algorithme exploite des paramètres qui sont estimés à partir d'exemples de textes annotés :

— Un ensemble d'états $\{s_1, s_2, ..., s_m\}$ et un alphabet d'observations $\{o_1, o_2, ..., o_k\}$
— La probabilité que s_j génère la première observation $\pi(s_j), 1 \leq j \leq m$
— La distribution de probabilité de transition $P(s_i|s_j), 1 \leq i, j \leq m$
— La distribution de probabilité d'émission $P(o_i|s_j), 1 \leq i \leq k, 1 \leq j \leq m$

Les probabilités de transition et d'émission peuvent être inférées à l'aide d'une méthode d'estimation du maximum de vraisemblance (MLE) comme l'algorithme espérance maximisation (EM) dont l'algorithme Baum-Welch (Welch, 2003) est une spécification particulièrement conçue pour les HMM. L'avantage du HMM est sa simplicité et sa rapidité d'entrainement. Par contre, il est difficile de représenter plusieurs caractéristiques interactives, ou de modéliser la dépendance entre observations éloignées car l'hypothèse d'indépendance entre observations est très stricte (l'état courant ne dépend que des états précédents et de l'observation courante).

2.2   Les champs aléatoires conditionnels (CRF)

Même si l'algorithme Viterbi est aussi utilisé pour l'application d'un modèle CRF à l'étiquetage d'un texte $T = t_{1:n}$, la structure du CRF est différente de celle du HMM. Contrairement à la maximisation de probabilité jointe $P(L, T)$ par le HMM, le CRF (Lafferty et al., 2001) (linéaire dans notre cas) cherche la séquence de labels $L*$ qui maximise la probabilité conditionnelle

$$P(L|T) = \frac{1}{Z} \exp \left(\sum_{i=1}^{n} \sum_{j=1}^{F} \lambda_j f_j(l_{i-1}, l_i, t_{1:n}, i) \right)$$

où Z est le facteur de normalisation. Les fonctions potentielles $f(\cdot)$ sont les caractéristiques que manipulent le CRF. Elles sont de deux types : les caractéristiques de transition qui dépendent des labels aux positions précédente (l_{i-1}) et courante (l_i), et de T entièrement, et les caractéristiques d'état qui sont fonction uniquement de l_i et de T. Les $f(\cdot)$ sont définies à base de fonctions à valeur réelle ou binaire $b(T, i)$ (Wallach, 2004) permettant d'exprimer une combinaison de descripteurs à une position i dans T que nous trouvons discriminants. Pour l'étiquetage de normes, le CRF peut avoir, par exemple, les fonctions potentielles suivantes pour l'étiquetage de "*700*" dans le contexte "*... l'article 700 du code de procédure ...*" :

$$f_1(l_{i-1}, l_i, t_{1:n}, i) = \begin{cases} b_1(T, i) & \text{si } l_{i-1} = \text{NORME} \wedge l_i = \text{NORME} \\ 0 & \text{sinon} \end{cases}$$

$$f_2(l_{i-1}, l_i, t_{1:n}, i) = \begin{cases} b_2(T, i) & \text{si } l_i = \text{NORME} \\ 0 & \text{sinon} \end{cases}$$

avec

$$b_1(T, i) = \begin{cases} 1 & \text{si } (t_{i-1} = \text{article}) \wedge (POS_{i-1} = \text{NOM}) \\ & \wedge (NP1_{i-1} = \text{<unknown>}) \wedge (NS1_{i-1} = \text{@card@}) \\ 0 & \text{sinon} \end{cases}$$

$$b_2(T, i) = \begin{cases} 1 & \text{si } (t_i = 700) \wedge (POS_i = \text{NUM}) \wedge (NP1_i = \text{article}) \wedge (NS1_i = \text{code}) \\ 0 & \text{sinon} \end{cases}$$

où t_i désigne la position actuelle dans T, POS est le rôle grammatical de t_i (NUM = valeur numérique), NP1 et NS1 désignent respectivement le lemme des noms précédant et suivant les plus proches de t_i. Les symboles *<unknown>* et *@card@* représentent les lemmes inconnus et les lemmes de nombres. Les deux fonctions $f_1 et f_2$ pouvant être actives au même moment, elles définissent des caractéristiques se chevauchant. Avec plusieurs fonctions activées, la croyance en l_i = NORME est boostée à la somme des poids des fonctions activées $(\lambda_1 + \lambda_2)$(Zhu, 2010).Le CRF utilise une fonction $f_j(\cdot)$ lorsque ses conditions sont remplies et $\lambda_j > 0$. Les différentes caractéristiques pondérées $f(\cdot)$ sont définies par les descripteurs que nous définissons sur le texte (t_i) et l'étiquetage du jeu d'entrainement. L'entrainement consiste essentiellement à estimer les paramètres λ à partir de textes préalablement annotés $\{(T_1, L_1), ..., (T_M, L_M)\}$ où T_k est un texte et L_k la séquence de labels correspondante. Il s'agit de maximiser la vraisemblance conditionnelle des données d'entrainement $\sum_{k=1}^{M} \log P(L_k|T_k)$ (fonction objectif). L'approche d'apprentissage consiste généralement à calculer le gradient de la fonction objectif et de l'utiliser dans un algorithme d'optimisation comme le L-BFGS.

La suite de l'article présente (i) comment nous avons pris en compte les particularités des documents dans la définition de notre approche, et (ii) les tests que nous avons menés.

3 Application du HMM et du CRF pour la reconnaissance de sections et d'entités dans les décisions françaises

L'observation des décisions fait remarquer la répartition des informations sur trois sections dans cet ordre : les métadonnées en entête (E), les demandes et leurs fondements ou normes juridiques dans l'exposé de l'affaire et des motifs (T) qu'on appellera ici le corps, et les conclusions et leurs fondements dans le dispositif (D). Une segmentation des décisions en 3 sections contribuerait potentiellement à mieux organiser les tâches d'extraction d'information. Une approche intuitive consisterait à définir un algorithme capable de reconnaître les transitions entre les sections à partir de motifs. Mais les marqueurs de transitions sont parfois soit des titres, soit des symboles (astérisques, tirets, ...), soit absents. Même les transitions explicites restent très variées. Par exemple, le passage de l'entête au corps peut être défini par les titres « *Exposé* », « *FAITS ET PROCÉDURES* », « *Exposé de l'affaire* », « *Exposé des faits* », ... Quant au dispositif, il démarre généralement par l'expression clé « *PAR CES MOTIFS* » avec des variantes simples (« *Par Ces Motifs* », ...) ou exceptionnelles (« *P A R C E S M O T I F S :* »). Certains greffiers préfèrent d'autres expressions telles que « *DÉCISION* », « *DISPOSITIF* », « *LA COUR,* ». Il arrive souvent que le même marqueur soit utilisé aussi bien pour le sectionnement que pour un sous-sectionnement. Notre première tentative de sectionnement à base de règles s'est ainsi montrée infructueuse. Elle consistait à formaliser, à l'aide d'expressions régulières, les schémas de transitions observés dans un ensemble de décisions. Puis, l'ensemble des schémas est représenté sous forme d'un graphe à 3 couches de sommets où chaque couche correspond à une section et les sommets correspondent chacun à une variante du début de la section. Enfin, le graphe est parcouru en profondeur simultanément avec la décision à segmenter afin de trouver le chemin connu qui correspond le mieux au schéma de cette décision. Après une expérimentation sur 2688 décisions d'apprentissage des schémas et 1002 décisions de test, l'approche a montré ses désavantages avec un nombre très important de schémas multiples proposés (46.9%) et la difficulté de définir manuellement les expressions régulières surtout pour des transitions sans marqueur. Nous avons donc choisi de définir un modèle basé sur un CRF ou un HMM. Après avoir segmenté une décision, les entitées sont identifiées en fonction de la structure interne aux sections comme décrit dans les sous-sections suivantes (figure 1).

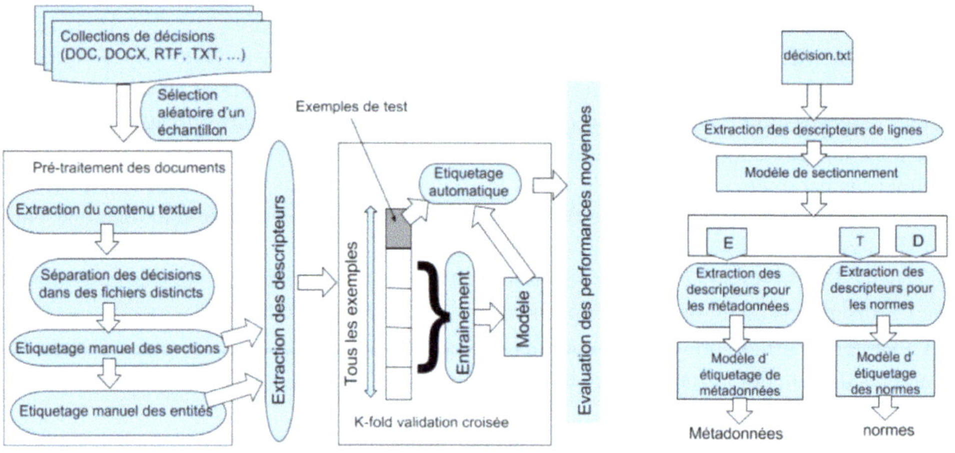

(a) Evaluation des modèles.   (b) Application des modèles.

FIG. 1: Architecture de l'approche.

3.1   Extraction des descripteurs de ligne pour reconnaître les sections

Quelque soit le document, les sections s'enchainent dans le même ordre : $E \rightarrow T \rightarrow D$. Plusieurs critères différentient les sections : la longueur des lignes (plus longues dans le corps, plus courtes dans l'entête), les premiers termes de certaines lignes (typiques à chaque section), et le nombre de lignes. Le HMM ne supporte qu'un seul descripteur qui est généralement assimilé à l'élément à étiqueter. D'autres descripteurs peuvent être la position de l'élément à étiqueter (numéro de ligne), les premiers mots de la ligne, etc. Nous avons choisi le numéro de ligne parce qu'il donne un meilleur résultat. Pour le CRF, nous avons choisi de capturer la forme de la ligne : toute la ligne (*ligne*), les premiers termes (*t0, t1, t2*), le nombre de termes (*long*) ; et son contexte : le numéro de ligne (*num*), la longueur de la ligne précédente (*p-long*), les premiers termes des 2 lignes précédentes (*p0, p1*) et des 2 lignes suivantes (*n0, n1*). Plus précisément, considérons par exemple les trois lignes suivantes, à la transition entre T et D :

```
application de l'article 700 du Code de procédure civile ;
</T>
<D>PAR CES MOTIFS
La COUR ;
```

Les descripteurs des lignes sont extraits sous une forme nominale pour le CRF comme suit :

```
ligne=<application de l'article 700 du Code de procédure civile ;> p0=bardaille p1=au
num=275 t0=application t1=de t2=l'article long=10 p-long=13 n0=PAR n1=CES label=T

ligne=<PAR CES MOTIFS> p0=application p1=de num=276 t0=PAR t1=CES t2=motifs long=3
p-long=10 n0=La n1=COUR label=D
```

```
ligne=<La COUR ;> p0=par p1=CES num=277 t0=La t1=COUR t2=; long=3 p-long=3 n0=Statuant
n1=par label=D
```

Par contre, les descripteurs de ces lignes pour le HMM sont réduits au numéro de ligne :

```
num=275 label=T
num=276 label=D
num=277 label=D
```

3.2 Extraction des descripteurs pour reconnaître les entités

Dans l'entête, se retrouvent de nombreux types d'entités contrairement aux deux autres sections qui ne contiennent que les normes. Par ailleurs, l'entête est mieux structurée que les autres sections mais avec de nombreuses variantes différentes selon le greffier ou la juridiction.

Entités	Labels	Exemples
Numéro R.G.	**RG**	"10/02324", "60/JAF/09"
Ville	**VL**	"NÎMES", "Agen", "Toulouse"
Type de juridiction	**JR**	"COUR D'APPEL"
Formation	**FM**	"1re chambre", "Chambre économique"
Date	**DT**	"01 MARS 2012", "15/04/2014"
Partie appelante	**AP**	"SARL K.", "Syndicat ...", "Mme X ..."
Partie intimée	**IM**	- // -
Partie intervenante	**IV**	- // -
Avocat	**AV**	"Me Dominique A., avocat au barreau de Papeete"
Juge	**JG**	"Monsieur André R.", "Mme BOUSQUEL"
fonction du juge	**FT**	"Conseiller", "Président"
Norme	**NO**	"l' article 700 NCPC", "articles 901 et 903"
Element à éviter	**O**	*tout élément ne faisant partie d'aucune entité ciblée*

TAB. 1: Labels utilisés lors de l'étiquetage des entités dans les sections.

Pour la reconnaissance d'entité dans les entêtes, un jeu d'exemples est constitué en marquant les entités ciblées dans les sections avec les labels correspondants (tableau 1). Notre approche consiste à entrainer notre modèle CRF ou HMM à étiqueter les différents éléments constituant les entités (mot, ponctuation, nombre, identifiant). Les parties et avocats se trouvent très souvent après des mots clés, par exemple, « *APPELANTS* » ou « *DEMANDEUR* » pour les *appelants*, « *INTIMES* » pour les *intimés*, et « *INTERVENANTS* » pour les *intervenants*. Les noms de personnes commencent par une majuscule ou sont entièrement en majuscule. Les numéros R.G. et les dates contiennent des éléments qui sont des nombres (rôle grammatical). Ils contiennent souvent des caractères de ponctuation (ex. « / »), tout comme certaines initiales et abréviations. On observe couramment dans le même ordre les lignes contenant ces entités. Nous avons ainsi considéré des descripteurs de formes (l'élément, son rôle grammatical, son lemme, "commence-t-il par une lettre majuscule ?", "est-il un mot entièrement en majuscule ?", "est-ce une lettre initiale ?" (ex. « B. »), "contient-il un caractère de ponctuation ?", les 2 éléments précédents et les 2 suivants ainsi que leur lemme). Nous avons considéré aussi des descripteurs de contexte (numéro de ligne, position de l'élément dans la ligne, nombre d'éléments dans la ligne, "le texte contient-il la chaine « *intervenant* » ?"). Dans le cas où l'élément est un nom propre, une abréviation, ou un nombre, nous considérons aussi les numéros des lignes précédente et suivante où il a été détecté, et son numéro d'occurrence, parce que les noms des parties sont très souvent rappelés à plusieurs emplacements. Pour le HMM, nous n'avons considéré que l'élément tel qu'il apparait dans le texte.

L'approche est similaire pour les normes, mais nous avons défini un jeu différent de descripteurs : l'élément, son lemme, son rôle grammatical, les lemmes des 2 éléments noms ou adjectifs précédents et suivants, "l'élément est-il un terme clé des normes ?". Pour ce dernier descripteur, nous avons défini un court lexique de quelques termes comme *article*, *code*, *loi*, *contrat*, *règlement*, *convention*, *décret*. Le lemme homogénéise des variantes d'un même terme. Les éléments voisins ont été choisis pour indiquer au modèle la proximité de l'élément avec des termes couramment utilisés pour référencer les normes.

3.3 Architecture

Les phases de notre approche applicative sont résumées comme suit (Fig. 1) :

Pré-traitement : Les décisions sont téléchargeables sous divers formats (RTF, DOC(X), TXT,...). Les documents téléchargés contiennent une ou plusieurs décisions. Leur contenu textuel doit être extrait en le nettoyant d'éléments inutiles comme des caractères invisibles continus et les lignes vides. Ces éléments apparaissent généralement dans les documents RTF, DOCX, ou DOC, pour la mise en forme du texte. Elles ne donnent aucune indication sur le début des sections ou d'autres informations. Par la suite, les décisions sont séparées dans des fichiers plein texte distincts. On peut dès lors marquer leurs sections à l'aide de balises XML (<E>, <T>, <D>) pour obtenir un corpus d'exemples pour la segmentation. Partant de ces documents XML, nous constituons le jeu d'exemples pour la détection d'entités en marquant le début et la fin des entités ciblées dans les sections (figure 2).

```
@NO 1' article 276 du code de procédure civile #NO pour solliciter une contre-expertise ;
qu' en se fondant ainsi sur un moyen tiré d' une fin de non-recevoir qu' elle
soulevait d' office , sans que les parties aient été invitées au préalable à
présenter leurs observations ' , la Cour d' appel avait violé @NO 1' article 16 du code
de procédure civile #NO .
```

FIG. 2: Exemple d'annotation manuelle des normes dans le corps (*début : @NO, fin : #NO*).

Extraction de descripteurs : Elle commence par le découpage du texte en éléments. L'extracteur calcule ensuite les descripteurs de chaque élément. Le tout est stocké dans un fichier pour chaque décision. Pour rappel, les éléments ne sont pas les entités entières mais les éléments issus du découpage des textes : lignes pour le sectionnement, et mots / nombres / identifiants / ponctuation pour la reconnaissance d'entités. Une entité contient des éléments. Les éléments ne faisant partie d'aucune entité sont étiquetés avec le label par défaut "O".

k-**fold validation croisée** : Elle permet de randomiser le jeu d'exemples et d'effectuer au moins k tests afin d'avoir une meilleure appréciation de la performance des modèles.

Application du modèle : Le modèle de segmentation est appliqué en premier pour organiser l'extraction des entités. L'application des modèles d'extraction d'entités peut être parallélisée en 3 processus par la suite. Le même modèle est entrainé pour la détection des normes aussi bien dans les corps (T) que dans les dispositifs (D), vu que les normes y sont citées pareillement.

4 Expérimentations et résultats

Constitution d'un jeu d'apprentissage : Pour les tâches de traitement du langage naturel, Xiao (2010) suggère le choix d'un échantillon suffisant en volume, équilibré sur la variété des données, et représentatif du langage. Nous avons annoté manuellement un jeu de 505 décisions de cours d'appel. Pour simuler la représentativité du corpus, les décisions ont été choisies en variant aléatoirement leur ville et leur année d'origine.

Conditions de tests : Nous avons utilisé l'implémentation du premier ordre de Markov du HMM et du CRF de la librairie Mallet (McCallum, 2002). Les modèles HMM ont été entrainés par la méthode du maximum de vraisemblance, et les CRF par la méthode L-BFGS parce qu'elle s'éxécute plus rapidement avec plusieurs processus en parallèle. Pour l'extraction des entités, le découpage du texte des sections en mots, et l'extraction de leur lemme et rôle grammatical ont été effectués à l'aide de la fonctionnalité française d'extraction de rôles grammaticaux de TreeTagger[5] (Schmid, 2013). Nous avons implémenté l'extraction des autres descripteurs pour cette expérimentation. La k-fold validation croisée pour la reconnaissance des normes est effectuée avec les exemples annotés des sections T et D.

Résultats : Dans la suite, nous appelons HMM notre modèle basé sur le modèle caché de Markov, CRF- et CRF+ notre modèle basé sur les champs aléatoires conditionnels respectivement sans et avec nos descripteurs. Nous avons effectué une 5-fold validation croisée pour évaluer chacune des tâches. Les performances sont estimées en calculant la moyenne des précisions (P), rappels (R) et mesures-F1 (F1) sur le nombre total de tests (5 dans notre cas). Ces derniers sont calculés pour chaque label l comme suit :

$$P_l = \frac{\text{nombre d'éléments correctement étiquetés par le modèle avec } l}{\text{nombre d'éléments étiquetés par le modèle avec } l}$$

$$R_l = \frac{\text{nombre d'éléments correctement étiquetés par le modèle avec } l}{\text{nombre d'éléments manuellement étiquetés avec } l}$$

$$F1_l = 2 \times \frac{P_l \times R_l}{P_l + R_l}$$

Les résultats, les moyennes y comprises, ont été tronqués à un 10^{-1} près.

	HMM			CRF-			CRF+		
	P	R	F1	P	R	F1	P	R	F1
E	84.2	91.8	87.8	93.8	85.4	89.3	99.3	99.6	99.5
T	88.4	63.9	74.1	86.3	98.2	91.8	99.8	99.5	99.7
D	15.4	47.0	23.0	100.0	8.5	15.6	98.0	100.0	98.9
Moyenne	62.7	67.6	67.6	93.3	64.0	64.0	99.7	99.8	99.8

TAB. 2: Précision (P), rappel (R), F1-mesure (F1) au niveau des lignes (%).

Les résultats du sectionnement sont résumés dans le tableau 2. Il est à noter à quel point les descripteurs améliorent les performances du CRF (le CRF- a une mesure-F1 inférieure au HMM). Avec une mesure-F1 moyenne presque parfaite, le CRF+ assure un sectionnement des décisions avec de très rares cas de confusion. Il s'agit de quelques lignes généralement

---

5. http ://www.cis.uni-muenchen.de/ schmid/tools/TreeTagger

situées près des transitions entre sections. D'autre part, les lignes présentant les demandes des parties sont parfois similaires aux lignes des conclusions des juges. Ceci peut potentiellement pousser le modèle à les étiqueter comme étant des lignes de dispositifs. On pourrait cependant ne conserver que le dispositif détecté en fin de document. La raison de la faiblesse du HMM et du CRF- peut peut-être se justifier par l'utilisation du numéro absolu des lignes comme descripteur. La position relative des lignes dans le document peut mieux remplacer le numéro ou y être associée. Par exemple, en considérant le document découpé en des parties d'égale longueur, le descripteur de la ligne serait la partie où elle se trouve.

Les résultats de la détection d'entités sont résumés dans le tableau 3. Nos descripteurs permettent au CRF+ d'atteindre des mesures-F1 en général supérieures à 85% sauf pour les *parties intervenantes* IV (46.4%). Ces entités sont en général situées juste après la liste des *parties intimées* IM et ne sont pas toujours présentes dans les décisions. Ce qui justifie probablement leur difficile apprentissage et leur confusion en majorité avec les *parties intimées*. Une détection préalable de la région de chaque type de partie pourrait améliorer les performance même si cela nécessite plus d'effort d'annotation manuelle.

	HMM			CRF-			CRF+		
	P	R	F1	P	R	F1	P	R	F1
Section Entête (E)									
AP	35.3	14.1	20.1	64.9	48.8	55.6	92.0	86.7	89.3
AV	83.8	98.3	90.5	96.4	97.5	96.9	97.6	98.1	97.9
DT	70.9	72.6	71.7	94.4	86.8	90.4	98.8	97.7	98.2
FM	87.6	93.7	90.5	98.8	98.4	98.6	98.9	99.3	99.1
FT	88.8	59.8	71.3	94.2	92.3	93.3	97.1	95.5	96.3
IM	53.1	57.4	55.1	67.2	64.6	65.8	89.3	88.1	88.7
IV	-	2.2	-	25.9	26.5	26.2	67.3	41.4	46.4
JG	68.0	85.7	75.7	96.2	95.7	96.0	98.1	97.7	97.9
JR	75.8	99.5	86.0	98.6	99.4	99.0	99.3	99.4	99.4
RG	-	0	-	83.7	46.1	59.4	98.6	97.4	98.0
VL	93.1	27.9	42.6	98.2	98.4	98.3	99.0	99.0	99.0
Sections inférieures (T & D)									
NO	92.9	90.9	91.9	96.0	93.8	94.9	97.9	96.5	97.2

TAB. 3: Précision (P), rappel (R), F1-mesure (F1) au niveau des éléments étiquetés dans les sections (%).

Par ailleurs, le HMM et le CRF- réussissent à bien détecter les normes uniquement à l'aide des éléments originaux des textes. Vu que les règles juridiques existent en nombre limité, celles qui sont référencées dans notre jeu d'exemples sont probablement en majorité très courantes dans les décisions. Ces deux modèles semblent aussi être aidés par le fait que toutes les références aux normes respectent une syntaxe standard (`article [NUMERO] [ORIGINE]`). Néanmoins, les descripteurs définis améliorent ces performances chez le CRF+.

La dernière remarque pourrait être l'occurrence multiple des entités dans les sections. Par exemple, les parties sont citées avant les détails les concernant qui sont plus bas dans l'entête, et certaines normes sont citées à plusieurs reprises et souvent de manière abrégée. Bien que ces occurrences multiples ne soient pas en tout point identiques, elles aident à réduire le risque de manquer une entité. Ce qui pourrait être exploité pour combler l'imperfection des modèles.

5   Conclusion

Cet article présente une application des modèles markoviens pour la reconnaissance de sections et d'entités dans les décisions judiciaires. Nos expérimentations actuelles montrent l'avantage d'approches à base de CRF avec des descripteurs capturant la forme et le contexte des lignes et des mots à étiqueter malgré les bonnes performances du HMM et du CRF sans les descripteurs pour la reconnaissance des normes. Le CRF avec descripteurs est donc adéquat pour notre projet. Cependant, plus d'exemples d'entêtes annotées comprenant des parties intervenantes et un zonage préalable des types de parties amélioreraient probablement la détection des *intervenants* qui restent les seules entités difficilement détectables actuellement. La difficulté majeure reste la constitution d'un jeu suffisant d'exemples et la prise en compte de motifs réguliers du langage des documents pour définir des descripteurs plus caractéristiques des entités à détecter. L'effort d'annotation peut être réduit avec un système aux performances actuelles qui peut correctement étiqueter la majorité des entités. Il suffit ensuite de vérifier manuellement cet annotation pour corriger les éventuelles erreurs du modèle dans de nouvelles décisions. Au cours de nos futurs travaux, nous envisageons d'étendre l'étude à d'autres types de juridictions (tribunaux du premier degré, cour de cassation, ordre administratif, ...). Pour constituer notre base de connaissance, il est indispensable de définir une approche de désambiguïsation pour les entités aux multiples occurrences, et une autre de résolution d'entités pour faire correspondre les entités extraites à des référentiels tout comme Dozier et al. (2010). Ces entités seront exploitées lors de l'extraction des informations plus complexes comme les demandes des parties et le sens des résultats des juges. Nous mettons ainsi progressivement en place une chaîne de traitements amenée à faciliter la conception d'approches d'analyse statistique d'un large corpus jurisprudentiel.

Références

Chau, M., J. J. Xu, et H. Chen (2002). Extracting meaningful entities from police narrative reports. In *Proceedings of the 2002 annual national conference on Digital government research*, pp. 1–5. Digital Government Society of North America.

Cretin, L. (2014). L'opinion des français sur la justice. *INFOSTAT JUSTICE 125.* http://www.justice.gouv.fr/art_pix/1_infostat125_20140122.pdf.

Dozier, C., R. Kondadadi, M. Light, A. Vachher, S. Veeramachaneni, et R. Wudali (2010). Named entity recognition and resolution in legal text. In *Semantic Processing of Legal Texts*, pp. 27–43. Springer.

Kríž, V., B. Hladká, J. Dědek, et M. Nečaský (2014). *Statistical Recognition of References in Czech Court Decisions*, pp. 51–61. Cham : Springer International Publishing.

Lafferty, J., A. McCallum, et F. C. Pereira (2001). Conditional random fields : Probabilistic models for segmenting and labeling sequence data. *International Conference on Machine Learning*.

Marrero, M., J. Urbano, S. Sánchez-Cuadrado, J. Morato, et J. M. Gómez-Berbís (2013). Named entity recognition : fallacies, challenges and opportunities. *Computer Standards & Interfaces 35*(5), 482–489.

McCallum, A., D. Freitag, et F. C. Pereira (2000a). Maximum entropy markov models for information extraction and segmentation. In *ICML*, Volume 17, pp. 591–598.

McCallum, A. K. (2002). *MALLET : A Machine Learning for Language Toolkit.* `http://mallet.cs.umass.edu/`.

McCallum, A. K., K. Nigam, J. Rennie, et K. Seymore (2000b). Automating the construction of internet portals with machine learning. *Information Retrieval 3*(2), 127–163.

Peng, F. et A. McCallum (2006). Information extraction from research papers using conditional random fields. *Information processing & management 42*(4), 963–979.

Rabiner, L. R. (1989). A tutorial on hidden markov models and selected applications in speech recognition. *Proceedings of the IEEE 77*(2), 257–286.

Schmid, H. (2013). Probabilistic part-ofispeech tagging using decision trees. In *New methods in language processing*, pp. 154. Routledge.

Viterbi, A. J. (1967). Error bounds for convolutional codes and an asymptotically optimum decoding algorithm. *IEEE transactions on Information Theory 13*(2), 260–269.

Wallach, H. M. (2004). Conditional random fields : An introduction. *University of Pennsylvania Department of Computer and Information Science Technical Report No. MS-CIS-04-21.*

Welch, L. R. (2003). Hidden markov models and the baum-welch algorithm. *IEEE Information Theory Society Newsletter 53*(4), 10–13.

Xiao, R. (2010). *Handbook of Natural Language Processing* (Second Edition ed.)., Chapter 7 - Corpus Creation, pp. 146–165. Chapman and Hall.

Zhu, X. (2010). *Conditional Random Fields*. CS769 Spring 2010 Advanced Natural Language Processing. `http://pages.cs.wisc.edu/~jerryzhu/cs769/CRF.pdf`.

Summary

A court decision is a text document, which is a synthesis of the outcome of a court case. Lawyers regularly use them as a source of interpretation of the law and also in order to understand the opinion of judges. The available huge quantity of decisions requires automated solutions to help the actors of law. We propose to address some of the challenges related to the search and the analysis of the growing set of court decisions in France in a larger project. The first phase of this project focuses on extracting information from decisions in order to build a jurisprudential knowledge base structuring and organizing decisions. Such a base facilitates the descriptive and predictive analysis of decisions corpora. This paper presents an application of probabilistic models for the zoning of decisions and the recognition of entities in their content (location, date, participants, rules of law, ...). Our tests show the advantage of the approaches based on Conditional Random Fields (CRF) compared to simpler and faster models based on Hidden Markov Models (HMM). We present the technical aspects of the selection and annotation of the training corpus, and the definition of discriminating descriptors. The specificity of the texts is important and should be taken into account when applying information extracting methods in a specific domain.

Une Approche d'Extraction de Motifs Graduels (Fermés) Fréquents Sous Contrainte de la Temporalité

Jerry Lonlac[*,**] Yannick Miras[**] Aude Beauger[**]
Marie Pailloux[*] Jean-Luc Peiry[**] Engelbert Mephu Nguifo[*]

[*]CNRS, UMR 6158, LIMOS, Université Clermont Auvergne, F-63173 Aubière, France
{lonlac, pailloux, mephu}@isima.fr
[**]CNRS, UMR 6042, GEOLAB, Université Clermont Auvergne, F-63000 Clermont-Ferrand
{yannick.miras, aude.beauger, jean-luc.peiry}@univ-bpclermont.fr

Résumé. La fouille de motifs graduels a pour but la découverte de co-variations fréquentes entre attributs numériques dans une base de données. Plusieurs algorithmes d'extraction automatique de tels motifs ont été proposés. La principale différence entre ces algorithmes réside dans la sémantique de variation considérée. Dans certains domaines d'application, on trouve des bases de données dont les objets sont munis d'une relation d'ordre temporel. Ainsi, du fait de leur sémantique de variation, les algorithmes de la littérature sont inadaptés pour de telles données. Dans ce contexte, nous proposons une approche de fouille de motifs graduels sous contrainte d'ordre temporel, qui réduit le nombre de motifs générés. Une étude expérimentale sur des bases de données paléoécologiques permet d'apprendre les groupements d'indicateurs qui modélisent l'évolution de la biodiversité. Les connaissances apportées par ces groupements montre l'intérêt de notre approche pour le domaine environnemental.

1 Introduction

Les motifs graduels qui capturent les corrélations d'ordre de la forme "plus/moins X, plus/moins Y" jouent un rôle important dans plusieurs applications du monde réel où le volume de données numériques à gérer est important, c'est le cas de données biologiques, ou de données médicales. Les algorithmes de fouille de données sont le plus souvent utilisés pour extraire automatiquement de tels motifs (Berzal et al., 2007; Masseglia et al., 2008; Di-Jorio et al., 2008, 2009; Laurent et al., 2009; Do et al., 2015).

En effet, Berzal et al. (2007) utilisent pour la première fois les méthodes de fouille de données à travers une adaptation de l'algorithme *Apriori* pour extraire les motifs graduels et évaluent le support de ces motifs en considérant tous les couples d'objets possibles. Dans Masseglia et al. (2008), les auteurs introduisent les motifs séquentiels graduels pour rendre compte de la force de modification (accélération). Deux autres méthodes d'extraction sont proposées dans Di-Jorio et al. (2008) et Di-Jorio et al. (2009), la différence entre elles étant liée au mode de calcul du support. En effet, dans Di-Jorio et al. (2008), étant donné un motif graduel, les auteurs proposent une heuristique permettant d'éliminer les objets qui empêchent le maximum de lignes de la base d'être ordonné. L'ensemble de conflits d'un objet étant constitué de tous les objets qui sont en conflit avec celui-ci. Dans Di-Jorio et al. (2009), une méthode exacte fondée sur l'utilisation de structures binaires est proposée. Dans Laurent et al. (2009), les auteurs proposent un algorithme qui combine les principes de plusieurs approches existantes et bénéficie des propriétés efficaces permettant de calculer le support. En effet, ces derniers considèrent la formulation proposée dans Berzal et al. (2007), et proposent un algorithme qui exploite la structure binaire utilisée dans Di-Jorio et al. (2009). Ils considèrent le coefficient de corrélation de Kendall qui calcule le nombre de paires d'objets ordonnables (concordantes) ou non (discordantes) dans la base de données pour être en accord avec le motif graduel considéré.

La plupart de ces méthodes se heurtent au problème de gestion de la quantité très élevée de motifs extraits. Sur certaines données, le nombre de motifs graduels fréquents peut être important, rendant leur interprétation par l'expert quasiment impossible. Une façon de réduire leur nombre est d'utiliser des représentations condensées de motifs. En effet, à partir d'un ensemble de motifs spécifiques, comme les motifs graduels fermés (Ayouni et al., 2010), il est possible de régénérer l'ensemble de tous les motifs graduels. De plus, les motifs fermés permettent d'éviter d'avoir des informations redondantes. Dans cet ordre d'idée, Do et al. (2015) proposent un algorithme fondé sur le principe de l'algorithme LCM pour fouiller les motifs graduels fermés fréquents en temps linéaire.

D'autre part, les algorithmes proposés dans la littérature pour la fouille de motifs graduels ne supposent aucune contrainte temporelle sur les données. Cependant, il existe des domaines d'application où l'on trouve des bases de données numériques dont les objets ont une signification temporelle, c'est le cas de données paléoécologiques. Étant donné cette contrainte, on peut s'intéresser uniquement aux motifs dont l'ordre des objets concordants respectent l'ordre temporel, les autres motifs n'ayant pas de signification pertinente. De ce fait, les algorithmes proposés dans la littérature sont inadaptés pour l'extraction des motifs graduels dans ces bases paléoécologiques. Nous proposons donc dans cet article, une approche d'extraction de motifs graduels qui prend en considération la contrainte de temporalité entre les objets. Une telle approche est adaptée au contexte et permet de rechercher uniquement des motifs qui apportent des informations utiles et pertinentes répondant aux intérêts de l'utilisateur. Nous définissons, également dans ce même cadre, d'autres contraintes que nous utilisons en post-traitement pour réduire le nombre de motifs extraits.

Cet article est organisé comme suit : nous présentons en section 2 un contexte où l'on trouve des données numériques avec des problématiques de fouille de motifs graduels sous contrainte d'ordre temporel. Après avoir introduit la notion de motifs graduels, notre approche d'extraction de motifs graduels fermés fréquents sous contrainte temporelle est décrite en section 4. Avant de conclure, les résultats des expérimentations menées sur des données paléoécologiques, et leur interprétation sont présentés.

2   Domaine d'application : la paléoécologie

Les recherches paléoécologiques permettent de reconstruire au cours du temps les dynamiques écologiques et l'évolution de la biodiversité (par exemple l'évolution de la végétation ou du fonctionnement d'un écosystème lacustre) sous l'influence des variations climatiques et des activités humaines (par exemple agriculture et pastoralisme) (Smol et al., 2001). La reconstruction de ces trajectoires écologiques sur 7 millénaires pour le lac d'Aydat, situé dans la Chaîne des Puys en région Auvergne Rhône-Alpes et menacé d'eutrophisation, permet de mieux connaître son état écologique actuel et de concourir à l'établissement de gouvernances viables (Miras et al., 2015). Cette recherche est fondée, sur l'abondance de différents indicateurs paléoécologiques (grains de pollen et spores de végétaux ; micro-fossiles non polliniques : différentes formes de résistance du phytoplancton et du zooplancton ; diatomées) conservés dans l'enregistrement sédimentaire lacustre. Toutes ces données paléoécologiques sont ensuite stockées dans des bases de données numériques.

Les données paléoécologiques sont constituées d'un ensemble d'attributs à valeurs numériques correspondant à la quantité de chaque indicateur paléoécologique contenu dans un enregistrement sédimentaire prélevé, par des opérations de carottage, au sein d'un écosystème lacustre. La séquence sédimentaire obtenue est ensuite datée, échantillonnée, et pour chaque échantillon, à une profondeur donnée, une date est calculée. L'abondance de chaque indicateur est ensuite relevée pour chaque échantillon. Les objets de cette base de données correspondent aux différentes dates obtenues sur l'enregistrement considérée, et les colonnes aux différents indicateurs paléoécologiques relevés.

Plus formellement, soient $\mathcal{D}$ les dates des différents échantillons de la séquence sédimentaire, $\mathcal{I}$ les différents indicateurs paléoécologiques relevés à ces dates $\mathcal{D}$, alors le tableau de données paléoécologiques est défini par $\Delta = \mathcal{D} \times \mathcal{I}$. Les notations suivantes caractérisent les données contenues dans Δ.

Soit $d \in \mathcal{D}$ et $i \in \mathcal{I}$:
— $\Delta(d, i)$ indique le nombre d'instances de l'indicateur i présents à la date d ;
— $\Delta(d, i) = 0$ indique l'absence de l'indicateur i à la date d ;
— $\Delta(\mathcal{D}, i)$ montre l'évolution temporelle de l'indicateur i ;
— $\Delta(d, \mathcal{I})$ caractérise l'état des conditions paléoécologiques à la date d.

Une particularité des données paléoécologiques contenues dans Δ est qu'elles sont évolutives. De plus, le tableau Δ comportent généralement peu de lignes (les dates des échantillons) au regard du nombre de colonnes (nombre d'indicateurs paléoécologiques) et est très peu dense (il contient un grand nombre de valeurs nulles).

Le tableau 1 est un extrait de données paléoécologiques, ces colonnes sont étiquetées par les noms scientifiques des différents indicateurs. Pour des raisons de simplicité, afin d'illustrer notre approche dans la suite, nous présentons ici une base restreinte à 7 indicateurs et 7 dates. Nous considérerons le tableau 1 que nous désignons par Δ, comme une base de transactions contenant des attributs numériques. Ainsi, les 7 indicateurs paléoécologiques correspondront aux différents attributs de notre base de données et les 7 dates identifieront les différents objets.

	Poaceae	Secale.t	Rumex.ace	Equisetum	Plantago.l	Filipendula.v	Coprofilous.f
d_1	84	61	7	0	1	2	0
d_2	116	36	4	1	11	2	31
d_3	90	52	2	3	5	2	13
d_4	124	34	1	5	12	1	36
d_5	102	49	0	6	7	0	17
d_6	135	17	0	1	18	0	62
d_7	106	40	3	1	9	0	18

TAB. 1 – *Exemple de base de données paléoécologiques* Δ.

Il est alors question pour les experts de la recherche paléoécologique, de les analyser afin d'en extraire des connaissances spécifiques telles que la mise au jour des groupements de coévolution d'indicateurs multi-variés paléoécologiques (par exemple des groupements constitués de grains de pollen, de micro-fossiles non polliniques et de diatomées) nécessaires à la compréhension de l'évolution de la biodiversité et du fonctionnement d'un écosystème au cours du temps. Toutes ces informations implicites sont généralement recherchées par les experts en paléoenvironnement en utilisant les méthodes d'analyses statistiques classiques. Celles-ci reposent le plus souvent sur un simple tracé d'un graphique contenant des courbes d'évolution des différents indicateurs paléoécologiques à partir des données paléoécologiques (voir la figure située à l'adresse *http ://mobipaleo.univ-bpclermont.fr/*, sur le lien *"Visualiser l'evolution des especes ici"*) (figure 1) et sur une comparaison empirique de ces courbes afin de relever des groupes de courbes qui évoluent à des périodes identiques.

La figure 1 montre un graphique contenant les courbes d'évolution de 178 indicateurs paléoécologiques sur 110 dates. Chaque indicateur est représenté sur la légende du graphique par son nom scientifique. Il apparaît évident qu'il est très fastidieux pour les experts de la paléoécologie d'identifier de manière empirique les différentes coévolutions de ces indicateurs à partir de ce graphique. De plus le risque est d'exclure un traitement exhaustif des données et de laisser échapper éventuellement la pépite d'information pertinente : les groupes à faible coévolution mais à fort impact sur le changement de la biodiversité. Dans ce contexte, les motifs graduels s'avèrent adaptés pour résoudre le problème d'extraction automatique des groupements de coévolution d'indicateurs multi-variés paléoécologiques.

Dans ce papier, nous montrons que, sans la prise en compte de la contrainte de temporalité entre les objets de la base de données, les sémantiques proposées dans les algorithmes de fouille de motifs graduels de la littérature ne seront pas adaptés au contexte de la temporalité (exemple des bases de données paléoécologiques). Pour ces données, cette contrainte permet d'éviter au cours du processus de fouille, de générer des motifs graduels qui ne correspondent pas aux coévolutions, ce qui permet des gains de temps de calcul et de mémoire consommée considérable. L'approche proposée apporte de l'information supplémentaire par rapport aux techniques classiques utilisées jusqu'à présent pour l'analyse de données paléoéologiques, qui sont essentiellement des méthodes statistiques et de classification.

3   Les motifs graduels

Dans cette section, nous rappelons la notion de motifs graduels et l'illustrons sur une base de données paléoécologiques.

Si on considère une base de données numériques Δ contenant un ensemble d'objets $\mathcal{D} = \{ d_1, ..., d_n \}$ décrit par un ensemble d'attributs $\mathcal{I} = \{ i_1, ..., i_m \}$, les motifs graduels extraits de Δ sont de la forme "plus/moins $i_1, ..., $ plus/moins i_k" ($k \leq m$). Ces motifs sont définis sur un sous-ensemble de $\mathcal{D}$ dont les éléments sont associés à un ordre croissant ou décroissant. Nous désignons par $d_j[i_k]$ la valeur de l'attribut i_k sur l'objet d_j.

Définition 1 (item graduel) *Soit Δ une base de données définie sur un ensemble d'attributs numériques $\mathcal{I}$, un item graduel est défini sous la forme i^*, où i est un attribut de $\mathcal{I}$ et $* \in \{+, -\}$ et le domaine des valeurs de i est muni d'une relation d'ordre total. Lorsque $*$ correspond à '+', cela signifie que la valeur de i augmente, et lorsque $*$ correspond à '−' cela signifie que la valeur de i diminue.*

Un itemset (motif) graduel $s = (i_1^{*1}, ..., i_k^{*k})$ est un ensemble non vide d'items graduels.

Pour l'illustration, nous considérons la base de données du tableau 1. Elle est constituée d'un ensemble d'objets (les différentes dates de d_1 à d_7) et d'un ensemble d'attributs (les noms scientifiques des différents indicateurs paléoécologiques). Cette base indique la quantité de chaque indicateur à chaque date. Relativement à cette base, $(Poaceae^+)$ est un item graduel, tandis que $\{Poaceae^+, Secale.t^-\}$ est un motif graduel qui indique que *"plus le nombre d'indicateur Poaceae croît , plus le nombre d'indicateur Secale.t décroît"*.

Définition 2 (motif graduel complémentaire) *Soit* $s = (i_1^{*1}, ..., i_k^{*k})$ *un itemset graduel, et* c *une fonction telle* $c(+) = " - "$ *et* $c(-) = " + "$ *alors* $c(s)$ *désigne le complémentaire de* s.

Le complémentaire d'un motif graduel est encore appelé *motif symétrique*. Le symétrique du motif graduel $\{Poaceae^+, Secale.t^-\}$ est $\{Poaceae^-, Secale.t^+\}$.

Le calcul du support d'un motif graduel dans une base de données Δ revient à mesurer à quel point le motif est présent dans Δ. Un motif graduel est dit fréquent si son support (fréquence) est supérieur ou égal à un seuil minimal fixé par l'utilisateur. La problématique d'extraction de motifs graduels fréquents consiste à trouver l'ensemble de tous les motifs graduels fréquents dans une base de données numériques, selon un seuil de fréquence minimal.

Plusieurs approches d'extraction automatique de motifs graduels ont été proposées dans la littérature. La principale différence entre ces approches réside dans leur mode de calcul du support et dans la sémantique de variation considérée. Ces approches ne supposent aucune contrainte de temporalité entre les objets, ce qui est inadapté dans le cas des bases de données numériques dont les objets sont munis d'une contrainte d'ordre temporel (exemple de la base de données Δ). Un autre problème non pris en considération par la plupart des approches de la littérature est le problème des valeurs égales. Ce problème dont l'intérêt a été souligné pour la première fois par Do et al. (2015) n'a pas retenu beaucoup d'attention et se retrouve dans plusieurs bases de données réelles. En effet, dans certaines bases de données numériques, l'on trouve des objets avec des valeurs identiques pour un même attribut (exemple de l'attribut *Filipendula.v* de la base de données Δ). Ainsi, Do et al. (2015) proposent une solution pour ce problème, mais uniquement lors de l'évaluation du support du motif graduel.

Dans ce travail, nous proposons une approche pour extraire automatiquement les motifs graduels (fermés) fréquents dans des bases de données numériques qui prend en compte la contrainte de temporalité entre les objets de la base de données au cours du processus de fouille tout en s'affranchissant du problème des valeurs égales. Elle est fondée sur le principe de la formulation donnée par Berzal et al. (2007) et permet de réduire le temps d'exécution et la mémoire en éliminant au cours du processus de fouille les motifs inutiles et inintéressants. L'application de notre approche sur des données paléoécologiques permet d'extraire les motifs graduels (fermés) fréquents qui correspondent aux groupements d'indicateurs multivariés permettant de modéliser l'évolution des écosystèmes considérés.

4   Fouille de motifs graduels sous contrainte temporelle

Nous présentons dans cette section, notre processus d'extraction de motifs graduels (fermés) fréquents dont la séquence d'objets concordants respecte l'ordre temporel, et qui s'affranchit du problème de valeurs égales.

4.1 Gradualité sous contrainte de la temporalité

La sémantique de temporalité que nous proposons de prendre en compte ici pour notre contexte d'étude se démarque de celle proposée par Berzal et al. (2007) dans la mesure où, d'une part, elle évite de rechercher les motifs graduels inutiles (motifs dont la séquence d'objets concordants ne respectent pas l'ordre temporel). D'autre part, les motifs que nous recherchons ne sont pas symétriques comme les motifs obtenus dans Berzal et al. (2007) (que nous appellerons ici motifs graduels classiques). En effet, dans Berzal et al. (2007), les auteurs proposent de construire à partir d'une base de données numériques Δ, une nouvelle base de données Δ', constituée de toutes les paires d'objets et d'utiliser l'algorithme *Apriori* sur Δ' pour rechercher tous les itemsets fréquents, lesquels vont correspondre aux motifs graduels fréquents de Δ. Ces auteurs ne considèrent que deux items dans Δ' : à savoir $i^*(* \in \{\geq, \leq\})$.

Dans le souci de gérer le problème de valeurs égales, nous construisons à partir de la base de données numériques Δ initiale, une nouvelle base de données Δ' contenant trois items au lieu de deux : à savoir $i^*(* \in \{<, >, o\})$, où l'item i^o indique les cas où les valeurs d'un attribut i restent constantes. Dans la suite de ce papier, l'opérateur "<" (respectivement ">") sera désigné par "-" (respectivement "+"), et l'opérateur d'égalité sera désigné par le symbole "o". Plus formellement, la nouvelle base Δ' est définie comme suit :

Définition 3 *Soient $\mathcal{I} = \{i_1, .., i_m\}$ un ensemble d'attributs numériques et $\mathcal{D} = \{d_1, .., d_n\}$ un ensemble d'objets **"ordonné"** où chaque objet d_j avec $j \in [1, n]$ contient une valeur numérique pour chaque attribut dans $\mathcal{I}$. Le problème de fouille de motifs graduels fréquents dans la base $\Delta = \mathcal{D} \times \mathcal{I}$ peut être ramené à un problème de fouille d'itemsets fréquents dans une nouvelle base de données contenant des attributs catégoriels $\Delta' = \mathcal{D}' \times \mathcal{I}'$ telle que :*

— $\mathcal{D}' = \{d_1', .., d_{n-1}'\}$, $|\mathcal{D}'| = n - 1$
— $\mathcal{I}' = \{i_1^+, i_1^-, i_1^o, .., i_m^+, i_m^-, i_m^o\}$, $|\mathcal{I}'| = 3 \times |\mathcal{I}|$
— $\forall d_j' \in \mathcal{D}'$, $i_k^{*p} \in d_j' \Leftrightarrow d_{j+1}[i_k] *p\, d_j[i_k]$, *avec* $j \in [1, n-1]$, $k \in [1, m]$, $*p \in \{+, -, o\}$.

Définition 4 (motif graduel respectant la temporalité) *Soient $\Delta = \mathcal{D} \times \mathcal{I}$ une base de données numériques, s un motif graduel fréquent extrait de Δ et $L_s = <d_{l_1}, ..., d_{l_j}>$ la séquence d'objets concordants de s. Le motif s respecte l'ordre temporel des objets de Δ si on a l'inégalité suivante : $d_{l_1} < d_{l_2} < ... < d_{l_j}$.*

En utilisant la définition 3, nous construisons à partir de la base de données numériques Δ (voir tableau 1), une nouvelle base de données Δ' (voir tableau 2). Les itemsets fréquents extraits de Δ' correspondent aux motifs graduels fréquents de Δ respectant la temporalité.

	Poaceae	Secale.t	Rumex.ace	Equisetum	Plantago.l	Filipendula.v	Coprofilous.f
d_1'	+	-	-	+	+	o	+
d_2'	-	+	-	+	-	o	-
d_3'	+	-	-	+	+	-	+
d_4'	-	+	-	+	-	-	-
d_5'	+	-	o	-	+	o	+
d_6'	-	+	+	o	-	o	-

TAB. 2 – *Base de données Δ' obtenue à partir de données numériques Δ.*

Il faut noter que pour ce travail, nous simplifions notre problème en regardant uniquement les variations entre les objets consécutifs. Cette simplification permet de réduire le temps de construction de la base de données Δ' qui contiendra un plus petit nombre d'objets. Un algorithme d'extraction d'itemsets fréquents classique peut alors être ensuite appliqué sur toute la base Δ' et non sur quelques attributs comme dans Berzal et al. (2007).

Une autre remarque importante est que, en prenant en compte la contrainte de temporalité entre les objets, le support du complémentaire d'un motif graduel ne peut se déduire automatiquement du support de ce motif comme dans le cas des approches de la littérature. On peut formaliser cette différence par le lemme suivant :

Lemme 1 (itemset graduel complémentaire respectant la temporalité) *Soit s, un motif graduel fréquent respectant la contrainte de temporalité tel que $c_t(s)$ est le complémentaire de s. Soit L_s (respectivement $L_{c_t(s)}$) la liste des objets correspondant au motif graduel s (respectivement $c_t(s)$), on a $L_s \cap L_{c_t(s)} = \emptyset$.*

Le lemme 1 indique que, dans le contexte de la temporalité, la génération de la moitié des motifs graduels fréquents n'est pas suffisante pour déduire automatiquement l'autre moitié comme dans les approches de la littérature. En effet, les motifs graduels fréquents sont symétriques si on ne prend pas en compte la contrainte de temporalité entre objets (si s est un motif graduel fréquent alors $c(s)$ est aussi un motif graduel fréquent). Les motifs graduels recherchés dans notre contexte n'étant pas symétriques, il est indispensable de calculer, en plus des supports de tous les motifs graduels, les supports de leur motif complémentaire correspondant.

Proposition 1 *Soient Δ une base de données numériques, C (respectivement C_t) l'ensemble de tous les motifs graduels classiques (respectivement l'ensemble de tous les motifs graduels respectant la contrainte de temporalité) extraits de Δ, nous avons $|C| \geq |C_t|$.*

Motifs graduels fermés : cas du contexte de la temporalité

Les itemsets fermés sont des clés pour obtenir une représentation condensée des motifs sans perte d'information (Pasquier et al., 1999). Un itemset I est dit fermé s'il n'existe aucun itemset I' tel que $I \subset I'$ et $support(I) = support(I')$. Cette notion de fermeture a été introduite pour la première fois dans les motifs graduels dans Ayouni et al. (2010) où les auteurs proposent une paire de fonctions (f, g) définissant un opérateur de fermeture pour les itemsets graduels. Étant donné un ensemble de séquence de transactions $\mathcal{L}$ d'une base de données, f retourne l'itemset graduel P respectant toutes les séquences de transactions dans $\mathcal{L}$ tandis que g retourne l'ensemble des séquences de transactions maximales $\mathcal{L}$ qui respectent les variations de tous les items graduels dans P. Avec ces fonctions, un motif graduel P est dit fermé si $f(g(P)) = P$. Dans Ayouni et al. (2010), les auteurs utilisent ces définitions plutôt dans une étape de post-traitement des motifs. Dans Do et al. (2015), ces définitions sont incluses dans le processus d'extraction de motifs graduels et permet de réduire les temps d'exécution et la consommation mémoire.

Dans notre contexte, les motifs graduels fermés qui peuvent être extraits de la base de données numériques initiale, correspondent aux itemsets fermés extraits de la nouvelle base de données contenant des attributs catégoriels, obtenue à partir de la base de données initiale. Par exemple, les itemsets fermés extraits de la base de données Δ' précédente correspondent aux motifs graduels fermés de la base de données numériques Δ.

Algorithme 1 : $T - GPatterns$

Données : Δ : base de données numériques, $minSupp$: un seuil de support minimal.
Résultat : Γ : motifs graduels (fermés) fréquents.
1 **Début**
2 $\quad\Delta' \longleftarrow NumVersCat(\Delta)$;
3 $\quad\Gamma \longleftarrow ChercherCoevolution(APRIORI(\Delta', minSupp))$;
4 $\quad$**retourner** Γ ;
5 **Fin**

La procédure $NumVersCat$ construit une nouvelle base de données catégorielles Δ' à partir de la base de données numériques initiale Δ en utilisant la définition 3. $APRIORI$ est la procédure utilisée dans Agrawal et Srikant (1994), nous l'utilisons pour générer à partir de Δ', les itemsets fermés fréquents qui correspondent aux motifs graduels fermés fréquents de la base de données Δ. $APRIORI$ étant utilisée par Berzal et al. (2007), nous choisissons de l'utiliser dans l'optique d'une comparaison de notre approche. La procédure $ChercherCoevolution$ recherche les motifs de la forme $\{i_1^{*1}, ..., i_k^{*k}\}$ avec $*p \in \{+, -\}, p \in [1, k]$.

4.2 Contraintes pour post-traitement : cas des données paléoécologiques

Nous définissons dans cette section des contraintes adaptées à notre problématique afin de réduire le nombre de motifs trouvés en sélectionnant les plus pertinents.

Étant donné que l'on recherche les coévolutions d'attributs, nous nous intéressons uniquement aux motifs de la forme $\{i_1^{*1}, ..., i_k^{*k}\}$ avec $*p \in \{+, -\}, p \in [1, k]$. Par ailleurs, l'augmentation du nombre d'indicateurs paléoécologiques est plus indicative que sa diminution - car différents facteurs peuvent modifier leur représentativité et les groupements de coévolution extraits devant permettre aux experts d'évaluer les impacts à long terme des activités humaines sur la biodiversité, nous proposons d'utiliser en post-traitement les contraintes suivantes :

— C_1 : un groupement d'évolution doit contenir au moins 1 indicateur paléoécologique direct (indicateur primaire) d'activités humaines. Nous avons choisi pour cela l'abondance de grains de pollen de seigle dénommé suivant le nom scientifique *Secale.type*, et marqueur d'activités agricoles (Behre, 1981), ainsi que l'abondance de *spores de champignon coprophile* indicateur d'activités pastorales (Van-Geel, 2001)

— C_2 : un groupement d'évolution doit contenir au moins 1 indicateur direct d'activités humaines avec au moins 1 indicateur secondaire d'impact anthropique (Behre, 1981). 6 taxons ont été choisis : *Plantago.sp, Plantago.lanceolata, Artemisia, Rumex.acetosella.type, Rannunculus.acris, Poaceae.*

— C_3 : l'unicité de la coévolution d'un groupement d'attributs. Plus formellement, étant donné un ensemble E de motifs graduels fréquents extrait, un motif graduel $s = \{i_1^{*1}, ..., i_k^{*k}\}$ de E est un groupement de coévolution unique si et seulement si :
  — s est soit de la forme $\{i_1^+, ..., i_k^+\}$, ou de la forme $\{i_1^-, ..., i_k^-\}$
  — $\nexists s' = \{i_1^{*1}, ..., i_k^{*k}\}$ tel que $s \neq s'$ et $s \neq c(s')$.

4.3   Expérimentations

Les tests ont été effectués sur trois bases de données numériques d'indicateurs paléoécologiques provenant du lac d'Aydat. La première base utilisée contient 111 objets correspondant à différentes dates identifiées sur l'enregistrement lacustre considéré, et 87 attributs correspondant à différents indicateurs d'anthropisation paléoécologiques (grain de pollen). La deuxième base de données contient 57 objets et 178 attributs (diatomées) liés aux conditions paléohydrologiques (statut trophique de l'eau). La troisième base contient 57 objets et des attributs multi-variés (grains de pollen et diatomées). Nous présentons ensuite quelques motifs graduels fermés fréquents intéressants, extraits de ces différentes bases de données en utilisant *l'algorithme 1*. Ces motifs interprétés et validés par les experts correspondent à des groupements intéressants d'indicateurs d'évolution des hydrosystèmes. Les nouvelles connaissances que révèlent ces groupements dans le domaine de la recherche environnementale montrent l'intérêt de l'approche proposée.

4.3.1   Résultats

Dans nos expérimentations, le seuil minimal de support *(minSupp)* est fixé à 10%. Le choix d'un tel seuil est dû, d'une part, à la faible densité de nos bases données et, d'autre part, ce seuil nous permet d'éviter d'obtenir uniquement des groupements d'indicateurs de la forme $\{i_1^o, ..., i_k^o\}$. Il permet également de conserver le maximum de groupements et d'utiliser en post-traitement les contraintes décrites dans la section 4.2 pour réduire le nombre de groupements obtenus. L'algorithme 1 permet de découvrir dans la première base de données paléoécologiques 2366 motifs graduels fermés fréquents. L'application des contraintes C_1, C_2 et C_3 permet de réduire considérablement le nombre de motifs à 49. Dans la deuxième (respectivement troisième) base de données, 777 (respectivement 284) motifs sont extraits, la contrainte C_3 permet de réduire le nombre de motifs à 296 (respectivement 104). Le tableau 3 présente quelques motifs graduels fermés fréquents parmi les plus pertinents extraits de nos trois bases de données paléoécologiques. Ils correspondent à des groupements d'indicateurs paléoécologiques d'évolution de la biodiversité (floristique et limnologique) au cours du temps.

4.3.2   Interprétation des résultats

Les motifs extraits sont pertinents car ils sont indicateurs soit d'impacts anthropiques (motifs de 1 à 22 du tableau 3), soit d'enrichissement trophique (motifs de 23 à 43).

Ces motifs comprennent des indicateurs en coévolution qui sont cohérents dans la mesure où les indicateurs traduisent des conditions paléoécologiques similaires. Par exemple 86% des motifs contenant un indicateur direct contiennent au moins un indicateur pollinique secondaire d'impact anthropique. Par ailleurs 100% des motifs fondés sur les diatomées traduisent une coévolution de taxons (indicateurs paléoécologiques) indiquant un statut trophique élevé des eaux du lac d'Aydat. Ces motifs constituent donc bien des groupements fonctionnels d'indicateurs d'activités humaines ou d'état paléoécologique. Ils permettent également de renforcer, voire de préciser le potentiel paléoécologique de certains taxons.

— Cette étude permet de suggérer une possible discrimination des indicateurs polliniques secondaires d'impact anthropique en rattachant :

— certaines coévolutions plutôt à l'agriculture : *Secale.type* coévoluant de manière significative avec *Plantago.lanceolata* dans les motifs de 9 à 15 et 17 ou avec *Ranunculus.acris* dans les motifs de 4 à 8 et 15.

— et d'autres coévolutions plutôt avec l'activité pastorale : *Coprofilous.Fungi coévoluant de manière répétée avec Plantago.sp* et *Rumex.acetosella.type* dans les motifs 1 à 3 et 22.

— Cette étude, pour ce qui concerne les motifs fondés sur les diatomées apporte des informations sur les preferenda écologiques des taxons. Par exemple, alors que peu d'informations existent pour le taxon *ECPM* (*Encyonopsis minuta*) dans la littérature, nos motifs (les motifs 23 et 24) associent clairement ce taxon avec des espèces eutrophes (par exemple *SCON, SRPI*). A l'inverse, nos motifs (les motifs 28 et 30) confèrent un statut bien plus ubiquiste au taxon *PTLA* dont les préférences écologiques semblent davantage s'étaler entre des conditions mésotrophes et hyper-eutrophes respectivement indiquées par les taxons *AUSU, FNAN*, d'une part, et par *SHAN, STMI* d'autre part.

Enfin, ces motifs permettent d'interroger ou de valider le potentiel paléoécologique de certains taxons. En effet, certains motifs font coévoluer deux marqueurs classiques du pastoralisme (*Plantago.sp et Coprofilous.Fungi, (Behre, 1981; Van-Geel, 2001)*) avec *Polygonum* (les motifs 1 et 2) ou les *Rosaceae* (motif 3) qui ne sont pas ou peu associés à des activités humaines en paléoécologie. Une situation similaire est retrouvée dans les motifs 4 de 7, 11 à 15, et dans les motifs 18, 19 et 21 où certains taxons comme *Filipendula.vulgaris, Apiaceae, Equisetum* coévoluent avec des indicateurs classiques d'impacts anthropiques. Ceci suggère le caractère local des activités humaines retracées et l'impact de celles-ci sur l'écosystème.

Ces motifs extraits confirment par ailleurs l'utilité de certains micro-fossiles non polliniques dans la caractérisation d'un enrichissement trophique d'un lac (Miras et al., 2015). C'est particulièrement le cas des œufs de rotifères tels *Conochilus.natans.type, Trichocerca.cylindrica, Anuraeopsis.fissa.type* dans les motifs de 33 à 35, 37 à 38 et 42 ou de certaines formes algales comme *Hdv-128* (Van-Geel, 2001) dans le motif 40. Certains motifs constituent même des groupements d'indicateurs paléoécologiques multi-variés regroupant des espèces ou des morphotypes franchement eutrophes, voir hyper-eutrophes vivant dans des eaux riches en matière organique fermentescible (motif 39).

5   Conclusion et perspectives

Dans ce papier, nous proposons une approche de fouille de motifs graduels fermés fréquents dans des bases de données numériques dont les objets sont munis d'une relation d'ordre temporel. Nous avons présenté un domaine (la Paléoécologie) où l'on trouve des données avec des problématiques de fouille de motifs graduels sous contrainte de temporalité. Nous montrons que, dans ce contexte, la prise en compte de la contrainte de temporalité au cours du processus de fouille permet de réduire significativement le nombre de motifs en éliminant ceux dont la séquence d'objets concordants ne respecte pas la temporalité. Un algorithme dédié à l'extraction automatique des motifs graduels fermés fréquents dans ce contexte de temporalité a été proposé. Les expérimentations menées sur des données paléoécologiques ont permis d'appréhender des groupements fonctionnels de coévolution d'indicateurs paléoécologiques qui modélisent l'évolution de la biodiversité au cours du temps. Les connaissances apportées par ces groupements montrent l'intérêt de l'approche pour la Paléoécologie. L'objectif ici était de montrer comment la contrainte de temporalité peut être prise en compte au cours du processus de fouille de motifs graduels. Nous avons proposé une première solution qui simplifie le problème en considérant les gradualités uniquement entre les objets consécutifs. Il serait intéressant de considérer dans ce contexte de temporalité, d'autres sémantiques de gradualité de la littérature. Ce dernier point fait l'objet des travaux en cours.

Remerciements.   Ce travail est soutenu par la région Auvergne Rhône-Alpes et l'Union Européenne dans le cadre du projet *MobiPaléo (http ://mobipaleo.univ-bpclermont.fr/)* du CPER 2014. Nous remercions les relecteurs anonymes pour leurs remarques constructives.

Références

Agrawal, R. et R. Srikant (1994). Fast algorithms for mining association rules in large databases. In *VLDB, Santiago de Chile, Chile, September 12-15*, pp. 487–499.

Ayouni, S., A. Laurent, S. B. Yahia, et P. Poncelet (2010). Mining closed gradual patterns. In *Artificial Intelligence and Soft Computing, 10th International Conference, ICAISC, Zakopane, Poland, June 13-17, Part I*, pp. 267–274.

Behre, K. (1981). The interpretation of anthropogenic indicators in pollen diagrams. In *Pollen et Spores : 23*, pp. 225–245.

Berzal, F., J. C. Cubero, D. Sánchez, M. A. V. Miranda, et J. Serrano (2007). An alternative approach to discover gradual dependencies. *International Journal of Uncertainty, Fuzziness and Knowledge-Based Systems 15*(5), 559–570.

Di-Jorio, L., A. Laurent, et M. Teisseire (2008). Fast extraction of gradual association rules: a heuristic based method. In *CSTST, Cergy-Pontoise, France, October 28-31*, pp. 205–210.

Di-Jorio, L., A. Laurent, et M. Teisseire (2009). Mining frequent gradual itemsets from large databases. In *IDA, Lyon, France, August 31 - September 2*, pp. 297–308.

Do, T. D. T., A. Termier, A. Laurent, B. Négrevergne, B. O. Tehrani, et S. Amer-Yahia (2015). PGLCM: efficient parallel mining of closed frequent gradual itemsets. *Knowl. Inf. Syst. 43*(3), 497–527.

Laurent, A., M. Lesot, et M. Rifqi (2009). GRAANK: exploiting rank correlations for extracting gradual itemsets. In *FQAS, Roskilde, Denmark, October 26-28*, pp. 382–393.

Masseglia, F., A. Laurent, et M. Teisseire (2008). Gradual trends in fuzzy sequential patterns. In *IPMU*, pp. 456–463.

Miras, Y., A. Beauger, M. Lavrieux, V. Berthon, K. Serieyssol, V. Andrieu-Ponel, et P. Ledger (2015). Tracking long-term human impacts on landscape, vegetal biodiversity and water quality in the lake aydat (auvergne, france) using pollen, non-pollen palynomorphs and diatom assemblages. In *Palaeogeography, Palaeoclimatology, Palaeoecology*, pp. 76–90.

Pasquier, N., Y. Bastide, R. Taouil, et L. Lakhal (1999). Discovering frequent closed itemsets for association rules. In *ICDT, Jerusalem, Israel, January 10-12*, pp. 398–416.

Smol, H., H. Birks, et W. Last (2001). Tracking environmental change using lake sediments. In *Terrestrial, Algal and Silicaceaous Indicators III. Kluwer Academic Publishers, Dordrecht*, pp. 319–349.

Van-Geel, B. (2001). Tracking environmental change using lake sediments. In *Terrestrial, Algal and Silicaceaous Indicators III. Kluwer Academic Publishers, Dordrecht*, pp. 99–119.

	Motifs
1	Plantago.sp=+, Polygonum=+, Coprofilous.Fungi=+
2	Plantago.sp=-, Polygonum=-, Coprofilous.Fungi=-
3	Rumex.acetosella.type=+, Rosaceae=+, Coprofilous.Fungi=+
4	Secale.type=+, Ranunculus.acris.t=+, Filipendula.vulgaris=+
5	Secale.type=-,Ranunculus.acris.t=-,Filipendula.vulgaris=-
6	Secale.type=+,Ranunculus.acris.t=+,Apiaceae=+
7	Secale.type=+, Ranunculus.acris.t=+, Equisetum=+
8	Secale.type=+, Ranunculus.acris.t=+, Spore.trilete=+
9	Secale.type=+, Plantago.lanceolata=+, Ranunculus.acris.t=+
10	Secale.type=-, Plantago.lanceolata=-, Ranunculus.acris.t=-
11	Secale.type=+, Plantago.lanceolata=+, Apiaceae=+
12	Secale.type=+, Plantago.lanceolata=+, Filipendula.vulgaris=+
13	Secale.type=-, Plantago.lanceolata=-, Filipendula.vulgaris=-
14	Secale.type=+, Plantago.lanceolata=+, Equisetum=+
15	Secale.type=+, Plantago.lanceolata=+, Ranunculus.acris.t=+, Filipendula.vulgaris=+
16	Poaceae=+, Secale.type=+, Ranunculus.acris.t=+
17	Poaceae=+,Secale.type=+,Plantago.lanceolata=+
18	Poaceae=+,Secale.type=+,Apiaceae=+
19	Poaceae=+,Secale.type=+,Equisetum=+
20	Poaceae=+,Secale.type=+,Spore.trilete=+
21	Secale.type=+,Apiaceae=+,Filipendula.vulgaris=+
22	Poaceae=+,Rumex.acetosella.type=+,Coprofilous.Fungi=+
23	ECPM=+,SCON=+,SRPI=+
24	ECPM=+,MCIR=+,SCON=+
25	SCON=+,UDAN=+,EOMI=+
26	SCON=+,PSBR=+,EOMI=+
27	SCON=+,SPAV=+,EOMI=+
28	PTLA=+,SHAN=+,STMI=+
29	AUSU=+,ESLE=+,SPAV=+
30	AUSU=+,FNAN=+,PTLA=+
31	DPST=+,FGRA=+,UUAC=+
32	PLFR=+,STMI=+,Botryococcus=+
33	SSVE=+,Botryococcus=+,Conochilus.natans.type=+
34	Botryococcus=+,Trichocerca.cylindrica.type=+,Anuraeopsis.fissa.type=+
35	PSBR=+,EOMI=+,Trichocerca.cylindrica.type=+
36	PSBR=+,EOMI=+,Spirogyra=+
37	EOMI=+,Spirogyra=+,Trichocerca.cylindrica.type=+
38	Pediastrum=+,Botryococcus=+,Conochilus.natans.type=+
39	SHAN=+,SMED=+,Botryococcus=+
40	SPAV=+,Botryococcus=+,HdV.128=+
41	SPAV=+,Botryococcus=+,Spirogyra=+
42	SSVE=+,Pediastrum=+,Botryococcus=+,Conochilus.hippocrepis.type=+
43	AFOR=+,SPAV=+,Pediastrum=+,Botryococcus=+

TABLE 3 – *Motifs graduels intéressants extraits de la base de données paléoécologiques.*

Summary

In this paper, we propose an approach for extracting (closed) frequent gradual patterns when the ordering of supporting objects matches the temporal order. This approach allows to reduce the quantity of mined patterns when the objects follow an temporal order relation. Experimental results obtained on the paleoecological data show the efficiency of our approach and the interpretation of results bring new knowledge to paleoecological experts.

Classification d'objets 3D par extraction aléatoire de sous-parties discriminantes pour l'étude du sous-sol en prospection pétrolière

François Meunier*,** Christophe Marsala* Laurent Castanié** Bruno Conche**

*Sorbonne Universités, UPMC Univ Paris 06,
CNRS, LIP6 UMR 7606, 4 place Jussieu 75005 Paris
**Total Exploration-Production,
Tour Coupole, La Défense, 2 Place Jean Millier, 92078 Paris

Résumé. Dans cet article, nous proposons une nouvelle approche de classification d'objets 3D inspirée des *Time Series Shapelets* de Ye et Keogh (2009). L'idée est d'utiliser des sous-surfaces discriminantes pour la classification concernée afin de prendre en compte la nature locale des éléments pertinents. Cela permet à l'utilisateur d'avoir connaissance des sous-parties qui ont été utiles pour déterminer l'appartenance d'un objet à une classe. Les résultats obtenus confirment l'intérêt de la sélection aléatoire de caractéristiques candidates pour la pré-sélection d'attributs en classification supervisée.

1   Introduction

Lors du traitement d'éléments complexes, les classifieurs ne donnent généralement pas de justification permettant de comprendre leurs résultats. Dans le cadre de la classification supervisée d'objets 3D, cette dernière est très souvent réalisée manuellement par les industriels, soucieux de comprendre les tenants et aboutissants de leurs études. Cela représente une charge de travail conséquente, qu'une automatisation de la classification de ces objets 3D faciliterait grandement, à condition de remplir les contraintes posées par les industriels en termes de compréhensibilité.

Notre travail se propose de mettre en place un système de classification supervisée d'objets 3D avec justification explicite du résultat fourni. Au sein de ce domaine, les méthodes actuelles ne permettent pas, sans connaissance préalable, de comprendre quelles sous-parties d'un objet pourraient être discriminantes dans le cadre de la présence du phénomène étudié, et pourquoi elles le seraient. Ce problème revient fréquemment en apprentissage, pour lequel la résolution est perçue du point de vue de l'utilisateur comme une "boite noire" dans laquelle la confiance ne peut être attribuée que selon ses performances passées. L'intérêt est donc de chercher à expliquer le résultat de la classification à l'utilisateur afin que celui-ci puisse réellement valider le modèle et donc l'apport de ce dernier.

Les contraintes du système et donc les conditions d'application de la méthode proposée sont triples : les éléments d'apprentissage sont des surfaces 3D de maillages triangulaires irréguliers ; la classification est basée sur la présence de phénomènes / ensembles de phénomènes locaux ; on se place en apprentissage supervisé dit traditionnel, sans changement de loi de répartition des classes dans l'ensemble étudié.

Dans cet article, après un état de l'art présenté en Section 2, la méthode proposée est décrite en Section 3, avant que la Section 4 ne donne les expérimentations réalisées et la Section 5 les perspectives de cette méthode.

2   Etat de l'art

Avec les méthodes existantes en classification supervisée d'objets 3D, il n'est aujourd'hui pas possible de catégoriser des objets 3D sur la présence de phénomènes locaux, tout en justifiant le processus et les prédictions.

Des méthodes issues de domaines aussi variés que le traitement d'images ou de séries temporelles présentent des possibilités encore inexploitées dans l'extraction de sous-parties discriminantes, en utilisant des descripteurs d'objets 3D de la littérature permettant de les caractériser.

2.1   Les descripteurs d'objets 3D

Dans le cas de séries temporelles ou d'images, il est possible de comparer directement les données des sous-parties extraites (avec la distance euclidienne, par exemple). Pour ce qui est des objets 3D, comparer directement 2 entités de ce type n'est pas envisageable car, en plus de devoir établir un alignement selon la translation, la rotation, l'échelle et la réflexion, il est indispensable de prendre en compte le fait que l'échantillonnage ne correspond pas forcément d'un extrait à l'autre. Le calcul de la distance minimale entre chaque point du premier extrait avec la structure du second n'est possible qu'en présence d'éléments de mêmes étendues. L'étude d'objets 3D, décrits par des maillages non réguliers, nécessite donc d'extraire d'abord des descripteurs qui ont pour but de convertir les données en une forme exploitable pour l'apprentissage et la comparaison. Les approches à base de descripteurs de volumes ou de squelettes d'objets ne s'appliquent pas aux surfaces non fermées (Alexandre (2012)).

Il existe à l'heure actuelle de nombreuses méthodes visant à extraire des descripteurs d'objets 3D (Dang (2014)). Outre celles de passage de la 3D à la 2D par coupe ou projection, qui ne s'adaptent pas à notre problème à cause de la trop grande perte de données qui en découle, la distinction se fait généralement entre les descripteurs locaux et globaux. Les descripteurs globaux ne sont pas adaptés à notre étude, car sur l'ensemble de la structure, ils perdent les caractéristiques purement locales des sous-parties que Tabia (2011) résume. Les descripteurs locaux, quant à eux, peuvent être de bons moyens de comparaison entre différents extraits récupérés car ils s'appliquent à de petites surfaces qui correspondent potentiellement aux sous-parties discriminantes décrites dans la *Section 1*. En effet, on ne considère alors que les tendances dans le voisinage d'un point du maillage, ce qui qui pousse généralement à utiliser un histogramme de répartition de valeurs comme Dang (2014) si l'on souhaite décrire toute une surface comme ont pu le faire Ankerst et al. (1999) avec le Shape Histogram, et Rusu et al. (2008) avec le *PFH* (Point Feature Histogram).

Bien que différentes, ces deux ensembles de méthodes, globales et locales, peuvent servir à définir une surface 3D non fermée, et pour notre étude, elles doivent respecter les conditions suivantes : une bonne capacité à représenter un prototype de la classe concernée (donc du phénomène local détecté) ; une robustesse par rapport aux principales transformations géométriques (rotation, translation, passage à l'échelle, ...) ; permettre de caractériser une zone particulière au sein de l'objet 3D, et de s'en servir pour justifier la classification finale.

2.2   La distance / similarité entre histogrammes de répartition de valeurs

Afin de comparer deux sous-surfaces extraites, l'utilisation d'un descripteur local requiert l'utilisation d'une distance. Le calcul du descripteur fournit un ensemble de données rassemblées dans un histogramme de répartition de valeurs correspondant à chaque point de la surface retenue. Plusieurs types de distances entre histogrammes peuvent alors être utilisées : la mesure de Bhattacharyya (1943), la distance de Matusita (1955), la mesure de Hellinger, du chi^2, ou la divergence de Kullback et Leibler (1951).

2.3   Les "time series shapelets"

Proposée par Refregier (2001), la notion de "shapelets" était initialement appliquée aux images. La méthode est alors basée sur une décomposition linéaire de chaque image en une série de fonctions élémentaires décrivant des sous-parties forcément locales ; ces fonctions sont appelées "shapelets". Concrètement, cela permet, à partir de données complexes, d'obtenir une version simplifiée de ces données en les décomposant en entités plus simples à étudier.

Cette méthode a par la suite été adaptée aux séries temporelles pour la classification supervisée par Ye et Keogh (2009). Le principe est d'extraire l'ensemble des sous-parties possibles de chaque élément de l'ensemble d'apprentissage, puis de déterminer lesquelles scindent le mieux l'ensemble des éléments, dans le but de maximiser un certain indicateur permettant de juger de la capacité de discrimination. La méthode classique de maximisation d'entropie retenue par Ye et Keogh (2009), consiste à calculer la distance minimale entre chaque attribut candidat et chaque objet ; puis, pour chaque candidat, ordonner les objets selon la distance les séparant de ce dernier ; enfin, évaluer la capacité de discrimination du candidat dont les plus discriminants servent à scinder l'ensemble des séries temporelles entre les classes.
Cet indicateur, issu des méthodes de *selection d'attributs* dont Chandrashekar et Sahin (2014) étudie le domaine et Renard et al. (2016) en applique certaines méthodes aux séries temporelles, permet de déterminer les plus pertinentes des sous-parties. Cette évaluation est réalisée par le gain d'information (Mutual Information) qui vise à mesurer la dépendance entre 2 variables. Lines et al. (2012) et Hills et al. (2014) utilisent les shapelets (les plus discriminantes) en calculant la distance minimale qui permet de correspondre au mieux avec les nouveaux éléments à classifier, c'est-à-dire les séries temporelles encore non labellisées. Par la suite, ces distances deviennent les attributs utilisés pour l'apprentissage et non plus l'arbre de décision directement. Il devient ainsi possible de ramener le problème à de l'apprentissage supervisé classique, et donc utiliser d'autres méthodes plus efficaces que les arbres de décision d'origine. L'avantage évident de la méthode des shapelets appliquée aux séries temporelles est de pouvoir comparer des éléments de tailles très variées et dont on ne possède pas de connaissance a priori (comme le seraient les fonctions élémentaires de la méthode d'origine). Ce ne sont en effet plus les éléments dans leur globalité qui peuvent être utiles, mais la juxtaposition de certaines des sous-parties de ces derniers, aux caractéristiques diverses, qui mises ensemble permettent de déduire les classes d'appartenance.
Parmi les nombreuses optimisations en terme de temps de calcul réalisées dans ce domaine,

Renard et al. (2015) utilise une extraction aléatoire de ces sous-parties dans le cadre de la classification de séries temporelles. En raison de la redondance des sous-parties discriminantes dans les données ciblées, les performances en termes de classification restent très bonnes.

3   Méthode proposée

La méthode proposée pour la classification d'objets 3D est à la croisée des différents domaines présentés dans la section précédente :

1. les shapelets, notamment la classification supervisée de séries temporelles de Ye et Keogh (2009) ;

2. les calculs de similarité de surfaces 3D par l'extraction de descripteurs d'objets 3D.

Ces techniques apparaissent comme étant potentiellement complémentaires. En effet, le balayage par fenêtrage de Lozano Vega (2015) d'une image (sous forme d'un rectangle ou d'un carré extrait de cette image) permet de déterminer quelle partie est la plus intéressante à relever dans le cadre d'une classification particulière. L'idée initiale de Refregier (2001) permet elle aussi de tester puis d'extraire les sous-parties les plus discriminantes d'un ensemble cohérent de données, dans le cadre de la classification souhaitée. Néanmoins, ce qui est envisageable face à un maillage dont on pouvait établir la liste exhaustive des candidats possibles, car de forme rectangulaire, et dans un ensemble de tailles possibles prédéfini, pose problème pour des maillages 3D irréguliers. En effet, nous sommes confrontés à une explosion du temps de calcul nécessaire à l'extraction et l'évaluation des très nombreux candidats.

Lorsque Renard et al. (2015) propose une recherche aléatoire de sous-parties potentiellement discriminantes pour la classification de séries temporelles, ses résultats ne sont quasiment pas dégradés. En effet, en raison de grandes quantités de données, la redondance des extraits discriminants permet de ne pas diminuer la performance de la prédiction, si on la compare au modèle exhaustif. Cette idée a été adaptée à notre problème, même si dans notre cas une bien plus faible part des candidats au titre de sous-partie discriminante (l'ordre de grandeur est d'environ $10^{-6}\%$ de l'ensemble, contre $10^{-1}\%$ pour les séries temporelles de Renard et al. (2015)) a été conservée.

Ainsi, nous proposons d'adapter aux objets 3D ce qui a été fait avec les séries temporelles en classification supervisée, la sélection des sous-parties discriminantes utilisées pour calculer les attributs d'apprentissage étant réalisée aléatoirement en ne sélectionnant qu'un extrait de l'ensemble des possibilités.

Soient $O_1, ..., O_n$ l'ensemble des objets labellisés qui constitue la base d'apprentissage.

— $\forall O_{i=1,...,n}$, on extrait aléatoirement m sous-surfaces (pour chaque objet O_i) que sont $S_{i,1}, ...S_{i,m}$.

— On considère un descripteur d'objet 3D particulier $Desc$, et une distance $Dist$. $\forall i \in (1, ..., n)$ et $\forall j \in (1, ..., m)$, on calcule le descripteur $Desc(S_{i,j})$ de la sous-surface $S_{i,j}$.

Puis, pour chaque sous-surface $S_{i,j}$ à évaluer :

— $\forall i' \in (1, ..., n) \backslash i$ et $\forall j' \in (1, ..., m)$, on calcule la proximité $Prox(S_{i,j}, S_{i',j'}) = Dist(Desc(S_{i,j}), Desc(S_{i',j'}))$.

— Les degrés correspondant à ses valeurs d'imbrication dans chacun des objets $O_1, ..., O_n$ valent : $\forall i' \in (1, ..., n)$,

$$Degre(S_{i,j}, O_{i'}) = \inf_{l=1,...,m} (Prox(S_{i,j}, S_{i',l}))$$

Ce degré de matchage ou d'appartenance d'une sous-surface à un objet permet d'établir une forme de proximité entre la sous-surface étudiée et chaque objet. C'est à partir de ces valeurs que le score de pertinence de chacune des sous-surfaces est évalué, afin de ne sélectionner que les plus discriminantes.

Pour l'évaluation de la pertinence de la sous-surface à partir des degrés, et bien que Ye et Keogh (2009) utilise la méthode du gain d'information pour évaluer les shapelets candidats, il s'avère qu'une autre méthode de *selection d'attributs* soit mieux adaptée.

Lines et al. (2012) propose l'utilisation de la formule *f-stat*, plus performante pour évaluer le caractère discriminant d'une sous-partie que la méthode classique. Si l'on ajoute à cela un temps de calcul plus faible, cette formule semble être plus appropriée. Pour une certaine sous-surface $S_{i,j}$, dans un problème à C classes, on a :

$$f\text{-}stat(S_{i,j}) = \frac{\dfrac{1}{C-1} \sum_{cl=1}^{C} (\bar{D}_{cl} - \bar{D})^2}{\dfrac{1}{m-C} \sum_{cl=1}^{C} \sum_{d \in D_{cl}} (d - \bar{D}_{cl})^2} \tag{1}$$

avec $C > 1$ le nombre de classes, m le nombre de sous-parties ($m > C$), $\bar{D}_i$ la moyenne des degrés entre les surfaces de classe cl et $S_{i,j}$, et $\bar{D}$ la moyenne des degrés entre les objets 3D de toutes les classes et $S_{i,j}$.

Par la suite, les k premiers candidats selon ce critère seront utilisés pour le calcul des attributs, k valant expérimentalement environ 10% du nombre total d'extraits.

Il est logique (et les résultats le confirment) de ne pas mettre plus d'attributs que la moitié du nombre de sous-parties extraites par objet 3D. Cela peut s'expliquer assez aisément par le fait que si l'on met autant de sous-parties attributs que d'extraits d'un objet 3D, alors les attributs manqueront de choix dans la sélection de l'extrait le plus proche lors du calcul de distance entre objet et shapelet candidat.

Une fois les sous-surfaces les plus pertinentes extraites, elles sont utilisées pour, d'une part, réaliser l'apprentissage sur un modèle de classification supervisé traditionnel (les degrés entre l'élément d'apprentissage, et chacune des sous-surfaces donnent le vecteur d'attributs), et d'autre part réaliser le même procédé pour la prédiction de nouveaux objets.

4   Expérimentations

L'algorithme étant adapté à un contexte de classification de grandes structures 3D dont les éléments permettant cette dernière ne sont que des sous-parties, il est assez compliqué de trouver un jeu de données correspondant à nos besoins. En effet, la classification supervisée d'objets 3D répond généralement au besoin de classifier des objets fermés dont l'objet dans son ensemble appartient à une classe, alors que notre objectif consistait à détecter des phénomènes locaux, sans que l'on n'en connaisse leur forme ou leur position au sein des structures 3D. Ensuite, le choix du calcul de similarité entre sous-parties (afin de calculer la distance entre un candidat et un objet 3D) est assez gourmand en temps de calcul. Encore à l'état expérimental, il n'a pour l'heure pas été optimisé mais cela fera l'objet d'un développement futur. Enfin, et sans doute le point essentiel, notre méthode vise à pouvoir aider l'utilisateur à comprendre la classification : l'élément central n'est donc plus la classification en elle-même (et donc le taux de prédiction l'objectif ultime), mais la capacité à fournir une explication à la classification donnée. Sa performance réelle, bien qu'importante, n'est utile que dans le cadre de la justification qui en découle.

4.1   Résultats

Nous avons testé notre algorithme avec des données libres du *Princeton Shape Benchmark* [1] (PSB), dont l'avantage principal est de provenir de crawlers ayant récupéré des objets de multiples jeux de données déjà existants. Le classifieur utilisé une fois les attributs récupérés est celui des forêts aléatoires du package Python *scikit-learn*. Les tests sont effectués sur un processeur *Intel Core i7 vPro* avec 16 Go de RAM. L'échantillon comprend 40, 60 ou 100 objets selon l'expérience, répartis en 2 classes de même taille. Les objets en eux-même ont des tailles très variables, allant de 250 points à 5000 points environ. Aucune normalisation n'ayant été faite, le faible nombre d'objets sélectionnés et le fort écart-type de taille d'objet (1946) fait logiquement baisser les résultats de la prédiction.
Les expériences réalisées avec des descripteurs de la littérature sont effectuées dans les mêmes conditions que celles utilisées pour la méthode proposée, à savoir les mêmes librairies et la même extraction de descripteurs (selon que l'on en extrait de sous-parties ou de l'objet dans son ensemble).

4.1.1   Le choix du descripteur et du calcul de similarité

En partant de descripteurs locaux, qui donnent la tendance locale autour de chaque point, on récupère un histogramme de répartition de valeurs. C'est à partir de cet histogramme normalisé, dont la taille est constante quelle que soit celle de la sous-surface d'origine, que la distance est calculée.

On obtient, en extrayant à chaque fois 200 sous-surfaces de tailles approximatives de $\frac{1}{20}$ de chaque objet, par validation croisée (en apprenant sur 75% et en testant sur 25% à chaque itération) sur 60 objets (subdivisés en 2 classes de mêmes tailles), les résultats comparatifs entre les descripteurs d'objets 3D de la Tab. 1, que sont le *Heat Kernel Signature* (HKS), le *Point Feature Histogram* (PFH), et le *Unique Shape Context* (USC).

En colonnes de la Tab. 1, on retrouve la méthode utilisée pour le calcul de distance entre les sous-parties, ainsi que le temps de calcul, et en lignes les descripteurs à partir desquelles ces distances sont calculées.
Au taux de bonne classification, on y mentionne aussi l'écart-type de la validation croisée.
Les légères différences en temps de calcul ne dépendent que de l'implémentation des algorithmes de descripteurs, et l'ordre de grandeur reste le même.

---

1. http ://shape.cs.princeton.edu/benchmark/ consulté le 29/09/2016

Descripteur d'objets 3D	Divergence de Kullback-Leibler	Mesure de Bhattacharyya	Distance de Hellinger	Distance de Matusita	Temps de calcul (secondes)
HKS	0.89 ± 0.13	0.85 ± 0.13	0.86 ± 0.07	0.90 ± 0.12	1208
PFH	0.79 ± 0.16	0.75 ± 0.14	0.60 ± 0.08	0.71 ± 0.12	1098
USC	0.86 ± 0.11	0.85 ± 0.15	0.84 ± 0.13	0.87 ± 0.11	1152

TAB. 1 – *Performances comparées entre descripteurs d'objets 3D*

Les meilleurs résultats trouvés sont ceux du HKS, bien que le USC le talonne. Avec le jeu de données qui est le notre, il est apparu que la distance de Matusita, combiné à ce même HKS, semble former la meilleure combinaison.

Pour nos expériences futures, on choisit donc comme descripteur d'objet 3D le HKS et comme distance entre ces descripteurs la distance de Matusita.

On remarque néanmoins que n'importe quel descripteur d'objet 3D peu être utilisé pour décrire les sous-surfaces extraites, et donc que la vraie comparaison doit avoir lieu entre un descripteur global et notre méthode utilisant ce même descripteur pour les extraits.

4.1.2 Le choix du nombre d'extraits

En réutilisant le descripteur *HKS* choisi précédemment, on obtient, par validation croisée en quatre parties un jeu d'apprentissage de 40 et 100 objets, de deux classes de mêmes tailles mais tirées aléatoirement du *PSB*, les résultats donnés dans la Tab. 2.

Nombre d'objets 3D	Nombre de sous-parties extraites (par objet)	Taux de bonne classification	Temps de calcul (secondes)
40	25	0.65 ± 0.15	122
	50	0.75 ± 0.16	237
	100	0.81 ± 0.14	468
	200	0.87 ± 0.10	831
	300	0.89 ± 0.11	1469
	400	0.92 ± 0.08	2160
	HKS global	0.85 ± 0.08	1020
100	25	0.59 ± 0.28	230
	50	0.71 ± 0.29	396
	100	0.78 ± 0.18	902
	200	0.87 ± 0.16	1728
	300	0.90 ± 0.14	2645
	400	0.91 ± 0.13	3587
	HKS global	0.82 ± 0.11	2285

TAB. 2 – *Performances comparées : précision pour 40 et 100 objets*

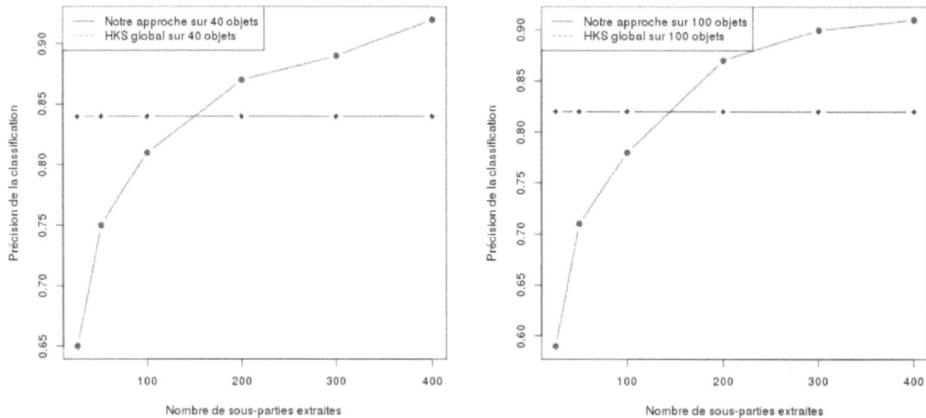

FIG. 1 – *Comparaison de taux de bonne classification en fonction du nombre d'extraits*

La première colonne de la Tab. 2 indique le nombre de sous-surfaces extraites et les tailles de ces différents extraits. Par exemple, pour la première ligne, 40 sous-surfaces ont été extraites, avec des tailles de 20, 40, 60 et 80 points reliés. Comme pour la comparaison de descripteurs, les taux de bonne classification de la 2ème colonne, sont complétés par l'écart-type de la validation croisée. La dernière ligne présente les résultats d'une méthode de classification globale en utilisant les histogrammes des *HKS* de l'ensemble des points comme attributs.
A première vue, et cela paraît logique, on remarque que plus les tailles d'extraits sont variées, et plus le nombre de ces extraits augmente, meilleure sera la classification. La confiance dans les prédictions est assez limitée, cela est du à la sélection aléatoire des sous-parties qui rend la méthode légèrement moins stable qu'une qui serait déterministe. Pourtant, la méthode proposée est plus rapide que la globale, cela venant du fait qu'elle ne considère que certaines parties de l'objet. Qui plus est, la comparaison peut être reproduite avec n'importe quel descripteur, dans la mesure où une technique visant à définir un objet 3D peut être adaptée à notre contexte. Le choix n'est donc pas le descripteur choisi, mais la comparaison entre la performance d'un descripteur global et ce même descripteur utilisé pour méthode.

4.1.3 Comparaison avec d'autres méthodes de classification supervisée d'objets 3D

A titre indicatif, voici un comparatif des méthodes les plus utilisées avec la nôtre, bien que les techniques actuelles ne permettent pas l'explication à l'utilisateur du résultat (Tab. 3).
Cette fois-ci, les tests sont réalisés avec 60 objets de deux classes de mêmes tailles du *PSB*.
On a choisi d'utiliser 200 extraits par objet, ce qui était un bon compromis entre le temps d'exécution et la précision de la classification, si l'on se réfère à la Fig. 1.

On remarque que notre méthode obtient des résultats globalement équivalents à ceux de la littérature, pour un temps de calcul du même ordre de grandeur, bien qu'il ne s'agisse que d'une classification simple (2 classes) sur un nombre restreint d'objets 3D (60).

Méthode de classification d'objets 3D	Précision de la classification	Temps de calcul moyen (secondes)
Harmoniques sphériques	0.71 ± 0.09	1205
Shape Histogram Ankerst et al. (1999)	0.74 ± 0.07	952
Extended Gaussian image Horn (1984)	0.83 ± 0.10	1452
Gaussian Euclidean Distance Transform Kazhdan et al. (2003)	0.88 ± 0.08	1356
Hough 3D et SURF Knopp et al. (2010)	0.87 ± 0.06	1325
USC global	0.83 ± 0.08	1244
PFH global	0.78 ± 0.10	1546
HKS global	0.84 ± 0.07	1253
Notre approche	0.89 ± 0.12	1152

TAB. 3 – *Performances comparées entre méthodes de classification supervisée d'objets 3D*

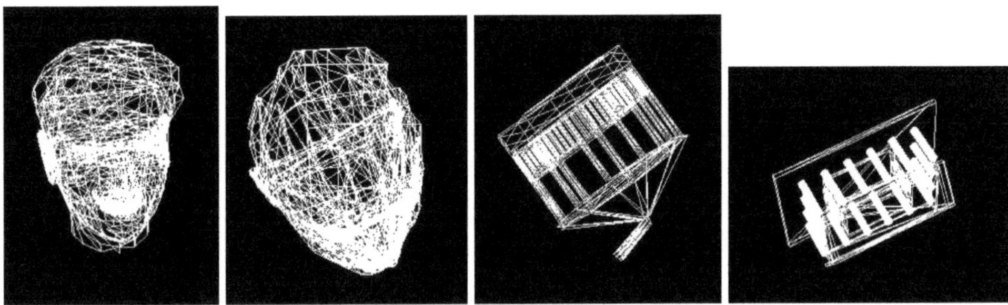

FIG. 2 – *objets 3D à classifier : les 2 premiers sont de la 1re classe, et les 2 derniers de l'autre*

4.1.4 Interprétation des sous-parties discriminantes

Le principal apport de notre méthode, dans la mesure où ses résultats sont globalement équivalents à ceux de la littérature, est de pouvoir permettre la compréhension de la classification proposée par l'exhibition des sous-parties qui ont été choisie comme étant les plus pertinentes. Dans notre exemple, il s'agissait de classer des objets 3D en 2 catégories, qui étaient d'un côté des objets inanimés et de l'autre des parties (tête ou buste) du corps humain.

On récupère des extraits tels que ceux de la Fig. 3 qui correspondent à de l'anatomie humaine (probablement la partie courbée de l'arrière d'une tête). Ces éléments permettent d'exhiber certaines des sous-parties ayant permis de créer les attributs de l'objet et donc les extraits qui sont les plus représentatifs de la classification.

4.2 Discussion

Les résultats obtenus lors de la comparaison à d'autres techniques ne correspondent qu'à une partie du véritable objectif de cet algorithme (exhiber à l'utilisateur des sous-parties discriminantes pour l'aider à la compréhension de la classification). Pourtant, la méthode que nous proposons s'avère au moins aussi bonne (voir légèrement meilleure) que les méthodes plus

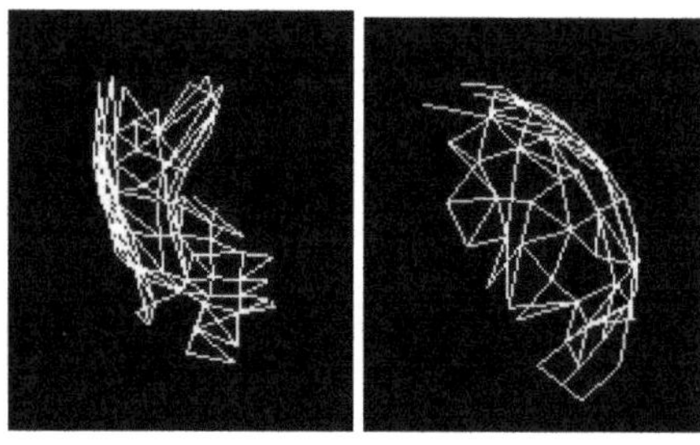

FIG. 3 – *extraits discriminants d'objets 3D*

traditionnelles, bien que l'aléatoire semble en diminuer légèrement la stabilité. Les premières expériences de visualisation sont prometteuses, mais nécessitent pour être confirmées une mise en pré-production au sein du métier ciblé afin de se confronter aux besoins des géologues.

Qui plus est, certains choix des paramètres de l'algorithme, c'est-à-dire : le nombre de sous-parties par objet ; la taille de ces sous-parties ; le nombre de sous-parties retenues pour l'apprentissage ; n'ont été choisis que par tests empiriques successifs sur différents ensembles de données, et en accordant notre confiance à des publications antérieures. A terme, il s'agira bien entendu de chercher à automatiser ces choix de paramètres.

5   Conclusion et perspectives

Nous avons, dans cet article, proposé une nouvelle méthode de classification d'objets 3D avec, chose inédite, justification de cette dernière par exhibition des éléments les plus discriminants.

Poursuivre sur cet axe de recherche implique de remettre en cause l'ensemble des valeurs données aux paramètres. En effet, les données réelles auxquelles sera confronté l'algorithme vont tendre à reconsidérer des décisions parfois arbitraires, comme le choix de la taille des sous-parties extraites (appliqué au problème) et leur nombre. Il pourrait s'agir ici de la connaissance initiale nécessaire à la classification, bien qu'une automatisation soit à moyen terme envisageable.

A la croisée des techniques employées pour les séries temporelles et le traitement d'image, notre méthode vise à aider un expert à mieux appréhender les zones clefs d'un objet 3D pour comprendre l'ensemble étudié.

En plus de cette application directe, on peut aisément entrevoir la possibilité de réutiliser la méthode qui est proposée dans cet article pour le traitement automatisé de nuages de points afin d'aider, par exemple, un robot à reconnaitre des objets.

Qui plus est, afin de pouvoir adapter ce modèle à des situations plus courantes de classification de structures 3D, il serait opportun de chercher à l'adapter à des cas d'objets partiellement occultés, permettant ainsi de l'utiliser aussi en vision par ordinateur.

Références

Alexandre, L. A. (2012). 3D Descriptors for Object and Category Recognition : a Comparative Evaluation. In *Workshop on Color-Depth Camera Fusion in Robotics at the IEEE/RSJ International Conference on Intelligent Robots and Systems (IROS)*, Vilamoura, Portugal.

Ankerst, M., G. Kastenmüller, H.-P. Kriegel, et T. Seidl (1999). 3d shape histograms for similarity search and classification in spatial databases. In *Proceedings of the 6th International Symposium on Advances in Spatial Databases*, SSD '99, London, UK, pp. 207–226. Springer-Verlag.

Bhattacharyya, A. (1943). On a measure of divergence between two statistical populations defined by their probability distributions. *Bulletin of Cal. Math. Soc. 35*(1), 99–109.

Chandrashekar, G. et F. Sahin (2014). A survey on feature selection methods. *Computers and Electrical Engineering*, 16–28.

Dang, Q. V. (2014). *Similarités dans des modèles BRep paramétriques : detection et applications*. Ph. D. thesis, Université de Toulouse.

Hills, J., J. Lines, E. Baranauskas, J. Mapp, et A. Bagnall (2014). Classification of time series by shapelet transformation. *Data Min. Knowl. Discov. 28*(4), 851–881.

Horn, B. K. P. (1984). Extended gaussian images. *Proceedings of the IEEE 72*(2), 1671–1686.

Kazhdan, M., T. Funkhouser, et S. Rusinkiewicz (2003). Rotation invariant spherical harmonic representation of 3d shape descriptors. In *Proceedings of the 2003 Eurographics/ACM SIGGRAPH Symposium on Geometry Processing*, SGP '03, Aire-la-Ville, Switzerland, Switzerland, pp. 156–164. Eurographics Association.

Knopp, J., M. Prasad, G. Willems, R. Timofte, et L. J. V. Gool (2010). Hough transform and 3d surf for robust three dimensional classification. In K. Daniilidis, P. Maragos, et N. Paragios (Eds.), *ECCV (6)*, Volume 6316 of *Lecture Notes in Computer Science*, pp. 589–602. Springer.

Kullback, S. et R. A. Leibler (1951). On information and sufficiency. *Ann. Math. Statist. 22*(1), 79–86.

Lines, J., L. M. Davis, J. Hills, et A. Bagnall (2012). *A Shapelet Transform for Time Series Classification*. KDD '12. New York, NY, USA : ACM.

Lozano Vega, G. (2015). *Image-based detection and classification of allergenic pollen*. Theses, Université de Bourgogne.

Matusita, K. (1955). Decision rules, based on the distance, for problems of fit, two samples, and estimation. *Annals of Mathematical Statistics 26*(4), 631–640.

Refregier, A. (2001). Shapelets : I. a method for image analysis. *Mon. Not. Roy. Astron. Soc. 338*, 35.

Renard, X., M. Rifqi, et M. Detyniecki (2015). Random-shapelet : an algorithm for fast shapelet discovery. In *Proceedings of the IEEE International Conference on Data Science and Advanced Analytics (DSAA'2015)*.

Renard, X., M. Rifqi, G. Fricout, et M. Detyniecki (2016). EAST representation : fast discovery of discriminant temporal patterns from time series. In *ECML/PKDD Workshop on Advanced Analytics and Learning on Temporal Data*, Riva Del Garda, Italy.

Rusu, R. B., N. Blodow, Z. C. Marton, et M. Beetz (2008). Aligning Point Cloud Views using Persistent Feature Histograms. In *Proceedings of the 21st IEEE/RSJ International Conference on Intelligent Robots and Systems (IROS), Nice, France, September 22-26.*

Tabia, H. (2011). *Contributions to 3D-shape matching retrieval and classification.* Ph. D. thesis, Université Lille 1.

Ye, L. et E. Keogh (2009). Time Series Shapelets : A New Primitive for Data Mining. In *Proceedings of the 15th ACM SIGKDD International Conference on Knowledge Discovery and Data Mining*, KDD '09, New York, NY, USA, pp. 947–956. ACM.

Summary

In this article, we propose a new approach for 3D object classification, based on the *Time Series Shapelets* of Ye et Keogh (2009). The main idea is to use discriminants sub-parts for the supervised classification in order to take care of the local nature of pertinent elements. This allows the user to be aware of these sub-parts which have been useful to determine the corresponding class of the object. Final results confirm the interest of random feature selection for pre-selection of attributes in supervised classification.

Prédiction de défauts dans les arbres du parc végétal Grenoblois et préconisations pour les futures plantations

Yelen Per*, Kevin Dalleau**, Malika Smail-Tabbone***

*LORIA UMR 7503, CNRS, yelen.per@loria.fr
**LORIA UMR 7503, Université de Lorraine, kevin.dalleau@loria.fr
***LORIA UMR 7503, Université de Lorraine, malika.smail@loria.fr

Résumé. Nous décrivons dans cet article notre réponse au défi EGC 2017. Une analyse exploratoire des données a tout d'abord permis de comprendre les distributions des différentes variables et de détecter de fortes corrélations. Nous avons défini deux variables supplémentaires à partir des variables du jeu de données. Plusieurs algorithmes de classification supervisée ont été expérimentés pour répondre à la tâche numéro 1 du défi. Les performances ont été évaluées par validation croisée. Cela nous a permis de sélectionner les meilleurs classifieurs uni-label et multi-label. Autant sur la tâche uni-label que multi-label, le meilleur classifieur dépasse les références d'environ 2%. Nous avons également exploré la tâche numéro 2 du défi. D'une part, des règles d'association ont été recherchées. D'autre part, le jeu de données a été enrichi avec des connaissances telles que des données climatiques (pluviométrie, température, vent) ou des données taxonomiques dans le domaine de la botanique (famille, ordre, super-ordre). En outre, des données géographiques et cartographiques sont exploitées dans un outil de visualisation d'une partie des données sur les arbres.

1 Introduction

Les deux tâches du défi vert de Grenoble ont été abordées. La première tâche de prédiction, visant à prédire si les arbres présentent des défauts ou non, est un problème de classification supervisée. Dans un premier temps, les données ont été analysées afin de s'assurer d'un corpus d'apprentissage le plus exploitable possible. Dans un second temps, quelques algorithmes de classification sélectionnés ont été testés et évalués sur le jeu de données. La seconde tâche est quant à elle axée sur une meilleure connaissance de l'état ainsi que de l'évolution du "parc végétal" de Grenoble. Les contributions proposées sont au nombre de trois :
— une prise en compte de données climatiques ou de données sur la classification botanique des arbres ;
— une recherche de règles d'association ;
— un outil de visualisation du parc arboricole Grenoblois.

Le logiciel libre WEKA, offrant une implémentation des principaux algorithmes de classification, a été utilisé dans ce travail (Witten et Frank (2005)). Des programmes complémentaires ont été écrits principalement pour l'ingénierie des données.

2   Analyse exploratoire des données

Les données fournies constituent un corpus composé de 15 375 instances d'arbres, décrites par 34 attributs. Certains attributs décrivent l'arbre (*Code, DiamètreArbreÀUnMètre, Année-DePlantation, Espèce, Genre_Bota...*), son emplacement (*Adr_Secteur, Trottoir, FréquentationCible*, coordonnées géographiques sur un plan...), des informations établies à l'occasion de diagnostics (*AnnéeRéalisationDiagnostic, NoteDiagnostic, AnnéeTravauxPréconisésDiag, Remarques...*), la présence et la (ou les) localisation(s) d'un défaut (*Défaut, Collet, Houppier, Racine, Tronc*). Les derniers attributs constituent des informations de classe qu'il s'agit de prédire dans le cadre de la première tâche du défi.

2.1   Nettoyage et typage des données

Une première phase a consisté à coder de façon systématique l'absence de valeurs (N/A, chaînes vides...). Des caractères spéciaux ont été retirés de l'attribut *Remarques*. Une deuxième phase a porté sur le typage des données en fonction de leur nature. Le logiciel WEKA détecte deux types d'attributs à partir de leurs valeurs : les attributs de type nominal (i.e. un nom représente une catégorie) et ceux de type numérique. Des conversions ont été effectuées pour améliorer l'exploitabilité du corpus. Ainsi, l'attribut *Adr_Secteur* (figure 1), dont les valeurs sont des nombres compris entre 1 et 6, sans relation d'ordre particulière, a été transformé en attribut nominal. De même, les variables de classe *Défaut, Collet, Houppier, Racine, Tronc*, à valeurs binaires, ont été transformées en attributs nominaux (cela permet d'appliquer des programmes de classification). La variable *DiamètreArbreÀUnMètre* a été transformée en attribut numérique en considérant le centre de l'intervalle (distribution en figure 2). Les valeurs de la variable *PrioritéDeRenouvellement*, nominales au départ, ont été codifiées sous forme d'intervalles (exemple : la valeur "moins de 5 ans" est transformée en intervalle 1-5).

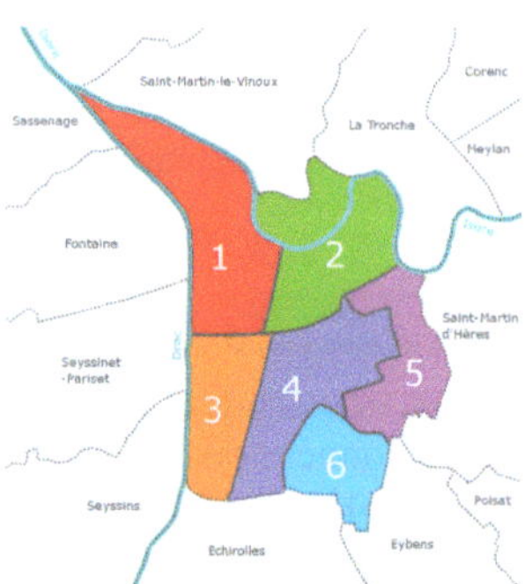

FIG. 1 – *Secteurs géographiques de Grenoble.*

2.2   Suppression d'attributs redondants

L'attribut *Code* identifiant de façon unique un arbre, a été supprimé avant l'application des programmes de classification. De même, la variable *Sous_Catégorie*, codifiant la variable *Sous_Catégorie_Description*, a été supprimée. Les variables *Code_Parent* et

Code_Parent_Desc sont aussi redondantes, et décrivent, pour un arbre, la station parente à laquelle il est rattaché. Ces deux variables ont été supprimées du corpus pour deux raisons. D'une part, le nombre de valeurs distinctes est très important (près de 1 140). D'autre part, l'information de la station d'un arbre, étant de nature géographique, elle est redondante avec les variables *Adr_Secteur* ainsi que *coord_x* et *coord_y*.

2.3 Création d'attributs supplémentaires

Deux attributs ont été créés par aggrégation, pour chacun, de deux attributs du corpus.

Le premier attribut, appelé *EvolutionJsqDiag*, est la différence entre le stade de développement initial de l'arbre et son stade de développement lors du diagnostic. Autrement dit il reflète l'évolution de l'arbre, de sa plantation jusqu'au diagnostic. Il se calcule de la façon suivante :

$$EvolutionJsqDiag = StadeDeDéveloppement - StadeDéveloppementDiag,$$

les valeurs des variables *StadeDeDéveloppement* et *StadeDévelopementDiag* étant codifiées par les entiers 1, 2 et 3, correspondant respectivement aux valeurs "arbre jeune", "arbre adulte" et "arbre viellissant". Une différence positive, nulle ou négative, correspond alors à une évolution positive, constante ou négative, du développement de l'arbre.

Le second attribut, appelé *NbAnnéesAvantProchainDiag* est également une différence, qui mesure, par un nombre d'années, la nécessité plus ou moins importante d'un prochain diagnostic, conséquence d'éventuels défauts ayant endommagé l'arbre. Il se définit de la façon suivante :

$$NbAnnéesAvantProchainDiag = AnnéeTravauxPréconisésDiag - AnnéeRéalisationDiagnostic.$$

Nous avons vérifié que ces deux attributs supplémentaires contribuent à la prédiction (par exemple dans les règles de classification données dans la section 3.2).

2.4 Structuration d'un attribut textuel

L'attribut *Remarques* comporte du texte libre, décrivant des informations notées sur les arbres, par des techniciens ou botanistes, lors des diagnostics. Malheureusement, avec 1 684 valeurs, dont 1 291 valeurs uniques (ne concernant qu'un arbre), cet attribut est difficilement exploitable en l'état. Nous distinguons trois façons de considérer cet attribut :
— les valeurs de l'attribut sont laissées telles quelles ;
— les valeurs de l'attribut sont transformées en vecteurs de mots en utilisant le filtre *StringToWordVector* du logiciel WEKA. Ce filtre crée un dictionnaire formé des mots contenus dans le texte des remarques, avec leur fréquence d'apparition. Les mots ayant une fréquence d'apparition minimale (de 50 dans notre cas) sont ensuite transformés en attributs. Chacun de ces attributs va contenir, pour chaque remarque, la valeur 1 ou 0 selon que cette dernière contienne ou non le mot en attribut. Finalement, la variable *Remarques* est supprimée du corpus ;
— pour chaque remarque, les TF-IDF des termes composant le texte de la remarque sont calculés. La somme de ces valeurs forme la valeur d'un attribut numérique représentant l'importance des mots de la remarque selon la méthode de pondération TF-IDF. Les remarques longues, composées de termes rares, sont privilégiées.

2.5   Retour sur la qualité des données

Globalement, les données sont de bonne qualité, puisque nous n'avons pas repéré d'erreurs de saisie ou d'incohérences. Certains attributs ont un fort taux de valeurs manquantes, mais cela ne constitue pas forcément un problème lorsque les programmes de classification sont capables de s'accomoder de ces données manquantes.

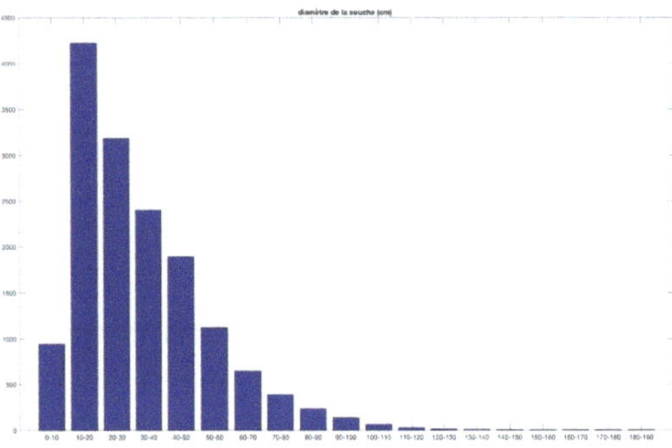

FIG. 2 – *Distribution des valeurs de la variable* DiamètreArbreÀUnMètre.

3   Choix des meilleurs classifieurs uni-label et multi-label

3.1   Méthodologie

Une fois le corpus préparé, les expériences de classification peuvent être menées. Les métriques d'évaluation qui ont été fournies sur les classifieurs de référence sont l'exactitude, la précision micro et macro, et le rappel micro et macro (Yang et Liu (1999)). Nous avons donc considéré le problème de classification multi-label comme quatre problèmes de classification uni-label. Quelques algorithmes de classification supervisée ont été expérimentés, selon trois configurations différentes, correspondant à la manière de gérer l'attribut *Remarques*. Nous avons choisi de tester un à deux algorithmes de quatre catégories différentes.

Méthodes d'ensemble. Les méthodes d'ensemble pour la classification nous semblent pertinentes en raison du nombre important d'instances dans le jeu de données et de la difficulté de la tâche de prédiction de la localisation d'un défaut. Les programmes *RandomForest* et *Ada-BoostM1*, procédant par bagging ou par boosting, ont été utilisés (Breiman (2001); Freund et Schapire (1996)).

Méthodes produisant un modèle de classification explicite. Les méthodes de classification produisant un modèle explicite, tel qu'un arbre de décision ou des règles de classification, sont utilisées de façon complémentaire pour permettre aux experts du domaine de comprendre la façon dont la prédiction se fait sur la base des attributs. Les programmes *J48* et *JRip* ont été utilisés (Quinlan (1993); Cohen (1995)).

Méthodes bayésiennes. Les méthodes bayésiennes étant généralement performantes, les programmes de classification *NaiveBayes* et *BayesNet* ont été testés.

Méthodes à base d'instances. La méthode des plus proches voisins (programme *IBk*) a été considérée car elle privilégie une approche locale pour la classification qui s'oppose à la construction d'un modèle global recherché avec les autres méthodes (Aha et al. (1991)).

La plupart des programmes de classification ont été utilisés avec les paramètres par défaut préconisés dans le logiciel WEKA. Le tableau ci-dessous récapitule les choix qui ont été faits lorsque ce n'est pas le cas.

AdaBoostM1	
classifier	*RandomTree*
RandomTree.breakTiesRandomly	*True*
J48	
confidenceFactor	0.6
JRip	
minNo	9.0
optimizations	5

FIG. 3 – *Paramètres modifiés.*

3.2 Résultats

Les figures 4 et 5 ci-dessous décrivent les résultats des trois expériences pour les deux problèmes de classification uni-label et multi-label (la F-mesure est la moyenne harmonique de la précision et du rappel). Les scores obtenus, sur la base d'une validation croisée à 10 plis, sont comparés par rapport aux scores de référence fournis. Les scores surlignés en gras dépassent les scores de référence. Les scores avec une police plus grande, représentent, pour une expérience, la meilleure valeur de chaque catégorie de score.

En guise d'éléments explicites de classification, nous présentons le texte de quelques règles construites par le programme *JRip* pour la prédiction de la présence d'un défaut sur un arbre (les nombres entre parenthèses correspondent aux nombres d'instances du corpus d'apprentissage pour lesquelles la règle s'applique et aux nombres de prédictions erronées) :

1. *NoteDiagnostic* = 'Arbre Davenir Incertain' $\wedge$ *AnnéeRéalisationDiagnostic* $\geq$ 2015 $\rightarrow$ *Défaut* (1776/189).

2. *PrioritéDeRenouvellement* $\leq$ 15 $\wedge$ *PrioritéDeRenouvellement* $\leq$ 7.5 $\rightarrow$ *Défaut* (876/77).

3. *PrioritéDeRenouvellement* $\leq$ 15 $\wedge$ *NoteDiagnostic* = 'Arbre Davenir Incertain' $\wedge$ *An-néeRéalisationDiagnostic* $\geq$ 2014 $\wedge$ *NbAnnéesAvantProchainDiag* $\leq$ 1 $\wedge$ *coord_y* $\leq$ 4224826.76743 $\rightarrow$ *Défaut* (243/26).

4. *PrioritéDeRenouvellement* $\leq$ 15 $\wedge$ *NbAnnéesAvantProchainDiag* $\leq$ 2 $\wedge$ *coord_x* $\leq$ 1914782.38638 $\wedge$ *NoteDiagnostic* = 'Arbre a abattre dans les 10 Ans' $\rightarrow$ *Défaut* (26/2).

5. *DiamètreArbreÀUnMètre* $\geq$ 35 $\wedge$ *Sous_Catégorie_Description* = 'Arbre despaces ouverts' $\wedge$ *NbAnnéesAvantProchainDiag* $\leq$ 1 $\wedge$ *coord_x* $\leq$ 1914220.45606 $\wedge$ *coord_x* $\geq$ 1913201.16333 $\rightarrow$ *Défaut* (101/15).

6. *DiamètreArbreÀUnMètre* $\geq$ 35 $\wedge$ *NbAnnéesAvantProchainDiag* $\leq$ 2 $\wedge$ *Sous_Catégorie_Description* = 'Arbre despaces ouverts' $\wedge$ *TravauxPréconisésDiag* = 'Taille de bois mort' $\rightarrow$ *Défaut* (60/10).

	Exactitude	Précision	Rappel	F-mesure
Référence	86.0	82.0	72.0	76.7
Expérience n° 1				
BayesNet	81.7	72.6	69.9	71.2
NaiveBayes	81.1	71.0	70.8	70.9
J48	84.8	**87.2**	62.5	72.8
JRip	85.6	**84.6**	68.0	75.4
IBk	81.5	71.3	**72.3**	71.8
RandomForest	**87.6**	**86.9**	**72.7**	**79.2**
AdaBoostM1	84.7	78.6	**73.0**	75.7
Expérience n° 2				
BayesNet	81.3	72.1	69.5	70.8
NaiveBayes	80.6	69.8	71.4	70.6
J48	**86.5**	**82.9**	**73.7**	**78.0**
JRip	85.7	**84.7**	68.4	75.7
IBk	81.8	72.1	71.5	71.8
RandomForest	**87.5**	**85.4**	**74.4**	**79.5**
AdaBoostM1	84.9	78.8	**73.3**	76.0
Expérience n° 3				
BayesNet	81.4	71.7	70.7	71.2
NaiveBayes	80.5	69.8	70.7	70.2
J48	**86.3**	**83.4**	**72.1**	**77.3**
JRip	85.9	**84.0**	70.0	76.4
IBk	75.9	60.8	**73.2**	66.4
RandomForest	**87.2**	**84.6**	**74.3**	**79.1**
AdaBoostM1	84.7	78.5	**72.8**	75.5

FIG. 4 – *Résultats des expériences de classification uni-label.*

3.3 Comparaison des classifieurs et des expériences et interprétations

L'examen des résultats quantitatifs des différents classifieurs construits semblent montrer des performances variables dans les 3 expériences et une amélioration des meilleures performances dans la troisième expérience (dans laquelle les mots de l'attribut textuel *Remarques* ont été analysés et agrégés en un nombre). Néanmoins, les performances des différents classifieurs dans les trois expériences restent proches et nous avons besoin de nous assurer que les différences ne sont pas simplement dûes aux erreurs d'estimation. Nous avons donc réalisé un test de Student (*t*-test) apparié pour comparer 100 valeurs de chaque métrique obtenues par chaque classifieur pour 10 répétitions de validations croisées à 10 plis. Les tests ont été appliqués sur les métriques exactitude et F-mesure comme une aggrégation de la précision et du rappel avec un intervalle de confiance de 95%.

Tout d'abord, nous avons testé la significativité des différences obtenues par l'algorithme *Random-Forest* sur les trois jeux de données correspondant aux trois expériences selon le traitement réservé à l'attribut textuel *Remarques*. Pour cela nous avons utilisé comme *baseline* le jeu de données brutes (sans traitement du champ textuel). Comme le tableau 6 l'indique, l'algorithme *RandomForest* ne donne pas de meilleurs résultats statistiquement significatifs sur les jeux de données des expériences 1 et 2 pour l'exactitude ni pour la F-mesure, dans l'intervalle de confiance considéré.

	Micro			Macro		
	Précision	Rappel	F-mesure	Précision	Rappel	F-mesure
Référence	70.0	47.0	56.2	64.0	37.0	46.9
Expérience n° 1						
BayesNet	43.1	**56.8**	49.0	38.2	**53.3**	44.6
NaiveBayes	40.5	**59.3**	48.1	36.2	**55.6**	43.9
J48	66.1	40.8	50.4	58.3	28.3	38.1
JRip	66.0	46.6	54.6	56.3	33.2	41.8
IBk	54.4	**53.5**	54.0	47.1	**46.6**	46.8
RandomForest	**79.6**	42.4	55.4	**75.5**	31.7	44.7
AdaBoostM1	64.4	**52.6**	**57.9**	57.9	**44.9**	**50.6**
Expérience n° 2						
BayesNet	42.7	**55.6**	48.3	37.8	**52.3**	43.8
NaiveBayes	38.6	**58.7**	46.6	35.1	**54.9**	42.8
J48	65.5	**48.9**	56.0	57.5	**39.0**	46.5
JRip	66.0	**47.9**	55.5	56.0	34.1	42.4
IBk	55.1	**53.0**	54.0	48.3	**46.4**	**47.3**
RandomForest	**76.0**	**47.3**	**58.3**	**70.1**	**38.2**	**49.5**
AdaBoostM1	66.0	**51.9**	**58.1**	59.8	**44.5**	**51.0**
Expérience n° 3						
BayesNet	42.9	**58.0**	49.3	37.8	**54.0**	44.5
NaiveBayes	39.9	**58.8**	47.5	35.6	**54.8**	43.2
J48	65.8	**47.1**	54.9	57.3	36.9	44.8
JRip	65.3	**47.9**	55.3	56.6	34.7	43.0
IBk	46.3	**52.8**	49.4	40.4	**45.9**	43.0
RandomForest	**74.5**	**48.2**	**58.5**	**68.8**	**39.4**	**50.1**
AdaBoostM1	64.4	**51.7**	**57.4**	57.8	**44.3**	**50.1**

FIG. 5 – *Résultats des expériences de classification multi-label.*

Nous avons ensuite comparé les performances des 7 algorithmes étudiés sur le jeu de données brutes (expérience 1). Les résultats, consignés dans le tableau 7, confirment que l'algorithme *RandomForest* présente de meilleurs résultats, statistiquement significatifs pour l'exactitude et la F-mesure dans l'intervalle de confiance considéré, que les autres algorithmes considérés. Nous constatons également qu'à l'occasion de ces tests statistiques, une meilleure estimation des métriques (F-mesure et exactitude) a été faite grâce à la répétition des validations croisées et fournit des résultats plus favorables que ceux présentés dans la section précédente, obtenus avec une seule validation croisée.

	Jeu d'expérience n⁰ 1	Jeu d'expérience n⁰ 2	Jeu d'expérience n⁰ 3
F-mesure	**91**	91*	91
Exactitude	**87.3**	87	87.3

* dégradation statistiquement significative

FIG. 6 – *Résultats du test t sur 100 expériences de classification uni-label avec l'algorithme RandomForest sur les trois jeux de données (le premier jeu de données sert de baseline).*

Algorithme	F-mesure	Exactitude
RandomForest	**91**	**87.2**
BayesNet	87*	81.6*
NaiveBayes	86*	81*
JRip	90*	85.6*
J48	90*	84.5*
IBk	86*	81.5*
AdaBoostM1	89*	84.8

* dégradation statistiquement significative

FIG. 7 – *Résultats du test t sur 100 expériences de classification uni-label pour comparer l'algorithme RandomForest (baseline) avec les six autres algorithmes.*

Pour ce qui est de la classification multi-label, nous avons comparé, pour chaque classe, les performances en termes d'AUC (aire sous la courbe ROC) et de F-mesure de l'algorithme *RandomForest* avec les six autres algorithmes. Les résultats du test *t* montrent également qu'aucun algorithme n'améliore de façon significative les performances de l'algorithme *RandomForest*.

La méthode d'ensemble de classifieurs *RandomForest* est donc celle qui fournit le meilleur modèle de prédiction pour les problèmes posés. Ce sont ces classifieurs qui ont été utilisés pour réaliser les prédictions sur l'ensemble de test. Les treize attributs les plus prédictifs d'un défaut sont les suivants : *Adr_Secteur, AnnéeDePlantation, AnnéeRéalisationDiagnostic, AnnéeTravauxPréconisésDiag, DiamètreArbreÀUnMètre, NoteDiagnostic, PrioritéDeRenouvellement, StadeDeDéveloppement, TravauxPréconisésDiag, NbAnnéesAvantProchainDiag, coord_x, coord_y.*

4   Analyses exploratoires des données et aide à la décision

Pour répondre à la seconde tâche du défi, nous avons exploré trois pistes. La première consiste à enrichir les données du corpus avec des données externes climatologiques et botaniques, et de vérifier si cela permet de réaliser une meilleure prédiction d'un défaut et de ses localisations sur l'arbre. La deuxième consiste à rechercher des combinaisons fréquentes voire des associations de défauts avec certaines caractéristiques des arbres. La dernière consiste à visualiser les données du corpus enrichies avec des données urbaines afin d'aider les décideurs à comprendre certains phénomènes.

4.1   Apport de données externes à la classification supervisée

Des données climatiques [1] ont été agrégées, pour chaque arbre, dans la période comprise entre sa plantation et le diagnostic. Ces données sont relatives à la pluviométrie, la température, l'ensoleillement

---

1. www.prevision-meteo.ch

et au vent. Une fois ces données intégrées au corpus, les expériences ont été refaites avec les 2 meilleurs classifieurs et l'expérience n⁰ 3. Les résultats de classification uni-label et multi-label sont respectivement décrits dans les figures 8 et 9. On y constate une très légère amélioration du rappel et de la F-mesure pour *AdaBoostM1*, au détriment d'une très fine diminution de la précision, pour les 2 classifieurs. En somme, l'apport d'information pour la prédiction de la présence de défaut peut être considéré comme nul. Pour ce qui est de la prédiction de la localisation d'un défaut, les valeurs de la F-mesure augmentent légèrement. Finalement, l'intérêt de la prise en compte de données climatiques est certes minime, mais présent.

	Exactitude	Précision	Rappel	F-mesure
Expérience de référence				
RandomForest	87.2	84.6	74.3	79.1
AdaBoostM1	84.7	78.5	72.8	75.5
Expérience avec les données climatiques				
RandomForest	**87.2**	84.5	**74.3**	**79.1**
AdaBoostM1	**84.7**	78.4	**73.0**	**75.6**

FIG. 8 – *Résultats des classifications uni-label avec prise en compte de données climatiques.*

	Micro			Macro		
	Précision	Rappel	F-mesure	Précision	Rappel	F-mesure
Expérience de référence						
RandomForest	74.5	48.2	58.5	68.8	39.4	50.1
AdaBoostM1	64.4	51.7	57.4	57.8	44.3	50.1
Expérience avec les données climatiques						
RandomForest	73.4	**49.3**	**58.9**	67.3	**40.4**	**50.5**
AdaBoostM1	63.5	**52.1**	57.3	57.0	**44.9**	**50.2**

FIG. 9 – *Résultats des classifications multi-label avec prise en compte de données climatiques.*

Des données de classification botanique ont été recherchées. Une base de données (accessible par le site `www.tropicos.org`) a permis d'associer les genres botaniques présents dans le corpus à trois propriétés (famille, ordre et super-ordre). Les 107 genres botaniques ont ainsi été agrégés en 42 familles, 21 ordres et 6 super-ordres. Comme pour les données climatiques, les 2 meilleurs classifieurs ont été évalués sur la base de l'expérience n⁰ 3. Les figures 10 et 11 illustrent les résultats obtenus. Nous constatons que malgré une baisse des performances pour la classification uni-label, seul le classifieur *AdaBoostM1* présente de meilleures performances. En conclusion, l'apport des données taxonomiques ne semble pas clair, probablement à cause d'une certaine redondance avec les données du corpus (espèce, genre botanique, variété).

4.2   Recherche d'associations intéressantes

En nous focalisant sur un sous-ensemble intéressant de caractéristiques des arbres, nous avons voulu explorer les possibles associations présentes dans les données et susceptibles d'aider les décideurs par rapport aux choix de plantation. Nous avons recherché les règles d'association grâce au programme *Apriori* (Agrawal et Srikant (1994)). Nous présentons ci-après quelques exemples de règles d'association à support (supp) relativement modeste mais présentant une bonne confiance (conf). Nous avons également

	Exactitude	Précision	Rappel	F-mesure
Expérience de référence				
RandomForest	87.2	84.6	74.3	79.1
AdaBoostM1	84.7	78.5	72.8	75.5
Expérience avec les données de classification botanique				
RandomForest	87.0	84.4	73.6	78.6
AdaBoostM1	84.4	77.9	72.7	75.2

FIG. 10 – *Classifications uni-label exploitant les données de classification botanique.*

	Micro			Macro		
	Précision	Rappel	F-mesure	Précision	Rappel	F-mesure
Expérience de référence						
RandomForest	74.5	48.2	58.5	68.8	39.4	50.1
AdaBoostM1	64.4	51.7	57.4	57.8	44.3	50.1
Expérience avec les données de classification botanique						
RandomForest	74.0	48.1	58.3	68.5	**39.4**	**50.1**
AdaBoostM1	**64.7**	**51.9**	**57.6**	**58.8**	**44.8**	**50.9**

FIG. 11 – *Classifications multi-label exploitant les données de classification botanique.*

calculé la mesure de lift définie comme le rapport entre la probalité jointe des parties gauche et droite et le produit des probalités des deux parties. Rappelons qu'un lift supérieur à 1 traduit une corrélation positive entre les deux parties de la règle et donc le caractère significatif de l'association. Ceci est vrai pour l'ensemble des règles présentées ici :

1. *Adr_Secteur* = 2 ∧ *Genre_Bota* = 'Populus' ∧ *Trottoir* = 'non' → *Défaut* (supp : 97 ; conf : 0.85 ; lift : 2.6).

2. *Adr_Secteur* = 5 ∧ *Genre_Bota* = 'Populus' ∧ *Trottoir* = 'non' → *Défaut* (supp : 94 ; conf : 0.8 ; lift : 2.45).

3. *Genre_Bota* = 'Populus' ∧ *Trottoir* = 'non' ∧ *Variété* = 'Italica' → *Défaut* (supp : 174 ; conf : 0.72 ; lift : 2.2).

4. *Adr_Secteur* = 2 ∧ *Genre_Bota* = 'Platanus' ∧ *Sous_Catégorie_Description* = 'Arbre de voirie' ∧ *Trottoir* = 'oui' ∧ *Collet* → *Houppier* (supp : 78 ; conf : 0.93 ; lift = 4.3).

5. *Adr_Secteur* = 2 ∧ *Espèce* = 'acerifolia' ∧ *Genre_Bota* = 'Platanus' ∧ *Sous_Catégorie_Description* = 'Arbre de voirie' ∧ *Trottoir* = 'oui' ∧ *Collet* → *Houppier* (supp : 78 ; conf : 0.93 ; lift : 4.3).

6. *Genre_Bota* = 'Platanus' ∧ *Collet* → *Houppier* (supp : 171 ; conf : 0.83 ; lift : 3.8).

Ces règles permettent de suggérer des hypothèses intéressantes à valider par des études plus poussées. Ainsi les règles 1 et 2 montrent que la probabilité pour un peuplier de présenter un défaut sachant qu'il est planté loin d'un trottoir dans le secteur 2 ou 5 est forte. De même la règle 4 montre que la probabilité d'un défaut au houppier pour un platane touché au collet et planté comme arbre de voirie dans le secteur 2 à proximité d'un trottoir est forte. Si certaines de ces règles sont validées, les botanistes chargés des plantations peuvent en tenir compte par exemple en évitant les mauvaises associations entre secteurs et variétés botaniques.

4.3 Visualisation en contexte urbain des arbres avec leurs défauts

Les arbres étant plantés dans un environnement urbain, divers facteurs pourraient expliquer certains types de défaut. Un outil de visualisation a été développé afin de permettre de visualiser en contexte urbain les arbres du corpus. Cet outil requiert un fichier (au format CSV) comprenant la lattitude, la longitude, la présence d'un défaut ou non, ainsi que la localisation d'un défaut au collet, sur le houppier, à la racine ou au tronc. L'outil permet de sélectionner un type de défaut, un nombre d'arbres présentant ce défaut et un nombre d'arbres ne présentant pas de défaut. Ces arbres sont alors affichés sur un fond de carte de la ville de Grenoble[2]. La figure 12 représente une capture d'écran de l'outil, dans lequel sont représentés 50 arbres avec un défaut à la racine, parmi 50 arbres sans défaut.

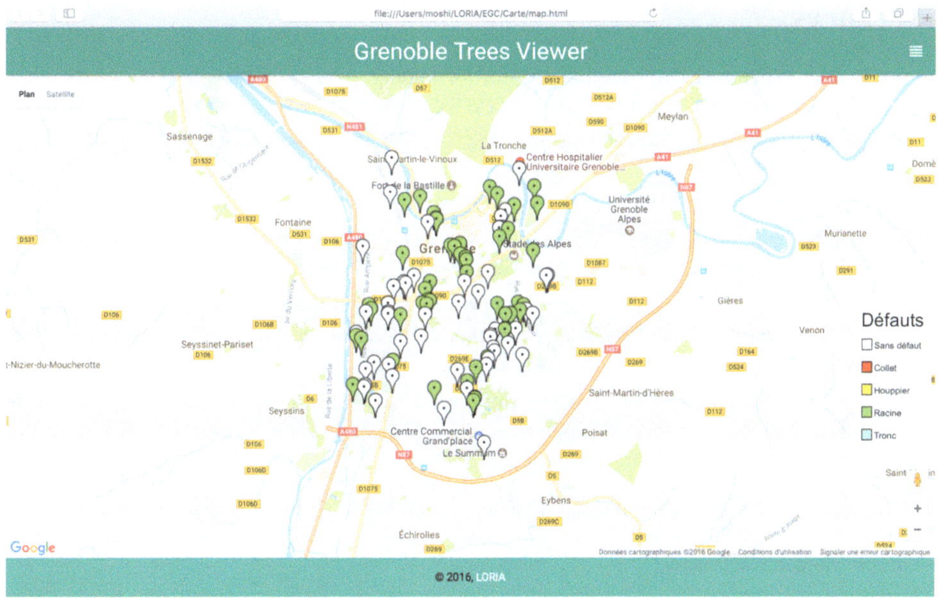

FIG. 12 – *Capture d'écran de l'outil de visualisation avec 50 arbres présentant un défaut à la racine, parmi 50 arbres sans défaut.*

Cet outil présente des avantages. S'agissant d'une vraie carte, mise à jour régulièrement, il fournit une interface réaliste permettant aux techniciens et botanistes de mieux cerner la situation du parc végétal. Le système d'échantillonnage permet d'étudier des phénomènes à petite échelle. La possibilité de zoomer permet de considérer l'étendue géographique du territoire.

La manipulation de l'outil a par exemple permis de faire quelques constats intéressants :
— les arbres avec un défaut au niveau du tronc sont nombreux à proximité de grandes voies (auto-routes, avenues, boulevards...);
— les arbres avec un défaut au niveau de la racine sont nombreux à proximité d'intersections de voies;
— les arbres avec un défaut sur le houppier sont nombreux dans des lieux à fréquentation publique importante (parcs, aires de jeux...).

D'autres cas d'utilisation pourraient enrichir cet outil de visualisation tels que l'utilisation d'un formulaire qui servirait de support pour la saisie de divers critères de sélection des arbres à afficher.

---

2. `https://developers.google.com/maps/documentation/javascript/?hl=fr`

5 Conclusion

Nous avons répondu au défi EGC 2017 en testant différentes méthodes de fouille de données que nous avons jugées pertinentes et complémentaires pour l'exploitation des données fournies dans le cadre des deux tâches du défi. Les classifieurs construits nous semblent assez précis bien que l'amélioration des performances par rapport à la référence soit relativement modeste. Les éléments de connaissance extraits nous semblent susceptibles d'apporter aux décideurs une certaine compréhension des phénomènes de dégradation des arbres en milieu urbain. Nous pensons que l'outil de visualisation des arbres en contexte urbain pourrait gagner à intégrer d'autres cas d'utilisation suggérés par les experts.

Références

Agrawal, R. et R. Srikant (1994). Fast algorithms for mining association rules in large databases. In J. B. Bocca, M. Jarke, et C. Zaniolo (Eds.), *VLDB'94, Proceedings of 20th International Conference on Very Large Data Bases, September 12-15, 1994, Santiago de Chile, Chile*, pp. 487–499. Morgan Kaufmann.

Aha, D. W., D. F. Kibler, et M. K. Albert (1991). Instance-based learning algorithms. *Machine Learning 6*, 37–66.

Breiman, L. (2001). Random forests. *Machine Learning 45*(1), 5–32.

Cohen, W. W. (1995). Fast effective rule induction. In A. Prieditis et S. J. Russell (Eds.), *Machine Learning, Proceedings of the Twelfth International Conference on Machine Learning, Tahoe City, California, USA, July 9-12, 1995*, pp. 115–123. Morgan Kaufmann.

Freund, Y. et R. E. Schapire (1996). Experiments with a new boosting algorithm. In L. Saitta (Ed.), *Machine Learning, Proceedings of the Thirteenth International Conference (ICML '96), Bari, Italy, July 3-6, 1996*, pp. 148–156. Morgan Kaufmann.

Quinlan, J. R. (1993). *C4.5 : Programs for Machine Learning*. Morgan Kaufmann.

Witten, I. et E. Frank (2005). *Data Mining : Practical Machine Learning Tools and Techniques (Second Edition)*. Morgan Kaufmann.

Yang, Y. et X. Liu (1999). A re-examination of text categorization methods. In *SIGIR '99 : Proceedings of the 22nd Annual International ACM SIGIR Conference on Research and Development in Information Retrieval, August 15-19, 1999, Berkeley, CA, USA*, pp. 42–49. ACM.

Summary

We describe in this paper our response to the EGC Challenge 2017. Exploratory data analysis has first lead to understand the distribution of variables and detect strong correlations. We then defined two new variables combining dataset variables. Several classification algorithms have been experimented for the first task of the challenge. Performances have been evaluated by 10-fold cross validation. It has resulted in selecting the best unilabel and multilabel classifiers. On both unilabel and multilabel levels, the best classifier outperforms the reference scores by approximately 2%. We also explored the second task of the challenge. On one hand, association rules have been searched. On the other hand, the initial dataset has been enriched with domain knowledge such as climate data (rainfall, temperature, wind) or taxonomic data in the field of botany. Furthermore, geographical and cartographic data have been used in a visualisation tool for representing trees.

Extraction automatique de paysages en imagerie satellitaire et enrichissement sémantique

Anne Toulet*, Emmanuel Roux**, Anne-Élisabeth Laques**
Éric Delaître**, Laurent Demagistri**, Isabelle Mougenot**

*LIRMM Université de Montpellier
161, rue Ada 34095 Montpellier cedex 5
anne.toulet@lirmm.fr
**UMR 228 Espace Dev (UM,UR,UG,UA,IRD), Maison de la Télédétection
500 rue JF Breton 34093 Montpellier Cedex 5
emmanuel.roux@ird.fr, isabelle.mougenot@umontpellier.fr

Résumé. Nous présentons ici une méthode originale pour l'automatisation de la détection de paysages dans une image satellite. Deux enjeux majeurs apparaissent dans ce processus. Le premier réside dans la faculté à prendre en compte l'ensemble des connaissances expertes tout au long du travail d'analyse de l'image. Le second est de réussir à structurer et pérenniser ces connaissances de façon à les rendre interopérables et exploitables dans le cadre du web de données. Nous présentons en quoi la collaboration de plusieurs stratégies alliant les traitements de l'image, le calcul de caractéristiques spécifiques et la programmation logique inductive (PLI), vient alimenter le processus d'automatisation, et comment l'intégration de la connaissance, au travers de la construction d'ontologies dédiées, permet de répondre pleinement à ces enjeux.

1 Introduction

Le contexte qui nous intéresse ici est celui de l'identification de paysages dans une image satellite. L'étude des paysages et leur évolution au cours du temps permet de répondre à de grands enjeux sociaux-économiques et environnementaux (Fahrig, 2003). Pour identifier des paysages, le géographe met en œuvre toutes sortes de techniques : les missions de terrain, les photographies aériennes, les outils cartographiques et l'imagerie satellitaire. Pour l'expert géographe, c'est l'ensemble de ces approches qui permet de caractériser les différents types de paysages et d'en dresser une carte (Enserink, 1999). Or, ce travail est extrêmement coûteux en temps. Le recours à l'imagerie satellitaire est actuellement utilisé comme un moyen d'obtenir plus rapidement et de façon concentrée un grand nombre de ces informations. L'accès aux images a été favorisé par la croissance exponentielle de leur production ainsi que par une plus grande facilité de mise à disposition. Le problème reste que les techniques d'analyse des images satellites sont encore limitées et ne peuvent se faire sans intervention humaine.

L'un de nos objectifs est donc de faciliter le travail du géographe en allant vers une automatisation de l'extraction des paysages dans une image satellite. Atteindre cet objectif nécessite la mise en œuvre de plusieurs stratégies qui utilisent les connaissances issues du domaine thématique (la géographie du paysage), de l'imagerie satellitaire et de la programmation logique inductive (PLI). Un second objectif est de structurer et pérenniser l'ensemble de ces connaissances au travers de modules ontologiques dédiés, et de les rendre réutilisables et interopérables dans le contexte du web sémantique.

Les images satellites ont fait l'objet de différents travaux mettant à contribution les ontologies (Forestier et al., 2012; Belgiu et Thomas, 2013; Chahdi et al., 2016). Il est à remarquer une grande variété des rôles joués par ces ontologies. En effet, la forte volumétrie des données ainsi que la nature exclusivement numérique des données extraites de l'image obligent à composer et à souvent exploiter les ontologies en complément à d'autres approches, à l'exemple de la classification supervisée ou du clustering. Dans notre étude, c'est la PLI qui est exploitée en lieu et place des techniques de classification "classiques". Le choix de la PLI nous permet de travailler à partir d'une approche combinant apprentissage statistique et programmation logique et ainsi formuler des hypothèses mettant en jeu simultanément plusieurs variables venant décrire nos objets dans l'image. Une autre motivation est de travailler, que cela soit au niveau de la PLI ou des ontologies, avec des formalismes qui s'adossent tous à la logique des prédicats, même si les processus calculatoires sont différents.

L'article s'articule comme suit. En section 2, nous présentons l'approche dans sa globalité. Nous précisons d'abord le contexte thématique, avant d'expliquer l'extraction des paysages par recours à la PLI. Puis nous détaillons comment ces étapes viennent alimenter le processus d'intégration de la connaissance au travers de deux ontologies : l'une dédiée à la géographie et l'autre aux données issues de l'image. En section 3, nous illustrons la démarche à travers un exemple concret. Pour une image satellite donnée, nous expliquons les traitements et calculs préliminaires avant de détailler l'obtention des règles de classification qui permettent de typer les paysages dans l'image. Nous montrons aussi comment nous utilisons ces traitements pour peupler l'ontologie image. En section 4, nous revenons sur les résultats obtenus à la fois dans la prédiction des paysages et dans le rôle joué par les ontologies. Enfin, nous concluons l'article en proposant des perspectives à ce travail.

2 Approche méthodologique

Nous présentons tout d'abord le contexte de la géographie du paysage tel qu'envisagé dans notre étude et les traitements préliminaires appliqués à l'image pour répondre à nos besoins.

2.1 Contexte thématique

Techniquement parlant, l'identification d'un paysage utilise de nombreux critères dont sa composition et sa configuration, mesurées au travers de métriques paysagères appliquées à des composants paysagers (Farina, 2000). À ce niveau d'observation, les Composants Paysagers (CP) s'apparentent à l'occupation du sol ou encore à la « tache » (patch en anglais) en écologie. C'est en particulier les relations qu'entretiennent ces composants les uns par rapport aux autres qui permettent de déterminer l'appartenance du paysage à un Type Paysager (TP). Les métriques paysagères utilisées dans cette étude sont classiques dans ce contexte (Dérioz et al., 2010), à l'exemple de la composition, la diversité ou la fragmentation. Une difficulté réside dans le fait qu'il n'existe pas « naturellement » dans les images satellites d'objets identifiables à des composants paysagers sur lesquels on pourrait appliquer des métriques paysagères. Nous expliquons ci-dessous les traitements préalables permettant de s'en approcher.

Traitement préalable des images satellites.   L'objectif de ces traitements est d'obtenir des objets pouvant s'apparenter à des composants paysagers. La première étape consiste à produire une carte d'occupation du sol qui permet d'obtenir de tels objets. Les labels des classes d'occupation du sol fournissent les labels des objets correspondants dans l'image, à l'exemple de l'« Eau », la « Végétation » ou la « Forêt » (Richards, 2013). Mais ce premier résultat ne permet pas d'atteindre un niveau sémantique suffisamment élevé pour prendre en compte la structure des paysages. En particulier, on ne sait pas appliquer directement les métriques paysagères aux objets obtenus. Deux questions se posent : comment délimiter les zones sur lesquelles appliquer les métriques et quels calculs définir en correspondance aux métriques paysagères ? La première question trouve une réponse dans la mise en place d'une grille sur l'image. Cette grille consiste en un ensemble de mailles régulières carrées, dont la taille est définie en fonction des besoins. Ce procédé permet de définir sur l'image des zones arbitraires bien circonscrites sur lesquelles appliquer les métriques. De nombreux outils sont déjà implantés dans les logiciels de traitement d'images de télédétection, à l'exemple de ENVI [1] ou GRASS [2] qui permettent d'effectuer des calculs de caractéristiques correspondant aux métriques paysagères. Nous reproduisons ainsi la démarche du géographe en appliquant ces calculs aux « composants paysagers » contenus dans chaque maille. Les différentes étapes de notre approche sont récapitulées dans la figure 1 : les connaissances thématiques sont modélisées dans l'ontologie du paysage. Ces connaissances guident en particulier les calculs à effectuer pour reproduire

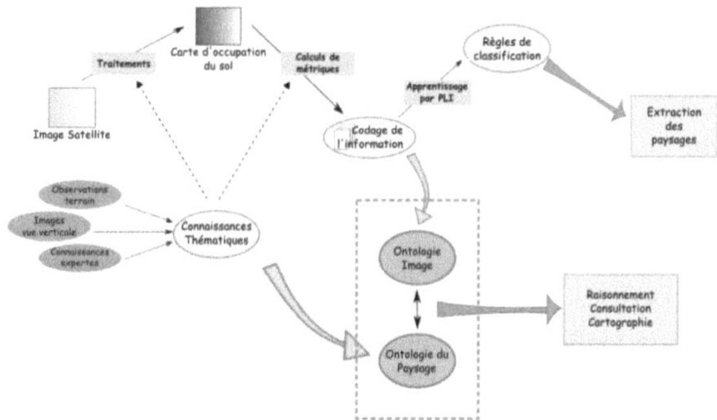

FIGURE 1: Démarche globale.

les métriques paysagères. Les résultats des calculs sont ensuite exploités par la PLI afin de produire des règles de classification qui permettent d'identifier les paysages dans l'image. Ces résultats viennent également peupler l'ontologie image. L'originalité de la méthode est donc de combiner deux approches symboliques : l'une inductive (la PLI) et l'autre déductive (le raisonnement à partir d'ontologies).

---

1. Environment for Visualizing Images, logiciel commercialisé par la société EXELIS
2. GRASS GIS, logiciel SIG libre développé par le GRASS Development Team

2.2 Extraction des paysages

La programmation logique inductive permet d'obtenir des règles de classification des paysages. Nous expliquons dans cette section la manière dont ces règles sont obtenues.

Obtention de règles par apprentissage automatique. La Programmation Logique Inductive (PLI) a été choisie afin d'induire des règles capables de « prédire » l'appartenance d'une maille à un paysage type, à partir des caractéristiques paysagères de cette maille. La PLI, introduite par Muggleton (Muggleton, 1991), est une méthode d'apprentissage automatique à partir d'exemples (ou méthode d'apprentissage *supervisé*) exploitant le formalisme de la logique du premier ordre. De fait, elle est particulièrement adaptée à la découverte de connaissances relationnelles au sein de données. De plus, l'intérêt d'une telle méthode a déjà été démontré dans le traitement et l'interprétation de données géographiques et de télédétection (Malerba et al., 2003; Vaz et al., 2007).

Programmation Logique Inductive (PLI) : principe général. La PLI (Lavrac et Dzeroski, 1994) admet pour entrées
  - une base de connaissances B décrivant un ensemble de connaissances et de contraintes ;
  - un ensemble d'exemples E, séparé en deux sous-ensembles E^+ et E^- correspondant respectivement aux exemples positifs et négatifs ;
  - un langage de description L.
la PLI génère une « théorie » (*i.e.* un ensemble de règles), H, en utilisant le langage de description L, qui doit i) couvrir les exemples positifs E^+ et ii) ne pas couvrir les exemples négatifs E^-. Parmi les systèmes inductifs existants, le système *Aleph* (Srinivasan, 2007) est retenu ici.

Codage de l'information au sein de la base de connaissances. Chaque métrique paysagère décrite plus haut correspond à un *prédicat* de la base de connaissances, c'est-à-dire une fonction qui retourne une réponse (vrai, ou faux, ou une constante) lorsqu'elle reçoit les informations adéquates en entrée. Par exemple, la métrique *proportion de forêt* correspond au prédicat binaire `proportion_foret/2`, applicable à une maille et retournant la valeur de proportion de forêt pour cette maille. Cependant, la PLI ne permet de raisonner que sur les informations symboliques. Or, les métriques paysagères fournissent des valeurs numériques, qui doivent ainsi être re-codées. Le mode de re-codage choisi ici est celui proposé par (Kavurucu et al., 2011) : pour une variable numérique donnée, chaque valeur observée est re-codée au moyen d'inégalités faisant intervenir des valeurs caractéristiques de la variable considérée. Dans notre application, ces valeurs caractéristiques sont le minimum (min), les 10eme, 20eme, ..., 90eme percentiles et le maximum (max) de la variable considérée. Ainsi, chaque métrique paysagère correspond à un prédicat permettant de tester vingt inégalités. Dans le langage Prolog exploité par le système Aleph, une inégalité s'écrit par exemple :

```
proportion_foret_qualitative(M, ≤ max):- proportion_foret(M, X),   X ≤ max.
```

Un tel codage offre un bon compromis entre, d'une part, la perte d'information inhérente au passage de l'information numérique à l'information symbolique, et, d'autre part, la capacité de généralisation au cours du processus d'apprentissage. De plus, elle permet de mettre en évidence des intervalles de valeurs significatifs (Bayoudh et al., 2015).

Base d'exemples et induction des règles. Au regard des objectifs visés (*i.e.* la prédiction de l'appartenance d'une maille quelconque à un paysage type), la PLI nécessite de connaître, pour un nombre significatif de mailles, d'une part, leurs caractéristiques paysagères, et d'autre part, le paysage type auxquels elles appartiennent. Une maille, associée à des valeurs de métriques paysagères et dont l'appartenance à un paysage type est connue, définit ainsi un exemple de l'ensemble d'apprentissage. Notons que la connaissance *a priori* de l'appartenance à un paysage type peut provenir de différentes sources et provient, ici, de l'expertise d'une géographe. Le processus d'apprentissage est lancé autant de fois qu'il y a de paysages types. Pour un paysage type donné, les mailles appartenant à ce paysage constituent les exemples positifs, les autres mailles définissent quant à elles les exemples négatifs. La précision minimale des règles, évaluée au cours du processus d'apprentissage par le rapport $p/(p+n)$, où p et n correspondent aux nombres d'exemples, respectivement positifs et négatifs couverts par la règle, est fixée à 0,7. Une telle valeur est considérée comme un bon compromis entre les exigences antagonistes de précision et de généralisation des règles induites. Enfin, la longueur maximum des prémisses des règles est fixée à cinq littéraux, une telle valeur étant considérée, dans la pratique, comme la limite permettant une lecture correcte des résultats (Michalski, 1983).

2.3 Construction des ontologies

Une ontologie permet la modélisation de connaissances de façon formelle (Gruber, 1993), en s'appuyant pour ce faire sur la définition de concepts d'intérêt et de relations entre ces concepts. Une ontologie facilite notamment le partage des connaissances d'un domaine au travers d'une représentation la plus consensuelle possible. Pour définir nos ontologies, nous utilisons les logiques de description qui permettent de construire et manipuler des bases de connaissances, à partir d'une boîte terminologique (ou *TBox*) qui en modélise les concepts et les relations ; et d'une boîte assertionnelle (ou *ABox*) qui en représente les instances. Les logiques de description s'appuient sur la logique de premier ordre et donnent lieu à des raisonnements par inférence. Ces mécanismes permettent d'enrichir la base de connaissance en explicitant de nouveaux faits déduits des premiers par raisonnement. Nous avons ensuite choisi d'opérationnaliser ces ontologies formelles en OWL2 (Web Ontology Language) (Dean et Schreiber, 2004), langage recommandé par le W3C.

Ontologie du Paysage. L'ontologie du paysage est une ontologie dite de domaine, reflet de l'expertise du géographe, et modélise les concepts qui relèvent de l'organisation d'entités paysagères (type paysager, composant paysager), sous forme d'une arborescence qui exprime la spécialisation de ces concepts (relation de subsomption), ainsi que l'ensemble des propriétés liant ou définissant ces concepts (relation de méronymie, métriques paysagères). Prenons l'exemple volontairement simplifié du type paysager « Écosystème forestier ». Un tel paysage doit contenir nécessairement le composant paysager « Forêt » mais il peut être constitué de composants d'un autre type. Ce paysage est par ailleurs caractérisé par sa diversité faible et peu d'hétérogénéité. Dans cet exemple, nous voyons apparaître les concepts de type paysager et de composant paysager, chacun étant spécialisé par un sous-concept (ici respectivement Écosystème forestier et Forêt). Nous avons par ailleurs besoin des relations *diversité* et *hétérogénéité*, celles-ci étant définies comme des propriétés fonctionnelles au sens mathématique du

Extraction automatique de paysages en imagerie satellitaire

terme, à savoir qu'une entité est liée à au plus une autre entité par ces relations. Nous écrirons en logique descriptive :

$$
\begin{aligned}
&\text{ÉcosystèmeForestier} \sqsubseteq \text{TypePaysager} \\
&\text{Forêt} \sqsubseteq \text{ComposantPaysager} \\
&\left.\begin{array}{l} \top \sqsubseteq\ \leq 1\ a\_pour\_diversité \\ \quad \top \sqsubseteq\ \leq 1\ hétérogénéité \end{array}\right\} \text{propriétés fonctionnelles} \\
&\text{ÉcosystèmeForestier} \equiv \text{TypePaysager} \sqcap \exists estComposéDe.\text{Forêt} \\
&\qquad\qquad \sqcap\ \exists a\_pour\_diversité.\{diversité\_faible\} \sqcap \exists hétérogénéité.\{PeuHétérogène\}
\end{aligned}
$$

Ontologie image. L'ontologie image vient organiser les diverses connaissances issues de l'image en lien avec l'ontologie du paysage. Elle est construite comme une ontologie applicative, à savoir qu'elle est envisagée comme un conteneur des descripteurs des mailles obtenus à partir des tâches exécutées par le système. Les concepts et les relations de cette ontologie sont fournis par les traitements préalables et le calcul des caractéristiques paysagères. Nous verrons en section 3.3 la manière de peupler cette ontologie.

3 Application

3.1 Données

Nous illustrons la méthode avec une image Landsat 5 acquise en octobre 2009 qui couvre une partie de l'Amazonie située dans l'état du Pará, à la confluence de l'Amazone et du Rio Tapajós. Cinq paysages de type différent (TP1 à TP5) sont décrits et géo-localisés dans la zone d'étude (Fig. 2a), et servent à alimenter la base d'exemples pour la production de règles en PLI. L'objectif est de rechercher ces paysages sur l'ensemble de l'image (Fig. 2b).

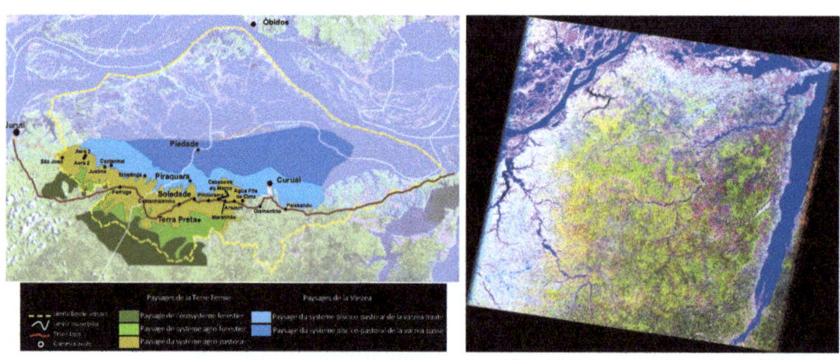

(a) Les 5 paysages labellisés.　　　　(b) Image Lansat 2009.

FIGURE 2: Données.

Obtention de la carte d'occupation du sol et maillage. Il existe différentes manières de produire des cartes d'occupation du sol (Richards, 2013). Notre choix s'est porté sur une classification non supervisée (ou *clustering*) par utilisation de l'algorithme des k-means. La carte d'occupation du sol obtenue est constituée de sept classes labellisées (Fig. 3a) sur laquelle nous apposons une grille de mailles carrées permettant le calcul des caractéristiques paysagères (Fig. 3b).

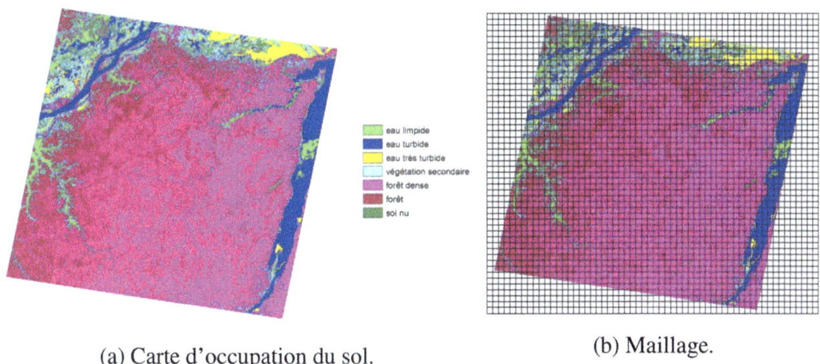

(a) Carte d'occupation du sol.

(b) Maillage.

FIGURE 3: Cartes de référence.

3.2 Obtention des règles de classification

Nous exploitons les résultats des caractéristiques calculées sur les mailles qui servent à l'apprentissage, et qui sont contenues dans les cinq paysages de référence. Le choix des métriques se fait en cohérence avec la démarche suivie par le géographe, en posant des correspondances entre les métriques paysagères et les caractéristiques calculées dans l'image satellite.

Expert géographe	Caractéristiques *calculables* dans les mailles
Composition	Proportion de chaque classe présente
Diversité	Richesse spécifique (nb. de classes présentes)
Hétérogénéité	Indice de Shannon $H = -\sum_{k=1}^{N} p_k \cdot ln(p_k)$
Fragmentation : surface des patches	Surface moyenne des objets
Forme	Périmètre/Aire : moyenne mesurée

TABLE 1: Correspondance entre métriques paysagères et caractéristiques dans l'image.

3.3 Peuplement de l'ontologie image

L'ontologie image modélise les mailles et les propriétés correspondant aux caractéristiques paysagères. Chaque propriété permet d'associer à une maille la valeur obtenue par calcul d'une caractéristique donnée. Les informations calculées maille par maille viennent ainsi instancier l'ontologie par peuplement de la *ABox*. Prenons l'exemple d'un individu de la classe « Maille » , identifié m59, qui aurait pour proportion de forêt une valeur égale à 0.287, que nous écrirons :

```
Maille ⊑ Top
Maille(m59)
⊤ ⊑≤ 1 prop_forêt (propriété fonctionnelle)
prop_forêt(m59,"0.287")
```

De la sorte, toute maille de l'ontologie est décrite par un ensemble d'attributs correspondant aux valeurs des métriques calculées dans les traitements préalables. Chaque maille possède un géoréférencement et une géométrie sous forme d'un polygone prise en charge par emprunt à l'ontologie GeoSPARQL[3] (Battle et Kolas, 2012). Par ailleurs, les règles de classification précisent l'appartenance d'une maille à un type paysager : cette information est ajoutée à la description des mailles. Notons que la structure même de l'ontologie permet d'ajouter à volonté des attributs supplémentaires, à l'exemple de la texture ou de calculs d'indices de végétation.

4   Résultats et discussion

4.1   Résultats

Caractéristiques de la base de règles et performances.   Six grilles ont été générées, constituées de mailles carrées allant de 32640m à 1020m de côté (système de mailles emboîtées pour avoir une approche multi-résolution). Les grilles de grande taille (32640m, 16320m, 8160m) se sont révélées inadaptées en rapport à la surface des paysages constituant la base d'apprentissage. Les calculs ont donc été faits sur les grilles de taille 1020, 2040 et 4080. Les résultats les plus pertinents sont obtenus pour les grilles 1020 et 2040, sans véritable différence de l'une à l'autre. Nous présentons ici ceux de la grille 2040. Respectivement 1, 3, 1, 6 et 4 règles pour les Types Paysagers TP1 à TP5 ont été induites pour l'ensemble d'apprentissage complet constitué de 300 mailles de 2040 mètres de côté. Voici un exemple de règle obtenue :

$type\_paysager(A, tp5) : - pEau\_turbide(A, eq0), pForet(A, le0\_009).$

Cette règle signifie qu'une maille A appartient au TP5 si sa proportion d'eau turbide est nulle et si sa proportion de forêt est inférieure à 0.009. Si les règles induites sont intelligibles, y compris par un non expert de la méthode d'apprentissage, les résultats de prédiction sont variables selon le type paysager considéré. Le Tableau 2 présente la sensibilité et la spécificité[4], calculées sur l'ensemble d'apprentissage complet et par validation croisée (valeurs moyenne, minimum et maximum). La précision de la prédiction calculée sur l'ensemble d'apprentissage complet s'élève à 94,7%. Une validation croisée à 10 sous-ensembles stratifiés (*stratified 10-fold cross-validation*) a permis d'estimer à 58,6% la précision de prédiction avec un maximum (respectivement un minimum) sur les 10 sous-ensembles de 71,0% (respectivement 45,7%). Les résultats obtenus pour la sensibilité sont particulièrement bons : celle-ci atteint en effet les 76,3% pour le type paysager 1 et dépasse les 60% pour les types 3 et 5 (respectivement 63,8 et 61,9%). Le type paysager 2 est particulièrement difficile à prédire avec seulement 15% de succès, ce qui s'explique notamment par le nombre restreint d'exemples qui y est associé (15),

---

3. Standard de l'OGC (Open Geospatial Consortium) pour le géospatial

4. **Sensibilité** : capacité du classifieur à prédire l'appartenance au TP sachant que les objets en question appartiennent à ce TP / **Spécificité** : capacité du classifieur à prédire la non-appartenance au TP sachant que les objets en question n'appartiennent effectivement pas à ce TP

		TP1	TP2	TP3	TP4	TP5
Sur l'ensemble d'apprentissage	Sensibilité	0,98	0,73	0,97	0,93	0,96
	Spécificité	0,98	1,00	0,97	0,99	0,99
Validation croisée moyenne [min ; max]	Sensibilité	0,76 [0,40 ; 1,00]	0,15 [0,00 ; 1,00]	0,64 [0,33 ; 0,83]	0,46 [0,30 ; 0,62]	0,62 [0,25 ; 0,80]
	Spécificité	0,92 [0,82 ; 1,00]	0,92 [0,80 ; 1,00]	0,82 [0,73 ; 0,89]	0,75 [0,60 ; 0,90]	0,83 [0,75 ; 0,94]

TABLE 2: Résultats de prédiction pour la grille de 2040 mètres de résolution.

mais aussi par une identification et une caractérisation moins « franche » de la part de l'expert et de son propre avis.

D'autres tests ont été effectués pour la production des règles par PLI. La relation spatiale d'*adjacence*, deux mailles étant adjacentes si et seulement si elles partagent un même côté, a ainsi été codée dans la base de connaissances du processus d'apprentissage ainsi que le caractère de multi-résolution (relations d'inclusion des mailles d'une grille à l'autre). Cette dernière stratégie d'apprentissage, exploitant l'information de voisinage et le caractère multi-résolution de l'information spatiale, semble particulièrement pertinente : elle correspond à la façon dont l'expert géographe appréhende le territoire, en utilisant différents produits cartographiques, à des emprises géographiques et des résolutions variées. Cependant, cette prise en compte des relations spatiales et de multi-résolution pour la production des règles de classification n'a pas montré d'amélioration véritable des résultats.

La figure 4 présente les paysages qui alimentent la base d'apprentissage pour la PLI (4a) et illustre les résultats de prédiction sur toute la zone d'étude (4b).

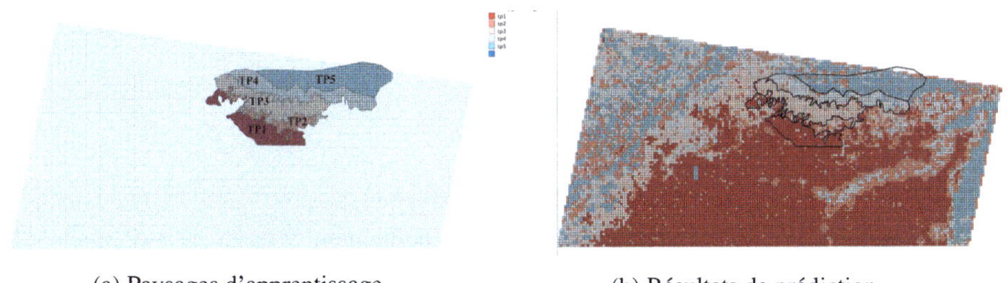

(a) Paysages d'apprentissage.   (b) Résultats de prédiction.

FIGURE 4: Paysages de référence et paysages prédits.

Les résultats de prédiction, dont la majeure partie se trouve en dehors de la zone des paysages de référence, débouche sur une caractérisation cohérente du territoire dont la pertinence est confirmée, *a posteriori*, par l'expert.

Modules ontologiques.   Différentes passerelles de mise en correspondance des deux modules ontologiques construits ont déjà été explorées. Un premier travail est de mettre en synergie l'expertise du géographe concernant un type paysager tel qu'il est décrit dans l'ontologie du paysage et l'information concernant les mailles typées par la PLI comme appartenant à ce type paysager. Nous définissons à cet effet des requêtes de transformation en langage SPARQL (Kostylev et al., 2015) qui amènent à de nouvelles représentations des connaissances de l'ontologie image, de manière à les rendre conformes au contenu de l'ontologie du paysage. Une réflexion porte ainsi sur ce qui pourrait permettre d'identifier le passage d'un paysage à un autre en se concentrant sur les mailles frontière. La figure 5 fait apparaître le résultat d'une requête (mailles de type TP1 contenant majoritairement des composants paysagers (ou « patchs ») de type forêt et forêt peu dense dans l'ontologie image) que nous traduisons comme étant les mailles de l'écosystème forestier. Ces mailles sont affichées en vert dans la zone d'étude[5]. Dans l'ontologie du paysage, l'écoystème forestier est décrit comme un paysage très majoritairement couvert de forêt et offrant peu de diversité. La tonalité du vert rend compte de la diversité des patchs retrouvés dans les mailles. Le composant forêt est omniprésent quand les mailles sont vert foncé. Les mailles vert clair font apparaître plus de diversité avec en particulier des patchs d'eau ou de végétation intermédiaire. Ces mailles plus riches en composants paysagers sont fréquemment retrouvées sur les limites du paysage écosystème forestier et la diversité est donc un bon indicateur du changement du paysage pour ce qui concerne l'écosystème forestier.

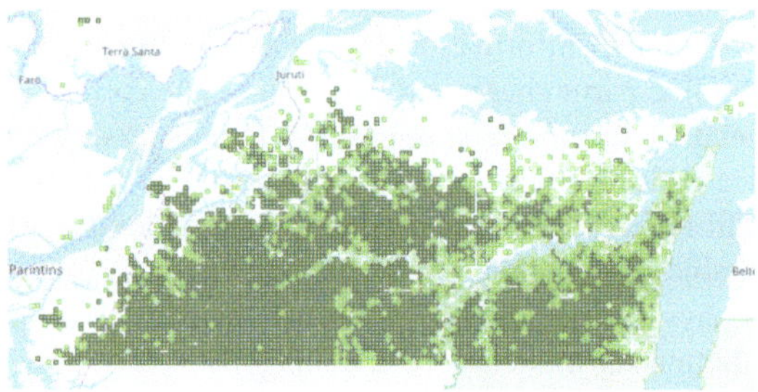

FIGURE 5: Mailles de l'écosystème forestier sur un fond de carte OpenStreetMap.

4.2   Discussion

Nous avons montré tout le potentiel d'une approche permettant, à partir de mécanismes d'induction symbolique, de peupler en partie une ontologie applicative. Les méthodes de fouilles de données habituellement exploitées en traitement d'image, à l'exemple de la classification supervisée, exploitent les attributs en entrée comme des dimensions indépendantes les unes des autres. En ce sens, la PLI qui permet de poser des liens de dépendance entre attributs, est plus à même de tirer parti de l'organisation spatiale de valeurs radiométriques à l'intérieur de mailles vues comme des ensembles de pixels connexes. Nous avons pu ainsi extraire des prédicats mettant en relation plusieurs descripteurs (à l'exemple de la proportion, de la diversité ou de la fragmentation) pour approcher au mieux les types paysagers. Nous avons également montré comment exploiter les relations topologiques avec la PLI : cette piste est encore à creuser. Il nous faut également affiner la description des paysages et améliorer la base d'apprentissage servant à la production des règles de PLI. De la même manière, nous allons faire évoluer nos deux modules ontologiques. En particulier, les relations spatiales entre mailles seront décrites au sein de l'ontologie image et il est attendu également de travailler

---

5. La visualisation se fait au moyen de la librairie Javascript OpenLayers

sur de nouveaux descripteurs (par exemple, la texture). Enfin, les liens permettant d'exploiter conjointement l'ontologie applicative et l'ontologie des paysages sont également à renforcer. L'objectif est de continuer à construire des règles de transformation en s'appuyant sur SPARQL de façon à pouvoir, à partir d'une régularité sur le graphe de l'ontologie image, en extraire une régularité sur le graphe de l'ontologie des paysages et inversement. La bidirectionnalité nous permettra d'une part, de rapprocher les données de l'image de l'expertise du géographe, d'autre part, de faire évoluer potentiellement les connaissances de l'expert en fonction du contenu de l'image.

5 Conclusion

Nous avons présenté une approche hybride qui se nourrit à la fois de connaissances expertes formalisées au préalable au sein de modules ontologiques, et de nouveaux savoirs apportés par de l'apprentissage symbolique. L'objectif est de coller au plus près de la réalité du géographe expert tout en faisant évoluer les connaissances apprises au moyen de la PLI. Nous avons montré des premiers résultats encourageants dans la capacité à automatiser l'extraction de motifs d'intérêt dans une image satellite. Nous avons comme perspective d'enrichir la représentation ontologique notamment en matière de description de métriques afin d'étoffer les potentialités des mécanismes de raisonnement. La démarche présentée tout au long de cet article, bien que perfectible au niveau de la finesse des résultats, a permis d'atteindre nos objectifs : aller vers une automatisation de l'extraction des paysages dans une image satellite et structurer, pérenniser, enrichir et rendre interopérables les connaissances et données mises en jeu tout au long du processus dans un ancrage résolument orienté web sémantique.

Remerciements. *Ce travail a bénéficié d'une aide de l'État gérée par l'Agence Nationale de la Recherche pour le projet COCLICO portant la référence ANR-12-MONU-0001 au titre du programme MN Modèles Numériques 2012.*

Références

Battle, R. et D. Kolas (2012). Enabling the geospatial semantic web with parliament and geosparql. *Semant. web 3*(4), 355–370.

Bayoudh, M., E. Roux, G. Richard, et R. Nock (2015). Structural knowledge learning from maps for supervised land cover/use classification : Application to the monitoring of land cover/use maps in french guiana. *Computers and Geosciences 76*, 31–40.

Belgiu, M. et J. Thomas (2013). Ontology based interpretation of very high resolution imageries–grounding ontologies on visual interpretation keys. *AGILE 2013—Leuven 2013*(1), 14–17.

Chahdi, H., N. Grozavu, I. Mougenot, Y. Bennani, et L. Berti-Equille (2016). Towards ontology reasoning for topological cluster labeling. In *International Conference on Neural Information Processing*, pp. 156–164. Springer International Publishing.

Dean, M. et G. Schreiber (2004). OWL Web Ontology Language - Reference. W3C recommendation, W3C.

Dérioz, P., P. Béringuier, et A.-E. Laques (2010). Mobiliser le paysage pour observer les territoires : quelles démarches, pour quelle participation des acteurs ? *Développement durable et territoires 1*(2), 11598 – 11607.

Enserink, M. (1999). Biological invaders sweep in. *Science 285*(5435), 1834–1836.

Fahrig, L. (2003). Effects of habitat fragmentation on biodiversity. *Annual review of ecology, evolution, and systematics 34*(1), 487–515.

Farina, A. (2000). *Landscape Ecology in Action*. Springer Netherlands.

Forestier, G., A. Puissant, C. Wemmert, et P. Gançarski (2012). Knowledge-based region labeling for remote sensing image interpretation. *Computers, Environment and Urban Systems 36*(5), 470 – 480.

Gruber, T. (1993). A Translation Approach to Portable Ontology Specification. *Knowledge Acquisition 5*(2), 199–220.

Kavurucu, Y., P. Senkul, et I. H. Toroslu (2011). A comparative study on ilp-based concept discovery systems. *Expert Systems with Applications 38*(9), 11598 – 11607.

Kostylev, E. V., J. L. Reutter, et M. Ugarte (2015). Construct queries in sparql. In *ICDT*.

Lavrac, N. et S. Dzeroski (1994). *Inductive Logic Programming : Techniques and Applications*. Ellis Horwood.

Malerba, D., F. Esposito, A. Lanza, F. Lisi, et A. Appice (2003). Empowering a gis with inductive learning capabilities : the case of ingens. *Computers, Environment and Urban Systems 27*(3), 265 – 281.

Michalski, R. S. (1983). *Machine learning : An artificial Intelligence Approach*, Chapter a theory and methodology of inductive learning, pp. 110–161. TIOGA Publishing Co.

Muggleton, S. (1991). Inductive logic programming. *New Generation Computing 8*, 295–318.

Richards, J. A. (2013). *Remote Sensing Digital Image Analysis. An Introduction*. Springer-Verlag Berlin Heidelberg.

Srinivasan, A. (2007). The aleph manual.

Vaz, D., M. Ferreira, et R. Lopes (2007). Spatial-yap : a logic-based geographic information system. In *Proceedings of the 23rd international conference on Logic programming*, ICLP'07, Berlin, Heidelberg, pp. 195–208. Springer-Verlag.

Summary

Here we present an innovative method to automatically detect a valuable set of landscape patterns within a satellite image. We are aiming to achieve two major goals. The first deals with capabilities to capture the knowledge shared by experts for image analysis tasks. The second emphasizes ontology supporting roles to retain and reuse knowledge in an extendable and interoperable way. The paper highlights the synergistic use of different strategies including image preprocessing, operations using specific metrics, inductive logic programming (ILP) and knowledge modelling leading to a more global approach. In particular we explore the interplay between an inductive (ILP) and a deductive method (ontology engineering) to fully meet these objectives.

Analyse des dynamiques spatio-temporelles à partir de séries temporelles d'images satellitaires

Lynda Khiali*, Dino Ienco*,** et Maguelonne Teisseire *

*Irstea, UMR TETIS, Montpellier, France
{lynda.khiali,dino.ienco,maguelonne.teisseire}@irstea.fr
http://www.irstea..fr
**LIRMM, Montpellier, France
http://www.lirmm.fr

Résumé. La télédétection est un domaine qui regroupe les techniques et les outils permettant l'observation de la terre, notamment l'acquisition d'images satellitaires. La méthode proposée dans cet article permet une analyse automatique de séries temporelles de telles images. Nos travaux introduisent un nouvelle approche pour l'analyse et le clustering de Séries Temporelles d'Images Satellitaire (STIS). Ce processus se divise en deux parties. Dans un premier temps, nous retraçons les changements radiométriques d'une zone en représentant son évolution au cours du temps par un graphe dit *graphe d'évolution*. Dans un deuxième temps, nous introduisons une représentation synthétique des *graphes d'évolutions* afin de pouvoir appliquer un algorithme de clustering permettant un regroupement par types d'évolutions identifiées. Les expérimentations menées nous ont permis de valider notre approche sur une zone d'étude.

1 Introduction

De nos jours, les satellites permettent de collecter un énorme volume de données d'observation de la Terre (Nativi et al., 2015). Les images satellitaires peuvent être utilisées pour la surveillance à distance des phénomènes artificiels et naturels tels que la croissance des zones urbaines, les changements dans les habitats naturels, l'évolution de l'utilisation des terres agricoles et les effets du changement climatique. La tâche de surveillance est réalisée en considérant des séries temporelles d'images satellitaires où la même zone spatiale est représentée à différentes estampilles temporelles. L'étude standard de ce type de données réalise principalement la surveillance de phénomènes indépendemment de leur évolution au cours du temps (Batista et al., 2014). Cependant, il est important de tenir compte de la dimension temporelle caractérisant l'évolution des données ainsi que de leurs interactions spatiales. Un autre défi lié à l'analyse des images satellitaires est le niveau de granularité décrivant les phénomènes d'intérêt (Blaschke, 2010). Récemment, (Blaschke, 2010) a mis l'accent sur l'analyse basée sur les objets des images satellitaires plutôt que sur les pixels. Ces méthodes ne traitent plus le pixel de manière isolée mais des groupes de pixels (objets).

Cet article est organisé comme suit. La section 2 explore les travaux connexes dans le domaine de l'analyse de séries temporelles avec un accent particulier sur les données satellitaires.

L'approche proposée est décrite dans la section 3. La section 4 introduit la zone d'étude choisie pour les expérimentations et fournit des détails sur le pré-traitement des données. Les évaluations quantitatives et qualitatives sont présentées dans la section 5. Enfin, la section 6 conclut l'étude.

2   État de l'art

Dans la littérature, il existe de nombreuses propositions pour l'analyse des séries temporelles d'images satellitaires (STIS) (Zhu et al., 2012; Batista et al., 2014; Rakthanmanon et al., 2012; Petitjean et al., 2012a,b). La plupart de ces approches utilisent des algorithmes classiques de classification avec une nouvelle mesure de similarité (distance) entre les séries temporelles. Une des mesures les plus connues est Dynamic Time Warping (DTW) (Rakthanmanon et al., 2013). Cette mesure permet de calculer une correspondance optimale entre deux séries temporelles de données. Elle est habituellement utilisée pour les séries temporelles longues qui ne peuvent pas être alignées temporellement et qui peuvent contenir du bruit. Cependant, son coût de calcul est élevé. Dans (Zhu et al., 2012), les auteurs proposent un moyen approximatif de calculer DTW.

Dans (Batista et al., 2014), les auteurs proposent une nouvelle mesure de distance invariante de complexité efficace. Le choix d'une bonne mesure de similarité est plus important que le choix de l'algorithme de clustering pour certains types particuliers de séries temporelles. La mesure proposée semble adaptée pour le clustering des séries temporelles, mais elle considère les objets comme indépendants les un des autres, alors que les données d'images satellitaires comptent des instances corrélées spatialement entre elles.

Considérant le problème du clustering des STIS, (Petitjean et al., 2012a) propose une approche qui traite des séries temporelles irrégulières. Celle-ci utilise DTW sur des séries temporelles avec des pixels multivariés. Chaque série temporelle de pixel est une séquence de tuples de valeurs radiométriques associées à un pixel particulier dans une certaine estampille temporelle. Cette dernière est robuste sur des séries temporelles bruitées et de longueurs différentes. Contrairement aux approches précédentes, (Petitjean et al., 2012b) introduit une méthodologie d'analyse spatio-temporelle qui combine des informations au niveau pixel et objet. Tout d'abord une segmentation est effectuée sur chaque image, puis la série temporelle du pixel est enrichie avec l'information de l'objet segmenté auquel il appartient afin de lier les pixels appartenant aux même objet. Cette méthode peut être considérée comme une première étape vers l'analyse par objet mais l'unité élémentaire considérée est néanmoins le pixel.

Dans (Qin et al., 2013), les auteurs présentent une approche de détection des changements de couverture du sol basée sur les objets. Cette méthode permet d'analyser une série temporelle composée de seulement deux images hétérogènes issues de capteur différents. Les images sont d'abord juxtaposées puis segmentées et les objets résultats sont ensuite classés afin de générer une cartographie des changement de couverture du sol.

3   Méthode

Dans cette section, nous donnons d'abord un aperçu général de la méthode proposée, puis nous détaillons chacune des étapes.

3.1   Schéma Général :

Les étapes du processus global proposé sont décrites dans la figure 1. Les images en entrée se présentent sous forme d'une STIS couvrant la même zone géographique au cours du temps, permettant ainsi le suivi de son évolution. Les images de la série étant alignées, leur couverture est modélisée par une grille de pixels.

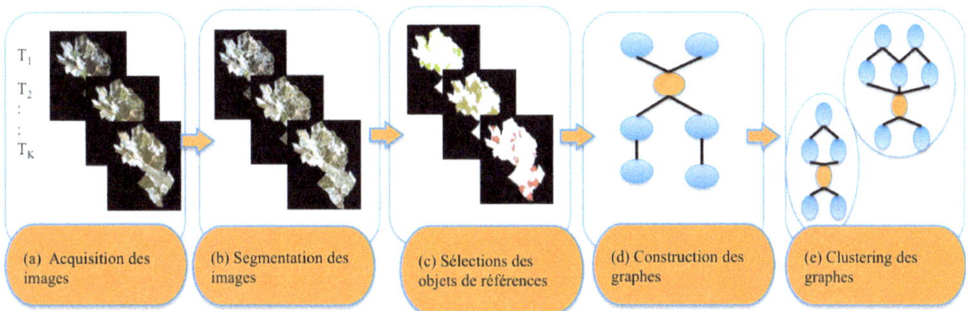

FIG. 1 – *Shéma général des differentes étapes de clustering des graphes d'évolutions.*

Une fois la STIS acquise (Fig. 1(a)), la première étape est la segmentation, qui vise à générer des objets représentatifs d'entités du monde réel (Fig. 1(b)). L'ensemble d'objets générés est alors filtré pour sélectionner un sous-ensemble, nommé *objets de références* (Fig 1(c)). Un *graphe d'évolution* est ensuite construit pour chaque *objet de référence* permettant ainsi le suivi de son évolution radiométrique. Une fois les graphes construits, il sont transformés en une représentation synthétique qui permettra par la suite de leur appliquer un algorithme de clustering (Fig 1(d)). La finalité du processus est de mettre en évidence les différents types d'évolutions.

3.2   Segmenttaion des images

Les image de la série sont d'abord pré-traitées. Le pré-traitement compte principalement les deux étapes suivantes :

- *Corrections radiométriques :* En raison des nuages ou des artefacts du capteur, les valeurs radiométriques des pixels doivent être normalisées et mises à l'échelle (Lillesand et al., 2008) ;

- *Extractions d'indices :* Généralement, dans le domaine de la télédétection, des nouvelles variables sont dérivées de la combinaison des bandes brutes originales (c'est-à-dire NDVI (Jr et al., 1974), VSDI (Zhang et al., 2013)). Ces informations sont ajoutées à l'ensemble d'attributs décrivant les pixels ou les segments.

Les images sont ensuite segmentées selon une analyse par objets (OBIA) où un segment (objet) représente un ensemble de pixels contigus.

L'objectif de la segmentation est de créer une représentation de l'image, plus significative et plus facile à analyser. Cette approche est inspirée de l'interprétation visuelle humaine d'images numériques où la couleur, la forme, la taille, la texture et l'information contextuelle sont utilisées pour détecter des modèles à différentes échelles (Lillesand et al., 2008).

La segmentation d'image résulte en un ensemble de segments qui couvrent collectivement l'image entière sans chevauchement. Dans ce travail, la segmentation d'image est réalisée avec l'algorithme de segmentation multirésolution [1]. Cet algorithme est disponible dans l'outil eCognition Developer 8.8.1. Notant que chaque image est segmentée indépendamment des autres images de la série temporelle .

3.3   Préliminaires et notations

L'approche proposée manipule une STIS. Une STIS est définie comme étant un ensemble d'images ordonnées dans le temps $(I_1, I_2, ..., I_T)$ où l'index représente l'estampille temporelle de chaque image. Ainsi les images couvrent la même zone à travers le temps et permettent de suivre son évolution.

A chaque image de la série est associée une ensemble d'objets générés lors de la segmentation, noté $O_t = \{o_t^i\}_{i=1}^{|O_t|}$ tel que, t représente l'estampille temporelle de l'image et i le numéro du segment. Nous notons par $\mathcal{O}$, l'union de tous les objet identifiés dans la série temporelle toutes images confondues ($\mathcal{O} = \bigcup_{t=1}^{T} O_t$), sachant que le nombre de segments identifiés pour chaque image est différent. Pour chaque objet, il est identifié deux informations qui sont l'ensemble des pixels dont il se compose ($Pix(o_t^i)$) et un vecteur d'attributs relatif à son information radiométrique ($Info(o_t^i)$). Les valeurs radiométriques de l'objet sont calculées en moyennant celles des pixels qui le composent.

3.4   Suivit de l'évolution spatio-temporelle des zones géographiques :

Dans (Guttler et al., 2014), les auteurs proposent une approche automatique pour le suivi de l'évolution des zones en utilisant des séries temporelles d'images satellitaires. Notre méthode s'appuie sur ces travaux et permet d'analyser et de regrouper des entités similaires. Elle se base sur une analyse objet à l'inverse de la plupart des méthodes précédentes qui considérent les pixels (Petitjean et al., 2012a).

Le suivi de l'évolution spatio-temporelle d'une zone compte deux étapes : la sélection des objets de références ($RefObjs$) et la construction des *graphes d'évolutions*.

La sélection des *objets de références* est traitée dans (Guttler et al., 2014) comme un probléme de recouvrement (Vazirani, 2001). Cette étape considére l'ensemble d'objets complet, étant donné que chaque objet couvre un ensemble de pixels, le but est de sélectionner des objets de telle façon que la grille de pixels soit couverte complétement ou bien au maximum. Sachant qu'un pixel peut être couvert par plusieurs objets car les images sont alignées sur la même grille, les $RefObj$ peuvent se chevaucher. Cette contrainte est contournée par l'introduction d'un paramétre α qui varie entre 0 et 1. Il représente un seuil qui permet de maximiser la couverture et minimiser le chevauchement des $RefObj$

Ce processus de séléction se fait itérativement, À chaque itération, nous pondérons les objets et nous sélectionnons celui ayant le poids le plus élevé. Ce poids est égal au ratio de la *nouveauté* : nombre de pixel de l'objet non couvert par l'ensemble *d'objet de référence* déjà sélectionnées, et sa *taille* : nombre de ses pixels.

---

1. `http://www.ecognition.cc/download/baatz_schaepe.pdf`

Une fois l'ensemble des *objets de références* sélectionnés, vient l'étape de construction des *graphes d'évolutions*. Un *graphes d'évolution* permet de visualiser l'état de l'objet de référence dans toutes les estampilles temporelles. Chaque $RefObjs$, noté o^*, sera représenté par un ou plusieurs segments dans toutes les images de la série temporelle. L'ensemble de ces segments est ensuite organisé sous forme d'un *graphe d'évolution* retraçant l'évolution spatio-temporelle de l'objet o^* dans la série d'images.

Formellement, un *graphe d'évolution* est un graphe acyclique orienté *DAG* (Dyrected Acyclic Graph), noté $G_{o^*} = (V_{o^*}, E_{o^*})$, où E_{o^*} est l'ensemble des segments qui correspondent à *l'objet de référence* dans la série d'images, que nous appellerons les nœuds du graphe, et V_{o^*} l'ensemble des arcs qui relient les différent nœuds. L'ensemble de nœud est sélectionné comme suit :

$$V_{o^*} = \{o|o \in \mathcal{O}, \frac{|Pix(o^*) \cap Pix(o)|}{|Pix(o)|} \geq \sigma_1 \; ou \; \frac{|Pix(o^*) \cap Pix(o)|}{|Pix(o^*)|} \geq \sigma_2\}$$

Les segments sélectionnés appartiennent à différentes images de la série et doivent satisfaire l'une des deux conditions suivantes : i) au minimum $\sigma_1\%$ des pixels du segment o doit être couvert par le $RefObj$ ou bien ii) le segment doit recouvrir au minimum $\sigma_2\%$ des pixels couvert par le $RefObj$.

Une fois l'ensemble de nœud sélectionné, nous définissons l'ensemble des arcs orientés qui structure notre graphe, V_{o^*}, comme suit :

$$E_{o^*} = \{(o^i, o^j)|o^i \in O_t \cap V_{o^*} \; et \; o^j \in O_{t+1} \cap V_{o^*} \; et \; Pix(o^i) \cap Pix(o^j) \neq \emptyset\}$$

Ainsi défini, l'ensemble V_{o^*} relie uniquement les segments dont les estampilles temporelles se succédent.

Le graphe résultat décrit l'évolution spatio-temporelle de *l'objet de référence*. Il est nommé *graphe d'évolution*. Ainsi construit, un *graphe d'évolution* est structuré en couches, chaque couche regroupe les segments d'une seule image de la série, comptant ainsi autant de couches que d'images, organisées en ordre ascendant par estampille temporelle. Une des caractéristiques communes des *graphes d'évolutions* est que la couche comportant *l'objet de référence* sera uniquement composée de celui-ci.

La figure 2 illustre un exemple de *graphe d'évolution* représentant une zone forestière, Nous remarquons que la structure en couche est explicite et orientée de gauche à droite dans l'axe du temps, Dans cette exemple, notre graphe se compose de six couches issues d'une série temporelle comptant elle aussi six images. Chaque couche reprend les segments représentatifs de l'emprise spatiale de *l'objet de référence*. Les changements de couleur des segments représentent l'évolution de leur valeurs radiométrics, qui reflète l'évolution du phénomène étudié.

3.5 Clustering des graphes d'évolutions

Les méthodes de clustering (Tan et al., 2005) permettent d'analyser les données et de les regrouper dans des groupes (clusters) homogénes. Dans notre cas, le clustering vise à identifier et regrouper les différents types d'évolutions des *objets de références* dans le temps. Ces *ObjRef* sont décrits par un *graphe d'évolution* comme défini en section 3.4. Afin de générer

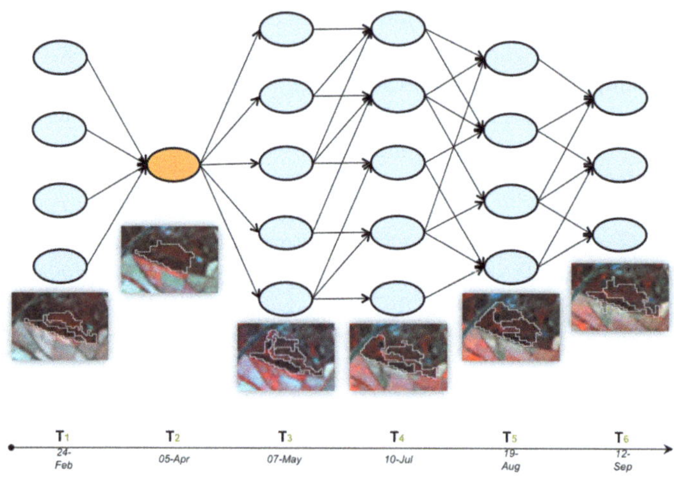

FIG. 2 – *Exemple d'un graphe d'évolution représentant une zone forestière.*

une représentation exploitable par un algorithme de clustering, nous extrayons l'information contenue dans les *graphes d'évolutions* puis nous générons une représentation synthétique de cette dernière sous forme d'un *synopsis*. Enfin, nous calculons une distance entre chaque paire de *synopsis* pour construire une matrice de distance.

La figure 3 schématise le processus de construction des *synopsis*. Étant donné un graphe d'évolution (Fig. 3(a)), la première phase consiste à extraire tout l'ensemble de ses chemins. Un chemin est défini comme étant une séquence ordonnée de noeuds adjacents, distincts les uns des autres, dont le premier sommet appartient à la première image et le dernier sommet appartient à la dernière image (Fig. 3(b)). Puis, nous agrégeons les valeurs radiométriques des objets appartenant aux différents chemins par image (Fig. 3(c)). Le *synopsis* (Fig. 3(d)) généré est un chemin qui se compose de nouveaux objets créés $\widetilde{O_t}$.

L'étape d'agrégation calcule une moyenne pondérée des valeurs radiométriques des objets, le poids de chaque objet o_t appartenant à la couche T est égale aux nombres de chemins dans le quel il apparait. En effet, chaque objet est sommé autant de fois qu'il apparait dans l'ensemble des chemins. Dans l'exemple ci-dessous, considérant la première couche, l'objet o_1^1 appartient à quatre chemins distincts, tandis que l'objet o_1^2 n'appartient qu'à deux chemins. De ce fait, nous pouvons conclure que l'objet o_1^1 est plus important que l'objet o_1^1. Ainsi un poids de quatre est attribué au premier objet tandis qu'un poids de deux est associé au deuxième objets. Au final, à l'objet créé $\widetilde{O_1}$, est associé un vecteur de valeurs radiométriques ($Info(\widetilde{O_1})$) résultat de l'agrégation pondérée des deux derniers objet.

Ainsi, les *graphes d'évolutions* sont transformés en *synospis*. Chaque pair de *synospis* permettra d'évaluer la distance entre leur *graphe d'évolution* respectif. Étant donnés deux *graphes d'évolutions* G_1 et G_2, nous construisons leur deux *synopsis* respectifs syn_1 et syn_2, puis leur distance est calculée selon les équations 1 et 2 :

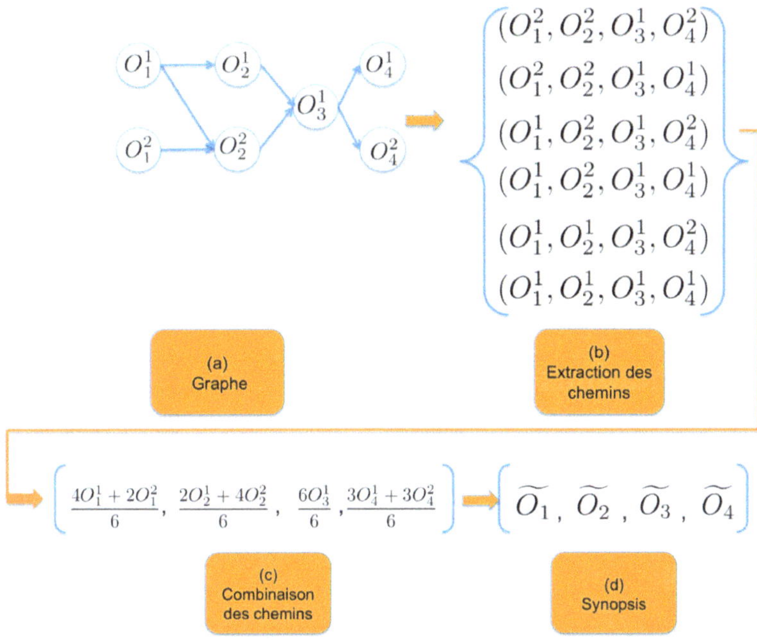

FIG. 3 – *Schéma des étapes de transformation d'un graphe d'évolution en synopsis.*

$$dist_s(syn_1, syn_2) = \frac{\sum_{t=1}^{|syn_1|} dist(syn_1[t], syn_2[t])}{|syn_1|} \qquad (1)$$

$$dist(\widetilde{O_j}, \widetilde{O_l}) = ||Info(\widetilde{O_j}) - Info(\widetilde{O_l})||_2 \qquad (2)$$

L'équation 1 permet de calculer la distance entre les deux synopsis, syn_1 et syn_2, en sommant la distance entre leurs objets.

Les *synopsis* possèdent le même nombre d'objets (T), un objet par estampille temporelle. Pour chaque estampille temporelle, nous évaluons la distance entre les deux objets des *synopsis* en calculant la distance euclidienne entre leurs valeurs radiométriques ($Info(\cdot)$) comme indiqué dans l'équation 2. Enfin, nous sommons les distances euclidiennes calculées pour tous les objets pour obtenir la distance finale entre les deux *synopsis* comme l'indique l'équation 1.

Une fois toutes les distances calculées, nous construisons une matrice de distance afin de pouvoir appliquer les différents algorithmes de clustering indépendamment des données initiales traitées (Tan et al., 2005) (tels que le clustering hiérarchique, Kernel K-Means, le clustering spectrale ou le clustering basé sur la densité, etc.).

4   Données

La zone d'étude est constituée d'une série temporelle de 6 images satellitaires Landsat-5 (acquises entre février et septembre 2009) décrivant la vallée de *Libron* située dans le sud de la France. Le site est principalement caractérisé par des parcelles agricoles (céréales et vignobles) et des espaces naturels (parcelles de forêt et de garrigue). La superficie couverte est d'environ 1 655 ha.

Seuls les pixels à l'intérieur des limites de la zone d'étude sont utilisés pour les segmentations (18 394 pixels pour chaque image). En considérant l'ensemble des images satellites, l'étape de segmentation produit, au total, 1 218 segments.

5   Expérimentations

Dans cette section, nous allons évaluer notre méthode d'une manière quantitative mais aussi qualitative. L'évolution quantitative est réalisée en calculant l'un des indices de validité du clutering les plus utilisés dans la littérature. Tandis que l'évaluation qualitative est réalisée par un expert en télédétection. Avant de présenter nos résultats, nous commençons par décrire le cadre d'évaluation.

5.1   Contexte éxpérimental

Une fois les *objets de références* sélectionnés, ils sont fournis à l'expert qui procède à leur classification. Comme résultat, nous avons obtenu 9 classes représentant différents types d'occupations du sol (i.e. céréale, vigne, foret, etc.). Afin d'évaluer notre méthode, nous avons comparé les clusters obtenus aux classes identifiées précédemment par l'expert.

Comme décrit dans la section 3.4, le processus est paramétré selon trois paramètres : α, σ_1 et σ_2. En vue de fixer les valeurs les plus adéquates pour ces paramètres, nous les avons fait varier sur différents intervalles. Entre autre, nous avons fait varié α dans l'intervalle $[0.3, 0.9]$, quand aux paramètres σ_1 et σ_2, ils varient dans l'intervalle $[0.2, 0.5]$. Puis, nous avons rapporté la couverture et le chevauchement des *graphes d'évolutions* ainsi que les *objets de références*. Nous avons sélectionné, selon les recommandations des experts, les valeurs 0,4, 0,2 et 0,25 respectivement. Cette procédure a généré 112 *graphes d'évolutions*.

Afin de situer notre méthode par rapport à l'état de l'art, nous nous sommes comparés à trois approches. La première repose sur les *objets de références*, la seconde sur les pixels et enfin la troisième combine l'information portée par le pixel et l'objet associé :

i) la première approche permet une analyse par objet, ainsi nous procédons au clustering des *objets de références*, notée *RObject-Based Clustering*. ii) le clustering basé pixel, noté (*Pixel-Based Clustering*), associe à chaque pixel un vecteur de valeurs radiométriques, sachant que les images de notre série sont alignées sur la même grille, on reprends les valeurs radiométriques du pixel dans chaque image ordonnées selon leur estampille temporelle. iii) La méthode introduite par (Petitjean et al., 2012b) propose d'enrichir l'information radiométrique du pixel avec celle de l'objet auquel il appartient. Pour chaque estampille temporelle, nous concaténons l'information radimétrique portée par le pixel à celle portée par son objet. Puis nous ordonnons les T (T étant la taille de la série temporelle d'images) vecteurs résultats en ordre croissant suivant les estampilles temporelles, notée *Pixel-Object-Based Clustering*.

Notre approche, notée *EGraphClustering* (**E**volution **Graph**-based **Clustering**), est comparée à un clustrering à deux niveaux de granularité pixel et objet. Le clustering du premier niveau regroupe les deux approches : *Pixel-Based Clustering* et *Pixel-Object-Based Clustering* et démontre l'importance de prendre en compte la dimension spatiale des données. Quand au clustering de deuxième niveau, il concerne l'approche *RObject-Based Clustering* et démontre la nécessité de prendre en compte la structure des *graphes d'évolutions*.

En ce qui concerne les algorithmes de clustering, nous avons sélectionné l'algorithme hiérarchique qui supporte les différents approches à comparer. Le nombre de clusters dans notre cas d'étude a été fixé à 9, ce qui est égal au nombre de classes identifiées par l'expert.

Afin d'évaluer la qualité du clustering, nous utilisons la mesure d'Information Mutuelle Normalisée (NMI : Normalized Mutual Informatio) (Ienco et al., 2012). Nous avons aussi évalué l'efficacité des différentes méthodes par rapport aux temps d'exécution.

5.2 Évaluation quantitative

La table 1 reprend les valeurs de la NMI pour les différentes approches. Nous remarquons que l'approche par *objet de référence* (*RObject-Based Clustering*) obtient la valeur minimale. La dimension temporelle permet une meilleur discrimination des différentes classes d'occupations du sol.

La comparaison entre *EGraphClustering*, *Pixel-Based Clustering* et *Pixel-Object-Based Clustering*, montre que notre méthode fournit le résultat le plus proche de la classification de l'expert, en exploitant efficacement les deux dimension temporelle et spatiale.

La table 2 reprend les temps d'exécution des différentes méthodes. Le processus a été décomposé en quatre étapes. Elles consistent principalement à calculer la matrice de distance (Dist. comp.) et le clustering (Clustering), deux autre étapes en été prises en considération à savoir la construction des *graphes d'évolutions* (Graph const.) et la construction du *synopsis* (Synopsis constr.) pour notre approche.

Les résultats obtenus montrent clairement un déphasage de temps d'exécution. L'approche *EGraphClustering* requière moins d'une seconde pour donner les résultats finaux alors que l'approche *Pixel-Based Clustering* a besoin de plus de 7000 secondes vu le nombre d'entités à clusteriser. L'approche *RObject-Based Clustering* compte moins d'une seconde de temps d'execution, cependant elle est la moins performante en terme de NMI car elle ne prend pas en compte la dimension temporelle des données. Nous soulignons aussi que le temps nécessaire à la construction des *graphes d'évolutions* et les *synopsis* est de moins d'une seconde. Ces résultats démontrent que notre méthode peut supporter le passage à l'échelle.

	Hiérarchique
EGraphClustering	0.38
RObject-Based Clustering	0.26
Pixel-Based Clustering	0.26
Pixel-Object-Based Clustering	0.34

TAB. 1 – *Valeurs de la NMI pour les différentes approches pour appliquées sur lq vallée du libron.*

	Graph extr.	Synopsis constr.	Dist. comp.	Clustering
EGraphClustering	0.6	0.2	0.2	0.003
RObject-Based Clustering	-	-	0.04	0.001
Pixel-Based Clustering	-	-	5 893.98	2 469.53
Pixel-Object-Based Clustering	-	-	11 309.16	2 363.42

TAB. 2 – *Temps d'execution des différentes approches pour la vallée du libron.*

5.3 Évalution quantitative

Afin d'évaluer qualitativement nos résultats, nous avons procédé à une analyse manuelle des clusters. Les résultats sont illustrés dans la figure 4. Cette figure schématise quatre *graphes d'évolutions*. Les deux graphes d'en haut (Fig. 4(a) et Fig. 4(b)) appartiennent au même cluster, *vignes*, tandis que les deux graphes du bas (Fig. 4(c) et Fig. 4(d)) appartiennent à un autre cluster, *sclérophylle*. Ces clusters sont nommés par l'expert selon leur type d'occupation.

Considérons d'abord les deux premiers graphes qui appartiennent au cluster des *vignes* (Fig. 4(a) et Fig. 4(b)), nous pouvons remarquer que d'un point de vue radiométrique, les deux graphes évoluent pareillement. Le début de la série (T_1 and T_2) ainsi que sa fin (T_5 et T_6) sont caractérisés par la stabilité radiométrique des deux graphes. Tandis qu'au milieu de la série (T_3 et T_4), nous notons un changement brusque de leur radiométrie.

Contrairement au premier cluster, l'inspection des deux graphes appartiennant au cluster des *sclérophylle* (Fig. 4(c) et Fig. 4(d)) met en evidence une évolution complètement différente. Dans ce cas de figure, la réponse spectrale des deux graphes reste stable tout au long de la série temporelle, ceci est rattaché à la nature de ce type de végétation. En effet, les forêts *sclérophylle* poussent lentement et la série temporelle couvre une période de huit mois ce qui est une période courte pour la dynamique liée à ce type de phénomènes.

6 Conclusion

Dans cet article, nous avons présenté l'approche *EGraphClustering* qui permet d'analyser des entités spatio-temporelles à partir de STIS considérant des objets au lieu de pixels comme unité élémentaire d'analyse. Nous avons évalué la méthode *EGraphClustering* sur une série temporelle réelle composée de six images satellitaires et nous avons démontré que notre approche est plus performante que les approches standard basées sur les pixels en tenant compte à la fois de la qualité du clustering et du temps de calcul. Comme travaux futurs, nous prévoyons de poursuivre nos travaux selon deux axes : (i) analyse d'un autre jeu de données et (ii) utilisation d'un autre algorithme de clustering (algorithme de clustering spectrale) afin de souligner l'indépendance de la méthode au type d'algorithme choisi.

7 Remerciements

Ces travaux ont été réalisés dans le cadre du projet (CNES, Dynamitef 2016 TOSCA) et soutenu par le ministère algérien de l'enseignement supérieur et IRSTEA.

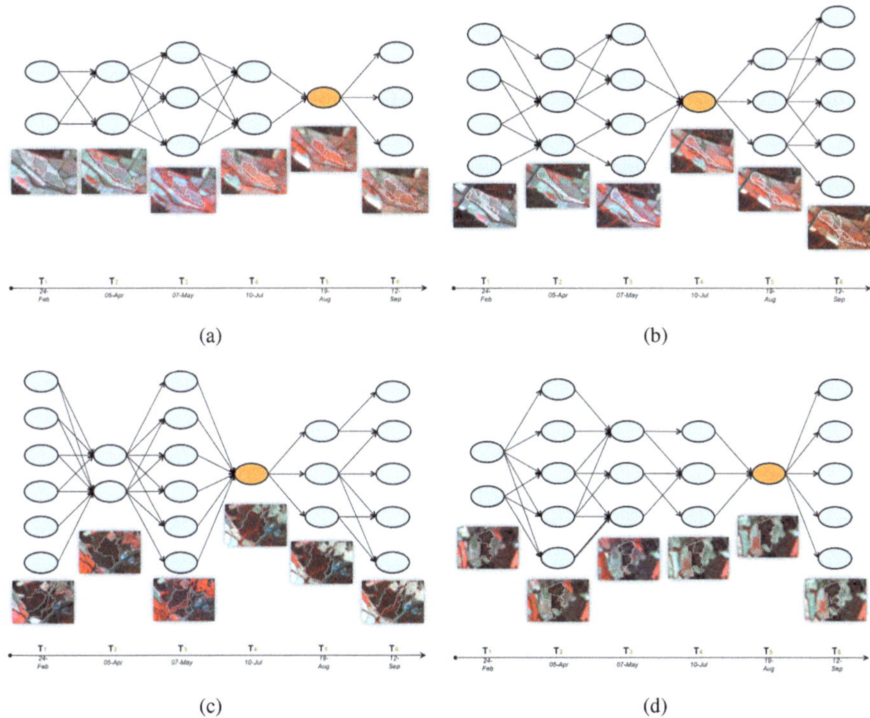

(a) (b)

(c) (d)

FIG. 4 – *Exemples de graphes d'évolution : deux graphes appartenant aux cluster des vignes (a), (b) et deux graphes appartenant au cluster de la végétation chlorophylle (c), (d) de la vallée du libron.*

Références

Batista, G. E. A. P. A., E. J. Keogh, O. M. Tataw, et V. M. A. de Souza (2014). CID : an efficient complexity-invariant distance for time series. *Data Min. Knowl. Discov. 28*(3), 634–669.

Blaschke, T. (2010). Object based image analysis for remote sensing. *ISPRS Journal of Photogrammetry and Remote Sensing 65*(1), 2–16.

Guttler, F., S. Alleaume, C. Corbane, D. Ienco, J. Nin, P. Poncelet, et M. Teisseire (2014). Exploring high repetitivity remote sensing time series for mapping and monitoring natural habitats - A new approach combining OBIA and k-partite graphs. In *IGARSS*.

Ienco, D., R. G. Pensa, et R. Meo (2012). From context to distance : Learning dissimilarity for categorical data clustering. *TKDD 6*(1), 1.

Jr, J. R., R. Haas, J. Schell, et D. Deering (1974). Monitoring vegetation systems in the great plains with erts. *NASA special publication 351*, 309.

Lillesand, T., R. Kiefer, et J. Chipman (2008). Remote sensing and image interpretation.

Nativi, S., P. Mazzetti, M. Santoro, F. Papeschi, M. Craglia, et O. Ochiai (2015). Big data challenges in building the global earth observation system of systems. *Environmental Modelling and Software 68*, 1–26.

Petitjean, F., J. Inglada, et P. Gançarski (2012a). Satellite image time series analysis under time warping. *IEEE Trans. Geos. and Rem. Sensing 50*(8), 3081–3095.

Petitjean, F., C. Kurtz, N. Passat, et P. Gançarski (2012b). Spatio-temporal reasoning for the classification of satellite image time series. *Pattern Recognition Letters 33*(13), 1805–1815.

Qin, Y., Z. Niu, F. Chen, B. Li, et Y. Ban (2013). Object-based land cover change detection for cross-sensor images. *International Journal of Remote Sensing 34*(19), 6723–6737.

Rakthanmanon, T., B. J. L. Campana, A. Mueen, G. E. A. P. A. Batista, M. B. Westover, Q. Zhu, J. Zakaria, et E. J. Keogh (2013). Addressing big data time series : Mining trillions of time series subsequences under dynamic time warping. *TKDD 7*(3), 10.

Rakthanmanon, T., E. J. Keogh, S. Lonardi, et S. Evans (2012). Mdl-based time series clustering. *Knowl. Inf. Syst. 33*(2), 371–399.

Tan, P.-N., M. Steinbach, et V. Kumar (2005). *Introduction to Data Mining, (First Edition)*. Boston, MA, USA : Addison-Wesley Longman Publishing Co., Inc.

Vazirani, V. V. (2001). *Approximation Algorithms*. New York, NY, USA : Springer-Verlag New York, Inc.

Zhang, N., Y. Hong, Q. Qin, L. Liu, N. Zhang, Y. Hong, Q. Qin, et L. Liu (2013). Vsdi : a visible and shortwave infrared drought index for monitoring soil and vegetation moisture based on optical remote sensing. *International Journal of Remote Sensing 34*, 4585–4609.

Zhu, Q., G. E. A. P. A. Batista, T. Rakthanmanon, et E. J. Keogh (2012). A novel approximation to dynamic time warping allows anytime clustering of massive time series datasets. In *SDM*, pp. 999–1010.

Summary

Nowadays, satellite technologies provide huge amounts of remote sensing images. Such sources of information describe geographical areas through time, producing time series of satellite images.A remote sensing time series usually contains spatio-temporal phenomena that are difficult to understand and monitor due to their intrinsic complexity. In this work, we propose a new clustering framework to mine time series of satellite images. Our proposal firstly detects spatio-temporal entities, secondly it characterises their evolutions by a graph-based representation and finally it produces clusters of spatio-temporal entities sharing similar evolution behaviours. Our approach is original in that it works at object-level (image segments) and not pixel-level as is usually the case in the remote sensing field.We experimentally validate our framework on a real world time series of satellite images w.r.t standard techniques employed in remote sensing analysis. We also highlight how the obtained results can be easily interpreted by domain experts.

Découverte de sous-groupes avec les arbres de recherche de Monte Carlo

Guillaume Bosc*, Jean-François Boulicaut* Chedy Raïssi**
Mehdi Kaytoue*

*Université de Lyon, CNRS, INSA-Lyon, LIRIS, UMR5205, F-69621, France
**INRIA Nancy - Grand Est, Villers-lès-Nancy, F-54600, France
prenom.nom@insa-lyon.fr, chedy.raissi@inria.fr

Résumé. Découvrir des règles qui distinguent clairement une classe d'une autre reste un problème difficile. De tels motifs permettent de suggérer des hypothèses pouvant expliquer une classe. La découverte de sous-groupes (Subgroup Discovery, SD), un cadre qui définit formellement cette tâche d'extraction de motifs, est toujours confrontée à deux problèmes majeurs: (i) définir des mesures de qualité appropriées qui caractérisent la singularité d'un motif et (ii) choisir une heuristique d'exploration de l'espace de recherche correcte lorsqu'une énumération complète est irréalisable. À ce jour, les algorithmes de SD les plus efficaces sont basés sur une recherche en faisceau (Beam Search, BS). La collection de motifs extraits manque cependant de diversité en raison de la nature gloutonne de l'exploration. Nous proposons ici d'utiliser une technique d'exploration récente, la recherche arborescente de Monte Carlo (Monte Carlo Tree Search, MCTS). Le compromis entre l'exploitation et l'exploration ainsi que la puissance de la recherche aléatoire permettent d'obtenir une solution disponible à tout moment et de surpasser généralement les approches de type BS. Notre étude empirique, avec plusieurs mesures de qualité, sur divers jeux de données de référence et du monde réel démontre la qualité de notre approche.

1 Introduction

L'extraction de groupes d'objets caractéristiques d'un attribut de classe a été intensément étudiée en fouille de données (Novak et al., 2009). La découverte de sous-groupes (Subgroup Discovery, SD) est une instance de ce problème (Wrobel, 1997). Étant donné un ensemble d'objets décrits par des attributs et associés à un ou plusieurs labels de l'attribut de classe, un sous groupe est un sous ensemble d'objets respectant une description sur les attributs. Le caractère discriminant d'un sous groupe est évalué par une mesure de qualité (F1 mesure, précision, etc.). Jusqu'à présent, puisque la taille de l'espace de recherche est exponentielle, les algorithmes les plus efficaces en SD sont basés sur une recherche en faisceau (Beam Search, BS) (van Leeuwen et Knobbe, 2012; Meeng et al., 2014; Duivesteijn et al., 2016).

Les problèmes principaux des approches heuristiques en SD sont (i) le manque de diversité des motifs extraits et (ii) la redondance : (i) une faible partie des optimums locaux de l'espace de recherche sont détectés, et (ii) plusieurs sous-groupes sont similaires à un même optimum local détecté. Alors que plusieurs solutions ont été proposées pour éliminer la redondance (van Leeuwen et Knobbe, 2012), aucune recherche n'a été menée à notre connaissance pour concevoir de nouvelles méthodes d'exploration heuristique visant à améliorer la diversité. L'exploration gloutonne effectuée par BS ne permet pas la découverte de nombreux optimums locaux (diversité) mais favorise en plus une redondance importante dans les motifs calculés.

La recherche arborescente de Monte Carlo (Monte Carlo Tree Search, MCTS) est une méthode d'exploration (Browne et al., 2012) qui parcourt partiellement l'espace de recherche en construisant incrémentalement un arbre asymétrique respectant le compromis exploration / exploitation donné par le calcul dc la limite supérieure de confiance (Upper Confidence Bound, UCB) (Kocsis et Szepesvári, 2006). MCTS est basée sur des simulations aléatoires qui explorent l'espace de recherche. Ainsi, l'expansion de l'arbre dépend des gains obtenus durant les simulations pour à la fois exploiter des solutions intéressantes, mais aussi explorer des zones peu visitées de l'espace de recherche. MCTS a principalement été utilisée en Intelligence Artificielle pour des applications qui peuvent être représentées par des arbres de décisions séquentielles, par exemple les jeux ou les problèmes de planification. Cette exploration s'est montrée particulièrement efficace pour le jeu de Go (e.g., l'équipe AlphaGo de Google) pour lequel aucune fonction d'évaluation heuristique d'un état du jeu n'est connue.

Notre contribution principale est de montrer comment adapter efficacement MCTS pour SD afin d'améliorer la diversité par rapport à une approche de type BS. Puisque MCTS est conçue pour être capable de gérer de grands facteurs de branchement, nous pensons qu'il peut être capable d'augmenter la diversité dans les motifs extraits en détectant un plus grand nombre d'optimums locaux. MCTS permet également d'obtenir des résultats à tout instant. A notre connaissance, il s'agit de la première tentative d'utiliser MCTS en fouille de motifs. MCTS diffère des techniques d'échantillonnage, qui permettent elles-aussi d'obtenir des résultats à tout instant. Ces dernières considèrent une loi de distribution sur l'espace des motifs qui donne plus de chance à un motif intéressant (i.e., avec une bonne mesure de qualité) d'être tiré. Cependant cette loi de distribution doit être définie au préalable par l'utilisateur en fonction de la structure des motifs et de la mesure de qualité utilisée (Moens et Boley, 2014). D'autres travaux considèrent une exploration interactive de l'espace de recherche pour améliorer la diversité. Galbrun et al. propose à l'utilisateur de guider l'exploration en faisceau (Galbrun et Miettinen, 2012). De même, Dzyuba et al. utilise l'apprentissage des préférences de l'utilisateur pour rendre l'algorithme DSSD interactif (Dzyuba et al., 2014). Cependant, l'exploration restant de type BS, la diversité reste insuffisante.

La suite de cet article est organisée comme suit. Les Section 2 et Section 3 présentent respectivement les bases de SD et MCTS. La Section 4 explique comment adapter MCTS à SD et met en évidence les différentes stratégies pouvant être utilisées. Les résultats expérimentaux sont discutés en Section 5. Une version étendue de ce travail est disponible (Bosc et al., 2016b).

2   Découverte de sous-groupes

Soient $\mathcal{O}$, $\mathcal{A}$ et C respectivement un ensemble d'objets, un ensemble d'attributs et un attribut de classe nominal. Le domaine d'un attribut $a \in \mathcal{A}$ est $Dom(a)$ où a est numérique si $Dom(a)$ est pourvu d'un ordre total, nominal sinon. Chaque objet est associé à un label parmi $Dom(C)$ par $class : \mathcal{O} \mapsto Dom(C)$. $\mathcal{D}(\mathcal{O}, \mathcal{A}, C, class)$ est un jeu de données. Par souci de simplicité et de lisibilité, nous nous plaçons ici dans le cadre du SD traditionnel où il n'y a qu'un seul attribut de classe (Wrobel, 1997). Cependant, la méthode Exeptional Model Mining (EMM) généralise SD dans le cas où il y a plusieurs attributs de classe (Leman et al., 2008). La transposition de ce travail à EMM est simple et immédiate.

Définition : Sous-groupe. Un sous-groupe est donné par sa description $d = \langle f_1, \ldots, f_{|\mathcal{A}|} \rangle$ où chaque f_i est une restriction sur le domaine de valeurs de $a_i \in \mathcal{A}$. Une restriction est soit un sous ensemble du domaine d'un attribut nominal, soit un intervalle inclus dans le domaine de définition d'un attribut numérique. L'ensemble des objets couverts par une description d est le support du sous-groupe $supp(d) \subseteq \mathcal{O}$. L'ensemble de tous les sous-groupes forme un treillis.

La mesure de qualité φ utilisée évalue la singularité d'un sous-groupe par rapport à C. Le choix de la mesure de qualité dépend de l'application (Fürnkranz et al., 2012). Différentes mesures de qualité peuvent être utilisées comme la mesure F1, WRAcc, ou la divergence KL.

Le problème de SD. Étant donné un jeu de données $\mathcal{D}(\mathcal{O}, \mathcal{A}, C, class)$, $minSupp$, φ et k, l'objectif est d'extraire les k meilleurs sous-groupes par rapport à la mesure de qualité φ lorsque la taille du support est supérieure ou égale à $minSupp$.

Exemple. Considérons le jeu de données de la Table 1 composé de $\mathcal{O} = \{1, 2, 3, 4, 5, 6\}$ l'ensemble des objets et $\mathcal{A} = \{a_1, a_2, a_3\}$ l'ensemble des attributs. Chaque objet est associé à un label parmi $Dom(C) = \{l_1, l_2, l_3\}$. Le support de la description $d = \langle a_1 \leqslant 151, 23 \leqslant a_2 \rangle$ est $\{2, 3, 5, 6\}$. Pour plus de lisibilité nous ne mentionnons pas les restrictions inutiles. $WRAcc(d, l_2) = \frac{|supp(d)|}{|\mathcal{O}|} \times (p^{l_2} - p_0^{l_2})$ avec p^{l_2} et $p_0^{l_2}$ définis par $p^{l_2} = \frac{|\{o \in supp(d) | class(o) = l_2\}|}{|supp(d)|}$ et $p_0^{l_2} = \frac{|\{o \in \mathcal{O} | class(o) = l_2\}|}{|\mathcal{O}|}$, ainsi $WRAcc(d, l_2) = 4/6 \times (3/4 - 1/2) = 0.25$.

Algorithmes. Pour traiter le problème de SD, différents algorithmes ont été utilisés (Herrera et al., 2011; Atzmüller et Puppe, 2006). Des algorithmes exhaustifs ont été proposés dont certains comme SD-Map sont particulièrement efficaces (Atzmüller et Puppe, 2006). Cependant, ils sont confrontés au problème de la redondance : beaucoup de sous-groupes sont similaires à un même optimum local (similarité des supports et des descriptions). Pour cela, un post-traitement est nécessaire afin de conserver seulement le meilleur sous-groupe parmi les sous-groupes redondants. De plus, lorsque les jeux de données deviennent trop grands, les approches exhaustives ne sont plus performantes (voire inutilisables) puisque la taille de l'espace de recherche est exponentielle. Pour cela, des algorithmes heuristiques ont été implémentés, la plupart basés sur une approche type beam search (van Leeuwen et Knobbe, 2012; Meeng et al., 2014). La recherche consiste à explorer l'espace de recherche (i.e., le treillis) de haut en bas (du sous-groupe le plus général au plus spécifique) de manière gloutonne. A chaque niveau du treillis, seulement certains des meilleurs sous-groupes vont être explorés au niveau suivant (la largeur du faisceau). En plus du problème de redondance, ce type d'exploration manque cruellement de diversité : seulement une partie des optimums locaux du treillis sont atteints. A chaque niveau, le choix glouton menant aux meilleurs fils est réalisé, empêchant ainsi la découverte d'optimum locaux dont l'évolution de la mesure de qualité n'est pas croissante. Nous définissons alors la diversité comme étant la proportion d'optimums locaux trouvés dans l'espace de recherche. Plus cette proportion est proche de 1 (tous les optimums locaux ont été trouvés), plus l'approche est dite diversifiée.

Exemple. La Figure 1 présente une partie de l'espace de recherche où chaque nœud est un sous-groupe. Les nœuds rouges sont les optimums locaux. Les zones vertes autour des optimums locaux contiennent les sous-groupes similaires avec les optimums locaux. Le faisceau jaune simule l'exploration de type Beam Search. Seulement les nœuds présents dans ce faisceau sont explorés : seulement 2 optimums locaux parmi les 4 du treillis sont trouvés. Parmi tous les

ID	a_1	a_2	a_3	C
1	150	21	11	$\{l_1\}$
2	128	29	9	$\{l_2\}$
3	136	24	10	$\{l_2\}$
4	152	23	11	$\{l_3\}$
5	151	27	12	$\{l_2\}$
6	142	27	10	$\{l_1\}$

TAB. 1 – *Exemple.*

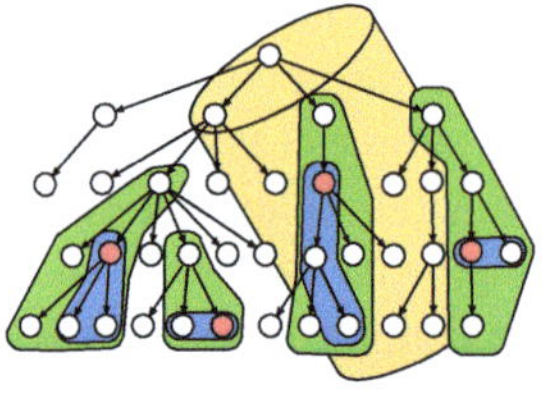

FIG. 1 – *Beam search.*

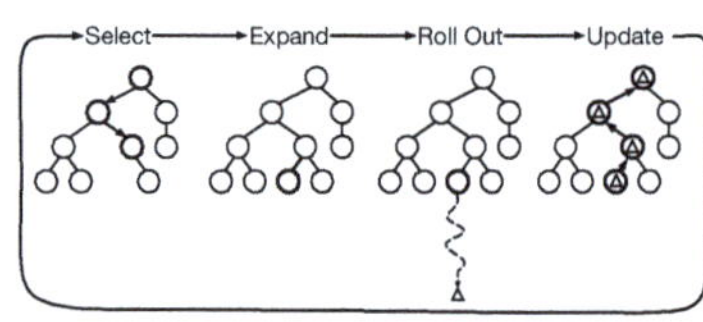

FIG. 2 – *Une itération MCTS.*

nœuds explorés dans le faisceau une grande partie sont redondants (i.e., similaires) avec les 2 optimums locaux trouvés. Pour supprimer la redondance, nous utilisons le post-traitement décrit dans (Bosc et al., 2016a).

3 Recherche Arborescente de Monte Carlo (MCTS)

MCTS est basée à la fois sur la puissance des simulations aléatoires et sur le compromis entre l'exploration de l'espace de recherche et l'exploitation d'une bonne solution (Browne et al., 2012). MCTS a principalement été utilisée en Intelligence Artificielle pour des applications qui peuvent être représentées par des arbres de décisions séquentielles, e.g., les jeux. Elle construit itérativement un arbre de recherche en fonction des résultats, appelés gains, obtenus durant les simulations. Chaque nœud s de l'arbre correspond à un état du jeu et est pourvu de deux paramètres : (i) le nombre de fois $N(s)$ où s a été visité (exploration) et (ii) le gain moyen obtenu $Q(s)$ lors des simulations jouées depuis s (exploitation). Les fils d'un nœud s correspondent aux états du jeu accessibles depuis s en jouant une action possible. A chaque itération, un nœud s' est ajouté dans l'arbre, et une simulation est jouée à partir de s'. Le gain de la simulation est propagé à tous les parents de s'. Une itération est réalisée en quatre étapes :

— La méthode SELECT, à partir du nœud racine de l'arbre, sélectionne récursivement une action menant à un fils jusqu'à que tous les fils du nœud sélectionné aient été créés. Le choix du fils (i.e., de l'action à jouer), est basé sur une mesure de limite supérieure de confiance (UCB) prenant en compte les deux paramètres Q et N de chaque fils s. Cette mesure UCB a été introduite pour des problèmes de machines à sous (Auer et al., 2002).

— La méthode EXPAND. Un fils s', obtenu en jouant une action disponible, du nœud sélectionné durant la méthode précédente est ajouté à l'arbre de recherche.

— La méthode ROLLOUT. A partir de s', une simulation aléatoire est jouée jusqu'à atteindre un nœud terminal (fin du jeu). Le gain Δ (1 si victoire, 0 si défaite) est renvoyé.

— La méthode UPDATE. Le gain Δ est propagé à tous les nœuds parents : de s' jusqu'à la racine de l'arbre. Le paramètre Q de chacun de ces nœuds est mis à jour en fonction de Δ et leur paramètre N est augmenté de 1.

Chacune des ces méthodes est effectuée itérativement jusqu'à ce que le budget de calcul soit atteint (e.g., un nombre d'itérations, un budget temps, etc.). Ensuite, l'action menant au meilleur fils de la racine est choisie pour être effectivement jouée.

Example. La Figure 2 présente une itération de MCTS. A partir d'un nœud, deux actions sont possibles. Puisque l'arbre de recherche contient déjà 8 nœuds (en plus de la racine), nous allons commencer la 9ème itération de MCTS. En débutant par la racine, nous allons récursivement sélectionner un fils : le fils gauche de la racine, puis son fils droit. La méthode SELECT s'arrête à ce dernier nœud s puisque ses fils n'ont pas tous été créés. La méthode EXPAND ajoute un fils s' à s, i.e., son fils gauche. Une simulation est jouée à partir de s' jusqu'à atteindre un état terminal du jeu. Le gain Δ obtenu est ensuite propagé à s' et ses parents.

4   MCTS appliquée à la découverte de sous-groupes

L'espace de recherche des sous-groupes est un treillis : la racine s_0 est le sous-groupe avec la description la plus générale couvrant tous les objets. Sans perte de généralité, nous considérons ici simplement des attributs numériques. La description de s_0 est donc $d_0 = \langle f_1, \ldots, f_{|\mathcal{A}|} \rangle$ où $f_i = [min(Dom(a_i)), max(Dom(a_i))]$. Les fils d'un sous-groupe s sont les sous-groupes directement plus spécifiques que s. On considère que $a \in \mathcal{A}$ est un attribut avec $Dom(a = \{\alpha_1, \ldots, \alpha_{|a|}\}$ où α_i est une valeur prise par un objet dans $\mathcal{D}$ et $\alpha_i < \alpha_j, \forall 0 \leqslant i < j \leqslant |a|$. Soit $f = [\alpha_i, \alpha_j]$ ($i \neq j$) une restriction sur a, il existe deux restrictions directes possibles : (i) en augmentant la borne inférieure $f^{bi} = [\alpha_{i+1}, \alpha_j]$ ou (ii) en diminuant la borne supérieure $f^{bs} = [\alpha_i, \alpha_{j-1}]$. Ainsi, chaque sous-groupes peut être spécialisé de $2 \times |\mathcal{A}|$ manières différentes. Pour répondre à un problème de SD, il est nécessaire d'explorer ce treillis.

MCTS construit un arbre de recherche sur ce treillis en l'explorant de haut en bas. Puisque la taille du support diminue en spécialisant les sous-groupes, les feuilles de l'arbre sont les sous-groupes dont aucun fils n'est fréquent : ce sont les **nœuds terminaux** en SD. Contrairement aux jeux où seuls les nœuds terminaux peuvent être évalués, en SD la mesure de qualité peut et doit s'appliquer à tous les nœuds de l'arbre. Puisque les mesures de qualité φ ne sont pas monotones sur l'ordre partiel des sous-groupes, aucun élagage selon φ n'est possible.

Appliquer MCTS pour SD. Étant donnés un jeu de données $\mathcal{D}(\mathcal{O}, \mathcal{A}, C, class)$, un nombre d'itérations N_{iter} (le budget de calcul), un seuil de support minimum $minSupp$, une mesure de qualité φ et un entier k, l'objectif est de construire un arbre de recherche contenant un ensemble de nœuds relatifs à des sous-groupes d'une bonne qualité (l'exploitation de MCTS) et d'une grande diversité (l'exploration de MCTS). Le résultat est composé des k meilleurs sous-groupes de l'arbre avec une grande diversité et une faible redondance. Pour éliminer la redondance, nous utilisons ensuite le même post-traitement que (Bosc et al., 2016a).

4.1   Construction de l'arbre de recherche

Nous détaillons l'adaptation de MCTS pour extraire des sous-groupes intéressants, divers et non redondants. Nous devons modifier le fonctionnement des quatre étapes de MCTS pour tenir compte des spécificités liées à SD.

SELECT. Cette méthode cherche à atteindre le nœud de l'arbre de recherche (ou sous-groupe) qu'il faut développer le plus urgemment. En SD, chaque nœud possède $2 \times |\mathcal{A}|$ fils (deux restrictions possibles pour chaque attribut numérique). Il faut donc récursivement choisir parmi les fils d'un nœud jusqu'à atteindre un nœud dont les fils ne sont pas tous encore créés dans l'arbre. Pour choisir le fils à sélectionner, MCTS est basée sur une UCB *Upper Confidence Bound for Tree*, baptisée UCT (Kocsis et Szepesvári, 2006). UCT permet de prendre en compte le compromis exploration/exploitation. L'UCT d'un fils s' d'un nœud s est donnée par :

$$UCT(s, s') = Q(s') + 2\sqrt{\frac{\ln(N(s))}{N(s')}}$$

où $N(s)$ est le nombre de fois où le nœud s a été visité, et $Q(s) \in [0, 1]$ est la valeur agrégée des gains obtenus aux simulations issues de s. L'UCT est calculée pour chacun des fils s' de s et le fils avec la plus grande UCT est sélectionné. Ce procédé se répète tant que tous les fils du nœud sélectionné sont créés dans l'arbre.

EXPAND. Lorsque la méthode SELECT renvoie le dernier nœud (ou sous-groupe) sélectionné s, un fils s', spécialisation de s, est créé dans l'arbre. Le fils créé est choisi aléatoirement parmi les fils non encore créés de s dans l'arbre. On peut choisir différentes manières de spécialiser s pour obtenir s'. On peut simplement procéder à la restriction directe qui correspond au fils s' (augmentation directe de la borne inférieure ou diminution directe de la borne supérieure), ou l'on peut forcer le sous-groupe fils s' à avoir un support différent du père s. Ainsi on s'assure que s et s' n'appartiennent pas à la même classe d'équivalence (Pasquier et al., 1999).

ROLLOUT. Cette méthode consiste à parcourir aléatoirement une branche du treillis et renvoyer un gain. Dans le cas des jeux, le calcul du gain se fait obligatoirement sur un nœud terminal. Cependant en SD, tous les nœuds du treillis ont une mesure de qualité via φ. Ainsi, nous considérons que la simulation explore un chemin aléatoire dans le treillis $p = (s_1, ..., s_n)$ de taille n depuis le nœud s_1 (appelé s' avant) créé avec EXPAND vers le nœud final du chemin s_n. Nous proposons alors différentes stratégies pour créer ce chemin et pour calculer le gain :

— La stratégie RANDOMONE. La taille du chemin n est choisie aléatoirement dans l'intervalle $[1, |supp(s_1)|]$. Si le nœud s_n obtenu n'est pas fréquent, la méthode ROLLOUT est relancée. Le gain renvoyé est $\Delta = \varphi(s_n)$.

— La stratégie ROLLOUTMEAN. La taille du chemin n'est pas fixée, mais le chemin s'arrête lorsqu'un nœud terminal est atteint (s_n est un nœud terminal). Le gain renvoyé correspond à la moyenne de la qualité des nœuds du chemin, $\Delta = (\sum_{s \in p} \varphi(s))/n$.

— La stratégie ROLLOUTMAX. Le chemin s'arrête lorsqu'un nœud terminal est atteint. Le gain renvoyé correspond à la qualité maximale des nœuds du chemin, $\Delta = \max_{s \in S} \varphi(s)$.

— La stratégie ROLLOUTLARGE. Le chemin "saute" certains nœuds du treillis et s'arrête lorsqu'un nœud terminal est atteint. Le gain renvoyé est $\Delta = \max_{s \in S} \varphi(s)$. Cette stratégie est utile lorsque les nœuds terminaux sont très profonds dans le treillis (i.e., longs chemins).

UPDATE. Cette étape consiste à mettre à jour le nœud créé s' durant l'EXPAND ainsi que tous ses parents en fonction du gain Δ obtenu par la simulation. Pour chacun de ces nœuds s, on incrémente son nombre de visite $N(s)$++, et on met à jour son paramètre $Q(s)$ en fonction de Δ. Pour cela nous avons défini deux stratégies. La stratégie QMEAN considère que $Q(s)$ est la moyenne de tous les gains obtenus jusqu'à présent pour s : $Q(s) = (\Delta + ((N(s) - 1) \times Q(s)))/N(s)$. La stratégie QMAX considère que $Q(s)$ contient le maximum de tous les gains obtenus jusqu'à présent pour s : $Q(s) = max(Q(s), \Delta)$. Dans le cas où il y a une très faible proportion d'optimums locaux dans l'espace de recherche, l'utilisation de QMAX peut permettre d'identifier plus facilement les zones proches des optimums locaux.

Extraire les résultats de l'arbre. Une fois que le budget de calcul est atteint, il suffit d'extraire les k meilleurs sous-groupe de l'arbre partiellement construit en utilisant la mesure de similarité pour éliminer la redondance comme dans (Bosc et al., 2016a).

4.2 L'algorithme MCTS4SD

Pour illustrer le principe de l'algorithme, nous allons procéder à quelques itérations en considérant le jeu de données de la Table 1. Dans cet exemple, on considère simplement la mesure $\varphi = WRAcc$ sur le label l_2 avec $minSupp = 3$. Nous choisissons d'utiliser les stratégies ROLLOUTMAX et QMAX. Avant de commencer la première itération, l'arbre ne contient que la racine s_0 correspondant au sous-groupe avec la description la plus générale $d_0 = \langle\rangle$ $(supp(s_0) = \mathcal{O})$. On a alors, $\varphi(s_0, l_2) = 0$.

(i) - La première itération commence sur s_0. Puisque les fils de s_0 ne sont pas tous créés, la méthode SELECT renvoie s_0 comme étant le nœud sélectionné. Parmi les 6 fils possibles de s_0, un fils est aléatoirement choisi, par exemple le fils s_1 est créé avec $d_1 = \langle[128 \leqslant a_1 \leqslant 151]\rangle$, i.e., la borne supérieure de la restriction sur a_1 est diminuée. Ainsi, la mesure de qualité est $\varphi(s_1, l_2) = \frac{5}{6} \times (0.6 - 0.5) = 0.08$. $N(s_1)$ et $Q(s_1)$ sont initialisés à 0. A partir de s_1, on va procéder à une simulation jusqu'à un nœud terminal. Les nœuds visités durant la simulation ne sont pas stockés dans l'arbre. Par exemple, la simulation va parcourir les sous-groupes s_1^1 avec $d_1^1 = \langle[128 \leqslant a_1 \leqslant 151],[23 \leqslant a_2 \leqslant 29]\rangle$ $(supp(s_1^1) = 4$ et $\varphi(s_1^1, l_2) = 0.17)$, puis s_1^2 avec $d_1^2 = \langle[128 \leqslant a_1 \leqslant 151], [23 \leqslant a_2 \leqslant 27]\rangle$ $(supp(s_1^2) = 3$ et $\varphi(s_1^2, l_2) = 0)$. Le sous-groupe s_1^2 est un nœud terminal. La qualité maximale obtenue durant cette simulation est $\varphi(s_1^1, l_2) = 0.17$, donc le gain renvoyé est $\Delta = 0.17$. La méthode UPDATE met à jour les nœuds parents s_0 et $s_1 : N(s_1) = N(s_0) = 1$ et $Q(s_1) = Q(s_0) = 0.17$.

(ii) - La seconde itération commence sur s_0. Puisque les fils de s_0 ne sont pas encore tous créés, s_0 est le nœud sélectionné. Un fils parmi ceux qui n'ont pas encore été créés est ajouté à l'arbre, e.g., s_2 avec $d_2 = \langle[21 \leqslant a_2 \leqslant 27]\rangle$: $supp(s_2) = 5$, $\varphi(s_2, l_2) = -0.08$, $N(s_2) = 0$ et $Q(s_2) = 0$. On considère que le chemin suivi par la simulation considère s_2^1 avec $d_2^1 = \langle[21 \leqslant a_2 \leqslant 24]\rangle$ $(supp(s_2^1) = 3$ et $\varphi(s_2^1, l_2) = -0.08)$. s_2^1 est un nœud terminal. La qualité maximale rencontrée durant la simulation est -0.08. Puisque le gain doit être compris entre 0 et 1, il peut être nécessaire de normaliser la mesure dans l'intervalle $[0, 1]$: $\Delta = 0$. Lors de la méthode UPDATE le gain est propagé à s_2 et $s_0 : N(s_2) = 1$, $N(s_0) = 2$, $Q(s_2) = 0$ et $Q(s_0)$ n'est pas modifié car $\Delta < Q(s_0)$.

Les itérations suivantes se font de manière similaire. Chacune ajoute un nœud à l'arbre de recherche. Pendant les 6 premières itérations, s_0 sera toujours le nœud sélectionné par la méthode SELECT puisque certains de ses fils n'auront pas encore été ajoutés. A la 7ème itération, le fils de s_0 ayant la plus grande UCT sera sélectionné.

5 Validation empirique

Jeux de données benchmarks et réels. Afin d'évaluer les performances de notre algorithme dénommé MCTS4DM, nous l'avons expérimenté sur différents jeux de données habituellement utilisés en SD (voir Table 2). Ces jeux de données sont soit issus du répertoire "Mulan" (mulan.sourceforge.net), soit du répertoire UCI. De plus, dans le contexte d'une collaboration avec un neuro-scientifique et un chimiste, nous disposons d'un jeu de données appelé *Olfaction* détaillé dans (Bosc et al., 2016a). Les objets sont des molécules odorantes décrites par des propriétés physicochimiques (les attributs) et associés à des odeurs (la classe).

Paramètres par défaut. Les expérimentations ont été réalisées sur une machine dotée d'un processeur Intel Core i7 2.2 GHz avec 16GB de RAM (la taille maximum du tas de la JVM est de 4GB) tournant sur Mac OS X El Capitan version 10.11.4. Afin de procéder à des comparaisons équitables, nous avons utilisé l'algorithme BS4SD basé sur une approche type beam search dont l'implémentation a été réalisée de manière similaire à MCTS4DM et possédant le même post-traitement pour éliminer la redondance (Bosc et al., 2016a). Puisque MCTS4DM est basé sur de l'aléatoire, nous avons effectué 10 fois les mêmes expérimentations et nous discutons seulement les résultats moyens obtenus (la variance des résultats est faible). Conformément aux recommandations données dans (Meeng et al., 2014), la largeur du faisceau de BS4SD est fixée à 100. Par défaut, nous fixons le nombre d'itérations à $100k$, $minSupp = 15$, $k = 100$ et les stratégies *RollOutMax* et *QMax* sont utilisées.

Extraction de motifs à chaque instant. Un des avantages principaux de l'utilisation de MCTS est la possibilité d'obtenir des motifs à chaque instant dont la qualité s'améliore avec le temps. La Figure 3 (gauche et centre) présente l'évolution du temps d'exécution et de la qualité des sous-groupes extraits pour BS4SD (gauche) et MCTS4DM (centre) sur le jeu de données *Mushroom* (les résultats sont similaires pour les autres jeux de données). La mesure de qualité WRAcc est utilisée. On s'aperçoit que MCTS4DM est capable d'extraire de meilleurs sous-groupes en un temps plus faible que BS4SD : seulement une vingtaine de secondes (soit 50k itérations) sont nécessaires pour trouver le meilleur sous-groupe, alors que BS4SD ne parvient pas à le trouver même avec une largeur de faisceau de 100 et un temps d'exécution d'environ 200 secondes. On s'aperçoit également que la qualité des motifs extraits s'améliore avec le nombre d'itérations réalisées. De plus, le temps d'exécution est linéaire en fonction du nombre d'itérations. La Figure 3 (droite) montre les résultats de MCTS4DM sur le jeu de données *Olfaction* avec $\varphi = F_\beta - Score$ (Bosc et al., 2016a).

Consommation mémoire. Chaque itération réalisée avec MCTS4DM conduit à la création d'un nœud représentant un sous-groupe : l'utilisation mémoire est donc linéaire en fonction du nombre d'itérations. Expérimentalement, avec une taille du tas de la JVM de 4GB, cela permet d'exécuter environ 4 millions d'itérations, ce qui n'est clairement pas nécessaire pour la plupart des jeux de données. A titre de comparaison, une approche de type Beam Search crée à chaque niveau d'exploration seulement w sous-groupes où w est la largeur du faisceau.

Passage à l'échelle. Les jeux de données utilisés durant ces expérimentations sont de tailles variées que ce soit pour le nombre d'attributs ou pour le nombre d'objets. Le nombre d'attributs a un impact direct sur le comportement de MCTS4DM puisqu'il est nécessaire de créer tous les fils d'un nœud avant de passer à un niveau suivant de l'espace de recherche. Ainsi, si les optimums locaux sont situés à une profondeur importante, il est nécessaire de procéder à un grand nombre d'itérations pour atteindre ces nœuds. Concernant le nombre d'objets du jeu de données, l'impact est linéaire sur le temps d'exécution. La Figure 5 montre ce comportement lorsque l'on duplique les objets du jeu de données *BreastCancer*. Il est important de mentionner que l'axe des abscisses est linéaire puis exponentiel en fonction du nombre d'objets, ce qui explique le comportement exponentiel pour les derniers points de la courbe.

Taille des descriptions. L'un des pré-requis en SD est que la description des sous-groupes soit facilement interprétable par un expert. Pour cela, la taille des descriptions, i.e., le nombre de restrictions, doit être raisonnable. Les approches existantes utilisent un seuil pour gérer la taille maximale autorisée. Bien que nous donnons dans MCTS4DM la possibilité de choisir un seuil, il est possible de désactiver cette possibilité : la Figure 6 montre que la taille des descriptions alors obtenues reste faible et donc que l'interprétation est facilitée.

Qualité et diversité des motifs. Afin de montrer la diversité obtenue dans les motifs extraits, nous comparons les deux algorithmes MCTS4DM et BS4SD sur des mêmes jeux de données avec des paramètres menant à des temps d'exécution similaires. La Figure 4 présente les 50 meilleurs motifs non redondants (après le même post-traitement pour filtrer la redondance) obtenus pour chacune des deux méthodes. La Figure 4 (gauche) concerne le jeu de données *Nursery*. On s'aperçoit qu'avec BS4SD, seulement 2 motifs non redondants sont extraits : seulement 2 optimums locaux ont été détectés. Avec MCTS4DM, 50 motifs non redondants, soit 50 motifs relatifs à 50 optimums locaux différents, sont détectés. MCTS4DM a donc détecté 25 fois plus d'optimums locaux que l'approche basée sur beam search. Ceci est dû à l'intérêt de la mesure UCT qui prend en compte le compromis entre l'exploration de zones peu visitées du treillis et l'exploitation de solutions intéressantes.

Cependant, lorsque les optimums locaux sont nombreux et situés à des niveaux très profonds de l'espace de recherche, il est nécessaire de procéder à un grand nombre d'itérations pour que l'arbre construit atteigne ces nœuds (voir la Figure 4 (centre) concernant le jeu de données *Cal500* avec la mesure WKL). On constate que BS4SD est capable de trouver 18 sous-groupes non redondants (soit relatifs à 18 optimums locaux différents).MCTS4DM est capable d'extraire une trentaine de motifs non redondants (donc relatifs à 30 optimums locaux différents) mais la qualité de ces motifs extraits est très faible. En fait, ce sont des motifs menant aux vrais optimums locaux qui sont situés à une profondeur importante de l'espace de recherche. MCTS4DM est en train d'atteindre ces optimums locaux, mais il faudrait davantage d'itérations pour les ajouter à l'arbre de recherche. La Figure 4 (droite) présente le même type d'information pour le jeu de données *Olfaction* avec la mesure de qualité F_β-Score : MCTS4DM est capable d'identifier de meilleurs optimums locaux que BS4SD.

Impact des différentes stratégies. Nous avons défini et expérimenté plusieurs stratégies pour les différentes méthodes de MCTS. La Table 3 montre les résultats sur le jeu *Olfaction* avec $200k$ itérations. On voit que la stratégie RANDOMONE n'est pas adaptée : puisque la méthode ROLLOUT est répétée tant que la contrainte de support n'est pas vérifiée, le temps d'exécution est long et le gain retourné est la mesure de qualité d'un nœud généré aléatoirement, donc potentiellement peu informatif sur la qualité de cette zone de du treillis. Les autres stratégies semblent similaires. La stratégie QMEAN semble conduire vers de moins bons motifs que QMAX (une baisse de qualité de 5%). La stratégie ROLLOUTLARGE est plus rapide puisqu'elle génère de moins longues simulations en permettant de "sauter" des nœuds du treillis.

Comparaison avec l'état de l'art. Nous avons comparé MCTS4DM à BS4SD afin notamment d'examiner la diversité. Considérons les approches existantes dans l'état de l'art. Nous avons implémenté une exploration en profondeur exhaustive pourvue du même post-traitement pour éliminer la redondance dans les motifs extraits. Sur le jeu *Nursery*, le temps d'exécution est de 29 minutes environ. Avec MCTS4DM, mille itérations suffisent (6 secondes) pour détecter les deux meilleurs motifs obtenus avec l'approche exhaustive. Avec $100k$ itérations (94 secondes), 8 des 10 meilleurs motifs obtenus avec l'approche exhaustive sont détectés.

Nous avons également utilisé des algorithmes existants en SD : le logiciel Cortana (Meeng et al., 2014) qui implémente différentes stratégies de type Beam Search et l'application Vikamine (Atzmüller et Puppe, 2006) qui propose l'algorithme SD-Map avec une exploration exhaustive très efficace basée sur FP-Growth. Cependant, ces approches ne possèdent pas de post-traitement pour éliminer la redondance et une comparaison des motifs extraits n'est donc pas possible. Pour cela, nous discutons simplement des temps d'exécution (même si le temps d'exécution du post-traitement pour la redondance utilisé dans MCTS4DM est pris en compte)

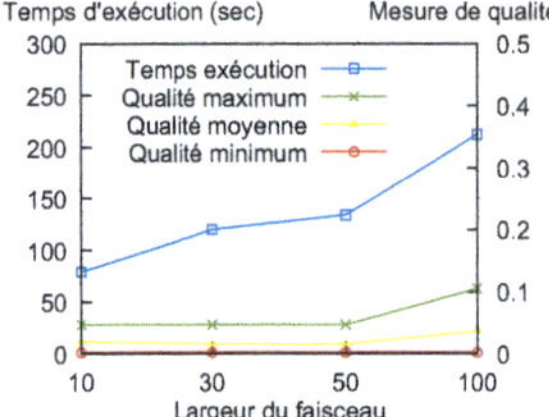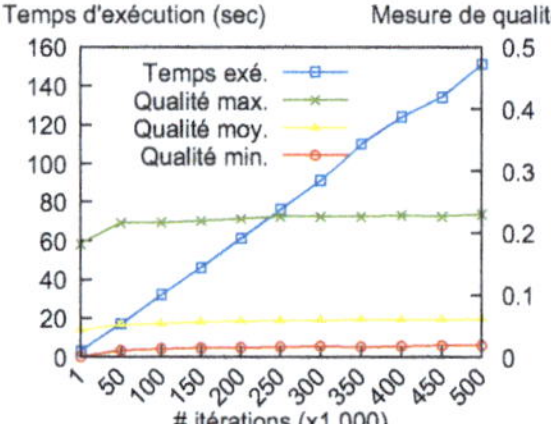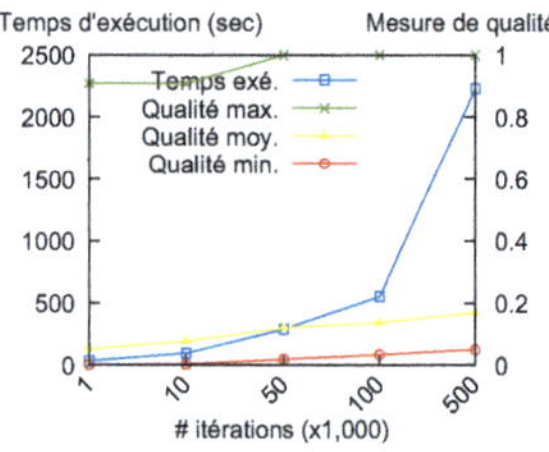

FIG. 3 – *Le temps d'exécution et quelques statistiques (minimum, maximum et moyenne) de la mesure de qualité des résultats sur le jeu Mushroom avec la mesure $WRAcc$ (gauche) et (droite) : (gauche) obtenus par* BS4SD, *et (centre) obtenus par* MCTS4DM. *La figure à droite concerne le jeu Olfaction avec* MCTS4DM *et la mesure F_β.*

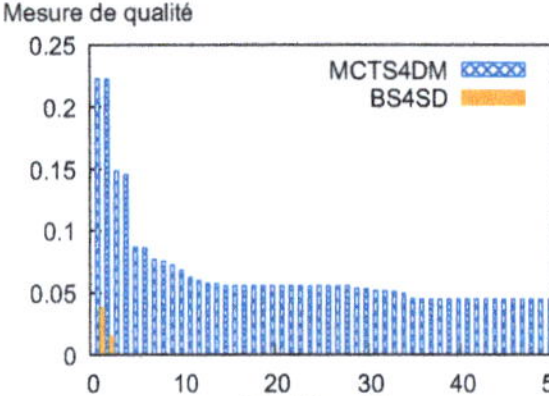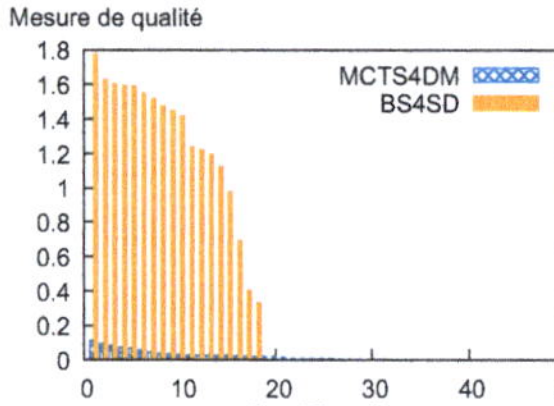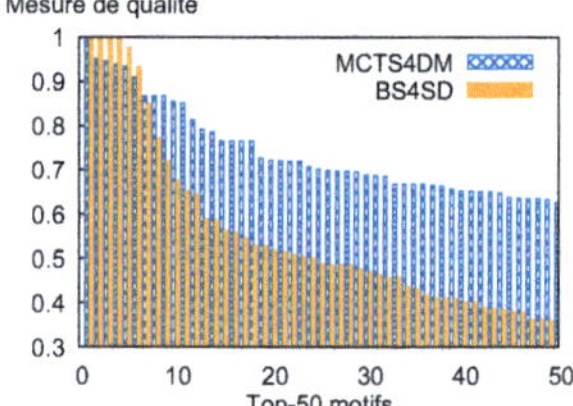

FIG. 4 – *Qualité des 50 meilleurs sous-groupes obtenus avec* MCTS4DM *et* BS4SD *: (gauche) sur Nursery avec $WRAcc$, (centre) sur Cal500 avec WKL, et (droite) sur Olfaction avec F_β.*

et de la qualité du meilleur motif extrait. Tout d'abord, nous nous intéressons à SD-Map sur le jeu *Mushroom*. Le temps d'exécution est de 5 minutes. C'est bien plus efficace que l'approche exhaustive naïve que nous avons développé. Cependant, il faut signaler qu'en ne gérant pas les attributs numériques SD-Map procède à une discrétisation de ceux-ci. MCTS4DM reste plus rapide pour extraire 8 des 10 meilleurs motifs dans cet l'espace de recherche. Ensuite, avec la stratégie *Cover based beam selection* implémentée dans Cortana, le meilleur motifs extrait avec une largeur du faisceau à 100 (temps d'exécution à 282s) correspond au même motif qu'avec MCTS4DM (temps d'exécution à 20s). Le temps d'exécution de l'approche ROC-Search (Meeng et al., 2014) implémentée dans Cortana est beaucoup plus long (supérieur à notre budget temps de 15 minutes), mais, dans les résultats intermédiaires, le meilleur motif à été trouvé. Ainsi, en général MCTS4DM est capable de trouver de bons motifs plus rapidement que les approches existantes, qu'elles soient exhaustives ou de type Beam Search.

6   Conclusion

Après avoir constaté la faible diversité des collections de motifs calculés par des approches de type Beam Search en SD, nous avons implémenté un nouvel algorithme d'exploration heuristique basé sur la recherche arborescente de Monte Carlo. Cette méthode peut être adaptée pour utiliser un grand nombre de mesures et de stratégies pour les quatre étapes de MCTS. Elle permet d'obtenir des motifs à tout instant et conduit en général vers de meilleurs résultats que

Jeu de données	$|\mathcal{O}|$	$|\mathcal{A}_{bin}|$; $|\mathcal{A}_{num}|$	$|DomC|$
Adult	30,162	99 ; 6	2
BreastCancer	683	0 ; 9	2
Mushroom	5,644	98 ; 0	2
Nursery	12,960	27 ; 0	5
Cal500	502	0 ; 68	174
Emotions	593	0 ; 72	6
Yeast	2,417	0 ; 103	14
Olfaction	1689	13	69 ; 74

TAB. 2 – *Jeux de données.*

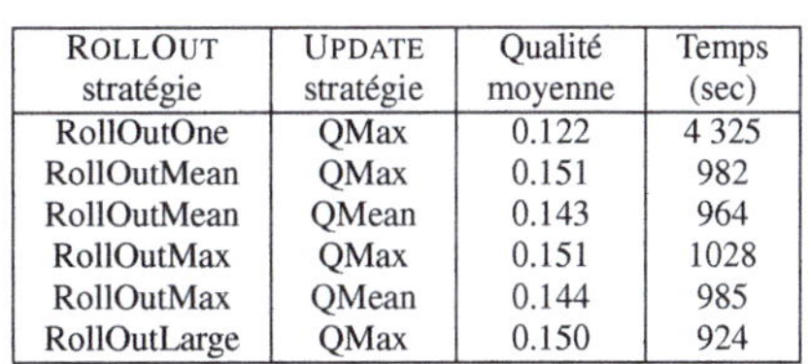

ROLLOUT stratégie	UPDATE stratégie	Qualité moyenne	Temps (sec)
RollOutOne	QMax	0.122	4 325
RollOutMean	QMax	0.151	982
RollOutMean	QMean	0.143	964
RollOutMax	QMax	0.151	1028
RollOutMax	QMean	0.144	985
RollOutLarge	QMax	0.150	924

TAB. 3 – *Impact des différentes stratégies.*

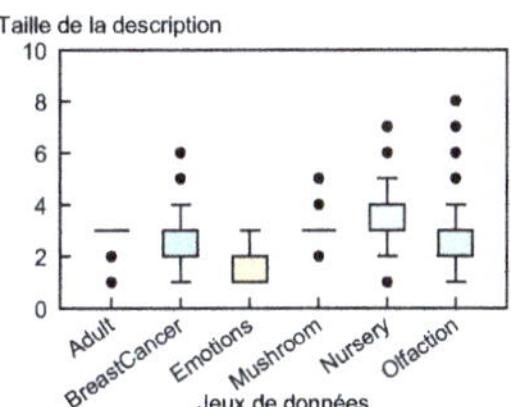

FIG. 5 – *Temps d'exécution en fonction du nombre d'objets*

FIG. 6 – *Taille des descriptions obtenues.*

les approches existantes. Les perspectives sont nombreuses et il reste encore un grand nombre d'améliorations possible à étudier (mise au point de nouvelles stratégies pour les étapes de MCTS, prise en compte de nouveaux types de données comme des séquences ou des graphes).

Références

Atzmüller, M. et F. Puppe (2006). Sd-map - A fast algorithm for exhaustive subgroup discovery. In *ECML/PKDD*, pp. 6–17.

Auer, P., N. Cesa-Bianchi, et P. Fischer (2002). Finite-time analysis of the multiarmed bandit problem. *Machine Learning 47*(2-3), 235–256.

Bosc, G., J. Golebiowski, M. Bensafi, C. Robardet, M. Plantevit, J. Boulicaut, et M. Kaytoue (2016a). Local subgroup discovery for eliciting and understanding new structure-odor relationships. In *DS*, pp. 19–34.

Bosc, G., C. Raïssi, J. Boulicaut, et M. Kaytoue (2016b). Any-time diverse subgroup discovery with monte carlo tree search. *CoRR abs/1609.08827.*

Browne, C., E. J. Powley, D. Whitehouse, S. M. Lucas, P. I. Cowling, P. Rohlfshagen, S. Tavener, D. P. Liebana, S. Samothrakis, et S. Colton (2012). A survey of monte carlo tree search methods. *IEEE Trans. Comput. Intellig. and AI in Games 4*(1), 1–43.

Duivesteijn, W., A. Feelders, et A. J. Knobbe (2016). Exceptional model mining - supervised descriptive local pattern mining with complex target concepts. *Data Min. Knowl. Discov. 30*(1), 47–98.

Dzyuba, V., M. van Leeuwen, S. Nijssen, et L. D. Raedt (2014). Interactive learning of pattern rankings. *Int. Journal on Artif. Intell. Tools 23*(6).

Fürnkranz, J., D. Gamberger, et N. Lavrač (2012). *Foundations of Rule Learning*. Springer.

Galbrun, E. et P. Miettinen (2012). Siren : an interactive tool for mining and visualizing geospatial redescriptions. In *KDD*, pp. 1544–1547.

Herrera, F., C. J. Carmona, P. González, et M. J. del Jesús (2011). An overview on subgroup discovery : foundations and applications. *Knowl. Inf. Syst. 29*(3), 495–525.

Kocsis, L. et C. Szepesvári (2006). Bandit based monte-carlo planning. In *ECML*, pp. 282–293.

Leman, D., A. Feelders, et A. J. Knobbe (2008). Exceptional model mining. In *ECML/PKDD 2*, pp. 1–16.

Meeng, M., W. Duivesteijn, et A. J. Knobbe (2014). ROCsearch - a ROC-guided search strategy for subgroup discovery. In *SIAM DM*, pp. 704–712.

Moens, S. et M. Boley (2014). Instant exceptional model mining using weighted controlled pattern sampling. In *IDA*, pp. 203–214.

Novak, P. K., N. Lavrač, et G. I. Webb (2009). Supervised descriptive rule discovery : A unifying survey of contrast set, emerging pattern and subgroup mining. *J. Mach. Learn. Res. 10*, 377–403.

Pasquier, N., Y. Bastide, R. Taouil, et L. Lakhal (1999). Discovering frequent closed itemsets for association rules. In *ICDT*, pp. 398–416.

van Leeuwen, M. et A. J. Knobbe (2012). Diverse subgroup set discovery. *Data Min. Knowl. Discov. 25*(2), 208–242.

Wrobel, S. (1997). An algorithm for multi-relational discovery of subgroups. In *PKDD*, pp. 78–87.

Summary

Discovering descriptions that highly distinguish a class label from another is still a challenging task. Such patterns enable the building of intelligible classifiers and suggest hypothesis that may explain the presence of a label. Subgroup Discovery (SD), a framework that formally defines this pattern mining task, still faces two major issues: (i) to define appropriate quality measures characterizing the singularity of a pattern; (ii) to choose an accurate heuristic search space exploration when a complete enumeration is unfeasible. To date, the most efficient SD algorithms are based on a beam search. The resulting pattern collection lacks however of diversity due to its greedy nature. We propose to use a recent exploration technique, Monte Carlo Tree Search (MCTS). To the best of our knowledge, this is the first attempt to apply MCTS for pattern mining. The exploitation/exploration trade-off and the power of random search leads to any-time mining (a solution is available any-time and improves) that generally outperforms beam search. Our empirical study on various benchmark and real-world datasets shows the strength of our approach with several quality measures.

Description interactive de l'intérêt de l'utilisateur via l'échantillonnage de motifs

Moditha Hewasinghage, Suela Isaj, Arnaud Giacometti, Arnaud Soulet

Université François-Rabelais de Tours, LI EA 6300
Campus de Blois, 41000 Blois
prenom.nom@univ-tours.fr

Résumé. La plupart des méthodes d'extraction de motifs requièrent que l'utilisateur formalise son intérêt avec une mesure d'intérêt et des seuils. L'utilisateur est souvent incapable d'expliciter son intérêt mais il saura juger si un motif donné est pertinent ou non. Dans cet article, nous proposons une nouvelle méthode de découverte de motifs interactive en supposant que seule une partie des données est intéressante pour l'utilisateur. En intégrant le retour utilisateur de motifs proposés un à un, notre méthode vise à échantillonner des motifs avec une probabilité proportionnelle à leur fréquence d'apparition au sein des transactions implicitement préférées par l'utilisateur. Nous démontrons que notre méthode identifie exactement les transactions implicitement préférées par l'utilisateur sous réserve de la consistance de ses retours. Des expérimentations montrent les bonnes performances de l'approche en terme de précision et rappel.

1   Introduction

La découverte de motifs est un outil puissant pour extraire des motifs intéressants au sein d'un jeu de données. Néanmoins, la plupart des approches reposent sur le paradigme de la recherche par requête qui peut être une contrainte à satisfaire ou une mesure à maximiser. Il est difficile à l'utilisateur final d'exprimer explicitement son intérêt sous la forme d'une telle requête. Pour cette raison, l'extraction interactive de motifs van Leeuwen (2014) vise à capturer cette requête en observant le retour de l'utilisateur au fur et à mesure que des motifs lui sont présentés. La plupart des méthodes itèrent un cycle en trois phases. Une phase d'extraction extrait des motifs pertinents. Les premières itérations passées, cette pertinence intègre les préférences apprises. En effet, une phase d'interaction glane les retours de l'utilisateur (e.g., notation des motifs) qui seront généralisés par une phase d'apprentissage en un modèle de préférence.

Dans ce contexte, le choix du modèle de préférence s'avère déterminant pour bien identifier l'intérêt de l'utilisateur. Par exemple, le modèle du produit pondéré associe un poids à chaque item et considère alors le score d'un motif comme le produit des poids de ses items Bhuiyan et al. (2012). Dans ce cas, aucune distinction sur les transactions ne sera faite. Les autres propositions de la littérature associent à chaque motif un vecteur de caractéristiques. Grâce aux retours de l'utilisateur, certains vecteurs seront jugés plus pertinents que d'autres et l'apprentissage de ce classement construira un modèle de préférence sur l'ensemble des motifs Rueping

(2009); Dzyuba et al. (2014). Dans cet article, nous faisons l'hypothèse que les transactions sont divisées en deux parties : les transactions préférées et les autres. Ainsi, l'utilisateur souhaite extraire les motifs qui décrivent ses transactions préférées. Il s'agit en quelque sorte d'une généralisation de la découverte de contrastes (qui vise aussi à caractériser une partie des transactions). Mais dans notre cas, la variable cible est découverte au cours de l'interaction.

Au-delà de ce modèle de préférence, cet article présente une méthode originale basée sur l'échantillonnage de motifs. Grâce à cette technique, nous montrons comment les préférences apprises peuvent être directement utilisées pour extraire les motifs à présenter à l'utilisateur. Si les retours de l'utilisateur correspondent bien à son intérêt, nous garantissons à la fois que les transactions préférées seront bien identifiées et que les motifs extraits décriront exactement ces transactions. Enfin, une étude expérimentale montre l'augmentation rapide du rappel en maintenant une bonne précision (même si les transactions préférées sont peu nombreuses).

2   Travaux relatifs

L'extraction interactive de motifs van Leeuwen (2014) est un problème d'apprentissage bidirectionnel entre l'utilisateur et le système. D'une part, le système apprend les préférences de l'utilisateur à partir de ses retours (sens "de l'utilisateur vers le système"). D'autre part, l'utilisateur apprend de nouvelles connaissances à partir du jeu de données à travers les motifs fournis par le système (sens "du système vers l'utilisateur"). Ce problème diffère donc de l'apprentissage actif traditionnel Settles (2010) qui n'inclut pas le sens "du système à l'utilisateur". Cette distinction est importante. Premièrement, les requêtes demandées à l'utilisateur sont des motifs et non des transactions. Dans la plupart des tâches d'apprentissage actif, le retour demandé par l'utilisateur porte directement sur les objets et non sur la généralisation de ces objets (bien qu'il existe quelques exceptions notables Rashidi et Cook (2011); Bessiere et al. (2013)). Deuxièmement, le choix de la requête présentée à l'utilisateur ne peut pas seulement viser à améliorer le modèle de préférence contrairement à l'apprentissage actif traditionnel. Pour que l'utilisateur continue d'interagir avec le système, ce dernier doit fournir des motifs intéressants à l'utilisateur (i.e., du point de vue de ses préférences). Troisièmement, la requête présentée à l'utilisateur à chaque itération doit être calculée en quelques secondes pour maintenir une interaction satisfaisante. Cette contrainte n'est pas forte dans l'apprentissage actif traditionnel puisque l'espace de recherche des requêtes est petit. C'est beaucoup plus difficile d'extraire des motifs intéressants en un temps limité du fait de la grande taille de l'espace de recherche.

Un des défis de l'extraction interactive de motifs est donc d'extraire des motifs pertinents pour l'utilisateur (sens "du système vers l'utilisateur") tout en améliorant son modèle de préférences (sens "de l'utilisateur vers le système"). En pratique, les premières méthodes Xin et al. (2006); Rueping (2009) ignoraient l'utilisation d'un critère pour favoriser la diversité des requêtes qui aurait permis l'acquisition complète des préférences. Une approche récente Dzyuba et al. (2014) a néanmoins montré l'intérêt de tenir compte de la diversité à l'instar de l'apprentissage actif. Ce travail a aussi montré l'importance de l'aléatoire pour améliorer la diversité. Ce besoin d'aléatoire justifie l'utilisation de l'échantillonnage de motifs Bhuiyan et al. (2012). En plus de sa diversité intrinsèque, nous montrons ici comment tirer parti des propriétés statistiques de l'échantillonnage pour contrôler l'erreur du modèle de préférences appris afin de mieux choisir les requêtes (motifs extraits) comme dans Giacometti et Soulet (2016).

Un autre défi est d'extraire de nouveaux motifs à chaque itération en seulement quelques secondes afin de maintenir une interaction satisfaisante. Ce besoin n'est pas rempli par les méthodes traditionnelles d'extraction de motifs. Ainsi, les premières méthodes Xin et al. (2006); Rueping (2009) étaient basées sur une extraction préliminaire et ensuite, elles ré-ordonnaient cette collection de motifs selon le critère mis à jour en tenant compte de l'évolution du modèle de préférence. Cette approche par post-traitement n'autorise pas la découverte de nouveaux motifs qui auraient été précédemment omis. Plus récemment, une approche par recherche en faisceau Dzyuba et al. (2014) a été proposée pour extraire à chaque itération de nouveaux motifs qui maximisent le critère mis à jour (combinant qualité et diversité dans ce cas). Une telle approche reste lente et elle ne parvient pas toujours à trouver des motifs très diversifiés. Dans ce contexte, l'échantillonnage de motifs Bhuiyan et al. (2012) est une technique attractive puisqu'elle donne un accès rapide à tous les motifs ayant une valeur non nulle par rapport au citère mis à jour, garantissant une très bonne diversité. Dans cet article, nous adoptons une procédure aléatoire en deux étapes Boley et al. (2011) dont la complexité est linéaire avec la taille du jeu de données.

3   Formulation du problème

Cette section formule en deux temps le problème de la description de l'intérêt de l'utilisateur en exploitant ses retours. Auparavant nous rappelons des définitions préliminaires. Soit $\mathcal{I}$ un ensemble de littéraux nommés *items*, un itemset (ou un motif) est un sous-ensemble de $\mathcal{I}$. Le langage des itemsets correspond à $\mathcal{L} = 2^{\mathcal{I}}$. Un jeu de données transactionnel $\mathcal{D}$ est un multi-ensemble d'itemsets de $\mathcal{L}$. Chacune des observations de $\mathcal{D}$ est appelée *transaction*, et Δ représente l'ensemble de tous les jeux de données possibles. La découverte de motifs tire avantage de mesures d'intérêt pour évaluer la pertinence d'un motif. Plus précisément, une mesure d'intérêt pour un langage $\mathcal{L}$ est une fonction définie de $\mathcal{L} \times \Delta$ dans $\Re$. Typiquement, le support d'un motif X dans un jeu de données $\mathcal{D}$ est la proportion de transactions de $\mathcal{D}$ qui contiennent le motif $X : supp(X, \mathcal{D}) = |\{t \in \mathcal{D} | X \subseteq t\}|/|\mathcal{D}|$.

3.1   Description de l'intérêt de l'utilisateur

En général, on considère que tous les utilisateurs portent un même intérêt pour toutes les transactions. Dans notre approche, nous considérons que l'intérêt de l'utilisateur n'est pas le même pour toutes les transactions (et évidemment différent pour chaque utilisateur). Une partie des transactions, dénotée par $\mathcal{D}^1$, est implicitement préférée par l'utilisateur par rapport aux autres transactions (partie dénotée par $\mathcal{D}^0$). Par exemple, le tableau 1 propose un jeu de données transactionnel avec 4 transactions $t_1, \ldots, t_4$ décrites par 5 items A, B, C, D et E où les transactions t_1 et t_2 appartiennent à $\mathcal{D}^1$ car elles sont préférées par l'utilisateur.

L'échantillonnage de motifs Boley et al. (2011) donne un accès au langage $\mathcal{L}$ en tirant des motifs selon une distribution $p : \mathcal{L} \to [0, 1]$ qui est définie par rapport à une mesure d'intérêt $m : p(.) = m(.)/Z$ où Z est une constante de normalisation. Ainsi, l'utilisateur a un accès rapide à l'ensemble des motifs du langage et ce sans paramètre (excepté la taille potentielle de la réponse). Dans notre contexte, puisque l'utilisateur n'est pas intéressé par toutes les transactions de $\mathcal{D}$ (mais seulement par un sous-ensemble $\mathcal{D}^1$ de $\mathcal{D}$), nous ne voulons pas extraire l'échantillon de motifs par rapport à une mesure d'intérêt m évaluée sur $\mathcal{D}$, mais sur $\mathcal{D}^1$. En

$$\mathcal{D}$$

Trans.	Items					Préférence
t_1	A	B			E	1
t_2	A	B				1
t_3		B	C	D		0
t_4			C	D		0
	Connu par avance					Inconnu

TAB. 1: Exemple jouet de jeu de données

effet, la mesure d'intérêt m évaluée sur $\mathcal{D}^1$ est plus appropriée car cela focalise l'extraction sur les motifs décrivant les transactions préférées de l'utilisateur. Cependant, les transactions préférées dans $\mathcal{D}^1$ ne sont pas connues par avance. Nous formalisons notre problème ainsi :

Etant donné un jeu de données $\mathcal{D}$ contenant un ensemble inconnu de transactions préférées $\mathcal{D}^1$, notre problème consiste à construire une séquence de motifs $\langle X_1, \ldots, X_k \rangle$ telle que la probabilité $\mathrm{P}_i(X)$ de tirer un motif X à l'étape i tend vers $supp(X, \mathcal{D}^1)/Z$ lorsque i tend vers $+\infty$ où Z est une constante de normalisation $(Z = \sum_{X \in \mathcal{L}} supp(X, \mathcal{D}^1))$.

3.2 Interaction avec l'utilisateur

Dans la formulation du problème ci-dessus, nous n'avons pas précisé comment parvenir à découvrir l'intérêt de l'utilisateur i.e., les transactions préférées $\mathcal{D}^1$ qui sont initialement inconnues. Comme en apprentissage actif, une stratégie serait de demander directement à l'utilisateur si certaines transactions sont intéressantes ou non pour découvrir la classe $\mathcal{D}^1$. Dans notre approche, parce que le jeu de données $\mathcal{D}$ peut être très large (surtout par rapport à la taille réduite du jeu de données $\mathcal{D}^1$), nous préférons demander à l'utilisateur si un motif extrait est bien une généralisation des transactions préférées.

Plus précisément, nous modélisons le retour de l'utilisateur par un oracle $\mathcal{O}$ qui est une fonction de $\mathcal{L}$ vers $\{0, 1\}$. Etant donné un motif X, nous avons $\mathcal{O}(X) = 1$ (resp. 0) si l'oracle donne un retour positif (resp. négatif) pour un motif X. Comme le retour utilisateur au sujet d'un même motif X peut changer durant le processus, nous pouvons considérer que $\mathcal{O}$ est une variable aléatoire. Dans cette configuration, $\mathbf{P}(1/X)$ représente la probabilité d'avoir un retour positif sachant le motif X quand l'oracle est consulté. Par exemple, $\mathbf{P}(1/AB) = 1$ signifie que l'oracle donne toujours un retour positif pour AB.

Maintenant, nous devons faire le lien entre les retours de l'utilisateur sur les motifs et les transactions. En général, nous considérons qu'un utilisateur peut observer soit une transaction $t \in \mathcal{D}$, soit un motif $X \in \mathcal{L}$, soit une paire (t, X) où $X \subseteq t$ est une généralisation de t. Dans cette configuration, $\mathbf{P}(t)$ (resp. $\mathbf{P}(X)$) est la probabilité que l'utilisateur observe une transaction $t \in \mathcal{D}$ (resp. un motif $X \in \mathcal{L}$). De plus, $\mathbf{P}(t, X)$ est la probabilité que l'utilisateur observe conjointement une transaction t et un motif X. En utilisant la formule des probabilités totales et la définition d'une probabilité conditionnelle, nous avons :

$$\mathbf{P}(1/t) = \frac{\mathbf{P}(1, t)}{\mathbf{P}(t)} = \frac{\sum_{X \in \mathcal{L}} \mathbf{P}(1, t, X)}{\mathbf{P}(t)} = \frac{\sum_{X \in \mathcal{L}} \mathbf{P}(t) \times \mathbf{P}(X/t) \times \mathbf{P}(1/t, X)}{\mathbf{P}(t)}$$
$$= \sum_{X \in \mathcal{L}} \mathbf{P}(X/t) \times \mathbf{P}(1/X)$$

en faisant l'hypothèse que l'oracle considère seulement le motif X pour déterminer son retour (et pas la transaction t qui par la suite n'est pas montrée à l'utilisateur), i.e. $\mathbf{P}(1/t, X) = \mathbf{P}(1/X)$. En fixant que $\mathbf{P}(X/t) = 0$ si $X \not\subseteq t$, nous obtenons finalement :

$$\mathbf{P}(1/t) = \sum_{X \subseteq t} \mathbf{P}(X/t) \times \mathbf{P}(1/X) \tag{1}$$

Cette équation montre comment les préférences de l'utilisateur sur les transactions peuvent être inférées de ses retours sur les motifs. Cela montre aussi qu'il ne sera pas possible d'apprendre les transactions préférées des retours sur les motifs si ces retours ne sont pas consistants. Par exemple, si $P(1/X) = 0$ pour tous les motifs $X \subseteq t$, alors nous calculons que $P(1/t) = 0$ que t soit une transaction préférée ou non. Pour cette raison,nous introduisons la notion de consistance de l'oracle par rapport aux transactions préférées $\mathcal{D}^1$:

Définition 1 (Consistance de l'oracle) *Etant donné un sous-ensemble de transactions préférées $\mathcal{D}^1 \subseteq \mathcal{D}$, un oracle $\mathcal{O}$ est consistant avec $\mathcal{D}^1$ si et seulement si pour toute transaction $t \in \mathcal{D}$, nous avons soit $P(1/t) > 0.5$ si $t \in \mathcal{D}^1$, soit $P(1/t) < 0.5$ sinon.*

Ainsi, si le retour de l'utilisateur est consistant avec ses préférences, le problème formulé dans la section précédente peut être résolu en estimant les probabilités $P(1/t)$ pour toutes les transactions de $t \in \mathcal{D}$. En effet, si nous parvenons à estimer cette distribution, alors il sera possible de tirer des motifs suivant leur support dans $\mathcal{D}^1$. Maintenant, nous reformulons notre problème de la manière suivante :

Etant donné un jeu de données $\mathcal{D}$ contenant un ensemble inconnu de transactions préférées $\mathcal{D}^1$ et un oracle oracle $\mathcal{O}$ consistant avec $\mathcal{D}^1$, le problème consiste à construire en même temps :
— **une séquence $\langle w_1, \ldots, w_k \rangle$ de vecteurs de poids ω_i définis de $\mathcal{D}$ vers $\Re$ tels que pour chaque transaction $t \in \mathcal{D}$, nous ayons : $\lim_{i \to +\infty} w_i(t) = \mathrm{P}(1/t)$, et**
— **une séquence $\langle X_1, \ldots, X_k \rangle$ de motifs X_i telle que si $\mathrm{P}_i(X)$ dénote la probabilité de tirer le motif X à l'étape i, alors $\lim_{i \to +\infty} \mathrm{P}_i(X) = supp(X, \{t \in \mathcal{D} | \mathrm{P}(1/t) > 0.5\})/Z$ où Z est une constante de normalisation.**

4 Apprentissage à partir de retours de l'utilisateur

4.1 Algorithme interactif de description des transactions préférées

Dans le but de résoudre le problème posé dans la section 3.2, nous proposons d'utiliser une procédure aléatoire en deux étapes pour générer les motifs présentés à l'utilisateur.

Dans Boley et al. (2011), les auteurs montrent comment échantillonner des motifs selon une distribution proportionnelle au support des motifs. Dans notre approche, nous proposons d'échantillonner des motifs suivant une distribution proportionnelle à leur support *pondéré*. Plus formellement, étant donné un jeu de données $\mathcal{D}$ et un vecteur de poids $w : \mathcal{D} \to \Re$, le support pondéré du motif X dans $\mathcal{D}$, noté $supp_\omega(X, \mathcal{D})$, est défini par : $supp_\omega(X, \mathcal{D}) = \sum_{t \in \mathcal{D}, X \subseteq t} \omega(t) / \sum_{t \in \mathcal{D}} \omega(t)$. Il est facile de voir que si toutes les transactions de $\mathcal{D}^1$ ont un poids de 1 et que toutes les autres ont un poids de 0, alors $supp_\omega(X, \mathcal{D}) = supp(X, \mathcal{D}^1)$.

Algorithm 1 Echantillonnage de motifs selon un support pondéré

Input: Un jeu de données $\mathcal{D}$ et un vecteur de poids ω
Output: Un itemset tiré aléatoirement $X \sim supp_\omega(\mathcal{L}, \mathcal{D})$
 1: Soient les poids ω' définis par $\omega'(t) := 2^{|t|} \times \omega(t)$ pour tout $t \in \mathcal{D}$
 2: Tirer une transaction proportionnellement à $\omega' : t \sim \omega'(\mathcal{D})$
 3: **return** un itemset tiré proportionnellement à la distribution uniforme $u : X \sim u(2^t)$

L'algorithme 1 adapte la procédure aléatoire en deux étapes Boley et al. (2011) pour générer des motifs avec une probabilité proportionnelle à celle de leur support pondéré.

Maintenant que nous savons comment tirer les motifs présentés à l'utilisateur, nous devons montrer comment la probabilité $\mathbf{P}(1/t)$ de chaque transaction peut être estimée. Si les motifs présentés à l'utilisateur sont générés en utilisant l'algorithme 1, on a pour tout motif X : $\mathbf{P}(X/t) = \frac{1}{|2^t|}$. Ainsi, en utilisant l'équation 1, pour chaque transaction $t \in \mathcal{D}$, nous avons :

$$\mathbf{P}(1/t) = \sum_{X \subseteq t} \mathbf{P}(X/t) \times \mathbf{P}(1/X) = \frac{1}{|2^t|} \sum_{X \subseteq t} \mathbf{P}(1/X) \tag{2}$$

Pour estimer les probabilités $\mathbf{P}(1/t)$, nous proposons la méthode détaillée par l'algorithme 2. A chaque étape i, cet algorithme commence par tirer un motif X_i (ligne 4) selon son support pondéré $s_i = supp_{\omega_i}(X_i, \mathcal{D})$ (voir l'algorithme 1). Il est ensuite demandé à l'oracle (ligne 5) si le motif X_i est intéressant ou non. Alors, en utilisant la séquence de retours de l'utilisateur $\langle (X_1, f_1, s_1), \ldots, (X_i, f_i, s_i) \rangle$, la pondération $\bar{\omega}_{i+1}(t)$ est mise à jour pour chaque transaction $t \in \mathcal{D}$ afin d'approximer $\mathbf{P}(1/t)$ (ligne 7). Ensuite, une estimation corrigée de $\mathbf{P}(1/t)$, notée $\tilde{\omega}_{i+1}(t)$, est calculée à la ligne 8 en exploitant l'inégalité de Bennett. Enfin, une binarisation de $\tilde{\omega}_{i+1}(t)$, notée $\omega_{i+1}(t)$, est effectuée à la ligne 9 pour mettre à 1 (resp. 0) le poids d'une transaction très certainement préférée (resp. non-préférée). Le principe de l'intégration des retours utilisateur pour successivement calculer l'estimation moyenne de $\mathbf{P}(1/t)$, son estimation corrigée puis enfin, sa binarisation est détaillé dans la section suivante.

Algorithm 2 Echantillonnage interactif de motif

Input: Un jeu de données $\mathcal{D}$ et un oracle $\mathcal{O}$
 1: $i := 1$ et $\omega_1(t) := \bar{\omega}_1(t) := 0.5$ for all $t \in \mathcal{D}$
 2: Soit F une séquence vide d'observations
 3: **repeat**
 4:     Tirer un motif X_i de $\mathcal{D}$ selon $supp_{w_i}$
 5:     Ajouter le retour utilisateur $(X_i, \mathcal{O}(X_i), supp_{w_i}(X_i, \mathcal{D}))$ à la séquence F
 6:     **for all** $t \in \mathcal{D}$ **do**
 7:         $\bar{\omega}_{i+1}(t) := \dfrac{\sum_{(X_j, f_j, s_j) \in F, X_j \subseteq t} f_j/s_j}{\sum_{(X_j, f_j, s_j) \in F, X_j \subseteq t} 1/s_j}$
 8:         Calculer l'estimation corrigée $\tilde{\omega}_{i+1}(t)$ de $\mathbf{P}(1/t)$ en utilisant $\bar{\omega}_{i+1}(t)$
 9:         Calculer l'estimation binarisée $\omega_{i+1}(t)$ de $\tilde{\omega}_{i+1}(t)$
10:     **end for**
11:     $i := i + 1$
12: **until** L'utilisateur arrête le processus

4.2   Intégrer les retours utilisateur à la pondération

Estimation   Soit une séquence de retours utilisateur F formée des triplets (X_j, f_j, s_j) où pour chaque motif X_j, f_j est le retour de l'utilisateur et s_j est le support du motif au moment du tirage. A partir de F, une première estimation de la probabilité $\mathbf{P}(1/t)$ est définie comme suit :

$$\bar{\omega}_F(t) = \frac{\sum_{(X_j, f_j, s_j) \in F, X_j \subseteq t} f_j / s_j}{\sum_{(X_j, f_j, s_j) \in F, X_j \subseteq t} 1 / s_j}$$

Intuitivement, l'estimation calcule la proportion de retours positifs au sein de l'échantillon en pondérant le retour par sa probabilité de tirage. De cette manière, un motif qui a deux fois plus de chance d'être tiré a un poids deux fois moins important. Avec ce biais de tirage des motifs, cette pondération garantit que $\bar{\omega}_F(t)$ est une bonne approximation de $\mathbf{P}(1/t)$:

Propriété 1 *Etant donnés un jeu de données $\mathcal{D}$ et une séquence de retours utilisateur F, pour chaque transaction $t \in \mathcal{D}$, le poids $\bar{\omega}_F(t)$ converge vers $\mathbf{P}(1/t)$ quand $|F|$ tend vers l'infini.*

En pratique, cette propriété signifie que l'ajout de nouveaux retours tend à améliorer l'estimation de la probabilité $\mathbf{P}(1/t)$. Cependant, dans l'algorithme 2, comme le tirage d'un motif X_i dépend de l'estimation calculée à l'étape précédente, cela peut provoquer des effets de bord. Par exemple, en faisant l'hypothèse que le motif $X_0 = \emptyset$ soit initialement tiré et reçoive un retour négatif $\mathcal{O}(\emptyset) = 0$, l'estimation $\bar{\omega}_{\langle(\emptyset,0,1/Z)\rangle}(t)$ de chaque transaction sera $\frac{0/(1/Z)}{1/(1/Z)} = 0$ (parce que l'ensemble vide est inclus dans chacune des transactions et la probabilité de le tirer est $1/Z$). Dans ce cas, aucun motif ne pourrait être tiré à l'étape suivante. Il ne serait alors pas possible d'améliorer l'estimation initiale faute de pouvoir obtenir de nouveaux retours. Pour éviter cela, il est essentiel de réaliser une correction statistique sur l'estimation.

Estimation corrigée   L'idée est de bénéficier de l'estimation ci-dessus en calculant un intervalle de confiance qui borne la probabilité $\mathbf{P}(1/t)$. Pour cela, nous choisissons d'utiliser l'inégalité de Bennett Maurer et Pontil (2009) pour estimer l'erreur courante car elle est vraie quelque soit la distribution de probabilité. Après k observations indépendantes d'une variable aléatoire r à valeur réelles dans l'intervalle $[0, 1]$, l'inégalité de Bennett garantit que, avec une confiance $1 - \delta$, la vraie moyenne de r est au moins $\bar{r} - \epsilon$ où $\bar{r}$ et $\bar{\sigma}$ sont respectivement la moyenne et l'écart-type observés dans l'échantillon et $\epsilon = \sqrt{\frac{2\bar{\sigma}^2 \ln(1/\delta)}{k}} + \frac{\ln(1/\delta)}{3k}$. Nous utilisons ce résultat statistique afin de borner la vraie valeur de $\mathbf{P}(1/t)$ à partir de la séquence F des retours utilisateurs :

Propriété 2 (Bornes de $\mathbf{P}(1/t)$) *Etant donnés un jeu de données $\mathcal{D}$, une séquence de retours F et une confiance $1 - \delta$, la probabilité $\mathbf{P}(1/t)$ de la transaction t est bornée ainsi :*

$$\underbrace{\max\left\{0, \bar{\omega}_F(t) - \epsilon\right\}}_{inf_F(t)} \leq \mathbf{P}(1/t) \leq \underbrace{\min\left\{\bar{\omega}_F(t) + \epsilon, 1\right\}}_{sup_F(t)}$$

avec $\epsilon = \sqrt{2\bar{\sigma} \ln(1/\delta)/k} + \ln(1/\delta)/3k$ où $\bar{\sigma} = \sqrt{\bar{\omega}_F(t) - \bar{\omega}_F(t)^2}$ est l'écart-type de $\bar{\omega}_F(t)$.

Cette propriété est importante car elle approxime l'erreur de notre estimation $\bar{\omega}_F$. Reprenons l'exemple précédent où le tirage de l'ensemble vide à la première itération donnait

$\bar{\omega}_{\{(\emptyset,0,1/Z)\}}(t) = 0$ pour chaque transaction t. Dans ce cas, les bornes inférieure et supérieure sont respectivement 0 et 1. Bien sûr, la valeur $\bar{\omega}_F(t)$ est dans cet intervalle mais il est plus prudent de minimiser l'erreur (ici, 0.5). De manière générale, pour estimer $\mathbf{P}(1/t)$, nous proposons finalement de prendre la valeur moyenne entre ces deux bornes en calculant :

$$\tilde{\omega}_F(t) = \frac{inf_F(t) + sup_F(t)}{2}$$

Cette estimation corrigée tend vers la probabilité $\mathbf{P}(1/t)$ quand le nombre de retours utilisateur augmente (puisque les deux bornes tendent vers cette même probabilité). Néanmoins, même si l'oracle $\mathcal{O}$ est consistant avec $\mathcal{D}^1$, la probabilité $\mathbf{P}(1/t)$ n'est pas égale à 1 pour une transaction préférée et 0, pour les autres. Donc, en utilisant cette estimation corrigée, le tirage réalisé ne convergerait pas vers un tirage proportionnel au support dans $\mathcal{D}^1$.

Binarisation de l'estimation La binarisation de l'estimation consiste juste à mettre un poids de 1 lorsqu'il est certain que la probabilité $\mathbf{P}(1/t)$ est supérieure à 0.5 ou à l'inverse de mettre un poids de 0 si $\mathbf{P}(1/t)$ est inférieure à 0.5 avec certitude. Cette notion de certitude repose sur l'erreur estimée avec la propriété 2 :

$$\omega_F(t) = \begin{cases} 1 & \text{si } inf_F(t) > 0.5 \\ 0 & \text{si } sup_F(t) < 0.5 \\ \frac{inf_F(t)+sup_F(t)}{2} & \text{sinon} \end{cases} \tag{3}$$

Avec cette pondération, si l'oracle est consistant avec $\mathcal{D}^1$, alors le poids d'une transaction préférée de $\mathcal{D}^1$ tend vers 1 et celui d'une transaction non-préférée tend vers 0. De manière intéressante, la diminution à 0 des transactions non-préférées favorise le tirage d'autres transactions dont l'estimation n'est pas encore suffisamment affinée. A l'inverse l'augmentation à 1 des transactions préférées défavorise le tirage d'autres transactions encore incertaines. Ainsi, la préoccupation de fournir des motifs pertinents à l'utilisateur est soutenue.

Grâce à l'utilisation de propriétés statistiques, il est possible de conclure sur la bonne convergence de la méthode :

Théorème 1 (Convergence) *Etant donnés un ensemble de transactions préférées $\mathcal{D}^1 \subseteq \mathcal{D}$ et un oracle $\mathcal{O}$ consistant avec $\mathcal{D}^1$, pour chaque transaction $t \in \mathcal{D}$, les poids $\bar{\omega}_i(t)$ et $\tilde{\omega}_i(t)$ calculés par l'algorithme 2 convergent vers $\mathbf{P}(1/t)$ quand i tend vers l'infini. De plus, $\omega_i(t)$ converge vers 1 ssi $t \in \mathcal{D}^1$ (sinon vers 0) quand i tend vers l'infini.*

Par ailleurs, les complexités temporelle et en espace de cette approche en $O(k|\mathcal{D}||\mathcal{I}|)$ (où k est le nombre de motifs tirés) sont excellentes. En effet, les pondérations sont calculées incrémentalement en conservant un nombre fixe d'informations pour le numérateur et le dénominateur. Il n'est pas nécessaire de conserver le détail de tous les retours de l'utilisateur.

5   Expérimentations

Dans cette section, nous rapportons les évaluations expérimentales réalisées sur 6 jeux de données provenant de l'UCI Machine Learning repository (`archive.ics.uci.edu/ml`), le tableau 2 en donnant les principales caractéristiques. Les jeux de données sont utilisés sans

$\mathcal{D}$	$|\mathcal{D}|$	$|\mathcal{I}|$	$E[|\mathcal{D}^1|]/|\mathcal{D}|$	$|\mathcal{D}^1_{min}|$	$\mathcal{D}$	$|\mathcal{D}|$	$|\mathcal{I}|$	$E[|\mathcal{D}^1|]/|\mathcal{D}|$	$|\mathcal{D}^1_{min}|$
Abalone	4 177	28	10.9%	1 374	Mushroom	8 124	119	0.9%	3,646
Connect	67 557	129	0.23%	129	Sick	2 800	58	2.97%	450
Hypo	3 163	47	5.19%	1 035	Waveform	5 000	67	0.09%	1,662

TAB. 2: Caractéristiques des jeux de données

pré-traitements particuliers, un item correspondant généralement à un couple $(attribut, valeur)$. Notons enfin que par construction, les motifs retournés par l'algorithme 1 ne peuvent contenir deux items portant sur le même attribut.

Protocole expérimental Pour chaque jeu de données $\mathcal{D}$, le sous-ensemble $\mathcal{D}^1 \subseteq \mathcal{D}$ des transactions préférées est construit de deux manières différentes. Pour les expériences sur la vitesse de convergence, les transactions préférées sont générées aléatoirement. Un motif X est tiré aléatoirement avec une probabilité proportionnelle à son support dans $\mathcal{D}$, et $\mathcal{D}^1$ est définie comme étant les transactions contenant X, i.e. $\mathcal{D}^1 = \{t \in \mathcal{D} : X \subseteq t\}$. Pour chaque jeux de données, 1 000 motifs et sous-ensembles $\mathcal{D}^1$ sont générés aléatoirement, et les différentes mesures reportées sont les moyennes arithmétiques des 1 000 expérimentations réalisées. Pour les expériences sur l'influence de $1 - \delta$, 1 000 expérimentations sont également réalisées où la classe minoritaire est le sous-ensemble de transactions préférées. La cardinalité de cet ensemble, noté $\mathcal{D}^1_{min}$, est précisée dans la dernière colonne du tableau 2.

Nous utilisons un oracle déterministe modélisant un utilisateur pour lequel un motif est intéressant si sa fréquence d'apparition dans le sous-ensemble $\mathcal{D}^1$ des transactions préférées est supérieure à sa fréquence d'apparition dans l'ensemble de toutes les transactions : $\mathcal{O}(X) = 1$ si $supp(X, \mathcal{D}^1) > supp(X, \mathcal{D})$, 0 sinon.

A chaque itération de l'algorithme 2, la qualité est évaluée avec trois mesures : $Precision$, $Rappel$ et $F\text{-}mesure$. Elles comparent les transactions prédites comme préférées $\mathcal{D}^*$ par rapport aux transactions réellement préférées $\mathcal{D}^1$. Plus précisément, on a : $Precision = \frac{TP}{TP+FP}$, $Rappel = \frac{TP}{P}$ et $F\text{-}mesure = \frac{2 \times Precision \times Rappel}{Precision+Rappel}$ où $TP = |\mathcal{D}^* \cap \mathcal{D}^1|$ est le nombre de vrais positifs, $FP = |\mathcal{D}^* \cap \mathcal{D}^0|$ est le nombre de faux positifs, et $P = |\mathcal{D}^1|$ est le nombre de transactions préférées de $\mathcal{D}$. Par ailleurs, sur une fenêtre glissante de longueur 50, nous mesurons la proportion $\mathbf{P}(1)$ de motifs présentés à l'utilisateur qui l'intéressent, i.e. les motifs présentés qui sont évalués positivement par l'oracle. Soit une séquence $F = \langle (X_1, f_1, s_1), \ldots, (X_k, f_k, s_k) \rangle$ de $k > 50$ retours utilisateur, on a : $\mathbf{P}(1) = \frac{\sum_{i=k-49}^{k} f_k}{50}$. Enfin, sauf si indication contraire, le niveau de confiance $1 - \delta$ est fixé à 90%.

Convergence de la méthode Le premier résultat important de la figure 1 est que *la mesure de rappel* est monotone croissante quel que soit le jeu de données. De plus, cette croissance peut être très rapide. Pour trois des jeux de données (*Abalone*, *Hypo* et *Sick*), la mesure de rappel dépasse 50% après moins de 50 itération, et 70% après 200 itérations. Elle dépasse même 90% pour 4 des 6 jeux de données après 500 itérations, alors que la complexité du problème à résoudre est importante. La troisième colonne du tableau 2 représente pour chaque jeu de données la taille relative moyenne de $\mathcal{D}^1$ (sur les 1 000 itérations) par rapport à la taille totale du jeu de données $\mathcal{D}$. On constate ainsi que la taille des sous-ensembles de transactions $\mathcal{D}^1$ à identifier est toujours très faible par rapport à la taille totale des jeux de données : 10.9% pour *Abalone*, 5.2% pour *Hypo* et un peu moins de 3% pour *Sick*.

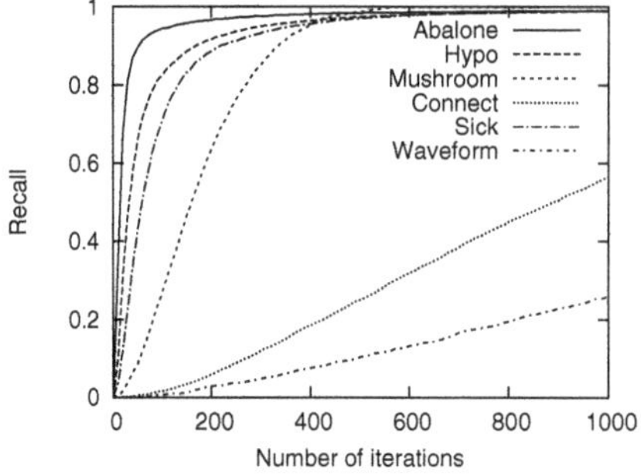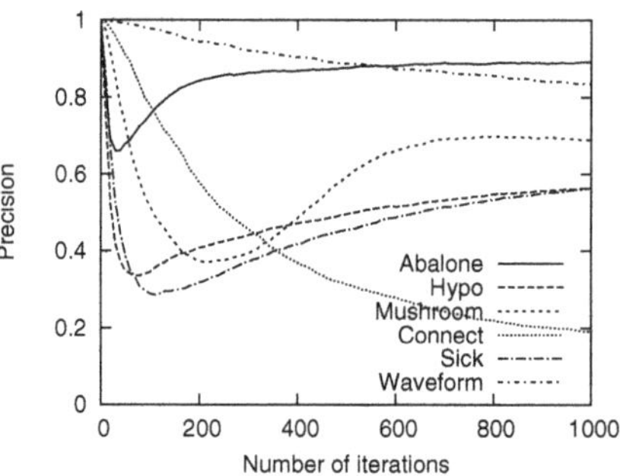

FIG. 1: Evolution des rappel et précision avec le nombre d'itérations.

La convergence est plus lente pour deux des jeux de données (*Connect* et *Waveform*). Pour *Connect*, le rappel dépasse néanmoins 90% après 1 800 itérations. Enfin, il dépasse 90% pour *Waveform* après 3 900 itérations. Ces convergences plus lentes s'expliquent par une taille encore plus faible des sous-ensembles $\mathcal{D}^1$ de transactions préférées à identifier. Dans la troisième colonne du tableau 2, on note en effet que la taille relative des sous-ensembles de transactions à identifier est de seulement 0.23% et 0.09% pour les jeux de données *Connect* et *Waveform*. Ces pourcentages signifient qu'il s'agit (en moyenne) d'identifier par interaction de l'ordre de 150 transactions préférées sur 67 557 pour *Connect* et de l'ordre de 4 transactions préférées sur 5 000 pour *Waveform*.

La mesure de précision commence toujours par décroître avant d'augmenter. Néanmoins, la croissance de la mesure de précision débute après moins de 200 itérations pour 4 des jeux de données (*Abalone*, *Hypo*, *Mushroom* et *Sick*) et après environ 2 000 itérations pour deux autres jeux de données. Enfin, le niveau de précision final atteint reste satisfaisant pour tous les jeux de données au regard des excellents niveaux de rappel obtenus et de la difficulté d'identifier avec des interactions un sous-ensemble de transactions préférées de taille très faible.

L'évolution de la *F-mesure* est présentée en figure 2, ainsi que le taux de motifs intéressants $\mathbf{P}(1)$ présentés à l'utilisateur (décrivant ses transactions préférées). On constate une croissance monotone de ces taux pour tous les jeux de données (la croissance est beaucoup plus lente pour *Connect* et *Waveform* et non visible sur les 1 000 premières itérations). Pour les autres jeux de données, ce taux reste très variable après 1 000 itérations (entre 29% pour *Sick* et 63% pour *Abalone*). En croisant ces taux avec la taille relative des ensembles de transactions préférées (troisième colonne du tableau 2), on note que le taux de motifs intéressants présentés à l'utilisateur est d'autant plus important que cette taille relative est importante.

Impact du niveau de confiance Cette deuxième série d'expériences a pour objectif de mesurer l'impact du niveau de confiance dans la convergence de la méthode. Pour rappel, ce taux est utilisé pour estimer les bornes dans lesquelles se situent les probabilités $\mathbf{P}(1/t)$ et réaliser une binarisation des probabilités estimées (voir section 4.2). Les évolutions étant similaires sur les 6 jeux de données, la figure 3 présente uniquement les résultats pour *Mushroom*. Lorsque le niveau de confiance exigé augmente, les bornes calculées pour corriger les poids estimés des transactions sont moins étroites. Ainsi, la convergence des poids est plus lente et leur binarisation est retardée. Il en résulte une croissance plus lente du rappel lorsque le niveau de confiance

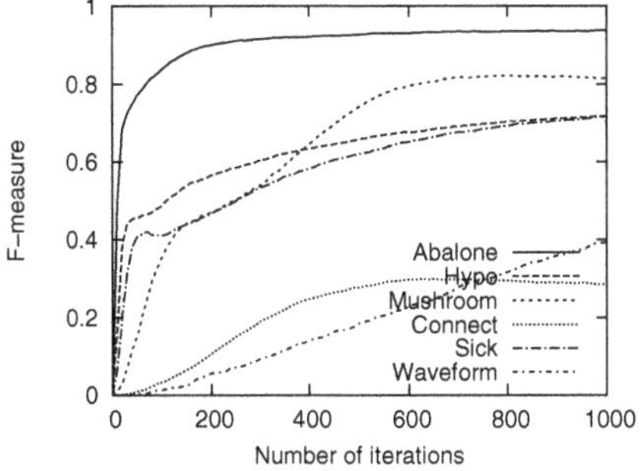
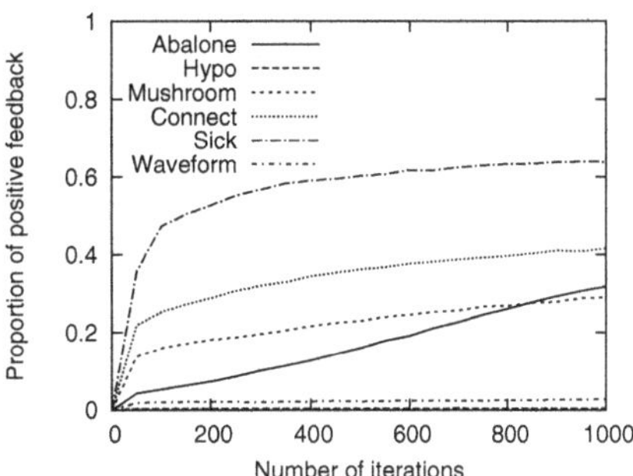

FIG. 2: Evolution de la F-$mesure$ et du taux de motifs intéressants avec le nombre d'itérations.

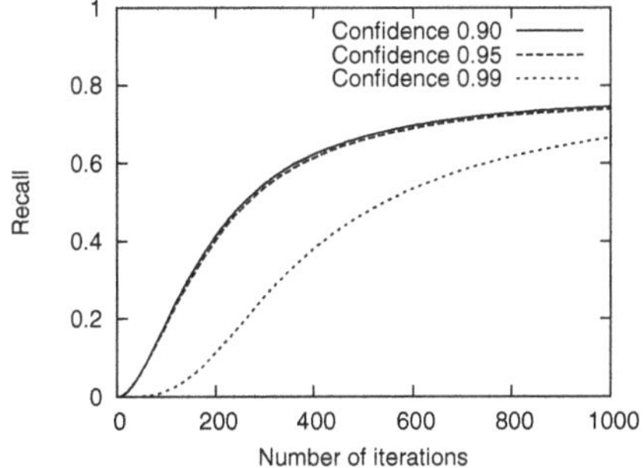
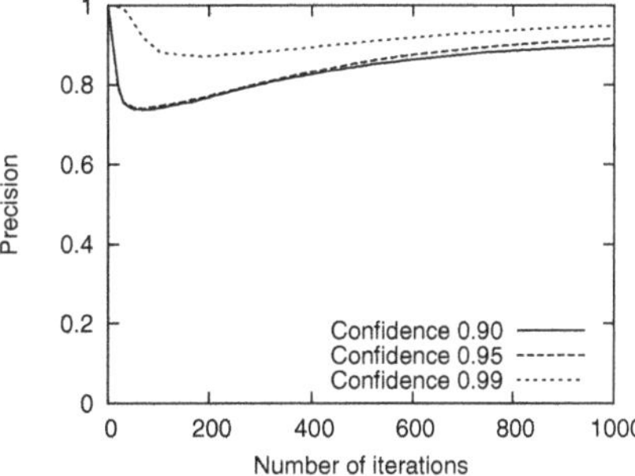

FIG. 3: Précision et rappel suivant la confiance pour $Mushroom$

est élevé. Mais en contrepartie, cette croissance plus lente du rappel est contrebalancée par une décroissance plus faible de la précision en première phase de convergence. On notera que cette réduction de la décroissance de la précision peut être très significative, i.e. de près de 10% sur les deux jeux de données, en passant d'un niveau de confiance de 95% à 99%.

Pour finir, on notera que si les mesures de rappel et précision évoluent différemment suivant le niveau de confiance (tout particulièrement en début de séquence), les rappel et précision tendent finalement vers des valeurs limites similaires (les courbes se rapprochant en fin de séquence). Ainsi, l'influence du niveau de confiance sur les évolutions des mesures de rappel et précision constitue une piste intéressante pour analyser comment contrôler et accélérer la convergence de la méthode.

6   Conclusion et perspectives

Cet article présente une nouvelle méthode d'extraction interactive de motifs en exploitant l'échantillonnage de motifs. Au-delà de l'efficacité, cette technique offre des garanties statistiques sur l'apprentissage des préférences et donc, sur la convergence de l'approche. Les expérimentations illustrent cette bonne convergence sur plusieurs jeux de données. Le rappel de la méthode augmente rapidement et la précision reste raisonnable même si l'intérêt de l'utilisateur ne porte que sur quelques transactions. Le problème peut se généraliser facilement à d'autres mesures d'intérêt que le support. On pense évidemment à une mesure pour identifier des contrastes entre $\mathcal{D}^1$ et $\mathcal{D}^0$. La modélisation de l'intérêt de l'utilisateur pourrait considérer une pondération non-binaire et de manière plus ambitieuse, cette pondération pourrait même être étendue aux items voire à l'ensemble des couples item/transaction.

Remerciements. Ce travail a été partiellement soutenu par le CNRS, PEPS 2016, projet Préfute.

Références

Bessiere, C., R. Coletta, E. Hebrard, G. Katsirelos, N. Lazaar, N. Narodytska, C.-G. Quimper, et T. Walsh (2013). Constraint acquisition via partial queries. In *IJCAI'2013*, pp. 7.

Bhuiyan, M., S. Mukhopadhyay, et M. A. Hasan (2012). Interactive pattern mining on hidden data : a sampling-based solution. In *Proc. of the 21st ACM CIKM 2012*, pp. 95–104. ACM.

Boley, M., C. Lucchese, D. Paurat, et T. Gärtner (2011). Direct local pattern sampling by efficient two-step random procedures. In *Proc. of the 17th ACM SIGKDD 2011*, pp. 582–590.

Dzyuba, V., M. v. Leeuwen, S. Nijssen, et L. De Raedt (2014). Interactive learning of pattern rankings. *International Journal on Artificial Intelligence Tools 23*(06), 1460026.

Giacometti, A. et A. Soulet (2016). Frequent pattern outlier detection without exhaustive mining. In *Pacific-Asia Conference on Knowledge Discovery and Data Mining*, pp. 196–207.

Maurer, A. et M. Pontil (2009). Empirical bernstein bounds and sample variance penalization. *arXiv preprint arXiv :0907.3740*.

Rashidi, P. et D. J. Cook (2011). Ask me better questions : active learning queries based on rule induction. In *Proc. of the 17th ACM SIGKDD 2011*, pp. 904–912.

Rueping, S. (2009). Ranking interesting subgroups. In *Proceedings of the 26th Annual International Conference on Machine Learning*, pp. 913–920. ACM.

Settles, B. (2010). Active learning literature survey. *University of Wisconsin, Madison 52*(55-66), 11.

van Leeuwen, M. (2014). Interactive data exploration using pattern mining. In *Interactive Knowledge Discovery and Data Mining in Biomedical Informatics*, pp. 169–182. Springer.

Xin, D., X. Shen, Q. Mei, et J. Han (2006). Discovering interesting patterns through user's interactive feedback. In *Proc. of the 12th ACM SIGKDD 2006*, pp. 773–778. ACM.

Summary

This paper proposes an interactive pattern mining method assuming that only some transactions are interesting for the user. By integrating his feedback, our method aims at sampling patterns with a probability proportional to their frequency in these preferred transactions. We demonstrate that our method accurately identifies the preferred transactions if user feedback are consistent. Experiments show the good performances of the approach.

Un critère d'évaluation pour les K-moyennes prédictives

Oumaima Alaoui Ismaili*,**, Vincent Lemaire*, Antoine Cornuèjols**

*Orange Labs, AV. Pierre Marzin 22307 Lannion cedex France
(oumaima.alaouiismaili, vincent.lemaire)@orange.com

**AgroParisTech 16, rue Claude Bernard 75005 Paris
antoine.cornuejols@agroparistech.fr

Résumé. L'algorithme des K-moyennes prédictives est un des algorithmes de clustering prédictif visant à décrire et à prédire d'une manière simultanée. Contrairement à la classification supervisée et au clustering traditionnel, la performance de ce type d'algorithme est étroitement liée à sa capacité à réaliser un bon compromis entre la description et la prédiction. Or, à notre connaissance, il n'existe pas dans la littérature un critère analytique permettant de mesurer ce compromis. Cet article a pour objectif de proposer une version modifiée de l'indice Davies-Bouldin, nommée SDB, permettant ainsi d'évaluer la qualité des résultats issus de l'algorithme des K-moyennes prédictives. Cette modification se base sur l'intégration d'une nouvelle mesure de dissimilarité permettant d'établir une relation entre la proximité des observations en termes de distance et leur classe d'appartenance. Les résultats expérimentaux montrent que la version modifiée de l'indice DB parvient à mesurer la qualité des résultats issus de l'algorithme des K-moyennes prédictives.

1 Introduction

L'algorithme des K-moyennes prédictives (Ismaili et al., 2015, 2016; Dimitrovski et al., 2014) est une version modifiée de l'algorithme des K-moyennes traditionnel (MacQueen, 1967). L'objectif de ce type d'algorithme est de *décrire et de prédire simultanément*. Contrairement à l'algorithme des K-moyennes traditionnel, l'algorithme des K-moyennes prédictives cherche à discerner à partir d'une base de données étiquetées, des groupes d'instances compacts, éloignés les uns des autres et purs en termes de classe dans le but de prédire ultérieurement la classe des nouvelles instances (voir la figure 1).

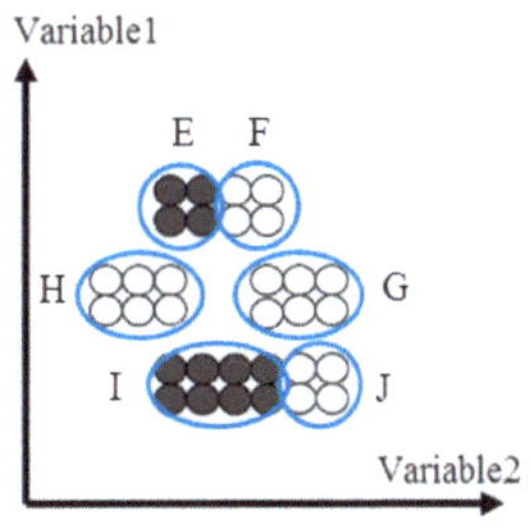

FIG. 1: Objectif du clustering prédictif

Pour mesurer la qualité des résultats issus de l'algorithme des K-moyennes prédictives, trois points doivent être pris en considération : $i)$ le taux de bonnes prédiction, $ii)$ la compacité et $iii)$ la séparabilité des clusters. Il s'agit ici de réaliser un compromis entre la prédiction et la description.

Dans ce cadre d'étude, l'utilisation des critères usuels de la classification supervisée et du clustering pour évaluer la performance de ce type d'algorithme s'avère insuffisante. D'une part, les critères supervisés privilégient principalement l'axe de prédiction et ils n'accordent aucune importance à la compacité et à la séparabilité des clusters. D'autre part, la majorité des critères non supervisés se basent sur une mesure de similarité qui évalue la proximité entre les instances en termes de distance sans accorder une importance à leur classe d'appartenance. Par conséquent, deux instances d'étiquettes différentes vont être considérées comme similaires si elles sont proches en termes de distance.

À notre connaissance, il n'existe pas dans la littérature un critère analytique permettant de mesurer la qualité des résultats issus de l'algorithme des K-moyennes prédictives. Seule une technique permettant de résoudre des problèmes multi-critères tel le Front de Pareto peut être utilisée. Dans le problème de la sélection du nombre optimal de clusters (i.e, le choix du K), cette technique fournit dans la majorité du temps plusieurs solutions possibles (*i.e.,* optimums non dominés) pour un seul problème. L'objectif de cet article est de proposer un seul critère analytique permettant de sélectionner le nombre optimal de clusters dans le cadre des K-moyennes prédictives. Ce critère sera considéré comme pertinent s'il fournit, pour chaque jeu de données, un résultat très proche d'un optimum non dominé du Front de Pareto.

Le reste de cet article est organisé comme suit : le section 2 propose une version supervisée de l'indice de qualité non supervisé Davies-Bouldin (DB). Cette version notée SDB, intègre une nouvelle mesure de dissimilarité permettant d'évaluer la ressemblance entre deux instances étiquetées. Finalement, avant de conclure dans la section 4, plusieurs études expérimentales sont menées dans la section 3 afin de d'étudier la capacité de SDB à atteindre l'objectif souhaité.

2   Proposition d'une version supervisée de l'indice Davies-Bouldin (SDB)

Lors de la recherche d'un nouveau critère permettant de mesurer le compromis entre la description et la prédiction, deux voies peuvent être exploitées, à savoir : $i)$ la modification d'un critère dédié à la classification supervisée, $ii)$ la modification d'un critère dédié au clustering. Dans cet article, nous nous intéressons exclusivement à l'étude de la deuxième voie.

L'incapacité des critères non supervisés à mesurer le compromis entre la description et la prédiction s'illustre essentiellement dans le cas où certaines régions denses du jeu de données contiennent plusieurs classes. En effet, la plupart de ces critères sont basés sur une métrique qui permet d'évaluer la proximité entre les observations sans accorder d'importance à leur classe d'appartenance. Dans ce cas, deux observations ayant des étiquettes différentes vont être considérées comme similaires si elles sont proches en termes de distance. Pour surmonter ce problème, il est important de proposer nouvelle mesure permettant d'établir une relation entre la proximité des observations en termes de distance et leur classe d'appartenance.

Définition : Soit X_i et X_j deux observations de dimension d dans $\mathcal{D}$ appartenant respectivement à la classe $f(X_i)$ et $f(X_j)$. La nouvelle mesure de dissimilarité $DSim(X_i, X_j)$ qui relie la proximité de X_i et X_j à leurs classes d'appartenance est définie comme suit :

$$\forall X_i, X_j \in \mathcal{D} \quad DSim(X_i, X_j) = 1 - \frac{exp(-\delta(X_i, X_j))}{1 + dist(X_i, X_j)^2} \tag{1}$$

avec δ est la fonction indicatrice suivante : $\delta(X_i, X_j) = \begin{cases} 0 & \text{si} \quad f(X_i) = f(X_j) \\ 1 & \text{si} \quad f(X_i) \neq f(X_j) \end{cases}$

Il est à noter que la vraie classe $f(X_i)$ de l'observation X_i peut être remplacée par la classe prédite $\hat{f}(X_i)$ selon le besoin. La distance $dist(X_i, X_j)$ utilisée est une distance normalisée. La mesure de dissimilarité $DSim(X_i, X_j)$ prend ses valeurs entre 0 et 1 :

— $\forall X_i, X_j \in \mathcal{D} \quad DSim(X_i, X_j) = 0 \Leftrightarrow dist(X_i, X_j) = 0$ **ET** X_i et X_j ont la même classe.

— $\forall X_i, X_j \in \mathcal{D} \quad DSim(X_i, X_j) = 1 \Leftrightarrow dist(X_i, X_j) \to \infty$.

La mesure de dissimilarité proposée utilise un paramètre intrinsèque qui permet de pénaliser la distance entre deux observations de classes différentes et qui sont proches en termes de distance. Ce paramètre a un impact direct sur les résultats. Dans notre cadre d'étude, nous avons constaté que l'utilisation de l'exponentielle nous permet d'obtenir des résultats qui sont très proches du Front de Pareto.

Afin d'être en mesure d'évaluer le compromis entre la description et la prédiction, la mesure de dissimilarité présentée ci-dessus peut être intégrée dans un critère non supervisé dédié au clustering traditionnel. Ce critère doit impérativement être basé sur la notion d'inertie intra/inter clusters afin de pouvoir évaluer le compromis compacité-prédiction. Parmi ces critères, on trouve l'indice Davies-Bouldin (DB) (Davies et Bouldin, 1979). DB traite chaque cluster individuellement et cherche à mesurer à quel point il est similaire au cluster qui lui est le plus proche. La version supervisée de DB, notée SDB, est donnée par la formule suivante :

$$SDB = \frac{1}{K} \sum_{k=1}^{K} max_{1 \leq k \neq t \leq K} \left\{ \frac{S_k + S_t}{M_{kt}} \right\} \tag{2}$$

S_k mesure le degré de la compacité du cluster k. Elle représente la moyenne des distances entre les observations du cluster k et leur centre de gravité G_k. Dans notre cadre d'étude, la compacité et la pureté en termes de classes peuvent être évaluées simultanément en intégrant la nouvelle mesure de similarité dans la quantité $S_k = \frac{1}{N_k} \sum_{i=1}^{N_k} Sim(X_i, G_k)$ avec

$$Sim(X_i, G_k) = 1 - \frac{exp(-\delta_1(X_i, G_k))}{1 + dist(X_i, G_k)^2} \quad \text{et} \quad \delta_1(X_i, G_k) = \begin{cases} 0 & \text{si} \quad f(X_i) = \hat{f}(G_k) \\ 1 & \text{si} \quad f(X_i) \neq \hat{f}(G_k) \end{cases}$$

La mesure de compacité S_k prend ses valeurs dans l'intervalle $[0, 1]$. $S_k = 0$ si le cluster k est formé d'une seule observation et $S_k = 1$ si les observations qui le forment sont très éloignées les unes des autres et appartiennent à des classes différentes. De ce fait, on constate que plus S_k est petite plus le cluster k est compact et pur en termes de classe.

La quantité M_{kt}, quant à elle, mesure le degré de la séparabilité entre les deux clusters k et t. Elle représente donc la distance entre le centre de gravité des deux clusters :

$$M_{kt} = Sim(G_k, G_t) = 1 - \frac{exp(-\delta_2(G_k, G_t))}{1 + dist(G_k, G_t)^2}, \delta_2(G_k, G_t) = \begin{cases} 0 & \text{si} \quad \hat{f}(G_k) = \hat{f}(G_t) \\ 1 & \text{si} \quad \hat{f}(G_k) \neq \hat{f}(G_t) \end{cases}$$

La mesure de séparabilité M_{kt} prend ses valeurs dans l'intervalle $[0, 1]$. Elle est égale à zéro si $dist(G_k, G_t) = 0$ et les deux clusters ont la même classe prédite ($\hat{f}(G_t) = \hat{f}(G_k)$). Elle est égale à 1 si et seulement si $dist(G_k, G_t) \to \infty$. De ce fait, plus M_{kt} est grande plus les deux clusters sont éloignés les uns des autres.

SDB est un critère à minimiser. Plus SDB est proche de 0 plus les groupes appris sont compacts, purs en termes de classes et éloignés les uns des autres.

3   Expérimentation

Afin de vérifier la capacité de SDB à mesurer le compromis entre la description et la prédiction, l'algorithme des K-moyennes prédictives proposé dans (Ismaili et al., 2015, 2016) est utilisé. Dans cette étude expérimentale, nous allons étudier le problème de la sélection du nombre optimal de clusters dans le cadre des K-moyennes prédictives en utilisant des jeux de données contrôlés et des jeux de données de l'UCI.

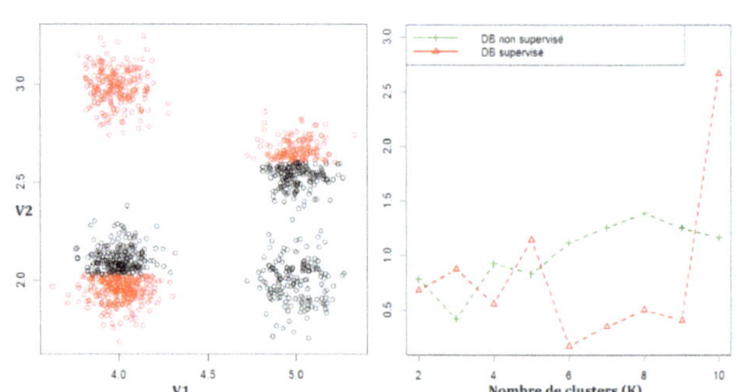

FIG. 2: Premier jeu de données contrôlé

Sur des jeux de données contrôlés : ces jeux de données permettent de mieux évaluer la performance des algorithmes puisque l'on connaît par construction la structure sous-jacente des données. Le premier jeu de données présenté dans cette étude expérimentale contient des régions denses contenant 2 classes (voir la partie gauche de la figure 2). C'est le cas où les critères non supervisés tels DB ont du mal à sélectionner le nombre optimal des clusers. Visuellement, pour ce jeu de données, on constate que la partition optimale au sens du clustering prédictif est celle qui contient 6 groupes. Les résultats présentés dans la partie droite de la figure 2 montrent que le critère SDB (courbe rouge) parvient à détecter le nombre exacte des clusters tandis que le critère DB (courbe verte) ne parvient pas à le détecter.

Le deuxième jeu de données simulé (voir la partie gauche de la figure 3) est caractérisé par la présence de 765 instances, 9 variables descriptives et une variable possédant deux classes à prédire dont la première contient 3 sous-groupes et la deuxième contient deux sous-groupes (*i.e.,* $K_{opti} = 5$). Les résultats présentés dans la partie gauche de la figure 3 montrent que le critère SDB (courbe rouge) parvient à sélectionner le nombre réel des clusters contrairement à l'indice DB (courbe verte).

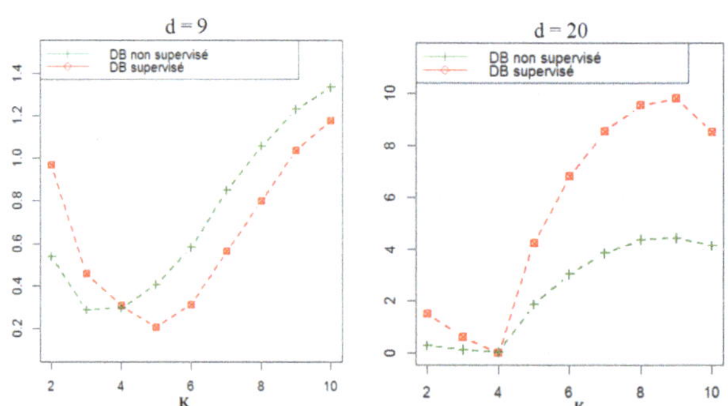

FIG. 3: Deuxième et troisième jeux de données contrôlés

Le troisième jeu de données (voir la partie droite de la figure 3) est lui caractérisé par la présence de 2376 instances, 20 variables descriptives et une variable à prédire contenant 2 classes dont chacune possède deux sous-groupes (*i.e.,* $K_{opti} = 4$). La partie droite de la figure 3 montre que les deux critères SDB (courbe rouge) et DB (courbe verte) arrivent à détecter le nombre optimal de clusters.

Sur des jeux de données de l'UCI : afin de montrer davantage la capacité du critère SDB à bien détecter le nombre optimal de clusters (au sens du clustering prédictif) et donc détecter la partition qui réalise le bon compromis entre la description et la prédiction, nous allons mener une étude sur 6 jeux de données de l'UCI (voir les 5 premières colonnes du tableau 1). Les résultats obtenus par le critère SDB pour chaque jeu de données seront comparés aux résultats obtenus par le Front de Pareto en utilisant le critère non supervisé DB pour évaluer la description et le critère supervisé indice de Rand Ajusté (ou ARI) (Hubert et Arabie, 1985) pour évaluer la prédiction. Pour avoir deux critères à minimiser 1-ARI est utilisé. Dans cette étude expérimentale, pour le problème de la sélection du nombre optimal de clusters pour les K-moyennes prédictives, le critère supervisé SDB sera considéré comme pertinent s'il fournit, pour chaque jeu de données, un résultat très proche d'un optimum non dominé obtenu par le Front de Pareto.

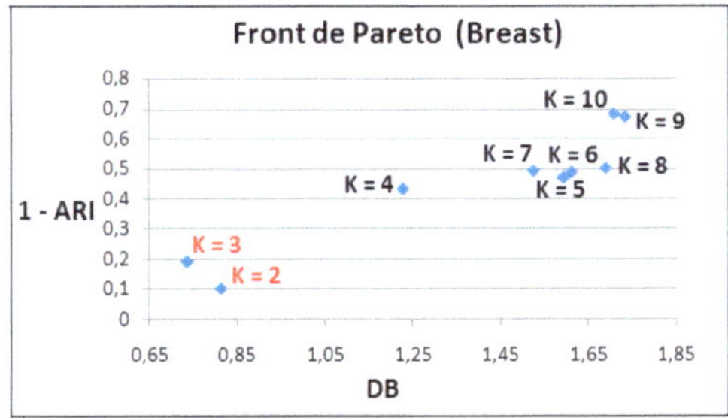

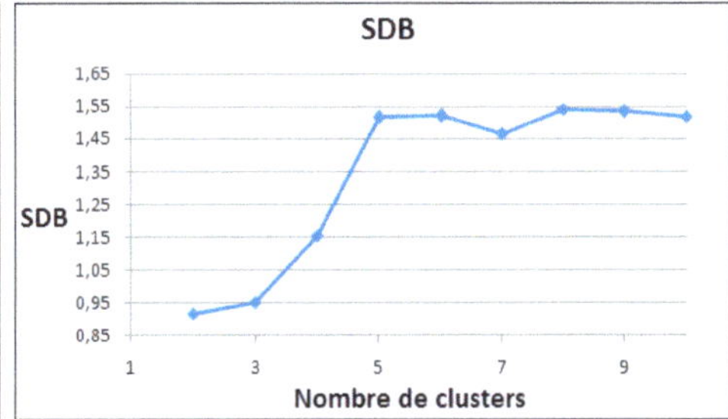

FIG. 4: Comparaison des résultats obtenus par le Front de Pareto et par SDB pour le jeu de données Breast.

La figure 4 et tableau 1 présentent respectivement l'évaluation de la performance de l'algorithme des K-moyennes prédictives pour différents nombres de clusters en utilisant le Front de Pareto et le critère SDB pour le jeu de données Breast et d'autres jeux de l'UCI. Ces résultats montrent que le critère SDB parvient à sélectionner, pour chaque jeu de données, la partition qui établie un bon compromis entre la description et la prédiction : les résultats obtenus par SDB appartiennent aux Fronts de Pareto obtenus pour les 6 jeux de données comme le montre la figure 4 ($K_{opti} = 2$) et les deux dernières colonnes du tableau 1.

ID	Données	# Instances	# Variables	# Classes	Font de Pareto	SDB
1	Breast	683	9	2	K2, K3	K2
2	Wine	178	13	3	K3	K3
3	German	1000	24	2	K4, K5, K10	K10
4	Adult	48842	15	2	K3, K4, K5	K3
5	Mushroom	8416	22	2	K2, K3, K10	K10
6	Waveform	5000	21	3	K3, K4, K5, K6	K3

TAB. 1: Comparaison des résultats obtenus par le Front de Pareto avec ceux obtenus par le critère SDB pour 6 jeux de l'UCI.

4   Conclusion

Cet article a présenté une version supervisée de l'indice Davies-Bouldin, nommée SDB permettant de mesurer la qualité des résultat issus de l'algorithme des K-moyennes préditives. Cet indice est basé sur une nouvelle mesure de dissimilarité permettant d'établir une relation entre la proximité des instances (distance) et leurs classes d'appartenance. Deux instances sont considérées comme similaires suivant cette nouvelle mesure, si et seulement si, elles sont proches en termes de distance **et** appartiennent à la même classe. Grâce à cette nouvelle mesure, la version supervisée de l'indice de Davies-Bouldin arrive à surmonter le problème de la non corrélation entre les clusters et les classes. Les résultats expérimentaux ont montré que l'indice SDB arrive à bien détecter le nombre optimal de clusters (sous forme d'un scalaire) permettant de mieux découvrir la structure interne de la variable cible par rapport au critère DB.

Références

Davies, D. L. et D. W. Bouldin (1979). A cluster separation measure. *IEEE Trans. Pattern Anal. Mach. Intell. 1*(2), 224–227.

Dimitrovski, I., D. Kocev, S. Loskovska, et S. Dzeroski (2014). Fast and efficient visual codebook construction for multi-label annotation using predictive clustering trees. *Pattern Recognition Letters 38*, 38–45.

Hubert, L. et P. Arabie (1985). Comparing partitions. *Journal of Classification 2*(1), 193–218.

Ismaili, O. A., V. Lemaire, et A. Cornuéjols (2015). Classification à base de clustering ou décrire et prédire simultanément. In *Treizièmes Rencontres des Jeunes Chercheurs en Intelligence Artificielle (RJCIA 2015)*, Rennes, France.

Ismaili, O. A., V. Lemaire, et A. Cornuéjols (2016). Une méthode supervisée pour initialiser les centres des k-moyennes. In *16ème Journées Francophones Extraction et Gestion des Connaissances, EGC 2016, 18-22 Janvier 2016, Reims, France*, pp. 147–152.

MacQueen, J. (1967). Some methods for classification and analysis of multivariate observations. In L. M. Le Cam et J. Neyman (Eds.), *Proceedings of the 5th Berkeley Symposium on Mathematical Statistics and Probability - Vol. 1*, pp. 281–297.

Summary

Predictive K-means is a predictive clustering algorithm which allows to describe and predict simultaneously. Unlike supervised classification and traditional clustering, the performance of this type of algorithm is closely related to its ability to achieve a good tradeoff between both the prediction and the description. Yet, to our knowledge, an analytical criterion to measure this compromise does not exist. In this paper, we propose SDB a modified version of Davies-Bouldin index to evaluate the performance quality of the predictive K-means. This modification is based on the integration of a new dissimilarity measure to build a relationship between the closeness of observations in terms of distance and their class membership. The experimental results has shown that our proposed criterion allows to measure the description/prediction compromise from the results obtained by the predictive K-means approach.

Comparaison et Évaluation de Mesures de Similarité entre Concepts d'un Treillis

Florent Domenach*, George Portides**

* Akita International University, Yuwa, Akita-city 010-1292, Japan
fdomenach@aiu.ac.jp,
** University of Nicosia, 46 Makedonitissas Ave., PO Box 24005, 1700 Nicosia, Cyprus

Résumé. Cet article se situe dans le cadre de l'analyse de concepts formels (ACF) qui fournit des classes (les extensions) d'objets partageant des caractères similaires (les intensions), une description par des attributs étant associée à chaque classe. Dans un article récent, une nouvelle mesure de similarité entre deux concepts dans un treillis de concepts a été introduite, permettant une normalisation par la taille du treillis. Dans cet article, nous comparons cette mesure de similarité avec des mesures existantes, soit basées sur la cardinalité des ensembles ou issues de la conception d'ontologies et basées sur la structure hiérarchique du treillis. Une comparaison statistique avec des méthodes existantes est effectuée et testée pour leur consistance.

1 Introduction

Cet article est un résumé de Domenach et Portides (2016). Les mesures de similarité on été largement utilisées, en particulier dans le domaine biomédical (Nguyen et Al-Mubaid, 2006) ou dans le web sémantique pour le traitement du langage naturel (Seco et al., 2004). Cependant, la plupart de ces applications reposent sur une structure ontologique arborescente pour quantifier le degré de similarité de deux concepts. Le but de cet article est d'étendre ces mesures de similarité au cadre plus général fourni par les treillis et l'analyse de concepts formels, et d'évaluer et de comparer la mesure introduite dans Domenach (2015).

2 Définitions

Analyse de Concepts Formels   Nous rappelons ici les notations standards utilisées en analyse de concepts formels (ACF) et nous renvoyons le lecteur à Ganter et Wille (1999) pour plus de détails. Un *contexte formel* (O, A, I) est défini comme un ensemble O d'objets, un ensemble A d'attributs, et une relation binaire $I \subseteq O \times A$. $(o, a) \in I$ signifie que "l'objet o est lié à l'attribut a par la relation I". Deux opérateurs de dérivation peuvent être définis sur les ensembles d'objets et d'attributs comme suit, $\forall O_1 \subseteq O, A_1 \subseteq A : O_1' = \{a \in A : \forall o \in O_1, (o, a) \in I\}$, $A_1' = \{o \in O : \forall a \in A_1, (o, a) \in I\}$. Les deux opérateurs $(\cdot)'$ définissent une correspondance de Galois entre l'ensemble des parties des objets $\mathcal{P}(O)$ et l'ensemble des parties des attributs

$\mathcal{P}(A)$. Une paire $(O_1, A_1), O_1 \subseteq O, A_1 \subseteq A$, est un *concept formel* ssi $O_1' = A_1$ et $A_1' = O_1$. O_1 est appelé *l'extension* et A_1 *l'intension* du concept.

L'ensemble de tous les concepts formels, ordonnés par inclusion d'extensions (ou dualement par l'inclusion d'intensions), *i.e.* $(O_1, A_1) \leq (O_2, A_2)$ ssi $O_1 \subseteq O_2$ (ou dualement $A_2 \subseteq A_1$), forme un treillis complet (Barbut et Monjardet, 1970), appelé *treillis de concepts* ou treillis de Galois.

Relation d'Emboîtement Un aspect intéressant des treillis de concepts est les nombreux cryptomorphismes équivalents existants (Caspard et Monjardet, 2003). La relation d'emboîtement (Domenach et Leclerc, 2004) associée au treillis de concepts est une relation binaire $\mathcal{O}$ sur $\mathcal{P}(A)$ telle que $(X, Y) \in \mathcal{O} \iff X \subset Y$ et $X'' \subset Y''$. En d'autres termes, deux ensembles sont emboîtés si l'un est un sous-ensemble de l'autre et s'ils ont une fermeture différente.

3 Mesures de Similarité Existantes entre Concepts

De nombreuses mesures de similarité existantes peuvent être adaptées aux treillis de concepts. Elles peuvent être divisées en trois catégories principales : la première, basée sur le modèle de Tversky (1977), ne prend en compte les concepts que comme des ensembles, ici d'attributs, afin de calculer la similarité entre deux concepts. La seconde, prenant son origine dans les études d'ontologies, utilise le diagramme de Hasse associé au treillis de Galois pour évaluer les distances entre concepts. Enfin, la troisième catégorie concerne les mesures de similarité sémantiques utilisant le contenu de l'information.

Similarités Ensemblistes. Les mesures de similarité basées sur des ensembles peuvent être exprimées en utilisant le modèle de similitude de Tversky. It est défini comme suit : étant donné deux concepts $C_1 = (O_1, A_1)$ et $C_2 = (O_2, A_2)$, avec $\alpha, \beta \geq 0$,

$$S(C_1, C_2) = \frac{|O_1 \cap O_2|}{|O_1 \cap O_2| + \alpha|O_1 - O_2| + \beta|O_2 - O_1|}$$

Suivant les valeurs de α et β, l'indice de Tversky peut être vu comme une généralisation de l'indice de Jaccard (1901) ($\alpha = 1, \beta = 1$), le coefficient de Dice (1945) ($\alpha = \beta = 1/2$) ou la mesure d'inclusion ($\alpha = 0, \beta = 1$).

Similarités Ontologiques. Les mesures suivantes de similarité sont inspirées par le vaste corpus de travaux existants sur les ontologies en logique de description (DL), *i.e.*, basées sur un ensemble de concepts, relations et individus représentés dans une DL. Nous supposons simplement que le plus proche ancêtre commun (least common subsumer lcs) de deux concepts existe, à condition qu'il n'y ai pas de cycle dans les définitions des concepts (Baader et al., 1999).

La structure hiérarchique du treillis est utilisée pour calculer la similarité entre deux concepts C_1 et C_2, en ne considérant que les liens taxonomiques de l'ontologie et le treillis $\mathbb{L}$ comme une généralisation d'un arbre. Afin de définir les similarités dans ce cadre, nous devons définir le lcs : lcs = $\text{lcs}(C_1, C_2) = C_1 \wedge C_2$, la longueur $length(C_1, C_2)$ comme la

TAB. 1 – *Similarités ontologiques*

Rada et al. (1989)	Rada	$= \dfrac{1}{length(C_1,C_2)+1}$
Wu et Palmer (1994)	WuPa	$= \dfrac{2*depth(\texttt{lcs})}{depth(C_1)+depth(C_2)}$
Leacock et Chodorow (1998)	LeCh	$= -\log\left(\dfrac{length(C_1,C_2)+1}{2\times depth(L)}\right)$
Pekar et Staab (2002)	PeSt	$= \dfrac{depth(\texttt{lcs})}{length(C_1,\texttt{lcs})+length(C_2,\texttt{lcs})+depth(\texttt{lcs})}$
Zhong et al. (2002)	Zho	$= 1 - \left(\dfrac{1}{2^{depth(C_1)+1}} + \dfrac{1}{2^{depth(C_2)+1}} - \dfrac{1}{2^{depth(\texttt{lcs})}}\right)$
Nguyen et Al-Mubaid (2006)	NgAl	$= \log(2 + (length(C_1,C_2) - 1)\times (depth(L) - depth(\texttt{lcs})))$

TAB. 2 – *Fonctions IC*

Resnik (1995)	Res	$= \dfrac{|O_1|}{|O|}$
Seco et al. (2004)	Seco	$= 1 - \dfrac{\log(hypo(C))}{\log(|L|-1)}$
Zhou et al. (2008)	Zhou	$= k \times \left(1 - \dfrac{\log(hypo(C))}{\log(|L|-1)}\right) + (1 - k) \times \dfrac{\log(depth(C)+1)}{\log(depth(L)+1)}$
Sánchez et al. (2011)	San	$= -\log\left(\dfrac{\frac{leaves(C)}{hypo(C)}+1}{numberofleaves+1}\right)$

distance topologique dans le diagramme de Hasse du treillis et $depth(C_1) = length(C_1,0_L)$ comme la profondeur du concept C_1, i.e. la distance entre C_1 et le concept minimal de L. La profondeur du treillis est $depth(L) = max_{x \in L}(depth(x))$. Les similarités ontologiques peuvent être trouvées dans le tableau 1.

Similarités basées sur le Contenu Informatif. Une autre approche, en particulier utilisée dans l'étude de similarités sémantiques entre les mots dans Wordnet, améliore les mesures précédentes en augmentant les concepts avec leur Contenu Informatif (Information Content, IC) dérivé d'étiquettes de sens basé sur le corpus ou sur le corpus brut non annoté (Resnik, 1995). Nous pouvons appliquer une approche similaire dans notre cadre de treillis de concepts en définissant d'abord la notion d'IC dans le cadre de l'ACF de la manière suivante : l'IC d'un concept fournit une estimation de son degré de généralité / spécificité, et est une fonction croissante, i.e. a est hyperonyme de $b \Rightarrow IC(a) < IC(b)$. IC est une mesure de la spécificité pour un concept, des valeurs élevées sont associées à des concepts plus spécifiques, tandis que des valeurs inférieures sont plus générales. Les différentes fonctions IC dans le tableau 2 capturent différents aspects du IC, où $hypo(C)$ ($leaves(C)$) est nombre de concepts (co-atomes) au-dessus de C. Chaque similarité du tableau 3 a été implémentée en utilisant chacune des fonctions IC du tableau 2.

TAB. 3 – *Similarités basées sur IC*

Resnik (1995)	Res	$= IC(\texttt{lcs})$
Jiang et Conrath (1997)	JC	$= \dfrac{1}{IC(C_1)+IC(C_2)-2\times IC(\texttt{lcs})}$
Lin (1998)	Lin	$= \dfrac{2\times IC(\texttt{lcs})}{IC(C_1)+IC(C_2)}$

Similarités basées sur la Relation d'Emboîtement. Soit C un concept du treillis de Galois $\mathbb{L}$, et définissons $o(C)$ comme l'ensemble des attributs est emboîtés avec $C : o(C) = \{k \in M : (C, C \cup \{k\}) \in \mathcal{O}\}$. $o(C)$ est l'ensemble des attributs qui, quand ajoutés à l'intension de C, crée un concept différent. On peut alors définir (Domenach, 2015) une mesure de similarité : $\forall C_1, C_2 \in \mathbb{L}, Over(C_1, C_2) = \frac{|o(C_1 \wedge C_2)|}{|o(C_1) \cup o(C_2)|}$. Cette mesure est basée sur l'idée de prendre en compte la largeur du treillis. Deux concepts vont être plus similaires si ils sont proches dans le treillis et s'ils ne partagent pas d'attributs avec d'autres concepts. C'est une mesure de similarité de deux concepts en relation avec tous les autres concepts.

4 Experimentations

La mesure proposée a été étudiée grâce à une simulation en C♯, où nous avons généré aléatoirement des tables booléennes 20×20, avec des densités variant de 20% à 40 %, avec le treillis associé. Nous avons choisi au hasard 2 concepts différents et calculé 22 similarités entre eux. Cette simulation a été répété 1000 fois.

Un regroupement hiérarchique utilisant un lien moyen a été effectué sur les corrélations de Pearson entre les différentes similarités (dendrogramme de la figure 1). Pearson a été utilisé car nos mesures de similarités ne sont pas normalisées. Il y a deux classes évidentes, mais pas de caractéristiques claires ressortent. Cependant, les similarités sont dans une certaine mesure regroupées selon la classification de la section 3, voir par exemple les similarités ensemblistes.

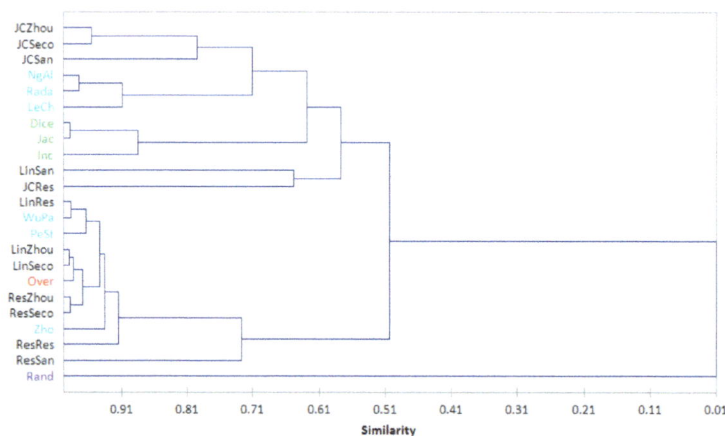

FIG. 1 – *Regroupement hiérarchique utilisant un liant moyen de la matrice de corrélation de toutes les similarités.*

Les corrélations de Pearson de la mesure de similarité d'emboîtement avec les autres mesures, avec sa signifiance, est présentée dans le tableau 4. Il est clair que cette mesure est significativement différente de la mesure aléatoire de référence (Rand). Les estimations des corrélation restantes doivent toutefois être prises avec prudence, car la linéarité entre les mesures mentionnées ci-dessus est encore à étudier.

TAB. 4 – *Corrélation de Pearson et l'importance de la mesure de similarité d'emboîtement avec les 22 autres mesures.*

Jac	Dice	Inc	LeCh	PeSt	Rada	WuPa	LinRes	ResRes	JCRes	LinSec
.444	.422	.389	.588	.917	.575	.950	.934	.893	.258	.982
.000	.000	.000	.000	.000	.000	.000	.000	.000	.000	.000

ResSec	JCSec	LinZho	ResZho	JCZho	NgAl	Zho	LinSan	ResSan	JCSan	Rand
.967	.613	.988	.976	.680	.680	.949	.242	.707	.296	.014
.000	.000	.000	.000	.000	.000	.000	.000	.000	.000	.650

5 Conclusion

L'implémentation et l'analyse résultante a permis une comparaison de la similarité d'emboîtement avec d'autres mesures. Il y a plusieurs corrélations fortes en particulier avec les similitudes de Lin et de Resnik combinées avec les fonctions IC de Zhou et de Seco, ces cinq mesures (LinZhou, LinSeco, Over, ResZhou, ResSeco) formant un groupe clair. Cela peut être interprété comme capturant des informations similaires utilisant uniquement la structure du treillis, liant l'IC basée sur le nombre de concepts majorant avec la largeur du treillis comme définie par la relation d'emboîtement. Une analyse plus approfondie reste à mener sur les complexités de calcul des différentes mesures et sur leurs relations possibles. Enfin, nous prévoyons d'étudier la robustesse statistique afin de minimiser / éliminer l'effet des valeurs influentes, ainsi que de faire une telle comparaison sur des ensembles de données réels.

Références

Baader, F., R. Küsters, et R. Molitor (1999). Computing least common subsumers in description logics with existential restrictions. In *IJCAI*, Volume 99, pp. 96–101.

Barbut, M. et B. Monjardet (1970). *Ordres et classification : Algèbre et combinatoire (tome II)*. Paris : Hachette.

Caspard, N. et B. Monjardet (2003). The lattices of moore families and closure operators on a finite set : a survey. *Disc. App. Math. 127*, 241–269.

Dice, L. R. (1945). Measures of the amount of ecologic association between species. *Ecology 26*(3), 297–302.

Domenach, F. (2015). Similarity measures of concept lattices. In B. Lausen, S. Krolak-Schwerdt, et M. Bohmer (Eds.), *Data Science, Learning by Latent Structures, and Knowledge Discovery*, Studies in Classification, Data Analysis, and Knowledge Organization, pp. 89–99.

Domenach, F. et B. Leclerc (2004). Closure systems, implicational systems, overhanging relations and the case of hierarchical classification. *Math. Soc. Sci. 47 (3)*, 349–366.

Domenach, F. et G. Portides (2016). Similarity measures on concept lattices. In A. Wilhelm et H. KestlerLausen (Eds.), *Analysis of Large and Complex Data*, Studies in Classification, Data Analysis, and Knowledge Organization, pp. 159–169. Springer International Publishing.

Ganter, B. et R. Wille (1999). *Formal Concept Analysis : Mathematical Foundations*. Springer.

Jaccard, P. (1901). étude comparative de la distribution florale dans une portion des alpes et des jura. *Bulletin de la Société Vaudoise des Sciences Naturelles 37*, 547–579.

Jiang, J. J. et D. W. Conrath (1997). Semantic similarity based on corpus statistics and lexical taxonomy. *arXiv preprint cmp-lg/9709008*.

Leacock, C. et M. Chodorow (1998). Combining local context and wordnet similarity for word sense identification. *WordNet : An electronic lexical database 49*(2), 265–283.

Lin, D. (1998). An information-theoretic definition of similarity. In *ICML*, Volume 98, pp. 296–304.

Nguyen, H. A. et H. Al-Mubaid (2006). New ontology-based semantic similarity measure for the biomedical domain. In *Granular Computing, 2006 IEEE International Conference on*, pp. 623–628. IEEE.

Pekar, V. et S. Staab (2002). Taxonomy learning : factoring the structure of a taxonomy into a semantic classification decision. In *Proceedings of the 19th international conference on Computational linguistics-Volume 1*, pp. 1–7. Association for Computational Linguistics.

Rada, R., H. Mili, E. Bicknell, et M. Blettner (1989). Development and application of a metric on semantic nets. *Systems, Man and Cybernetics, IEEE Transactions on 19*(1), 17–30.

Resnik, P. (1995). Using information content to evaluate semantic similarity in a taxonomy. *arXiv preprint cmp-lg/9511007*.

Sánchez, D., M. Batet, et D. Isern (2011). Ontology-based information content computation. *Knowledge-Based Systems 24*(2), 297–303.

Seco, N., T. Veale, et J. Hayes (2004). An intrinsic information content metric for semantic similarity in wordnet. In *ECAI*, Volume 16, pp. 1089.

Tversky, A. (1977). Features of similarity. *Psychological Reviews 84*(4), 327–352.

Wu, Z. et M. Palmer (1994). Verbs semantics and lexical selection. In *Proceedings of the 32nd annual meeting on Association for Computational Linguistics*, pp. 133–138. Association for Computational Linguistics.

Zhong, J., H. Zhu, J. Li, et Y. Yu (2002). Conceptual graph matching for semantic search. In *Conceptual structures : Integration and interfaces*, pp. 92–106. Springer.

Zhou, Z., Y. Wang, et J. Gu (2008). A new model of information content for semantic similarity in wordnet. In *Future Generation Communication and Networking Symposia, 2008. FGCNS'08. Second International Conference on*, Volume 3, pp. 85–89. IEEE.

Summary

This paper falls within the framework of Formal Concept Analysis which provides classes (the extents) of objects sharing similar characters (the intents), a description by attributes being associated to each class. In a recent paper by the first author, a new similarity measure between two concepts in a concept lattice was introduced, allowing for a normalization depending on the size of the lattice. In this paper, we compare this similarity measure with existing measures, either based on cardinality of sets or originating from ontology design and based on the graph structure of the lattice. A statistical comparison with the existing methods is carried out, and the output of the measure is tested for consistency.

Faciliter les contributions personnelles
pour préserver la mémoire des événements historiques

Pierrick Bruneau, Olivier Parisot, Thomas Tamisier

LIST, 5 Avenue des Hauts-Fourneaux, L-4362 Esch-sur-Alzette
pierrick.bruneau@list.lu, http://www.list.lu

Résumé. Un aspect essentiel dans la préservation du patrimoine culturel réside dans la collecte et l'assemblage des témoignages provenant de citoyens ordinaires. Dans cet article, nous présentons une architecture logicielle facilitant la saisie et le partage de témoignages concernant la période de la construction européenne au Luxembourg. En rédigeant son témoignage, l'utilisateur obtient les résultats d'une extraction de connaissances sur le contenu saisi, indiquant notamment des entités et informations liées.

1   Introduction

La collecte et l'assemblage de témoignages et anecdotes de citoyens ordinaires est un aspect important, mais sous-estimé, de la préservation du patrimoine culturel. Tandis que l'adoption massive des médias sociaux facilitera ce travail pour les générations futures, de telles données sont par exemple difficilement disponibles pour la période de construction européenne (environ 1945-1975).

Dans cet article, nous nous concentrons sur les traces de cette époque au Luxembourg. Des ateliers préliminaires ont été organisés avec des utilisateurs cibles (entre 75 et 85 ans). L'approche de la *sonde technologique* a été suivie (Hutchinson et al., 2003), en confrontant les utilisateurs à une variété de sources (e.g. images, livres, cartes). Les interactions entre utilisateurs et les sources ont été codifiées. Parmi nos observations, il apparait clairement qu'un effort initial est nécessaire pour stimuler le récit des personnes âgées. Celles-ci ont manifesté un intérêt certain pour les expériences multimédia et interactives, sous réserve de recevoir l'aide technique nécessaire. Le présent article vise à définir une architecture de données et de logiciels facilitant ce processus d'incitation. Nous envisageons la saisie semi-automatique d'histoires, où l'utilisateur édite librement son contenu, et reçoit une aide à partir d'une extraction de structure automatique.

Après un passage en revue de la littérature pertinente, nous décrivons une chaîne de traitement pour extraire la connaissance contenue dans un texte brut, utiliser le résultat d'extraction pour l'enrichir à partir de sources de données externes, et transformer cet agrégat en une forme propre à l'affichage. Notre approche implique la définition de structures de données adaptées au contenu narratif autobiographique. Des extraits de résultats obtenus à partir d'un petit corpus en Français fourni par le *Centre National de l'Audiovisuel* (CNA [1]) luxembourgeois sont présentés. De nombreuses perspectives, résumées en Section 4, sont ouvertes par ce travail.

---

2   Travaux connexes

L'analyse narrative a été appliquée à de nombreux domaines, e.g. en gestion de crise (Scherp et al., 2009), en connaissance de la situation (Van Hage et al., 2012), ou en gestion de documents historiques (Segers et al., 2011). (Scherp et al., 2009; Van Hage et al., 2012) définissent une taxonomie de liens entre événements (composition, causalité, corrélation, et documentation) pertinente dans notre contexte. Toutefois le niveau d'abstraction utilisé n'autorise pas un vocabulaire contrôlé de prédicats. Pareillement à (Van der Meij et al., 2010; Segers et al., 2011), les auteurs mettent l'accent sur l'interopérabilité entre ontologies. Des rôles (ou *facettes* dans (Mulholland et al., 2012), e.g. acteur, date, lieu) s'appliquant aux événements sont explicitement définis dans (Segers et al., 2011). Ce formalisme convient aux événements historiques au sens large (e.g. la Révolution Française dans (Segers et al., 2011)), mais pas à une narration autobiographique. Notons que l'association de bornes temporelles aux faits d'une ontologie générique a aussi été considérée, e.g. dans YAGO2 (Hoffart et al., 2013).

Les contributions de (Zarri, 2009) sont les plus clairement liées à notre travail. Un vocabulaire contrôlé de prédicats et de liens adapté à l'analyse de la narration non-fictionnelle y est défini. Plutôt que le terme d'*histoire*, sujet à confusion, ils définissent la *fabula* en tant qu'un ensemble d'événements et de faits. L'*intrigue* ajoute des liens logiques et chronologiques entre événements. La *présentation* concerne la forme dans laquelle les intrigues sont montrées. D'autres travaux en analyse narrative s'intéressent à l'association entre des histoires arbitraires et les structures narratives classiques (Tilley, 1992; Yeung et al., 2014). Dans notre contexte, nous pouvons avoir affaire à des anecdotes, *a priori* difficiles à associer à de telles structures. Des propriétés plus abstraites, comme les sentiments attachés à une histoire, ont aussi été extraites dans (Min et Park, 2016), puis utilisées pour analyser la structure de livres.

Le processus d'association automatique d'un texte arbitraire à une taxonomie de types d'entités et de prédicats est rarement considéré dans la littérature. Certains travaux supposent explicitement que ce processus doit être réalisé manuellement (Mulholland et al., 2012), ou de manière participative (Bollacker et al., 2008). La structure des pages Wikipedia a été exploitée par (Suchanek et al., 2008). De manière alternative, une heuristique à base de termes-clés est utilisée par (Gaeta et al., 2014) afin de déterminer les liens entre événements. Les techniques de *Traitement Automatisé de la Langue naturelle* (TAL), telles que la *Reconnaissance d'Entités Nommées* (REN) ont été utilisées par (Segers et al., 2011; Van Hooland et al., 2015) pour extraire des faits et des événements. Notons que les entités dans les modèles d'événements tels que SEM (Van Hage et al., 2012) sont proches des types extraits par les méthodes de REN (e.g. personnes, lieux, dates (Favre et al., 2005)).

3   Architecture proposée et résultats expérimentaux

Nous décrivons une architecture logicielle facilitant l'extraction de faits, d'événements, et d'intrigues depuis du texte brut (Figure 1). Initialement, l'utilisateur peut s'inspirer en consultant les faits stockés dans une base locale, et simplement commencer à saisir son histoire. Les faits, les événements et les liens entre événements sont construits à partir de ce contenu initial. Dans cette section, nous détaillons ce processus, que nous enrichissons de l'accès à des sources de données externes. Les moyens employés pour le stockage local sont également discutés.

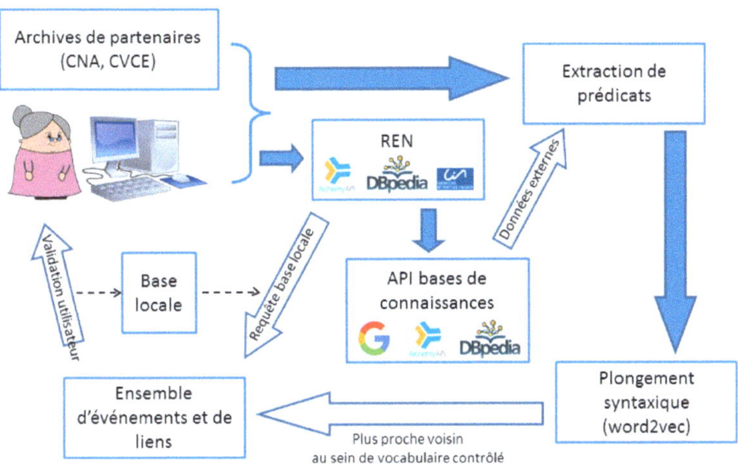

FIG. 1 – *Architecture logicielle facilitant la saisie et le rappel de témoignages.*

Suivant la terminologie définie par (Zarri, 2009) et évoquée en Section 2, la narration brute (i.e. le texte) est vue comme une forme de présentation. Le but de notre chaîne de traitement est d'extraire la *fabula* et l'intrigue sous-jacentes à cette représentation initiale, ainsi que suggérer des informations à lier à cette connaissance extraite. Des exemples de la terminologie de (Zarri, 2009) sont indiqués dans la table 1. Des *modèles* de prédicats à deux niveaux sont à la base de cette structure. Des entités sont associées à ces modèles par une nomenclature de *rôles*. Des combinaisons complexes d'entités et de liens entre événements peuvent être générées en utilisant des opérateurs d'*association*.

Modèles	Rôles	Associations
se comporter (*attitude*), exister (*naissance*), expérimenter (*interaction sociale positive*), déplacer (*donner*), posséder, produire (*refuser*)	sujet, objet, source (*responsabilité*), bénéficiaire, mode (*instrument*), thème	disjonctive, collective, énumérative, cause, référence, but, motif, condition

TAB. 1 – *Terminologie de (Zarri, 2009).*

Les entités nommées peuvent être extraites de texte en Français grâce à des API distantes telles qu'AlchemyAPI (AlchemyAPI, 2016), ou des outils comme LIA (Favre et al., 2005). Du texte et de l'information additionnels peuvent être obtenus en utilisant les noms extraits comme clés dans des bases de connaissance telles que le *Google Knowledge Graph* (GKG) (Google, 2012). Du contenu additionnel peut également être obtenu via les API de moteurs de recherche classiques, en restreignant les résultats au domaine de Wikipedia, par exemple (Segers et al., 2011).

Des outils de TAL plus bas niveau, tels que le tagueur *Part-Of-Speech* (POS) disponible dans LIA, sont nécessaires pour extraire les prédicats associant les entités entre elles. Les prédicats extraits doivent ensuite être associés au vocabulaire contrôlé résumé dans la table 1. De manière alternative aux techniques mentionnées en section 2, nous proposons de guider l'association grâce à un plongement lexical, qui consiste à exploiter la structure syntaxique pour associer un vecteur numérique multidimensionnel à chaque mot de vocabulaire (Mikolov et al., 2013). Des candidats pertinents à l'association sont alors les plus proches voisins d'un mot arbitraire au sein du vocabulaire contrôlé. En d'autres termes, plutôt que d'utiliser une taxonomie exhaustive, nous exploitons la structure implicite au plongement lexical. Ce plongement est réalisable via des bibliothèques telles que TensorFlow (TensorFlow, 2016).

Par défaut l'association *référence* (i.e. causalité faible) peut être appliquée à la suite d'événements détectée. Les événements et les faits extraits à partir de sources externes peuvent être associés à l'entité qui a causé leur requête. Les références temporelles trouvées dans le texte peuvent aussi caractériser l'ensemble des événements extraits.

Dans une ontologie générique, (Hoffart et al., 2013) ont décomposé des faits complexes en faits simples grâce à la *réification*. Nous reprenons cette technique afin de dérouler les événements et les intrigues définis dans la section précédente. Ceci permet de se reposer sur les outils de stockage de triples RDF, tels que ceux implémentés dans la plateforme Drupal (Corlosquet et al., 2009; Drupal, 2011). Cette plateforme offre également un système avancé de profils utilisateurs, qui s'avéreront utiles au moment de connecter notre chaîne de traitement à des vues interactives.

Pour illustrer notre approche, nous avons adapté la description d'une vidéo fournie par le CNA : *Avec mon frère, nous étions en ville à l'occasion de la visite de Winston Churchill à Luxembourg les 14 et 15 juillet 1946. Il a été accueilli par le Prince Felix et le Prince Jean. Churchill s'est ensuite rendu à l'Hôtel de Ville où l'a reçu M. Hamilius.* En effectuant une REN (ici avec AlchemyAPI) sur ce texte on obtient les entités suivantes : *Winston Churchill, Prince Felix, Prince Jean, Hôtel de Ville, M. Hamilius.*

GKG a ensuite permis d'obtenir des informations additionnelles sur ces entités. Pour limiter les ambigüités, le mot-clé *Luxembourg* a été combiné aux requêtes. La description suivante a été obtenue pour *M. Hamilius* : *Émile Hamilius, né le 16 mai 1897 à Esch-sur-Alzette et mort le 7 mars 1971 à Luxembourg, est un footballeur et homme politique luxembourgeois.*

Notons que cette étape d'enrichissement a introduit de nouvelles entités (e.g. *Esch-sur-Alzette*). Les formes infinitives des prédicats détectés peuvent être extraites avec les outils LIA : *être, accueillir, être, rendre, recevoir.* Les prédicats et entités découverts peuvent alors être utilisés pour la construction d'événements.

4   Conclusion

Nous avons décrit une chaine de traitement qui combine des techniques de TAL et de modélisation de connaissances et d'événements afin d'améliorer le rappel de témoignages personnels. L'affichage interactif de son résultat, et la correction de ses erreurs par un utilisateur sont hors du champ d'étude de cet article. Outre l'intégration des composants décrits dans la section 3, ce sont les perspectives les plus immédiates de notre travail. Même si une variété d'API et de librairies de TAL ont été testées sur des données réelles, dans un souci de concision seul un extrait est donné en section 3. Une évaluation approfondie des résultats selon les métriques usuelles (e.g. précision, rappel) devrait être incluse dans l'extension de ce travail.

Nous prévoyons également de traiter les conflits entre faits. L'utilisation classique de la déduction logique consiste à inférer de nouveaux faits (Suchanek et al., 2008), même si la détection de contradictions a déjà été abordée dans ce domaine (Paulheim, 2016). Les auteurs de Knowledge Vault (Dong et al., 2014) combinent l'apprentissage automatique, des heuristiques textuelles et des faits obtenus depuis Freebase (Bollacker et al., 2008) afin d'extraire des faits depuis des sources hétérogènes, et estimer leur exactitude. L'hypothèse du *Monde Fermé Local* qu'ils utilisent est une clé possible pour la détection de conflits entre faits : considérant un sujet s, un prédicat p et des objets o et o', si la base de faits contient à la fois les triplets (s, p, o) et (s, p, o'), un arbitrage pourrait être demandé à l'utilisateur.

Les *fabulae* et intrigues obtenues sont subjectives, i.e. elles contiennent des marqueurs syntaxiques réflexifs (e.g. moi, mon frère). Les systèmes de REN testés en section 3 ne sont pas capables de détecter ces marqueurs. Une heuristique simple pourrait être développée à partir d'une liste de mots-clés ou de tags POS. Des outils de résolution d'anaphore comme GUITAR pourraient aussi être testés (Poesio et Kabadjov, 2004).

Remerciements : Ce travail, réalisé pour le projet LOCALE et financé par le *Fonds National de la Recherche*, a utilisé des données du *Centre National de l'Audiovisuel* luxembourgeois. Nous voulons enfin exprimer nos vifs remerciements aux membres de l'association AMIPERAS ayant volontairement participé aux ateliers préparatoires.

Références

AlchemyAPI (2016). AlchemyAPI. `http://www.alchemyapi.com/`.

Bollacker, K. et al. (2008). Freebase : a collaboratively created graph database for structuring human knowledge. In *SIGMOD*, pp. 1247–1250.

Corlosquet, S., R. Delbru, T. Clark, A. Polleres, et S. Decker (2009). Produce and Consume Linked Data with Drupal ! In *International Semantic Web Conference*, pp. 763–778.

Dong, X. et al. (2014). Knowledge vault : A web-scale approach to probabilistic knowledge fusion. In *SIGKDD*, pp. 601–610.

Drupal (2011). Drupal modules. `https://www.drupal.org/project/`.

Favre, B., F. Béchet, et P. Nocéra (2005). Robust named entity extraction from large spoken archives. In *HLT/EMNLP 2005*, pp. 491–498.

Gaeta, A., M. Gaeta, et G. Guarino (2014). RST-based methodology to enrich the design of digital storytelling. In *IEEE INCOS 2015*, pp. 720–725.

Google (2012). Introducing the knowledge graph. `http://tinyurl.com/zofw8fb`.

Hoffart, J., F. M. Suchanek, K. Berberich, et G. Weikum (2013). YAGO2 : A spatially and temporally enhanced knowledge base from Wikipedia. *Artificial Intelligence 194*, 28–61.

Hutchinson, H. et al. (2003). Technology probes : inspiring design for and with families. In *SIGCHI*, pp. 17–24.

Mikolov, T., I. Sutskever, K. Chen, G. S. Corrado, et J. Dean (2013). Distributed representations of words and phrases and their compositionality. In *NIPS*, pp. 3111–3119.

Min, S. et J. Park (2016). Mapping out narrative structures and dynamics using networks and textual information. *arXiv preprint arXiv :1604.03029*.

Mulholland, P., A. Wolff, et T. Collins (2012). Curate and storyspace : an ontology and web-based environment for describing curatorial narratives. In *ESWC 2012*, pp. 748–762.

Paulheim, H. (2016). Knowledge graph refinement : A survey of approaches and evaluation methods. *Semantic Web*, 1–20.

Poesio, M. et M. A. Kabadjov (2004). A general-purpose, off-the-shelf anaphora resolution module : Implementation and preliminary evaluation. In *LREC*.

Scherp, A., T. Franz, C. Saathoff, et S. Staab (2009). F-A Model of Events based on the Foundational Ontology DOLCE+DnSUltralite. In *K-CAP 2009*, pp. 137–144.

Segers, R. et al. (2011). Hacking history : Automatic historical event extraction for enriching cultural heritage multimedia collections. In *K-CAP 2011*.

Suchanek, F. M. et al. (2008). Yago : A large ontology from wikipedia and wordnet. *Web Semantics : Science, Services and Agents on the WWW 6*(3), 203–217.

TensorFlow (2016). TensorFlow. `https://www.tensorflow.org/`.

Tilley, A. (1992). *Plot snakes and the dynamics of narrative experience*. Univ. Press of Florida.

Van der Meij, L., A. Isaac, et C. Zinn (2010). A web-based repository service for vocabularies and alignments in the cultural heritage domain. In *ESWC 2010*, pp. 394–409.

Van Hage, W. et al. (2012). Abstracting and reasoning over ship trajectories and web data with the Simple Event Model (SEM). *Multimedia Tools and Applications 57*(1), 175–197.

Van Hooland, S. et al. (2015). Exploring entity recognition and disambiguation for cultural heritage collections. *Digital Scholarship in the Humanities 30*(2), 262–279.

Yeung, C. et al. (2014). A knowledge extraction and representation system for narrative analysis in the construction industry. *Expert systems with applications 41*(13), 5710–5722.

Zarri, G. (2009). *Representation and management of narrative information : Theoretical principles and implementation*. Springer Science & Business Media.

Summary

An important aspect of cultural heritage preservation is the collection and collation of personal views and anecdotal stories of ordinary citizens. In this paper, we present a software architecture to facilitate narratives authoring and sharing about the time of the European construction in Luxembourg. More precisely, the proposed solution aims at supporting semi-automatic story input, where users can freely type their content, get automatic structure extraction as they type, along with related entities and information.

Prévision à court terme des flux de voyageurs du réseau ferré urbain : une approche par les réseaux bayésiens dynamiques

Jérémy Roos*,** Stéphane Bonnevay** Gérald Gavin**

*RATP, F75012 Paris, France
jeremy.roos@ratp.fr
**Univ Lyon, ERIC EA3083, F69100 Villeurbanne, France
{stephane.bonnevay, gerald.gavin}@univ-lyon1.fr

Résumé. Nous proposons une approche de prévision à court terme des flux de voyageurs du réseau ferré d'Île-de-France basée sur les réseaux bayésiens dynamiques. La structure du modèle repose sur les relations de causalité entre les flux adjacents et permet d'intégrer l'offre de transport. En présence de données manquantes, l'apprentissage est réalisé via l'algorithme espérance-maximisation (EM) structurel. En appliquant notre approche sur une ligne de métro, les résultats obtenus sont globalement supérieurs à ceux des autres méthodes testées.

1 Introduction

Principal opérateur de transport public d'Île-de-France, la RATP dispose de plusieurs outils pour évaluer l'impact à long terme de changements d'infrastructures ou de politiques de transport sur les flux de voyageurs. Ces outils n'étant pas destinés à la prévision à court terme, il ne peuvent pas tenir compte des événements imprévus ou non récurrents tels que les perturbations d'exploitation, les fermetures de stations ou les événements générateurs d'affluence.

Dans cet article, nous proposons un modèle de prévision à court terme des flux de voyageurs du réseau ferré (métro et RER). Basée sur les réseaux bayésiens dynamiques, cette approche permet de gérer les données manquantes. En fournissant des prédictions en temps réel, elle répond à une grande diversité d'applications relatives à l'information voyageurs, la régulation des flux ou encore la planification de l'offre de transport.

Après un bref état de l'art de la prévision du trafic à court terme, nous introduisons les réseaux bayésiens, puis détaillons la démarche de modélisation. Nous testons finalement notre approche sur une ligne du métro de Paris, avant de conclure l'article en proposant des pistes d'amélioration du modèle.

2 Prévision du trafic à court terme

Il existe une vaste littérature sur la prévision du trafic à court terme. Les diverses méthodes proposées peuvent être classées en trois catégories : les méthodes naïves (telles que la moyenne historique), fréquemment utilisées en raison de leur facilité d'implémentation, les méthodes paramétriques (ARIMA, filtre de Kalman...) et les méthodes non paramétriques (k plus proches voisins, réseaux de neurones...), ces dernières ayant une meilleure capacité à modéliser les processus non linéaires (van Hinsbergen et al., 2007).

La plupart des recherches ont été menées sur des réseaux de transport routier. À l'inverse, peu de travaux ont été consacrés jusqu'à présent aux flux de voyageurs de réseaux de transport public, les modèles existants étant principalement destinés à la planification à long terme (Ma et al., 2014). Quelques auteurs se sont toutefois penchés sur la question, notamment à travers des approches par les réseaux de neurones (Wei et Chen, 2012; Li et al., 2013).

Le caractère incomplet des données est un problème courant en situation réelle. S'il existe des méthodes d'imputation des données de trafic, peu d'entre elles sont conçues pour opérer en temps réel (Haworth et Cheng, 2012). Ainsi, la plupart des modèles sont mal équipés pour faire face aux données manquantes. Plusieurs approches ont été proposées afin de pallier ce problème, notamment par les réseaux bayésiens (Sun et al., 2006; Whitlock et Queen, 2000).

3   Réseaux Bayésiens

Les réseaux bayésiens (Pearl, 1988) représentent les relations de dépendance (et d'indépendance) entre des variables par un graphe orienté acyclique. Ces relations sont décrites par une loi de probabilité jointe qui se factorise en un produit de distributions conditionnelles locales :

$$p(X_1,\ldots,X_n) = \prod_{i=1}^{n} p(X_i|Pa(X_i)) \tag{1}$$

où $Pa(X_i)$ est l'ensemble des parents de X_i. Le mécanisme de propagation de l'information inhérent à ces modèles permet d'inférer en présence de données manquantes.

Si les variables sont continues, les distributions conditionnelles d'un réseau bayésien peuvent être décrites par des modèles linéaires gaussiens (Shachter et Kenley, 1989) :

$$p(X_i|Pa(X_i)) = \mathcal{N}\big(\beta_{i,0} + \beta_i^\top Pa(X_i), \sigma_i^2\big) \tag{2}$$

où $\beta_{i,0}$, β_i et σ_i sont les paramètres à estimer (pour chaque i). Le choix de ce type de distribution implique de faire l'hypothèse que les relations entre les variables sont linéaires.

Les réseaux bayésiens dynamiques étendent les réseaux bayésiens à la modélisation des relations temporelles entre les variables (Dean et Kanazawa, 1989). Dans ces modèles, chaque nœud $X_i^{(t)}$ correspond à une instantiation de la variable X_i à un intervalle de temps t.

4   Démarche de modélisation

4.1   Construction du modèle

En suivant le raisonnement de Sun et al. (2006), il existe une relation de causalité entre les flux de voyageurs observés à un endroit du réseau et ceux observés plus tard en aval. Ainsi, nous définissons un paramètre d tel que chaque flux à l'intervalle de temps t dépend de ses flux amont adjacents à $t-1,\ldots,t-d$. Étant donné que les valeurs historiques des flux nous informent sur leur tendance, nous définissons également un paramètre m tel que chaque flux à t dépend de ses propres valeurs à $t-1,\ldots,t-m$ (Sun et al., 2006).

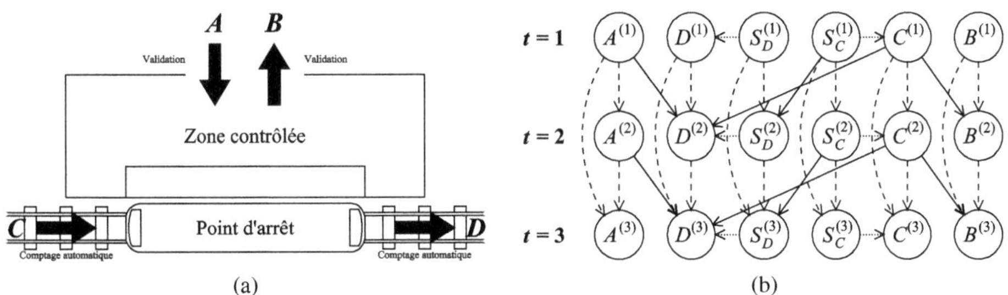

FIG. 1 – *(a) Exemple de flux de voyageurs du réseau ferré. (b) Réseau bayésien dynamique correspondant ($d = 1$ et $m = 2$) déroulé sur 3 intervalles de temps.*

Dans un réseau de transport public, les flux de voyageurs sont étroitement liés à l'offre de transport. Intuitivement, le nombre de voyageurs à bord d'un train dépend du temps d'attente entre ce train et le précédent. Plus ce temps est long, plus les voyageurs s'accumulent sur le quai avant d'embarquer. Soit X un flux de voyageurs circulant en train entre deux points d'arrêt et $\mathcal{D}_X^{(t)}$ l'ensemble des horaires de départ depuis le point d'arrêt d'origine de X pendant l'intervalle de temps t. Nous définissons la "variable d'offre de transport" associée à X à t :

$$
S_X^{(t)} = \begin{cases} \max \mathcal{D}_X^{(t)} - \max \bigcup_{k<t} \mathcal{D}_X^{(k)}, & \text{si } \mathcal{D}_X^{(t)} \neq \emptyset \\ 0, & \text{sinon} \end{cases}
\tag{3}
$$

où $\max \mathcal{D}_X^{(t)}$ et $\max \bigcup_{k<t} \mathcal{D}_X^{(k)}$ sont les derniers horaires de départ respectivement pendant et avant t. $S_X^{(t)}$ est équivalente à la somme des temps d'attente précédant les trains dont le départ a lieu pendant t et impacte donc directement $X^{(t)}$. Elle dépend également de ses variables d'offre de transport amont adjacentes et de ses propres valeurs aux intervalles de temps précédents.

La figure 1 présente un exemple de flux de voyageurs du réseau ferré ainsi que le réseau bayésien dynamique correspondant, avec $d = 1$ (arcs continus dans la figure 1b) et $m = 2$ (arcs à tirets). Dans cet exemple, A est en amont de D et C est en amont de B et D. C et D dépendent directement de l'offre de transport (arcs à points).

En supposant que les interactions entre les variables sont linéaires, nous décrivons les distributions conditionnelles du réseau bayésien dynamique par des modèles linéaires gaussiens.

4.2   Apprentissage et inférence

Selon les valeurs de d et m, le nombre d'arcs du réseau bayésien dynamique peut être très élevé. Outre la complexité de calcul, cette situation favorise les risques de surapprentissage et donc de dégradation des performances du modèle. Afin de remédier à ce problème, l'idée est de sélectionner le meilleur sous-ensemble d'arcs parmi ceux décrits précédemment. En présence de données manquantes, cette sélection ainsi que l'estimation des paramètres peuvent être réalisées via l'algorithme espérance-maximisation (EM) structurel (Friedman et al., 1998).

La structure du réseau bayésien dynamique est initialisée sans arcs. En pratique, chaque itération de l'algorithme EM structurel consiste à réaliser l'algorithme EM paramétrique pour compléter les données à partir de la précédente estimation du modèle (étape E), puis à mettre à jour cette estimation en maximisant une fonction de score (étape M). Dans le cas présent, le score utilisé est le critère d'information bayésien (BIC), qui tient compte de la vraisemblance tout en pénalisant les modèles trop complexes. Une fois les données complétées, la propriété de décomposition du BIC peut être exploitée afin de mettre en œuvre des procédures locales de recherche gloutonne permettant d'améliorer graduellement la structure du modèle (en ajoutant ou retirant des arcs). La valeur du BIC augmente à chaque itération de l'algorithme EM structurel jusqu'à convergence vers un maximum local (Friedman et al., 1998).

La prévision à court terme (c'est-à-dire à l'intervalle de temps suivant) des flux de voyageurs est un problème d'inférence dans le réseau bayésien dynamique. Afin de prédire les flux en temps réel, il est préférable de recourir aux méthodes d'inférence approchée, généralement moins coûteuses en temps de calcul. Parmi elles, le filtre bootstrap (Gordon et al., 1993) est un algorithme de simulation stochastique particulièrement efficace. Son principe consiste à générer un certain nombre de particules en échantillonnant les valeurs non observées, puis à les propager en fonction de leur vraisemblance avec les mesures collectées au fil du temps.

5 Expérimentation

5.1 Méthode expérimentale

Nous appliquons notre approche aux flux de voyageurs relatifs à la ligne 2 du métro de Paris. Dans le cadre de cette expérimentation, trois types de données sont collectées durant 33 jours ouvrés de mars et avril 2015, de 7 h 30 à 9 h 30, et agrégées par tranche de 2 minutes :
- — les données de validation des titres de transport, en entrée (28 flux), en correspondance (2 flux) et en sortie (5 flux) des zones contrôlées (c'est-à-dire accessibles uniquement aux voyageurs munis d'un titre valide) ;
- — les données de comptage automatique, au départ des trains par des systèmes de pesage embarqués (60 flux) ;
- — les données d'offre de transport (114 variables d'offre de transport).

En raison de dysfonctionnements ou d'absences de dispositifs de collecte, 80 des 95 flux enregistrés sont incomplets. Au global, ce taux d'incomplétude est de 4.8 %, mais peut dépasser 50 % pour certains flux. Les données manquantes connaissent également une forte dispersion temporelle, couvrant 99.7 % des tranches collectées.

Nous divisons le jeu de données en un échantillon d'apprentissage et un échantillon de test, composés respectivement des 24 premières journées et des 9 journées restantes. Afin d'évaluer les performances de prédiction, nous adoptons l'erreur absolue moyenne pondérée (WMAPE). Facilement interprétable, la WMAPE pondère les erreurs par les valeurs des flux et favorise ainsi les modèles qui prédisent le mieux les fortes affluences.

Lors de la construction du réseau bayésien dynamique, nous choisissons les paramètres $d = 2$ et $m = 3$, qui donnent empiriquement de bons résultats de prédiction. Afin d'évaluer la contribution individuelle de chaque type de relation, nous comparons la version complète du modèle à une version sans l'offre de transport et une version sans les relations entre les flux adjacents. Les résultats sont également comparés à ceux de deux autres méthodes : la moyenne historique et le report de la dernière valeur observée (LOCF).

Flux de voyageurs	Réseau bayésien dynamique			MH	LOCF
	complet	sans offre	sans adj.		
Au départ des trains	17.8	37.3	21.1	40.3	63.7
Entrants	19.0	19.0	19.0	16.9	24.0
Correspondants/sortants	22.6	23.7	24.8	22.2	31.6
Total	18.5	30.9	20.7	32.1	49.6

TAB. 1 – *Comparaison des résultats de prédiction (WMAPE moyenne en %)*

5.2 Résultats

Les résultats de l'expérimentation sont détaillés dans le tableau 1. Au global, notre approche obtient une erreur moyenne de 18.5 %, contre 32.1 % pour la moyenne historique (MH dans le tableau 1) et 49.6 % pour LOCF. L'intégration de l'offre de transport contribue largement à ces bons résultats. Elle améliore considérablement la prédiction des flux de voyageurs au départ des trains, dont l'erreur moyenne diminue de 30.9 % à 17.8 %.

Les relations entre les flux adjacents jouent également un rôle important dans la modélisation. Leur contribution est particulièrement visible pour les flux au départ des trains, dont l'erreur moyenne diminue de 21.1 % à 17.8 %, et, dans une moindre mesure, pour les flux en correspondance ou en sortie des zones contrôlées (de 24.8 % à 22.6 %). Ces résultats aident à comprendre pourquoi notre approche se révèle moins performante que la moyenne historique pour les flux en entrée des zones contrôlées (respectivement 19.0 % et 16.9 %). Situés en bordure de la zone d'étude, ces derniers ne possèdent pas de flux amont. De ce fait, ils dépendent uniquement de leurs valeurs historiques et n'exploitent donc pas pleinement le potentiel du modèle. Les bons résultats de la moyenne historique peuvent quant à eux s'expliquer par une certaine régularité des flux de jour en jour.

6 Conclusion

Dans cet article, nous proposons une approche de prévision à court terme des flux de voyageurs du réseau ferré d'Île-de-France basée sur les réseaux bayésiens dynamiques. À travers l'utilisation de l'algorithme EM structurel (pour l'apprentissage) et du filtre bootstrap (pour l'inférence), cette approche permet de prédire les flux en temps réel en présence de données manquantes. L'expérimentation menée sur la ligne 2 du métro de Paris témoigne de sa supériorité globale sur les autres méthodes et met en évidence le rôle clé de l'offre de transport.

Malgré ces résultats encourageants, notre approche rencontre un certain nombre de limites. En particulier, le choix de modèles linéaires gaussiens implique la linéarité des relations entre les variables, ce qui est une hypothèse discutable. Nous pouvons en effet nous demander si l'utilisation de distributions capables de modéliser des processus non linéaires, telles que des modèles de mélanges gaussiens, peut améliorer les performances de prédiction.

Comme le montrent les résultats, le modèle doit encore être amélioré, notamment pour les flux situés en bordure de la zone d'étude. Dans les travaux à venir, nous pourrons exploiter la modularité des réseaux bayésiens pour introduire de nouvelles sources d'information, telles que des facteurs temporels (jour de la semaine, mois, vacances...) ou des événements externes (conditions météorologiques, événements sportifs ou culturels...) potentiellement impactants.

Références

Dean, T. et K. Kanazawa (1989). A Model for Reasoning About Persistence and Causation. *Computational Intelligence 5*(3), 142–150.

Friedman, N., K. Murphy, et S. Russel (1998). Learning the Structure of Dynamic Probabilistic Networks. In *Proceedings of the 14th Conference on Uncertainty in Artificial Intelligence*, Madison, WI, USA, pp. 139–147.

Gordon, N. J., D. J. Salmond, et A. F. M. Smith (1993). Novel approach to nonlinear/non-Gaussian Bayesian state estimation. *IEE Proceedings-F - Radar and Signal Processing 140*(2), 107–113.

Haworth, J. et T. Cheng (2012). Non-parametric regression for space-time forecasting under missing data. *Computers, Environment and Urban Systems 36*(6), 538–550.

Li, Q., Y. Qin, Z. Wang, Z. Zhao, M. Zhan, Y. Liu, et Z. Li (2013). The Research of Urban Rail Transit Sectional Passenger Flow Prediction Method. *Journal of Intelligent Learning Systems and Applications 5*(4), 227–231.

Ma, Z., J. Xing, M. Mesbah, et L. Ferreira (2014). Predicting short-term bus passenger demand using a pattern hybrid approach. *Transportation Research Part C: Emerging Technologies 39*, 148–163.

Pearl, J. (1988). *Probabilistic Reasoning in Intelligent Systems: Networks of Plausible Inference*. San Francisco: Morgan Kaufmann.

Shachter, R. D. et R. C. Kenley (1989). Gaussian influence diagrams. *Management Science 35*(5), 527–550.

Sun, S., C. Zhang, et G. Yu (2006). A Bayesian Network Approach to Traffic Flow Forecasting. *IEEE Transactions on Intelligent Transportation Systems 7*(1), 124–132.

van Hinsbergen, C. P. I. J., J. W. C. van Lint, et F. M. Sanders (2007). Short Term Traffic Prediction Models. In *Proceedings of the 14th World Congress on Intelligent Transport Systems*, Beijing, China, pp. 5013–5030.

Wei, Y. et M.-C. Chen (2012). Forecasting the short-term metro passenger flow with empirical mode decomposition and neural networks. *Transportation Research Part C: Emerging Technologies 21*(1), 148–162.

Whitlock, M. E. et C. M. Queen (2000). Modelling a Traffic Network with Missing Data. *Journal of Forecasting 19*(7), 561–574.

Summary

We propose a dynamic Bayesian network approach to forecast the short-term passenger flows of the urban rail network of the Paris region. The structure of the model is based on the causal relationships between the adjacent flows and allows to integrate the transport service. In the presence of missing data, the learning is performed using the structural expectation-maximization (EM) algorithm. When applying our approach on a metro line, the obtained results overall outperform those of the other tested methods.

Support uniforme de types de données personnalisés dans RDF et SPARQL

Maxime Lefrançois, Antoine Zimmermann

Univ Lyon, MINES Saint-Étienne, CNRS, Laboratoire Hubert Curien UMR 5516,
F-42023 Saint-Étienne, France
prenom.nom@emse.fr

Résumé. Les littéraux sont les nœuds terminaux du modèle de données RDF, et permettent d'encoder des données telles que des nombres (`"12.5"^^xsd:decimal`), des dates (`"2017-01-26T23:57:15"^^xsd:dateTime`), ou tout autre type d'information (`"vert pomme"^^ex:couleur`). Les moteurs RDF/SPARQL savent tester l'égalité ou comparer les littéraux RDF dont le type de données leur est connu (ce qui est le cas de `xsd:decimal` et `xsd:dateTime`). Mais lorsqu'un type de données est inconnu d'un moteur RDF/SPARQL (comme `ex:couleur`), il n'a à priori aucun moyen d'en « découvrir » la sémantique. Dans cet article, nous attaquons ce problème et étudions comment permettre: (i) aux éditeurs de données de publier la définition de types de données personnalisés sur le Web, et (ii) aux moteurs RDF/SPARQL de découvrir à la volée ces types de données personnalisés, et de les utiliser de manière uniforme. Nous discutons de différentes solutions possibles qui tirent partie des principes du Web des données, et détaillons une solution concrète basée sur le déréférencement et le langage JavaScript, suffisemment générique pour être utilisée pour des types de données personnalisés arbitrairement complexes.

1 Introduction

Un littéral RDF est composé d'une chaîne de caractères UNICODE (la forme lexicale) et d'une IRI de type de données [1] qui identifie un type de données (Cyganiak et al., 2014, §5). Ils forment avec les IRI et les nœuds anonymes les atomes du modèle de données RDF. Les IRI forment les liens qui tissent la toile du Web des données, mais ce sont les littéraux qui *in fine* encodent les données telles que des nombres (`"12.5"^^xsd:decimal`), des dates (`"2017-01-26T23:57:15"^^xsd:dateTime`), ou tout autre type d'information (`"vert pomme"^^ex:couleur`). Les moteurs RDF/SPARQL savent tester l'égalité ou comparer les littéraux RDF dont le type de données leur est connu (ce qui est le cas de `xsd:decimal` et `xsd:dateTime`). On dit alors qu'ils *supporte* le type de données. En pratique, les moteurs sont programmés pour supporter un ensemble fini de types de données. [2]

---

1. Et lorsque l'IRI du type de données est `rdf:langString`, d'une étiquette de langue. Cependant ce type de littéral ne nous intéresse pas dans le cadre de cette étude.

2. Il s'agit au moins de l'ensemble des types de données XSD, mais certains moteurs en supportent d'autres comme ceux du standard OGC GeoSPARQL (Perry et Herring, 2012).

Cependant lorsqu'un type de données est inconnu d'un moteur RDF/SPARQL (comme `ex:couleur`), il n'a à priori aucun moyen d'en « découvrir » la sémantique. Cet article, qui est un résumé de Lefrançois et Zimermann (2016), propose une solution à ce problème. Il serait en effet intéressant de pouvoir ainsi rendre plus flexible la puissance descriptive du modèle de données RDF, car les types de données personnalisés permettent des descriptions plus concises pour certaines structures. Par exemple la description du diamètre moyen de la Terre avec un type de données personnalisé `cdt:length` nécessiterait un seul triplet :

```
@Prefix dbr: <http://dbpedia.org/resource/> .
@prefix cdt: <http://w3id.org/lindt/custom_datatypes#>.
+
dbr:Earth <http://dbpedia.org/ontology/Planet/meanRadius> "6371.0 km"^^cdt:length .
```

Alors que la même longueur décrite avec l'ontologie QUDT (Hodgson et al., 2014) en nécessite quatre, ce qui alourdit le stockage et rend complexe les requêtes sur les longueurs :

```
@Prefix qudt: <http://qudt.org/schema/qudt#> .
@Prefix qudt-unit: <http://qudt.org/vocab/unit#> .

dbr:Earth <http://dbpedia.org/ontology/Planet/meanRadius> _:quantity .
_:quantity qudt:quantityValue _:value .
_:value qudt:numericValue "6371.0"^^xsd:double .
_:value qudt:unit qudt-unit:kilometre .
```

Nous souhaitons donc plus précisément étudier comment permettre : (i) aux éditeurs de données de publier la définition de types de données personnalisés sur le Web (par exemple `cdt:length`), et (ii) aux moteurs RDF ou SPARQL de découvrir à la volée ces types de données personnalisés, et de les utiliser de manière uniforme. La suite de cet article est organisé comme suit. La section 2 identifie les besoins pour arriver à ce résultat, et étudie quelques options d'implémentation possibles. La section 3 introduit alors une solution qui adresse spécifiquement le cas des types de données arbitrairement complexes, décrit son implémentation, et résume les résultats d'une expérimentation sur un jeu de données réel.

2   Support à la volée des types de données

Nous souhaitons donc que les moteurs RDF ou SPARQL puissent découvrir à la volée un type de données à partir de l'IRI qui l'identifie, puis traiter les littéraux ayant ce type de données de manière uniforme. Cette section donne un aperçu de ce qui est nécessaire, et étudie différentes options possibles.

Dans cet article, un littéral se compose d'une chaîne UNICODE appelée *forme lexicale*, et d'une IRI appelée *IRI de type de données*.[3] Nous identifions une IRI arbitraire par a, b, etc., et une chaîne UNICODE par s, t, etc. La recommandation RDF 1.1 définit un type de données D comme une structure comprenant : (i) un ensemble $L(D)$ de chaînes UNICODE, appelé l'*espace lexical* ; (2) un ensemble $V(D)$, appelé l'*ensemble de valeurs* de D ; (3) une application $L2V(D) : L(D) \rightarrow V(D)$, appelée *lexical-to-value mapping*, qui associe à toute chaîne de $L(D)$ une valeur dans $V(D)$. Nous utilisons les définitions de Hayes et Patel-Schneider (2014), notamment la notion de *IRI reconnue*. Lorsqu'un moteur RDF ou SPARQL reconnaît une IRI qui identifie un type de données D_a, on dit qu'il *supporte D_a*.

---

3. Nous ne considérons pas les littéraux avec une étiquette de langue.

Fonctionnalités nécessaires pour le raisonnement et le requêtage. Par définition, le type de données identifié par une IRI spécifie la valeur que la forme lexicale a pour ce type. C'est une structure mathématique qui ne peut pas toujours être représentée dans un format interprétable par l'ordinateur. Il n'est pas nécessaire pour le moteur RDF ou SPARQL de "comprendre" la structure mathématique du type de données à reconnaître. Il lui suffit d'implémenter certaines opérations qui peuvent elles être programmées. Nous identifions trois fonctionnalités nécessaires et suffisantes. Un moteur RDF qui supporte un type de données D_a identifié par une IRI a doit seulement être capable de vérifier la bonne forme d'un littéral de type de données a, ou l'égalité de deux tels littéraux. Ces fonctionnalités suffisent également à un moteur SPARQL pour déterminer la correspondance entre graphes simples. La seule fonctionnalité additionnelle nécessaire pour SPARQL est de pouvoir ordonner certains littéraux, lorsque le type de données s'y prête.

Bonne forme Etant donné une chaîne UNICODE s, la forme lexicale s est-elle bien formée dans D_a, i.e., Appartient-elle à l'espace lexical de D_a ? De manière équivalente, le littéral "s"^^a est-il bien typé ? i.e., s $\in L(D_a)$.
Par exemple, "12.5" est bien formé dans xsd:decimal, alors que "abc" ne l'est pas ("12.5"^^xsd:decimal est bien typé, et pas "abc"^^xsd:decimal).

Egalité Etant données deux chaînes UNICODE s,t, les littéraux "s"^^a et "t"^^a ont-ils la même valeur ? i.e., $L2V(D_a)(s) = L2V(D_a)(t)$.
Par exemple, "0.50"^^xsd:decimal et ".5"^^xsd:decimal ont la même valeur.

Comparaison Etant données deux chaînes UNICODE s,t, la valeur de "s"^^a est-elle plus petite (resp., grande) que celle de "t"^^a ? i.e., $L2V(D_a)(s) < L2V(D_a)(t)$
(resp., $L2V(D_a)(s) > L2V(D_a)(t)$).

Ces fonctionnalités sont suffisantes pour vérifier la D-implication simple entre graphes RDF, c'est à dire l'implication simple en reconnaissant un ensemble de types de données D Hayes et Patel-Schneider (2014, §7). Lefrançois et Zimermann (2016) discutent des cas plus compliqués, et étendent ces définitions à la reconnaissance d'un ensemble quelconque de types de données, dont les espaces de valeurs peuvent se chevaucher.

Options possibles d'implémentation. Les moteurs RDF qui n'ont pas d'implémentation codée en dur pour une IRI de type de données doivent pouvoir obtenir une version calculable des fonctions décrites à la section §2. Ceci peut être impossible pour certains types de données lorsque le problème associé est indécidable. Par exemple pour un type de données qui encode les formules en logique du 1er ordre, et qui aurait pour espace de valeur l'ensemble des classes d'équivalence de formules vis-à-vis de l'implication en logique du 1er ordre. Dans cet article, nous nous intéressons aux cas pratiques pour lesquels la bonne forme, l'égalité, et la comparaison sont des fonctions calculables.

Toute solution pratique nécessite un accord entre l'éditeur[4] et le consommateur sur le mécanisme à utiliser pour présenter et exploiter les fonctionnalités requises. Ces fonctions pourraient être fournies par un service centralisé d'enregistrement de types de données, où les éditeurs enregistrent la spécification pour leur type de données. Une telle solution est mal pratique et en désaccord avec les principes fondamentaux du Web.

---

4. L'éditeur est celui qui spécifie le type de données identifié à une IRI.

Dans la suite de cet article, nous nous focalisons donc sur les solutions qui partent du principe que la version calculable des fonctionnalités est accessible en déréférençant l'IRI du type de données. Ce principe est justement suggéré dans la section 7 de la recommandation RDF 1.1 Semantics. Nous nous restreignons aux IRI HTTP.

Librairies spécifiques aux moteurs. Les moteurs ARQ et SESAME permettent d'enregistrer des classes qui vérifient la bonne forme et l'égalité pour un type de donnée. Il permettent également d'enregistrer des classes qui implémentent des fonctions de filtre SPARQL, et permettraient la comparaison pour un type de données. Le moteur pourrait accéder à une archive avec les classes nécessaires à l'IRI à reconnaître. Bien que cette solution soit simple, elle est dépendante des implémentations, et l'éditeur du type de données aurait à écrire des classes pour chaque moteur RDF. Elle présente également une menace importantes de sécurité, tout du moins en Java.

Langage de script. Au lieu d'utiliser des classes compilées spécifiques à chaque implémentation, il s'agit de fournir le code des fonctions nécessaires dans un langage de script. L'utilisation de ces fonctions devrait alors être implémentée une seule fois pour chaque moteur. Un bon candidat pour ce langage de script est JavaScript, pour qui des environnements d'exécution sécurisés existent dans beaucoup de langages de programmation. Cette solution permet d'utiliser l'expressivité d'un langage de programmation, et permet la spécification de types de données arbitrairement complexes.

Service Web. Une approche alternative consiste à rendre l'exécution de ces fonctions accessibles via un service Web. Bien que cette solution nécessiterait une haute accessibilité du service, nous souhaiterions l'étudier à l'avenir.

Description basée sur une ontologie. Pour beaucoup de types de données simples, il semble excessif d'utiliser l'expressivité complète d'un langage de programmation. Il serait intéressant d'utiliser une ontologie pour représenter ces cas simples, possiblement inspiré des restrictions de types de données OWL 2 (W3C OWL Working Group, 2012). Nous investiguons actuellement cette solution.

3   Types de données arbitraires spécifiés par des scripts

Nous proposons une première solution concrète basée sur le langage JavaScript, son implémentation, et son évaluation.

Directives pour l'éditeur. Il s'agit de : (1) utiliser une IRI HTTP a pour identifier un type de données D_a ; (2) exposer au moins une représentation en JavaScript pour le type de données à cette URL ; (3) le script doit implémenter une interface simple `CustomDatatypeFactory` dont l'unique méthode permet d'obtenir des objets qui, eux, implémentent une interface `CustomDatatype`[5]. Ces interfaces et l'ensemble des contraintes formelles qu'une implémentation doit respecter sont décrites sur le site web `http://w3id.org/lindt/spec.html`.

---

5. Cette indirection est nécessaire car plusieurs types de données peuvent être définis dans le même document, comme `xsd:string` et `xsd:int` sont définis dans le document à l'URL `http://www.w3.org/2001/XMLSchema`. Il faut donc que le moteur RDF sache quelle partie du code exécuter pour chaque type de données.

Directives pour le moteur RDF ou SPARQL. Lorsqu'un moteur RDF ou SPARQL rencontre un littéral avec un type de données inconnu D_a identifié par une IRI HTTP a : (1) il opère un HTTP GET à a avec l'option HTTP `Accept: application/javascript` ; (2) si l'opération est un succès, il interprète le script, exécute la fonction `getDatatype(a)` et récupère un objet da qui contient la version calculable des fonctionnalités nécessaires pour supporter le type de données D_a ; (3) il utilise les fonctions de da pour valider une forme lexicale, vérifier l'égalité de deux littéraux, ou comparer deux littéraux ayant le type de données D_a.

Publication d'un type de données. Nous avons publié un premier type de données d'IRI `http://w3id.org/lindt/v1/custom_datatypes#length`, abrégée `cdt:length`, pour décrire des mesures de longueurs. Notre serveur utilise la négociation de contenu pour servir la spécification de `cdt:length` : en JavaScript, en Turtle, ou en HTML. L'espace lexical est la concaténation d'un `xsd:double`, un espace optionnel, et d'une unité. Les littéraux suivants sont tous bien typés et ont la même valeur.

```
"1 mile"^^cdt:length        "63360 inches"^^cdt:length      "1609.344 metre"^^cdt:length
"5280 ft"^^cdt:length       "1.609344km"^^cdt:length        "1.609344E+6 mm"^^cdt:length
```

Implémentation du support à la volée dans Jena et ARQ. Nous avons implémenté les directives dans les moteurs Jena et ARQ[6]. Les modifications au cœur de Jena et ARQ qui ont été nécessaires sont précisées par Lefrançois et Zimermann (2016).

Expérimentation. L'article complet Lefrançois et Zimermann (2016) décrit notre expérimentation sur 223,768 triplets de DBpedia 2014 qui décrivent des longueurs. L'objectif est d'évaluer le temps de chargement d'un jeu de données ainsi que le temps d'exécution de requêtes correspondantes pour différentes fractions de :

(a) les triplets de DBpedia qui utilisent des types de données personnalisés ;

(b) leurs équivalents décrit avec l'ontologie QUDT[7] (4 fois plus de triplets) ;

(c) leurs équivalents décrit avec notre type de données `cdt:length` découvrable à la volée.

Le site web `http://w3id.org/lindt/spec.html#h-experiments` décrit les requêtes exécutées, et contient le matériel pour reproduire les expérimentations ainsi que les résultats bruts. Ces résultats montrent que le temps de chargement des jeux de données (c) sont très proches de ceux de (b), avec une pénalité moyenne de 468 ms pour la découverte du type de données. D'un autre côté, les jeux de données (c) ont les meilleures performances en ce qui concerne le temps d'évaluation des requêtes, qui sont par ailleurs plus concises.

4 Conclusion

Les types de données personnalisés sont peu utilisés sur le Web des données car ils ne facilitent pas l'interopérabilité. Si ils pouvaient être supportés de manière générique, cela faciliterait la publication de jeux de données de domaines qu'il peut être difficile de représenter avec des types de données standards. Nous avons proposé des principes qui permettraient :

---

6. `https://github.com/thesmartenergy/jena`.

7. http ://qudt.org/

(i) aux éditeurs de données de publier la définition de types de données personnalisés sur le Web, et (ii) aux moteurs RDF ou les moteurs de requête SPARQL de découvrir à la volée ces types de données personnalisés, puis de les utiliser pour accomplir des opérations de manière uniforme. Nous avons proposé une première implémentation de ces principes pour démontrer leur applicabilité, et résumé une évaluation de notre approche sur un jeu de données réelles de DBpedia. Certaines directions possibles de recherches ont été mentionnées dans le corps de cet article. Nous souhaitons également développer une librairie de types de données pour initier l'adoption notre approche à plus grande échelle.

Remerciements

Ce travail a été partiellement financé par le projet ITEA2 12004 Smart Energy Aware Systems (SEAS), le projet ANR 14-CE24-0029 OpenSensingCity, et une convention bilatérale de recherche avec ENGIE R&D.

Références

Cyganiak, R., D. Wood, et M. Lanthaler (2014). RDF 1.1 Concepts and Abstract Syntax, W3C Recommendation 25 February 2014. W3C Recommendation, W3C.

Hayes, P. et P. F. Patel-Schneider (2014). RDF 1.1 Semantics, W3C Recommendation 25 February 2014. W3C Recommendation, W3C.

Hodgson, R., P. J. Keller, J. Hodges, et J. Spivak (2014). QUDT - Quantities, Units, Dimensions and Data Types Ontologies . Technical report, NASA.

Lefrançois, M. et A. Zimermann (2016). Supporting Arbitrary Custom Datatypes in RDF and SPARQL. In *Proceedings of the Extended Semantic Web Conference, ESWC*.

Perry, M. et J. Herring (2012). OGC GeoSPARQL - A Geographic Query Language for RDF Data. Ogc implementation standard, Open Geospatial Consortium.

W3C OWL Working Group (2012). OWL 2 Web Ontology Language Document Overview (Second Edition), W3C Recommendation 11 December 2012. Technical report, W3C.

Summary

Literals are terminal nodes for the RDF data model, where is encoded actual data such as decimals (`"12.5"^^xsd:decimal`), dates (`"2017-01-26"^^xsd:date`), or any other information (`"apple green"^^ex:color`). RDF and SPARQL engines can test equality or compare literals whose datatype they know (which is the case for `xsd:decimal` and `xsd:date`). But when a datatype is unknown (like `ex:color`), then there is no direct means to "discover" its semantics. This paper tackles this problem and show how : (i) data publishers can publish the definition of arbitrary custom datatypes on the Web, and (ii) generic RDF or SPARQL engines can discover them on-the-fly, and perform operations uniformly. We discuss different possible solutions that leverage the Web of Data principles, and describe a simple one based on dereferencing and JavaScript, that can be used for arbitrarily complex custom datatypes.

Subspace Clustering et Visualisation des Flux de Données

Ibrahim Louhi*,** Lydia Boudjeloud-Assala*
Thomas Tamisier**

*Université de Lorraine, Laboratoire d'Informatique Théorique et Appliquée.
{ibrahim.louhi, lydia.boudjeloud-assala}@univ-lorraine.fr
**Luxembourg Institute of Science and Technology.
{ibrahim.louhi, thomas.tamisier}@list.lu

Résumé. Dans ce papier nous proposons une nouvelle approche de subspace clustering pour les flux de données, permettant à l'utilisateur de suivre visuellement le changement dans le comportement du flux. Cette approche détecte l'impact des variables sur l'évolution du flux, Tout en visualisant les étapes du subspace clustering en temps réel. En premier lieu nous appliquons un clustering sur l'ensemble de variables afin d'identifer les sous-espaces. Ensuite un clustering est appliqué sur les individus dans chaque sous-espace.

1   Introduction

Le clustering est une des techniques utilisées pour la fouille de données, qui essaye de regrouper les individus similaires selon certains critères dans le même groupe appelé cluster. Cependant, parfois les données comportent des informations cachées qui ne sont pas visibles sur l'espace original de variables. Parmi les techniques utilisées pour découvrir ces informations, le subspace clustering cherche à trouver des clusters sur tous les sous-espaces de données.

La tâche du subspace clustering se complique encore plus quand il s'agit de flux de données. Comment identifier des clusters dans ses sous-espaces pertinents tout en respectant les contraintes du traitement du flux de données. Plusieurs approches ont été proposées pour effectuer du subspace clustering sur les flux de données. Cependant aucune à notre connaissance ne permet de visualiser en temps réel l'évolution du flux et des sous-espaces. La visualisation permet dans le contexte du subspace clustering de mieux comprendre les résultats obtenus, et le plus important, d'explorer les données au niveau des différents sous-espaces.

Dans ce papier nous présentons dans un premier temps un bref état de l'art de quelques techniques utilisées pour le subspace clustering sur des données statiques, la visualisation des sous-espaces, et le subspace clustering appliqué aux flux de données. Ensuite, nous présentons notre approche pour effectuer et visualiser un subspace clustering de flux. Nous discuterons également les résultats obtenus, et nous illustrons l'utilité de notre approche et des perspectives pouvant l'améliorer.

2 Etat de l'art

Le subspace clustering essaye de trouver tous les clusters possibles sur tous les sous-espaces, tout en identifiant le meilleur sous-espace pour chaque cluster. CLIQUE (Agrawal et al., 1999) et ses extensions ENCLUS (Cheng et al., 1999) et MAFIA (Goil et al., 1999), combinent un clustering basé sur la densité et un clustering basé sur les grilles. Ils définissent d'abord les sous-espaces, pour ensuite chercher les unités denses adjacentes dans les grilles de chaque sous-espace. Les clusters sont formés par la combinaison de ces unités.

Dans le contexte des flux de données, une adaptation des techniques classiques de subspace clustering est nécessaire. DUCStream (Gao et al., 2005) se base sur l'algorithme CLIQUE (Agrawal et al., 1999). Après l'identification des clusters, DUCSTREAM effectue ensuite une mise à jour incrémentale des unités. HPSTREAM (Aggarwal et al., 2004) est une adaptation de Clustream (Aggarwal et al., 2003) qui est un algorithme de clustering pour les flux de données. HPSTREAM utilise un micro-clustering pour stocker un résumé statistique sur le flux de données (les clusters et leur position temporelle dans le flux), et un macro-clustering qui utilise ce résumé de données pour fournir le résultat obtenu par le clustering à n'importe quel point temporel du flux. Les clusters sont obtenus sur des sous-espaces, et chaque sous-espace est continuellement réévalué ce qui peut changer la structure des clusters déjà obtenus. Contrairement à HPStream qui fournit un résultat approximatif en se basant sur un résumé, INCPREDECON (Kriegel et al., 2011) a besoin d'accéder aux données brutes (un accès limité à un sous-ensemble des données seulement). Il fournit une meilleure solution équivalente au résultat obtenu d'une manière statique (traiter tout l'ensemble de données). Le principe de INCPREDECON consiste à mettre à jour les précédents clusters et leurs variables en se basant sur les nouvelles données.

Les dernières années plusieurs approches visuelles ont été proposées pour le subspace clustering telles que VISA (Assent et al., 2007), HEIDI MATRIX (Vadapalli et Karlapalem, 2009) et SUBVIS (Hund et al., 2016). Cependant, à notre connaissance il n'existe pas d'outils pour trouver et visualiser les sous-espaces dans le contexte des flux de données. Dans ce papier nous proposons une technique pour trouver automatiquement les sous-espaces dans un flux de données, et de visualiser les résultats obtenus dans le but de trouver des informations intéressantes qui n'étaient pas visibles sur la totalité de l'espace des variables.

3 Le subspace Clustering

Cette approche est une extension de l'algorithme NNG-Stream (Louhi et al., 2016) pour le traitement des flux de données (NNG : Nearest Neighborhood Graph). Plutôt que de traiter chaque nouvel individu individuellement dès son arrivée, NNG-Stream traite chaque groupe de nouveaux individus G_i simultanément. La taille des groupes $|G_i| = n$ est fixée par l'utilisateur suivant son expertise et ses préférences. Les clusters obtenus sur chaque nouveau groupe sont reliés avec les clusters globaux du flux selon une mesure de distance entre les centres de gravité des clusters. Chaque cluster est représenté par un graphe de voisinage.

Dans ce qui suit nous adaptons NNG-Stream pour le subspace clustering du flux en lui permettant de chercher des clusters définis sur des sous-espaces (sous-ensemble de variables), et de prendre en considération l'évolution du flux.

Soit $E = \{e_1, e_2, ...\}$ l'ensemble des individus du flux F et $D = \{d_1, ..., d_m\}$ est l'ensemble des variables des individus. Dès l'arrivée du premier groupe d'individus G_1 nous appliquons un algorithme de clustering basé sur le voisinage sur l'ensemble des variables D. Nous calculons la distance entre chaque couple de variables, deux variables sont considérées comme étant voisines seulement si leur distance est inférieure à un seuil. Chaque groupe de voisins représente un cluster, et chaque cluster représente un sous-espace de données. Ensuite pour chaque sous-espace obtenu, nous appliquons le clustering basé sur le voisinage sur les individus définis uniquement avec les variables du sous-espace.

A l'arrivée du groupe suivant G_2 , nous appliquons également le clustering basé sur le voisinage sur l'ensemble des variables D. Deux possibilités peuvent se présenter, soit nous obtenons les mêmes sous-espaces (les mêmes clusters de variables) que sur le premier groupe, soit les sous-espaces sont différents.

Si les sous-espaces restent inchangés, nous traitons les individus de ce deuxième groupe sur chaque sous-espace de la même manière que sur le groupe précédent G_1 et indépendamment des résultats obtenus sur ce dernier. Ensuite les nouveaux clusters sont utilisés pour mettre à jour les précédents clusters. Pour chaque sous-espace nous calculons la distance entre les médoides des nouveaux et des précédents clusters. Si deux médoides sont proches selon une mesure de distance, leurs clusters respectifs sont reliés. Dans le cas ou un nouveau cluster n'est proche d'aucun des clusters précédents, il est rajouté comme étant un nouveau cluster dans le flux. Ainsi de suite tant que les sous-espaces ne changent pas, nous continuons à traiter le flux groupe par groupe et à mettre à jour les précédents clusters.

Si à l'arrivée d'un nouveau groupe, nous obtenons des sous-espaces différents, nous considérons que le flux de données a changé. Nous ne pouvons plus mettre à jour les précédents clusters vu que les sous-espaces ont changé. Cela représente la fin de la première fenêtre, nous sauvegardons un résumé de la première fenêtre contenant le nombre et le contenu des sous-espaces ainsi que le nombre de clusters obtenus dans chaque sous-espace. Une fenêtre représente une partie du flux $T_i \rightarrow T_j$ avec les mêmes sous-espaces.

Nous traitons les individus des groupes de la deuxième fenêtre exactement de la même façon que la première. A chaque fois que les sous-espaces changent par rapport au groupe précédent ça représente la fin de la fenêtre actuelle, et à la fin de chaque fenêtre nous sauvegardons un résumé de ses sous-espaces et clusters. Le résumé permet de garder une trace sur le changement du flux.

4   Visualisation, résultats et discussion

Notre interface visuelle comporte plusieurs niveaux, une visualisation globale du flux (figure 1), une visualisation des sous-espaces (figure 2), une visualisation globale des clusters obtenus sur chaque sous-espace (figures 3 à 6) et une visualisation détaillée des clusters sur chaque sous-espace sous la forme de graphes de voisinage (Louhi et al., 2016).

Dans la figure 1 une partie du flux de données est représentée par une visualisation inspirée par les themerivers. Les lignes du themeriver représentent le nombre des clusters, le nombre d'outliers et le pourcentage d'outliers par rapport au nombre d'individus (le pourcentage est normalisé par rapport au nombre de clusters et d'outliers) à chaque instant T_i (les instants T_i représentent la fin de traitement de chaque groupe d'individus G_i). Nous avons choisi de représenter seulement ces informations afin d'avoir une visualisation simple sans trop de détails, permettant à l'utilisateur de suivre l'évolution du flux sans un grand effort cognitif.

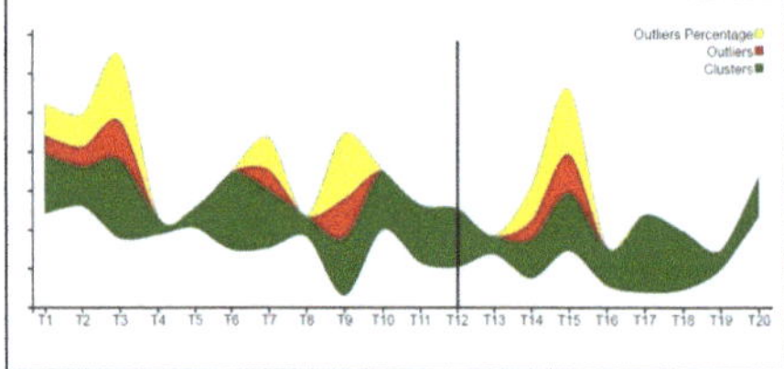

FIG. 1: Vue globale du flux de données

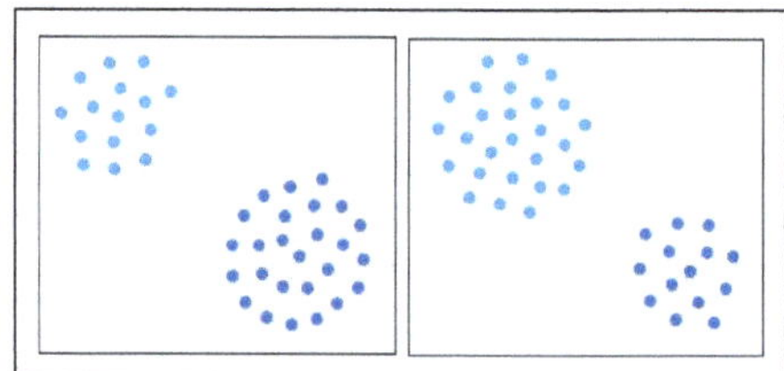

FIG. 2: Les deux sous-espaces obtenus

A la fin de chaque fenêtre (quand les sous-espaces obtenus changent), une ligne verticale s'affiche sur le themeriver (dans notre exemple ça se produit à l'instant T_{12}). Notre approche de subspace clustering applique un clustering sur l'ensemble des variables afin d'identifier les sous-espaces. Ces derniers peuvent être visualisés en même temps que la vue globale du flux (figure 2), où Chaque point représente une variable et chaque cluster représente un sous-espace. Ensuite un clustering est appliqué sur les individus de chaque sous-espaces. Une description du flux par un themeriver peut être obtenue (figures 3 à 6).

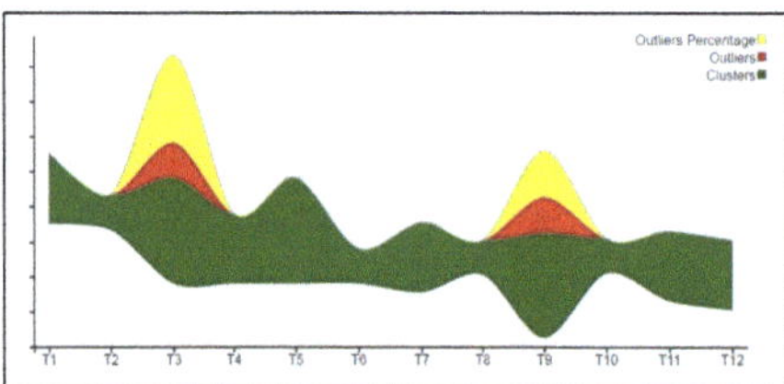

FIG. 3: La première fenêtre du flux sur le premier sous-espace

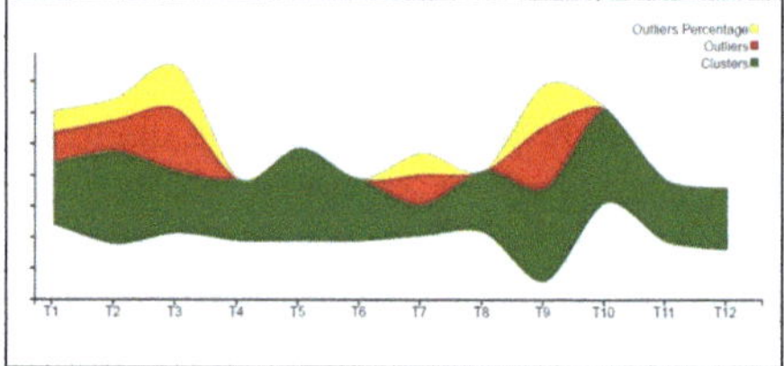

FIG. 4: La première fenêtre du flux sur le deuxième sous-espace

Les figures 3 et 4 représentent une description du clustering de la première fenêtre (T_1 jusqu'à T_{12}) sur les deux sous-espaces séparément. En comparant ces résultats avec le clustering sur tout l'espace, nous remarquons que sur le premier sous-espace (figure 3) il y a des outliers aux mêmes instants que sur le clustering global (T_3 et T_9) et que des outliers ont disparu à deux autres instants (T_1 et T_6). Sur le deuxième sous-espace (figure 4), nous retrouvons des outliers aux mêmes instants que sur l'espace original (T_1, T_3, T_6 et T_9).

A partir des themerivers, l'utilisateur peut afficher en détail les clusters obtenus à un instant T_i. Les clusters sont représentés sous la forme de graphes de voisinage afin de refléter l'algorithme de traitement. Cette visualisation des clusters a permis de comparer les outliers obtenus sur l'espace original et ceux obtenus sur les sous-espaces : aux instants T_3 et T_9 deux outliers sont détectés sur l'espace original à chacun des deux instants, seulement un des deux outliers est détecté sur le premier sous-espace à chaque instant. Sur le deuxième sous-espace, deux outliers sont détectés à chaque instant et ils sont identiques à ceux sur l'espace original. Aux instants T_1 et T_6 se sont exactement les mêmes outliers sur le deuxième sous-espace que sur l'espace original (un outlier à chaque instant).

Nous remarquons également que le deuxième sous-espace est assez proche de l'espace original, Le themeriver du deuxième sous-espace ressemble fortement à celui de la première partie du flux sur l'espace original des variables.

Les figures 5 et 6 représentent le flux de données sur la deuxième fenêtre (après T_{12}) sur les deux sous-espaces. En comparant ces résultats avec le clustering sur tout l'espace, nous remarquons que sur le premier sous-espace (figure 5) il y a des outliers au même instant que sur le clustering global (à l'instant T_{15}) et un nouveau outliers qui a apparu à T_{18}. Sur le deuxième sous-espace (figure 6), Les outliers ont disparu à T_{15} et des nouveaux sont apparus à T_{14}. La visualisation des clusters sous la forme de graphes de voisinage a permis également de comparer les outliers détectés. A l'instant T_{14} le même outlier est détecté sur l'espace original et sur le deuxième sous-espace. A l'instant T_{15} seulement un des deux outliers détectés sur l'espace original est détecté sur le premier sous-espace.

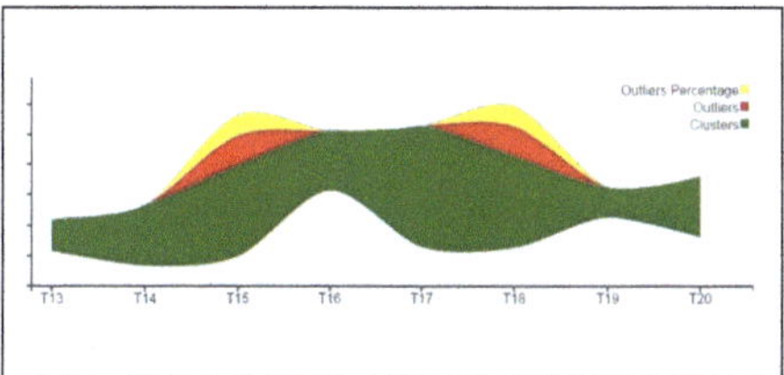

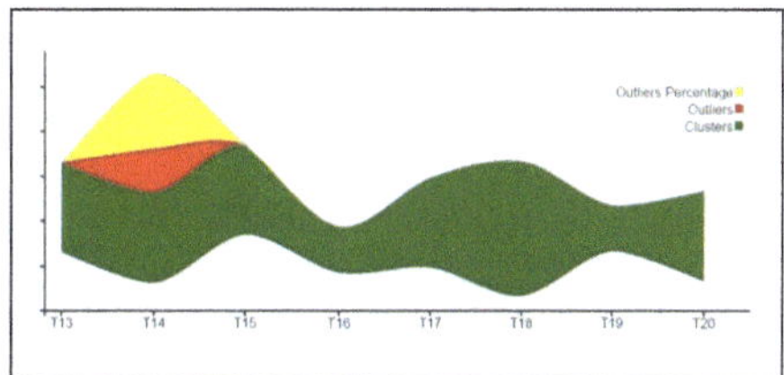

FIG. 5: La deuxième fenêtre du flux sur le premier sous-espace	FIG. 6: La deuxième fenêtre du flux sur le deuxième sous-espace

A partir de ces visualisations (figures de 1 à 6) nous pouvons clairement comprendre l'intérêt de notre approche de subspace clustering pour les flux de données. Appliquer un clustering sur les variables permet de regrouper les variables qui ont le même degré d'influence sur le flux dans le même cluster. Ceci était visible quand nous avons pu détecter les mêmes outliers sur les sous-espaces que ceux sur l'espace original. Nous avons aussi pu trouver un sous-espace sur lequel le flux a le même comportement que sur l'espace original (figure 4). Nous pouvons imaginer l'intérêt de représenter un flux par un sous-espace dans les données à grande dimensionnalité, permettant d'optimiser le processus de traitement on ignorant les variables non pertinentes. Nous avons également détecté de nouveaux outliers sur des sous-espaces alors qu'ils n'apparaissaient pas sur l'espace original. Ce qui veut dire que nous avons découvert une information qui n'était pas visible dans l'espace original.

5 Conclusion

Dans ce papier nous avons proposé une nouvelle approche de subspace clustering pour les flux de données. La visualisation de toutes les étapes du subspace clustering a permis de mettre en évidence l'efficacité de cette approche. Nous avons pu trouver des sous-espaces qui représentent l'espace original de variables, un sous-espace sur lequel le flux à un comportement différent (de nouvelles informations sont visibles), et le plus important, nous avons pu détecter le changement dans le flux sous un nouvel angle. Plutôt d'identifer le changement par des tests statistiques, cela est possible en se focalisant sur l'évolution de l'impact des variables.

Références

Aggarwal, C. C., J. Han, J. Wang, et P. S. Yu (2003). A framework for clustering evolving data streams. In *Proceedings of the 29th international conference on Very large data bases-Volume 29*, pp. 81–92. VLDB Endowment.

Aggarwal, C. C., J. Han, J. Wang, et P. S. Yu (2004). A framework for projected clustering of high dimensional data streams. In *Proceedings of the Thirtieth international conference on Very large data bases-Volume 30*, pp. 852–863. VLDB Endowment.

Agrawal, R., J. E. Gehrke, D. Gunopulos, et P. Raghavan (1999). Automatic subspace clustering of high dimensional data for data mining applications. US Patent 6,003,029.

Assent, I., R. Krieger, E. Müller, et T. Seidl (2007). Visa : visual subspace clustering analysis. *ACM SIGKDD Explorations Newsletter 9*(2), 5–12.

Cheng, C.-H., A. W. Fu, et Y. Zhang (1999). Entropy-based subspace clustering for mining numerical data. In *Proceedings of the fifth ACM SIGKDD international conference on Knowledge discovery and data mining*, pp. 84–93. ACM.

Gao, J., J. Li, Z. Zhang, et P.-N. Tan (2005). An incremental data stream clustering algorithm based on dense units detection. In *Pacific-Asia Conference on Knowledge Discovery and Data Mining*, pp. 420–425. Springer.

Goil, S., H. Nagesh, et A. Choudhary (1999). Mafia : Efficient and scalable subspace clustering for very large data sets. In *Proceedings of the 5th ACM SIGKDD International Conference on Knowledge Discovery and Data Mining*, pp. 443–452. ACM.

Hund, M., D. Böhm, W. Sturm, M. Sedlmair, T. Schreck, T. Ullrich, D. A. Keim, L. Majnaric, et A. Holzinger (2016). Visual analytics for concept exploration in subspaces of patient groups. *Brain Informatics*, 1–15.

Kriegel, H.-P., P. Kröger, I. Ntoutsi, et A. Zimek (2011). Density based subspace clustering over dynamic data. In *International Conference on Scientific and Statistical Database Management*, pp. 387–404. Springer.

Louhi, I., L. Boudjeloud-Assala, et T. Tamisier (2016). Traitement de flux par un graphe de voisinage incrémental. *Revue des Nouvelles Technologies de l'Information Fouille de Données Complexes, RNTI-E-31*, 15–36.

Vadapalli, S. et K. Karlapalem (2009). Heidi matrix : nearest neighbor driven high dimensional data visualization. In *Proceedings of the ACM SIGKDD Workshop on Visual Analytics and Knowledge Discovery*, pp. 83–92. ACM.

Summary

In this paper we propose a novel subspace clustering approach for data streams, allowing the user a visual tracking of the data stream behavior. The approach detects the variables impact on the stream evolution. The subspace clustering steps are visualized on real time. First we apply a clustering on the variables set to obtain subspaces. Then we cluster the elements within each subspace.

Recommandations et prédictions de préférences basées sur la combinaison de données sémantiques et de folksonomie

Pierre-René Lhérisson[*,**] Fabrice Muhlenbach[*] et Pierre Maret[*]

[*]Univ. Lyon, UJM-Saint-Etienne, CNRS,
Laboratoire Hubert Curien UMR 5516, F-42023 Saint Etienne, France
{pr.lherisson / fabrice.muhlenbach / pierre.maret}@univ-st-etienne.fr
[**]1D Lab, 5 rue Javelin Pagnon, F-42000 Saint Etienne, France
pierrerene.lherisson@1d-lab.eu

Résumé. Dans les systèmes de recommandation, l'approche du filtrage sur le contenu est revenue en force face à celle du filtrage collaboratif grâce à l'arrivée du paradigme de l'apprentissage profond et des techniques de *word embedding*. Dans cette même veine, l'avènement des folksonomies et du *web* sémantique a apporté une meilleure compréhension des profils des utilisateurs et des caractéristiques des articles à recommander. Dans cet article, nous nous intéressons au domaine musical et nous introduisons un nouveau calcul de mesure de préférence intégrée dans un système de recommandations basées sur le contenu. En testant notre approche sur le jeu de données *Last.fm*, nous montrons que l'utilisation de termes issus d'une folksonomie associés à des informations issues du *web* sémantique permet d'améliorer le processus de recommandation musicale.

1 Introduction

Dans les plates-formes d'e-commerce, il est nécessaire de filtrer la grande masse d'informations disponibles pour proposer automatiquement à chaque consommateur les articles qui sont susceptibles de l'intéresser. Les systèmes de recommandation, qui permettent d'automatiser ce processus (Ricci et al., 2015), procèdent le plus souvent soit suivant le filtrage collaboratif, où les recommandations se font à partir des évaluations déjà effectuées par d'autres utilisateurs sur des articles, soit suivant une approche basée sur le contenu (Ricci et al., 2011) qui utilise les descriptions des articles et des utilisateurs pour créer des profils d'articles et des profils d'utilisateurs.

L'approche de recommandation basée sur le contenu connaît un regain d'intérêt aujourd'hui avec l'arrivée de nouvelles technologies. Néanmoins, pour qu'une approche telle que le *word embedding* soit efficace, il faut que le contenu soit disponible en très grosses quantités sur les articles à recommander. Ceci n'est pas toujours possible suivant les domaines d'application. À titre d'exemple, considérons un système de recommandation associé à un site de *streaming* diffusant de la musique en ligne. Dans cette situation, la masse de contenu textuel exploitable sera importante si les artistes musicaux proposés sont célèbres. Cela ne sera plus vrai dans le cas où le site propose dans son catalogue des artistes musicaux issus de labels indépendants pour lesquels les informations textuelles sont faibles et peu structurées.

Dans cet article, nous nous intéressons au problème de la recommandation musicale dans le cas où une description d'artiste n'est pas disponible pour permettre une application de type *word embedding*. Nous faisons l'hypothèse que les seules informations disponibles sont des annotations d'utilisateurs sous forme de « tags » et qu'à partir de ces informations, associées à des données du *web* sémantique, il est possible d'établir des relations de similarité entre les artistes.

2   Folksonomie et données sémantiques

Lorsque l'on souhaite réaliser une application telle qu'un système de recommandation basée sur le contenu, il faut disposer de données structurées, de qualité, et si possible présentes en grand nombre. Les systèmes basés sur le contenu proposent à un utilisateur des articles similaires à ceux qu'il a aimés dans le passé (Ricci et al., 2011). Cette similitude peut être trouvée par des approches basées sur des heuristiques (avec des techniques empruntées au domaine de la recherche d'information) ou basées sur des modèles (à partir de la construction d'un modèle spécifique pour chaque utilisateur).

La grande force des systèmes collaboratifs est de proposer des évaluations explicites des articles par les différents utilisateurs, et certains systèmes de recommandation basés sur le contenu essaient de retrouver de telles évaluations sur un mode implicite. D'autres approches cherchent à tirer bénéfice des techniques de la fouille de texte et du traitement automatique du langage naturel. Certaines d'entre elles reposent sur les systèmes d'étiquetage (*tagging system*) collaboratif, ou « folksonomie », qui permettent d'enrichir le profil de l'utilisateur. Ces approches ne sont pas toujours efficaces en raison de la liberté laissée aux utilisateurs dans les termes sélectionnables pour annoter les articles (Zhang et al., 2012).

Il existe aussi des approches qui mettent en avant les informations expertes, structurées en graphe, issues des technologies sémantiques, qui ont été adaptées avec succès aux systèmes de recommandation basés sur le contenu (Ricci et al., 2015). La découverte de caractéristiques porteuses de sens dans un texte est fondamentale pour son traitement. Cette connaissance peut être fournie par différentes sources : ontologies, données encyclopédiques non structurées (p. ex. *Wikipédia*) ou sources de données ouvertes liées en ligne (p. ex. *DBpedia*).

Dans ce qui suit, nous montrons comment les systèmes de recommandation sémantiques et basés sur une folksonomie sont des approches qui peuvent s'enrichir mutuellement.

3   Recommandation et préférence

Dans l'approche du filtrage collaboratif, les systèmes de recommandation apportent une réponse à travers un mode de calcul de similarité. Cette similarité peut être donnée de diverses manières. Une première manière (appelée *"item-based collaborative filtering"*) consiste à calculer la similarité existant entre les articles à recommander, c'est-à-dire qu'un article similaire à un autre article positivement évalué par l'utilisateur a de fortes chances d'être aussi apprécié. Une deuxième manière (appelée *"user-based collaborative filtering"*) exploite les similarités entre comportements d'utilisateurs : un utilisateur dont les évaluations sont similaires à un ou quelques autres utilisateurs aura des chances de suivre la tendance de ce petit groupe et donc il sera possible de trouver la manière dont cet utilisateur appréciera un article non évalué en étudiant la façon dont son groupe l'a apprécié. La similarité peut être aussi obtenue à partir des évaluations populaires (le suivi de l'opinion générale, positivement ou négativement).

À défaut d'évaluations objectives permettant d'associer un article à un utilisateur donné, il nous faut retrouver un critère tel qu'une mesure de préférence, notée dans la suite *Prf*, avec$Prf_{i,j}$ permettant d'indiquer le niveau de préférence d'un utilisateur i pour un article j.

Dans le domaine musical, nous faisons l'hypothèse que plus un utilisateur préfère écouter un artiste musical donné, plus il aura tendance à écouter des musiques de cet artiste. Cependant, si un artiste musical n'est pas du tout écouté par un utilisateur, une double interprétation de cette valeur nulle d'écoute sera possible : soit il s'agit d'un artiste connu par l'utilisateur et dont celui-ci a volontairement évité d'écouter de la musique parce qu'il ne l'apprécie pas, soit il s'agit d'un artiste non connu de l'utilisateur et, dans ce cas, il va s'avérer pertinent de recommander des musiques de ce dernier, dans la mesure où ces musiques se rapprocheraient de ce qu'aime déjà l'utilisateur-écouteur.

Ce travail propose une manière de déduire la préférence d'un utilisateur pour un artiste dont les musiques n'ont pas été écoutées au moyen d'informations issues de la combinaison de données sémantiques et de folksonomie.

4 Contributions

4.1 Profil d'utilisateur, préférences calculées et préférences prédites

Dans le contexte de la recommandation musicale, nous faisons l'hypothèse que la complémentarité des approches expertes (du *web* sémantique) et des approches non expertes (fournies par une folksonomie) peut s'avérer fructueuse. Dans notre approche, commune à de nombreux systèmes de recommandations basées sur le contenu, nous cherchons à construire un modèle spécifique pour chaque utilisateur afin de pouvoir effectuer les recommandations.

Nous considérons un ensemble d'utilisateurs (les « écouteurs ») $U = \{u_1, \ldots, u_i, \ldots, u_n\}$, un ensemble d'articles (ici, les artistesmusicaux) que nous notons $A = \{a_1, \ldots, a_j, \ldots, a_m\}$, et par $E = \{u_n, a_m\} \in U \times A$ nous indiquons l'ensemble des écoutes effectuées. En se basant sur ces notations, nous définissons par E_i l'ensemble des écoutes d'un utilisateur i donné. Nous cherchons à définir pour chaque écoute $E_{i,j}$ d'un utilisateur i pour un artiste musical j une valeur depréférence *Prf* telle que $Prf \in [0, 1]$. À partir des préférences calculées $Prf(i, j)$ pour différents artistes j dont le nombre d'écoutes est non nul, la préférence prédite $\widetilde{Prf}(i, k)$ pour une valeur de préférence inconnue (cas où il n'y a pas d'écoute pour l'artiste musical k concerné) va se calculer de la manière suivante :

$$\widetilde{Prf}(i, k) = \frac{\sum_{j,k \in A_m \cap E_{i,m}} Prf(i, j) \cdot sim(j, k)}{\sum_{j,k \in A_m \cap E_{i,m}} sim(j, k)}$$

4.2 Description des articles à recommander

Pour pouvoir prédire la préférence d'un utilisateur-écouteur i pour un artiste musical k donné, alors que le nombre d'écoutes de cet artiste est nul, il faut pouvoir déduire cette valeur des similarités existant entre cet artiste k et des artistes tels que j où le nombre d'écoutes n'est pas nul, et où la valeur $Prf(i, j)$ a pu être calculée.

Un premier mode de calcul de la similarité entre artistes peut se faire à partir des tags. En faisant l'hypothèse que plus les artistes sont décrits par des tags identiques, plus ils sont considérés comme étant similaires, la similarité entre un artiste j et un artiste k peut facilement être calculée à partir d'une similarité du cosinus. Un second mode de calcul de la similarité entre artistes peut être établi à partir du *web* sémantique. Notre approche consiste à apparier les artistes musicaux de la plate-forme musicale avec les pages correspondantes sur le site de données sémantiques en ligne *DBpedia*. Au sein de ces pages sont récupérées les informations jugées pertinentes pour la description des artistes, telles que le résumé biographique (*"abstract"*), les genres musicaux (*"genre"*), les maisons de disque (*"labels"*), etc.

Ce contenu textuel est traité par l'allocation de Dirichlet latente, ou LDA (Porteous et al., 2008). Ce traitement par LDA permet de retrouver un nombre donné de thèmes latents dans notre corpus (Ponweiser, 2012). À travers les thèmes partagés entre deux artistes j et k, nous pouvons là aussi calculer une mesure de similarité à partir d'une similarité du cosinus.

5   Évaluations expérimentales

5.1   Données expérimentales

Pour évaluer notre approche, nous avons utilisé le jeu de données *Last.fm* de Cantador et al. (2011). Ces données comportent un ensemble initial de 17 632 artistes musicaux, dont nous n'avons conservé que ceux aussi présents sur *DBpedia* et ayant été écoutés au moins une fois par les utilisateurs, soit $m = 8\ 031$ artistes, avec $n = 1\ 753$ utilisateurs, un vocabulaire de 7 812 tags distincts, 72 479 écoutes des artistes conservés et 158 444 annotations faites par les utilisateurs. Les annotations attribuées aux artistes musicaux sont grandement variables et plus un artiste est connu et écouté, plus il est tagué. Ces tags peuvent présenter des éléments très subjectifs de la part des utilisateurs ainsi que des erreurs de saisie. Par exemple, le groupe musical *Morcheeba* a été tagué par un utilisateur donné par : « chillout », « downtempo », « female vovalist » (au lieu de « vocalist »), « electronic », « trip-hop », « dance ».

5.2   Méthodologie

Afin d'étudier les apports respectifs de la folksonomie, des données sémantiques et de la combinaison des deux à la fois, nous avons testé nos approches avec trois modèles :
— **modèle 1** : description des articles par des tags (folksonomie) ;
— **modèle 2** : description sémantique des articles ;
— **modèle 3** : description sémantique des articles + description des articles par les tags.

Chacun des modèles comporte une description des articles (les artistes musicaux) par un mode de calcul de la similarité qui lui est propre, comme indiqué dans la section précédente, et cette description sert de variable d'entrée dans un algorithme d'apprentissage supervisé de type SVM(Cortes et Vapnik, 1995) afin de prédire si l'artiste musical sera écouté ou non par un utilisateur donné. En plus des variables d'entrée qui sont propres à chaque modèle, nous ajoutons d'autres paramètres d'apprentissage tels que la préférence des utilisateurs pour l'artiste musical (préférence calculée ou prédite en cas d'absence d'écoutes), un indice allant de 0 à 1 qualifiant la popularité des artistes musicaux, et une variable binaire correspondant au fait que l'utilisateur a effectivement écouté l'artiste musical en question ou non.

Dans notre protocole d'apprentissage supervisé employé sur les trois modèles, nous sélectionnons aléatoirement 80% des données que nous réservons à l'apprentissage, le test se faisant sur les 20% restants. Les performances obtenues dans la prédiction des valeurs de préférence sont indiquées à travers le calcul de l'erreur quadratique moyenne (RMSE) de $\widetilde{Prf}$ issue de la différence entre la préférence prédite et la préférence effective calculée, du rappel, de la précision et de la F-mesure des trois modèles de recommandation.

6   Résultats et discussions

Le Tableau 1 résume les résultats obtenus par nos calculs de préférences et de recommandations sur les 3 modèles décrits précédemment. Pour analyser ces résultats, il nous semble important de préciser que les résultats présentés sont obtenus à partir de moyennes des modèles individuels de chaque utilisateur. De plus, avec un SVM en validation croisée, l'algorithme n'effectue son apprentissage que sur une seule classe (les seuls artistes écoutés) et cherche à retrouver si un artiste a été écouté ou non par un utilisateur donné. Enfin, la classe des artistes non écoutés (qui n'a pas été apprise) est exagérément sur-représentée par rapport à celle des artistes écoutés (un utilisateur écoute un nombre limité d'artistes du catalogue).

Ce protocole expérimental n'est ainsi pas adapté aux algorithmes d'apprentissage qui discriminent entre deux classes ou plus. Nous avons mis en place des modèles d'apprentissage binaire en utilisant des algorithmes de base (k-PPV, SVM sur 2 classes, forêt aléatoire...) mais les résultats produisent un rappel nul, explicables par le déséquilibre des classes.

	mod. 1 (tag)	mod. 2 (sém.)	mod. 3 (tag + sém.)
RMSE $\widetilde{Prf}$	0.256	0.231	0.232
précision	0.021	0.011	0.023
rappel	0.456	0.544	0.461
F-mesure	0.028	0.018	0.030

TAB. 1 – *Résultats obtenus pour trois modèles de recommandations basées sur le contenu.*

Le Tableau 1 montre que les précisions obtenues dans nos expérimentations sont, dans l'ensemble, relativement faibles, conséquence du déséquilibre des classes en faveur des artistes non écoutés. Le rappel est meilleur pour l'emploi seul des informations de similarité sémantique. Les informations issues de la folksonomie diminuent les résultats en rappel. La folksonomie seule permet difficilement de parvenir à différencier les artistes. En revanche, les tags ont une meilleure correspondance avec les profils des utilisateurs à la manière d'une projection personnelle de l'usager sur l'item « artiste musical ». Les tags ont la propriété de repousser les éléments qui ne sont pas dans la classe des artistes écoutés, mais ils ne permettent pas de retrouver facilement les éléments qui sont dans cette classe.

En conclusion de cette analyse, nous pouvons dire que la combinaison des informations sémantiques et issues de folksonomie semble être un bon compromis car, sans augmenter notablement l'erreur (RMSE), elle améliore la précision sans pour autant trop pénaliser le rappel (le modèle 3 donne la meilleure F-mesure). Ainsi, dans le cas d'artistes non présents sur *DBPedia*, il est pertinent de demander aux utilisateurs de décrire par folksonomie ces artistes.

7   Conclusion et perspectives

Dans cet article, nous avons présenté une méthode permettant d'estimer les préférences des utilisateurs-écouteurs d'une plate-forme de diffusion de musique en *streaming* pour des artistes musicaux. Cette méthode se fonde sur une mesure réalisée à partir des écoutes des utilisateurs. Nous avons présenté des résultats permettant d'étudier le comportement de trois modèles de recommandation réalisés à partir soit de données issues d'une folksonomie, soit de données sémantiques, soit d'une combinaison des deux approches à la fois. Nous avons vu qu'une bonne description des articles à recommander, notamment à travers des informations sémantiques, permet de mieux prédire les prochaines écoutes des utilisateurs.

Ajoutons enfin que notre proposition peut être généralisée à d'autres contextes que le domaine musical. Le travail réalisé ici sur les préférences issues des écoutes peut être transformé afin d'aider à tirer bénéfice du contenu pour la réalisation de systèmes de recommandation dans le cas où, en l'absence de travail collaboratif réalisé par les utilisateurs d'un service en ligne, il n'est pas possible de disposer d'évaluations explicites des différents articles proposés.

Références

Cantador, I., P. Brusilovsky, et T. Kuflik (2011). 2nd workshop on information heterogeneity and fusion in recommender systems (HetRec 2011). In *Proc of RecSys 2011*. ACM.

Cortes, C. et V. Vapnik (1995). Support-vector networks. *Machine Learning 20*(3), 273–297.

Ponweiser, M. (2012). Latent dirichlet allocation in R. Theses / Institute for Statistics and Mathematics 2, WU Vienna University of Economics and Business, Vienna. Diploma Thesis.

Porteous, I., D. Newman, A. Ihler, A. Asuncion, P. Smyth, et M. Welling (2008). Fast collapsed Gibbs sampling for Latent Dirichlet Allocation. In *Proc. of KDD'08, August 24–27, 2008, Las Vegas, Nevada, USA*, pp. 569–577. ACM.

Ricci, F., L. Rokach, et B. Shapira (Eds.) (2015). *Recommender Systems Handbook* (2nd ed.). Springer.

Ricci, F., L. Rokach, B. Shapira, et P. B. Kantor (Eds.) (2011). *Recommender Systems Handbook* (1st ed.). Springer.

Zhang, Z., T. Zhou, et Y. Zhang (2012). Tag-aware recommender systems : A state-of-the-art survey. *CoRR abs/1202.5820*.

Summary

In recommender system, the content-based approach is trending since the arrival of deep learning and word embedding techniques. Otherwise the advent of folksonomies and the semantic web brings a better understanding of user profiles and item features. In this paper, we are focusing on music recommendations and we introduce a new preference index integrated in a content-based recommender system. By testing our approach on *Last.fm* dataset, we show that the use of terms from a folksonomy to describe the music content associated in addition to music information from the semantic weballows to improve the process of music recommendation.

Nouveau modèle pour un passage à l'échelle de la θ-subsomption

Hippolyte Léger, Dominique Bouthinon, Mustapha Lebbah, Hanane Azzag

Universite Paris 13, Sorbonne Paris Cite, L.I.P.N
UMR-CNRS 7030 F-93430, Villetaneuse, France
{leger, bouthinon, lebbah, azzag}@lipn.univ-paris13.fr

Résumé. Le test de θ-subsomption, opération fondamentale en Programmation Logique Inductive (PLI) pour tester la validité d'une hypothèse sur les exemples, est particulièrement coûteux. Ainsi, les systèmes d'apprentissage de PLI les plus récents ne passent pas à l'échelle. Nous proposons donc un nouveau modèle de θ-subsomption fondé sur un réseau d'acteurs, dans le but de pouvoir décider la subsomption sur de très grandes clauses.

1 Introduction

La θ-subsomption est utilisée dans de nombreux systèmes de Programmation Logique Inductive (PLI) pour tester la validité d'une hypothèse sur les exemples. Une clause C θ-subsume une clause D si et seulement si il existe une substitution θ telle que $C\theta \subseteq D$. Malheureusement, la complexité temporelle de pire cas de la θ-subsomption est $(O(|D|^{|C|}))$. De nombreuses recherches ont été menées pour créer des algorithmes de θ-subsomption efficaces (Ferilli et al. (2003); Kuzelka et Zelezný (2008); Santos et Muggleton (2010))[1]. Cependant, le passage à l'échelle de la subsomption sur des plate-formes distribuées a reçu beaucoup moins d'attention et aucun système à notre connaissance ne se concentre sur la θ-subsomption. Notre but est de créer un modèle générique de θ-subsomption pouvant passer à l'échelle et être facilement intégré à des systèmes d'apprentissage relationnel en utilisant des plate-formes Big Data distribuées.

2 Preliminaires

Nous considérons ici la θ-subsomption entre deux clauses C et D où C et D sont des clauses de Horn définies sans fonctions, C contenant des variables et D des constantes. Une substitution est un ensemble fini $\{X_1/v_1, \ldots, X_n/v_n\}$ où X_i est une variable et v_i est une constante (une variable apparaît une seule fois dans une substitution). Deux substitutions θ_1 et θ_2 ne sont pas compatibles si elles assignent deux valeurs distinctes à une même variable, par exemple $\theta_1 = \{Y/a\}$ et $\theta_2 = \{Y/b\}$. En revanche l'union de deux substitutions compatibles est toujours valide. Nous présentons ci-dessous, un exemple θ-subsomption utilisé tout au long de l'article.

---

1. Voir Ferilli et al. (2003) pour une étude plus approfondie de ces travaux

Exemple 1

$$
\begin{array}{llllllll}
C & = & t(X) & \leftarrow & p(X,Y,Z) & \wedge & q(Z,T) & \wedge & r(T,T,U). \\
D & = & t(a) & \leftarrow & p(a,b,c) & \wedge & q(c,e) & \wedge & r(e,e,g) & \wedge \\
& & & & p(a,b,d) & \wedge & q(d,f) & \wedge & r(f,f,g) & \wedge \\
& & & & & & & & r(e,f,g).
\end{array}
$$

L'exemple 1 montre que C θ-subsume D pour $\theta = \{X/a, Y/b, Z/c, T/e, U/g\}$ et $\theta = \{X/a, Y/b, Z/d, T/f, U/g\}$. Les propriétés suivantes seront utilisées dans notre modèle :

Propriété 1 *C θ-subsume D si et seulement si 1)] il existe une substitution α ne référant que des variables de $head(C)$, telle que $head(C)\alpha = head(D)$ et, 2) il existe une substitution μ ne référant que des variables de $body(C)\alpha$, telle que $body(C)\alpha\mu \subseteq body(D)$. (La preuve est évidente.)*

Propriété 2 *Soit $A = \{a_1, \ldots, a_n\}$ une conjonction de littéraux et B une conjonction de littéraux clos. Alors, A θ-subsume B si et seulement si il existe un ensemble de substitutions compatibles $\{\mu_1, \ldots, \mu_n\}$ tel que $a_i\mu_i \in B$ $(1 \leq i \leq n)$.*
Preuve *$A\mu \subseteq B \Leftrightarrow \{a_1\mu, \ldots, a_n\mu\} \subseteq B \Leftrightarrow$ il existe un ensemble de substitutions compatible $\{\mu_1, \ldots, \mu_n\}$ avec $\mu = \mu_1 \cup \ldots \cup \mu_n$ et où μ_i ne réfère que des variables de a_i, tel que $\{a_1\mu_1, \ldots, a_n\mu_n\} \subseteq B \Leftrightarrow a_i\mu_i \in B$ $(1 \leq i \leq n)$.* $\square$

Considérons $A = body(C)\alpha$ et $B = body(D)$ sus-mentionnés. On remarque que $A\mu \subseteq B$ avec $\mu = \mu_1 \cup \mu_2 \cup \mu_3$ où $\mu_1 = \{Y/b, Z/c\}$, $\mu_2 = \{Z/c, T/e\}$ et $\mu_3 = \{T/e, U/g\}$.

D'après les propriétés 1 et 2, le problème de subsomption entre deux clauses C et D peut être modélisé comme suit :

1. trouver une substitution α ne référant que des variables de $head(C)$ tel que $head(C)\alpha = head(D)$,

2. si l'étape 1 a réussi : (soit $body(C)\alpha = \{a_1, \cdots, a_n\}$) trouver un ensemble de substitutions compatibles $\{\mu_1, \cdots, \mu_n\}$, μ_i ne référant que des variables de a_i, telle que $a_i\mu_i \in body(D)$ $(1 \leq i \leq n)$,

3. si l'étape 2 a réussi : la subsomption est assuré par la substitution $\theta = \alpha \cup \mu_1 \cup \cdots \cup \mu_n$.

L'étape 1 est très facile à vérifier. Le modèle de θ-subsomption que nous présenterons dans la section suivante se concentrera donc sur l'étape 2.

3 θ-subsomption basée sur un réseau d'acteurs

Étant donné une conjonction (généralement non close) $A = \{a_1, \ldots, a_n\}$ et une conjonction close B, nous cherchons un ensemble $\{\mu_1, \ldots, \mu_n\}$ de substitutions compatibles tel que μ_i ne réfère que des variables de a_i, et $a_i\mu_i$ appartient à B $(1 \leq i \leq n)$. Le schéma de θ-subsomption que nous proposons est fondé sur un modèle d'acteurs (Hewitt et al. (1973)). Un acteur est une entité indépendante, liée à d'autres acteurs via un système de messagerie asynchrone. Les acteurs forment un graphe orienté, que l'on appellera un réseau d'acteurs.

Afin de résoudre le problème de θ-subsomption entre les conjonctions A et B on construit d'abord un réseau d'acteurs à partir de A (cf. algorithme 1). Ensuite, on envoie les atomes de B au réseau qui retournera la première (ou toutes les) substitution(s) vérifiant la θ-subsomption ainsi qu'un message *fin*. Si le problème n'a aucune solution, le réseau ne retourne que le message *fin*.

Algorithm 1 Construction du réseau d'acteurs.

---

buildNetwork(A)   /* $A = \{a_1, \ldots, a_n\}$ est une conjonction de n littéraux */
begin
   create the output actor out ; buildTree(out, n) ;   /* création de l'arbre d'acteurs */
   create the input actor in ;
   pour chaque acteur de substitution s_i (feuille de l'arbre de racine out) **faire**
        link s_i with in ; set a_i as internal label of s_i ;
   return in ;
end.
buildTree(j, n)   /* j : acteur de jointure (ou de sortie) du niveau précédent. n : le nombre de feuilles restant à considérer */
begin
   si $n = 1$ **alors** create a substitution actor a and store it ;   /* nouvelle feuille de l'arbre */
   sinon create a join actor a ; buildTree($a, n/2 + n \bmod 2$) ; buildTree($a, n/2$) ; **finSi**
   link a to j ;
end.

Construction du réseau Le réseau (un graphe orienté) est constitué de quatre types d'acteurs, comme le montre la figure 1.

L'*acteur d'entrée* est l'unique point d'entrée du réseau. Chaque message qu'il reçoit est un atome de B. L' *acteur de substitution* (représenté par un cercle) : chacun est associé à un atome a_i de A et a pour rôle de construire des substitutions à partir des atomes clos qu'il reçoit. L'*acteur de jointure* (représenté par un rectangle) a deux parents et a pour rôle d'unir (si possible) les substitutions qu'il reçoit de ses parents. Cet acteur possède deux mémoires internes (*gauche* et *droite*) afin de stocker les substitutions fournies par ses parents. L'*acteur de sortie* est le seul point de sortie du réseau. Il reçoit les substitutions (si il en existe) qui établissent la θ-subsomption entre A et B.

La procédure de θ-subsomption Illustrons la procédure de θ-subsomption à travers le réseau présenté Figure 1, construit à partir de la conjonction $A = body(C)\alpha = \{p(a, Y, Z),$ $q(Z, T), r(T, T, U)\}$ où C est la clause donnée dans l'exemple 1. Supposons que les atomes de $B = body(D) = \{p(a, b, c), p(a, b, d), q(c, e), q(d, f), r(e, e, g), r(f, f, g), r(e, f, g)\}$ sont envoyés au réseau :

— Lorsqu'un atome clos b de B est fourni à l'acteur d'entrée, ce dernier envoie b à tous les acteurs de substitution associés aux atomes de A construits à partir du même prédicat que b. ex) l'acteur d'entrée reçoit $b = p(a, b, c)$, puis envoie $p(a, b, c)$ à l'acteur $p(a, Y, Z)$.

— Lorsqu'un acteur de substitution associé à un atome a_i de A reçoit un atome clos b, il vérifie s'il existe une substitution μ_i telle que $a_i\mu_i = b$. Si μ_i existe, l'acteur envoie cette substitution au seul acteur de jointure auquel il est lié. ex) si $b = p(a, b, c)$ et $a_i = p(a, Y, Z)$, la substitution $\mu_i = \{Y/b, Z/c\}$ est envoyée à l'acteur de jointure j_1. Si $b = p(e, b, c)$, rien n'est envoyé.

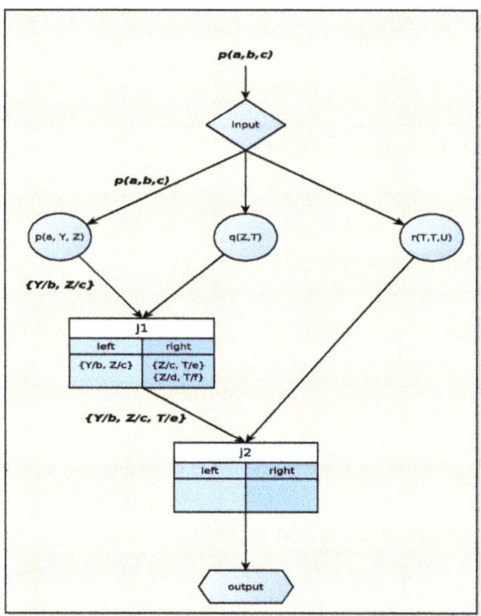

FIG. 1: Réseau d'acteurs construit à partir d'une conjonction $A = \{p(a, Y, Z),\ q(Z, T),\ r(T, T, U)\}$.

— Lorsqu'un acteur de jointure reçoit une substitution μ de son parent gauche (droit), il la stocke dans sa mémoire gauche (droite). Puis, il tente d'unir μ avec chaque substitution δ de la mémoire droite (gauche). Pour chaque substitution compatible δ, l'acteur envoie $\mu \cup \delta$ à son successeur. ex) l'acteur de jointure j_1 reçoit $\mu = \{Y/b, Z/c\}$ de son parent gauche, puis stocke cette substitution dans sa mémoire gauche. Supposons que la mémoire droite de j_1 contienne les substitutions $\delta_1 = \{Z/c, T/e\}$ et $\delta_2 = \{Z/d, T/f\}$. Ainsi, $\mu \cup \delta_1 = \{Y/b, Z/c, T/e\}$ est envoyé au successeur de j_1, alors que $\mu \cup \delta_2 = \{Y/b, Z/c, Z/d, T/f\}$ n'est pas considéré (substitution non valide).

— Lorsque l'acteur de sortie reçoit une substitution μ, il l'affiche comme solution ($A\mu \subseteq B$). Si on ne veut qu'une seule solution, le test se termine. Sinon, l'acteur attend les autres solutions.

Afin d'assurer que le réseau s'arrête, on envoie un *message de fin* à l'acteur d'entrée lorsque le dernier atome de B a été envoyé. Le *message de fin* est propagé à travers le réseau jusqu'à l'acteur de sortie, qui termine l'exécution.

4 Expérimentations

Dans cette section nous décrivons l'implémentation du réseau d'acteurs introduit dans la section 3.2, puis nous présentons nos expériences et les résultats obtenus.

4.1 Implémentation

Nous utilisons Akka (Allen (2013)), qui est intégré à Scala (Odersky et al. (2004)) pour implémenter notre modèle acteur de θ-subsomption. Dans Akka, le parallélisme est géré par

throughput	pmax	temps (s)
1	1 [1]	3296
	2 [3]	619
	3 [7]	499
	4 [10]	605
10	1 [1]	3214
	2 [3]	427
	3 [7]	269
	4 [10]	329
100	1 [1]	3620
	2 [3]	650
	3 [7]	317
	4 [10]	148
1000	1 [1]	7371
	2 [3]	1271
	3 [7]	403
	4 [10]	411

FIG. 2: Temps de calcul moyen pour chaque configuration du *Dispatcher*.

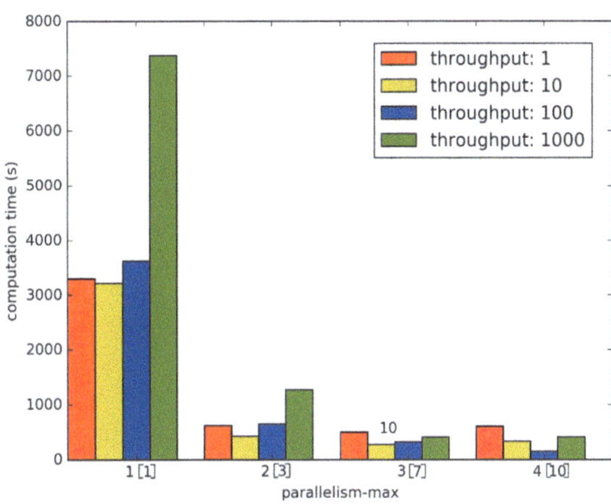

FIG. 3: Temps de calcul moyen pour chaque configuration du *Dispatcher*.

un *Dispatcher* dont les deux paramètres principaux sont *parallelism-max*, qui limite le nombre de *threads* disponibles pour l'exécution, et *throughput* qui limite le nombre de messages traités par un acteur avant de passer à l'acteur suivant. Dans nos expériences nous avons fait varier le paramètre *parallelism-max* entre 1 et 4 et le paramètre *throughput* entre 1 et 1000. Tous les tests ont été éxécutés sur une machine Linux 64 bits équipée d'un processeur Intel Core i7-5600U de deux coeurs (avec hyperthreading) à 2.6GHz, 8GO de mémoire avec Scala 2.11.7 et Akka 2.4.4.

4.2 Données

Nous avons exécuté notre implémentation sur un couple hypothèse/exemple afin d'observer comment se comporte le réseau d'acteurs sur différentes configurations de parallélisme. Les données sont issues de (Santos et Muggleton (2010)), et ont été engendrées à partir d'instances du problème de transition de phase (Giordana et Saitta (2000)). L'hypothèse est une clause de 30 littéraux, avec 4 symboles de prédicats d'arité 2 ou 3, avec en tout 8 symboles de variables. L'exemple a les mêmes propriétés, mais contient 200 littéraux.

4.3 Performances

On peut voir dans les figures 3 et 4 que chaque paramètre a un impact sur le temps de calcul (les nombres entre crochets sont les nombres effectifs de threads utilisés). En particulier, l'augmentation du parallélisme amène un réduction significative du temps de calcul. Notons que le nombre d'acteurs dépend directement du nombre de littéraux présents dans l'hypothèse. Le rapport coût/efficacité du parallélisme augmente donc avec la taille de la clause hypothèse.

5 Conclusion

Nous avons créé un nouveau modèle de θ-subsumption, qui montre un certain potentiel de passage à l'échelle. Nous avons montré qu'un modèle à base d'acteurs est efficace pour réduire le temps de calcul. Nous venons de commencer les tests de ce modèle en environnement distribué (cluster).

Références

Allen, J. (2013). *Effective Akka*. O'Reilly Media, Inc.

Ferilli, S., N. Mauro, T. M. A. Basile, et F. Esposito (2003). *AI*IA 2003 : Advances in Artificial Intelligence : 8th Congress of the Italian Association for Artificial Intelligence, Pisa, Italy, September 2003. Proceedings*, Chapter A Complete Subsumption Algorithm, pp. 1–13. Berlin, Heidelberg : Springer Berlin Heidelberg.

Giordana, A. et L. Saitta (2000). Phase transitions in relational learning. *Machine Learning 41*(2), 217–251.

Hewitt, C., P. Bishop, et R. Steiger (1973). A universal modular actor formalism for artificial intelligence. In *Proceedings of the 3rd International Joint Conference on Artificial Intelligence*, IJCAI'73, San Francisco, CA, USA, pp. 235–245. Morgan Kaufmann Publishers Inc.

Kuzelka, O. et F. Zelezný (2008). A restarted strategy for efficient subsumption testing. *Fundam. Inform. 89*(1), 95–109.

Odersky, M. et al. (2004). An Overview of the Scala Programming Language. Technical Report IC/2004/64, EPFL, Lausanne, Switzerland.

Santos, J. et S. Muggleton (2010). Subsumer : A Prolog theta-subsumption engine. In M. Hermenegildo et T. Schaub (Eds.), *Technical Communications of the 26th International Conference on Logic Programming*, Volume 7 of *Leibniz International Proceedings in Informatics (LIPIcs)*, Dagstuhl, Germany, pp. 172–181. Schloss Dagstuhl–Leibniz-Zentrum fuer Informatik.

Summary

The θ-subsumption test is known to be a bottleneck in Inductive Logic Programming (ILP). The state-of-the-art learning systems in this field are not scalable. We introduce a new model of θ-subéption and an algorithm based on an actor model, with the aim of being able to decide subsumption on very large clauses.

Sélection et transformation de variables pour la classification Multi-Label par une approche MDL

Sènami C. Fréjus Ahomagnon *, Nicolas Voisine**
Marc Boullé**

*Polytech Nantes
jusberlin@gmail.com
**Orange Labs Lannion
prénom.nom@orange.com

Résumé. La classification multi-label est une extension de la classification supervisée au cas de plusieurs labels. Elle a connu un regain d'intérêt récent dans la communauté du machine learning de par son utilité dans plusieurs domaines. Comme pour tout problème de machine learning, le besoin de prétraiter les données multi-label est apparu comme une nécessité afin d'améliorer les performances des classifieurs. Dans cet article, nous introduisons une nouvelle méthode permettant de prétraiter des variables descriptives par discrétisation ou groupement de valeur, dans le cas de plusieurs labels à prédire. Le choix du meilleur prétraitement est posé comme un problème de sélection de modèle, et est résolu au moyen d'une approche bayésienne. Une étude comparative est réalisée avec d'autres méthodes de l'état de l'art afin de positionner la nouvelle méthode et de montrer l'intérêt de la sélection de variables pour la classification.

1 Introduction

Cet article se place dans le cadre de la classification multi-label où l'ont veut prédire un ensemble de labels pour une instance. La classification de sons, de vidéos et de textes fait partie de ces problèmes où un élément peut être associé à plusieurs labels. En prenant par exemple un article sur le Dalai Lama : en classification de texte, il peut être associé à la politique et à la religion. Suite à l'accroissement des gisements de données multi-label, le problème de la grande dimensionnalité dans les données s'est posé. Comme dans tout problème de machine learning, la mise en place de méthodes de prétraitement des données est donc apparue comme une nécessité. Des études variées [Dendamrongvit et al. (2011), Trohidis et al. (2008), Spolaôr et al. (2012),Zhao et al. (2010)] ont montré que la réduction de l'espace des variables explicatives pouvait être faite sans détériorer les performances des classifieurs.
Différentes études ayant abondé dans ce sens ont abouti à des méthodes de sélection de variables pour les classifieurs multi-label. Par analogie à la typologie des méthodes de classification multi-label (Madjarov et al., 2012), trois grandes familles de méthodes de sélection peuvent être dégagées de ces études. La première famille est celle des méthodes de sélection de variables par transformation du problème, où en transformant le problème de sélection multi-label en plusieurs problèmes de sélection mono-label (BR) ou multi-classe (LP), les résultats

obtenus en multi-classe/mono-label sont agrégés pour obtenir les résultats en multi-label. Cette première approche est la plus couramment utilisée dans la majorité des méthodes proposées. La deuxième famille est celle des méthodes par réduction de dimension où l'objectif est de déterminer un espace réduit des variables et/ou des labels qui facilite la tâche d'apprentissage. La troisième est celle des méthodes par adaptation du problème où les méthodes se basant sur des critères de sélection pour les données multi-classe sont adaptées pour le cas du multi-label.

Cet article présente les résultats d'un travail de recherche effectué sur les méthodes de sélection de variables pour les données multi-label. Nous proposons une nouvelle méthode ML-MODL de sélection et de transformation de variable pour la classification multi-label. Cette nouvelle méthode appartient à la troisième famille de méthodes de sélection de variables et est inspirée de la méthode supervisée de discrétisation de variables pour les données multi-classe MODL (Boullé, 2006). L'objectif est de positionner cette nouvelle méthode par rapport aux autres méthodes de l'état de l'art mais également de déterminer son impact sur les performances des classifieurs multi-label. L'article est organisé comme suit : dans un premier temps, nous introduisons la nouvelle méthode de sélection de variables ML-MODL, puis nous présentons l'analyse des expérimentations de cette méthode pour la classification multi-label ; enfin nous terminons par la conclusion et les perspectives de notre étude.

2 Approche MODL Multi Label

Pour des raisons de place, cette section décrit uniquement le cas de la discrétisation pour la classification multi-label. Il s'agit d'une généralisation de l'approche de discrétisation MODL multi-classe (Boullé, 2006).

Dans l'article nous utilisons les notations suivantes :
— N : nombre d'instances
— J : nombre de labels $l_1, l_2, \ldots, l_J$
— I : nombre d'intervalles
— N_i : nombre d'instances dans l'intervalle i
— $N_{.j}$: nombre d'instances de label j
— N_{ij} : nombre d'instances dans l'intervalle i du label j

Le critère d'évaluation C_D que nous proposons est le log négatif de la probabilité a posteriori du modèle connaissant les données.

Pour $I > 1$ C_D est égal à :

$$C_D(\text{Modèle ML}) = \log(2) + L(I-1) + \log \binom{N+I-1}{I-1} \tag{1}$$

$$+ J \times \sum_{1 \leq i \leq I} \log(N_i + 1) \tag{2}$$

$$+ \sum_{1 \leq i \leq I} \sum_{1 \leq j \leq J} \log \frac{N_i!}{N_{ij}!(N_i - N_{ij})!} \tag{3}$$

Les termes de la ligne (1) sont liés pour le premier à la présence ou non du modèle nul, pour le second au choix du nombre d'intervalles et pour le troisième aux choix de I intervalles parmi N instances. L est le recodage universel de Rissanen ((Rissanen, 1983)). Le terme (2) décrit la distribution de chaque label pour chaque intervalle i, $1 \leq i \leq I$. Le terme (3) décrit la probabilité d'observer les données connaissant le modèle. Considérant les distributions des labels équiprobables et indépendantes, cela revient à calculer pour chaque label le nombre de distributions binomiales de N_i individus. Le coût du modèle nul $M_\emptyset$ défini pour $I = 1$ est égal à :

$$C_D(M_\emptyset) = \log(2) +$$
$$+ J \times \log(N_i + 1)$$
$$+ \sum_{1 \leq j \leq J} \log \frac{N!}{N_{.j}!(N - N_{.j})!}$$

Pour notre algorithme de recherche, nous utilisons un algorithme glouton qui partitionne récursivement la variable en deux parties en minimisant le coût C_D. Il est particulièrement adapté dans le cas d'un critère d'évaluation de bipartition, local à deux intervalles. La complexité algorithmique de MODL-ML est en $\mathcal{O}(n^2)$ dans le pire des cas. En pratique, si nous bornons le nombre d'intervalles I, la complexité est bornée par $\mathcal{O}(n * I)$.

Le critère de discrétisation permettent d'effectuer une sélection de variables de type filtre (en classant celles-ci par valeur de critère décroissante). Quand le meilleur critère est obtenu pour le modèle nul $I = 1$ alors il n'y a pas de discrétisation. Par conséquent nous ne sélectionnons pas la variable pour l'apprentissage du modèle. Ce qui fait de ML-MODL une méthode de sélection et de transformation sans paramètre.

3   Expérimentation

Cette section présente des résultats d'expérimentation permettant d'évaluer et comparer notre méthode de sélection de variables pour la classification multi-label.

3.1   Protocole

Pour évaluer notre méthode ML-MODL nous allons la comparer à plusieurs autres méthodes sur la base de différents critères. Pour notre étude, nous considérerons :
— l'ensemble DS de k jeux de données notés ds_1, ds_2,..., ds_k ;
— m méthodes de prétraitement notées M_1, M_2,..., M_m ;
— MLKNN (Zhang et Zhou, 2007) comme classifieur de référence ;
— Et l'ensemble E des critères d'évaluation : Ranking Loss, Accuracy et Root Means Square Error (RMSE)

Nous avons étudié les performances sur cinq classifieurs issus de Mulan (Tsoumakas et al., 2011) : Binary Relevance(BR, avec J48 comme classifieur de base), Classifier Chain (CC, avec J48 comme classifieur de base), PairWise(avec un Naive Bayes comme classifieur de base), Multi-label kNN (ML-KNN) et RAndom k labEL sets (RAKEL, avec du LabelPowerset sur du J48). Cependant au vu des résultats nettement supérieurs (avec ou sans sélection) de ML-KNN et du manque de place, nous ne présentons que les résultats de ML-KNN.

Le protocole consiste à exécuter en 10-cross validation l'enchaînement des tâches suivantes :

1. appliquer aux k jeux d'apprentissage du fold courant, les m méthodes de sélection et/ou de transformation de variables. Nous avons en sortie $m * k$ jeux d'apprentissage prétraités,

2. construire sur les $m * k$ jeux d'apprentissage prétraités et les jeux d'apprentissage non traités, le modèle de prédiction multi-label MLKNN en utilisant Mulan . Comme résultat, nous avons $m * k$ modèles de prédiction,

3. évaluer l'ensemble des modèles obtenus précédemment sur les données de test respectifs en se basant sur les 3 critères d'évaluation.

Le tableau 1 récapitule les quatres jeux de données de la littérature choisis. Quatre jeux de données bruitées ont été créé à partir de ceux d'origine. Le bruitage consiste à construire de nouvelles variables en permutant aléatoirement les lignes. Ainsi ces nouvelles variables ne sont plus corrélées aux labels. Nous joignons les variables d'origines avec celles bruitées. A part le nombre de variables qui double, les autres statistiques restent identiques.

	domain	instances	nominal	numeric	labels	cardinalité	densité	distinct
Birds	audio	645	2	258	19	1.014	0.053	133
Emotions	music	593	0	72	6	1.869	0.311	27
Scene	image	2407	0	294	6	1.074	0.179	15
Yeast	bology	2417	0	103	14	4.237	0.303	198

TAB. 1 – *jeux de données utilisés avec leurs caractéristiques*

Spolaôr et al. (2013) ont introduit quatre nouvelles méthodes de sélection de variables basées sur l'approche par transformation. Dans cet article, les auteurs utilisent les critères ReliefF (RF) et Information Gain (IG) afin d'évaluer les variables. Ces deux critères appliqués après les transformations LP et BR produisent les quatre méthodes RF-BR, IG-BR, RF-LP et IG-LP. Nous utilisons ces quatre méthodes de sélection pour les comparer à $ML - MODL$:
— $ML - MODL$: la nouvelle méthode ;
— $RF - BR$: approche BR se basant sur le critère ReliefF ;
— $IG - LP$: approche LP se basant sur le critère Information Gain ;
— $IG - BR$: approche BR se basant sur le critère Information Gain ;
— $RF - LP$: approche LP se basant sur le critère ReliefF.

3.2 Résultats

Le tableau 2 affiche les moyennes des critères sélectionnés sur les 8 bases de tests par méthode de sélection de variables. Il est à noter que le classifieur sans prétraitement donne déjà d'assez bon résultats. Nous constatons qu'en utilisant du MLKNN, $ML - MODL$ est la méthode qui obtient les meilleurs résultats moyens sur les 3 critères. Derrière MODL-ML, aucune autre méthode ne sort véritablement du lot.

De façon plus précise le tableau 3 affiche les moyennes des critères RMSE et Accuracy sur les 4 bases d'origine. Nous constatons que $ML - MODL$ domine les autres méthodes sur le critère RMSE et il se place juste derrière les meilleurs pour le critère Accuracy. Quand nous ajoutons du bruit, nous constatons sur le tableau 3 que le modèle MLKNN sans sélection baisse fortement ses performances. $ML - MODL$ est la seule méthode qui garde à l'identique ses performances entre bases avec ou sans bruit. Les autres méthodes, à part $IG - BR$, ont des résultats qui décroissent significativement. Il est à noter (cf. tableau 2) que $IG - LP$ est la méthode qui sélectionne le moins de variable, au prix de moins bonne performance prédictive.

	no select	RF-BR	RF-LP	IG-BR	IG-LP	ML_MODL
Ranking Loss	0.137	0.129	0.127	0.126	0.133	**0.119**
Accuracy	0.525	0.553	0.564	0.555	0.544	**0,568**
Root Mean Squared Error	0.970	0.955	0.948	0.952	0.964	**0.937**
% Variables Sélectionnées	100	52.8	56.4	39.1	**29.3**	48.5

TAB. 2 – *Moyenne des critères sur les 8 jeux de données tests*

	no select		RF-BR		RF-LP		IG-BR		IG-LP		ML_MODL	
dataset	Acc.	RMSE	Acc.	RMSE	Acc.	RMSE	Acc.	RMSE	Acc.	RMSE	Acc.	RMSE
Emotions	0.533	0.909	0.533	0.913	0.542	0.909	0.543	0.911	0.530	0.925	**0.551**	**0.903**
Birds	**0.549**	0.846	0.532	0.849	0.547	0.845	0.536	0.845	0.507	0.888	0.542	**0.839**
Scene	0.667	0.612	0.663	0.620	**0.668**	0.623	0.665	0.619	0.661	0.616	0.667	**0.612**
Yeast	**0.516**	1.391	0.502	1.403	0.515	**1.391**	0.467	1.438	0.516	**1.391**	0.512	1.392
EmotionsNoise	0.453	0.959	0.539	0.908	**0.555**	**0.902**	0.543	0.911	0.530	0.925	0.551	0.903
BirdsNoise	0.501	0.898	0.505	0.895	0.499	0.898	**0.551**	0.840	0.478	0.911	0.542	**0.839**
SceneNoise	0.507	0.710	0.664	0.627	**0.670**	0.622	0.665	0.619	0.661	0.616	0.667	**0.612**
YeastNoise	0.473	1.438	0.487	1.426	**0.516**	**1.391**	0.467	1.438	0.473	1.438	0.512	1.392

TAB. 3 – *Performances par base non bruitées des méthodes de sélection de variables pour Accuracy et le RMSE en utilisant MLKNN comme classifieur*

4 Conclusion

Cet article a introduit ML-MODL qui est une nouvelle méthode sans paramètre de sélection et de transformation de variables pour la classification multi-label. Cette nouvelle méthode est une adaptation de la méthode MODL qui elle, est dédiée aux données multi-classe. Les résultats obtenus des différentes expérimentations montrent que :

— les performances d'un classifieur utilisant des données prétraitées par ML-MODL sont au moins aussi bonnes que celles d'un classifieur n'ayant pas bénéficié de la sélection de variables ;

— ML-MODL est la meilleure et la seule méthode de sélection de variables parmi celles évaluées, qui améliore ou au moins ne détériore pas les performances de MLKNN sur l'ensemble des critères d'évaluation retenues.

— la nouvelle méthode résiste au bruit car elle maintient ses performances en présence de bruit.

Les résultats montrent l'apport de la méthode $ML - MODL$ pour l'amélioration de la performance en classification multi-label. Dans des travaux futurs, nous étendrons cette méthode avec des modèles de discrétisation multi-label plus expressifs, avec notamment la possibilité de choisir un sous-ensemble de labels informatifs pour chaque variable descriptive.

Références

Boullé, M. (2006). A Bayes optimal discretization method for continuous attributes. *Machine Learning 65*, 131–165.

Dendamrongvit, S., P. Vateekul, et M. Kubat (2011). Irrelevant attributes and imbalanced classes in multi-label text-categorization domains. *Intelligent Data Analysis 15*(6), 843–859.

Madjarov, G., D. Kocev, D. Gjorgjevikj, et S. Džeroski (2012). An extensive experimental comparison of methods for multi-label learning. *Pattern Recognition 45*(9), 3084–3104.

Rissanen, J. (1983). A universal prior for integers and estimation by minimum description length. *Annals of Statistics 11*(2), 416–431.

Spolaôr, N., E. A. Cherman, M. C. Monard, et H. D. Lee (2013). A comparison of multi-label feature selection methods using the problem transformation approach. *Electronic Notes in Theoretical Computer Science 292*, 135–151.

Spolaôr, N., M. Monard, et H. Lee (2012). A systematic review to identify feature selection publications in multi-labeled data. *Relatório Técnico do ICMC No 374*(31), 3.

Trohidis, K., G. Tsoumakas, G. Kalliris, et I. P. Vlahavas (2008). Multi-label classification of music into emotions. In *ISMIR*, Volume 8, pp. 325–330.

Tsoumakas, G., E. Spyromitros-Xioufis, J. Vilcek, et I. Vlahavas (2011). Mulan: A java library for multi-label learning. *Journal of Machine Learning Research 12*(Jul), 2411–2414.

Zhang, M.-L. et Z.-H. Zhou (2007). Ml-knn: A lazy learning approach to multi-label learning. *Pattern Recogn. 40*(7), 2038–2048.

Zhao, Z., F. Morstatter, S. Sharma, S. Alelyani, A. Anand, et H. Liu (2010). Advancing feature selection research. *ASU feature selection repository*, 1–28.

Summary

The multi-label classification got recent interest in the machine learning community by its usefulness in many areas. As with any machine learning problem, the need to preprocess multi-label data has emerged as a need to improve the performance of learners. In this paper, we introduce a new method selection and variable processing for multi-label classification. This method is an adaptation of MDL criterion and is based on a Bayesian approach. A comparative study is made with other methods of the state of the art to position the new method but also to show interest of the features selection for the multi-label classification.

Apprentissage de structures séquentielles pour l'extraction d'entités et de relations dans des textes d'appels d'offres

Oussama Ahmia*, Nicolas Béchet*, Pierre-François Marteau*,

* IRISA, Université Bretagne Sud, Rue Yves mainguy – BP 573 56000 VANNES cedex
nom.prénom@irisa.fr, http://www-expression.irisa.fr

Résumé. Dans cet article nous présentons une étude exploitant des méthodes d'apprentissage automatique de structures séquentielles pour extraire des relations sémantiques dans des textes issus de bases d'appels d'offres. L'une des relations que nous considérons concerne l'emprise d'un projet d'aménagement, caractérisée par une association entre les concepts qui définissent les infrastructures (bâtiments) et les concepts qui définissent leur(s) surface(s) d'implantation. L'étude propose une analyse comparée d'approches à base de champs conditionnels aléatoires (CRF), de CRF d'ordre supérieur (H-CRF), de CRF semi-Markoviens, Modèles de Markov cachés (HMM) et de perceptrons structurés.

1 Introduction

L'identification des projets d'aménagement futurs permet de représenter la ville de demain, et pour cela, il est nécessaire de disposer en temps opportun de données sur la nature du projet d'aménagement, caractérisée en particulier par sa superficie et sa destination principale (typologie de bâtiment). Les appels d'offres relatifs aux marchés publics constituent ainsi une source importante d'informations. Sur la base d'un jeu de données collecté à partir du Bulletin Officiel des Annonces des Marchés Publics (BOAMP), notre étude concerne la détection de la typologie des bâtiments référencés dans une annonce et leurs superficies respectives.

L'extraction d'information que nous ciblons ici, consiste à extraire automatiquement des données structurées telles que des entités (nommées), des relations entre entités, ou encore des attributs décrivant des entités, à partir de sources non structurées (Sarawagi, 2008).

Dans le but d'extraire la surface d'un bâtiment dans des textes d'appels d'offres en français, nous proposons une analyse comparative d'un ensemble de modèles statistiques dont les Champs Aléatoires Conditionnels (CRF).

Différentes caractéristiques issues des textes sont exploitées : des caractéristiques grammaticales et sémantiques pour la caractérisations des entrées lexicales, et des ensembles de caractéristiques à *longue portée* (décrivant le contexte) qui ont démontré leur efficacité dans le domaine d'étiquetage des séquences symboliques (Li et al., 2011).

2   État de l'art

La littérature fait état de nombreuses méthodes pour la détection d'entités et l'extraction de relations entre les entités. Ces méthodes sont regroupées en général en deux catégories : les approches supervisées et les approches non supervisées.

Les approches non-supervisés se basent souvent sur des caractéristiques contextuelles. La sémantique distributionnelle, introduite par Z.S Harris (Harris, 1954), considère que deux entités qui co-occurrent fréquemment dans des contextes similaires ont tendance à partager un même sens. D. Ravichandran utilise un *bootstrap* (Ravichandran et Hovy, 2002) afin d'apprendre des motifs de surface dans le but d'extraire des relations binaires à partir du Web. Plus récemment (Min et al., 2012) ont développé une méthode d'extraction de relations appliquée à des données à grande échelle qui permet de gérer de manière très générale les problèmes de polysémie et de synonymie, sources d'ambiguïtés sémantiques difficiles à surmonter pour l'extraction de certaines classes de relation.

Généralement, les approches supervisées sont subdivisées en deux sous-catégories : les méthodes basées sur des noyaux (kernels) ou les méthodes basées sur les caractéristiques (features). Le principe des méthodes basées sur les caractéristiques est d'extraire un ensemble de variables syntaxiques et sémantiques pour l'apprentissage statistique (Miller et al., 2000). Plusieurs techniques ont été utilisées dans le cadre cette approche : l'utilisation de méthodes de classification de structures tels que les CRF linéaires (Banko et al., 2008) et plus récemment une approche semi-supervisée ("Distant supervised") a été proposée afin d'extraire des relations dans des grands volumes de texte ((Angeli et al., 2014)). La méthodes basées sur les noyaux aborde le problème d'extraction de relations sous la forme d'une classification de paire d'entités (mises en relation binaire) (Zelenko et al., 2003). Le modèle de classification utilisé exploite un noyau basé sur l'arbre syntaxique d'une phrase.

Qian et al (Qian et al., 2008) ont développé une approche dynamique pour déterminer les sous arbres qui encodent potentiellement des relations, en exploitant des noyaux d'arbres syntaxiques. Plus récemment Zhou et al (Zhou et al., 2010) ont développé une nouvelle approche qui utilise des informations syntaxiques et sémantiques enrichies pour développer un noyau convolutionnel sensible au contexte. Ce type de noyau permet d'extraire des sous arbres modélisant des relations qui tiennent compte du contexte.

Disposant d'un jeu de données textuelles étiqueté issu du BOAMP, nous proposons dans cet article une étude comparative de méthodes d'apprentissage supervisé de structures séquentielles pour résoudre le problème d'extraction de relations proposé.

3   Méthodologie

3.1   Approche utilisée

L'extraction d'une relation sémantique se divise en deux étape : (1) la détection d'entités nommées (surface, bâtiment ou autre) et (2) la recherche de relations de type **"est surface de"** entre les entités. Ces relations permettent de lier un bâtiment à une surface (p. ex. *une piscine municipale* de *1000 m^2*) mais aussi de lier plusieurs bâtiments à une seule surface (p. ex. *Environ 2500 m2 de plancher, comprenant des bureaux, des salles de lecture*, etc).

L'approche proposée consiste à effectuer simultanément l'extraction d'entités nommées (surface et bâtiment) et la détection des relations potentiellement existantes entre ces entités. Cette approche peut ainsi être appréhendée comme un problème d'**étiquetage de séquences**, avec pour étiquettes possibles : **O** : les éléments qui ne relèvent pas des catégories bâtiment ou surface, etc.; **LIEN_SURFACE/bâtiment** : bâtiments de la relation **"est surface de"**; **O/bâtiment** : bâtiments hors de la relation **"est surface de"**; **O/surface** : surfaces hors de la relation **"est surface de"**; **LIEN_SURFACE/surface** : surfaces de la relation **"est surface de"**; **LIEN_SURFACE** : items de la relation **"est surface de"**, mais qui ne sont ni surface ni bâtiment (cette étiquette permet de lier plus aisément les entités entre elles dans le cas où il existe plusieurs surfaces et bâtiments mis en relation dans une même séquence).

La figure 1 permet de visualiser le résultat escompté par notre modèle d'étiquetage :

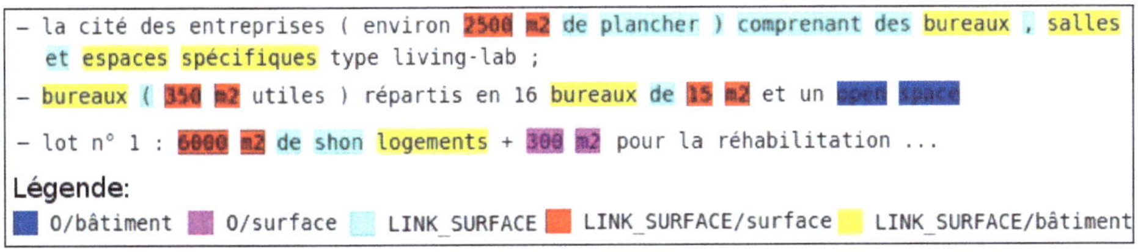

FIG. 1 – *Illustration des étiquettes utilisées*

A partir de l'étiquetage de la première phrase dans la figure 1, on peut facilement en déduire la relation suivante : *"2 500 m2"* **est surface de** *"bureaux + salles + espaces spécifiques"*, et pour cela il suffit d'extraire une suite d'éléments (items) qui ont pour étiquettes : **LIEN_SURFACE/bâtiment**, **LIEN_SURFACE/surface** ou **LIEN_SURFACE**.

3.2 Caractéristiques utilisées

Nous avons utilisé différents types de caractéristiques pour représenter les contenus des textes. Des caractéristiques locales relatives a un item de la séquence (entrée lexicale) :

word.lower (la forme du mot en minuscule), **istitle** (indique si le mot commence par une majuscule), **lemma** (le lemme du mot), **POS** ("Part Of Speech", la classe grammaticale du mot), **type** (indique si le mot est **bâtiment**, **surface** ou **0** autrement). Et des caractéristiques à longue portée qui modélisent le contexte d'occurrence des mots qui permet en général de réduire l'ambiguïté sémantiques des termes, notamment efficaces pour l'étiquetage de séquence (Li et al., 2011). Soit x'_i le vecteur des caractéristiques associé à un terme w_i une fois ajoutées les caractéristiques à longue portée. x'_i est construit à partir des caractéristiques locales x_i, de la manière suivante : $x'_i = \langle x_{i-j}, ..., x_{i+j} \rangle$, où j représente la taille du contexte. Par exemple, pour $j = 2$, $x'_4 = \langle x_2, x_3, x_4, x_5, x_6 \rangle$.

3.3 Données utilisées

Nous avons indexé les données collectées sur le site BOAMP en utilisant un moteur de recherche (Lucene) afin de filtrer les annonces les plus concerner la construction de nouveaux bâtiments. La description de chaque annonce est ensuite découpée en phrases puis, à l'aide d'expressions régulières dédiées, les présences de terminologies décrivant une surface sont détectées dans la phrase. Les phrases qui contiennent des surfaces sont ensuite segmentées en mots, puis les caractéristiques locales et contextuelles sont extraites (cf. section 3.1) pour obtenir un ensemble de 2000 séquences à étiqueter [1].

3.4 Résultats expérimentaux

Différents algorithmes ont été évalués sur les jeux de données présentés. Divers types de champs conditionnels aléatoires (CRF) : avec des caractéristiques à longue portée en faisant varier la taille du contexte, des CRF d'ordre supérieur (H-CRF) et des CRF semi-Markoviens en faisant varier l'ordre pour ces deux derniers modèles. Nous avons également évalué des modèles de Markov cachés (HMM) et un perceptron structuré. Nous avons utilisé la méthode Limited-memory Broyden-Fletcher-Goldfarb-Shanno (L-BFGS) (Zhu et al., 1997), afin d'optimiser les poids des CRF. Par ailleurs, 80% du jeu de données présenté en section 3.3 est utilisé en tant que données d'apprentissage et 20% comme données de test, en procédant à une validation croisée (k=5). Les score obtenus sont synthétisés dans le tableau 1).

TAB. 1 – *Résultats obtenus avec les différents algorithmes.*

	F1-mesure	exactitude empirique	Écart type
CRF contexte(3)	**0.932**	**76.04%**	1.10%
CRF contexte(2)	0.926	74.65%	1.61%
CRF linéaire	0.897	61.75%	2.51%
CRF semi-Markoviens	0.897	67.74%	1.69%
HCRF ordre(3)	0.877	66.36%	1.36%
HCRF ordre(2)	0.882	63.59%	1.38%
Perceptron structuré	0.897	64.52%	1.84%
Automate (Regex)	0.855	66.89%	0%
HMM	0.667	15.21%	0.28%

3.5 Discussion

Le tableau 1 montre que les CRF avec des variables longues portées obtiennent le meilleur score de **76.04%** pour l'exactitude empirique sur les données de test. Ce résultat montre que l'ajout de caractéristiques décrivant le contexte est efficace et améliore progressivement les résultats. Une taille de contexte supérieure à 3 n'améliore cependant plus les résultats. Un accroissement de la complexité du modèle et le manque de données d'apprentissage peut ici conduire à un sur-apprentissage (*over fitting*). Les CRF semi-Markoviens produisent des résultats inférieurs, avec un score de **67.74%** pour l'exactitude empirique. Finalement, l'algorithme des HMM est le moins performant avec un score de **15.21%** pour l'exactitude empirique.

Le tableau 2, présente les résultats par étiquette pour le meilleur modèle (**CRF contexte (3)**).

---

1. la base finale étiquetée sera prochainement mise à disposition de la communauté

TAB. 2 – *Tableau des scores du CRF contexte (3) par étiquette.*

	précision	rappel	f1-mesure	support
O	0.954	0.943	0.948	3473
LINK_SURFACE	0.891	0.909	0.900	1764
LINK_SURFACE/bâtiment	0.931	0.940	0.935	315
O/bâtiment	0.807	0.800	0.803	115
LINK_SURFACE/surface	0.973	0.973	0.973	524
O/surface	0.767	0.793	0.780	58

A l'issue d'une analyse approfondie des résultats et des erreurs d'étiquetage, il s'est avéré que quelques phrases étiquetées par les experts présentent quelques imprécisions. Le modèle, en désaccord avec la vérité terrain, a proposé un meilleur étiquetage dans la plupart des situation erronées. On estime à 1% le nombre de mauvaises annotations manuelles.

En analysant les poids du modèle CRF à l'issue de l'apprentissage, on peut également noter que la variable de **type** aide pour la classification des concepts surface et bâtiment mais que le CRF ne se base pas uniquement sur cette variable d'ordre sémantique pour établir sa prédiction : comme on peut le vérifier dans le tableau 3, l'étiquette POS :NOM est également discriminante pour identifier le concept de bâtiment.

TAB. 3 – *Extrait des poids associés aux caractéristiques les plus discriminantes (positivement ou négativement), par étiquette, pour le modèle CRF contexte (3).*

Variable	Étiquette	Poids
lemma :m2	LINK_SURFACE/surface	1.087
type :surface	LINK_SURFACE/surface	2.296
type :bâtiment	LINK_SURFACE/bâtiment	4.674
word.lower() :m2	LINK_SURFACE/surface	1.079
POS :NOUN	LINK_SURFACE/bâtiment	1.561
lemma :local	O	-0.81

4 Conclusion

Dans cet article nous avons comparé plusieurs algorithmes de prédiction de structures séquentielles appliqué à un problème d'extraction simultanée d'entités et de relations entre entités à partir de données textuelles. Les résultats montrent que les CRF sont significativement plus adaptés à ce type de tâche. Par ailleurs, l'utilisation de caractéristiques à longues portées décrivant des contextes d'occurrences des caractéristiques lexicales nous permettent d'améliorer globalement les résultats des modèles CRF.

Références

Angeli, G., J. Tibshirani, J. Wu, et C. D. Manning (2014). Combining distant and partial supervision for relation extraction. In *EMNLP*, pp. 1556–1567.

Banko, M., O. Etzioni, et T. Center (2008). The tradeoffs between open and traditional relation extraction. In *ACL*, Volume 8, pp. 28–36.

Harris, Z. S. (1954). Distributional structure. *Word 10*(2-3), 146–162.

Li, Y., J. Jiang, H. L. Chieu, et K. M. A. Chai (2011). Extracting relation descriptors with conditional random fields. In *IJCNLP*, pp. 392–400.

Miller, S., H. Fox, L. Ramshaw, et R. Weischedel (2000). A novel use of statistical parsing to extract information from text. In *Proc. of the 1st North American Chapter of the ACL Conference*, NAACL 2000, Stroudsburg, PA, USA, pp. 226–233. ACL.

Min, B., S. Shi, R. Grishman, et C.-Y. Lin (2012). Ensemble semantics for large-scale unsupervised relation extraction. In *Proc. of the 2012 Joint Conference on EMNLP and CoNLL*, EMNLP-CoNLL '12, Stroudsburg, PA, USA, pp. 1027–1037. ACL.

Qian, L., G. Zhou, F. Kong, Q. Zhu, et P. Qian (2008). Exploiting constituent dependencies for tree kernel-based semantic relation extraction. In *Proceedings of the 22nd International Conference on Computational Linguistics-Volume 1*, pp. 697–704. ACL.

Ravichandran, D. et E. Hovy (2002). Learning surface text patterns for a question answering system. In *Proceedings of the 40th annual meeting on association for computational linguistics*, pp. 41–47. Association for Computational Linguistics.

Sarawagi, S. (2008). Information extraction. *Foundations and trends in databases 1*(3), 261–377.

Zelenko, D., C. Aone, et A. Richardella (2003). Kernel methods for relation extraction. *Journal of machine learning research 3*(Feb), 1083–1106.

Zhou, G., L. Qian, et J. Fan (2010). Tree kernel-based semantic relation extraction with rich syntactic and semantic information. *Information Sciences 180*(8), 1313–1325.

Zhu, C., R. H. Byrd, P. Lu, et J. Nocedal (1997). Algorithm 778 : L-bfgs-b : Fortran subroutines for large-scale bound-constrained optimization. *ACM Transactions on Mathematical Software (TOMS) 23*(4), 550–560.

Summary

In this article we present a study exploiting machine learning methods for sequential structures extraction dedicated to extract semantic relations in call for tender databases on public facilities projects. One of the relationships we consider concerns the impact of a development project. We characterize it as an association between the concepts that define the infrastructure (buildings) and the concepts that define their implantation, namely surfaces. This sequential structure extraction paradigm is considered as a labeling problem of sequential data. A comparative is carried out exploiting several statistical learning techniques. This study demonstrates the robustness of the CRF model for this kind of task when *long term* characteristics that describe the contexte of occurrence of the labels are taken into account.

Une approche logique pour la fouille de règles d'association

Abdelhamid Boudane*, Said Jabbour*
Lakhdar Sais*, Yakoub Salhi*

*CRIL-CNRS, Université d' Artois F-62307 Lens Cedex France
{boudane,jabbour,sais,salhi}@cril.fr

Résumé. La découverte de règles d'association à partir de données transaction-nelles est une tâche largement étudiée en fouille de données. Les algorithmes proposés dans ce cadre partagent la même méthodologie en deux étapes à savoir l'énumération des itemsets fréquents suivie par l'étape de génération de règles. Dans cet article, nous proposons une nouvelle approche basée sur la satisfiabilité propositionnelle pour extraire les règles d'association en une seule étape. Pour montrer la flexibilité et la déclarativité de notre approche, nous considérons également deux autres variantes, à savoir la fouille de règles d'association fermées et la fouille de règles indirectes. Les expérimentation sur plusieurs jeux de données montrent que notre approche offre de meilleures performances comparée à des approches spécialisées.

1 Introduction

L'extraction des règles d'association est l'une des tâches fondamentales de la fouille de données. Elle vise à découvrir des relations intéressantes cachées dans de grandes bases de données. Ces relations entre les items (ensembles d'attributs) sont présentées sous forme d'implications, appelées règles d'association. Depuis la première application, largement connue sous la dénomination de panier de la ménagère (Agrawal et Srikant, 1994), plusieurs nouveaux domaines d'application ont été identifiés comme la bioinformatique, le diagnostic médical, la détection d'intrusion, la fouille du web et l'analyse des données scientifiques.

L'extraction de règles d'association a connu de nombreux développements théoriques et algorithmiques. Parmi ces algorithmes, Apriori (Agrawal et Srikant, 1994) et FP-Growth (Han et al., 2004) sont les plus connus. Tous ces algorithmes partagent une même méthodologie à deux étapes. La première est consacrée à la recherche de tous les itemsets fréquents, et la seconde consiste à générer les règles avec une grande confiance en combinant ces itemsets fréquents. On peut citer aussi l'approche logique GUHA proposée par Hájek et al. (Hájek et al., 2010) il y a plus d'une trentaine d'année.

Comme souligné dans (Raedt et al., 2011), les contraintes font souvent partie de la spécification de plusieurs problèmes de fouille de données. Cette observation a conduit à un nouveau domaine de recherche actif et multidisciplinaire initié dans (Raedt et al., 2008), et permettant une fertilisation croisée entre la fouille de données et l'intelligence artificielle (IA). Deux modèles de représentation et de résolution d'IA ont été utilisés pour modéliser et résoudre plusieur problèmes de fouille de données, à savoir la programmation par contrainte (PPC) et la satisfiabilité propositionnelle (SAT). Parmi ces problèmes, nous pouvons citer l'extraction de motifs (Raedt et al., 2011; Jabbour et al., 2015a) et le clustering (Davidson et al., 2010). Suivant cette tendance de recherche, nous proposons dans cet article une nouvelle approche basée sur la satisfiabilité propositionnelle pour fouiller les règles d'association en une seule étape. Dans notre deuxième contribution, nous considérons deux variantes bien connues, à savoir la fouille de règles d'association fermées (Taouil et al., 2000), et la fouille de règles d'association indirectes (Tan et al., 2000). Notre objectif est de montrer la flexibilité et la déclarativités de notre approche.

2   Préliminaires

2.1   Logique propositionnelle et problème SAT

Soit $Prop$ un ensemble dénombrable de variables propositionnelles. Nous utilisons les lettres p, q, r, etc. pour noter les éléments de Prop. L'ensemble de formules propositionnelles est défini par induction à partir de Prop, les deux constantes $\perp$ (resp. $\top$) qui désignent les états $faux$ (resp. $vrai$) et en utilisant les connecteurs logiques usuels $\neg$, $\wedge$, $\vee$, $\rightarrow$, et $\leftrightarrow$. On utilise $\mathcal{P}(A)$ pour désigner l'ensemble des variables propositionnelles apparaissant dans la formule A. Une interprétation booléenne $\mathcal{I}$ d'une formule A est définie comme étant une fonction de $\mathcal{P}(A)$ vers $\{0,1\}$ (0 correspond à $faux$ et 1 à $vrai$). Un $modèle$ d'une formule A est une interprétation $\mathcal{I}$ qui satisfait A, c-à-d $\mathcal{I}(A) = 1$. Une formule A est satisfiable s'il existe un modèle de A. Une formule sous forme normale conjonctive (CNF) est une conjonction ($\wedge$) de clauses, où une $clause$ est une disjonction ($\vee$) de littéraux. Un $littéral$ est une variable propositionnelle (p) ou sa négation ($\neg p$). Le problème SAT consiste à décider si une formule CNF donnée admet un modèle ou non.

2.2   Règles d'association

Soit Ω un ensemble non vide fini de symboles, appelés $items$. Nous utilisons les lettres a, b, c, etc. pour noter les éléments de Ω. Un $itemset$ I sur Ω est défini comme étant un sous ensemble de Ω, c-à-d, $I \subseteq \Omega$. Nous utilisons 2^{Ω} pour désigner l'ensemble des itemsets sur Ω et nous utilisons les lettres majuscules I, J, K, etc. pour noter les éléments de 2^{Ω}.

Une $transaction$ est une paire ordonnée (i, I) où i est un nombre naturel appelé $identifiant$ et I est un itemset, c-à-d $(i, I) \in \mathbb{N} \times 2^{\Omega}$.

Étant donné une base de données transactionnelles $\mathcal{D}$ et un itemset I, la couverture de I dans $\mathcal{D}$, notée $\mathcal{C}(I, \mathcal{D})$, est définie comme suit : $\{i \in \mathbb{N} \mid (i, J) \in \mathcal{D} \text{ et } I \subseteq J\}$. Le support de I dans $\mathcal{D}$, notée $\mathcal{S}(I, \mathcal{D})$, correspond à la cardinalité de $\mathcal{C}(I, \mathcal{D})$, c-à-d $\mathcal{S}(I, \mathcal{D}) = |\mathcal{C}(I, \mathcal{D})|$.

Un itemset $I \subseteq \Omega$ tel que $\mathcal{S}(I, \mathcal{D}) \geq 1$ est un $itemset\ fermé$ si, pour tous les itemsets J avec $I \subset J$, $\mathcal{S}(J, \mathcal{D}) < \mathcal{S}(I, \mathcal{D})$.

Une $règle\ d'association$ est un motif de la forme $X \rightarrow Y$ où X (appelé antécédent) et Y (appelé conséquence) sont deux itemsets disjoints. Le $support\ d'une\ règle\ d'association$ $X \rightarrow Y$ dans $\mathcal{D}$ est : $\mathcal{S}(X \rightarrow Y, \mathcal{D}) = \frac{\mathcal{S}(X \cup Y, \mathcal{D})}{|\mathcal{D}|}$. La $confiance$ de $X \rightarrow Y$ dans $\mathcal{D}$ est définie comme étant $\mathcal{C}onf(X \rightarrow Y, \mathcal{D}) = \frac{\mathcal{S}(X \cup Y, \mathcal{D})}{\mathcal{S}(X, \mathcal{D})}$. Elle donne une estimation de la probabilité conditionnelle de Y sachant X. Étant donné une base de données transactionnelle $\mathcal{D}$, un minimum support α et un minimum de confiance β, le problème de fouille de règles d'association consiste plus précisément à calculer l'ensemble suivant : $\mathcal{MAR}(\mathcal{D}, \alpha, \beta) = \{X \to Y \mid X, Y \subseteq \Omega \ \wedge \ \mathcal{S}(X \to Y, \mathcal{D}) \geq \alpha \ \wedge \ \mathcal{C}onf(X \to Y, \mathcal{D}) \geq \beta\}$

3 SAT et fouille de règles d'association

Dans cette section, nous décrivons un encodage SAT pour le problème de fouille de règles d'association. Pour représenter les deux itemsets de chaque règle candidate $X \to Y$, on associe deux variables propositionnelles x_a et y_a à chaque item a. Ensuite, pour représenter la couverture de X et $X \cup Y$, on associe à chaque identifiant d'une transaction $i \in \{1 \ldots m\}$ deux variables propositionnelles p_i et q_i. Les deux clauses de la première formule exprime que X

$$(\bigvee_{a \in \Omega} x_a) \wedge (\bigvee_{a \in \Omega} y_a) \qquad (1)$$

$$\bigwedge_{i \in 1..m} (\neg q_i \leftrightarrow \neg p_i \vee (\bigvee_{a \in \Omega \setminus I_i} y_a)) \qquad (4)$$

$$\bigwedge_{a \in \Omega} (\neg x_a \vee \neg y_a) \qquad (2)$$

$$\sum_{i \in 1..m} q_i \geq m \times \alpha \qquad (5)$$

$$\bigwedge_{i \in 1..m} (\neg p_i \leftrightarrow \bigvee_{a \in \Omega \setminus I_i} x_a) \qquad (3)$$

$$\frac{\sum_{i \in 1..m} q_i}{\sum_{i \in 1..m} p_i} \geq \beta \qquad (6)$$

et Y ne sont pas vides. La deuxième formule propositionnelle permet d'exprimer la contrainte $X \cap Y = \emptyset$, en imposant que x_a et y_a ne peuvent pas être vrais en même temps. Pour obtenir la couverture de l'itemset X (resp. $X \cup Y$), on utilise la formule propositionnelle 3 (resp. 4). Dans cette formule, p_i (resp. q_i) est $faux$ ssi X (resp. $X \cup Y$) contient un item qui n'appartient pas à la transaction i. les deux formules 5 et 6 expriment que le support et la confiance de la règle candidate doivent être supérieurs ou égaux au seuils spécifiés α et β.

$\mathcal{E}_{AR}(\mathcal{D}, \alpha, \beta)$ désigne la conjonction de formules (1), (2), (3), (4), (5) et (6).

3.1 Règles d'association fermées et indirectes

Dans cette section, notre objectif est de montrer la flexibilité de notre approche declarative, en considérant d'autres variantes de règles d'association.

Définition 1 (Règle d'association fermée) *Une règle d'association $r : X \to Y$ est une règle fermée ssi $r : X \to Y$ est une règle d'association valide et $X \cup Y$ est un itemset fermé.*

Intuitivement, nous obtenons les règles d'association fermées en maximisant l'union de l'antécédent et la conséquence, sans diminuer ni le support ni la confiance. L'encodage SAT du problème de fouille de règles d'association fermées, noté $\mathcal{E}_{CAR}(\mathcal{D}, \alpha, \beta)$, peut être obtenu simplement en ajoutant à l'encodage décrit précédemment ($\mathcal{E}_{AR}(\mathcal{D}, \alpha, \beta)$) la formule suivante :

$$\bigwedge_{a \in \Omega} (\bigwedge_{i=1}^{m} (q_i \to a \in I_i) \wedge \neg x_a \to y_a) \qquad (7)$$

La formule (7) signifie que si on a $\mathcal{C}(X \cup Y, \mathcal{D}) = \mathcal{C}(X \cup Y \cup \{a\}, \mathcal{D})$ alors $a \in Y$.

Définition 2 *Soit $\mathcal{D}$ une base de données transactionnelles. Deux items a_0 et b_0 sont indirectement liés par l'intermédiaire d'un itemset M, appelé médiateur, en respectant un maximum de support λ, un minimum de support α et un seuil de dépendance médiateur β ssi les conditions suivantes sont satisfaites :*

— $\mathcal{S}(\{a_0\} \to \{b_0\}, \mathcal{D}) \leq \lambda$ *(condition de support sur la pair d'items)* [1].
— *Il existe un itemset non vide M tel que :*

    1. $\mathcal{S}(\{a_0\} \to M, \mathcal{D}) \geq \alpha$ et $\mathcal{S}(\{b_0\} \to M, \mathcal{D}) \geq \alpha$ (Condition de Support sur M)

    2. $\mathcal{D}ep(\{a_0\}, M, \mathcal{D}) \geq \beta$ et $\mathcal{D}ep(\{b_0\}, M, \mathcal{D}) \geq \beta$ où $\mathcal{D}ep(P, Q, \mathcal{D})$ est une mesure de dépendance entre P et Q.

En d'autres termes, dans la fouille des règles indirectes, nous cherchons les paires d'items qui sont infréquentes (rares) mais qui sont impliquées séparément dans des règles d'association intéressantes avec la même conséquence.

En utilisant la confiance comme mesure de dépendance et un seuil minimum de confiance au lieu du seuil de dépendance médiateur, les deux conditions (support du médiateur et dépendance) dans la définition 2 peuvent être réécrites comme suit : $\{a_0\} \to M$ et $\{b_0\} \to M$ sont deux règles d'association valides en respectant les seuils α et β.

On utilise pour chaque item les variables propositionnelles $x_c^{a_0}$ et $x_c^{b_0}$ pour représenter a_0 et b_0 respectivement. On utilise le même ensemble de variables y_a pour chaque item a comme dans $\mathcal{E}_{AR}(\mathcal{D}, \alpha, \beta)$ afin de capturer les éléments du médiateur. De plus, on introduit des variables de la forme $p_i^{a_0}$ (resp. $p_i^{b_0}$) pour exprimer la couverture de l'item a_0 (resp. b_0) de la même façon que dans $\mathcal{E}_{AR}(\mathcal{D}, \alpha, \beta)$ et des variables de la forme $q_i^{a_0}$ et $q_i^{b_0}$ pour exprimer la couverture de $M \cup \{a_0\}$ et $M \cup \{b_0\}$ respectivement. Enfin, on introduit des variables de la forme r_i pour capturer la couverture de $\{a_0, b_0\}$.

Les deux règles $\{a_0\} \to M$ et $\{b_0\} \to M$ sont capturées comme suit :

$$\mathcal{E}_{AR}(\mathcal{D}, \alpha, \beta) \wedge (\sum_{a \in \Omega} x_a^{a_0} = 1) \;,\; \mathcal{E}_{AR}(\mathcal{D}, \alpha, \beta) \wedge (\sum_{a \in \Omega} x_a^{b_0} = 1) \tag{8}$$

Nous décrivons maintenant la formule qui permet de capturer la couverture de $\{a_0, b_0\}$ et celle exprimant que $\{a_0\} \to \{b_0\}$ est infréquente en respectant le seuil maximum de support λ :

$$r_i \leftrightarrow (p_i^{a_0} \wedge p_i^{b_0}) \;,\; \sum_{i=1}^{m} r_i \leq m \times \lambda \tag{9}$$

Dans la définition 2, les items a_0 et b_0 sont interchangeables menant à des règles d'association indirectes symétriques. Pour éviter l'énumération de ces règles redondantes, nous cassons les symétries entre a_0 et b_0 en ajoutant les contraintes $a_0 < b_0$ sur l'ensemble des items Ω exprimées comme suit :

$$\bigwedge_{a, a' \in \Omega, a' \leq a} \neg x_a^{a_0} \vee \neg x_{a'}^{b_0} \tag{10}$$

On utilise $\mathcal{E}_{IR}(\mathcal{D}, \lambda, \alpha, \beta)$ pour désigner l'encodage du problème de fouille de règles d'association indirectes $(8) \wedge (9) \wedge (10)$.

Finalement, les encodages des différents types de règles d'associations sont corrects et complets. La preuve découle naturellement des différentes contraintes associées.

---

1. on peut aussi écrire $\frac{\mathcal{S}(\{a_0, b_0\}, \mathcal{D})}{|\mathcal{D}|} \leq \lambda$

3.2 Résultats

Dans cette section nous allons présenter quelques résultats obtenus en comparant l'approche basée sur SAT à des approches spécialisées. Nous considérons les trois tâches de fouille de règles d'association, appelées : pures, fermées, et indirectes. Nous indiquons par SFAR_R avec $R \in \{Pure, Ferm, Ind\}$, notre solveur basé sur l'approche SAT pour fouiller les règles d'association (R) correspondantes (pour plus de détails, voir (Jabbour et al., 2015b)). Les contraintes (5) et (6) sont gérées dynamiquement dans le solveur en associant à chacune un propagateur comme dans (Jabbour et al., 2015a). Pour les règles *pures* et *fermées*, nous comparons notre approche à l'algorithme *ZART* implémenté dans *Coron*[2]. Par contre, pour les règles *indirectes*, nous comparons notre solveur à l'algorithme *INDIRECT* implémenté dans *SPMF*[3] (Fournier-Viger et al., 2014). Nous avons testé sur 16 bases de données transactionnelles[4]. Pour chaque base, nous avons généré 400 (resp. 250) configurations pour la fouille des règles Pures et Fermées (resp. indirectes), en variant les seuils de support et de confiance.

	SFAR_Pure		ZART_Pure		SFAR_Ferm		ZART_Ferm		SFAR_Ind		SPMF_Ind	
données	#S	moy. t(s)	#S	moy. t(s)	#S	moy. t(s)	#S	moy. t(s)	#S	moy. t(s)	#S	moy. t(s)
Audiology	20	855.00	20	855.01	20	855.00	20	855.01	124	453.74	61	680.45
Zoo-1	400	19.12	400	6.37	400	0.52	400	11.28	250	0.15	250	9.12
Tic-tac-toe	400	0.09	400	0.24	400	0.09	400	0.23	250	0.09	250	0.20
Anneal	101	709.50	101	678.41	147	604.09	103	679.31	171	309.69	55	702.04
Australian-credit	245	370.17	264	321.62	268	323.29	226	403.72	232	121.06	156	339.56
German-credit	306	246.88	322	192.52	329	198.02	304	238.79	244	49.07	210	154.49
Heart-cleveland	284	286.38	301	252.27	304	251.05	262	340.15	235	64.97	203	300.48
Hepatitis	305	241.41	304	228.00	324	206.02	266	312.26	245	32.98	205	187.92
Hypothyroid	85	732.12	121	665.41	107	686.95	64	761.59	163	336.40	81	621.29
Kr-vs-kp	172	552.92	203	487.73	192	523.66	146	590.89	204	206.47	114	499.33
Lymph	336	181.64	338	170.37	387	63.22	291	281.35	250	6.10	211	170.19
Mushroom	366	109.12	387	46.00	400	30.32	390	42.84	250	8.89	250	29.62
Primary-tumor	400	3.68	400	1.17	400	2.03	400	18.82	250	0.15	250	2.63
Soybean	400	2.90	400	1.50	400	0.17	400	7.94	250	0.05	250	0.76
Splice-1	380	53.44	400	3.52	380	54.04	400	3.25	250	61.73	250	0.50
Vote	380	66.74	400	1.46	400	32.40	398	30.22	250	0.84	250	1.48
Total	4560	279.76	**4741**	**247.29**	**4838**	**242.24**	4470	286.10	**3618**	**103.27**	3046	231.25

TAB. 1 – *Règles Pures, Fermées, et Indirectes :* SFAR *vs* ZART *et* SFAR *vs* SPMF

D'après les résultats présentés dans la Table 1 (où #S représente le nombre de configurations résolues sous une limite de temps égale à 900s), nous constatons que l'approche basée sur SAT donne des performances meilleures que les approches spécialisées pour la fouille des règles d'association fermées et indirectes. Par contre, pour les règles d'association pures, les approches spécialisées sont meilleures.

4 Conclusion et perspectives

Dans ce travail, nous avons développé une nouvelle approche efficace et déclarative pour fouiller les règles d'association. Cette méthode, basée sur un encodage SAT, permet d'extraire les règles d'association en une seule étape. Comme deuxième contribution nous avons montré

---

2. Coron : http ://coron.loria.fr/site/system.php
3. SPMF : http ://www.philippe-fournier-viger.com/spmf/
4. https ://dtai.cs.kuleuven.be/CP4IM/datasets/

que cette approche est flexible en modélisant facilement d'autres types de règles d'association tels que les règles fermées et les règles indirectes. Les expérimentations ont montré que cette approche est plus efficace pour l'extraction des règles fermées et indirectes. Comme perspectives, nous envisageons d'étendre cette approche en modélisant d'autres types de règles d'association tels que les règles minimales non redondantes et les règles exceptionnelles.

Références

Agrawal, R. et R. Srikant (1994). Fast algorithms for mining association rules in large databases. In *Proceedings of VLDB'94*, pp. 487–499.

Davidson, I., S. S. Ravi, et L. Shamis (2010). A SAT-based framework for efficient constrained clustering. In *Proceedings of SDM'10*, pp. 94–105.

Fournier-Viger, P., A. Gomaric, T. Gueniche, A. Soltani, C.-W. Wu, et V. S. Tseng (2014). Spmf : a java open-source pattern mining library. *The Journal of Machine Learning Research 15*(1), 3389–3393.

Hájek, P., M. Holena, et J. Rauch (2010). The guha method and its meaning for data mining. *Journal of Computer and System Sciences 76*(1), 34 – 48.

Han, J., J. Pei, Y. Yin, et R. Mao (2004). Mining frequent patterns without candidate generation : A frequent-pattern tree approach. *Data Mining and Knowledge Discovery 8*(1), 53–87.

Jabbour, S., L. Sais, et Y. Salhi (2015a). Decomposition based SAT encodings for itemset mining problems. In *Proceedings of PAKDD'15*, pp. 662–674.

Jabbour, S., L. Sais, et Y. Salhi (2015b). On SAT models enumeration in itemset mining. *CoRR abs/1506.02561*.

Raedt, L. D., T. Guns, et S. Nijssen (2008). Constraint programming for itemset mining. In *Proceedings of SIGKDD'08*, pp. 204–212.

Raedt, L. D., S. Nijssen, B. O'Sullivan, et P. V. Hentenryck (2011). Constraint programming meets machine learning and data mining. *Dagstuhl Reports 1*(5), 61–83.

Tan, P.-N., V. Kumar, et J. Srivastava (2000). Indirect association : Mining higher order dependencies in data. In *Proceedings of PKDD'00*, pp. 632–637.

Taouil, R., N. Pasquier, Y. Bastide, et L. Lakhal (2000). Mining bases for association rules using closed sets. In *Proceedings of ICDE'00*, pp. 307.

Summary

All the algorithms that mine association rules, share the same two steps methodology: frequent itemsets enumeration followed by effective association rules generation step. In this paper, we propose a new propositional satisfiability based approach to mine association rules in a single step. To highlight the flexibility of our proposed framework, we also address two other variants, namely the closed and indirect association rules mining tasks. Experiments on many datasets show that on both closed and indirect association rules mining tasks, our declarative approach achieves better performance than the state-of-the-art specialized techniques.

Mesure de Similarité entre Treillis Basée sur des Correspondances Explicites

Florent Domenach*

* Akita International University, Yuwa, Akita-city 010-1292, Japan
fdomenach@aiu.ac.jp,

Résumé. Ce document se situe dans le cadre de l'analyse de concepts formels (ACF), une méthode de hiérarchisation algébrique des données basée sur la notion d'intension / extension, partageant maximalement attributs et objets. Nous présentons ici une mesure de similarité basée sur des correspondances entre deux treillis de Galois, définie par un modèle expressif utilisant des correspondances entre objets et entre attributs des deux treillis. Un point clé de notre approche est que ces correspondances peuvent ne pas être des fonctions, associant un objet (resp. attribut) d'un treillis avec plusieurs objets (resp. attributs) de l'autre treillis.

1   Introduction

Cet article est un résumé de Domenach et Rajabi (2015). Les treillis sont des objets polymorphes : comme ensembles ordonnés, les treillis sont une généralisation naturelle de différentes structures comme des arbres, arbres faibles ou pyramides. Ils forment également la structure sous-jacente de l'analyse des concepts formels articulant la dualité entre l'intention et l'extension. En tant que tel, ils peuvent être considérés comme une méthode algébrique de hiérarchisation des données basées sur des attributs et des objets maximalement partagés.

Le problème considéré ici est la quantification de la similarité entre deux treillis donnés, pouvant être définis sur ensembles d'objets et d'attributs différents. Idéalement, une telle mesure devrait prendre des valeurs élevées pour des treillis similaires et des valeurs faibles pour des treillis très dissemblables. La figure 1 montre deux exemples de treillis - la question est de savoir si ces treillis sont "proches", et à quel point ? L'ACF étant particulièrement utilisée dans la recherche d'information et de représentation des connaissances, étudier les mesures de similarité est particulièrement pertinent pour la comparaison des treillis. Nous renvoyons le lecteur à Domenach (2015) où nous avons défini une mesure de dissimilarité basée sur la structure des treillis et normalisée par leur largeur. Les treillis de Galois créent une hiérarchie sur la dualité extension / intention des concepts, qui est perdue lorsque les objets et les attributs sont considérés séparément, et notre mesure de dissimilarité ne prenait pas en compte cet aspect fondamental du treillis de concepts.

Le but de cet article est de présenter une nouvelle mesure de similarité entre treillis. Bien qu'il existe une abondante littérature portant sur des similarités entre graphes (orientés) (Ullmann, 1976), à notre connaissance il existe pas de littérature sur les similarités entre treillis de concepts (Domenach, 2015) prenant en compte leur dualité intrinsèque. En utilisant une

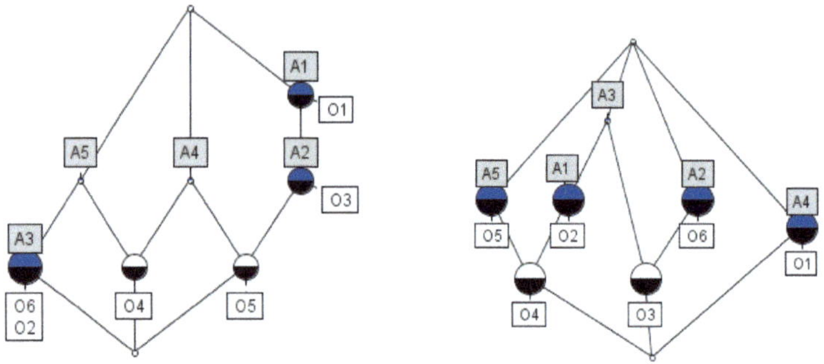

FIG. 1 – *Exemples de treillis* $\mathbb{L}_1$ *et* $\mathbb{L}_2$

approche de nature similaire à Champin et Solnon (2003), la méthode introduite ici est basée sur un modèle expressif utilisant des correspondances entre objets et entre attributs, correspondances qui peuvent ne pas être injectives ou surjectives. Chaque objet (attribut) du premier treillis peut être associé à un certain nombre d'objets (attributs) du second.

2 Analyse des Concepts Formels

Introduction Nous rappelons ici les notations standards de l'analyse des concepts formels (ACF) et nous renvoyons le lecteur à Ganter et Wille (1999) et à Caspard et al. (2012) pour des résultats sur les treillis comme ensembles ordonnés. Un *contexte* (G, M, I) est défini comme un ensemble G d'objets, un ensemble M d'attributs, et une relation binaire $I \subseteq G \times M$. $(G, m) \in I$ signifie que "l'objet g est liée avec l'attribut m par la relation I". Deux opérateurs de dérivation peuvent être définis sur les ensembles d'objets et d'attributs, $\forall O \subseteq G, A \subseteq M$, $O' = \{m \in M : \forall g \in O, (g, m) \in I\}$, $A' = \{g \in G : \forall m \in A, (g, m) \in I\}$. Ces deux opérateurs $(\cdot)'$ définissent une correspondance de Galois entre l'ensemble des parties de l'ensemble des objets $\mathcal{P}(G)$ et l'ensemble des parties des attributs $\mathcal{P}(M)$. Une paire $(O, A), O \subseteq G, A \subseteq M$, est un *concept formel* ssi $O' = A$ et $A' = O$. O est appelé *extension* et A *intention* du concept. La composition de ces deux opérateurs $(.)''$ forme un opérateur de fermeture sur $\mathcal{P}(G)$ (resp. $\mathcal{P}(M)$), créant un (double) isomorphisme entre les ensembles des fermés de $\mathcal{P}(G)$ et $\mathcal{P}(M)$.

Treillis de Galois L'ensemble des concepts formels est ordonné par inclusion des extensions (ou, dualement, par inclusion des intentions), *i.e.*, $(O_1, A_1) \leq (O_2, A_2)$ ssi $O_1 \subseteq O_2$ (ou dualement $A_2 \subseteq A_1$), et forme un treillis complet (Barbut et Monjardet, 1970), le *treillis de concepts* ou treillis de Galois noté $\mathbb{L} = \mathfrak{B}(G, M, I)$. Un diagramme de Hasse peut être associé au treillis de concepts comme le graphe de la relation de couverture : le concept (O_1, A_1) est couvert par (O_2, A_2), $(O_1, A_1) \prec (O_2, A_2)$, quand il n'existe pas de concept (O_3, A_3) tel que $(O_1, A_1) < (O_3, A_3) < (O_2, A_2)$. Dans le diagramme de Hasse, chaque concept du treillis est représenté sous la forme d'un sommet dans le plan et les arêtes vont vers le haut de (O_1, A_1) à

TAB. 1 – *Exemple de correspondance arbitraire c_o entre objets des treillis de la figure 1, chaque rangée étant un élément de G_1 et chaque colonne un élément de G_2*

c_o	o_1	o_2	o_3	o_4	o_5	o_6
o_1				X		
o_2				X		
o_3						
o_4	X			X		
o_5			X	X		
o_6				X		

(O_2, A_2) quand $(O_1, A_1) \prec (O_2, A_2)$. Toutes les figures de cet article ont été crées en utilisant le logiciel ConExp [1] (Yevtushenko, 2000).

3   Nouvelle Mesure de Similarité

Jaccard (1901) a créé une mesure de similarité simple, sur des ensembles, définie comme le ratio entre les éléments communs sur leur union, généralisée plus tard par Tversky (1977). Appliquée aux treillis de concepts, la mesure Jaccard peut être écrite comme :

$$sim(\mathbb{L}_1, \mathbb{L}_2) = \frac{f(descr(\mathbb{L}_1) \sqcap descr(\mathbb{L}_2))}{f(descr(\mathbb{L}_1) \sqcup descr(\mathbb{L}_2))} \ \forall \mathbb{L}_1, \mathbb{L}_2 \in \mathscr{L} \tag{1}$$

Cet article est centré au cas où f est la fonction de cardinalité, mais les résultats peuvent être facilement étendus à toute fonction positive et monotone non décroissante par rapport à l'ordre sur $\mathscr{L}$ ($\mathbb{L}_1 \sqsubseteq \mathbb{L}_2$ implique $f(\mathbb{L}_1) \leq f(\mathbb{L}_2)$). *descr* est une fonction de description, qui peut être considérée comme un codage de treillis permettant une comparaison entre treillis. Dans les paragraphes suivants, nous définissons d'abord la description commune entre les deux treillis, notre numérateur, avant de spécifier leur union, notre dénominateur.

Correspondance   Afin de définir une mesure de similarité entre deux treillis $\mathbb{L}_1 = \mathfrak{B}(G_1, M_1, I_1)$ et $\mathbb{L}_2 = \mathfrak{B}(G_2, M_2, I_2)$, nous définissons d'abord une correspondance (arbitraire) c_o (resp. c_a) qui lient les objets (resp. attributs) afin d'identifier leurs caractéristiques communes. Ces correspondances peuvent être considérées soit comme des connaissances spécialisées, correspondant à des caractéristiques d'un treillis à l'autre, ou comme un problème d'optimisation, cherchant la meilleure adéquation possible. Formellement, $c_o \in G_1 \times G_2$ est une relation binaire entre les objets de $\mathbb{L}_1$ et les objets de $\mathbb{L}_2$. Ce n'est pas une fonction entre G_1 et G_2 car tout objet peut avoir zéro, un ou plusieurs objets associés. Le tableau 1 montre un exemple de correspondance entre les objets des deux treillis de concepts de la figure 1.

Étant donné une correspondance c_o entre G_1 et G_2 associant zéro ou plusieurs objets de $\mathbb{L}_2$ avec chaque objet de $\mathbb{L}_1$, nous définissons l'image d'un objet $o_1 \in G_1$ comme $c_o(o_1) = \{o_2 \in G_2 : (o_1, o_2) \in c_o\}$. Cette définition peut être étendue à un ensemble d'objets $O_1 \subseteq G_1$ comme

---

1. Disponible à l'adresse `http://conexp.sourceforge.net/`

le produit cartésien des images de chacun des éléments de O_1 : $c_o(O_1) = \{\{y_1, y_2, ...\}, y_i \in c_o(o_i) \ \forall o_i \in O_1\}$ et $c_o(\emptyset) = \emptyset$. Par exemple, en utilisant la correspondance du tableau 1, $c_0(\{o_4, o_5\}) = \{\{o_1, o_3\}, \{o_1, o_4\}, \{o_3, o_4\}, \{o_4\}\}$. Des définitions similaires de l'image d'un attribut ou d'un ensemble d'attributs sont utilisés pour la correspondance c_a qui lie les attributs de M_1 et M_2.

Descriptions Communes   Afin de définir la description commune entre deux treillis de concepts, nous devons d'abord définir de quelle façon l'information contenue dans $\mathbb{L}_1$ est représentée dans $\mathbb{L}_2$. Nous définissons cette information comme le ratio pour chaque concept de $\mathbb{L}_1$ d'être présent, au moins partiellement, dans $\mathbb{L}_2$ par la correspondance c_o.

Description sur les Objets   Considérons le concept $\lambda = (O_1, A_1) \in \mathbb{L}_1$. La description des objets du concept λ de $\mathbb{L}_1$ à $\mathbb{L}_2$ selon la correspondance c_o, notée $descr^{c_o}_{\mathbb{L}_1 \to \mathbb{L}_2}(\lambda)$, est l'union de (O_1, a_1), $a_1 \in A_1$, de sorte que a_1 fasse partie d'un concept de $\mathbb{L}_2$ qui contient une image de O_1 par c_o. Cela correspond à l'information contenue dans le concept λ en fonction de son ensemble d'objets qui est présent, au moins partiellement, dans $\mathbb{L}_2$ par c_o. Formellement, $descr^{c_o}_{\mathbb{L}_1 \to \mathbb{L}_2}(\lambda) = \{(O_1, a_1), a_1 \in A_1, \exists X_1 \in c_o(O_1) : a_1 \in X_1'\}$. La description générale des objets de $\mathbb{L}_1$ dans $\mathbb{L}_2$ est l'union des descriptions de chaque concept :

$$descr^{c_o}_{\mathbb{L}_1 \to \mathbb{L}_2} = \bigcup_{\lambda \in \mathbb{L}_1} descr^{c_o}_{\mathbb{L}_1 \to \mathbb{L}_2}(\lambda)$$

La description commune entre deux treillis de concepts est alors l'union des descriptions d'un treillis à l'autre, à savoir $descr^{c_o}(\mathbb{L}_1) \sqcap descr^{c_o}(\mathbb{L}_2) = descr^{c_o}_{\mathbb{L}_1 \to \mathbb{L}_2} \cup descr^{c_o}_{\mathbb{L}_2 \to \mathbb{L}_1}$. Continuant avec notre exemple de la figure 1, en utilisant la correspondance c_o du tableau 1, on a $descr^{c_o}_{\mathbb{L}_1 \to \mathbb{L}_2}(\{o_3, o_5\}, \{a_1, a_2\}) = \{(\{o_3, o_5\}, \{a_1\}), (\{o_3, o_5\}, \{a_2\})\}$ vu que $c_o(\{o_3, o_5\}) = \{\{o_3\}, \{o_4\}\}$, $a_1 \in \{o_4\}'$ et $a_2 \in \{o_3\}'$. Mais, $descr^{c_o}_{\mathbb{L}_1 \to \mathbb{L}_2}(\{o_4, o_5\}, \{a_4\}) = \emptyset$ vu que $c_o(\{o_4, o_5\}) = \{\{o_1, o_3\}, \{o_1, o_4\}, \{o_3, o_4\}, \{o_4\}\}$ et le seul concept de $\mathbb{L}_2$ contenant a_4 est $(\{o_1\}, \{a_4\})$. Nous pouvons définir dualement description commune sur les attributs entre $\mathbb{L}_1$ et $\mathbb{L}_2$.

Description sur Objets et Attributs   Aucunes des deux définitions précédentes de descriptions sur objets et sur attributs ne sont tout à fait satisfaisantes car elles considèrent les objets et les attributs séparément. Afin de tenir compte de la double nature des treillis de concepts, ces définitions de descriptions, soit sur des objets ou sur les attributs, conduisent à une description unifiée sur les deux dimensions. La description de $\mathbb{L}_1$ dans $\mathbb{L}_2$ sur les objets et attributs est une combinaison de la description des objets ainsi que la description des attributs, à savoir $\forall \lambda = (O_1, A_1) \in \mathbb{L}_1$:

$$\begin{aligned} descr^{c_o, c_a}_{\mathbb{L}_1 \to \mathbb{L}_2}(\lambda) = &\{(O_1, a_1),\ a_1 \in A_1,\ \exists X_1 \in c_o(O_1),\ \exists y_1 \in c_a(a_1) : y_1 \in X_1'\} \\ &\cup \{(o_1, A_1),\ o_1 \in O_1,\ \exists Y_1 \in c_a(A_1),\ \exists x_1 \in c_o(o_1),\ z_1 \in Y_1'\} \end{aligned} \tag{2}$$

De même, la description des objets et des attributs de $\mathbb{L}_1$ to $\mathbb{L}_2$ est définie comme : $descr^{c_o, c_a}_{\mathbb{L}_1 \to \mathbb{L}_2} = \bigcup_{\lambda \in \mathbb{L}_1} descr^{c_o, c_a}_{\mathbb{L}_1 \to \mathbb{L}_2}(\lambda)$. Continuant avec notre exemple de la figure 1, en utilisant la correspondance c_o du tableau 1 et c_a correspondance identité ($\forall i, c_a(a_i) = a_i', a_i \in$

$M_1, a_i' \in M_2$), on a $descr_{\mathbb{L}_1 \to \mathbb{L}_2}^{c_o, c_a}(\{o_3, o_4\}, \{a_1, a_5\}) = \{(\{o_3, o_4\}, \{a_1\}), (\{o_3, o_4\}, \{a_2\}), (\{o_4\}, \{a_1, a_2\})\}$.

La description commune de $\mathbb{L}_1$ et $\mathbb{L}_2$, utilisée comme le numérateur dans l'équation 1, est l'union de la description de $\mathbb{L}_1$ dans $\mathbb{L}_2$ et de la description de $\mathbb{L}_2$ dans $\mathbb{L}_1$. Cet ensemble contient toutes les caractéristiques présentes à la fois dans $\mathbb{L}_1$ et $\mathbb{L}_2$ qui sont partiellement identifiées par les correspondances c_o et c_a. La description commune des deux réseaux $\mathbb{L}_1$ et $\mathbb{L}_2$ est définie comme :

$$descr(\mathbb{L}_1) \sqcap descr(\mathbb{L}_2) = descr_{\mathbb{L}_1 \to \mathbb{L}_2}^{c_o, c_a} \cup descr_{\mathbb{L}_2 \to \mathbb{L}_1}^{c_o, c_a} \tag{3}$$

Union des Descriptions   Afin de compléter notre définition de la similarité de Jaccard entre deux treillis, nous avons besoin de définir l'union des descriptions de ces treillis comme :

$$
\begin{aligned}
descr(\mathbb{L}_1) \sqcup descr(\mathbb{L}_2) = &\bigcup_{(O_1, A_1) \in \mathbb{L}_1} \{ \bigcup_{a_1 \in A_1} \{(O_1, a_1)\} \cup \bigcup_{(o_1 \in O_1)} \{(o_1, A_1)\} \} \\
&\cup \bigcup_{(O_2, A_2) \in \mathbb{L}_2} \{ \bigcup_{a_2 \in A_2} \{(O_2, a_2)\} \cup \bigcup_{(o_2 \in O_2)} \{(o_2, A_2)\} \}
\end{aligned} \tag{4}
$$

Scissions   Un problème de cette approche basée sur des correspondances est que c_o et c_a sont des relations binaires, pas des fonctions. Ainsi, tout objet (attribut) de $\mathbb{L}_1$ ou $\mathbb{L}_2$ peut avoir plus d'une image. Prenons le cas extrême où chaque objet / attribut de $\mathbb{L}_1$ est lié à tout autre objet / attribut de $\mathbb{L}_2$. Bien que très peu instructive, la similarité, telle que définie dans l'équation 1, sera artificiellement élevée. Les scissions sont définies quand un objet ou un attribut a plus d'une image en c_o ou c_a. Informellement, les scissions quantifient le manque de précision dans c_o et c_a. Plus un objet (resp. un attribut) a d'images par c_o (resp. c_a), moins il est informatif. Nous pouvons maintenant revenir à notre mesure de similarité de l'équation 1 en prenant les scissions en compte, vu que nous voulons avoir une mesure de similarité qui sera diminuée à mesure que le nombre de scissions augmente. La mesure de similarité est définie comme suit :

$$sim_{c_o, c_a}(\mathbb{L}_1, \mathbb{L}_2) = \frac{f(descr(\mathbb{L}_1) \sqcap descr(\mathbb{L}_2)) - g(splits(c_o) \cup splits(c_a))}{f(descr(\mathbb{L}_1) \sqcup descr(\mathbb{L}_2))} \tag{5}$$

avec f et g deux fonctions positives et non décroissante (ici des cardinalités). C'est une mesure de similarité car nous avons $sim_{c_o, c_a}(\mathbb{L}_1, \mathbb{L}_1) = 1$ avec diagonal c_a, c_o. Cependant, elle n'est pas normalisée en raison de scissions possibles, et ainsi peut devenir négatif. Bien que différentes définitions des scissions peuvent être utilisées pour cette mesure de similarité, nous nous sommes concentrés sur le cas particuliers où *split* est le nombre d'images moins un dans c_o et c_a, i.e. $\Sigma_{x \in G_1 \cup G_2}(|c_o(x)| - 1) + \Sigma_{y \in M_1 \cup M_2}(|c_a(y)| - 1)$, et nous renvoyons le lecteur à Domenach et Rajabi (2015) pour une discussion sur différentes mesures de scissions.

4   Conclusion et Perspectives

Dans cet article, nous avons présenté une adaptation de la mesure de similarité de Champin et Solnon (2003) pour graphes orientés dans le cadre de l'ACF. Basée sur mesure de Jaccard, notre similarité utilise les correspondances entre objets et entre attributs des deux treillis de concepts. Elle est en mesure de saisir le rôle liés entre intention et extension, entre objets et attributs entre les deux treillis de concepts considérés. Vu que notre mesure de similarité repose sur la recherche des meilleures correspondances c_o et c_a, une question clé est l'existence d'algorithmes efficaces pour leur mise en oeuvre. Comme f et g sont croissantes, il est difficile d'évaluer le changement de similarité lorsque une des correspondances augmente. Une investigation future est l'évaluation statistique de la mesure de similarité en fonction de f et g. Nous prévoyons également d'analyser son comportement et de la corréler avec des mesures de similarité existantes.

Références

Barbut, M. et B. Monjardet (1970). *Ordres et classification : Algèbre et combinatoire (tome II)*. Paris : Hachette.

Caspard, N., B. Leclerc, et B. Monjardet (2012). *Finite ordered sets : concepts, results and uses*. Number 144. Cambridge University Press.

Champin, P.-A. et C. Solnon (2003). Measuring the similarity of labeled graphs. In K. Ashley et D. Bridge (Eds.), *Case-Based Reasoning Research and Development*, pp. 80–95. Springer Berlin Heidelberg.

Domenach, F. (2015). Similarity measures of concept lattices. In B. Lausen, S. Krolak-Schwerdt, et M. Bohmer (Eds.), *Data Science, Learning by Latent Structures, and Knowledge Discovery*, Studies in Classification, Data Analysis, and Knowledge Organization, pp. 89–99.

Domenach, F. et Z. Rajabi (2015). Correspondence-based lattice similarity measure. In *Proceedings of European Conference on Data Analysis 2015*.

Ganter, B. et R. Wille (1999). *Formal Concept Analysis : Mathematical Foundations*. Springer.

Jaccard, P. (1901). étude comparative de la distribution florale dans une portion des alpes et des jura. *Bulletin de la Société Vaudoise des Sciences Naturelles 37*, 547–579.

Tversky, A. (1977). Features of similarity. *Psychological Reviews 84*(4), 327–352.

Ullmann, J. R. (1976). An algorithm for subgraph isomorphism. *Journal of the ACM 23*(1), 31–42.

Yevtushenko, S. A. (2000). System of data analysis "concept explorer". (in russian). In *Proceedings of the 7th national conference on Artificial Intelligence KII-2000*, pp. 127–134.

Summary

This paper is in the formal concept analysis framework, an algebraic hierarchisation method of data based on the notion of extent / intent, i.e. of maximally shared attributes and objects. Here we present a correspondence-based similarity measure between two formal concept lattices, defined on an expressive model using correspondences between objects and between attributes of the two lattices. A key point of our approach is that the correspondences may not be mappings and may associate each object (resp. attribute) of one lattice with several objects (resp. attributes) of another one.

Apprentissage d'espaces prétopologiques dans un cadre multi-instance pour la structuration de données

Gaëtan Caillaut, Guillaume Cleuziou

LIFO, Université d'Orléans, Rue Léonard de Vinci, 45067 Orléans Cedex 2
prénom.nom@univ-orleans.fr

Résumé. Nous présentons dans cet article une méthode supervisée de structuration (en DAG) d'un ensemble d'éléments. Étant donnés une structure cible et un ensemble de relations sur ces éléments, il s'agit d'apprendre un modèle de structuration par combinaison des relations initiales. Nous formalisons ce problème dans le cadre de la théorie de la prétopologie qui permet d'atteindre des modèles de structuration complexes.

Nous montrons que la non-idempotence de la fonction d'adhérence rentre dans le cadre du formalisme de l'apprentissage (supervisé) multi-instance et nous proposons un algorithme d'apprentissage reposant sur le dénombrement des « sacs » positifs et négatifs plutôt que sur un ensemble d'apprentissage standard.

Une première expérimentation de cette méthode est présentée dans un cadre applicatif de fouille de textes, consistant à apprendre un modèle de structuration taxonomique d'un ensemble de termes.

1   Introduction

La structuration de données et de connaissances est le sujet d'intenses recherches depuis plusieurs décennies et concerne un très large champ d'applications. Au-delà même d'une utilité applicative directe, le besoin de structurer des données, des variables ou des concepts est devenu incontournable dans de nombreux processus décisionnels.

Différentes formes de structures peuvent être envisagées parmi lesquelles on peut citer les graphes, les arbres ou encore les DAGs (graphes orientés sans cycles). Selon le contexte, deux problématiques d'apprentissage peuvent être identifiées : l'apprentissage de la structure elle-même (ex. modèle Bayésien) ou l'apprentissage d'un modèle de structuration. Nous nous intéressons dans cette étude à la seconde problématique consistant à inférer un modèle de structuration en DAG à partir d'une structure cible et d'une description sur les données.

Nous proposons dans cet article, un cadre générique d'apprentissage supervisé d'un modèle de structuration complexe d'un ensemble d'éléments E en un DAG $\mathcal{G}$ dans lequel chaque nœud représente un élément ou un sous-ensemble d'éléments. La complexité des structures ciblées par notre approche repose sur l'usage du formalisme prétopologique permettant une modélisation fine du processus de propagation de la domination entre éléments ou ensembles d'éléments. Le cadre est présenté comme *générique* dans le sens où il considère en entrée une collection de relations $\{\mathcal{R}_1, \ldots, \mathcal{R}_K\}$ binaires sur $E \times E$, plutôt qu'une description de type vectorielle des éléments de E. Dans ce contexte multi-source, la tâche ciblée peut alors être vue comme l'apprentissage d'une fonction de combinaison (fonction d'adhérence prétopologique) des relations fournies en entrée.

2 Apprentissage de structures et prétopologie

2.1 Notions de prétopologie et structuration

Nous reprenons ici les principales notions dans le formalisme de notations proposé dans Belmandt (1993). Nous considérerons dans ce qui suit un ensemble fini E d'éléments à structurer.

On appelle espace prétopologique, un couple (E, a) où $a()$ est une application de $\mathcal{P}(E)$ dans $\mathcal{P}(E)$ telle que $a(\emptyset) = \emptyset$ et $\forall A \in \mathcal{P}(E), A \subseteq a(A)$. La fonction $a()$ est appelée *adhérence* et modélise un phénomène d'extension. On appelle fermé de A ($F(A)$) le sous-ensemble obtenu par applications successives de $a()$ sur $A \subseteq E$ jusqu'à obtention d'un point fixe.

La spécificité de l'adhérence en prétopologie est que, contrairement à la topologie traditionnelle, elle n'est pas contrainte à satisfaire l'idempotence, de sorte que l'extension d'un sous-ensemble A peut être réalisée en plusieurs étapes (e.g. $A \subseteq a(A) \subseteq a(a(A)) \subseteq \cdots \subseteq a^n(A)$) et non en une seule fois comme en topologie où l'adhérence de A désigne directement sa fermeture ($a \circ a = a$).

Dans la suite nous considérerons uniquement des espaces prétopologiques de type V, c'est-à-dire tels que l'application d'adhérence satisfait en plus la propriété d'isotonie : $\forall A \subseteq E, B \subseteq E, A \subseteq B \Rightarrow a(A) \subseteq a(B)$

Les espaces prétopologiques de type V vérifient certaines propriétés permettant de structurer l'espace selon ses fermés élémentaires [1](Largeron et Bonnevay, 2002). La Figure 1 illustre sur un ensemble $E = \{x_1, \ldots, x_5\}$ un exemple de fermés provenant d'un espace de type V ainsi que la structure de DAG obtenue.

$$\begin{aligned}
&- \ F_{x_1} = E \\
&- \ F_{x_2} = F_{x_3} = \{x_2, x_3, x_5\} \\
&- \ F_{x_4} = \{x_4, x_5\} \\
&- \ F_{x_5} = \{x_5\}
\end{aligned}$$

FIG. 1 – *Exemple de fermés élémentaires (à gauche) et structure de DAG induite (à droite).*

2.2 Apprentissage d'espaces prétopologiques : formalisation multi-critère et méthodologies

La prétopologie présente un formalisme particulièrement adapté à l'analyse multi-critère. Cleuziou (2015) montre en effet que, dans le contexte qui nous intéresse - où l'on dispose en entrée d'une collection $\{\mathcal{R}_1, \ldots, \mathcal{R}_K\}$ de relations binaires réflexives sur E - il est possible de définir une fonction d'adhérence engendrant un espace de type V.

---

1. Un fermé élémentaire correspond à la fermeture d'un singleton, on le note F_x (ou $F(\{x\})$).

Cleuziou et Dias (2015) proposent la méthode LPS (*Learning Pretopological Spaces*) comme cadre générique d'apprentissage semi-supervisé d'un espace prétopologique. Le principe de LPS consiste à rechercher une pondération sur chacune des relations initiales ; cette pondération est exploitée dans une fonction d'adhérence paramétrée qui contrôle le processus de structuration. Le principe d'adhérence paramétrée est ensuite étendu dans un formalisme logique cette fois, par Cleuziou (2015) qui définit une nouvelle classe d'espaces prétopologiques, engendrés de manière logique par la fonction d'adhérence suivante : $a(A) = \{x \in E \mid Q(A, x)\}$ avec $Q(A, x)$ une formule logique définie sur le langage des K fonctions propositionnelles suivantes : $q_k(A, x) = (B_k(x) \cap A \neq \emptyset)$, et $B_k(x) = \{y \in E | x\mathcal{R}_k y\}$. On peut alors montrer que toute formule logique Q en forme normale disjonctive et sans négation (DNF positive) définit une adhérence satisfaisant la propriété d'isotonie ; l'espace prétopologique engendré est alors de type V.

LPS repose sur un processus évolutionnaire pour sélectionner les meilleures formules Q dans une population et les faire évoluer par croisements et mutations (Cleuziou et Dias, 2015 ; Cleuziou, 2015). Cela nécessite une population de grande taille pour espérer explorer au mieux l'espace des solutions, ce qui implique de répéter le processus de structuration un nombre considérable de fois.

Pour améliorer l'efficacité de la méthode LPS, nous proposons dans cet article de reconsidérer le problème d'apprentissage dans un cadre supervisé cette fois, et en utilisant une heuristique de construction gloutonne de la formule Q centrée sur la fonction d'adhérence directement, plutôt que sur la structure finale induite.

2.3 Vers une formulation multi-instance du problème

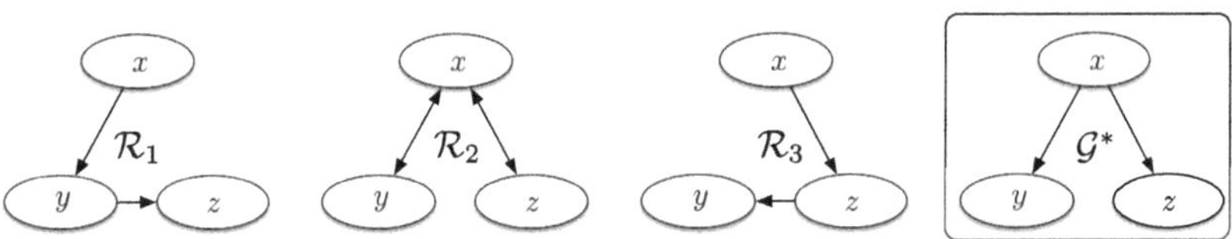

FIG. 2 – *Exemple d'une collection de 3 relations et d'une structure cible.*

Nous formalisons le problème d'apprentissage de la fonction d'adhérence comme une tâche de classification binaire sur un ensemble d'exemples, constitué de tous les couples (A, x) sur $\mathcal{P}(E) \times E$ tels que $x \notin A$. Chaque exemple est décrit par un vecteur booléen sur $\{0, 1\}^K$ où chaque composante vaut 0 ou 1 selon que la fonction propositionnelle $q_k(A, x)$ est satisfaite ou non par l'exemple.

Nous présentons en Table 1, l'ensemble des instances issues de l'exemple de la Figure 2. À chaque exemple est associée une description booléenne. Les points d'interrogation reportés dans la colonne identifiant la classe (+ ou -) de l'exemple indiquent l'ambiguïté due à la non-idempotence de la fonction d'adhérence. Il serait en effet faux d'imposer une étiquette positive à l'exemple $(\{x\}, y)$ au risque de se priver de la possibilité d'apprendre d'autres modèles satisfaisant, de même pour l'exemple $(\{x\}, z)$; en revanche, il est indispensable qu'au moins l'un de ces deux exemples soit positif car, pour espérer satisfaire le fermé cible F_x^*, l'ensemble $\{x\}$ doit nécessairement être étendu à y et/ou à z par application de l'adhérence.

(A,x)	$q_1(A,x)$	$q_2(A,x)$	$q_3(A,x)$	$x \in a(A)$	$x \in F^*(A)$
$(\{x\},y)$	1	1	0	?	+
$(\{x\},z)$	0	1	1	?	+
$(\{y\},x)$	0	1	0	-	-
$(\{y\},z)$	1	0	0	-	-
$(\{z\},x)$	0	1	0	-	-
$(\{z\},y)$	0	0	1	-	-
$(\{x,y\},z)$	1	1	1	+	+
$(\{x,z\},y)$	1	1	1	+	+

TAB. 1 – *Ensemble d'exemples décrits sur $\{0,1\}^3$ et étiquettes de classe associées.*

Cette problématique de classification pour laquelle les étiquettes sont attribuées à des groupes (ou sacs) d'instances plutôt qu'aux instances elles-mêmes correspond au cadre de l'apprentissage multi-instance (Dietterich et al., 1997).

Dans notre contexte particulier d'apprentissage, il est important de remarquer que la taille (exponentielle) de l'ensemble des exemples rend impossible toute tentative de processus d'apprentissage qui nécessiterait de générer explicitement tous les exemples. Nous montrons alors qu'il est possible de dénombrer les sacs positifs et négatifs couverts par une DNF Q et ainsi d'en dériver un algorithme d'apprentissage multi-instance utilisant une heuristique basée sur une estimation de la quantité de sacs couverts/rejetés par Q et qui s'abstrait de toute génération explicite d'exemples.

2.4 Dénombrement des sacs positifs/négatifs couverts par un modèle de structuration prétopologique

Nous considérons dans la suite l'heuristique d'apprentissage consistant à construire une règle de classification de manière gloutonne guidée par le principe de maximisation du nombre de sacs positifs couverts et de sacs négatifs rejetés. Cette heuristique nécessite de connaître, au fur et à mesure de la construction du modèle, le nombre total de sacs positifs/négatifs à couvrir et au moins une estimation du nombre de sacs positifs/négatifs couverts par un modèle Q en construction.

Nombre total de sacs positifs. Pour connaître le nombre total de sacs positifs, on s'appuie sur la structure cible $\mathcal{G}^*$. On partitionne les éléments de E en classes d'équivalences $\{E_1^*, \ldots, E_p^*\}$ ($p \leq |E|$) relativement à leurs fermés élémentaires, notés $\{F_1^*, \ldots, F_p^*\}$. Chaque sous-ensemble E_k génère autant de sacs positifs qu'il existe de parties de E dans le sous-treillis (privé de sa borne supérieure), ayant E_k^* comme plus petits éléments et F_k^* comme plus grand élément : on utilisera la notation $T_{E_k^*}^{F_k^*}$ pour désigner ce sous-treillis des parties de E.

Nombre total de sacs négatifs. De façon analogue au calcul précédent, le nombre total de sacs négatifs induits par la structure cible $\mathcal{G}^*$ est obtenu en observant les sous-treillis $\{T_{E_k^*}^{F_k^*}\}$ mais cette fois sans considérer le fermé élémentaire maximal ($F_k^* = E$) qui n'induit aucun sac négatif, et en conservant les bornes supérieures pour les autres.

Nombre de sacs positifs/négatifs couverts par un modèle Q. Le nombre de sacs positifs couverts par un modèle Q en construction est estimé (au rabais) en considérant pour chaque éléments $x \in E_k^*$ le nombre de sacs positifs à couvrir $(|T_x^{F_k^*}| - 1)$ privé des sacs positifs qui ne sont pas couverts par $Q : |T_{F_k^* \cap F_k^Q}^{F_k^*}|$. Le principe de calcul reste identique dans le cas des sacs négatifs couverts par le modèle Q.

3 Application à l'acquisition de taxonomies lexicales

Nous présentons une expérimentation dont l'objectif est de construire un modèle de structuration pour la taxonomie de *wagons* (en anglais). Cette structure provient de WordNet et les relations fournies comme entrées sont extraites de corpus textuelle (Cleuziou et Dias, 2015).

Nous comparons les résultats obtenus par la nouvelle méthode (LPS multi-instance) proposée avec ceux obtenus par "LPS évolutionnaire" (Cleuziou et Dias, 2015) ainsi qu'une variante gloutonne "LPS glouton".

Le modèle de structuration appris, illustré par la Figure 3, est utilisé pour construire la taxonomie du terme *vehicles* (toujours en anglais). Pour cette seconde structuration, nous avons obtenu des scores de précision, rappel et F-mesure de, respectivement, 0.71/0.37/0.49. Pour cette même expérimentation, LPS évolutionnaire obtient 0.74/0.36/0.49 ; donc des résultats en tous points comparables. LPS glouton obtient, lui les scores 0.75/0.24/0.37. Ces résultats, confirmés par des expérimentations complémentaires sur d'autres taxonomies de WordNet, nous incitent à penser que l'approche multi-instance gloutonne de notre méthode est justifiée.

Bien que les résultats obtenus par LPS multi-instance ne soient pas nécessairement meilleurs que ceux de LPS évolutionnaire, ils sont dans la plupart des cas comparables pour une complexité bien moindre. En terme de nombre de structurations, LPS évolutionnaire a une complexité en $O(n \cdot p)$ avec n le nombre d'itérations et p la taille de la population, contre une complexité en $O(k \cdot |\mathcal{R}|^2)$, avec k le nombre de clauses de la DNF, pour LPS multi-instance et glouton. Les résultats présentés dans cette section on été obtenus avec plus de 5000 structurations dans le cas de LPS évolutionnaire contre moins de 500 pour LPS multi-instance $(|\mathcal{R}|^2 \ll p)$.

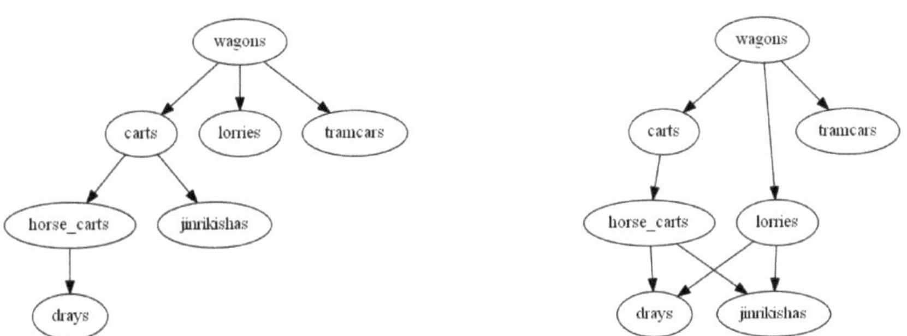

FIG. 3 – *Structure cible (à gauche) et structure apprise (à droite) du terme wagons.*

4 Conclusion

Nous avons proposé une nouvelle approche pour l'apprentissage supervisé de modèles de structuration sur un ensemble d'éléments et montré que le cadre d'apprentissage multi-instance est particulièrement adapté à notre problème du fait du caractère non-idempotent de la fonction d'adhérence en prétopologie. Dans ce cadre nous avons présenté le principe de dénombrement des « sacs » positifs et négatifs engendrés par une structure cible à reconstruire sur lequel repose notre algorithme.

Une preuve de concept a été proposée sur la tâche de reconstruction de taxonomies lexicales. Cette expérimentation préliminaire nécessite d'être approfondie en terme de diversité (et de taille) des jeux de données utilisés. Néanmoins elle valide la faisabilité de l'ensemble du processus d'apprentissage dans un contexte applicatif réel.

Cette étude offre de nombreuses pistes de travail parmi lesquelles l'amélioration de l'algorithme d'apprentissage multi-instance (prise en compte de la taille des sacs, meilleure estimation du nombre de sacs couverts), raffinement du formalisme logique utilisé (ex. passage à la logique du premier ordre). Enfin, il s'agira d'exploiter cette approche dans des domaines d'application plus variés (ex. réseaux sociaux, réseaux biologiques) et des contextes particuliers (incrémentalité, semi-supervision, etc).

Références

Belmandt, Z. (1993). Manuel de prétopologie et ses applications. *Hermes, Paris 472.*

Cleuziou, G. (2015). *Structuration de données par apprentissage non-supervisé : applications aux données textuelles.* Habilitation à Diriger des Recherches, Université d'Orléans.

Cleuziou, G. et G. Dias (2015). Learning pretopological spaces for lexical taxonomy acquisition. In *Machine Learning and Knowledge Discovery in Databases - European Conference, ECML PKDD 2015.* Springer.

Dietterich, T. G., R. H. Lathrop, et T. Lozano-Pérez (1997). Solving the multiple instance problem with axis-parallel rectangles. *Artificial intelligence 89*(1), 31–71.

Largeron, C. et S. Bonnevay (2002). A pretopological approach for structural analysis. *Information Sciences 144*, 169–185.

Summary

This paper proposes an original supervised method for learning a structuring model from a set of elements described by a collection of relations (multi-view context). It uses the theory of pretopology (and the crucial pseudo-closure operator) that offers a powerful formalism leading to complex structuring models. The pseudo-closure operator being non-idempotent, we show that the underlying binary classification problem matches with the well known multi-instance learning framework. We propose a multi-instance learning algorithm based on the enumeration of the positive and negative bags of instances rather than the instances themselves. Finally a proof of concept is proposed for the whole methodology that performs the task of lexical-taxonomy reconstruction.

Extraction de relations pour le peuplement d'une base de connaissance à partir de tweets

Cédric Lopez*, Elena Cabrio**, Frédérique Segond*

*Viseo R&D, 4, avenue Doyen Louis Weil, Grenoble, France
{cedric.lopez, frederique.segond}@viseo.com
http://www.viseo.com/fr/offre/recherche-et-innovation
**Université Côte d'Azur, Inria, CNRS, I3S, France
elena.cabrio@unice.fr
http://wimmics.inria.fr/

Résumé. Dans une base de connaissance, les entités se veulent pérennes mais certains événements induisent que les relations entre ces entités sont instables. C'est notamment le cas pour des relations entre organisations, produits, ou marques, entités qui peuvent être rachetées. Dans cet article, nous proposons une approche permettant d'extraire des relations d'appartenance entre deux entités afin de peupler une base de connaissance. L'extraction des relations à partir d'une source dynamique d'informations telle que Twitter permet d'atteindre cet objectif en temps réel. L'approche consiste à modéliser les événements en s'appuyant sur une ressource lexico-sémantique. Une fois les entités liées au Web des données ouvertes (en particulier DBpedia), des règles linguistiques sont appliquées pour finalement générer les triplets RDF qui représentent les événements.

1 Introduction

La structuration automatique de données textuelles brutes est une tâche particulièrement importante pour aider à la construction du Web sémantique. Récemment, nous avons développé *SMILK plugin*, un outil qui permet de structurer des données acquises au cours de la navigation d'un utilisateur sur des pages Web afin de les stocker dans une base de connaissance au format du Web sémantique (*triplestore*) (Lopez et al., 2016). Or, les triplets générés sont composés d'entités nommées telles que des noms de produits, de marques, ou d'organisations, et ont une durée de validité limitée. Par exemple, le triplet "Yves Saint Laurent Beauté, appartient au groupe, Pinault-Printemps-Redoute" est obsolète depuis le rachat de cette organisation par le groupe L'Oréal, en 2008. La base de connaissance devrait donc être remise à jour avec le nouveau triplet "Yves Saint Laurent Beauté, appartient au groupe, L'Oréal". La possibilité qu'un changement puisse survenir à tout moment ne permet pas d'assurer la pérennité des triplets de la base de connaissance ce qui peut conduire à un raisonnement erroné. Par exemple, le rachat d'une marque appartenant à une société S1 par une autre société S2 implique que toutes les gammes, produits, *etc.* de cette marque deviennent obsolètes pour la société S1, ce qui implique un résultat faux lorsque l'on traite des requêtes telles que "Quel est l'impact sur la santé des produits de L'Oréal ?" ou "Quelles sont les gammes de produits proposées par LVMH ?".

Nous proposons une approche permettant de détecter des événements et d'en extraire automatiquement les relations, au format RDF. Pour cela, le système analyse les messages de Twitter, une source d'information dynamique captable en temps réel. Cet article se focalise sur les événements de type "rachat". Dans la section suivante, nous discutons des travaux antérieurs puis nous précisons notre objectif dans la section 3. Dans la section 4, nous décrivons notre système, évalué à la section 5.

2   Travaux antérieurs

Dans la littérature, l'extraction de relations est généralement vue comme une sous-tâche de la tâche d'extraction d'événements : l'extraction de relations entre une action et les entités qui y sont liées (lieu, date, etc.) permet d'obtenir une représentation précise d'un événement (Serrano et al., 2012). Dans la suite, nous faisons un tour d'horizon des travaux d'extraction d'événements et de relations dans les tweets.

TwiCal (Ritter et al., 2012), le premier système d'extraction d'événements en domaine ouvert pour l'anglais, extrait des quadruplets pour représenter un événement incluant une entité nommée, l'événement, une date, et le type de l'événement. Par exemple : *Steve Jobs, died, 10/06/11, death*. Les auteurs découpent cette tâche en 4 sous-tâches : les éléments du quadruplet sont calculés de façon indépendante.

Les techniques de détection d'événements dans les tweets utilisées dans la littérature se limitent à l'utilisation de méthodes d'apprentissage (Atefeh et Khreich, 2013), bien que, hors des tweets, des méthodes symboliques sont utilisées (par exemple (Fundel et al., 2007)). Pour le français, la détection d'événements dans les tweets est peu étudiée. (Rosoor et al., 2010) proposent une approche multilingue de repérage de signaux faibles (par calcul de similarité entre un vecteur représentant un tweet et les vecteurs représentant les catastrophes) pour la détection de tweets évoquant une catastrophe naturelle. L'approche multilingue de (Ozdikis et al., 2012) a pour ambition de détecter un événement au niveau du tweet, sans pour autant en extraire ses propriétés (localisation, date, nom, ...). Plus récemment, (Dridi et Guy, 2013) proposent un système similaire, fondé sur la fréquence des clusters de termes présents dans les tweets afin d'identifier (par des algorithmes de *Topic Model*) les événements saillants au cours d'une période. Finalement, ce n'est que très récemment que l'on s'est intéressé à la problématique d'extraction d'événements dans les tweets d'un point de vue de la tâche d'extraction de relations. L'originalité de notre travail est la génération de triplets RDF à partir de tweets, via l'utilisation de règles linguistiques pour assurer la cohésion des éléments extraits.

3   Modélisation de l'événement

Comme (Basile et al., 2016), nous utilisons la ressource lexico-sémantique FrameNet (Baker et al., 1998) pour modéliser les événements dans le cadre d'une tâche d'extraction de relations. Nous nous intéressons ici aux événements de type "rachat". Les prédicats tels que "rachat" ou "acquisition" appartiennent au cadre sémantique *Getting* [1] qui intègre plusieurs

---

1. https ://framenet2.icsi.berkeley.edu/fnReports/data/frameIndex.xml ?frame=Getting

rôles sémantiques dont le *thème* (l'objet qui change de propriétaire) et le *récipient* (l'entité qui est en possession du thème après l'événement) sur lesquels nous nous concentrons car ils sont les deux éléments présents dans notre base de connaissance. Le rachat, lorsqu'il est avéré, implique que le thème appartienne au récipient, ce qui est représenté par la relation pv:belongsTo de ProVoc. L'API Twitter a permis l'acquisition de tweets à la volée, filtrés par les prédicats "racheter", "acquérir", "négocier" et des formes fléchies qui leurs sont associées (par exemple "rachète", "acquisition", "négocie"). Le corpus contient plus de 5000 tweets récoltés en 48 heures au mois d'août 2016. Il est observé qu'il existe plusieurs positions pour les arguments du prédicat, par exemple : récipient-prédicat-thème, thème-prédicat-récipient, prédicat-récipient-thème, *etc.*. La distinction entre un tweet à la voix passive et à la voix active est donc une nécessité (« Monster racheté par Randstad » et « Monster rachète Randstad » n'ont pas la même signification). Par ailleurs, trois principales modalités d'acquisition apparaissent dans les tweets : acquisitions effectuées, acquisitions considérées et acquisition non effectuées (ce qui inclut les rachats démentis). Nous nous focalisons sur les acquisitions effectuées car elles sont les seules qui permettent de mettre à jour les données de notre base de connaissance. Celles-ci impliquent des organisations, produits et personnes que nous nommerons dans la suite "entités d'intérêts".

4 Approche

L'approche repose sur l'acquisition de tweets via l'API Twitter avec un filtre contenant une liste de prédicats lexicalisés, par exemple "racheter", "rachète", "rachèterons", *etc.* car l'API ne gère ni la racinisation ni la lemmatisation. Un pré-traitement a consisté à remplacer les mentions (signalées par un @) par leurs noms d'utilisateurs. Chacun de ces tweets est soumis individuellement à la suite de l'analyse décrite dans les sections suivantes.

4.1 Analyse syntaxique

Les tweets de notre corpus sont généralement écrits dans un français standard ce qui peut s'expliquer par le fait que ces publications sont majoritairement produites par des sociétés (potentiellement retweetées par des particuliers). Ce fait permet d'utiliser un analyseur syntaxique pour le français standard. Nous utilisons Holmes Semantic Solutions[2] qui fournit des informations sur la modalité du prédicat (notamment le temps du verbe) ainsi que les dépendances syntaxiques entre le prédicat et ses arguments.

4.2 Liage des entités nommées

Le liage des entités (ou *entity linking*) est une tâche qui consiste à détecter des mentions d'entités dans le texte et à les lier aux entités correspondantes dans des bases de connaissance telles que DBpedia (Auer et al., 2007). De nombreux chercheurs se sont intéressés à la problématique du liage d'entités dans les tweets (Guo et al., 2013) (Derczynski et al., 2015) (Ganea et al., 2016). Nous avons utilisé notre système Talos (Partalas et al., 2016) qui a obtenu la deuxième place à l'édition 2016 de la compétition *Named Entity Recognition in Twitter*[3].

---

2. http://www.ho2s.com/fr/
3. Workshop on Noisy User-generated Text, http://noisy-text.github.io/2016/

Cette approche, initialement développée pour le traitement de l'anglais, a été adaptée pour le français. Pour chaque entité d'intérêt, une requête SPARQL exploitant les propriétés de désambiguïsation et de redirection recherche l'URI correspondant à la mention. Dans le cas où plusieurs URIs sont candidats, la similarité cosinus est calculée entre, d'une part, le tweet et le contenu des pages Web qu'il mentionne, et, d'autre part, l'abstract DBpedia associé à la ressource. Si aucune ressource DBpedia n'est trouvée, un URI par défaut est créé. On obtient, par exemple, pour le tweet "Pourquoi Randstad rachète Monster ?" les URI suivants : dbo:Monster.com et dbo:Randstad_(entreprise).

4.3 Règles linguistiques

Les règles linguistiques ont pour objectif d'extraire le sujet et l'objet qui sont liés au prédicat. Contrairement à (Ezzat, 2014) qui utilise des grammaires locales en cascade à partir d'une analyse syntaxique de surface, nous avons opté pour l'écriture de règles fondées sur une analyse des relations de dépendances syntaxiques.

Il est apparu en section 3 que la distinction entre un tweet à la voix passive et à la voix active est une nécessité. Pour gérer ce phénomène, un premier module de règles s'appuie sur le temps du verbe. Par exemple, pour le tweet "Monster racheté par Randstad", le participe passé "racheté" suivi de la préposition "par" indique une voix passive.

Suite au premier module, le second module a pour objectif d'extraire le sujet et l'objet du verbe. Pour ce faire, les règles s'appuient sur la sortie de l'analyse syntaxique qui fournit des relations de dépendance entre les termes. Par exemple, l'analyse du tweet « Monster racheté par Randstad », fournie la sortie suivante : sujet(racheter,dbo:Monster.com), préposition_objet(racheté,par), objet(par,dbo:Randstad_(entreprise)). La règle suivante peut ainsi être appliquée : **SI** lemme (verbe) = racheter | acheter | acquérir **et** Sujet (verbe, terme_1) **et** Préposition objet (verbe, terme_2) **et** objet (préposition, terme_3) **ALORS** terme_1 = sujet, terme_3 = objet. On obtient finalement le triplet suivant : dbo:Monster.com, pv:belongsTo, dbo:Randstad_(entreprise).

Les triplets générés sont stockés dans notre base de connaissance (Jena Fuseki) en conservant leur date de création comme valeur du prédicat *dcterms:created*[4]. Aucun triplet n'est supprimé et un historique est conservé.

5 Expérimentations

Nous avons constitué un corpus (qui n'a aucune intersection avec le corpus construit en section 3) de 500 tweets contenant une relation de rachat, collectés en plusieurs phases séparées de quelques jours[5]. Nous avons annoté les tweets selon le protocole suivant : 1) lecture du tweet et rétention du tweet lorsqu'il s'agit d'un rachat entre deux entités d'intérêt, 2) liage des entités avec les URIs DBpedia, 3) annotation du prédicat (même si le système se focalise sur le prédicat pv:belongsTo, d'autres modalités ont été annotées en vue d'une évolution du système, telles que les rachats non effectués ou l'humour impliquant un rachat inexistant). La ressource développée (mise à disposition de la communauté[6]) inclue : 187 tweets contenant

---

4. http://purl.org/dc/terms/created
5. entre le 1er septembre et le 6 octobre 2016
6. $http://www.viseo.com/fr/recherche/cedric-lopez$

un événement de type rachat entre deux entités d'intérêt, 374 entités annotées (dont 252 avec DBpedia), 189 entités différentes.

Notre système, conçu pour générer les triplets ayant un prédicat pv:belongsTo associé à ses arguments *récipient* et *thème* de type personne, organisation ou produit, devrait idéalement générer 138 triplets.

Une première évaluation se focalise sur l'extraction de relations (sans le liage). Sur les 104 triplets générés par le système, le sujet ou l'objet n'a pas été identifié correctement pour 10 cas (et donc un URI erroné a été généré). La précision est donc de 0,90. Le système aurait dû générer 138 triplets soit un rappel de 0,68 (F-score : 0,77). Le développement de nouvelles règles pourrait permettre de gagner en rappel, mais la priorité doit être donnée à la précision afin de ne pas intégrer de triplets erronés dans la base.

Une seconde évaluation a consisté à considérer le système dans son ensemble (avec le liage). Les triplets sont considérés comme corrects lorsque les trois éléments qui le composent sont corrects (*i.e.* l'URI est correct). La précision obtenue est de 0,75 et le rappel de 0,56 (F-score : 0,64). Cette évaluation met en évidence la présence fréquente de l'utilisation du conditionnel, humour, démenti, négation, et coréférence, impliquant la génération de triplets bien construits mais non valides de par la sémantique du prédicat.

6   Conclusion

Nous avons présenté une approche qui, à partir d'une ressource lexico-sémantique et de règles linguistiques fondées sur une analyse syntaxique, permet de générer des triplets RDF pour peupler une base de connaissance. Pour généraliser notre approche, les prédicats dans les tweets devront être associés automatiquement avec des cadres sémantiques pertinents définis dans une ressource lexico-sémantique telle que FrameNet. Du reste, les règles développées pour la détection de la forme active ou passive, et les règles développées pour l'extraction du sujet et du prédicat s'appuient sur les relations de dépendances syntaxiques et sont donc en grande partie déjà indépendantes du domaine. La difficulté de la tâche demeure sur les systèmes de liage d'entités dans les tweets dont les erreurs impliquent directement la génération de triplets erronés.

7   Remerciements

Ce travail est réalisé dans le cadre du Laboratoire Commun SMILK financé par l'ANR (ANR-13-LAB2-0001).

Références

Atefeh, F. et W. Khreich (2013). A survey of techniques for event detection in twitter. *Computational Intelligence 31*(1), 132–164.

Auer, S., C. Bizer, G. Kobilarov, J. Lehmann, R. Cyganiak, et Z. Ives (2007). Dbpedia: A nucleus for a web of open data. In *The semantic web*, pp. 722–735. Springer.

Baker, C. F., C. J. Fillmore, et J. B. Lowe (1998). The berkeley framenet project. In *Proc. of ACL 1998 and ICCL 1998*, pp. 86–90.

Basile, V., E. Cabrio, et C. Schon (2016). Knews: Using logical and lexical semantics to extract knowledge from natural language. In *Demonstration. ECAI'16*.

Derczynski, L., D. Maynard, G. Rizzo, M. van Erp, G. Gorrell, R. Troncy, J. Petrak, et K. Bontcheva (2015). Analysis of named entity recognition and linking for tweets. *Information Processing & Management 51*(2), 32–49.

Dridi, H. E. et L. Guy (2013). Détection d'évènements à partir de twitter. *TAL 54*(3), 17–39.

Ezzat, M. (2014). *Acquisition de relations entre entités nommées à partir de corpus*. Ph. D. thesis, Paris, INALCO.

Fundel, K., R. Küffner, et R. Zimmer (2007). Relex: Relation extraction using dependency parse trees. *Bioinformatics 23*(3), 365–371.

Ganea, O.-E., M. Ganea, A. Lucchi, C. Eickhoff, et T. Hofmann (2016). Probabilistic bag-of-hyperlinks model for entity linking. In *Proc. of WWW 2016*, pp. 927–938.

Guo, S., M.-W. Chang, et E. Kiciman (2013). To link or not to link? a study on end-to-end tweet entity linking. In *In Proc. of HLT-NAACL 2013*, pp. 1020–1030.

Lopez, C., M. Osmuk, D. Popovici, F. Nooralahzadeh, D. Rabarijaona, F. Gandon, E. Cabrio, et F. Segond (2016). Du taln au lod: Extraction d'entités, liage, et visualisation. In *In Proc. of IC 2016 (demo paper)*.

Ozdikis, O., P. Senkul, et H. Oguztuzun (2012). Semantic expansion of tweet contents for enhanced event detection in twitter. In *Advances in Social Networks Analysis and Mining (ASONAM)*, pp. 20–24.

Partalas, I., C. Lopez, N. Derbas, et R. Kalitvianski (2016). Learning to search for recognizing named entities in twitter. *COLING*, to appear.

Ritter, A., O. Etzioni, S. Clark, et al. (2012). Open domain event extraction from twitter. In *Proc. of SIGKDD 2012*, pp. 1104–1112.

Rosoor, B., L. Sebag, S. Bringay, P. Poncelet, et M. Roche (2010). Quand un tweet détecte une catastrophe naturelle. *Proc. of VSST (Veille Stratégique Scientifique et Technologique)*.

Serrano, L., T. Charnois, S. Brunessaux, B. Grilheres, et M. Bouzid (2012). Combinaison d'approches pour l'extraction automatique d'événements. In *Proc. of TALN 2012*, pp. 423–430.

Summary

In a knowledge base, entities are considered as stable but some events can break relations. This is the case with events involving organizations, products, or brands, which can be bought. In this article, our approach is aimed at extracting relations of type "acquisition" between two entities. Relation extraction from a dynamic source of information such as Twitter enables the detection of entities in real time. This, based on events detection, allows updating a database accordingly. The approach consists in modeling events based on a lexico-semantic resource. Then, once the entities are linked to the Linked Open Data, linguistic rules are applied, finally, to generate RDF triples.

Classification multi-labels graduée: Apprendre les relations entre les labels ou limiter la propagation d'erreur ?

Khalil Laghmari*,**, Christophe Marsala**, Mohammed Ramdani*

*Laboratoire Informatique de Mohammedia,
FSTM, Hassan II University of Casablanca,
BP 146 Mohammedia 20650 Maroc
laghmari.khalil@gmail.com, ramdani@fstm.ac.ma
**Sorbonne Universités,
UPMC Univ Paris 06,
CNRS, LIP6 UMR 7606,
4 place Jussieu 75005 Paris, France
christophe.marsala@lip6.fr

Résumé. La classification multi-labels graduée est la tâche d'affecter à chaque donnée l'ensemble des labels qui lui correspondent selon une échelle graduelle de degrés d'appartenance. Les labels peuvent donc avoir à la fois des relations d'ordre et de co-occurrence.

D'un côté, le fait d'ignorer les relations entre les labels risque d'aboutir à des prédictions incohérentes, et d'un autre côté, le fait de prendre en compte ces relations risque de propager l'erreur de prédiction d'un label à tous les labels qui lui sont reliés.

Les approches de l'état d'art permettent soit d'ignorer les relations entre les labels, soit d'apprendre uniquement les relations correspondant à une structure de dépendance figée. L'approche que nous proposons permet l'apprentissage des relations entre les labels sans fixer une structure de dépendance au préalable. Elle est basée sur un ensemble de classifieurs mono-labels, un pour chaque label. L'idée est d'apprendre d'abord toutes les relations entre les labels y compris les relations cycliques. Ensuite les dépendances cycliques sont résolues en supprimant les relations d'intérêt minimal. Des mesures sont proposées pour évaluer l'intérêt d'apprendre chaque relation. Ces mesures permettent d'agir sur le compromis entre l'apprentissage de relations pour une prédiction cohérente et la minimisation du risque de la propagation d'erreur de prédiction.

1 Introduction

La classification multi-labels (Tsoumakas et Katakis (2007) ; Zhang et Zhou (2014)) consiste à affecter à chaque donnée un ou plusieurs labels en même temps, et la classification ordinale (Frank et Hall (2001)) consiste à affecter à chaque donnée un label selon une échelle graduelle de degrés d'appartenance. La classification multi-labels graduée (CMLG) (Cheng et al. (2010)) est donc considérée comme une combinaison de la classification multi-labels et de la classification ordinale, où chaque donnée est associée à un ensemble de labels selon une échelle graduelle de degrés d'appartenance. La CMLG peut être aussi considérée comme un cas particulier de la classification floue (Bouchon-Meunier et al. (1997)), où l'intervalle $[0, 1]$ est remplacé par un ensemble fini et ordonné de valeurs exprimant des degrés d'appartenance.

Les défis relevés par la CMLG que traite ce papier sont, premièrement de trouver la bonne structure de dépendance entre les labels sans l'imposer au préalable, et deuxièmement de considérer le compromis entre prendre compte des relations entre les labels afin d'obtenir des prédictions cohérentes, et ne pas les prendre en compte afin de limiter le risque de propagation d'erreur.

La Section 2 introduit une formalisation du problème de la CMLG, et discute des approches de l'état d'art permettant de le résoudre partiellement. La Section 3 présente les principes de l'approche que nous proposons, et illustre son déroulement sur un jeu de données synthétisées. La Section 4 discute les résultats obtenus sur des jeux de données réelles. La Section 5 conclut ce travail et discute des pistes pour les travaux futurs.

2   Etat de l'art

Soit $X = \{x_i\}_{1 \leq i \leq n}$ l'ensemble des données, $C = \{c_l\}_{1 \leq l \leq k}$ l'ensemble des labels, et $M = \{m_g\}_{1 \leq g \leq s}$ l'ensemble ordonné des degrés d'appartenance. Chaque donnée x_i est un vecteur de valeurs $(x_{ij})_{1 \leq j \leq p}$. A chaque donnée x_i correspond un vecteur y_i de degrés d'appartenance $(y_{il})_{1 \leq l \leq k}$.

x_i est dit vecteur de valeurs des attributs descriptifs, et y_i est dit vecteur de valeurs des attributs de décision. L'ensemble des valeurs que peut prendre le l-ème attribut de décision est noté M_l. L'espace $M_1 \times \ldots \times M_k$ est noté M_*^k. L'objectif de la CMLG est d'apprendre un classifieur $H : X \rightarrow M_*^k$ permettant de prédire pour chaque donnée $x_i \in X$ le vecteur de degrés d'appartenance correspondant $y_i' = H(x_i)$.

Un classifieur H adapté à la CMLG peut être construit à partir d'un ensemble de classifieurs, un par label ou un par paire de labels. La base des approches apprenant un classifieur par label est l'approche *Binary Relevance* (BR) dont l'inconvénient est de ne pas tenir compte les relations entre les labels. Les approches visant à remédier à ce problème telles que *Classifier Chains* (CC) (Read et al. (2011)) et *Classifier Treillis* (Read et al. (2015)) ont l'inconvénient d'imposer une structure de dépendance entre les labels, et de ne permettre l'apprentissage que pour les relations respectant cette structure (Laghmari et al. (2015)). Les approches basées sur un classifieur pour chaque paire de labels (Hüllermeier et al. (2008) ; Fürnkranz et al. (2008)) ont l'avantage d'apprendre les relations de préférences entre chaque paire de labels. Les approches *Horizontal Calibrated Label Ranking (Horizontal CLR), Full Calibrated Label Ranking (Full CLR), et Joined Calibrated Label Ranking* (Joined CLR) (Brinker et al. (2014)) sont basées sur l'apprentissage de préférences entre les labels, et ont l'inconvénient de constuire plus de classifieurs que les approches verticales.

3   L'approche proposée : PSI-MC

La première idée du méta-classifieur proposé (PSI-MC) est d'apprendre un **ensemble initial de classifieurs** $H^0 = \{H_l\}_{1 \leq l \leq k}$, un pour chaque label en considérant les autres labels en tant qu'attributs descriptifs (Laghmari et al. (2016)). Ceci permet d'apprendre des relations entre les labels sans fixer une structure de dépendance, mais peut conduire éventuellement à des dépendances cycliques entre les classifieurs. La deuxième idée de PSI-MC est d'apprendre un **ensemble final de classifieurs** $\mathbb{H} = \{\mathbb{H}_l\}_{1 \leq l \leq k}$ à partir de H^0 en supprimant les dépendances cycliques entre les classifieurs.

Le tableau 1 illustre un ensemble de données d'apprentissage ayant deux attributs descriptifs $\{a_1, a_2\}$, cinq labels $\{c_1, c_2, c_3, c_4, c_5\}$, et quatre degrés d'appartenance possibles $\{0, 1, 2, 3\}$. La figure 1 illustre les classifieurs initiaux obtenus par l'algorithme $J48$ de Weka (Hall et al. (2009)). L'étape 0 dans la figure 2 illustre les relations de dépendance entre les classifieurs de H^0. Un arc allant d'un nœud H_l vers un nœud $H_{l'}$ représente le fait que $H_{l'}$ dépend de H_l. Nous considérons la fonction $D^{\rightarrow} : H \rightarrow \mathcal{P}(H)$ qui pour chaque classifieur fournit l'ensemble de classifieurs qui dépendent de lui, et la fonction $D^{\leftarrow} : H \rightarrow \mathcal{P}(H)$ qui pour chaque classifieur fournit l'ensemble de classifieurs dont il dépend.

Une **mesure de présélection** $\mathbb{P} : H \rightarrow \{0, 1\}$ décide si un classifieur a besoin d'être remplacé : $\mathbb{P}(H_l) = 1$, ou non : $\mathbb{P}(H_l) = 0$. Dans l'exemple étudié, la mesure $\mathbb{P}$ présélectionne les classifieurs qui dépendent d'au moins un autre classifieur. Elle est définie telle que : $\forall H_l \in H : \mathbb{P}(H_l) = 1$ si $|D^{\leftarrow}(H_l)| \geq 1$, et $\mathbb{P}(H_l) = 0$ sinon. Les classifieurs non présélectionnés sont indépendants et donc directement ajoutés à l'ensemble $\mathbb{H}$ (Étape 1 de la figure 2).

Une **mesure de sélection** $\mathbb{S} : \mathcal{P}(H) \rightarrow H$, choisit un classifieur $H_L \in \{H_l \in H, P(H_l) = 1\}$ à remplacer dans $\mathbb{H}$ par un nouveau classifieur H_L'. Dans l'exemple étudié, la mesure $\mathbb{S}$ sélectionne le premier classifieur dont dépend le plus de classifieurs. Elle est définie par $\mathbb{S}(H) = \underset{H_l \in H}{argmax}(|D^{\rightarrow}(H_l)|)$. En utilisant cette mesure à l'étape 1 de la figure 2, le classifieur H_2 est sélectionné.

	a_1	a_2	c_1	c_2	c_3	c_4	c_5
x_1	20	20	0	0	3	0	0
x_2	30	40	1	0	3	0	0
x_3	20	30	0	0	3	0	0
x_4	20	10	0	0	0	0	3
x_5	50	40	2	3	0	1	2
x_6	50	20	2	3	0	1	2
x_7	10	10	0	1	2	2	3
x_8	10	30	0	3	1	2	2
x_9	10	10	0	1	2	2	3
x_{10}	10	50	0	3	1	2	2

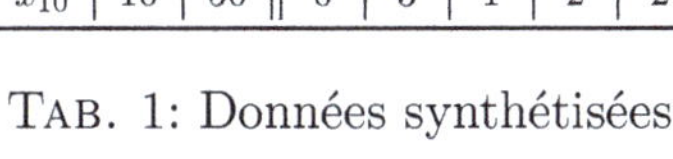

TAB. 1: Données synthétisées

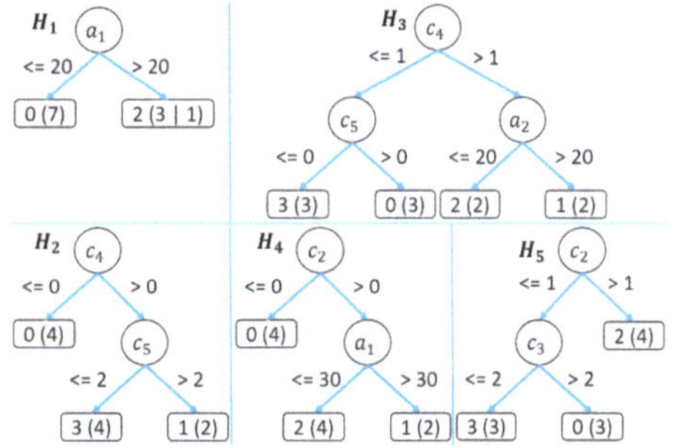

FIG. 1: Arbres de décision de l'ensemble H^0

Une **mesure d'intérêt de chaînage** des classifieurs $\mathbb{I} : \mathbb{H} \rightarrow \{0, 1\}$ décide pour chaque classifieur H_L' s'il peut considèrer en tant qu'attribut descriptif le label corres-

Apprendre les relations entre les labels ou limiter la propagation d'erreur ?

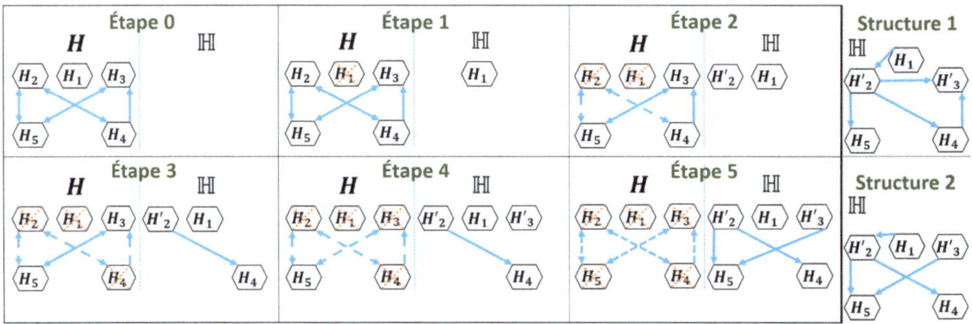

FIG. 2: Déroulement des étapes du méta-classifieur proposé : PSI-MC

pondant à un classifieur final $\mathbb{H}_l$. Dans l'exemple étudié, la mesure $\mathbb{I}$ ne permet aucun chaînage. Elle est définie telle que : $\forall \mathbb{H}_l \in \mathbb{H} : \mathbb{I}(\mathbb{H}_l) = 0$. En utilisant cette mesure à l'étape 1 de la figure 2 le classifieur H'_2 est appris en ne considérant aucun attribut descriptif suplémentaire. H'_2 est donc indépendant (étape 2 de la figure 2).

Après avoir éliminé le classifieur H_2 de H^0, le classifieur H_4 devient indépendant et il est donc ajouté directement à $\mathbb{H}$. Le lien de dépendance reliant H_4 à H_2 est remplacé par un lien le reliant à H'_2 (étape 3 de la figure 2).

La procédure d'élimination des classifieurs de H^0 et d'ajout des classifieurs dans $\mathbb{H}$ est répétée jusqu'à ce que H^0 devient vide (étape 5 de la figure 2). L'ensemble final de classifieurs obtenu $\mathbb{H}$ ne présente aucune dépendance cyclique. Il est possible de trouver d'autres structures de dépendance en utilisant par exemple, une mesure d'intérêt de chaînage autorisant tous les chaînages : $\forall \mathbb{H}_l \in \mathbb{H} : \mathbb{I}(\mathbb{H}_l) = 1$ (structure 1 de la figure 2), ou une mesure autorisant le chaînage uniquement avec des classifieurs indépendants : $\forall \mathbb{H}_l \in \mathbb{H} : \mathbb{I}(\mathbb{H}_l) = 1 \ si \ |D^{\leftarrow}(H_l)| = 0$ (structure 2 de la figure 2).4

4   Expérimentation

Afin d'évaluer l'erreur de prédiction sur un ensemble de données non classées $X = \{x_i\}_{1 \leq i \leq n}$, nous utilisons une mesure étendue de la *distance de Hamming* au cas de la CMLG, définie telle que : $\forall i \in [1, n] : hamming\text{-}loss(x_i) = \displaystyle\sum_{1 \leq l \leq k} \frac{|\mathbb{H}_l(x_i) - y_{il}|}{k \times |m_s - m_1|}$

et $hamming\text{-}loss(X) = \displaystyle\sum_{1 \leq i \leq n} \frac{hamming\text{-}loss(x_i)}{n}$

L'ensemble de données initiales $BelaE^1$ est construit en demandant à 1930 étudiants d'age et de sexe différents, d'indiquer l'importance de 48 propriétés (labels) de leurs points de vue selon une échelle de 1 à 5.

Afin de remédier au problème du manque d'attributs descriptifs, seulement k propriétés sont considérées en tant qu'attributs de décision. Les attributs restants sont considérés en tant qu'attributs descriptifs.

50 jeux de données sont générés à partir du jeu de données BelaE en variant à chaque fois les attributs de décision. Les 50 jeux de données sont fournis pour le cas

---

1. http ://www.ke.tu-darmstadt.de/resources/CMLG

$k = 5$ (BelaE-5) et pour le cas $k = 10$ (BelaE-10). Ceci permet de se comparer aux approches *Full CLR*, *Joined CLR*, et *Horizontal CLR* (Brinker et al. (2014)) (tableau 2 et tableau 3).

Données	méta-classifieur	Moyenne de l'erreur de Hamming et déviation standard
BelaE-5	Horizontal CLR	0.1577 ± 1.53
	Joined CLR	0.1796 ± 1.31
	PSI-MC ($\mathbb{I} = 0$)	0.1889 ± 0.0949
	PSI-MC ($\mathbb{I} = 1$)	0.1891 ± 0.0956
	Full CLR	0.3397 ± 5.79

TAB. 2: Résultats obtenus sur BelaE-5

Données	méta-classifieur	Moyenne de l'erreur de Hamming et déviation standard
BelaE-10	Horizontal CLR	0.1513 ± 0.95
	Joined CLR	0.1792 ± 0.87
	PSI-MC ($\mathbb{I} = 0$)	0.1884 ± 0.0709
	PSI-MC ($\mathbb{I} = 1$)	0.1894 ± 0.0721
	Full CLR	0.3544 ± 3.70

TAB. 3: Résultats obtenus sur BelaE-10

Les deux configurations du méta-classifieur proposé PSI-MC sont les plus stables selon l'écart type de hamming-loss. De plus. Elles permettent l'obtention de prédictions plus précises que l'approche *Full CLR*, et presque aussi précise que l'approche *Joined CLR*.

La configuration $\mathbb{I} = 0$ permet un apprentissage plus rapide puisqu'elle ignore les relations entre les labels au remplacement d'un classifieur, et la configuration $\mathbb{I} = 1$ fournit plus d'information et plus d'interprétabilité puisqu'elle permet l'apprentissage d'un maximum de relations entre les labels.

5 Conclusion et perspectives

Certaines approches de l'état d'art ne considèrent pas les relations entre les labels, d'autres imposent une structure de dépendance dès le départ. Dans ce travail nous proposons un méta-classifieur PSI-MC qui permet à la fois de trouver une bonne structure de dépendance sans l'imposer au début, et de gérer le compromis entre cohérence de prédiction et limitation de la propagation d'erreur. Les premiers résultats obtenus montrent que le méta-classifieur proposé fournit des résultats de prédiction comparables et plus stables par rapport aux approches auxquelles il a été comparé. Pour les travaux futurs, nous envisageons de faire plus d'expérimentations sur différents jeux de données. Nous envisageons aussi d'étudier l'impact du changement des mesures du méta-classifieur proposé sur les résultats de prédiction.

Références

Bouchon-Meunier, B., C. Marsala, et M. Ramdani (1997). *Learning from Imperfect Data*, pp. 139–148. John Wiley & Sons.

Brinker, C., E. L. Mencía, et J. Fürnkranz (2014). Graded multilabel classification by pairwise comparisons. In *2014 IEEE International Conference on Data Mining*, pp. 731–736.

Cheng, W., K. Dembczynski, et E. Hüllermeier. (2010). Graded multilabel classification : The ordinal case. In M. Atzmüller, D. Benz, A. Hotho, et G. Stumme (Eds.),

Proceedings of LWA2010 - Workshop-Woche : Lernen, Wissen & Adaptivitaet, Kassel, Germany.

Frank, E. et M. Hall (2001). A simple approach to ordinal classification. In *Proceedings of the 12th European Conference on Machine Learning*, EMCL '01, London, UK, UK, pp. 145–156. Springer-Verlag.

Fürnkranz, J., E. Hüllermeier, E. Loza Mencía, et K. Brinker (2008). Multilabel classification via calibrated label ranking. *Machine Learning 73*(2), 133–153.

Hall, M., E. Frank, G. Holmes, B. Pfahringer, P. Reutemann, et I. H. Witten (2009). The weka data mining software : An update. *SIGKDD Explor. Newsl. 11*(1), 10–18.

Hüllermeier, E., J. Fürnkranz, W. Cheng, et K. Brinker (2008). Label ranking by learning pairwise preferences. *Artificial Intelligence 172*(16–17), 1897 – 1916.

Laghmari, K., C. Marsala, et M. Ramdani (2016). Graded multi-label classification : Compromise between handling label relations and limiting error propagation. In *2016 11th International Conference on Intelligent Systems : Theories and Applications (SITA)*, pp. 1–6.

Laghmari, K., M. Ramdani, et C. Marsala (2015). A distributed graph based approach for rough classifications considering dominance relations between overlapping classes. In *SITA'15, Intelligent Systems Theories and Applications, 2015 10th Inte. Conf. on*, pp. 1–6.

Read, J., L. Martino, P. M. Olmos, et D. Luengo (2015). Scalable multi-output label prediction : From classifier chains to classifier trellises. *Pattern Recognition 48*(6), 2096 – 2109.

Read, J., B. Pfahringer, G. Holmes, et E. Frank (2011). Classifier chains for multi-label classification. *Mach. Learn. 85*(3), 333–359.

Tsoumakas, G. et I. Katakis (2007). Multi-label classification : An overview. *Int J Data Warehousing and Mining 2007*, 1–13.

Zhang, M. L. et Z. H. Zhou (2014). A review on multi-label learning algorithms. *IEEE Transactions on Knowledge and Data Engineering 26*(8), 1819–1837.

Summary

Graded multi-label classification is the task of associating to each data a set of labels according to an ordinal scale of membership degrees. Therefore labels can have both order and co-occurrence relations. On the one hand, ignoring label relations may lead to inconsistent predictions, and on the other hand, considering those relations may spread the prediction error of a label to all related labels.

Unlike state of art approaches which can learn only relations fitting a predefined dependency structure, our proposed approach doesn't set any predefined structure. The idea is to learn all possible relations, then resolve cyclic dependencies using appropriate measures. Those measures allow managing the compromise between considering label relations for a consistent prediction, and ignoring them to minimize the prediction error propagation.

Prédiction du montant levé lors d'une campagne de financement participatif par la méthode des plus proches voisins

Alexandre Blansché, Dylan Da Conceicao et Dylan Koby

Laboratoire LITA (EA 3097)
Université de Lorraine
Île du Saulcy 57045 Metz, France
alexandre.blansche@univ-lorraine.fr
http://www.lita.univ-lorraine.fr/

Résumé. Le financement participatif est un mode de financement d'un projet faisant appel à un grand nombre de personnes, contrairement aux modes de financement traditionnels. Il a connu une forte croissance avec l'émergence d'Internet et des réseaux sociaux. Cependant plus de 60 % des projets ne sont pas financés, il est donc important de bien préparer sa campagne de financement. De plus, en cours de campagne, il est crucial d'avoir une estimation rapide de son succès afin de pouvoir réagir rapidement (restructuration, communication) : des outils de prédiction sont alors indispensables. Nous proposons dans cet article une méthode de prédiction du montant final levé lors d'une campagne de financement participatif utilisant l'algorithme k-NN : en utilisant l'historique de campagnes passées, nous déterminons celles qui sont les plus similaires à une campagne en cours. Nous utilisons alors les montants finaux pour faire une estimation. Nous comparons plusieurs mesures de distance pour déterminer les plus proches voisins. Nos résultats indiquent que le dernier état d'une campagne seul est suffisant pour obtenir une bonne prédiction.

1   Introduction

Le financement participatif (*crowdfunding*), qui consiste à faire appel à un grand nombre de personnes pour financer un projet (contrairement aux modes de financement traditionnels), a connu une forte croissance avec l'émergence d'Internet et des réseaux sociaux. Kickstarter (`https://www.kickstarter.com/`) est un des sites de financement participatif les plus populaires. Depuis sa création en 2009, il a permis de lever plus de deux milliards de dollars américains dans des domaines variés. Cependant le nombre de participants d'une campagne est incertain et plus de 60 % des projets ne sont pas financés, il est donc important de bien préparer sa campagne de financement pour réaliser son projet. De plus, en cours de campagne, l'utilisation d'outils de prédiction est nécessaire pour avoir une estimation rapide de son succès afin de pouvoir réagir rapidement (restructuration, communication).

Nous proposons dans cet article une méthode de prédiction du montant final levé lors d'une campagne de financement participatif utilisant l'algorithme k-NN : en utilisant une base de données contenant l'historique de campagnes passées, nous déterminons celles qui sont les plus similaires à une campagne en cours. Nous utilisons alors les montants finaux pour faire une estimation. Lors des expérimentations, nous comparons plusieurs méthodes d'estimation ainsi que plusieurs mesures de distance.

Par la suite, nous présentons un état de l'art des méthodes d'analyse de séries temporelles (section 2). Nous expliquons ensuite notre approche (section 3) puis présentons nos résultats expérimentaux (section 4) avant de conclure (section 5).

2 État de l'art

Il existe beaucoup de méthodes d'analyse de séries temporelles, il s'agit souvent de prédire l'évolution d'une série en fonction de son historique par l'analyse de l'auto-corrélation comme ARIMA (Taylor, 2008), mais aussi les réseaux de neurones (Frank et al., 2001) et le *Deep Learning* (Prasad et Prasad, 2014). Concernant le financement participatif, les méthodes se limitent souvent à prédire le succès ou l'échec des projets (Li, 2016; Etter et al., 2013) alors que le seuil de financement est parfois inférieur au montant espéré par le créateur du projet : celui-ci peut vouloir afficher 100 % de financement rapidement pour augmenter sa notoriété (les contributeurs privilégient souvent les campagnes réussies) sans que cela corresponde à ses besoins. De plus, en cas d'échec d'une campagne, aucune somme n'est versée et le capital investi en amont est perdu. Le créateur peut s'assurer un remboursement partiel en baissant son seuil de financement.

On peut décomposer l'évolution d'une campagne en n états uniformément répartis dans le temps. On notera $t_i(c)$ le montant levé à l'état i d'une campagne c. L'objectif est de prédire la valeur finale $t_n(c_0)$ d'une campagne c_0 en cours en ne connaissant que les valeurs $t_1(c_0)$ à $t_i(c_0)$, avec $i < n$. Pour le créateur d'un projet, il est avantageux d'avoir une estimation précise $\hat{t}_n(c_0)$ de $t_n(c_0)$ le plus tôt possible dans la campagne (avec un i le plus petit possible).

Si les sommes levées étaient uniformément réparties durant la campagne, une approche naïve consisterait à faire une approximation linéaire. On définit alors $\hat{t}_n(c_0) = 100 \times \frac{t_i(c_0)}{i}$. Cette hypothèse n'est cependant pas vérifiée. Sur la figure 1 (évolution des contributions selon le temps) on remarque que les apports en début et fin d'une campagne sont plus importants que pendant son déroulement (surtout en cas de succès).

3 Méthode proposée

La première approche proposée dans Etter et al. (2013), basée sur la méthode k-NN (Cover et Hart, 2006), est efficace, simple et n'utilise qu'une seule information (l'évolution du montant levé). Néanmoins l'approche ne prédit pas le montant levé lors d'une campagne mais prédit le succès ou l'échec de celle-ci. Dans cet article, nous proposons d'étendre l'approche pour obtenir une méthode de prédiction du montant levé en conservons donc la même méthodologie. On considère un ensemble de m séries temporelles, chacune correspondant à l'évolution du montant levé lors d'une campagne

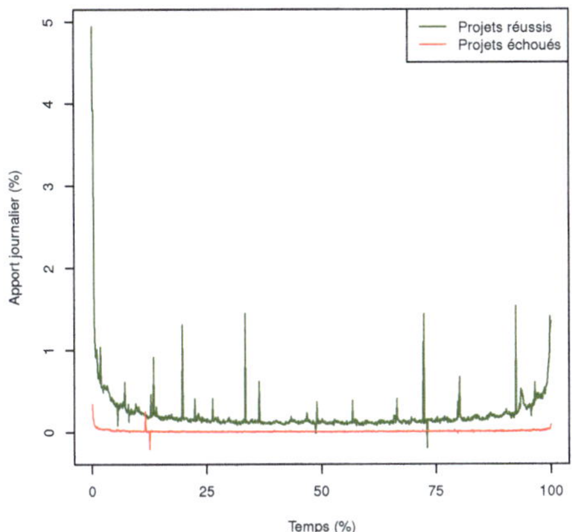

FIG. 1 – *Moyenne de l'apport financier à chaque état*

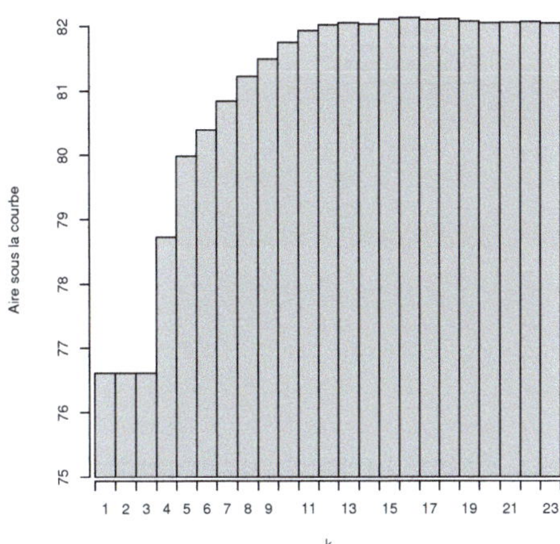

FIG. 2 – *Détermination de k*

de financement participatif. Les campagnes, ayant des durées variables, sont normalisées par un ré-échantillonnage en un nombre (n) fixe d'états équitablement répartis. Le montant levé est également normalisé en divisant par le seuil de financement. Pour une campagne en cours (à l'état i), les k campagnes les plus proches sur la période correspondante (entre 1 et i) sont déterminées et le succès d'une campagne est estimé selon le succès de ses « voisines » (vote à la majorité).

Nous proposons d'utiliser cette approche pour estimer le montant levé final en faisant de la régression par k-NN (Altman, 1992). Nous déterminons les k plus proches voisins (c_1 à c_k) d'une campagne c_0 sur les i premiers états des campagnes et nous utilisons les états finaux $t_n(c_1)$ à $t_n(c_k)$ pour obtenir une estimation $\hat{t}_n(c_0)$ de $t_n(c_0)$.

Une approche simple consiste à calculer une moyenne des valeurs $t_n(c_1)$ à $t_n(c_k)$. On définit alors $\hat{t}_n(c_0) = \frac{1}{k}\sum_{l=1}^{k} t_n(c_l)$. Cependant si la campagne c_0 surpasse toutes les campagnes c_1 à c_k à l'état i, il est probable qu'elle les surpasse à l'état n. La moyenne ne semble donc pas être un estimateur efficace et deux autres propositions vont tenter de corriger cela. On définit $\mu_i = \frac{1}{k}\sum_{l=1}^{k} t_i(c_l)$ la moyenne des montants levés par les k campagnes voisines à l'état i. La deuxième proposition (*shift*) consiste à calculer $\delta_i = t_i(c_0) - \mu_i$. On définit alors $\hat{t}_n(c_0) = \frac{1}{k}\sum_{l=1}^{k} t_n(c_l) + \delta_i$. La troisième proposition (*coeff*) consiste à calculer $\alpha_i = \frac{t_i(c_0)}{\mu_i}$. On définit alors $\hat{t}_n(c_0) = \frac{1}{k}\sum_{l=1}^{k} t_n(c_l) \times \alpha_i$.

Nous pouvons également nous interroger sur la mesure de distance à employer pour déterminer les k plus proches voisins. Dans Etter et al. (2013), les auteurs comparent les campagnes en utilisant la distance euclidienne sur les états 1 à i des séries temporelles. Cependant, l'évolution d'une campagne étant irrégulière, il peut être préférable d'utiliser une métrique plus flexible comme le *Dynamic Time Warping* (Sakoe et Chiba, 1971) qui s'est montré efficace pour comparer des séries temporelles dans des domaines variés. Enfin, on peut se demander s'il est nécessaire de mesurer la distance depuis le début de la série : nous pouvons calculer la distance selon l'état i uniquement.

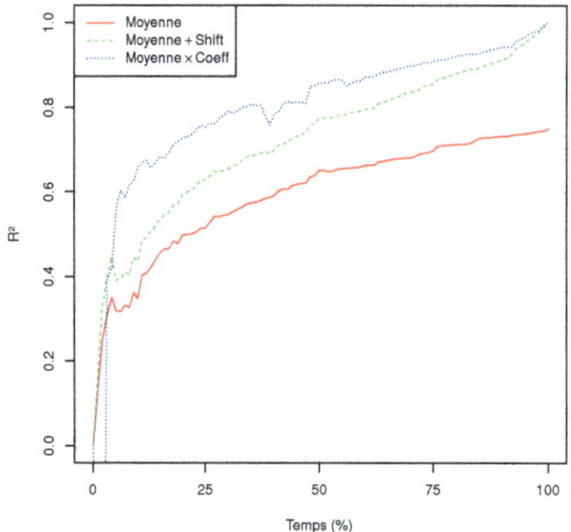

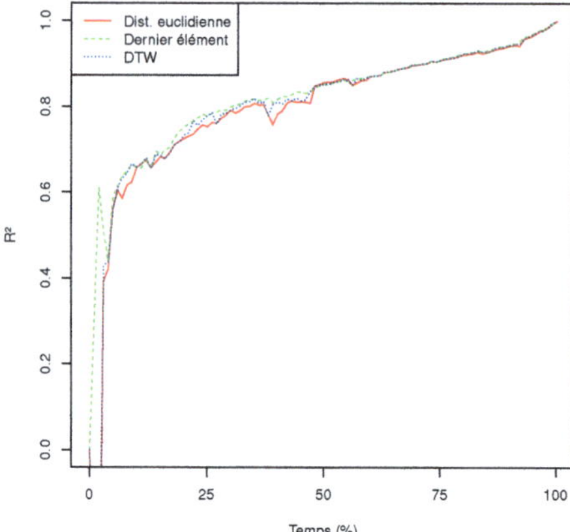

FIG. 3 – *Méthode d'estimation pour la prédiction du montant levé*

FIG. 4 – *Mesure de distance pour la prédiction du montant levé*

4 Expérimentations

Dans Etter et al. (2013), les auteurs ont constitué une base de données portant sur 16042 campagnes de financement datant de 2012 et 2013. Les séries temporelles ont été normalisées par un ré-échantillonnage en 1000 états. S'agissant d'un travail préliminaire et exploratoire, nous avons travaillé sur un échantillon de 500 campagnes sur 100 états, afin de réduire les temps de calcul. Nous avons mené plusieurs expérimentations afin d'évaluer par *bootstrap* l'efficacité de notre approche et l'influence de plusieurs paramètres de la méthode : nombre de voisins k de k-NN, méthode d'estimation du montant levé, mesure de distance. Toutes les combinaisons de paramètres ont été testées mais par soucis de clarté, nous présentons des expérimentations séparées.

Nous avons d'abord fait varier k entre 1 et 23 afin de déterminer la valeur optimale. Nous avons évalué le coefficient de détermination (R^2) pour chaque état de la campagne (entre 1 % et 100 % d'avancement) pour une valeur k donnée et calculé l'aire sous la courbe obtenue : une aire est importante indique un meilleur résultat. Sur la figure 2, on observe une amélioration de l'évaluation en augmentant k jusqu'à un plateau ($k > 10$). La meilleure valeur est obtenue pour $k = 16$, nous utilisons cette valeur dans la suite.

Nous avons comparé les trois propositions pour estimer la valeur finale d'une campagne (moyenne, *shift* et *coeff*). On voit que l'utilisation de la moyenne produit (comme prévu) des résultats de moindre qualité (selon le R^2) et que l'utilisation d'un coefficient multiplicateur est plus efficace tout au long de la campagne (fig. 3). Concernant l'impact de la mesure de distance, nous observons qu'elle produisent toutes des estimations de même qualité, les trois courbes étant presque confondues (fig. 4). Ces résultats nous poussent à choisir la méthode *coeff* pour l'estimation (meilleure précision) et de n'utiliser que le dernier état connu pour la distance (temps de calcul réduit).

Nous avons comparé notre approche avec la méthode naïve présentée dans la section 2. On constate sur la figure 5 que l'approche naïve produit de mauvais résultats en

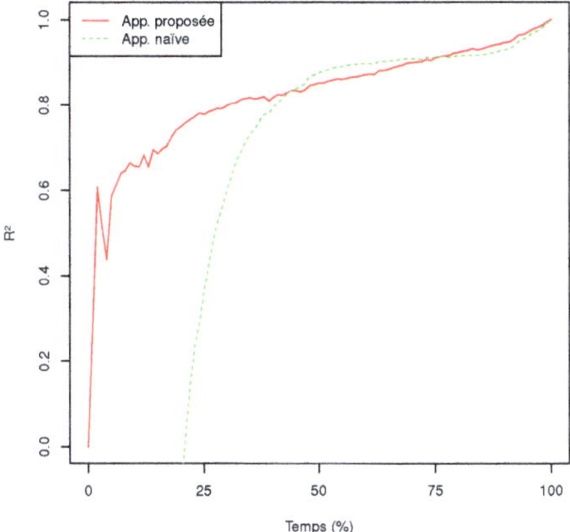

FIG. 5 – *Comparaison avec l'approche naïve*

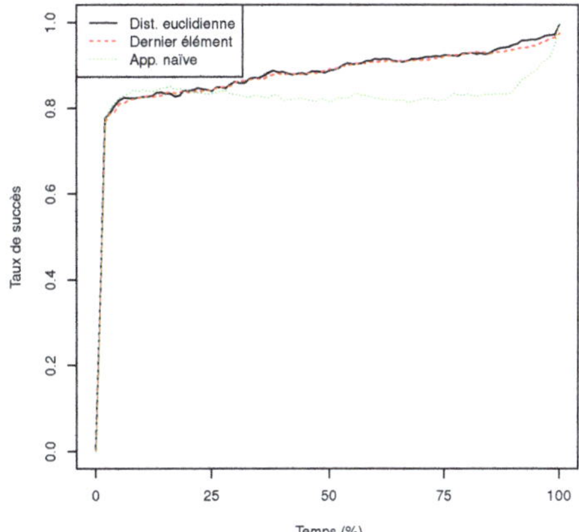

FIG. 6 – *Prédiction du succès d'une campagne*

début de campagne. Notre méthode surpasse l'approche naïve sur la première moitié de la campagne, puis les deux approches deviennent comparables. Nous montrons ainsi que l'approche proposée est efficace en début de campagne, l'objectif étant d'avoir une bonne estimation le plus tôt possible (pour pouvoir anticiper et réagir).

Enfin, nous avons comparé l'approche de classification proposée dans Etter et al. (2013) en utilisant deux mesures de distance (distance euclidienne et distance sur le dernier état connu) et l'approche naïve (pour la classification). On observe que k-NN a rapidement un taux de succès élevé (fig. 6), conformément à Etter et al. (2013), mais aussi que la distance calculée sur le dernier état produit des résultats semblables. Ici également l'utilisation des séries complètes ne semble pas nécessaire. L'approche naïve produit des résultats équivalents au début avant d'être dépassée par k-NN (contrairement au cas de la régression) : un financement initial élevé implique généralement un succès, ce qui permet de prédire aisément la réussite ou l'échec (bons résultats en classification), mais le montant final sera surestimé, puisque que les sommes levées ne se maintiennent pas longtemps à un niveau aussi élevé (mauvais résultats en régression).

5 Conclusion

Dans cet article, nous avons proposé une méthode de prédiction du montant levé lors d'une campagne de financement participatif. Notre approche consiste à rechercher les k campagnes les plus similaires à la campagne en cours et d'utiliser les montants levés par celles-ci pour faire une prédiction (estimation à partir de la moyenne et d'un coefficient multiplicateur). Pour comparer les séries temporelles entre elles, il suffit de comparer les valeurs sur le dernier état connu de la campagne en cours. Les résultats expérimentaux obtenus sont prometteurs et montrent le bien-fondé de la méthode.

Il reste de nombreuses améliorations à apporter. Il est nécessaire de travailler sur le passage à l'échelle, l'approche nécessitant de calculer une distance avec toute les campagnes de la base de données. Nous pouvons envisager l'utilisation de structures de données performantes comme les arbres k-d ou bien de réduire l'espace de recherche en segmentant les campagnes. Nous pouvons aussi chercher à améliorer les performances (prédictions plus précises, plus tôt) en utilisant des données enrichies (prise en compte de la catégorie du projet, de l'impact des réseaux sociaux sur la campagne, etc.)

Références

Altman, N. (1992). An introduction to kernel and nearest-neighbor nonparametric regression. *The American Statistician 46*(3), 175–185.

Cover, T. et P. Hart (2006). Nearest neighbor pattern classification. *IEEE Transactions on Information Theory 13*(1), 21–27.

Etter, V., M. Grossglauser, et P. Thiran (2013). Launch hard or go home! Predicting the success of Kickstarter campaigns. In *Proceedings of the first ACM Conference on Online Social Networks*, COSN '13.

Frank, R., N. Davey, et S. Hunt (2001). Time series prediction and neural networks. *Journal of Intelligent and Robotic Systems 31*(1), 91–103.

Li, Y. (2016). Project success prediction in crowdfunding environments. In *Proceedings of the Ninth ACM International Conference on Web Search and Data Mining*, WSDM '16, pp. 247–256. ACM.

Prasad, S. et P. Prasad (2014). Deep recurrent neural networks for time series prediction. *CoRR abs/1407.5949*.

Sakoe, H. et S. Chiba (1971). A dynamic programming approach to continuous speech recognition. In *Proceedings of the Seventh International Congress on Acoustics*, Volume 3, pp. 65–69.

Taylor, J. (2008). A comparison of univariate time series methods for forecasting intraday arrivals at a call center. *Management Science 54*(2), 253–265.

Summary

Crowdfunding is a methodology of funding a project from a large number of people, in opposition with traditional practices. With the Internet and social networking, this type of funding rapidly gained popularity. However more than 60% of projects are not funded, thus it is necessary to prepare carefully the crowdfunding campaign. Moreover, during the campaign, it is critical to be able to estimate the success as soon as possible in order to react adequately (reorganization, communication): prediction tools are then essential. In this article, we propose a prediction method for the final amounts raised during a crowdfunding campaign using the k-NN algorithm: with history of past campaigns, we determine the most similar ones to an ongoing campaign. Then we use the final amounts raised to build an estimation. We compared several distance measure to determine the nearest neighbors. Our experimental results indicate that the last state of a campaign is a good enough information to get an accurate prediction.

Sur l'évaluation et l'élaboration d'un jeu de données de référence de bonne qualité en télédétection

Andrés Troya-Galvis* Pierre Gançarski* Isabelle Mougenot** Laure Berti-Équille**

*ICube, Université de Strasbourg,
300 bd Sébastien Brant - CS 10413 - F-67412 Illkirch Cedex
{troyagalvis,gancarski}@unistra.fr,
**UMR 228 Espace Dev (UM,UR,UG,UA,IRD), Maison de la Télédétection,
500 rue JF Breton, 34093 Montpellier Cedex 5
isabelle.mougenot@umontpellier.fr, laure.berti@ird.fr

Résumé. En analyse d'images de télédétection, les données de référence, venant étiqueter les objets des images, y jouent un rôle crucial mais sont parfois imprécises voire incertaines et en nombre limité. Dans cet article, nous présentons une méthodologie pour l'amélioration de données de référence pour la télédétection en trois étapes : réalignement des données, évaluation via crowdsourcing et création d'un jeu de données de référence de bonne qualité.

1 Introduction

L'analyse d'images de télédétection consiste à associer à chaque pixel d'une image optique captée par un satellite ou un engin aérien, une sémantique liée à un domaine précis, par exemple à l'analyse urbaine (Puissant et al., 2014). En analyse d'images à très haute résolution spatiale, les approches basées objets (Blaschke, 2010) sont de prédilection. Ces approches mettent en œuvre une étape de segmentation suivie d'une étape de classification. Les données de référence (i.e., exemples de segments étiquetés au préalable par un expert) jouent alors un rôle important dans ce processus d'analyse d'images pour l'entraînement de modèles de classification supervisée, mais aussi pour l'évaluation objective des résultats. De fait, un jeu de données de référence de bonne qualité se doit d'avoir deux propriétés essentielles : fournir une labellisation la plus complète et précise possible des objets d'intérêt dans l'image (qualité de la classification) ; et permettre d'aligner correctement les contours des segments de référence avec les objets de l'image (qualité de la segmentation).

Il est tentant d'employer des données issues de bases de données géographiques comme données de référence. En effet, ces données respectent généralement la première propriété. En revanche, la deuxième propriété n'est pas toujours satisfaite. En effet, les contours des polygones présentent souvent un décalage non régulier dû par rapport aux objets d'intérêt (Sublime et al., 2015).

Les données de référence exploitées dans notre travail ont été acquises par le SERTIT [1] au moyen d'une méthodologie d'intégration de données multi-sources. Elles consistent en 79 796

---

1. http://sertit.u-strasbg.fr/

polygones regroupés en 16 classes thématiques. Ces données semblent tout-à-fait utilisables comme données de référence en télédétection. Pour exemple, la figure 1a laisse apparaître une complétude des données ; les polygones correspondant aux bâtiments et aux routes semblent également très réguliers et bien délimités. Néanmoins, la figure 1b révèle que les polygones ne s'alignent pas correctement avec les objets dans l'image, et ce notamment, au niveau des bâtiments. De plus, ce désalignement n'est pas régulier sur toute l'image. Par conséquent, l'utilisation en l'état de ces données entraînerait des résultats biaisés et dont l'erreur et l'incertitude sont difficiles à estimer.

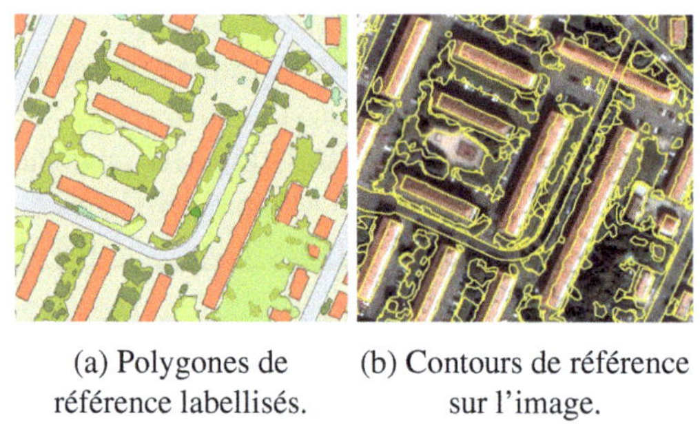

(a) Polygones de référence labellisés. (b) Contours de référence sur l'image.

FIGURE 1: Exemple de données de référence issues de bases de données géographiques.

Dans l'objectif d'améliorer ce type de données et de les rendre exploitables comme données de référence dans un contexte d'analyse d'images de télédétection que ce soit en segmentation ou en classification, nous proposons une méthodologie qui comprend trois étapes : le réalignement des données ; l'évaluation des données réalignées à l'aide du crowdsourcing ; et la création d'un jeu de données de segments fiables.

2   Réalignement des données

En vue d'améliorer ces données de référence et ainsi obtenir des données plus adaptées à notre problématique, nous avons défini une procédure qui se sert d'une sur-segmentation pour corriger les décalage des données de référence. Cette procédure, illustrée par la figure 2, prend en entrée un ensemble de segments labellisés dont les contours s'alignent mal avec les objets d'intérêt et une sur-segmentation de l'image. Elle consiste alors à superposer les segments de

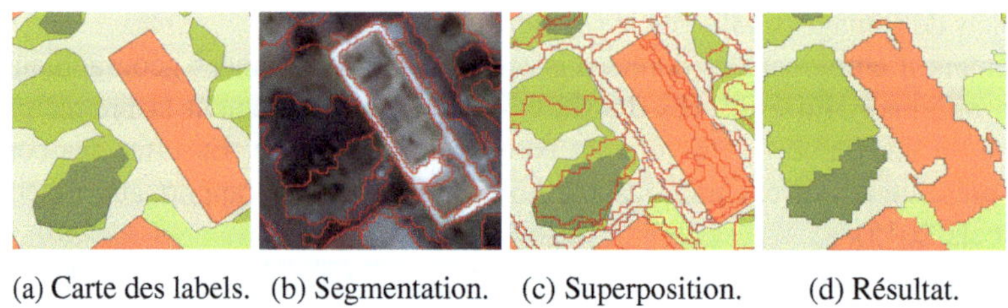

(a) Carte des labels.   (b) Segmentation.   (c) Superposition.   (d) Résultat.

FIGURE 2: Illustration de la procédure d'amélioration des données de référence.

la sur-segmentation avec la carte de labels et à leur attribuer le label majoritairement présent. Finalement, tous les segments adjacents ayant le même label sont fusionnés entre eux. Cette procédure permet effectivement d'obtenir des données de référence améliorées. En effet, les frontières des segments de la sur-segmentation ont tendance à s'aligner avec les objets d'intérêt. Ainsi, l'attribution du label majoritaire permet d'obtenir des segments de bonne qualité et qui semblent correctement labellisés. Enfin, la procédure de fusion en post-traitement permet de réduire les erreurs de sur-segmentation.

3 Crowdsourcing pour évaluer la qualité des données de référence

Afin d'évaluer la qualité des données réalignées de façon objective, nous avons eu recours à « la sagesse des foules » dans une démarche de crowdsourcing. Le crowdsourcing consiste à diviser un problème complexe en sous-tâches facilement réalisables par une personne ayant un minimum d'entraînement ou d'expertise sur un domaine. Ces tâches sont alors soumises à un grand nombre de personnes, couramment appelées contributeurs (la « foule »), qui vont les traiter jusqu'à ce que le problème initial soit résolu. La pratique du crowdsourcing a gagné rapidement en popularité depuis que Howe (2006) a avancé ce terme pour décrire les activités d'externalisation ouverte mobilisant un grand nombre de personnes agissant de manière indépendante. Le crowdsourcing a ainsi été employé avec succès dans une large variété d'applications, notamment en télédétection (Barrington et al., 2012), mais aussi en marketing (Whitla, 2009), ou pour la découverte de nouveaux médicaments (Lessl et al., 2011), entre autres. Néanmoins, à notre connaissance, elle n'a jamais été explorée pour l'évaluation de la segmentation d'images de télédétection. Par conséquent, l'objectif et l'intérêt de cette expérience est double : d'une part, quantifier la qualité de la segmentation réalignée ainsi que de la labellisation qui lui est associée ; et d'autre part, estimer la pertinence du crowdsourcing pour le traitement des données issues de la segmentation d'images de télédétection.

Pour effectuer cette tâche de crowdsourcing nous avons décidé d'utiliser la plateforme CrowdFlower[2]. L'expérience a été effectuée en deux phases différentes que nous présentons et analysons ci-après.

3.1 Première phase de crowdsourcing

La première phase de crowdsourcing a consisté à évaluer 10 000 segments choisis de manière aléatoire parmi les 26 872 segments de la segmentation réalignée. Pour chaque segment, un extrait d'image montrant le segment à évaluer est présentée (figure 3a). Une carte interactive Google Maps centrée sur le barycentre du segment à évaluer est également présentée pour faciliter la tâche d'interprétation (figure 3b). Les questions suivantes étaient alors posées aux participants :

1. le segment semble-t-il sur-segmenté (trop petit), sous-segmenté (trop large) ou de la bonne taille par rapport à l'objet géographique ;

2. quelle est la classe de l'objet géographique sous-jacent ? (choix unique parmi une liste prédéfinie)

---

2. `https://crowdflower.com`

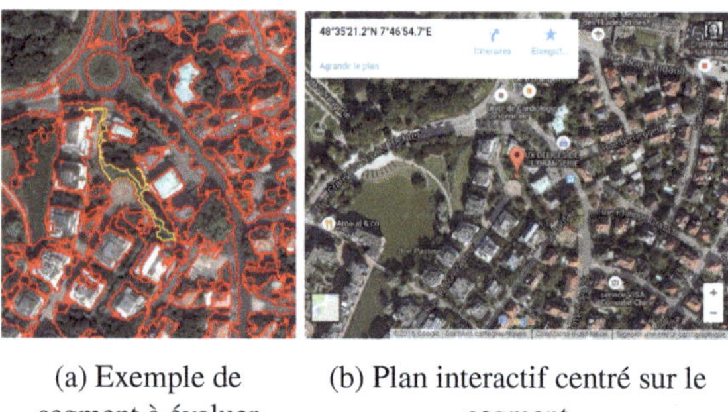

(a) Exemple de
segment à évaluer

(b) Plan interactif centré sur le
segment

FIGURE 3: Exemple de segment soumis à évaluation lors du crowdsourcing.

Ces questions ont été soumises à 165 contributeurs d'origines différentes (États-Unis et Europe). Pour chacun des 10 000 segments, nous avons obtenu 3 avis. Nous présentons ci-après une analyse purement factuelle des données résultantes ainsi qu'une analyse d'un point de vue thématique.

Analyse statistique des résultats : En ce qui concerne l'évaluation de la segmentation, un total de 5 329 segments ont été jugés comme bien segmentés, 2 719 segments jugés comme sur-segmentés, et 681 segments ont été jugés comme sous-segmentés . Bien que le nombre de segments sous-segmentés soit moindre, ils représentent est plus importante que celle des segments sur-segmentés puisqu'il s'agit la plupart du temps de segments très larges. Il existe également 1 271 segments avec des avis en conflit. L'analyse des labels donnés par la foule a révélé un fait surprenant : il existe une grande variabilité entre les labels attribués par la foule et ceux d'origine, il n'y a pas de tendance évidente qui puisse expliquer ce fait, et une étude thématique plus poussée s'est avérée nécessaire pour expliquer ce phénomène et pour déterminer la pertinence de ces données labellisées.

Analyse thématique des données : Cette analyse a été réalisé avec l'aide d'un expert géographe et nous a permis d'identifier trois problèmes liés aux données d'origine ainsi qu'aux évaluations des contributeurs. 1) Les classes présentes dans les données de référence ne sont pas distribuées uniformément. En effet, il existe une prédominance des classes de végétation et de bâtis. 2) Plusieurs incohérences entre l'évaluation du segment en termes de segmentation et le label donné à celui-ci ont été détectées. Cela laisse penser que les instructions du crowdsourcing n'étaient pas clairement énoncées. 3) La plupart des segments évalués n'ont pas été labellisés de manière unanime par les contributeurs, et dans certains cas, les labels attribués étaient contradictoires.

3.2   Deuxième phase de crowdsourcing

Nous avons mis en place une deuxième campagne de crowdsourcing, en corrigeant les choix techniques et de présentation qui se sont avérés peu pertinents auparavant. Notamment, la description de la tâche a été simplifiée et améliorée grâce à l'ajout de plusieurs exemples explicites ; les labels proposés aux contributeurs ont été simplifiés et regroupés dans des classes plus génériques et plus courants ; le barycentre des du segment a été enlevé de la carte Google map ; et les questions du questionnaire ont été retravaillées pour les rendre plus faciles à comprendre.

Pour ce crowdsourcing, deux sous-ensembles de segments différents ont été évalués. Le premier sous-ensemble correspond aux segments ayant obtenu des évaluations presque consensuelles lors de la première phase. Le deuxième sous-ensemble correspond aux segments ne présentant pas de consensus. Cette fois-ci, la variabilité des réponses a été nettement moins importante. Pour l'ensemble de segments presque consensuels, la seule classe où il reste des confusions considérables est « Zone artificielle ». Pour le sous-ensemble de segments non consensuels, on remarque la présence d'un nombre très important de segments avec le label « Inconnu ».

Les résultats de cette deuxième phase ont été beaucoup plus consensuels et cohérents que ceux de la première phase. La présentation des données et de la tâche est donc cruciale au bon déroulement d'un crowdsourcing. Il est également important de faire une description claire et concise de la tâche et de bien spécifier l'objectif de celle-ci, en évitant le vocabulaire trop spécialisé.

4   Création d'un jeu de données fiable

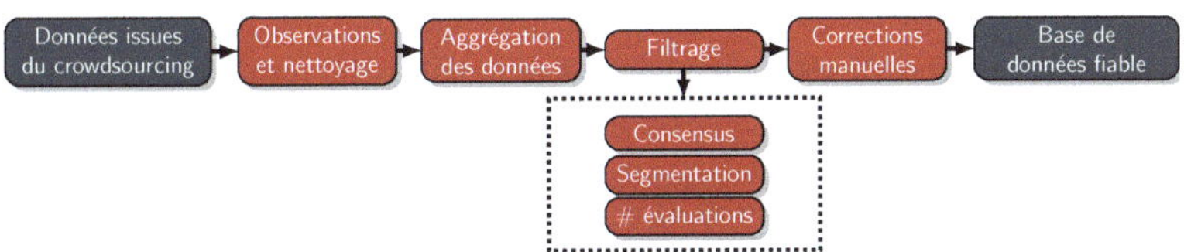

FIGURE 4: Méthodologie utilisée pour la production du jeu d'exemples.

Afin de nettoyer et d'agréger les données obtenues au moyen du crowdsourcing, nous avons mis en place la méthodologie présentée dans la figure 4. Tout d'abord, une étape d'analyse statistique et empirique des données permet d'éliminer les éléments trop contradictoires. Puis, les données sont agrégées et un indice de consensus est calculé. Ensuite, une étape de filtrage permet de supprimer des segments de mauvaise qualité selon plusieurs critères tels que leur degré de consensus. Finalement, une étape de correction manuelle permet de corriger les segments dont un label erroné a été attribué par la majorité des contributeurs.

5   Conclusion

Nous avons employé le crowdsourcing pour évaluer et améliorer un jeu de données de référence en télédétection. Nous avons procédé en deux phases : la première a servi à identifier et filtrer les segments de mauvaise qualité ainsi que les segments dont l'évaluation est particulièrement difficile ; la deuxième, s'est focalisée sur ces segments difficiles et a permis d'obtenir une évaluation plus pertinente de ceux-ci. Nous avons ainsi généré un jeu de de données d'exemples dont la qualité est élevée (figure 5) et qui peut servir tant à l'apprentissage automatique de modèles de prédiction qu'à l'évaluation des résultats des méthodes d'analyse

FIGURE 5: Extrait de la base de données produite.

d'images en télédétection. Un travail futur sera d'évaluer les bénéfices à utiliser ce jeu de données dans des applications réelles.

Références

Barrington, L., S. Ghosh, M. Greene, S. Har-Noy, J. Berger, S. Gill, A. Y.-M. Lin, et C. Huyck (2012). Crowdsourcing earthquake damage assessment using remote sensing imagery. *Annals of Geophysics 54*(6).

Blaschke, T. (2010). Object based image analysis for remote sensing. *ISPRS J Photogramm 65*, 2–16.

Howe, J. (2006). The rise of crowdsourcing. *Wired magazine 14*(6), 1–4.

Lessl, M., J. S. Bryans, D. Richards, et K. Asadullah (2011). Crowd sourcing in drug discovery. *Nature Reviews Drug Discovery 10*(4), 241–242.

Puissant, A., S. Rougier, et A. Stumpf (2014). Object-oriented mapping of urban trees using random forest classifiers. *International Journal of Applied Earth Observation and Geoinformation 26*, 235 – 245.

Sublime, J., A. Troya-Galvis, Y. Bennani, A. Cornuéjols, et P. Gançarski (2015). Semantic rich icm algorithm for vhr satellite images segmentation. *14th IAPR International Conference on Machine Vision Applications (MVA)*.

Whitla, P. (2009). Crowdsourcing and its application in marketing activities. *Contemporary Management Research 5*(1).

Summary

In remote sensing image analysis, reference data play a crucial role but are often inaccurate and uncertain. In this article we present a methodology for improving remote sensing reference data in three steps: segment realignment, evaluation via crowdsourcing and creation of a good quality dataset.

Classification parcimonieuse pour l'aide à la reconnaissance de cibles radar

Ayoub Karine*,**, Abdelmalek Toumi*
Ali Khenchaf*, Mohammed EL Hassouni**,***

*Lab-STICC UMR CNRS 6285, ENSTA Bretagne, 29806 Brest Cedex 9, France
{abdelmalek.toumi, ali.khenchaf}@ensta-bretagne.fr
**LRIT URAC 29, Faculty of sciences, Mohammed V University in Rabat, Morocco
{ayoub.karine, mohamed.elhassouni}@gmail.com
***DESTEC, FLSHR, Mohammed V University in Rabat, Morocco

Résumé. Dans le présent papier, nous proposons l'étude et l'application d'une nouvelle approche pour l'aide à la reconnaissance automatique de cibles (ATR, pour Automatic Target Recognition) à partir des images à synthèse d'ouverture inverse (ISAR, pour Inverse Synthetic Aperture Radar). Cette approche est composée de deux phases principales. Dans la première phase, nous utilisons deux méthodes statistiques pour extraire les caractéristiques discriminants à partir des images ISAR. Nous nous intéressons dans ce travail aux deux descripteurs multi-échelles issus des deux méthodes SIFT (Scale-Invariant Feature Transform) et la décomposition en ondelettes complexes DT-CWT (Dual-Tree Complex Wavelet Transform) qui sont calculées disjointement. Ensuite, nous modélisons séparément les descripteurs issus des deux méthodes précédentes (SIFT et DT-CWT) par la loi Gamma. Les paramètres statistiques estimés sont utilisés pour la deuxième phase dédiée à la classification. Dans cette deuxième phase, une classification parcimonieuse (SRC, pour Sparse Representation-based Classification) est proposée. Afin d'évaluer et valider notre approche, nous avons eu recours aux données réelles d'images issues d'une chambre anéchoïque. Les résultats expérimentaux montrent que l'approche proposée peut atteindre un taux de reconnaissance élevé et dépasse largement l'utilisation du même descripteur avec le classifieur machine à vecteurs de support (SVM, pour Support Vector Machine).

1 Introduction

La reconnaissance automatique de cibles est devenu un axe de recherche important pour plusieurs applications que ce soit militaires ou civiles. L'objectif principal d'un système ATR est la détection et la reconnaissance de façon automatique la nature d'une cible, qui, dans notre cas sera représentée par une image radar 2D. Dans cette optique, nous traitons des images de types ISAR. Cependant, l'architecture générale d'un système de reconnaissance de cibles est généralement composée de trois étapes : acquisition des données, préparation des données et la phase de la classification pour la prise de décision. Dans la première étape, l'image ISAR est reconstruite à partir des signaux radar réfléchis. Cette étape est suivie par la phase d'extraction de descripteurs qui consiste à calculer la signature de chaque cible radar. Finalement, les vecteurs caractéristiques extraits sont utilisés par la phase de classification. Dans la littérature, plusieurs approches sont proposées pour reconnaître automatiquement les cibles radar. Dans le contexte des systèmes ATR basés sur des images ISAR, plusieurs travaux se sont focalisés sur la représentation de l'image dans d'autres espaces transformés tels que l'espace polaire et log-polaire (Kim et al. (2005); Toumi et Khenchaf (2010)) où des architectures de classification bien adaptées (combinaison hybride et séquentielle) sont proposées. Dans un autre travail, Toumi et al. (2009) ont proposé une méthode basée sur la ligne de partage des eaux pour extraire la forme de la cible à partir de laquelle, des descripteurs de Fourier ont été calculés. Pour la phase de classification, l'algorithme du K-Plus Proche Voisin (KPPV) a été adopté. Dans le travail de Saidi et al. (2009), les auteurs ont utilisé de la théorie de fusion en utilisant deux descripteurs : descripteurs de Fourier et les moments invariants. Pour la phase de reconnaissance, le classifieur SVM a été utilisé. Pour les travaux de Wang et al. (2010), les auteurs ont proposé un vecteur caractéristique basé sur la transformation en ondelettes et MB-LBP (Multi-scale Block Local Binary Pattern) en entrée du classifieur KPPV. D'autre part, les auteurs dans Jdey et al. (2012) ont exploité la fusion de trois méthodes de classification : KPPV, SVM et RN (Réseau de neurones) pour la classification des descripteurs de Fourier calculés sur la forme extraite des cibles radar.

Dans ce papier, nous proposons une nouvelle méthode pour la reconnaissances des cibles radar à partir des images ISAR. Cette approche est composée de deux étapes. Dans un premier lieu, deux descripteurs caractérisant chaque image radar sont calculés. Le vecteur descripteur final est calculé à partir de la modélisation du descripteur SIFT et les coefficients de la décomposition en ondelettes complexes par la loi Gamma. Le vecteur caractéristique extrait, ayant une dimension réduite, est utilisé dans le classifieur SRC.

La suite de cet article est structurée comme suit. Nous présentons la méthode proposée pour l'extraction de vecteur descripteur dans la section 2. Dans la section 3, nous décrivons brièvement le principe de la méthode de classification SRC. Nous validons par la suite dans la section 4 l'approche proposée en utilisant une base de données des images radars de type ISAR. Enfin, nous concluons dans la section 5 tout en dressant nos perspectives.

2   Extraction de descripteurs

Le défi majeur dans cette étape du processus de reconnaissance est de proposer un descripteur discriminant capable de caractériser le contenu des images radars d'une manière précise et efficace. Pour ce faire, nous nous intéressons dans ce papier aux méthodes SIFT et DTCWT qui ont prouvé leur efficacité dans plusieurs domaines d'application en traitement d'images. Leur majeur inconvénient réside au niveau du temps de calcul important nécessaire pour la phase d'extraction du vecteur caractéristique ainsi la grande dimensionnalité de ce dernier. Pour contourner cet inconvénient, nous proposons dans ce papier de modéliser ce vecteur caractéristique par la loi Gamma qui est caractérisée par deux paramètres statistiques. Le choix de cette distribution a été justifié par l'allure statistique des vecteurs caractéristiques (issus de ces deux méthodes) caractérisée par une queue lourde (leptokurtique) ce qui nécessite le choix d'un modèle non-Gaussien. De cette manière, le vecteur caractéristique obtenu à partir de la méthode SIFT est représenté par deux paramètres statistiques et cela pour chaque image tandis que pour la méthode DTCWT, nous avons utilisé trois niveau de décomposition ce qui produit $3 \times 6 = 18$ sous-bandes complexes dont chaque sous-bande est représentée par deux paramètres Gamma. Par conséquent, 36 paramètres statistiques sont calculés pour constituer le nouveau vecteur caractéristique. Enfin, le descripteur global de chaque image radar est composé de 38 valeurs (2 issues de SIFT et 36 issues de la DTCWT). Pour plus de détails sur les méthodes DT-CWT et SIFT et la loi Gamma, le lecteur peut se référer aux références Kingsbury (2001); Lowe (2004); Kwitt et Uhl (2010).

3   Classification basée sur la représentation parcimonieuse

Dans la dernière décennie, la méthode de classification SRC a connu un succès remarquable dans plusieurs applications de traitement d'images à l'instar de la reconnaissance de visages (Wright et al. (2009)). Pour cette raison, nous avons choisi d'implémenter cette méthode de classification parcimonieuse pour la phase de reconnaissance. La méthode SRC détermine la classe d'une observation de test en se basant sur sa combinaison parcimonieuse et linéaire avec un dictionnaire comportant les observations d'apprentissage (Wright et al. (2009)). Nous notons à ce stade que l'observation de test est représentée par l'image de la cible radar à reconnaître.

La première étape du classifieur parcimonieux consiste à construire un dictionnaire $A \in \mathbb{R}^{m \times n}$ en utilisant la base d'apprentissage, avec m est la dimension du vecteur caractéristique et n est le nombre d'images d'apprentissage.

Une image de test $y \in \mathbb{R}^m$ peut se représenter comme une combinaison linéaire de toutes les images d'apprentissage avec un vecteur parcimonieux x :

$$[y]^{m \times 1} = [A]^{m \times n}[x]^{n \times 1} \tag{1}$$

Considérant la formulation de l'équation 1, l'image de test y et le dictionnaire A sont donnés en entrée, et le vecteur x doit être déterminé. Il existe en théorie une infinité de solutions x de l'équation 1, dans ce cas l'objectif est de trouver la solution la plus parcimonieuse possible, c'est-à-dire celle présentant le plus petit nombre de valeurs non nulles dans x. Donc, le problème à résoudre devient (Wright et al. (2009)) :

$$\hat{x} = \min_x \|x\|_1 \text{ sous la contrainte } \|y - Ax\|_2 \leq \epsilon \tag{2}$$

avec $\|x\|_1 = \sqrt{\sum_i^n | x_i |}$ est la norme-l^1 et ϵ est une erreur admissible. Ce problème d'optimisation convexe peut être résolue par l'algorithme SOCP (Second-Order Cone Programming) proposé par Candes et Romberg (2005).

Pour chaque classe i, soit $\delta_i : \mathbb{R}^n \to \mathbb{R}^n$ la fonction caractéristique qui sélectionne dans $\hat{x}$ juste les coefficients associés à la classe i. En d'autres termes, les valeurs non nulles de $\delta_i(\hat{x}) \in \mathbb{R}^n$ sont les valeurs associées à la classe i dans $\hat{x}$. Après l'obtention de la solution optimale $\hat{x}$, la reconstruction de l'image de test $\hat{y}_i$ est $A\delta_i(\hat{x})$. Finalement, l'identité (le *label*) de l'image de test y est la classe qui possède la valeur minimale du résidus entre y et $\hat{y}_i$:

$$\begin{aligned} \text{class}(y) &= \min_i r_i(y) \\ &= \min_i \|y - \hat{y}_i\|_2 \end{aligned} \tag{3}$$

Le coeur de la classification parcimonieuse est la recherche de la représentation parcimonieuse du vecteur « $\hat{x}$ » (Equation 2) dont la dimension est égale au nombre d'images dans la base d'apprentissage. Le vecteur parcimonieux obtenu est utilisé dans la phase de test pour reconstruire (coder) le vecteur de test.

4   Résultats expérimentaux

Pour valider l'approche proposée, nous avons eu recours à une base de données des images radars acquises dans une chambre anéchoïque, cette dernière contient 1944 images ISAR qui correspondent à 12 classes (cibles) à l'échelle 1/48 : Harrier, Rafale, Tornado, F104, F117, A10, F14, F15, F16, MIG29, F18 et F4. Chaque classe contient 162 images radars de taille 256×256 pixels en niveau de gris. Ces images sont reconstruites en utilisant la transformée de Fourier inverse (IFFT, pour Inverse Fast Fourier Transform) (Toumi et al. (2012)). La figure 1 montre un exemple d'une image ISAR de la cible Tornado.

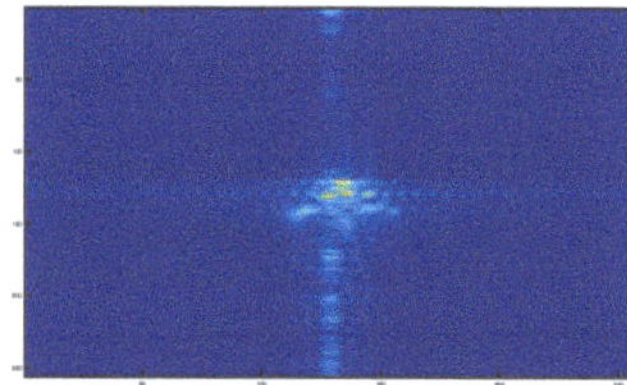

FIG. 1 – *Exemple d'une image ISAR de type Tornado.*

Dans le contexte de la classification supervisée, les données doivent être partitionnées en bases d'apprentissage et de test. Pour ce faire, nous adoptons l'utilisation de la validation croisée de type *hold-out cross validation* avec différentes portions de la base d'apprentissage. Le dictionnaire défini dans la méthode de classification parcimonieuse regroupe tous les descripteurs globaux (38 valeurs pour chaque image) de toutes les images de la base d'apprentissage. L'utilisation de ce vecteur (38 dimension) a engendré une amélioration non négligeable en temps de reconnaissance et une simplification pour la résolution du problème d'optimisation convexe (Equation 2). Il est à noter que l'erreur admissible dans l'équation 2 est maintenue à $\epsilon = 0.05$.

Afin de valider et comparer notre démarche, nous avons comparé les résultats obtenus avec le classifieur SVM avec un noyau polynomial en termes de taux de bonne classification en utilisant le descripteur proposé. En principe, les tailles des bases d'apprentissage et de test affecte significativement les résultats de classification. Pour illustrer cela, nous varions dans les simulations présentées par la figure 2 le rapport de sélection de la base d'apprentissage/test. Nous soulignons qu'à chaque portion, nous sélectionnons de manière aléatoire la base et nous réitérons ce processus 10 fois afin de présenter le taux moyen de bonne classification. À partir des résultats présentés, plusieurs conclusions peuvent êtres mentionnées. Premièrement, les deux méthodes de classification (SRC et SVM) sont sensibles au nombre d'images dans la base d'apprentissage. Par conséquent, quand le pourcentage de sélection de la base d'apprentissage augmente (respectivement, la base de test diminue), un gain en performance est observé. Par exemple, si nous considérons 90% de la base de données pour l'apprentissage, la qualité de la classification atteint un taux de 99.28%. D'autre part, pour différentes tailles de la base d'apprentissage, la méthode de classification SRC fournit des résultats meilleurs que ceux obtenus par le classifieur SVM. Nous notons aussi que la méthode SRC ne nécessite pas un paramétrage de données contrairement à la méthode SVM. En utilisant une configuration de $65 \times 12 = 780$ images pour l'apprentissage et $1944 - 780 = 1164$ images pour le test, l'approche proposée atteint un taux de classification de 96.83%. Cette performance remarquable prouve la robustesse du descripteur proposé combiné avec la méthode SRC dans le contexte de la reconnaissance de cibles radar.

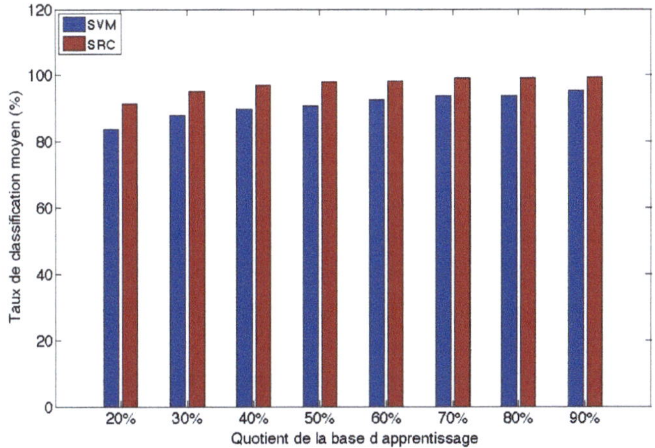

FIG. 2 – *Comparaison entre SRC et SVM en termes de taux de reconnaissance en utilisant différentes tailles de la base d'apprentissage.*

5   Conclusion

Dans le présent papier, nous avons proposé une approche de reconnaissance de cibles radar aériennes en utilisant la modélisation statistique et la représentation parcimonieuse. L'approche construit en premier lieu le vecteur descripteur composé des paramètres statistiques des coefficients DT-CWT et du descripteur SIFT. Ce vecteur descripteur est utilisé par le calssifieur SRC. Les résultats obtenus nous confortent sur les performances et l'amélioration que peut apporter le vecteur de caractéristiques proposé et le classifieur SRC comparé à SVM. Comme perspectives, nous compterons étudier notre approche en bruitant les données et en la validant aussi sur d'autres types de base de données.

Références

Candes, E. et J. Romberg (2005). l1-magic : Recovery of sparse signals via convex programming. *http://statweb.stanford.edu/~candes/l1magic/*.

Jdey, I., A. Toumi, M. Dhibi, et A. Khenchaf (2012). The conribution of fusion techniques in the recognition systems of radar targets. In *IET International Conference on Radar Systems (Radar)*, pp. 1–5.

Kim, K., D. Seo, et H. Kim (2005). Efficient classification of ISAR images. *IEEE Transactions on Antennas and Propagation 53*(5), 1611–1621.

Kingsbury, N. G. (2001). Complex wavelets for shift invariant analysis and filtering of signals. *Applied and computational harmonic analysis 10*(3), 234–253.

Kwitt, R. et A. Uhl (2010). Lightweight probabilistic texture retrieval. *IEEE Transactions on Image Processing 19*(1), 241–253.

Lowe, D. G. (2004). Distinctive image features from scale-invariant keypoints. *Int. J. Comput. Vision 60*(2), 91–110.

Saidi, M., A. Toumi, A. Khenchaf, D. Aboutajdine, et B. Hoeltzener (2009). Feature extraction and fusion for automatic target recognition based ISAR images. *INFOCOMP Journal of Computer Science 8*(4), 1–10.

Toumi, A., B. Hoeltzener, et A. Khenchaf (2009). Hierarchical segmentation on ISAR image for target recongition. *International Journal of Computational research 5*, 63–71.

Toumi, A. et A. Khenchaf (2010). Log-polar and polar image for recognition targets. In *IEEE International Geoscience and Remote Sensing Symposium (IGARSS)*, pp. 1609–1612.

Toumi, A., A. Khenchaf, et B. Hoeltzener (2012). A retrieval system from inverse synthetic aperture radar images : Application to radar target recognition. *Elsevier Information Sciences 196*, 73–96.

Wang, F., W. Sheng, X. Ma, et H. Wang (2010). Target automatic recognition based on ISAR image with wavelet transform and MBLBP. In *International Symposium on Signals, Systems and Electronics*, Volume 2, pp. 1–4.

Wright, J., A. Y. Yang, A. Ganesh, S. S. Sastry, et Y. Ma (2009). Robust face recognition via sparse representation. *IEEE transactions on pattern analysis and machine intelligence 31*(2), 210–227.

Summary

This paper presents a novel approach for automatic target recognition (ATR) using inverse synthetic aperture radar (ISAR). This proposed approach is mainly composed of two steps. In the first step, we adopt a statistical method to compute a novel target template from feature descriptors. The proposed template is achieved by combining the Gamma statistical parameters of the both dual-tree complex wavelet transform (DT-CWT) coefficients and the scale-invariant feature transform (SIFT) descriptor. In order to validate the proposed target template, we achieve in the second step the recognition task using a sparse representation-based classification (SRC) method. The performance of the proposed approach has been successfully verified using ISAR images reconstructed from anechoic chamber. The experimental results show that the proposed method can achieve a high average accuracy and is significantly superior to the well-known SVM classifier.

Classification ascendante hiérarchique à noyaux et une application aux données textuelles

Julien Ah-Pine*, Xinyu Wang*

*Université de Lyon, Université de Lyon 2, ERIC EA 3083
5, avenue Pierre Mendès France 69676 Bron Cedex, France
Julien.Ah-Pine,Xinyu.Wang@univ-lyon2.fr

Résumé. La formule de Lance et Williams permet d'unifier plusieurs méthodes de classification ascendante hiérarchique (CAH). Dans cet article, nous supposons que les données sont représentées dans un espace euclidien et nous établissons une nouvelle expression de cette formule en utilisant les similarités cosinus au lieu des distances euclidiennes au carré. Notre approche présente les avantages suivants. D'une part, elle permet d'étendre naturellement les méthodes classiques de CAH aux fonctions noyau. D'autre part, elle permet d'appliquer des méthodes d'écrêtage permettant de rendre la matrice de similarités creuse afin d'améliorer la complexité de la CAH. L'application de notre approche sur des tâches de classification automatique de données textuelles montre d'une part, que le passage à l'échelle est amélioré en mémoire et en temps de traitement; d'autre part, que la qualité des résultats est préservée voire améliorée.

1   Introduction

Soit un ensemble d'objets $\mathcal{D}$ constitué de N éléments. Soit D la matrice des dissimilarités entre chaque paire d'objets. La procédure classique de la classification ascendante hiérarchique (CAH) initialise un arbre par N feuilles [1] puis, à chaque itération, elle regroupe le couple de groupes d'objets (C_i, C_j) dont la distance est la plus petite :

$$(C_i, C_j) = \arg\min_{(C_k, C_l)} D(C_k, C_l) \tag{1}$$

Un nouveau groupe $C_{(ij)} = C_i \cup C_j$ est créé et un nœud est ajouté à l'arbre binaire. Il faut ensuite calculer les dissimilarités entre $C_{(ij)}$ et les groupes existants. Il existe plusieurs techniques de CAH selon la façon dont on définit la dissimilarité entre deux groupes. Cependant, Lance et Williams (Lance et Williams, 1967) ont montré que la majorité d'entre elles pouvaient être généralisées par la formule (formule LW) suivante :

$$D(C_{(ij)}, C_k) = \alpha_i D(C_i, C_k) + \alpha_j D(C_j, C_k) + \beta D(C_i, C_j) + \gamma |D(C_i, C_k) - D(C_j, C_k)| \tag{2}$$

Nous présentons dans le Tableau 1, la définition des sept méthodes que nous étudions dans le cadre de la formule LW.

---

1. Les N objets sont vus comme des singletons.

Méthodes	α_i	α_j	β	γ
single	$1/2$	$1/2$	0	$-1/2$
complete	$1/2$	$1/2$	0	$1/2$
average	$\dfrac{|C_i|}{|C_i|+|C_j|}$	$\dfrac{|C_j|}{|C_i|+|C_j|}$	0	0
Mcquitty	$1/2$	$1/2$	0	0
centroid	$\dfrac{|C_i|}{|C_i|+|C_j|}$	$\dfrac{|C_j|}{|C_i|+|C_j|}$	$-\dfrac{|C_i||C_j|}{(|C_i|+|C_j|)^2}$	0
median	$1/2$	$1/2$	$-1/4$	0
Ward	$\dfrac{|C_i|+|C_k|}{|C_i|+|C_j|+|C_k|}$	$\dfrac{|C_j|+|C_k|}{|C_i|+|C_j|+|C_k|}$	$-\dfrac{|C_k|}{|C_i|+|C_j|+|C_k|}$	0

TAB. 1 – *Formule de Lance et Williams : méthodes et paramètres.*

La procédure "bottom-up" décrite ci-dessus avec la formule LW forme l'approche classique de la CAH. Cette dernière est simple et flexible mais elle est coûteuse en mémoire, en temps de traitement et ne passe pas à l'échelle dans le cas des grandes masses de données. En effet, la matrice de dissimilarité est nécessairement dense et coûte en mémoire $O(N^2)$ tandis que la procédure "bottom-up" a une complexité en $O(N^3)$.

Dans cet article, nous proposons une reformulation de l'approche classique que nous venons de rappeler mais qui permet d'outrepasser les limites évoquées ci-dessus. Notre idée principale est de définir une expression équivalente de la formule LW en termes de similarités plutôt qu'en termes de dissimilarités. Dans cette perspective, nous supposons que les objets sont représentés dans un espace euclidien et que la dissimilarité est mesurée par le carré de la distance euclidienne entre les vecteurs normés. Dans ce cas, le produit scalaire associé est le cosinus de l'angle formé par les vecteurs et peut-être ainsi vu comme une mesure de similarité.

Notre approche présente un double avantage. D'une part, elle permet d'étendre naturellement la CAH à des fonctions noyau permettant ainsi de traiter plus efficacement les données qui sont non linéairement séparables dans l'espace de description initial. D'autre part, elle permet de définir des stratégies d'écrêtage de la matrice de similarité S qui est rendu creuse. Cette dernière est alors plus légère en mémoire et nous pouvons également améliorer les temps de traitement comme nous l'expliquerons par la suite. Afin d'illustrer les propriétés de notre approche, nous appliquons celle-ci sur des tâches de classification automatique de données textuelles. Nos résultats montrent que notre méthode permet de réduire la complexité de la CAH et d'obtenir de meilleurs résultats dans de nombreux cas.

La suite de l'article est organisée de la façon suivante. En section 2, nous introduisons les différents ingrédients de notre approche. Puis, en section 3, nous présentons les résultats des expériences que nous avons menées sur trois jeux de données classiques. Nous concluons en section 4 par une discussion et une esquisse des travaux futurs.

2 Notre approche

Nous supposons que les objets sont représentés dans un espace euclidien $\mathcal{I}$ de dimension p et de produit scalaire noté $\langle .,. \rangle$. Pour deux vecteurs $x, y \in \mathcal{D}$, leur similarité est définie par :

$$S(x,y) = \langle \frac{x}{\|x\|}, \frac{y}{\|y\|} \rangle \tag{3}$$

Remarquons que $\forall x \in \mathcal{D}$, $S(x,x) = 1$. Ainsi, les vecteurs ont tous la même norme ce qui constitue une condition importante dans notre cas. La matrice S des produits scalaires est associée à la matrice D des carrés des distances euclidiennes comme suit :

$$D(x,y) = \left\| \frac{x}{\|x\|} - \frac{y}{\|y\|} \right\|^2 = \quad S(x,x) + S(y,y) - 2S(x,y) = 2(1 - S(x,y)) \qquad (4)$$

Sous cette condition, nous présentons une procédure "bottom-up" fondée sur deux formules de récurrence qui produisent un arbre binaire équivalent à l'approche classique. Partant d'un arbre à N feuilles, nous regroupons itérativement les couples de groupes d'objets (C_i, C_j) vérifiant :

$$(C_i, C_j) = \underset{(C_k, C_l)}{\arg \max} \; S(C_k, C_l) - \frac{1}{2}(S(C_k, C_k) + S(C_l, C_l)) \qquad (5)$$

Lorsque le nouveau nœud $C_{(ij)} = C_i \cup C_j$ est ajouté à l'arbre, les similarités entre $C_{(ij)}$ et les groupes existants ainsi qu'avec lui même sont obtenues par les formules suivantes :

$$\begin{aligned} S(C_{(ij)}, C_k) &= \alpha_i S(C_i, C_k) + \alpha_j S(C_j, C_k) + \beta S(C_i, C_j) \\ &\quad -\gamma |S(C_i, C_k) - S(C_j, C_k)| \qquad (6) \\ S(C_{(ij)}, C_{(ij)}) &= \delta_i S(C_i, C_i) + \delta_j S(C_j, C_j) \qquad (7) \end{aligned}$$

Dans notre cas, les sept méthodes de CAH sont définies avec les paramètres listés dans les Tableaux 1 et 2. Les paramètres $\alpha_i, \alpha_j, \beta, \gamma$ dans (6) sont les mêmes que ceux énoncés dans le Tableau 1 alors que les nouveaux paramètres δ_i, δ_j dans (7) sont introduits dans le Tableau 2. Notons que, exceptées les méthodes "median" et "centroid", δ_i, δ_j peuvent être choisis arbitrairement à condition que $\delta_i + \delta_j = 1$.

Dans cette reformulation de la formule LW, il est nécessaire d'avoir deux formules de récurrence distinctes, l'une pour $S(C_{(ij)}, C_k)$ et l'autre pour $S(C_{(ij)}, C_{(ij)})$, afin d'obtenir l'équivalence entre la recherche du minimum dans (1) et celle du maximum dans (5). La preuve de cette équivalence s'obtient en fait en montrant que $S(C_k, C_l) - \frac{1}{2}(S(C_k, C_k) + S(C_l, C_l))$ dans (5) est égal à $-\frac{1}{2}D(C_k, C_l)$ dans (1).

Méthodes	δ_i	δ_j
single	1/2	1/2
complete	1/2	1/2
average	1/2	1/2
Mcquitty	1/2	1/2
centroid	$\frac{|C_i|^2}{(|C_i|+|C_j|)^2}$	$\frac{|C_j|^2}{(|C_i|+|C_j|)^2}$
median	1/4	1/4
Ward	1/2	1/2

TAB. 2 – *Formule basée sur les similarités cosinus : méthodes et paramètres δ_i et δ_j.*

Comme nous raisonnons désormais avec des produits scalaires, nous pouvons étendre naturellement notre approche à des fonctions noyau. On note K une matrice de produits scalaires (ou matrice de Gram) de taille N et pour deux objets $x, y \in \mathcal{D}$, $K(x,y) = \langle \phi(x), \phi(y) \rangle$ où

$\phi : \mathcal{I} \to \mathcal{F}$ et $\mathcal{F}$ est un espace de Hilbert de dimension $q > p$ (q pouvant être infini). La matrice S contenant des similarités cosinus dans l'espace $\mathcal{F}$ peut alors être facilement obtenue en utilisant l'astuce du noyau : $\forall x, y \in \mathcal{D}, S(x,y) = K(x,y)/\sqrt{K(x,x)K(y,y)}$.

Ensuite, de façon générale, S peut contenir des valeurs négatives. Dans ce cas, soit $m < 0$ la plus petite de ces valeurs. Il est toujours possible de transformer S de façon à n'avoir que des valeurs positives : $\forall x, y \in \mathcal{D}, S(x,y) \leftarrow (S(x,y) + |m|)/(1 + |m|)$. Comme cette application est monotone croissante, la matrice S transformée reste une matrice de Gram.

Supposons désormais que les valeurs de S sont comprises entre 0 et 1. Nous écrêtons S selon un paramètre de seuillage $\tau \in [0, 1]$. Ainsi, toute valeur inférieure ou égale à τ est remplacée par 0. La matrice S devient creuse [2] et la complexité en mémoire est réduite *de facto* à $O(M)$, M étant le nombre de paires d'objets dont la similarité est strictement positive.

Pour améliorer la complexité en temps de traitement, nous proposons de restreindre la recherche du couple de groupes d'objets à fusionner aux seules paires dont la similarité est strictement positive. Nous introduisons pour cela l'ensemble $\mathbb{S} = \{(C_k, C_l) : S(C_k, C_l) > 0\}$. L'équation (5) est alors remplacée par :

$$(C_i, C_j) = \underset{(C_k, C_l) \in \mathbb{S}}{\arg\max}\, S(C_k, C_l) - \frac{1}{2}(S(C_k, C_k) + S(C_l, C_l)) \qquad (8)$$

Dans ce cas, la complexité de notre procédure "bottom-up" est réduite à $O(NM)$.

3   Expériences

Les objectifs de nos expériences sont de démontrer que, sous la condition énoncée précédemment : (i) notre méthode basée sur (5), (6) et (7) est équivalente à la procédure classique fondée sur (1) et (2) ; (ii) l'écrêtage de S et notre approche utilisant (8), (6) et (7) permet de réduire considérablement les coûts en mémoire et en temps de traitement et de produire des résultats de bonne qualité en comparaison de la méthode classique.

Pour cela, nous expérimentons sur des tâches de classification automatique de données textuelles. Les documents sont représentés dans un espace vectoriel "sacs de mots". Les termes sont les différentes dimension de l'espace et les coordonnées des vecteurs sont les nombres d'occurrence des termes dans les documents. Notons que les termes étant apparus dans moins de 0.2% et dans plus de 95% des documents de la collection ont été retirés. Les différentes cas à l'étude sont :

— Reuters, 10 groupes, 2446 documents, 2547 termes.
— Smart, 3 groupes, 3893 documents, 3025 termes.
— 20ng, 15 groupes, 4483 documents, 4455 termes.

Étant donné une matrice documents-termes, S [3] et D sont déterminés par (3) et (4).

Le résultat de l'approche classique basée sur D est calculé (résultat de référence) ainsi que les résultats de notre approche basée sur S avec différents niveaux de seuillage τ. Ce paramètre est choisi de façon à ce que 0%, 10%, 25%, 50%, 75%, 90% de S soit écrêtées.

---

2. Notons que si nous devions appliquer ce même principe à partir de la matrice de dissimilarité D, ce sont les valeurs les plus grandes et au-dessus d'un seuil qu'il aurait fallu écrêter. Or ceci n'est pas raisonnable.

3. Les documents étant représentés par des vecteurs de composantes positives, les cosinus sont donc de valeurs positives.

Pour mesurer la proximité entre l'arbre obtenu par la méthode classique et ceux obtenus avec notre approche, nous utilisons la valeur absolue de la corrélation cophénétique (CC).

Afin d'évaluer la qualité d'un résultat, nous coupons l'arbre obtenu pour obtenir la partition avec le nombre correct de groupes et nous comparons celle-ci avec la vérité terrain. L'index de Rand corrigé (ARI) est une mesure classique dans ce cas.

Nous avons utilisé deux fonctions noyau : linéaire et gaussien [4].

En raison de la restriction en nombre de pages [5], nous ne pouvons pas montrer l'ensemble des résultats de nos expériences. Cependant, voici des observations importantes que nous pouvons en faire :

— lorsque 0% de S est écrêté nous retrouvons le même résultat que l'approche classique,
— l'usage de la mémoire et les temps de traitement diminuent lorsque S est de plus en plus creuse,
— la méthode "single link" présente un comportement particulier : même en écrêtant S de 90% de ses valeurs, nous obtenons le même résultat que l'approche classique,
— les mesures ARI sont instables selon les méthodes et jeux de données mais nous obtenons souvent des améliorations,
— "average" et "ward" sont les méthodes les plus performantes en général.

Concernant les deux derniers points, nous donnons plus précisément dans la Tableau 3 les meilleures performances observées. Il est important de noter que celles-ci sont souvent obtenues par notre méthode avec une matrice S largement écrêtée.

	Méthode	Noyau	τ	Mem%	Temps%	CC	ARI
Reuters	Average	Gaussien	0	0	0	1	**0.543**
	Average	Gaussien	0.99	-75	-62	0.81	0.539
Smart	Average	Linéaire	0	0	0	1	0.939
	Average	Linéaire	0.078	-90	-85	0.96	**0.944**
20ng	Ward	Gaussien	0	0	0	1	0.100
	Ward	Gaussien	0.99	-50	-47	0.26	**0.154**

TAB. 3 – *Meilleures valeurs ARI pour chaque collection, quand S est dense et quand S est écrêtée avec dans ce cas la diminution relative en mémoire et en temps de traitement.*

4 Discussion et travaux futurs

Notre méthode repose sur une expression de la formule LW en termes de similarités cosinus et sur l'écrêtage de la matrice de similarité correspondante. En théorie, elle améliore le passage à l'échelle de la CAH et permet également l'extension de celle-ci à des fonctions noyau. En pratique, nous avons pu constater ces améliorations dans le cas de la classification automatique de documents. De surcroît, nous pouvons également observer que notre approche permet d'aboutir à plusieurs reprises à de meilleurs résultats en terme de qualité. Nous pouvons expliquer ce phénomène par deux points : (i) l'écrêtage de S permet de réduire le bruit ; (ii) notre méthode peut-être vue telle une sorte de "fermeture transitive" qui repose sur le principe

---

4. Le paramètre γ du noyau gaussien est fixé à $1/p$.
5. Cet article est une version française et écourtée de Ah-Pine et Wang (2016).

"les amis de mes amis sont mes amis" ce qui permet de mieux tenir compte de la géométrie intrinsèque aux données.

Toutefois, il est possible qu'un mauvais choix du paramètre de seuillage conduise à une dégradation de la qualité. Un point critique, et donc un des travaux futurs, concerne le choix du paramètre τ mais également l'application de diverses autres stratégies d'écrêtage comme la restriction aux k plus proches voisins. Parmi les travaux en cours, nous poursuivons l'effort d'amélioration du passage à l'échelle de ce type de classification automatique en implémentant notre approche dans une architecture distribuée en utilisant l'outil Apache Spark.

Références

Ah-Pine, J. et X. Wang (2016). Similarity based hierarchical clustering with an application to text collections. In *Advances in Intelligent Data Analysis XV - 15th International Symposium, IDA 2016, Stockholm, Sweden, October 13-15, 2016, Proceedings*, pp. 320–331.

Cristianini, N. et J. Shawe-Taylor (2000). *An introduction to support vector machines and other kernel-based learning methods*. Cambridge university press.

Lance, G. N. et W. T. Williams (1967). A general theory of classificatory sorting strategies ii. clustering systems. *The computer journal 10*(3), 271–277.

Müllner, D. (2011). Modern hierarchical, agglomerative clustering algorithms. *arXiv preprint arXiv :1109.2378*.

Murtagh, F. et P. Contreras (2012). Algorithms for hierarchical clustering : an overview. *Wiley Interdisciplinary Reviews : Data Mining and Knowledge Discovery 2*(1), 86–97.

Xu, R., D. Wunsch, et al. (2005). Survey of clustering algorithms. *Neural Networks, IEEE Transactions on 16*(3), 645–678.

Summary

Lance-Williams formula is a framework that unifies seven schemes of agglomerative hierarchical clustering. In this paper, we establish a new expression of this formula using cosine similarities instead of distances. We state conditions under which the new formula is equivalent to the original one. The interest of our approach is twofold. Firstly, we can naturally extend agglomerative hierarchical clustering techniques to kernel functions. Secondly, reasoning in terms of similarities allows us to design thresholding strategies on proximity values. Thereby, we propose to sparsify the similarity matrix in the goal of making these clustering techniques more efficient. We apply our approach to text clustering tasks. Our results show that sparsifying the inner product matrix considerably decreases memory usage and shortens running time while assuring the clustering quality.

Un Modèle de Factorisation de Poisson pour la Recommandation de Points d'Intérêt

Jean-Benoît Griesner*, Talel Abdessalem*,**
Hubert Naacke***

*LTCI, Télécom ParisTech
Paris, France
griesner@telecom-paristech.fr,

**UMI CNRS IPAL, National University of Singapore
talel.abdessalem@telecom-paristech.fr

***UPMC Université Paris 06, LIP6, Paris, France
Hubert.Naacke@lip6.fr

Résumé. L'explosion des volumes de données circulant sur les réseaux sociaux géo-localisés (LBSN) rend possible l'extraction des préférences des utilisateurs. En particulier ces préférences peuvent être utilisées pour recommander à l'utilisateur des points d'intérêt en adéquation avec son profil. Aujourd'hui la recommandation de points d'intérêt est devenue une composante essentielle des LBSN. Malheureusement les méthodes de recommandation traditionnelles échouent à s'adapter aux contraintes propres aux LBSN, telles que la "sparsité" très élevée des données, ou prendre en compte l'influence géographique. Dans ce papier nous présentons un modèle de recommandation basée sur la factorisation de Poisson qui offre une solution efficace à ces contraintes. Nous avons testé notre modèle via des expérimentations sur un jeu de données réaliste issu du LBSN Foursquare. Ces expériences nous ont permis de démontrer une meilleure qualité de recommandation que 3 modèles de l'état-de-l'art.

1   Introduction

Les nombreux réseaux sociaux géolocalisés (ou "LBSNs" pour Location-Based Social Networks) tels que Foursquare, Flickr, Twitter etc. qui ont émergé ces dernières années permettent aux utilisateurs de partager leurs expériences concernant les Points d'Intérêt (ou POIs pour "Points Of Interest") qu'ils ont visités (i.e. les "checkins" de l'utilisateur). Le LBSN Flickr [1] par exemple compte plus de 110 millions d'utilisateurs

---

1. www.flickr.com

qui mettent en ligne un million d'images et de commentaires par jour. De tels volumes de données fournissent une information riche et précise, rendant possible de nouvelles formes de services en ligne, tels que la recommandation de POIs. La recommandation personnalisée de POIs est l'activité qui consiste à proposer à un utilisateur donné une liste de POIs qui soient susceptibles de l'intéresser. Aujourd'hui cette tâche est devenue une composante essentielle des LBSNs.

Malheureusement cette tâche reste un problème difficile. En effet la matrice initiale des checkins souffre d'une bien plus grande sparsité que les jeux de données traditionnels en recommandation. De surcroit la matrice ne contient que les fréquences de visite de chaque POI. Par conséquent on ne peut pas savoir si l'utilisateur apprécie ou non un POI. On parle dans ce cas de jeux de données avec "feedback" implicite Hu et al. (2008), Cheng et al.. Par ailleurs nous nous plaçons dans le contexte où seuls les checkins sont connus (i.e. <utilisateur, localisation, date>). La plupart des approches existantes négligent ces problèmes (sparsité, feedback implicite) en essayant uniquement d'adapter les modèles de recommandation traditionnels à cette problématique.

Dans ce papier nous proposons un modèle probabiliste de factorisation de Poisson pour la recommandation de POIs qui tienne compte de ces problèmes tout en passant à l'échelle. La suite de ce papier s'organise ainsi. La section 2 définit notre problème et décrit brièvement le modèle de factorisation de Poisson. La section 3 présente les deux approches de factorisation que nous proposons. Enfin nous présentons nos résultats expérimentaux dans la section 4, avant de conclure cet article dans la section 5.

2 Préliminaires

Définition du Problème   Le but du modèle que nous proposons est de recommander une liste de POIs non visités à un utilisateur donné basé sur ses checkins passés. Ce problème nécessite deux choses : 1) modéliser les préférences utilisateurs de façon personnalisée ainsi que 2) la recommandation proprement dite à partir des données géographiques. Soit $U = \{u_1, u_2, ..., u_M\}$ un ensemble d'utilisateurs du LBSN, et soit $P = \{p_1, p_2, ..., p_N\}$ un ensemble de POIs, où chaque POI possède une localisation $l_j = (lon_j, lat_j)$, ainsi que des propriétés observables x_j (e.g. tags, titre, popularité...). Enfin soit c_{ij} le nombre de fois que l'utilisateur u_i a visité le POI p_j.

Factorisation de Poisson   Notre modèle se base sur la factorisation de Poisson (PF). La PF est un modèle probabiliste de factorisation de matrices passant à l'échelle proposé récemment pour la recommandation par Gopalan et al. (2013). Dans ce modèle, si $c_{i,j}$ est le nombre de fois que l'utilisateur i a visité le POI j, la PF affirme que $c_{i,j}$ provient d'une distribution de Poisson, paramétrée par le produit scalaire des facteurs latents de l'utilisateur et du POI. La PF fournit ainsi l'estimation de $c_{i,j}$ selon la distribution suivante : $c_{i,j} \sim \text{Poisson}(\mathbf{u}_i^T \cdot \mathbf{v}_j)$ où $\mathbf{u}_i$ et $\mathbf{v}_j$ sont les vecteurs de facteurs latents de dimension K respectivement de l'utilisateur i et du POI j. A la différence de la PMF présentée plus haut, PF place des distributions a priori Gamma sur les facteurs latents de façon à s'adapter à la sparsité.

3 Recommandation Géographique de Poisson

Accessibilité Géographique : GeoPF   La probabilité qu'un utilisateur se rende dans un POI donné ne dépend pas exclusivement de la distance qui l'en sépare. Ainsi pour quantifier cette probabilité, nous introduisons par la suite le concept d'accessibilité d'un POI à un autre. Pour ce faire nous utilisons un modèle de Markov d'ordre un. Dans ce modèle la probabilité de visiter le POI v_{j+1} sachant que l'on se trouve au POI v_j ne dépend que du POI v_j. Ainsi si nous définission $P(v_{j+1}|v_j)$ comme étant égale à la probabilité de transition de v_j à v_{j+1}, l'estimateur empirique de maximisation de vraisemblance donne pour $P(v_{j+1}|v_j)$ la valeur suivante : $P(v_{j+1}|v_j) = \frac{N(v_j, v_{j+1})}{N(v_j)}$ où $N(v_j, v_{j+1})$ correspond au nombre d'utilisateurs ayant fait la transition $v_j \rightarrow v_{j+1}$ dans le passé et où $N(v_j)$ est le nombre d'utilisateurs ayant visité v_j. Nous pouvons remarquer que nous utilisons ici l'information temporelle pour calculer la probabilité de transition. En effet ce calcul nécessite d'avoir ordonné auparavant les checkins par ordre chronologique A présent nous définissons l'accessibilité $\Phi(v_{j+1}, v_j)$ ainsi :

$$\Phi(v_{j+1}, v_j) = \frac{1}{0.5 + d(v_j, v_{j+1})} \cdot P(v_{j+1}|v_j) \tag{1}$$

où $P(v_{j+1}|v_j)$ est la probabilité de transition entre les POIs v_j et v_{j+1} calculée ci-dessus. $\Phi(v_{j+1}, v_j)$ utilise la distance euclidienne qui sépare les deux POIs et la probabilité de transitionner de l'un à l'autre. Ainsi plus $\Phi(v_{j+1}, v_j)$ sera élevée, plus la probabilité de visiter v_{j+1} sera importante. Nous utilisons l'accessibilité définie ci-dessus pour définir l'accessibilité moyenne d'un POI j pour un utilisateur i étant donné son itinéraire passé. Nous définissons finalement l'accessibilité moyenne du POI j pour un utilisateur i ainsi :

$$\widehat{\Phi}(i, j) = \frac{1}{N_i} \cdot \sum_{v_k \in L_i} \Phi(v_k, j) \tag{2}$$

où L_i est l'ensemble des POI déjà visités par l'utilisateur. Ainsi plus un POI sera accessible à partir des POIs précédents que l'utilisateur a l'habitude de visiter, plus $\widehat{\Phi}(i, j)$ sera élevée. Nous injectons ensuite cette accessibilité moyenne dans le modèle de recommandation de Poisson standard ainsi : $c_{i,j} \sim \text{Poisson}(\widehat{\Phi}(i, j) \cdot \mathbf{u}_i^T \cdot \mathbf{v}_j)$

Modèle Social : GeoSPF   Notre second modèle repose sur SPF (pour "Social Poisson Factorisation") qui est un modèle de factorisation sociale de Poisson proposé récemment par Chaney et al. (2015). Ce modèle repose sur l'hypothèse que la matrice des checkins suit une loi de Poisson telle que : $c_{i,j} \sim \text{Poisson}(\mathbf{u}_i^T \cdot \mathbf{v}_j + \sum_{v \in N(i)} \mathbf{t}_{i,v} \cdot \mathbb{C}_{ij})$ où $N(i)$ est l'ensemble des amis de l'utilisateur i, et $\mathbf{t}_{i,v}$ est la variable aléatoire définissant l'influence sociale de l'ami v sur l'utilisateur i. Malheureusement la plupart des jeux de données ne contiennent pas de réseau social, rendant inutilisable ce modèle. C'est pourquoi nous proposons d'utiliser l'information géographique disponible pour construire un graphe social. Notre idée est de définir des distances entre utilisateurs basées sur la distance géographique des itinéraires de deux utilisateurs u_1, u_2. Nous définissons cette distance géographique ainsi :

$$\text{Distance}(u_1, u_2) = \left[\frac{\sum_{i \in A} \text{distMin}(i, B)}{||A||} + \frac{\sum_{u \in B} \text{distMin}(i, A)}{||B||} \right] \cdot \frac{1}{2} \qquad (3)$$

où A et B correspondent respectivement aux ensembles de POIs visités par u_1 et u_2, et où $\text{distMin}(i, X)$ est la distance minimale entre le POI i et n'importe quel POI appartenant à X.

4 Evaluation Expérimentale

Jeu de Données Pour tester la qualité de notre approche, nous avons utilisé un jeu de données issu de Foursquare[2]. Il contient 342850 checkins. Après avoir conservé uniquement les utilisateurs et les POIs qui avaient au minimum 5 checkins, il restait 194108 checkins faits par 2321 utilisateurs entre 5596 POIs. Nous avons vérifié que l'accessibilité (définie plus haut) ne dépendait pas exclusivement de la distance. Nous avons représenté sur la figure 1 la probabilité de transition en fonction de la distance. Nous observons que le jeu de données contient des déplacements très probables et pourtant très éloignés géographiquement, et inversement. La densité de déplacements effectués dans un voisinage fixe et pourtant peu probables et représentée sur la figure 2. Nous observons une majorité de POIs très peu accessibles, et une proportion non négligeable de POIs très accessibles.

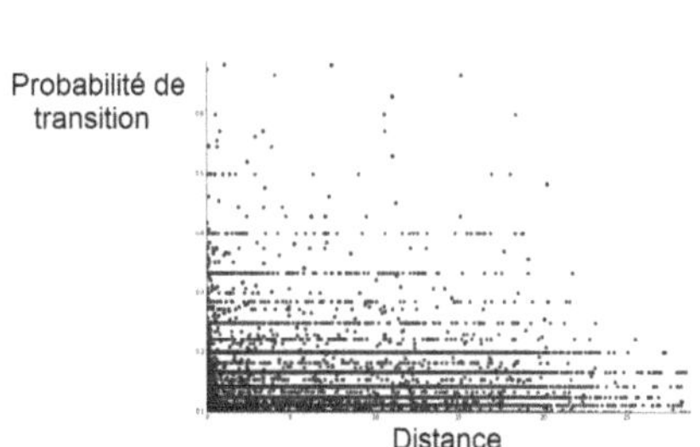

FIG. 1: Probabilité de transition en fonction de la distance associée.

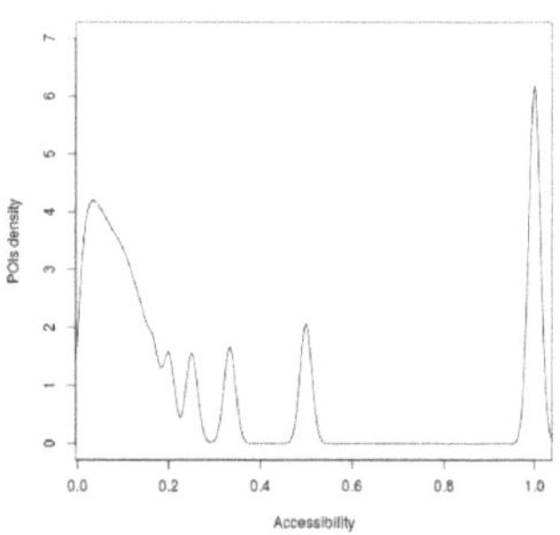

FIG. 2: Densité du nombre de POIs dans un voisinage fixe en fonction de leur accessibilité.

Résultats Après apprentissage des facteurs latents par variation d'inférence, nous avons comparé nos approches à la NMF (Lee et Seung (2001)), PMF (Salakhutdinov et Mnih (2007)) et la PF de base. La PF standard[3] a été définie dans l'équation 2. Pour

---

2. Le jeu de données est accessible à cette url : http://www3.ntu.edu.sg/home/gaocong/datacode.htm
3. Une partie du code utilisé pour nos expérimentations est accessible ici : https://github.com/ajbc/spf

mesurer la qualité des modèles que nous avons testés, nous avons utilisé la précision et le recall comme principales métriques parmi les nombreuses métriques alternatives existantes car ils sont largement utilisés dans les travaux connexes à notre approche. Nous observons que GeoSPF est le modèle qui donne les meilleurs résultats. Nous constatons une augmentation signicative de la qualité de la recommandation. En effet en se basant sur la mesure de recall@5, GeoPF améliore par rapport à la PF standard, le recall de 35% (et respectivement de 55% pour GeoSPF). Ce gain est significatif et confirme la validité de notre approche.

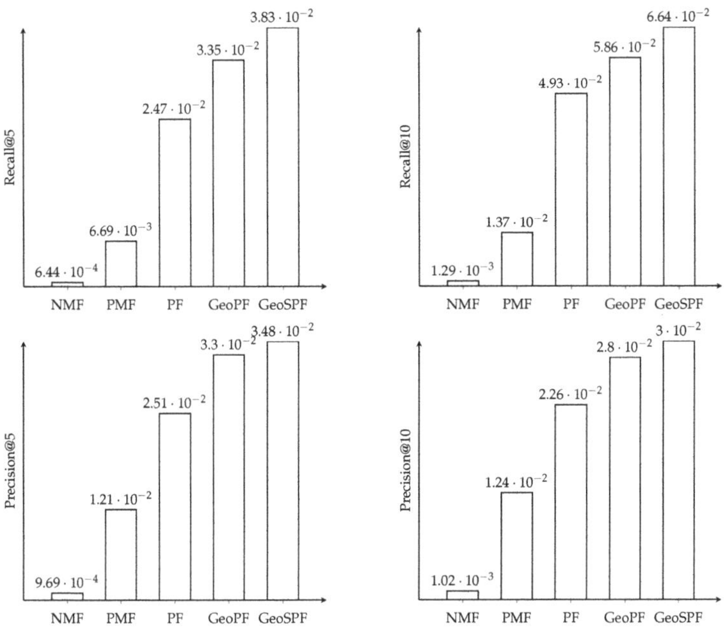

FIG. 3: Recall@K et Precision@K de différentes méthodes de factorisation sur le jeu de données de Foursquare.

5   Conclusion

La recommandation de POIs à partir des données issues des LBSNs comporte un certain nombre de spécificités qui rendent inefficaces les solutions de recommandation classiques. Dans ce premier travail sur les modèles de factorisation de Poisson, nous avons proposé une approche pour faire de la recommandation de POIs personnalisée qui puisse relever ces défis. Basés sur le concept d'accessibilité que nous avons proposé, nous avons réussi à obtenir des résultats prometteurs pour la suite. Une version plus complète de cet article est en particulier accessible librement[4]. Bien que notre approche fonctionne de façon satisfaisante sur des données issues des LBSNs, nous

---

4. Via cette url : http ://griesner.net/articles/egc17_article_long.pdf

pouvons observer qu'elle ne prend pas en compte le temps, ni davantage de variables latentes géographiques. Nous réservons donc l'intégration des influences temporelle et de la répartition des checkins dans des régions pour un travail futur.

6 Remerciements

Ce travail a été en partie financé par la Chaire de recherche de Télécom ParisTech sur le Big Data et la connaissance de marché. Pierre Dosne, ingénieur de recherche à Télécom ParisTech, nous a apporté une aide conséquente dans les expérimentations.

Références

Chaney, A. J., D. M. Blei, et T. Eliassi-Rad (2015). A probabilistic model for using social networks in personalized item recommendation. In *Proceedings of the 9th ACM Conference on Recommender Systems*, RecSys '15, New York, NY, USA, pp. 43–50. ACM.

Cheng, C., H. Yang, I. King, et M. R. Lyu. Fused matrix factorization with geographical and social influence in location-based social networks. AAAI, 2012.

Gopalan, P., J. M. Hofman, et D. M. Blei (2013). Scalable recommendation with poisson factorization. *CoRR abs/1311.1704*.

Hu, Y., Y. Koren, et C. Volinsky (2008). Collaborative filtering for implicit feedback datasets. ICDM '08.

Lee, D. D. et H. S. Seung (2001). Algorithms for non-negative matrix factorization. In T. K. Leen, T. G. Dietterich, et V. Tresp (Eds.), *Advances in Neural Information Processing Systems 13*, pp. 556–562. MIT Press.

Salakhutdinov, R. et A. Mnih (2007). Probabilistic matrix factorization. In J. C. Platt, D. Koller, Y. Singer, et S. T. Roweis (Eds.), *Advances in Neural Information Processing Systems 20, Canada, December 3-6, 2007*, pp. 1257–1264. Curran Associates, Inc.

Summary

The rapid growth of data volumes shared on location-based social networks (LBSN) enables the extraction of users' preferences. Then those preferences can be used to recommend to the user a list of points-of-interest matching his profile. Today the recommendation of points-of-interest has become an essential component of LBSN. Unfortunately traditional recommendation methods fail to adapt to the specific constraints of LBSN such as the high sparsity of the data, or to take into account the geographical influence. In this paper we present a model of recommendation based on the Poisson factorization that offers an effective solution to these constraints. We have tested our model through experiments on a realistic data set from the LBSN Foursquare. These experiences have enabled us to demonstrate a better recommendation than 3 models of state-of-the art.

Evolution temporelle de communautés représentatives : mesures et visualisation

Haolin Ren*, Marie-Luce Viaud*, Guy Mélançon**

*INA, 4 avenue de l'Europe Bry/Marne
{hren,mlviaud}@ina.fr
**CNRS UMR 5800 LaBRI, Université de Bordeaux
Guy.Melancon@u-bordeaux.fr

Résumé. La problématique de ce papier est d'identifier dans un graphe dynamique les communautés les plus représentatives sur une période donnée, de mesurer leur stabilité, et d'en visualiser les évolutions majeures. Notre cas d'usage concerne l'étude de la visibilité médiatique des communautés et des individus grâce aux données relatives aux émissions télévisuelles et radiophoniques entre 2011 et 2015. A partir d'une détection de communautés sur l'intégralité de la période, nous proposons des mesures de stabilité et d'activité des communautés et proposons une visualisation de leur évolution temporelle.

1   Introduction

La présence médiatique d'une personnalité ou d'un groupe de personnalités dans les média "main stream" participe de la vie sociale et politique d'un pays. Dans le cadre de l'analyse des médias entreprise par l'INA avec le projet OTMedia [1], nous nous intéressons à la présence médiatique des personnalités à la radio et à la télévision. Nous voulons détecter et visualiser les communautés disposant d'une grande visibilité ainsi que les principaux *événements* qui les affectent. Ces *événements* incluent : l'apparition ou la disparition d'une communauté ou les éléments qui la quittent ou qui la rejoignent. La visibilité médiatique est par essence réactive car elle dépend des événements médiatiques (élections, sorties de livre, faits d'actualités, ...). Mais l'hypothèse des experts des médias est qu'il existe néanmoins une stabilité produite par "la machine média et ses contraintes". C'est à l'observation de ce phénomène qu'il s'agit d'apporter un appui, afin de mieux l'étudier.

Les données disponibles pour cette étude sont des données structurées sur 4 ans (2011-2015), et rassemble 490000 émissions. Nous considérerons dans cet article le graphe formé des liens entre *invités* et *émissions* (dérivé à partir du graphe d'origine, voir figure). Deux invités sont liés l'un à l'autre s'ils ont participé à au moins une même émission, les liens entre invités emportant avec eux les attributs de *date* des liens d'origine afin de pouvoir tenir compte du temps et de la fréquence de co-apparition dans les émissions.

Les travaux relatifs aux graphes temporels se scindent en 3 méthodologies principales. Les méthodes qui cherchent à coupler des communautés obtenues sur des graphes statiques représentant des temps précis ou des tranches de temps (D. Greene, 2010) (M. Oliveira, 2010),

---

1. Voir `http://www.otmedia.fr/`

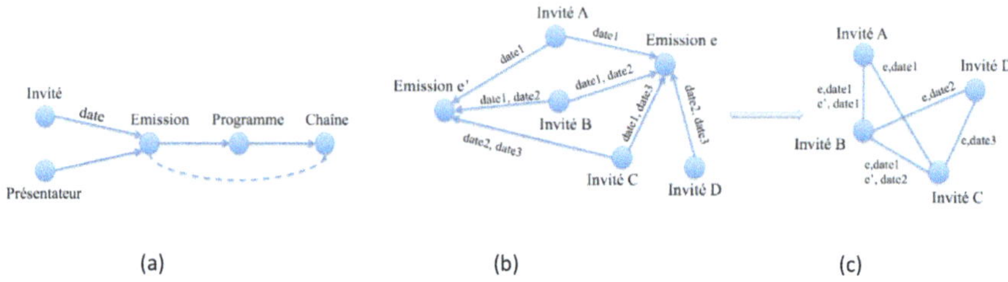

les méthodes qui utilisent l'information temporelle pour effectuer une meilleure détection des communautés (disparition, apparition de nœuds et d'arêtes) (Lin et al., 2008) (Tantipathana-nandh et Berger-Wolf, 2011) et les algorithmes itératifs, adaptés aux données qui évoluent en temps réel (Falkowski, 2009).

2   Détection de communautés : quelques définitions

2.1   Graphe des participants : définitions

Soit $G = (V, E)$, où V est l'ensemble des participants aux émissions radiophoniques et télévisuels ; une émission se déroule à une date donnée et connue. Désignons par S l'ensemble des émissions. On définit une propriété $\sigma : V \to \mathcal{P}(S)$ qui associe à $v \in V$ l'ensemble $\sigma(v) \subset S$ émissions accueillant l'invité $v \in V$. L'ensemble des arêtes du graphe G est défini en posant :

$$e = (v, v') \in E \iff \sigma(v) \cap \sigma(v') \neq \emptyset$$

On étend alors naturellement la propriété σ sur les arêtes en posant $\sigma(e) = \sigma(v) \cap \sigma(v')$. On associe aussi à une arête $e \in E$ sa *force* $|\sigma(e)|$ (voir prochaine section).

Donné deux dates $t_i < t_j$, on définit le graphe $G_{t_i, t_j}(V', E')$ induit de G à partir des invités $v \in V$ ayant participé à une émission se déroulant pendant la période $[t_i, t_j]$.

2.2   Squelette et communautés du graphe G des participants

La densité du graphe G est telle qu'il est difficile d'en produire un dessin lisible Pour le manipuler, en isoler des communautés, et le visualiser, il est d'abord crucial d'en simplifier la structure. Cette simplification, afin d'être interprétable, doit toutefois préserver un "squelette" du graphe G ; c'est précisément ce que fait l'approche de (Nick et al., 2013). En deux mots, cette approche propose de filtrer les arêtes en associant deux critères, un critère de force global et un critère de voisinage local. La force d'une arête $e \in E$ est $|\sigma(e)|$: deux invités sont liés plus fortement s'ils ont co-participé à un plus grands nombres d'émissions. Deux indivdus, liés par une arête "forte" restent liés dans le graphe filtré dès qu'ils partagent une partie suffisamment grande de leur voisinage "fort". Le filtrage fait intervenir 2 paramètres m et n, contraignant plus ou moins fortement le voisinage commun. Fixés empiriquement, m et n jouent sur l'amplitude du filtrage sans bouleverser les communautés comme le montre la figure 1.

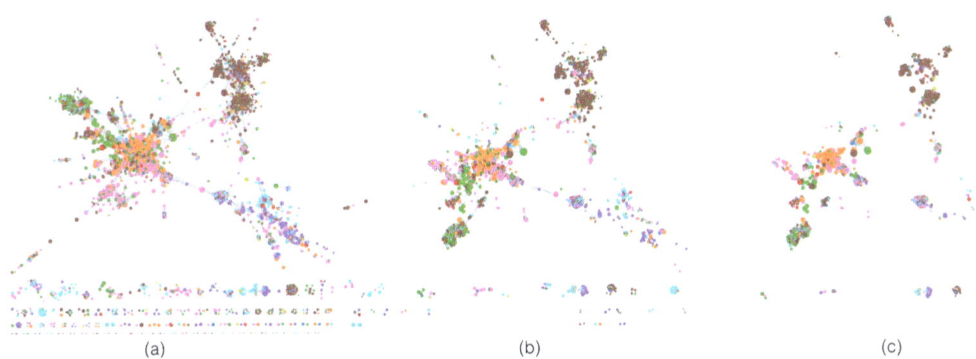

FIG. 1 – *Filtrage effectué par l'algorithme de (Nick et al., 2013) avec des valeurs différentes de m et n (a) m = 6, n = 24, 3815 noeuds, 61753 arêtes (b) m = 8, n = 18, 2580 noeuds, 42030 arêtes (c) m = 9, n = 16, 1775 noeuds, 22385 arêtes. Les communautés sont plus ou moins importantes mais stables*

Le squelette ainsi calculé G^s capture les zones du graphe les plus denses en terme d'émissions mutuellement partagées, et arrive ainsi à exhiber la structure petit monde du graphe. Ensuite, les communautés sont détectées sur G^s à l'aide de l'algorithme de Louvain (Blondel et al., 2008). Par définition, les communautés détectées par l'algorithme de Louvain forment une partition $\mathbf{C} = \{C_1, C_2, \ldots, C_k\}$

3   Mesures de stabilité et d'activité d'une communauté

Les émissions représentent un signal discret contrairement à une relation entre deux personnes (cas des graphes sociaux). Aussi, la continuité d'une relation ne peut-elle s'exprimer que sur un intervalle de temps. C'est pourquoi nous élaborons deux mesures qui nous permettent de définir les notions d'activité et de stabilité d'une communauté sur un intervalle de temps.

3.1   Mesure d'activité d'une communauté

Nous allons définir l'*indice d'activité* d'une communauté C_p, noté $I_{ac}(C_p)$ ou plus simplement I_{ac}, variant dans $[-1, -1]$. L'ensemble C_p étant fixé, nous n'allons considérer sur une intervalle de temps $[t_i, t_j]$ que les arêtes faisant apparaître une émission se déroulant pendant la période $[t_i, t_j]$. Cet indice mesure combien les membres d'une communauté sont prioritairement liés les uns aux autres sur l'intervalle de temps $[t_i, t_j]$ ou, au contraire, combien l'activité de la communauté est tournée vers l'extérieur (impliquant des invités qui ne sont pas dans C_p).

Sur l'intervalle $[t_i, t_j]$, nous considérons le sous graphe de G_{t_i,t_j} *engendré* par C_p et noté $G_{p,[t_i,t_j]} = (V_p, E_p)$. Pour rappel, le graphe $G_{p,[t_i,t_j]}$ est le plus petit graphe contenant toutes les arêtes incidentes à au moins un sommet de C_p ; par conséquent on a $C_p \subset V_p$.

Soit E_{int} l'ensemble des arêtes *internes* (à C_p), $e = (v, v') \in E_p$, qui sont telles que v, $v' \in C_p$ et E_{ext} ; de manière similaire, on définit l'ensemble des arêtes *externes*, qui sont telles que $e \notin E_{int}$ (c'est-à-dire les arêtes dont l'une des extrémités est dans $V_p \setminus C_p$).

Soit $F = \bigcup_{e \in E_p} \sigma(e)$ l'ensemble des émissions f apparaissant sur les arêtes de $G_{p,[t_i,t_j]}$. Désignons par F_{int} l'ensemble des émissions *internes*, en posant $F_{int} = \bigcup_{e \in E_{int}} \sigma(e)$; on définit aussi l'ensemble des émissions *externes* $F_{ext} = F - F_{int}$. L'indice I_{ac} est définie par :

$$I_{ac} = \frac{\sum_{e \in E_{int}} |\sigma(e)| - \sum_{e \in E_{ext}} \sum_{f \in F_{ext}} 1}{\sum_{e \in E} |\sigma(e)|}$$

Nous noterons que les émissions portées à la fois par des arêtes internes et externes, correspondant à des activités regroupant des invités de la communauté et de l'extérieur n'interviennent qu'au dénominateur pour faire baisser la valeur de l'indice. La formulation adoptée ici admet diverses variantes ; après expérimentation, la formulation arrêtée nous est apparue être la plus discriminante.

3.2 Mesure de stabilité d'une communauté

Le degré pondéré d'un individu $u \in C_p$ est défini par $d_u = \sum_{v \in N_{[t_i,t_j]}(u)} |\sigma(u,v)|$, où $N_{[t_i,t_j]}(u)$ désigne le voisinage de u dans $G_{[t_i,t_j]}$. On définit aussi $d_{u,C_k} = \sum_{v \in N_{[t_i,t_j],C_k}(u)} |\sigma(u,v)|$ où $N_{[t_i,t_j],C_k}(u) = N_{[t_i,t_j]}(u) \cap C_k$ désigne l'ensemble des voisins de u qui sont dans C_k. On peut définir par extension le degré pondéré d'une communauté $C_{p,[t_i,t_j]}$ en posant $d_{C_p} = \sum_{u \in C_p} d_u$, et $d_{C_p,C_k} = \sum_{u \in C_p} d_{u,C_k}$.

Le coefficient de participation du sommet u, par rapport aux communautés $(C_1, C_2, \ldots)$ est défini par (Guimerà et al., 2005) :

$$p(u) = 1 - \sum_k \left(\frac{d_{u,C_k}}{d_u}\right)^2 \tag{1}$$

Dans l'équation (1), la somme inclut la communauté C_p auquel u appartient. Lorsque u n'est connecté qu'à des sommets de sa communauté C_p, on a $p(u) = 0$. Le coefficient $p(u)$ croît et approche 1 avec la diversité des connections de u. On étend le coefficient de participation aux communautés C_p en posant :

$$p(C_p) = 1 - \sum_k \left(\frac{d_{C_p,C_k}}{d_{C_p}}\right)^2 \tag{2}$$

Le coefficient de participation d'une communauté témoigne de l'*homogénéité* des interactions entre les invités qui la forment avec les invités des autres communautés, sur l'intervalle de temps $[t_i, t_j]$ considéré. Une valeur de 0 témoigne d'une activité de la communauté totalement refermée sur une communauté ; une valeur approchant 1 témoigne, d'une certaine manière, d'un groupe d'invité s'étant retrouvé en interaction de manière quasiment fortuite sur la période.

4   Animation, Exploration et Analyse des données

Les mesures d'activité et les coefficients de participation sont calculées à la volée pour des graphes temporels $G_{[t_i, t_j]}$, selon une fenêtre de temps $[t_i, t_j]$ glissante.

L'interactivité permet à l'utilisateur de sélectionner une communauté en cliquant sur l'un de ses membres ou au lasso ; la sélection est matérialisée par une enveloppe convexe permettant de visualiser le contour de la communauté et donnant un retour sur ses indices de stabilité et d'activité communautaire.

Plus la valeur d'activité est proche de 1 plus la teinte associée dont est intense. elle devient grise lorsque la valeur est négative.

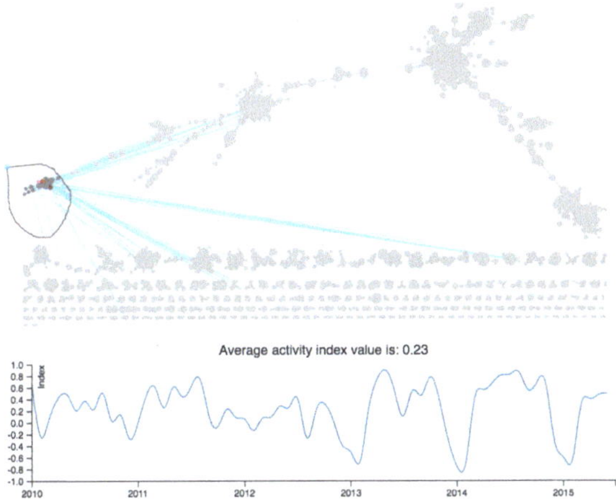

FIG. 2 – *Si l'utilisateur sélectionne une communauté,la courbe d'activité communautaire apparaît. Cette communauté partage bien des activités sur les années 2011, 2013 et 2014 mais moins sur 2012. Les arêtes en bleu sont les arêtes de G filtrées par l'algorithme* **??** *et réintégrées pour observer avec quelles communautés ce groupe interagit*

Le scénario d'exploration de l'expert vise à déterminer, pour un individu u, quelle communauté C_i lui donne la visibilité la plus forte et sur quel intervalle de temps $[t_i, t_j]$. Une animation est réalisée avec le déplacement continu de la fenêtre de temps sur l'axe temporel. Si la communauté C_p dans laquelle se trouve u dans l'intervalle considéré est différente celle où il se trouvait dans l'intervalle précédent alors alors u migre vers cette nouvelle communauté.

Sans surprise, les communautés les plus actives sont les "communautés centrales", celles qui émergent de la composante connexe la plus importante de G et qui rassemblent surtout des personnalités politiques. Ce sont aussi celles qui présentent le plus de diversité en terme de programmes. Lorsqu'on la considère sur l'intégralité de la période 2011-2015, cette composante connexe montre une grande stabilité et possède un coefficient de participation approchant 1.

L'animation montre que les trajectoires de migration des sommets sont le plus souvent des trajectoires qui relient toutes les communautés aux communautés centrales, quelle que soit la granularité de l'intervalle choisi. Nous observons fréquemment des phénomènes d'oscillation sur ces trajectoires.

5   Conclusion et Perspectives

Ce travail constitue les prémisses d'un outil d'analyse de la visibilité médiatique des individus et des communautés. En l'état, la méthodologie (indicateurs et visualisation) intéresse déjà les chercheurs en sciences politiques et infocom avec qui nous collaborons, et auprès de qui nous validons nos choix de conception (indicateurs calculés, représentations des réseaux et communautés, variables visuelles, interactions).

Il apparait utile de revenir sur la méthode de filtrage du graphe de départ qui repose pour l'heure sur l'approche de (Nick et al., 2013). A l'inverse de ce qui est fait ici, il serait intéressant de détecter les communautés de faible stabilité, sans être trop instable, pour lesquelles nos premières expérimentations montrent des phénomènes d'oscillation. Si ces mouvements s'avèrent pérennes dans le temps, alors une évolution plus classique d'apparition, disparition, séparation ou combinaison des communautés serait plus riche en terme de perception.

Références

Blondel, V. D., J.-L. Guillaume, R. Lambiotte, et E. Lefebvre (2008). Fast unfolding of communities in large networks. *Journal of Statistical Mechanics : Theory and Experiment*, P10008.

D. Greene, D. D. (2010). Tracking the evolution of communities in dynamic social networks. pp. 1–13.

Falkowski, T. (2009). *Community analysis in dynamic social networks*. Sierke.

Guimerà, R., S. Mossa, A. Turtschi, et L. A. N. Amaral (2005). The worldwide air transportation network : anomalous centrality, community structure, and cities' global roles. *Proceedings of the National Academy of Sciences of the United States of America 102*(22), 7794–7799.

Lin, Y.-R., Y. Chi, S. Zhu, et H. Sundaram (2008). Facetnet : a framework for analyzing communities and their evolutions in dynamic networks. pp. 685–694.

M. Oliveira, J. G. (2010). Bipartite graphs for monitoring clusters transitions. pp. 114–124.

Nick, B., C. Lee, P. Cunningham, et U. Brandes (2013). Simmelian backbones : Amplifying hidden homophily in facebook networks. In *Advances in Social Network Analysis and Mining (ASONAM)*, pp. 525–532.

Tantipathananandh, C. et T. Y. Berger-Wolf (2011). Finding communities in dynamic social networks. In *2011 IEEE 11th International Conference on Data Mining*, pp. 1236–1241. IEEE.

Summary

The identification of communities in graphs has been largely addressed in the literature, although the case of dynamic graphs still remains open. This article proposes an approach to compute representative communities in dynamic graphs, measure their stability and level of activity, and visualize their evolution over time.

Conception d'un modèle généraliste pour l'évaluation d'un test A/B

Emmanuelle Claeys*, Pierre Gançarski *
Myriam Maumy-Bertrand** Hubert Wassner***

*ICube – Université de Strasbourg – 67412 – Illkirch – France
{claeys, gançarski}@unistra.fr
**IRMA – Université de Strasbourg – 67084 – Strasbourg – France
mmaumy@math.unistra.fr
***Entreprise AB Tasty – 3 Impasse de la Planchette – 75003 – Paris – France
hubert@abtasty.com

1   La problématique d'un test A/B

Un test *A/B* (ou A/B *testing* [1]), consiste à créer plusieurs versions d'un même objet, dans le but de vérifier une hypothèse marketing. Par exemple, il s'agit de tester auprès d'un échantillon d'internautes, nommés visiteurs, durant une période donnée, différentes variations (générale-ment deux) d'une même page web (nommées variation *A* et variation *B*) proposées par un e-commerçant. Le but est d'identifier celle qui donne les meilleurs résultats par rapport à un objectif fixé par l'e-commerçant en amont du test. Une contrainte commune, lors d'un test *A/B*, est que lorsqu'un visiteur est affecté à une variation, elle lui est affectée pour toute la durée de sa visite, jusqu'à la fin du test. Il est donc impossible de connaître de façon sure le comporte-ment qu'il aurait eu sur l'autre variation. De plus, les visiteurs testés sur la variation *A* étant différents de ceux testés sur la variation *B*, il est nécessaire de définir un moyen de comparer leurs comportements respectifs. Le site étant généralement en production, il est intéressant de garder un compromis entre l'exploration (évaluer les différentes variations) et l'exploitation du test (favoriser la variation avec les meilleurs résultats). Sachant qu'il est impossible de modifier la variation appliquée à un visiteur, il est nécessaire d'affecter au mieux à un nouveau visiteur, la version *A* ou *B* du test.

2   Modélisation et approche multi-contextes

Plusieurs verrous majeurs sont à lever : le modèle décisionnel doit prendre en compte la performance et la pertinence de ses choix. Il devra adapter ses choix en fonction du type de visiteurs et du contexte du test. Le modèle devra être également capable d'apprendre de ses succès/erreurs et de s'auto-corriger.

---

1. Le terme *A/B* étant un terme générique pour qualifier tout type de tests

Enfin, ce modèle doit être suffisamment générique pour pouvoir être utilisé dans différentes configurations : type de e-commerce, type de tests réalisés, période de test, etc.

Actuellement, lorsqu'un e-commerçant souhaite réaliser sur le site un test *A/B*, il fait appel à un expert chargé d'examiner son site. Ce dernier étudie le trafic, les types de transactions réalisées, et lui demande de choisir ce qu'il souhaite comparer. Avec l'aide de l'expert, l'e-commerçant choisit de modifier un élément de sa page puis débute le test.

L'objectif de nos travaux est de proposer une méthodologie en quatre étapes permettant d'automatiser au mieux ce processus de mise en oeuvre d'un test *A/B* [2].

Dans une première étape, l'e-commerçant va être classé automatiquement dans une catégorie de commerces. Classer l'e-commerçant permet de partir avec un *a priori* lors de l'analyse. Une fois que l'e-commerçant est classé, dans une deuxième étape, la variation que l'e-commerçant souhaite appliquer par rapport à sa page originale doit être étudiée. De même que pour la classification des e-commerçants, une classification des tests permettra, en fonction des objectifs, de mieux anticiper l'impact d'une variation et la durée qu'il faudrait allouer au test.

Dans une troisième étape, des groupes de visiteurs vont être créés à partir du trafic sur le site. Les visiteurs testés sur la variation *A* étant différents de ceux testés sur la variation *B*, nous proposons de trouver des visiteurs aux caractéristiques similaires et de comparer leurs comportements après avoir été soumis au test. De plus, si une variation peut être optimale pour la majorité des visiteurs, il est plus intéressant pour un e-commerçant d'observer pour quelle catégorie de visiteurs cette variation est optimale/sous-optimale. Anticiper le comportement de nos visiteurs nous permet d'explorer la variation *A* avant même d'avoir commencé le test (et ainsi anticiper le gain de la variation *A*). Le test identifie alors plus rapidement la variation "gagnante" pour chaque clusters de visiteurs.

Lors de la dernière étape, correspondant au test lui-même, pour un cluster de visiteurs choisi, la régression permettra de comparer les résultats de la variation *B* avec l'originale *A*. Elle est réalisée pour chaque segment (cluster) de visiteurs ce qui permettra de détecter éventuellement une différence de résultats importante entre *A* et *B* pour un segment de visiteurs particuliers ou au contraire, de ne pas constater de différences significatives et de continuer l'exploration. Lorsque l'écart moyen entre la courbe de la variation *A* et de la variation *B* dépasse un certain seuil donné, le modèle décidera alors d'allouer exclusivement *A* ou *B*.

3   Conclusion

Dans nos expériences, nous avons réalisé une classification ascendante hiérarchique pour évaluer la similarité entre le trafic des e-commerces. Nous avons ainsi pu construire des groupes d'e-commerçants similaires, dans le but d'identifier différents comportements de visiteurs. Nous avons également extrait les mots clefs associés aux pages qu'a parcouru un visiteur sur le site avant d'arriver sur la page test. Cette expérience a pour but d'enrichir les informations d'un visiteur pour améliorer la qualité de nos clusters. Pour conclure, l'objectif de cette méthode, pour l'amélioration d'un test *A/B* par rapport aux techniques existantes, est de proposer une allocation de variation basé sur la classification des e-commerçants, de celle des tests et enfin de celle des visiteurs.

---

2. Il appartiendra au e-commerçant, à la suite du test, de faire un affichage personnalisé définitif à ses visiteurs, si le test est significatif, pour un ou plusieurs segments

Vers un échantillonnage de flux de données transformé

Olivier Parisot, Thomas Tamisier

Luxembourg Institute of Science and Technology, Belvaux, Luxembourg
olivier.parisot@list.lu

De nombreuses techniques ont été mises au point récemment afin d'extraire des modèles prédictifs depuis des flux de données (Nguyen et al., 2015). Dans ce domaine, le calcul de l'exactitude des résultats est crucial pour évaluer la performance des modèles obtenus. Avec des flux potentiellement infinis, il faut donc maintenir un échantillonnage, ce dernier étant utilisé – à intervalle régulier ou à la demande – pour calculer le taux d'erreur courant sur un ensemble représentatif du flux (par ex., un mélange bien balancé entre éléments récents/anciens).

Dans ce papier, nous appliquons l'échantillonnage durant l'entraînement d'un modèle prédictif et nous le transformons afin de générer à la demande un arbre de décision simplifié montrant quand ce modèle se trompe. Pour se faire, notre méthode se décline de manière classsique en une phase *online* et en une phase *offline* (Fig. 1).

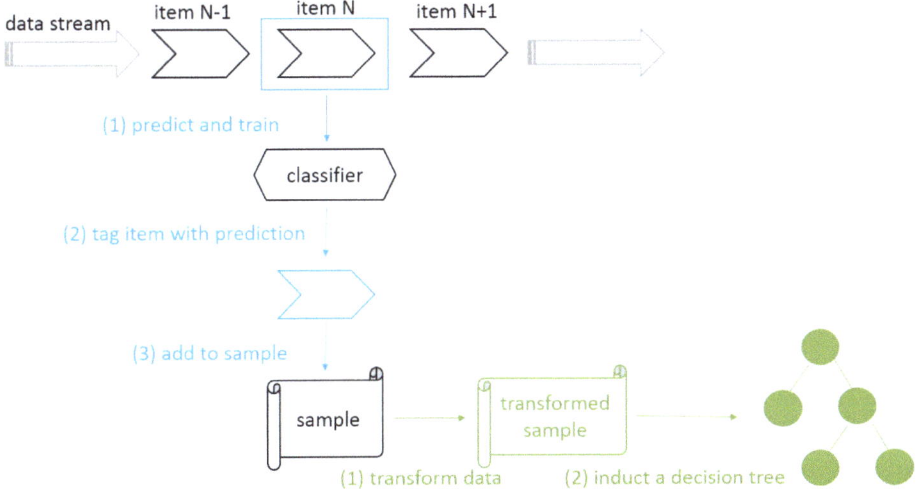

FIG. 1 – *Approche pour créer à la demande un arbre de décision montrant les erreurs d'un modèle de prédiction entraîné sur un flux (phase online en bleue, phase offline en vert).*

Durant la phase *online*, chaque élément du flux est analysé : il est évalué par le modèle prédictif en cours, tagué en fonction de la justesse de la prédiction (*'bien classé / mal classé'*), puis inséré dans un échantillonnage (de type réservoir, par exemple – Vitter (1985)).

Durant la phase *offline*, l'échantillonnage en cours est utilisé pour créer un arbre de décision (la classe de cet arbre étant l'attribut *'bien classé / mal classé'*). Ainsi nous obtenons un arbre qui explique quand les éléments ont été bien prédits par le modèle. L'arbre généré pouvant être grand et donc dfficilement interprétable (Luštrek et al., 2016), nous avons appliqué une phase intermédiaire de transformation de l'échantillonnage afin de le simplifier (i.e. réduire la taille). Pour se faire, nous avons adapté et intégré un algorithme génétique permettant de déterminer une séquence d'opérations pour modifier les données (normalisation, discrétisation, fusion de champs, etc.) (Parisot et al., 2014). Cet algorithme, initialement utilisé pour réduire les arbres de régression, est exécuté durant la phase *offline* et donc ne pénalise pas l'analyse *online*.

Nous avons développé un prototype Java basé sur Weka et MOA (Bifet, 2015), et nous avons utilisé : *a*) VFDT comme algorithme d'apprentissage de modèle prédictif (Hulten et al., 2001), *b*) l'échantillonnage par réservoir pour stocker les prédictions récentes (Vitter, 1985). *c*) J48 pour générer l'arbre à la demande depuis l'échantillonnage courant.

Par exemple, l'approche a été appliquée pour créer un modèle prédictif à partir du volumineux jeu de données artificiel *CovPokElec* (73 attributs, 1455525 éléments, classe avec 10 valeurs possibles). Pendant l'analyse (540000ème élément, plus précisément), pour un échantillonnage de type réservoir de taille 500, nous avons constaté que le taux d'erreur du modèle est de 32 %. A cet instant, pour observer quand les prédictions sont bonnes ou mauvaises, cet échantillonnage est transformé avec notre adaptation de l'algorithme génétique proposé par (Parisot et al., 2014) en vue d'obtenir un arbre simplifié (au format textuel Weka) :

```
Soil_Type40==0
| Soil_Type39==0
| | Soil_Type24==0: GOOD PREDICTION
| | Soil_Type24==1: BAD PREDICTION
| Soil_Type39==1: BAD PREDICTION
Soil_Type40==1: BAD PREDICTION
```

Lors de nos futurs travaux, nous améliorerons notre solution pour gérer les cas où les arbres compactés ont encore un nombre de noeuds importants (ex : 50,100), en ayant recours à des techniques de visualisation plus adaptées (Luštrek et al., 2016).

Références

Bifet, A. (2015). Real-time big data stream analytics. In *2nd Annual International Symposium on Information Management and Big Data*, pp. 13.

Hulten, G., L. Spencer, et P. Domingos (2001). Mining time-changing data streams. In *ACM SIGKDD 2001*, pp. 97–106. ACM.

Luštrek, M., M. Gams, S. Martinčić-Ipšić, et al. (2016). What makes classification trees comprehensible ? *Expert Systems with Applications 62*, 333–346.

Nguyen, H.-L., Y.-K. Woon, et W.-K. Ng (2015). A survey on data stream clustering and classification. *Knowledge and information systems 45*(3), 535–569.

Parisot, O., Y. Didry, et T. Tamisier (2014). Data wrangling : A decisive step for compact regression trees. In *CDVE 2014*, pp. 60–63. Springer.

Vitter, J. S. (1985). Random sampling with a reservoir. *ACM Trans. Math. Softw. 11*(1), 37–57.

Extraction et chaînage supervisés de connaissances d'un corpus d'entretiens en histoire des sciences

Benjamin Hervy**, Matthieu Quantin*,***, Pierre Teissier***

*École Centrale de Nantes, IRCCyN UMR CNRS 6597
prenom.nom@irccyn.ec-nantes.fr
**Université d'Angers, CERHIO UMR CNRS 6258
prenom.nom@univ-angers.fr
***Université de Nantes, Centre François Viète EA 1161
prenom.nom@univ-nantes.fr

1   Introduction

Les données des sciences de l'homme forment souvent des corpus de textes, qui sont hétérogènes par leurs forme et contenus ; spécifiques par leurs terminologie et signification. À partir d'un corpus d'entretiens en histoire des sciences, nous présentons une méthode supervisée générant un réseau de documents liés par leurs proximités de contenus. Il s'agit d'un graphe multiple flou, basé sur l'extraction de *n-grams* à taille variable.

1.1   Présentation du corpus

Le corpus est formé par la retranscription de 37 entretiens de chercheurs racontant leur carrière parfois depuis les années 1940. Le corpus global contient 293k mots et a été étudié manuellement (thèse, articles, livres) par Teissier (2007). Il entrecroise ainsi des questions techniques (recherche), des énoncés relationnels et affectifs (interpersonnels) et des positionnements identitaires (discipline, génération, genre, etc.).

1.2   Objectifs et hypothèses

L'approche proposée vise à mettre en évidence de nouveaux éléments de réflexion pour l'historien via la création d'un graphe de co-occurrences d'expressions entre documents.

Nous faisons l'hypothèse qu'il est préférable que l'automatisation génère des inférences bas-niveau s'articulant avec des inférences (manuelles) qualitatives haut-niveau de l'historien. L'objectif de la méthode proposée est de favoriser cette articulation pour saisir les structures et les dynamiques de communautés scientifiques.

L'hyper-spécialisation du corpus étudié participe de la richesse de l'analyse historique. La méthode numérique devra préserver cette richesse terminologique. Les connaissances extraites sont issues du corpus ou des choix de l'historien et non d'un modèle défini *a priori*. Dans cette optique, nous favorisons le *rappel* à la *précision* en produisant des indicateurs pour la supervision de l'historien.

2 Méthode d'analyse

2.1 Extraction de *multi-word expression* (MWE)

L'extraction se base sur l'algorithme ANA (Enguehard et Pantera, 1995) pour construire des MWE à partir des termes du corpus sans entraînement ni pré-traitement. Exemples de termes extraits : "Bronzes de vanadium", "Microscopie électronique à transmission à haute résolution".

2.2 Création des liens du graphe

Un arc pondéré est généré par chaque co-occurrence de MWE entre deux documents. Le calcul du poids d'un arc est basé sur :

1. le calcul du poids des MWE, adaptation d'**idf** (Salton et al., 1973) avec cosinus pour créer un effet de seuil : $poids = \left(\cos \frac{2-in\_docs}{nb\_docs}\right)^{factor_1}$ Ici, $factor_1 = 100$ empiriquement. $nb\_docs = 37$. in_docs : nombre de documents où la MWE apparaît.

2. le calcul de la proximité entre deux documents sur une MWE, adaptation de **tf** (Salton et al., 1973). Le minimum d'occurrences favorise l'équi-répartition des termes entre deux documents : $proximite = log_{10}((O_{p_1}^{t_i} + O_{p_2}^{t_i}) \times min(O_{p_1}^{t_i}, O_{p_2}^{t_i})^{factor_2})$ Ici, $factor_2 = 3$ et $O_{p_j}^{t_i}$: nombre d'occurrences du MWE t_i dans le document p_j.

La pondération de l'arc est obtenue par $poids \times proximite$ normalisée entre 0 et 1.

3 Conclusion et perspectives

Les résultats de la méthode numérique trouvent une répercussion dans l'état des connaissances de l'historien. Au delà d'illustrer des connaissances existantes, un "dialogue" heuristique s'instaure entre historien et analyse numérique. Premièrement, l'interprétation de relations "surprenantes" permet de braquer le regard sur un angle mort ou d'ouvrir une voie non explorée. Deuxièmement, le tracé de représentations numériques initié par des questionnements historiques met en évidence des réseaux de nœuds et des clusters inédits, qui peuvent renouveler les interprétations historiques ou, au contraire, s'avérer dénuées de sens.

Références

Enguehard, C. et L. Pantera (1995). Automatic natural acquisition of a terminology. *Journal of quantitative linguistics 2*(1).

Salton, G., C. S. Yang, et C. T. Yu (1973). Contribution to the Theory of Indexing. Technical report, Department of computer science, Cornell University, Ithaca, NY, USA.

Teissier, P. (2007). *L'émergence de la chimie du solide en France (1950-2000) : de la formation d'une communauté à sa dispersion.* Ph. D. thesis, Université Paris Ouest Nanterre.

Machine Learning Based Classification of Android Apps through Text Features

Mohamed Guendouz*, Abdelmalek Amine*
Reda Mohamed Hamou*

*GeCoDe Laboratory, Tahar Moulay University of Saida. Saida, Algeria
adresse@email,
http://www.une-page.html

1   Introduction

This paper deals with the problem of Android mobile apps classification using machine learning and text mining methods. Our approach consists in applying some machine learning methods on text characteristics that are extracted from app's description on Google Play Store.

Our proposed approach consists of two main phases. First we collect information about apps from the Google Play store using a web crawler. Then we extract some text information from this data. In our case, for each app we have extracted its description and its category. Second, we train different classifiers, this step involves pre-processing the text which includes removing URLs and digits, tokenization, and calculating TF*IDF to transfer text to a numeric vector which can be used as input for classifiers. Finally, to evaluate performance of our system, we have conducted various experiments on three real datasets using different evaluation metrics. Figure 1 illustrates the architecture of our app classification framework.

Finally, we evaluate our approach on three real datasets, obtained results shows that the use of text features in classifying Android apps can performs well.

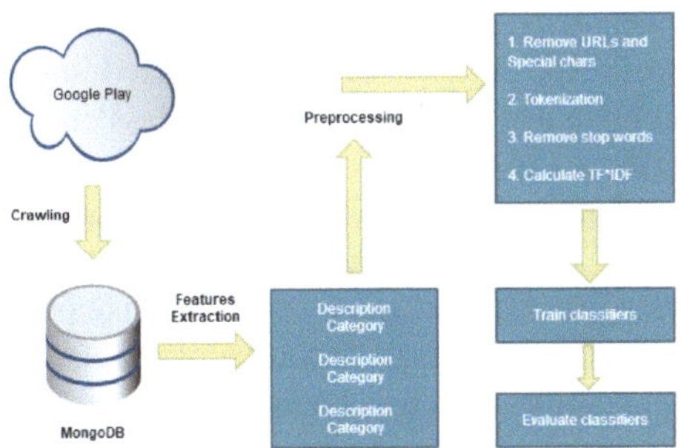

FIG. 1 – *Architecture of the proposed framework*

2   Experimental Results

Since there are not any standard dataset or benchmark for this type of studies, we had to create our own dataset. We collected metadata of free Android Apps from the Google Play store, this task was done automatically using a web crawler developed specially for this. A total of 7893 Android Apps were collected categorized in 4534 Apps and 3305 Games.

We devised our dataset into three other dataset which are : General dataset which contains all Apps classified in two classes : App and Game. Apps dataset which contains only Apps classified in nine classes : COMMUNICATION, EDUCATION, ENTERTAINMENT, MEDIA AND VIDEO, MEDICAL, PHOTOGRAPHY, SOCIAL, TOOLS, WEATHER. Games datast which contains only Games classified in six classes : ARCADE, EDUCATIONAL, PUZZLE, RACING, SIMULATION, SPORTS.

2.1   Evaluation Metrics

In order to evaluate performance and accuracy of our approach, we choose a good number of well-accepted evaluation metrics for classifiers including Precision, Recall, F-Measure, TPR (true positive rate), FPR (false positive rate). In the experiments we utilize ten-fold cross validation to evaluate each classifier.

2.2   Results and Analysis

In this subsection, we analyze results obtained from experiments, we first evaluate classifiers on the first dataset which contains all applications categorized only in two classes : Apps and Games, this means a binary-class classification, we evaluate performance of different classifiers like : Naive Bayse, SVM, RandomForest.

The result shows that the Random Forest algorithm performed better than all other algorithms, the best result of F-Measure is 0.971 obtained from Random Forest algorithm with 150 trees, this means that a large number of samples (97.1% approximately) have been correctly classified by our system. We also note that the SVM algorithm performs good results with a value of F-Measure equal to 0.963 and a small value of FP rate equal to 0.042, this is due to the high classification accuracy of SVM algorithm in binary class classification.

We performed a second experiment on two other real datasets, the first contains only Android Apps of type App categorized in nine categories which means nine classes, the second dataset contains only Android Apps of type Game categorized in six categories which means six classes therefore the problem is not anymore a binary class classification.

These results show that there is a decline in classifiers accuracy especially the Naive Bayes algorithm and this is due to the number of classes in each dataset and also because terms (text) used in describing these Apps are not different, for example the term "play" is used to describes games which belong to different game categories like puzzle, simulation and more, this distribution of terms over multiple classes report incorrect classification results. Although, the Random Forest algorithm performs well and better than all other algorithms and gives good classification accuracy.

Une plateforme d'analyse d'opinions en temps réel sur Twitter avec recommandation

Noureddine Azzouza*, Karima Akli-Astouati*
Samy Ait- Bachir*, Amira Oussalah*

*FEI- Département Informatique, Laboratoire RIIMA
Université de Sciences et de Technologie Houari Boumedien (USTHB)
Bab ezzouar, alger, Algérie
n_azzouza@esi.dz, kakli@usthb.dz, {samyab2, oussalah.amira}@gmail.com

1   Introduction

Le suivi des opinions propose beaucoup de défis dans le domaine du "Data Analytics ", qui est utilisée dans plusieurs domaines tel que le marketing, le "Sentiments Analysis" (Di Capua et al., 2015), ou même la détection des évènements (Gaglio et al., 2016).

Dans notre projet, il est question de suivre la propagation des opinions en temps-réel sur le réseau social Twitter, et ce en utilisant l'outil Storm de la fondation Apache, puis d'utiliser des méthodes de visualisation de données afin d'obtenir une représentation dynamique des résultats obtenus.

2   Plateforme de suivi des opinions en Temps réel

Pour la conception de notre plateforme, nous avons opté pour l'utilisation d'une approche basée dictionnaire afin de déterminer la polarité et l'intensité d'une opinion dans un tweet et pour les pré-traitements sur les textes.

2.1   Module d'acquisition des tweets

Ce module est chargé de récupérer des tweets selon des mots-clés, en continu, puis de les transmettre au reste du système. Les tweets doivent être filtrés selon le langue.

2.2   Module de pré-traitement des tweets

Ce module est précédé par une étape de tokenisation qui va séparer les tokens des émojis et émoticônes. Ensuite ce module va effectuer trois étapes dans son processus : La correction lexicale, syntaxique et la normalisation des tokens. La Correction lexicale permet de faire une correction de l'argot, remplacer les acronymes et permettre aussi de reconnaitre les expressions de langue. Dans ce module, les statuts sont étiquetés morpho-syntaxiquement. L'étiquetage permet de dissiper l'ambiguïté autour d'un terme pouvant avoir plusieurs étiquettes.

2.3 Module d'analyse des opinions

Ce module détermine la polarité et l'intensité des opinions présentent dans les tweets analysés. On commence par le calcul des valeurs des opinions véhiculées par les émojis/émoticônes qui sont considérés comme un moyen de transmettre une émotion, et donc laisser paraître des avis et des opinions. Les valeurs d'opinion de chacun des émoticônes/émojis sont récupérées à partir d'un dictionnaire. De la même façon, la valeur d'opinion des mots d'un tweet est calculée en faisant la somme des valeurs d'opinions de chacun des mots normalisés récupérés à partir d'un dictionnaire. Grâce aux étiquettes des mots, certaines ambiguïtés peuvent être levées. La valeur d'opinion finale du tweet est la moyenne des deux valeurs obtenues.

2.4 Modules de visualisation

La visualisation des données est faite via des représentations graphiques des scores calculés précédemment. Ces représentations se mettent à jour continuellement, pour refléter l'état des données en temps-réel. L'utilisateur visualise les données construites par le système grâce à des représentations graphiques dynamiques, s'adaptant avec le temps aux différentes opinions issues des tweets analysés. En effet, on peut retrouver le timeline des tweets avec polarités, une génération de listes dynamiques, un histogramme sur l'évolution du nombre de tweets et un graphe de suivi des opinions.

2.5 Modules de recommandation

Cette partie exploite les tweets collectés précédemment, et propose à l'utilisateur une courte liste de mots-clés recommandés. Ces mots-clés représentent les mots les plus employés par la twittosphère aux côtés des mots-clés de la recherche initiale. Nous avons réaliser des recommandations basant sur la fréquence des mots et sur le nombre de tweets dans lesquels ils apparaissent.

Références

S. Gaglio, G. Lo Re et M. Morana (2016). A Framework for Real-time Twitter Data Analysis. *In Journal of Computer Communications*, January 2016.

M. Di Capua, E. Di Nardo et A. Petrosino (2015). An Architecture for Sentiment Analysis in Twitter. *International Conference on E-learning*, Berlin, Germany. September 2015.

Summary

In this paper, our contribution is to achieve a platform for opinion tracking in real time about a subject or a person represented as a keyword. The results are presented in four dynamic graphic visualizations. Also, it is possible to issue positive or negative recommendations in the form of keyword list.

Cadre d'Evaluation pour la Méta Analyse de Données

William Raynaut*, Chantal Soule-Dupuy*, Nathalie Valles-Parlangeau*

*IRIT UMR 5505, UT1, UT3, Universite de Toulouse
prenom.nom@irit.fr

Disclaimer - Ce texte est un aperçu de *"Meta-Mining Evaluation Framework : A large scale proof of concept on Meta-Learning"*, accepté pour publication à AI 2016, *"29th Australasian Joint Conference on Artificial Intelligence"* (Raynaut et al., 2016).

La méta analyse de données désigne la recherche d'une méthode efficace ou optimale permettant d'adresser un problème d'analyse de données. Cela recouvre une grande variété de tâches, dont certaines ont d'ores et déjà été abondamment étudiées. Par exemple, pour le problème de satisfiabilité booléenne (SAT), différentes approches de type *portfolio* ont été développées (Xu et al., 2012), reposant sur la sélection d'un algorithme approprié à la résolution d'une instance particulière du problème. La sélection d'algorithmes a également été employé pour des problèmes d'apprentissage, donnant lieu à diverses approches de méta-apprentissage. Ces problèmes particuliers ont été étudiés isolément, mais le prochain défi de la méta analyse de données réside en leur unification. En particulier, la recommandation de chaine de traitement d'analyse de données a reçu un intérêt croissant ces dernière années (Zakova et al., 2011; Serban et al., 2013). Ce problème consiste en la construction de chaînes de traitement permettant de résoudre différents problèmes d'analyse de données.

L'émergence de ces nouvelles approches amène la question de leur évaluation et comparaison. En effet, les critères employés dans l'évaluation des méthodes dédiées à des sous-problèmes spécifiques diffèrent souvent. Comparer la performance d'une recherche de motif et d'une régression n'est pas trivial. Afin de pouvoir évaluer et comparer les méthodes existantes et futures de méta analyse de données, nous nous attachons à construire un cadre général basé sur un critère unifié.

D'autre part, l'analyse de données reposant toujours principalement sur l'expertise humaine, la connaissance du méta-domaine est partielle et souvent implicite. Un moyen de construire explicitement cette connaissance pourrait consolider notre compréhension du domaine et aider à orienter les recherches à venir. Nous accorderons donc une grande importance à la compréhensibilité des résultats et à la qualification de leur validité.

Une expérience à grande échelle a été réalisée pour démontrer la praticabilité du cadre d'évaluation, et les tests statistique employés pour l'exploration des résultats valident les connaissances produites. Ils permettent par ailleurs d'étudier par une visualisation intuitive diverses questions que l'on peut se poser sur l'analyse de données, comme illustré en Figure 1 : *Quelle sélection d'attributs employer au méta-niveau ?* On peut y remarquer certains groupes

"

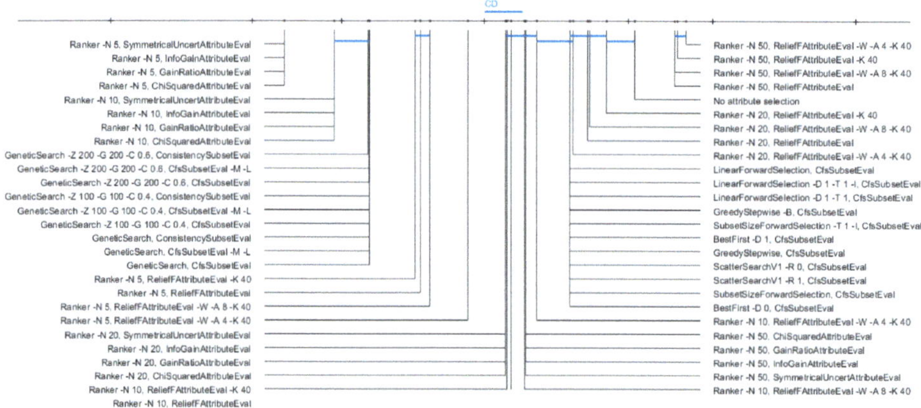

FIG. 1 – *Resultats du test de Nemenyi sur les méthodes de sélections d'attributs employées au méta-niveau. Les méthodes sont classées par performance croissante et les groupes connectés ne sont pas jugés significativement différents.*

de méthodes virtuellement équivalentes, ainsi qu'y visualiser l'impact des paramètres de certaines méthodes, mais le résultat le plus frappant est que la majorité des méthodes sont significativement *moins* performantes que l'absence de sélection d'attributs au méta-niveau, suggérant l'importance de grands ensembles de méta-attributs pour la performance du méta-apprentissage.

Au delà de son intérêt naturel dans l'évaluation de nouvelles méthodes de méta analyse de données, notre approche permet d'étudier divers aspects du méta-niveau encore mal connus. En particulier, des expériences conçues selon ce cadre d'évaluation sont en cours pour étudier l'impact de la caractérisation des jeux de données sur la performance du méta-apprentissage.

Références

Raynaut, W., C. Soule-Dupuy, et N. Valles (2016). Meta-mining evaluation framework : A large scale proof of concept on meta-learning. In *29th Australasian Joint Conference on Artificial Intelligence*.

Serban, F., J. Vanschoren, J.-U. Kietz, et A. Bernstein (2013). A survey of intelligent assistants for data analysis. *ACM Computing Surveys (CSUR) 45*(3), 31.

Xu, L., F. Hutter, J. Shen, H. H. Hoos, et K. Leyton-Brown (2012). Satzilla2012 : improved algorithm selection based on cost-sensitive classification models. *Balint et al.*, 57–58.

Zakova, M., P. Kremen, F. Zelezny, et N. Lavrac (2011). Automating knowledge discovery workflow composition through ontology-based planning. *Automation Science and Engineering, IEEE Transactions on 8*(2), 253–264.

Une approche innovante pour la compréhension des comportements de diffusion : personnalité et neutralité

Didier Henry*, Erick Stattner*, Martine Collard*

* LAMIA, Université des Antilles, Guadeloupe, France
didier.henry@etu.univ-ag.fr, erick.stattner@univ-antilles.fr,
martine.collard@univ-antilles.fr

1   Introduction

De nouvelles approches ont permis de constater que plusieurs dimensions impliquées dans des cas réels de diffusion ne sont pas prises en compte dans les modèles traditionnels. Dans la littérature, on retrouve la nature du message en termes de polarité (Naveed et al., 2011), le sujet du message (Wu et al., 2011), la structure du réseau local (Cheng et al., 2014), etc. Dans ce travail, nous abordons le problème de la diffusion en mettant l'accent sur deux dimensions originales : la *personnalité* de l'utilisateur et le degré de *neutralité* de ses messages.

2   Méthodologie

Etape 1 : collecte des données. Grâce à l'API de Twitter nous avons collecté des messages relatifs à deux évènements ayant eu lieu en 2015 : la présentation par Microsoft de son nouveau casque de réalité augmentée, appelé HoloLens, et l'élection du parti de gauche radical grecque Syriza.

Etape 2.1 : extraction de la personnalité. Nous avons utilisé l'outil *Analyze Words* (Chung et Pennebaker (2007)), qui permet d'identifier les caractéristiques de la personnalité d'un utilisateur à travers un corpus de messages publiés par celui-ci sur Twitter. Ainsi nous avons extrait, pour chaque individu, des connaissances sur trois aspects : le style émotionnel (upbeat, worried, angry et depressed), le style social (plugged in, personable, arrogant/distant, spacy/valley girl) et le style de pensée (in the moment, analytic, sensory).

Etape 2.2 : extraction de la neutralité. Afin d'effectuer l'analyse des sentiments sur les tweets et ainsi extraire leur polarité et leur subjectivité, nous avons utilisé TextBlob une API Python (Steven (2014)).

3   La diffusion à travers la personnalité et la neutralité

Les utilisateurs *Spacy/Valley girl* (extravertis, racontant leur nouvelle histoire avec beaucoup de LOLs) semblent être les plus connectés (FIG 1.(c)) à cause de leur personnalité et parce qu'ils ont tendance à poster des messages neutres (FIG 1.(b)) et personnels (FIG 1.(d)) sur certains sujets.

Une approche innovante pour la compréhension des comportements de diffusion

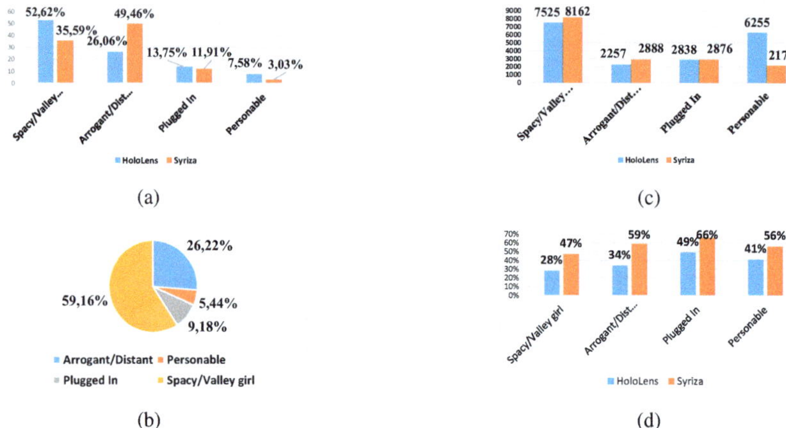

FIG. 1: Selon le style social : (a) Distribution des attributs (b) Distribution messages neutres HoloLens (c) Nombre de followers moyen (d) $\frac{\#Retweet}{\#Tweet}$.

4   Conclusion et perspectives

En définitive, les *Spacy/Valley girl* semblent avoir un comportement de diffusion spécifique en termes de neutralité et d'informations apportées sur le réseau. Les résultats obtenus sont propres aux jeux de données et aux outils utilisés, nous les compléterons dans nos futures études. A long terme, nous avons l'intention de proposer des modèles plus complets qui intègrent la neutralité et la personnalité des utilisateurs.

Références

Cheng, J., L. Adamic, P. A. Dow, J. M. Kleinberg, et J. Leskovec (2014). Can cascades be predicted ? In *Proceedings of the 23rd international conference on World wide web*, pp. 925–936. ACM.

Chung, C. et J. W. Pennebaker (2007). The psychological functions of function words. *Social communication*, 343–359.

Naveed, N., T. Gottron, J. Kunegis, et A. C. Alhadi (2011). Bad news travel fast : A content-based analysis of interestingness on twitter. In *Proceedings of the 3rd International Web Science Conference*, pp. 8. ACM.

Steven, L. (2014). Textblob : simplified text processing. *Secondary TextBlob : Simplified Text Processing*.

Wu, S., C. Tan, J. M. Kleinberg, et M. W. Macy (2011). Does bad news go away faster ? In *ICWSM*. Citeseer.

Détection de fausses informations dans les réseaux sociaux : vers des approches multi-modales

Cédric Maigrot*,** Vincent Claveau*,*** Ewa Kijak*,**

*IRISA, {prenom}.{nom}@irisa.fr
**Université de Rennes 1 ***CNRS

1 Introduction

Le projet dans lequel s'inscrit ce travail a pour but d'analyser automatiquement les informations partagées sur les réseaux sociaux, dans l'objectif de détecter les fausses informations. Partant du constat que ces dernières sont souvent composées d'éléments multimédias (texte accompagné d'images ou de vidéos), nous proposons un système multimodal. Nous présentons dans ce travail des approches exploitant le contenu textuel du message, les images associées et les sources citées dans les messages, ainsi qu'une combinaison de ces trois types d'indices. Les différentes approches proposées sont évaluées expérimentalement sur les données du challenge *MediaEval2016 Verifying Multimedia Use*[1], dont l'objectif est la classification en *vrai* ou *faux* de messages provenant du réseau *Twitter*.

2 Méthodologie

Le corpus de messages de la tâche *MediaEval2016 Verifying Multimedia Use* est divisé en un ensemble d'entrainement (15 821 messages) et un ensemble de test (2 228 messages). Par construction du corpus, les données présentent la propriété suivante : tous les messages partageant la même image ont la même classe. Il suffit donc de déterminer la classe de chaque image et de reporter sa prédiction sur les messages associés à cette image, selon la règle suivante : un message est prédit comme *vrai* si toutes les images associées sont classées *vraies*, *faux* sinon. Il est important de noter la distribution inégale de messages utilisant une image. La mauvaise classification d'une image n'aura pas le même impact sur les scores de classification des messages selon qu'elle soit partagée par beaucoup ou peu de messages.

Approche textuelle. Comme expliqué précédemment, la classe d'un message est déterminée à partir de la classe de l'image associée. Dans cette approche textuelle, une image est décrite par l'union des contenus textuels des messages qui utilisent cette image, puis classée par un classifieur entrainé sur l'ensemble d'apprentissage. L'idée à l'œuvre dans cette approche est de capturer les commentaires similaires entre une publication du jeu de test et celles du jeu d'entraînement (*e.g* "it's photoshopped") ou des aspects plus stylistiques (*e.g* présence d'émoticones, expressions populaires…).

---

1. Voir http://multimediaeval.org/mediaeval2016/verifyingmultimediause/

Approche basée sur la confiance des sources. La seconde approche , similaire à Middleton (2015), se base sur une connaissance (statique) externe. Comme dans l'approche précédente, une image est représentée par l'union des contenus textuels des messages où elle apparaît. La prédiction pour chaque image est faite par détection d'une source de confiance dans la description de l'image. Deux types de sources sont recherchés : 1) un organisme d'information connu ; 2) une citation explicite de la source de l'image. Si une source de confiance est trouvée dans sa description, l'image est classée *vraie*.

Approche basée sur la recherche d'images similaires. Dans cette approche, chaque image est utilisée comme requête pour interroger une base d'images de références, connues comme *fausses* ou *vraies*. Si il existe au moins une image similaire dans la base, l'image requête reçoit la classe de l'image la plus similaire. Sinon, l'image requête reçoit la classe *inconnu*. Les images sont décrites par un réseau de neurones convolutionnel pré-entrainé (Simonyan et Zisserman, 2014). Deux images sont considérées similaires si la similarité cosinus entre leurs descripteurs est supérieure à un certain seuil.

Combinaison des prédictions Cette dernière approche combine les prédictions des trois précédentes faites au niveau de l'image. Pour cette fusion, nous utilisons une approche par apprentissage artificiel, à savoir le *boosting* sur des arbres de décision (Laurent et al., 2014).

3   Résultats

Les modèles appris grâce aux données d'entrainement sont appliqués sur l'ensemble de test pour l'évaluation. Il est important de noter que les données d'entrainement et de test sont totalement distincts (i.e proviennent de rumeurs différentes). Les résultats présentés dans la table 1 correspondent aux mesures d'évaluation proposées dans la tâche de *MediaEval* à savoir la précision, le rappel et la F-mesure de la classe *faux*.

Méthode	baseline	texte	source	image	fusion	VMU	MMLAB	MCG
Précision	1	0,64	0,90	**0,97**	0,75	**0,99**	0,74	0,82
Rappel	0,55	0,92	**0,94**	0,12	0,91	0,88	0,94	0,94
F-mesure	0,71	0,76	**0,92**	0,21	0,83	**0,93**	0,83	0,87

TAB. 1 – *Performances des quatre qpproches proposées sur l'ensemble de test et comparaison à la meilleure soumission des autres participants à la tâche (VMU, MMLAB, MCG)*

Références

Laurent, A., N. Camelin, et C. Raymond (2014). Boosting bonsai trees for efficient features combination : application to speaker role identification. In *Proceedings of Interspeech 2014*.

Middleton, S. (2015). Extracting attributed verification and debunking reports from social media : mediaeval-2015 trust and credibility analysis of image and video. *Proceedings of the Mediaeval 2015 Workshop*.

Simonyan, K. et A. Zisserman (2014). Very deep convolutional networks for large-scale image recognition. *Processing of Computing Research Repository*.

Détection de fausses informations dans les réseaux sociaux : vers des approches multi-modales

Cédric Maigrot*,** Vincent Claveau*,*** Ewa Kijak*,**

*IRISA, {prenom}.{nom}@irisa.fr
**Université de Rennes 1 ***CNRS

1   Introduction

Le projet dans lequel s'inscrit ce travail a pour but d'analyser automatiquement les informations partagées sur les réseaux sociaux, dans l'objectif de détecter les fausses informations. Partant du constat que ces dernières sont souvent composées d'éléments multimédias (texte accompagné d'images ou de vidéos), nous proposons un système multimodal. Nous présentons dans ce travail des approches exploitant le contenu textuel du message, les images associées et les sources citées dans les messages, ainsi qu'une combinaison de ces trois types d'indices. Les différentes approches proposées sont évaluées expérimentalement sur les données du challenge *MediaEval2016 Verifying Multimedia Use*[1], dont l'objectif est la classification en *vrai* ou *faux* de messages provenant du réseau *Twitter*.

2   Méthodologie

Le corpus de messages de la tâche *MediaEval2016 Verifying Multimedia Use* est divisé en un ensemble d'entrainement (15 821 messages) et un ensemble de test (2 228 messages). Par construction du corpus, les données présentent la propriété suivante : tous les messages partageant la même image ont la même classe. Il suffit donc de déterminer la classe de chaque image et de reporter sa prédiction sur les messages associés à cette image, selon la règle suivante : un message est prédit comme *vrai* si toutes les images associées sont classées *vraies*, *faux* sinon. Il est important de noter la distribution inégale de messages utilisant une image. La mauvaise classification d'une image n'aura pas le même impact sur les scores de classification des messages selon qu'elle soit partagée par beaucoup ou peu de messages.

Approche textuelle. Comme expliqué précédemment, la classe d'un message est déterminée à partir de la classe de l'image associée. Dans cette approche textuelle, une image est décrite par l'union des contenus textuels des messages qui utilisent cette image, puis classée par un classifieur entrainé sur l'ensemble d'apprentissage. L'idée à l'œuvre dans cette approche est de capturer les commentaires similaires entre une publication du jeu de test et celles du jeu d'entraînement (*e.g* "it's photoshopped") ou des aspects plus stylistiques (*e.g* présence d'émoticones, expressions populaires...).

---

1. Voir http://multimediaeval.org/mediaeval2016/verifyingmultimediause/

Approche basée sur la confiance des sources. La seconde approche , similaire à Middleton (2015), se base sur une connaissance (statique) externe. Comme dans l'approche précédente, une image est représentée par l'union des contenus textuels des messages où elle apparaît. La prédiction pour chaque image est faite par détection d'une source de confiance dans la description de l'image. Deux types de sources sont recherchés : 1) un organisme d'information connu ; 2) une citation explicite de la source de l'image. Si une source de confiance est trouvée dans sa description, l'image est classée *vraie*.

Approche basée sur la recherche d'images similaires. Dans cette approche, chaque image est utilisée comme requête pour interroger une base d'images de références, connues comme *fausses* ou *vraies*. Si il existe au moins une image similaire dans la base, l'image requête reçoit la classe de l'image la plus similaire. Sinon, l'image requête reçoit la classe *inconnu*. Les images sont décrites par un réseau de neurones convolutionnel pré-entraîné (Simonyan et Zisserman, 2014). Deux images sont considérées similaires si la similarité cosinus entre leurs descripteurs est supérieure à un certain seuil.

Combinaison des prédictions Cette dernière approche combine les prédictions des trois précédentes faites au niveau de l'image. Pour cette fusion, nous utilisons une approche par apprentissage artificiel, à savoir le *boosting* sur des arbres de décision (Laurent et al., 2014).

3   Résultats

Les modèles appris grâce aux données d'entrainement sont appliqués sur l'ensemble de test pour l'évaluation. Il est important de noter que les données d'entrainement et de test sont totalement distincts (i.e proviennent de rumeurs différentes). Les résultats présentés dans la table 1 correspondent aux mesures d'évaluation proposées dans la tâche de *MediaEval* à savoir la précision, le rappel et la F-mesure de la classe *faux*.

Méthode	baseline	texte	source	image	fusion	VMU	MMLAB	MCG
Précision	1	0,64	0,90	**0,97**	0,75	**0,99**	0,74	0,82
Rappel	0,55	0,92	**0,94**	0,12	0,91	0,88	0,94	0,94
F-mesure	0,71	0,76	**0,92**	0,21	0,83	**0,93**	0,83	0,87

TAB. 1 – *Performances des quatre qpproches proposées sur l'ensemble de test et comparaison à la meilleure soumission des autres participants à la tâche (VMU, MMLAB, MCG)*

Références

Laurent, A., N. Camelin, et C. Raymond (2014). Boosting bonsai trees for efficient features combination : application to speaker role identification. In *Proceedings of Interspeech 2014.*

Middleton, S. (2015). Extracting attributed verification and debunking reports from social media : mediaeval-2015 trust and credibility analysis of image and video. *Proceedings of the Mediaeval 2015 Workshop.*

Simonyan, K. et A. Zisserman (2014). Very deep convolutional networks for large-scale image recognition. *Processing of Computing Research Repository.*

Sélection ciblée des descripteurs visuels pour la recherche d'images: une approche basée sur les règles d'association

Olfa Allani*,**, Nedra Mellouli**,***, Hajer Baazaoui*, Herman Akdag**

*Laboratoire RIADI, Campus Universitaire de la Manouba, Manouba 2010, Tunisie
**Laboratoire LIASD, 2 Rue de la Liberté, 93526 Saint-Denis
***140 Rue de la Nouvelle France, 93100 Montreuil

1   Introduction

Les approches existantes de recherche d'images ont été longtemps marquées par le fossé sémantique lié à l'incompatibilité entre la perception de l'utilisateur et la description visuelle des images. Plusieurs approches ont été proposées pour faire face à ce problème. Ces approches se sont appuyées sur l'implémentation de descripteurs visuels sophistiqués ou encore sur l'extension du niveau visuel de l'information tout en ignorant le choix précis du (ou des) descripteurs visuels à appliquer durant la recherche. Dans ce travail, nous proposons une approche permettant de guider la sélection des descripteurs visuels à utiliser lors de la recherche d'images. Il s'agit de construire un ensemble de collections de descripteurs visuels à appliquer en fonction des domaines ou thèmes couvert par les images. Ces collections résultent d'un processus d'apprentissage basé sur les règles d'associations dont l'entrée est un ensemble de travaux sur la recherche d'images. L'approche a été mise en oeuvre et les résultats préliminaires montrent une amélioration au niveau des résultats obtenus par rapport aux approches de recherche classiques.

2   Sélection ciblée des descripteurs visuels

Une collection de descripteurs visuels désigne une association établie entre un concept et un ensemble de descripteurs visuels pour une thématique donnée. Elle permet de sélectionner, en s'adaptant au concept, un ou plusieurs descripteurs. Les collections de descripteurs visuels permettent d'adapter le choix de descripteurs à appliquer aux images requêtes. Pour construire nos collections de descripteurs, nous décomposons notre problème en quatre étapes : 1) une étape de pré-traitement consiste à sélectionner les travaux de la littérature dont l'usage des descripteurs est pertinent selon les critères que nous avons fixés ; 2) la génération des items fréquents ; 3) la génération des règles ; 4) Enfin une étape d'élagage des règles obtenues. Tout d'abord nous avons ciblé les articles provenant de journaux et de conférences hautement référencés. En résumé, nous avons retenu 45 articles et travaux différents. Les travaux sélectionnés sont ensuite analysés afin de générer une table de transactions (TransTab). Les transactions se présentent sous la forme $T : TID, c, d$. Ensuite, les itemsets fréquents sont générés. A travers le logiciel d'apprentissage Weka, nous avons appliqué l'apprentissage des règles d'association en utilisant l'algorithme *a priori*. Après l'obtention des règles, nous avons appliqué une étape supplémentaire d'élagage des règles dans le but datteindre une collection de règles non confuse et exploitable efficacement.

3 Scénario de mise en oeuvre et résultats expérimentaux

Les expérimentations menées pour justifier l'apport de l'approche de recherche ciblée se déclinent en deux étapes. La première étape consiste à créer les collections de descripteurs visuels à appliquer en se basant sur le paradigme de règles d'association et la seconde étape est l'application des collections obtenues durant la recherche sur la base *Image CLEF 2008*[1]. Notre prototype implémenté en java permet de comparer une recherche ciblée basée sur les collections de descripteurs à une recherche basée sur les descripteurs SIFT classiques. LA comparaison est évaluée ici par deux mesures classique la précision p@n et sur le rappel (Résultats cf. 1). Donc, les collections de descripteurs déduits sont performantes et leur application assure une amélioration graduelle dans les résultats de recherche en termes de précision et rappel.

Stratégie	P@20	R@20	Amélioration
Recherche à base de SIFT	0.1754	0.1013	-
Recherche à base de collections de descripteurs	0.2819	0.1658	60.07%

TAB. 1 – *Résultats de recherche à base de collections de descripteurs par rapport à la recherche classique*

4 Conclusion et perspectives

Dans ce poster, nous avons introduit notre approche de recherche d'images. Nous proposons une étape innovante de la phase hors ligne qui est la construction de collections de descripteurs pour une sélection ciblée des descripteurs visuels lors de la recherche. La construction des collections de descripteurs s'appuie sur l'apprentissage de règles d'association. En effet, les travaux de la littérature abordant la recherche d'images et se basant sur les descripteurs sont analysés et utilisés pour un processus d'apprentissage à base de règles d'association. Les règles obtenues relient les descripteurs visuels utilisés dans la littérature au contenu sémantique des images. Ensuite, ces résultats sont filtrés pour obtenir des collections de descripteurs à appliquer de manière ciblée et dynamique en fonction de la sémantique de l'image requête.

---

1. http ://imageclef.org/2008/photo

Enhanced user-user collaborative filtering recommendation algorithm based on semantic ratings

Wen Zhang*, Raja Chiky ** Manuel Pozo**

*Stanford University
zhangwen@cs.stanford.edu,
**ISEP Paris- LISITE Lab
firstname.lastname@isep.fr

1 Introduction

This paper presents a collaborative filtering recommendation algorithm that borrows ideas from content-based models by taking into account both the ratings and user preferences for item attributes. This is achieved by replacing each rating with its corresponding "semantic rating", which combines the original score and the user's historical preference level for the item's attributes (Pozo et al., 2016). This algorithm can achieve better results than a pure collaborative filtering counterpart oblivious to the intrinsic properties of each individual item.

We base our work on a previous experience (Pozo et al., 2016), which proposes the "semantic equation" as a transformation from an original rating to its corresponding semantic rating, thereby capturing a user's preference for an item's attributes. Since it is only a transformation of ratings, this technique can be used in different kinds of collaborative filtering algorithms. (Pozo et al., 2016) applied the semantic equation on top of a matrix factorization algorithm and found that the semantic approaches yielded better results in terms of precision, recall, and intra-list diversity. In this paper, we apply the same idea to a simple neighborhood method based on Pearson correlations. We validate (Pozo et al., 2016) and deeper shows the effect of these "semantic transfomation" by analyzing the "semantic amendments" only.

2 Semantic algorithms

The semantic algorithms that we propose are all based on the semantic equation, which turns a rating $r_{u,i}$ into its amended semantic rating $\mathfrak{r}_{u,i}$ (Pozo et al., 2016). For a user u and an item i, we define their "semantic amendment", which captures the user's historical preference for the item's attributes, as follows:

$$\Delta_{u,i} = \bar{r}_u \cdot \frac{\left| \sum_{a \in A(i)} C_{u,a} W_{t(a)} \right|}{|S(u)|}, \tag{1}$$

where $C_{u,a} = |\{i \in S(u) : a \in A(i)\}|$ denotes the number of times attribute a appears in all items rated by user u, and $W_{t(a)}$ denotes the "weight" of the attribute a's type. Note that $\Delta_{u,i}$

should be computed entirely from the training set, although it is not required that user u have rated item i.

The weight W_t of an attribute type t reflects its relevancy and is constant throughout the computation: an attribute type that is more relevant in making predictions should be assigned a higher weight. (Note that the weights belong to attribute *types* instead of individual attributes.). The weights are best chosen according to each attribute type's degree of relevancy obtained from PCA (Pozo et al., 2016).

The semantic equation can then be expressed as:

$$\mathfrak{r}_{u,i} = r_{u,i} + \Delta_{u,i}, \tag{2}$$

where $r_{u,i}$ can either be a rating originally present in the dataset, or be one predicted by an algorithm. Consequently, there is more than one place where we can apply Equation (2) in the training-testing process:

1. The *input-approach* semantic algorithm, results from applying Equation (2) to the calculation of Pearson correlations in the training stage.

2. The *output-approach* semantic algorithm results from applying Equation (2) to the prediction results: in the prediction stage, we transform each predicted rating $p_{u,i}$ into its semantic rating $\mathfrak{p}_{u,i} = p_{u,i} + \Delta_{u,i}$, which we use as the final prediction result.

3 CONCLUSION

We perform evaluations on the MovieLens-GroupLens dataset (Can, 2011), which consists of 2,113 users, 10,197 movies, and 855,598 ratings. It also contains six attributes: genres, directors, actors, countries, locations, and tags, with 112,881 distinct attribute values. We measure the precision, recall, and f-measure for a baseline algorithm (non semantic pearson algorithm) and the semantic algorithm. Our experiments demonstrate the effectiveness of using semantic ratings with a user-user collaborating filtering algorithm based on Pearson correlations. When information on items' attributes is present, making use of this information can often lead to better prediction performance by some metrics, even if we do not resort to a full hybrid algorithm.

The most evident strength of the semantic transformation is that it enables algorithms to suggest more items that are provably relevant: the more semantically-influenced an algorithm is, the higher precision and recall it yields. This finding is most directly supported by the fact that the pure output-approach semantic algorithm, which simply uses the semantic amendments as its predictions, gives substantially higher precision, recall, and f-measure.

References

(2011). *HetRec '11: Proceedings of the 2Nd International Workshop on Information Heterogeneity and Fusion in Recommender Systems*, New York, NY, USA. ACM.

Pozo, M., R. Chiky, and E. Métais (2016). *Enhancing Collaborative Filtering Using Implicit Relations in Data*, pp. 125–146. Berlin, Heidelberg: Springer Berlin Heidelberg.

Expression des connaissances en langage naturel : singularité et normalité d'une sélection

Jérémy Vizzini*, Cyril Labbé *, François Portet *

* Univ. Grenoble Alpes, CNRS, LIG, F-38000 Grenoble France
nom.prenom@imag.fr,

1 Expression des connaissances en language naturel

La richesse du langage naturel permet de résumer des informations complexes et nombreuses en les rendant accessibles à tous. Un texte peut être écouté par des personnes malvoyantes et adapté à l'expertise du destinataire. Le domaine de la génération automatique de textes (GAT) offre donc des perspectives pertinentes et intéressantes pour transmettre des connaissances riches, complexes et personnalisées.

Un exemple d'application de la GAT pour la transmission d'information à grande échelle est le journalisme automatisé. Ce domaine d'application a connu un fort engouement ces dernières années. Par exemple, on peut citer Syllabs (2016) dont la solution `Data2Content` a été utilisée pour publier des billets de résultats d'élections sur le site `lemonde.fr`. Cependant, on peut constater que la plupart des textes générés restent très descriptifs des données en entrée se limitant au cercle restreint de l'entité à décrire. Cependant, pour transmettre de l'information, il est pertinent de la mettre en perspective avec d'autres informations par exemple en signalant des rapports avec des informations semblables ou en exprimant des similarités et différences notables. On peut ainsi mentionner des évolutions ou des corrélations en rapport avec les données de l'entité décrite mais n'en faisant pas partie explicitement. Par exemple les prévisions météo ou les résultats d'élections concernant une localité peuvent être comparés aux données concernant des localités ayant des propriétés identiques, p.ex., de la même région etc. Informations qui peuvent être ensuite insérées dans le texte.

Nous présentons le prototype `Summy` qui est un outil permettant de construire un générateur de textes et offrant la possibilité de transcrire en langage naturel les singularités et/ou la normalité d'un ensemble de données. La démarche consiste à identifier et expliciter les ressources et connaissances (modèles, ressources langagières etc.) nécessaires à la production du générateur de textes. L'objectif est de rendre l'approche générique et applicable à moindre coût dans différents domaines d'application (météo, élections, sports...). Le prototype a été testé avec des données d'élections régionales.

2 Enrichir les textes décrivant des résultats d'élections

Pour les sites d'information, le défi réside en la génération en un temps minimal d'un grand nombre de textes présentant les résultats individualisés de chaque zone de vote. Pour des élections de grande ampleur il est bien trop coûteux de faire réaliser le travail de rédaction par l'homme. Des sites d'information ont mis en place des systèmes de génération automatique de textes dont l'exemple ci-dessous est extrait.

Exemple (texte des résultats des élections avec enrichissements). *Au second tour des élections régionales 2015, la région Auvergne-Rhône-Alpes voyait trois candidats s'affronter : M. Jean-Jack Queyranne (liste Union de la Gauche), M. Laurent Wauquiez (liste Union de la Droite) et M. Christophe Boudot (liste Front National).*
La liste Union de la Gauche est arrivée en première position avec 57,19 % des voix. Elle a devancé la liste Union de la Droite qui a obtenu 29,78 % et la liste Front National, qui a recueilli 13,03 % des voix.
...

Cependant, la base de données [1] contient les connaissances nécessaires à la génération d'un texte contenant d'autres informations soulignant le caractère *normal* ou *exceptionnel* des données choisies tels que : *Les résultats de la ville de Grenoble sont* très similaires *à ceux des autres communes de la région.* ou *Cette tendance à voter à Gauche est* habituelle *pour une ville ayant une population jeune aux revenus moyens.* Le prototype Summy permet de construire des générateurs de textes qui incluent des enrichissements de ce type.

3 Conclusion

Le prototype Summy est un outil pour construire des générateurs de textes permettant d'inclure les enrichissements présentés ci-dessus. L'approche Labbé et al. (2015); Labbé et Portet (2012) permet de résumer et de contextualiser en langage naturel les données résultats d'une requête utilisateur. Cette approche a été testée sur des données de résultats d'élection. La prochaine étape consiste à mettre en place une évaluation sur un ensemble plus diversifié de données (sport, bourse, etc.) pour mesurer les performances techniques (temps d'exécution, qualité linguistique et cohérence du texte généré) et évaluer la préférence des lecteurs lors d'une étude comparative. Il conviendra aussi de mesurer le temps de développement nécessaire aux utilisateurs-développeurs pour créer de nouveaux générateurs.

Références

Labbé, C. et F. Portet (2012). Towards an abstractive opinion summarisation of multiple reviews in the tourism domain. In *The First International Workshop on Sentiment Discovery from Affective Data (SDAD 2012)*, pp. 87–94.

Labbé, C., C. Roncancio, et D. Bras (2015). A Personal Storytelling about Your Favorite Data. In *15th European Workshop on Natural Language Generation (ENLG 2015)*, Brighton, United Kingdom.

Syllabs (2016). Nos robots rédacteurs collaborent avec le monde. http ://blog.syllabs.com/le-monde-elections-departementales-syllabs-robotjournalisme/. Accessed : 2016-10-14.

---

1. Pour les régions, les départements et communes résultats disponibles : `https://www.data.gouv.fr/fr/datasets/selection-thematique-elections-regionales-2015/`

Pharmacovigilance du Web Social par une approche fondée sur les bases de connaissances du Web Sémantique

Damien Leprovost, Marie-Christine Jaulent

Laboratoire Limics, INSERM U-1142, Univ. UPMC Paris 6, Sorbonne Universités
Université Paris 13, Sorbonne Paris Cité, 75006 Paris, France – {prenom.nom}@inserm.fr

1   Introduction

La pharmacovigilance s'intéresse à la surveillance des effets indésirables des médicaments autorisés sur le marché. On estime que moins de 5% de ces événements sont effectivement déclarés, ce qui entraîne un coût économique et humain très important (Hazell et Shakir, 2006).

Nous présentons ici nos premiers travaux visant à améliorer tant la détection de ces effets que celle des signaux. Nous utilisons la structure des données du Web Sémantique pour réaliser une pré-évaluation automatique des données du Web Social, afin de fournir un ensemble limité de signaux potentiels. La figure 1 présente l'architecture du framework LINPHAS développé.

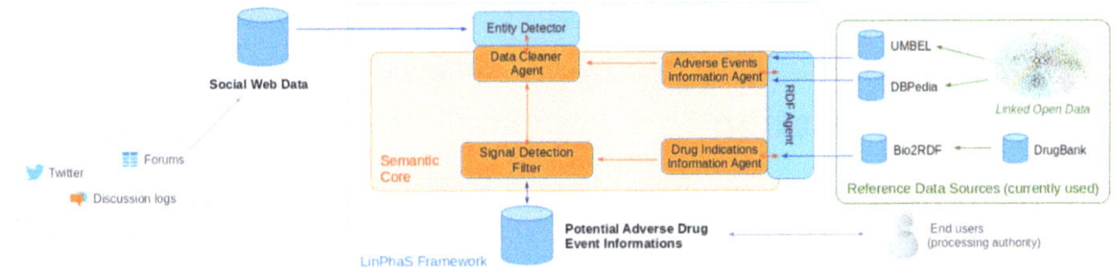

FIG. 1 – *Architecture fonctionnelle du framework* LINPHAS

2   Données utilisées et processus

Les données sociales peuvent être n'importe quel contenu Web généré par des utilisateurs. Dans notre étude, 82 924 tweets sont extraits entre septembre 2014 et mars 2015 à partir de 34 médicaments ciblés[1]. Les données ouvertes et liées utilisées proviennent de trois jeux de données : *UMBEL*, pour extraire et naviguer entre les concepts ; *DBpedia*, pour déterminer la terminologie et *DurgBank via Bio2RDF* pour accéder aux informations des médicaments.

Après nettoyage et normalisation, les messages sont mis en correspondance avec les données extraites du Web Sémantique (états de santé et médicaments). Ne sont alors conservées

---

[1]. Le détail des termes retenus est disponible à https://goo.gl/pKXUkX.

que les contributions avec un potentiel lien causal. L'étape de filtrage marque ensuite les relations préalablement connues par référence d'indication ou d'effet. Un message conservé non marqué est alors enregistré comme « signal potentiel », nécessitant une attention particulière.

Dans cette étude, LINPHAS met en évidence 31 661 des 60 224 tweets en anglais comme contenant une relation médicament–effet (53 %), dont 5 463 (17 %) comme signaux potentiels. La table 1 montre les états pour lesquels une relation non connue est supposée. LINPHAS retrouvant les relations préalablement connues, la table 2 en liste les principaux signaux.

état de santé	médicament	qté	suggestion
weight loss	orlistat	1558	obesity
bleeding	rivaroxaban	1260	anticoagulant
noma	ipilimumab	1041	melanoma
alcoholism	baclofen	560	*no match*
noma	vemurafenib	436	melanoma
internal bleeding	rivaroxaban	377	anticoagulant

TAB. 1 – *Principaux éléments identifiés*

état de santé	médicament	qté
kyste	ivacaftor	1477
fibrose	ivacaftor	1371
obésité	orlistat	1092
mélanome	ipilimumab	1032
psoriasis	ustekinumab	1002
saignement	dabigatran	965
cancer	eribulin	818

TAB. 2 – *Indications détectés*

3   Travaux futurs

La continuité de nos travaux portera sur l'amélioration de la prise en compte de la disparité entre terminologie médicale et langage courant, et sur le raisonnement sur les indications et les effets pour l'évaluation de la mesure dans laquelle les relations trouvées sont nouvelles.

4   Travaux en relation

De nombreux outils statistiques ont été proposés, mais la diversité des sources et le manque de références standards de taille suffisante pour évaluer et comparer les méthodes amplifient le problème de détection du signal (Harpaz et al., 2012). Les données sur le Web Social ont également été considérées (Lamb et al., 2013). Mais la pauvreté sémantique relative d'un tweet est souvent pointée comme une limite à l'exploitation de ce type de données (Saif et al., 2012).

Références

Harpaz, DuMouchel, Shah, Madigan, Ryan, et Friedman (2012). Novel data-mining methodologies for adverse drug event discovery and analysis. *Clin. Pharma. Ther. 91*(6), 1010–1021.

Hazell, L. et S. A. Shakir (2006). Under-reporting of adverse drug reactions. *Drug Safety 29*(5), 385–396.

Lamb, A., M. J. Paul, et M. Dredze (2013). Separating fact from fear : Tracking flu infections on twitter. In *HLT-NAACL*, pp. 789–795.

Saif, H., Y. He, et H. Alani (2012). Alleviating data sparsity for twitter sentiment analysis. In *CEUR Workshop Proceedings (CEUR-WS. org)*.

Un générateur de réseaux dynamiques attribués avec structure communautaire

Oualid Benyahia*, Christine Largeron*
Baptiste Jeudy*, Osmar R. Zaïane**

*Univ Lyon, UJM-Saint-Etienne, CNRS, Institut d'Optique Graduate School,
Laboratoire Hubert Curien UMR 5516, F-42023, SAINT-ETIENNE, France.
oualid.benyahia,christine.largeron,baptiste.jeudy@univ-st-etienne.fr
**Department of Computer Science, University of Alberta, Edmonton, Canada.
zaiane@cs.ualberta.ca

Résumé. Nous proposons une nouvelle approche pour générer des graphes dynamiques avec attributs munis d'une structure communautaire reflétant les propriétés connues des graphes de terrain comme l'attachement préférentiel ou l'homophilie. Le générateur développé permet de construire une suite de graphes formant ainsi un réseau dynamique. Il offre la possibilité de visualiser l'évolution de ces graphes à travers une interface dédiée. Cette interface présente aussi plusieurs mesures évaluées sur chacun des graphes du réseau pour vérifier dans quelle mesure les propriétés du réseau sont préservées au cours de son évolution.

1 Introduction

La prolifération des réseaux d'information complexes dans divers domaines d'application a engendré une panoplie de méthodes pour l'analyse et la détection de motifs dans ces réseaux. Cependant, l'évaluation de ces méthodes et la validation des résultats qu'elles produisent n'est pas une tâche aisée étant donné le manque ou l'indisponibilité de grands réseaux réels munis d'une vérité de terrain accessible librement aux chercheurs. Une alternative consiste alors à exploiter des données synthétiques produites par des générateurs. Il existe une large bibliographie en ce qui concerne la génération de graphes statiques ; à l'instar du modèle classique d'Erdős-Rényi (ER) qui construit des graphes aléatoires ou encore du modèle de Barabási-Albert (BA) qui génère des réseaux aléatoires invariants d'échelle. Mais rares sont les générateurs qui permettent de construire des graphes évolutifs, exhibant ou non une structure communautaire, et qui associent des attributs aux nœuds.

L'intérêt des tâches de détection de communautés, de prédiction de liens ou en général de détection de motifs dans les réseaux dynamiques où les nœuds sont décrits par des attributs nous a amené à développer un générateur de graphes dynamiques avec attributs munis d'une structure communautaire. Ce dernier est une version étendue d'un générateur dédié à la génération de graphes statiques (c.f.(Largeron et al., 2015 ; Benyahia et al., 2016)).

Ce générateur permet de construire une séquence de graphes attribués avec une structure communautaire bien définie qui évolue au court du temps tout en préservant les propriétés bien connues des réseaux réels. Ainsi il peut être utilisé pour évaluer des méthodes de fouille de graphes ou de réseaux puisque l'utilisateur peut obtenir un premier réseau de référence puis, en changeant les paramètres, en générer d'autres dans lesquels la structure communautaire ou les propriétés seront moins bien vérifiées, et ainsi il peut évaluer la robustesse de sa méthode sur des données bruitées.

2 Modèle

Un réseau dynamique avec attributs et structure communautaire généré par DANCer est représenté par : (1) une séquence de T graphes avec attributs $\mathcal{G}_i = (\mathcal{V}_i, \mathcal{E}_i)$, $i \in \{1, \ldots, T\}$, où $\mathcal{V}_i$ est l'ensemble des nœuds, $\mathcal{E}_i$ l'ensemble des arêtes et où pour chaque nœud $v \in \mathcal{V}_i$ et chaque attribut $A \in \mathcal{A}$, v_A représente la valeur de l'attribut A assignée au nœud v et (2) une séquence de T partitions $\mathcal{P}_i$ de $\mathcal{V}_i$, $i \in \{1, \ldots, T\}$ qui attribuent une communauté pour chaque nœud dans le graphe correspondant $\mathcal{G}_i$, $i \in \{1, \ldots, T\}$. Chaque partition permet de définir une structure communautaire pour chacun des graphes de la séquence (i.e., le réseau à un instant donné) de manière à avoir dans une même partie (i.e. communauté) des nœuds parfaitement reliés entre eux et relativement homogènes vis à vis des attributs, tandis que les nœuds appartenant à des parties différentes seront moins connectés et plus dissimilaires vis à vis des attributs.

La génération du réseau passe par deux étapes. Dans la première, un graphe initial $\mathcal{G}_1 = (\mathcal{V}_1, \mathcal{E}_1)$ est construit en respectant les propriétés bien connues des réseaux telles que l'attachement préférentiel ou encore l'homophilie. Dans la deuxième étape, le graphe initial précédemment construit subit des modifications selon deux types d'opérations. Les opérations du premier type, appelées "micro opérations", consistent à enlever des nœuds (respectivement des arêtes) existants ou à ajouter des nouveaux nœuds (respectivement de nouvelles arêtes) ou à modifier les attributs. Dans le deuxième type d'opérations (i.e., "macro opérations"), les modifications sont appliquées au niveau des communautés. Ces opérations consistent à : (1) migrer les membres d'une communauté vers une nouvelle communauté ou vers une communauté déjà existante, (2) scinder une communauté en deux sous communautés distinctes ou (3) fusionner deux communautés en une seule.

3 Aperçu de l'interface du générateur

Ce générateur est également présenté dans la vidéo jointe à cette soumission. L'interface utilisateur dispose de trois panneaux visibles dans la figure 1. Dans le panneau de gauche, l'utilisateur peut modifier les différents paramètres du générateur présentés dans le tableau 1 [1]. Il faut souligner qu'une graine est utilisée lors du processus de génération, i.e., pour la génération des nombres aléatoires. L'utilisation d'une même graine permet notamment de reproduire exactement le même graphe initial $\mathcal{G}_1$.

Le panneau contient deux onglets. le premier permet d'afficher le réseau généré. On peut accéder directement à chaque graphe via la barre de défilement, ce qui permet de voir séparément chaque graphe de la séquence (figure 1). Dans chaque graphe, la couleur des nœuds indique leur communauté. Le deuxième onglet ("Community Dynamics"), permet d'afficher

---

1. Pour une description détaillée des paramètres le lecteur est invité à consulter Largeron et al. (2015)

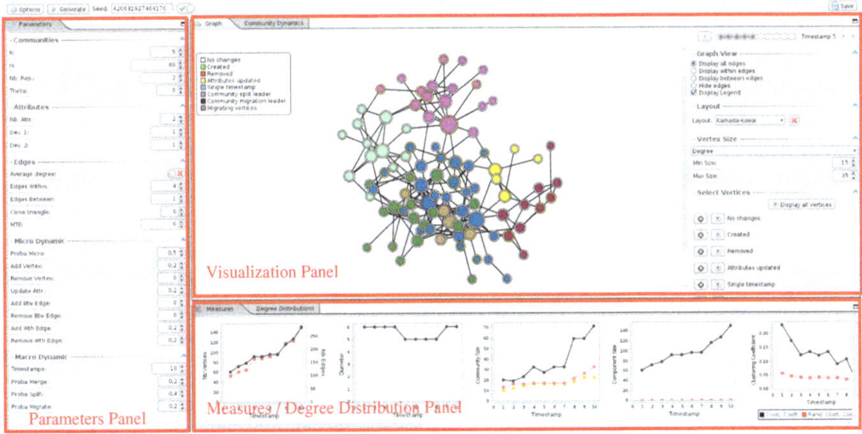

FIG. 1 – *L'interface principale du générateur.*

Parameter	Domain	Description
First timestamp		
K	$\mathbb{N}^+$	Number of communities
N	$\mathbb{N}^+$	Number of vertices
p	$\mathbb{N}^+$	Number of numerical attributes
$\mathcal{A} = \{\sigma_1, \ldots, \sigma_p\}$		Standard deviations of the attributes generated using centered normal distributions
E_{wth}^{max}	$\mathbb{N}$	Maximum number of edges connecting a new vertex to vertices in its community
E_{btw}^{max}	$\{0, \ldots, E_{wth}^{max}\}$	Maximum number of edges connecting a new vertex to vertices in a different community
$NbRep$	$\mathbb{N}^+$	Maximum number of representatives of each community
MTE	$\mathbb{N}$	Minimum number of total edges
$P_{randomCommunity}$	$[0, 1]$	A threshold to decide if a new vertex joins a randomly selected community or not
Micro operations		
$Proba\ Micro$	$[0, 1]$	A threshold to select if the micro dynamic updates are performed or not
$Add\ Vertex$	$[0, 1]$	Ratio defining the number of vertices inserted
$Remove\ Vertex$	$[0, 1]$	Ratio defining the number of vertices removed
$Update\ Attr.$	$[0, 1]$	Ratio defining the number of attributes updated
$Add\ Btw.\ Edges$	$[0, 1]$	Ratio defining the number of between edges inserted
$Remove\ Btw.\ Edges$	$[0, 1]$	Ratio defining the number of between edges removed
$Add\ Wth.\ Edges$	$[0, 1]$	Ratio defining the number of within edges inserted
$Remove\ Wth.\ Edges$	$[0, 1]$	Ratio defining the number of within edges removed
Macro operations		
$P_{removeEdgeSplit}$	$[0, 1]$	Proba. to remove an edge between two vertices in the previously same community when splitting a community
$Timestamps$	$\mathbb{N}^+$	Number of graphs generated
$Proba\ Merge$	$[0, 1]$	Probability to perform the merge operation
$Proba\ Split$	$[0, 1]$	Probability to perform the split operation
$Proba\ Migrate$	$[0, 1]$	Probability to perform the migrate vertices operation

TAB. 1 – *Description of the dynamic network generator parameters*

l'évolution des communautés induite par les opérations macro dynamiques (scission, fusion et migration).

Afin de vérifier que les graphes de la séquence sont construits en préservant les propriétés des réseaux réels, l'utilisateur peut consulter différentes mesures comme : la modularité, le coefficient de clustering, le diamètre, l'homophilie attendue et observée ou encore le taux d'inertie calculés pour chaque graphe du réseau dynamique [2]. Les mesures sont calculées après la génération et affichées dans le panneau en bas de l'interface.

Le panneau du bas inclut aussi un onglet pour afficher la distribution des degrés des nœuds pour chaque graphe de la séquence.

Le générateur offre la possibilité de sauvegarder le réseau dynamique en une collection de fichiers. Un premier fichier décrit chaque graphe (nœuds et arêtes ainsi que pour chaque nœud ses attributs et la communauté à laquelle il a été affecté dans la séquence). Un fichier "parameters" énumère tous les paramètres utilisés pour la génération du dit réseau, y compris la graine utilisée pour le générateur aléatoire. Les mesures et l'évolution des communautés peuvent aussi êtres sauvegardées dans des fichiers séparés.

4   Conclusion

Le générateur ainsi qu'un manuel d'utilisation détaillé [3] sont disponibles sous les termes de la licence GNU GPL. Il faut souligner que le générateur peut être adapté pour produire des réseaux multiplexes où tous les nœuds sont présents à chaque niveau et où il existe une connexion entre les représentations d'un nœud d'un niveau à un autre. L'adaptation consiste à considérer que les pas de temps correspondent aux niveaux et à ajouter les liens inter-niveaux.

Références

Benyahia, O., C. Largeron, B. Jeudy, et O. R. Zaïane (2016). Dancer : Dynamic attributed network with community structure generator. In *Machine Learning and Knowledge Discovery in Databases - European Conference, ECML PKDD 2016, Riva del Garda, Italy, September 19-23, 2016, Proceedings, Part III*, pp. 41–44.

Largeron, C., P.-N. Mougel, R. Rabbany, et O. R. Zaïane (2015). Generating attributed networks with communities. *PloS one 10*(4), e0122777.

Summary

We propose a new generator for dynamic attributed networks with community structure which follow known properties of real-world networks such as preferential attachment, small world or homophily. After the generation, the different graphs forming the dynamic network as well as its evolution can be displayed in the interface.

---

2. Pour plus de détails sur les propriétés et les mesures utilisées voir Largeron et al. (2015)
3. `http://perso.univ-st-etienne.fr/largeron/DANCer_Generator/`

Face2Graph: Base de données graphe et visualisation pour l'annotation d'archives vidéos

Adrien Dufraux* ** ***, Benjamin Renoust* **, Shin'Ichi Satoh*

*National Institute of Informatics, Tokyo, Japan
**JFLI CNRS UMI 3527, Tokyo, Japan
***INSA, Rouen, France
adrien.dufraux@gmail.com
{renoust, satoh}@nii.ac.jp,

Résumé. Nous proposons dans ce travail d'utiliser la flexibilité des modèles de base de données graphe, et la représentation intuitive du réseau social afin de visuellement explorer, annoter, et vérifier des détections de visages dans une archive de 15 années de journaux télévisés.

1 Introduction

La réalisation d'analyses de haut niveau sur de grandes archives de documents (photos et vidéos), telles que des analyses médiatiques, sociales, juridiques ou politiques, demande souvent une phase d'annotation des documents (Renoust et al., 2016). Les technologies actuelles nous permettent de déployer à moindre frais des outils à grande échelle comme la détection et la reconnaissance de visages. Nous nous intéressons particulièrement à la reconnaissance de personnes dans une grande archive de vidéos de journaux télévisés (JTs). Bien que la reconnaissance de visages atteigne aujourd'hui de hauts niveaux de fiabilité, il est nécessaire de construire de grandes bases de vérité pour leur implémentation. Cela peut fonctionner pour les personnalités les plus connues, mais pour les cas les plus spécifiques, il est toujours nécessaire de passer par une étape d'annotation manuelle des visages. Nous proposons avec Face2Graph de faciliter cette tâche d'annotation via une information contextuelle sous la forme d'un réseau social de co-apparition dans les informations télévisées. Suivant le vieil adage *"dis-moi qui sont tes amis, je te dirais qui tu es"*, il est plus facile de trouver l'identité d'un individu au sein d'un groupe que de manière isolée. L'exploration du réseau de co-apparition avec Face2Graph propose une manière originale d'annoter les visages dans notre archive. La souplesse d'une modélisation en base de données orientée graphe permet de dériver et de modifier rapidement les liens entre visages et personnalités détectés dans notre archive de 15 années de JTs.

2 Présentation des données

Nous nous intéressons à l'annotation de groupements de visages dans une archive quotidienne de 15 années du journal de 19h (News7) de la chaîne public japonaise NHK (Katayama et al., 2005). L'archive est collectée depuis le 17 Mars 2001, soit plus de 5700 JTs et 7To de

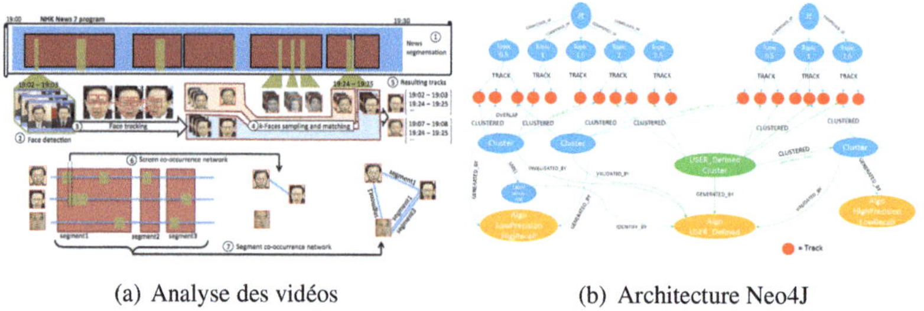

(a) Analyse des vidéos   (b) Architecture Neo4J

FIG. 1 – *Pré-traitement des JTs et structure de la base Neo4J, celle-ci peut intégrer ensemble différents clustering (modélisés en jaune).*

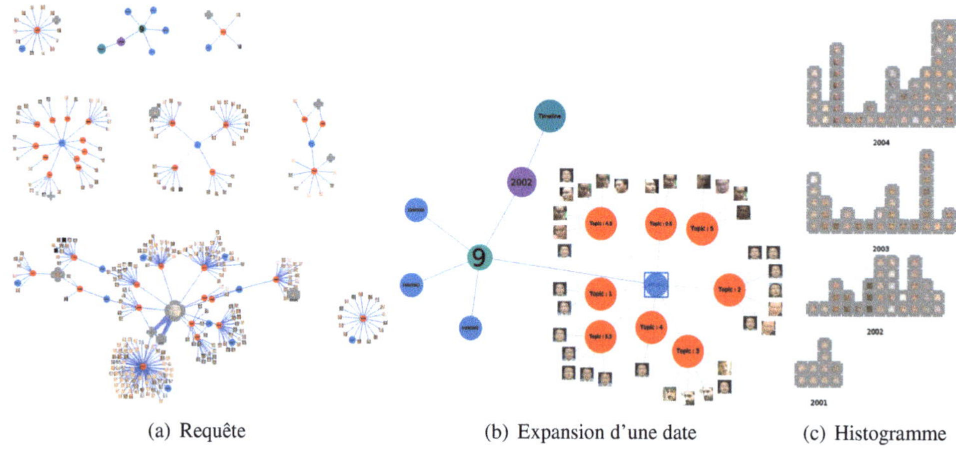

(a) Requête   (b) Expansion d'une date   (c) Histogramme

FIG. 2 – *(a) Vue d'ensemble de notre premier graphe entre le 28 août et le 15 septembre 2002. (b) L'utilisateur explore une date. (c) Un Cluster sur plusieurs années.*

vidéos. Notre objectif final est d'utiliser la détection automatique des individus dans cette archive pour effectuer des analyses sociologiques et médiatiques. Chaque JT est ainsi découpé en une série de sujets d'actualités (*Topic* dans la figure 1, hérité de (Ide *et al.*, 2004)).

Notre première étape consiste donc en une analyse préliminaire des données pour extraire et regrouper les visages dans cette archive (clustering), en 4 étapes (héritée de (Ngo *et al.*, 2013)) : **1.** Détection des visages avec Viola-Jones (Viola et Jones, 2004), **2.** Suivi des visages avec un traqueur de points Kanade-Lucas-Tomasi (Shi et Tomasi, 1994) formant des *tracks* (même visage détecté de manière consécutive), **3.** Échantillonnage des tracks, et description des visages dans un espace à 128 dimensions en utilisant OpenFace (Amos et al., 2016), **4.** Clustering des tracks avec GreedyRSC (Le et Satoh, 2011), un cluster de tracks correspondant à une seule et même personne. Le résultat final forme une collection de plus de 200k tracks, totalisant plus de 30M instances de visages. De plus, nous héritons d'une première annotation manuelle de 139 clusters de personnalités couvrant 16k tracks. Les imperfections du processus nous forcent à tenir compte de plusieurs situations : les tracks peuvent être dans un mauvais cluster, ou dans aucun cluster. Certains clusters peuvent être mal annotés, beaucoup ne le sont pas. Une même personne peut être représentée par plusieurs clusters.

La richesse de ces données se situe dans les liens entre ces visages. A cause du paramétrage de nos algorithmes et des choix éditoriaux de la NHK, la détection de la co-apparition de personnes sur le même écran reste assez rare. Mais les co-apparitions dans un même sujet d'actualité sont très nombreuses et ont pour sémantique le fait que les personnes détectées sont concernées par un même sujet/thème. Un politicien apparaît souvent avec d'autres politiciens, influents, ou du même parti, un sportif avec d'autres sportifs de la même discipline *etc*.

Comme la quantité de données est importante, nous avons modélisé le tout dans une base de données graphe (Neo4J) afin de prendre en compte indépendamment plusieurs méthodes de regroupement. Ceci nous permet d'autoriser la correction des résultats précédents et la construction d'une base de vérité sans toutefois perdre l'information initiale de l'algorithme (pour potentiellement évaluer deux algorithmes différents). D'un point de vue interface, la présentation de toute la base de donnée présenterait une surcharge importante d'informations, et cette base nous permet tout particulièrement d'effectuer deux types de requêtes pour annoter un sous-corpus : par fenêtre temporelle ou par personne. Les liens entre clusters et/ou tracks sont simplement inférés depuis le découpage des JTs.

3   Visualisation et interaction

Les résultats d'une requête (dates ou personnes) sont présentés sous la forme d'un diagramme nœuds-liens représentant le réseau social des visages détectés, soit durant la période requise, soit en co-occurrence dans les sujets à partir des personnes requises. Un nœud correspond donc à un cluster de tracks, un lien à la co-occurrence dans les sujet, le dessin est ainsi celui d'un diagramme de force. Chaque cluster peut être exploré individuellement pour en vérifier le contenu et la temporalité. Beaucoup de tracks n'appartiennent à aucun cluster ou sont des répétitions des mêmes personnes. Afficher l'ensemble des liens rendrait la visualisation peu compréhensive. Nous proposons quelques regroupements et un encodage multiple afin d'alléger l'exploration : toutes les tracks isolées et non-identifiées sont regroupées autour d'un nœud de sujet (en rouge) correspondant au sujet du JT dans lequel ces visages ont été détectés. Les sujets sont connectés à un nœud de JT (en bleu) représenté par sa date.

L'exploration est centrée sur les clusters de tracks connus. Les clusters de tracks sont ainsi directement reliés entre eux lorsqu'ils co-occurrent au travers de sujets (l'épaisseur du lien représente le nombre de co-occurrences), ainsi qu'aux sujets avec lesquels ils partagent des tracks encore inconnues. Par souci de concision, nous avons "contracté" les nœuds des dates n'ayant aucune co-occurrence avec un cluster connu, de sorte à ce qu'elles ne soient représentées que part leur arbre temporel : date (bleu), mois (vert), année (violet), enraciné par un nœud intitulé "Timeline". Cette arborescence peut bien-sûr être éclatée à volonté par l'utilisateur souhaitant en explorer les tracks. Les nœuds de tracks individuelles sont carrés et présentent le (premier) visage détecté. Il en va de même pour les clusters annotés, carrés, dont le nom est affiché en dessous du nœud, ainsi que les clusters non-annotés qui eux sont représentés par un cercle. Les bordures des clusters validés sont vertes, rouges lorsqu'ils sont invalidés, et grises par défaut. Outre la validation, l'utilisateur peut par sélection fusionner tracks et/ou clusters ensemble (créant éventuellement un nouveau cluster), ou encore éditer le nom d'un cluster.

Chaque cluster est en réalité un méta-nœud, et l'exploration du contenu d'un cluster, se présente sous la forme d'une série d'histogrammes. Un histogramme par année, une colonne par date de détection où sont accumulés des noeuds représentant chacun une track (donc le premier visage de chaque track). L'utilisateur peut extraire des tracks de celui-ci, ou même former un tout nouveau cluster à partir d'un sous-ensemble. Enfin l'utilisateur pourra décider d'annuler ses modifications, ou bien d'exporter sa base de vérité nouvellement formée. Le prototype a été réalisé avec Tulip (`tulip.labri.fr`) et Python pour l'interaction avec Neo4J.

4   Discussion et conclusion

Notre prototype présente une nouvelle façon d'explorer, de corriger, et d'annoter les résultats d'algorithmes de regroupement, grâce à une information contextuelle additionnelle (temporelle et co-occurrence). La nature de ces relations (poids et motifs d'associations temporelles) reste à intégrer dans ce système. Nous ne nous sommes intéressés pour le moment qu'aux visages, mais il est clair qu'encore plus d'informations contextuelles pourront être dérivées du contenu sémantique correspondant au sujet des JTs. Pour cela l'exploration d'une base de données graphe s'adapte parfaitement. Une extension idéale de ce travail sera directement implémentée en ligne dans un navigateur et mettra en lien direct détections et vidéos.

Références

Amos, B., B. Ludwiczuk, et M. Satyanarayanan (2016). Openface : A general-purpose face recognition library with mobile applications. Technical report, Technical report, Carnegie Mellon University-CS-16–118, Carnegie Mellon University School of Computer Science.

Ide *et al.*, I. (2004). Topic threading for structuring a large-scale news video archive. *Image and Video Retrieval 1*(1), 123–131.

Katayama, N., H. Mo, I. Ide, et S. Satoh (2005). Mining large-scale broadcast video archives towards inter-video structuring. *Advances in Multimedia Information Processing-PCM 2004 1*(1), 489–496.

Le, D. D. et S. Satoh (2011). Indexing faces in broadcast news video archives. In *2011 IEEE 11th ICDM Workshops*, pp. 519–526.

Ngo *et al.*, T. D. (2013). Face retrieval in large-scale news video datasets. *IEICE TRANSACTIONS on Information and Systems 96*(8), 1811–1825.

Renoust, B., T. Kobayashi, T. D. Ngo, D.-D. Le, et S. Satoh (2016). When face-tracking meets social networks : a story of politics in news videos. *Applied Network Science 1*(1), 4.

Shi, J. et C. Tomasi (1994). Good features to track. In *Pr. CVPR'94.*, pp. 593–600. IEEE.

Viola, P. et M. J. Jones (2004). Robust real-time face detection. *International journal of computer vision 57*(2), 137–154.

Summary

We propose in this work to take advantage of the flexibility of graph oriented databases and the intuitive visual representation of social networks to assist experts in exploring, annotating, and validating face detection and tracking in a 15 year archive of news programs.

Prototype de clustering exploratoire pour l'aide à la segmentation des clients

Adnan El Moussawi*,**, Philippe De Guis**, Arnaud Giacometti*,
Nicolas Labroche*, Arnaud Soulet*

*Université François Rabelais de Tours - {prénom}.{nom}@univ-tours.fr
**Group KALIDEA - {aelmoussawi, pdeguis}@kalidea.com

Résumé. Le clustering est une technique largement répandue pour la définition
de profils dans le cadre de l'aide à la gestion de la relation client (CRM). Cependant, les outils classiques sont généralement limités, car ils ne prennent pas en
compte la connaissance métier de l'analyste et ne permettent pas l'exploration
interactive des données. Nous décrivons ici un prototype qui permet à un expert
marketing d'explorer interactivement les données pour la recherche de profils
des clients, mais aussi d'analyser les profils construits à l'aide de différentes
visualisations synthétiques et d'étudier leurs évolutions au cours du temps.

1 Introduction

Nous considérons le problème de l'exploration de données par un expert, notamment dans
le domaine du CRM où il cherche à explorer les données des clients pour construire des profils
avec une sémantique compréhensible, pour leurs proposer des programmes spécifiques de fidélisation. Traditionnellement, deux méthodes peuvent être utilisées pour l'exploration de ces
données : l'OLAP et les algorithmes de clustering.

Les outils OLAP permettent une analyse interactive des données avec des opérateurs de
base pour sélectionner un sous-ensemble des données et spécifier les dimensions d'analyse
pertinentes. Mais, ces outils ne permettent pas de révéler des modèles intéressants cachés dans
les ensembles de données tels que des groupes de clients de comportements similaires.

Les algorithmes de clustering révèlent la structure naturelle des ensembles de données et
peuvent résumer l'information en cas de données volumineuses. En revanche, ils manquent
de l'interactivité qui permet de spécifier dynamiquement les sous-ensembles de données ou les
attributs d'analyse qui intéressent l'expert. Dans les approches de clustering interactif telles que
Balcan et Blum (2008) et Awasthi et al. (2013), l'interaction de l'utilisateur avec la méthode
de clustering est par exemple limitée par des requêtes de scission et/ou fusion des clusters.
Les approches du clustering, dites « semi-supervisée », permettent également l'interaction de
l'expert via des contraintes au niveau des objets de données ou sur les caractéristiques de
clusters (Grossi et al., 2016). Des travaux récents en collaboration avec l'entreprise KALIDEA
ont contribué à proposer une nouvelle méthode de clustering semi-supervisée qui permet à
l'expert de définir des préférences sur les attributs d'analyse (El Moussawi et al., 2016).

Le présent prototype a pour objectif de proposer un outil de segmentation semi-automatique
avec une IHM adaptée à un expert non spécialiste de la fouille de données, simple à manipu-

ler, enrichi par des opérations d'exploration en bénéficiant des avantages de l'OLAP et du clustering et par des visualisations synthétiques pour faciliter l'interprétation des résultats.

2 Présentation du prototype

Architecture Ce prototype fait partie des travaux en R&D de l'entreprise KALIDEA. Il est constitué principalement d'une application Web permettant le paramétrage d'un cas d'analyse, la construction des données d'analyse, ainsi que l'exploration et l'analyse interactive des données et résultats. Cette interface est alimentée par deux autres modules, un module pour la gestion de données et un module pour la segmentation ou clustering, chacun d'eux comprenant un ensemble spécifique de fonctionnalités d'exploration.

Le module de gestion des données permet le stockage des données de base et la construction des données à analyser. Les données initiales des clients sont stockées dans un cube de données exploitable par un moteur d'OLAP, ce qui facilite pour l'expert la navigation dans les données et la construction des sous-ensembles de données à analyser.

Le module de clustering intègre deux algorithmes de clustering : l'algorithme K-Means traditionnel et l'algorithme MAPK-Means proposé par El Moussawi et al. (2016). Ce dernier algorithme permet la prise en compte de préférences d'expert sur les attributs d'analyse.

Fonctionnalités Le prototype doit être facile d'usage pour un expert métier non spécialiste de fouille de données et permettre une analyse exploratoire interactive des données et résultats. Pour ce faire, la version actuelle de notre outil intègre les fonctionnalités suivantes :
— Construction du jeu de données : elle s'effectue par exploration du cube OLAP contenant les données à analyser. L'expert peut spécifier son objet d'étude, les attributs d'analyse et la période d'analyse souhaitée.
— Fouille de données : la fouille permet la construction d'une segmentation, avec ou sans prise en compte des préférences d'un expert sur les attributs d'analyse.
— Analyse des résultats du clustering : l'analyse des résultats se fait en utilisant différents types de graphiques comme des histogrammes pour représenter le contenu des clusters, des camemberts pour évaluer la qualité des clusters construits, etc.
— Extraction des règles : l'expert peut faire appel à une méthode de construction d'arbre de décision pour expliciter la sémantique des clusters construits.
— Clustering exploratoire : l'expert peut interagir avec les résultats pour exclure un cluster de l'étude ou segmenter un cluster particulier.
— Représentation de l'évolution des clusters : elle permet à l'utilisateur d'effectuer des clusterings sur plusieurs pas de temps afin d'analyser l'évolution des clusters et des objets dans le temps.

3 Cas d'usage

Nous nous sommes limités dans cette partie à un cas d'utilisation en mettant en avant les principales fonctionnalités du prototype. La base de données multidimensionnelles utilisée correspond à des données de ventes anonymisées d'un client de KALIDEA.

Construction du jeu données pour le clustering Après la sélection des données à étudier, l'utilisateur doit construire les données à segmenter. La construction commence par la sélection de l'objet d'étude à utiliser pour créer les clusters, qui correspond à une dimension dans le cube. Pour notre exemple il s'agit des vendeurs. Ensuite l'utilisateur doit poursuivre en choisissant les attributs d'analyse, où un attribut correspond à une mesure quantitative associée à un membre d'une dimension : nous avons choisi le chiffre d'affaire (CA) réalisé sur les trois produits les plus vendus de la dimension 'Produits'. Pour finir, l'utilisateur peut définir une période d'analyse entre deux dates différentes. Les données résultantes de cette interaction avec le cube constituent le sous-ensemble de données en entrée de la méthode de clustering choisie.

Analyse des résultats du clustering Dans la figure 1, nous visualisons les résultats de l'exécution de la méthode MAPK-Means sur l'ensemble des données d'étude choisies précédemment (CA réalisé par 1282 Vendeurs sur les top-3 produits vendus P21, P12, P20) avec des poids uniformes (1a), puis nous avons appliqué un zoom sur le troisième cluster obtenu (1b).

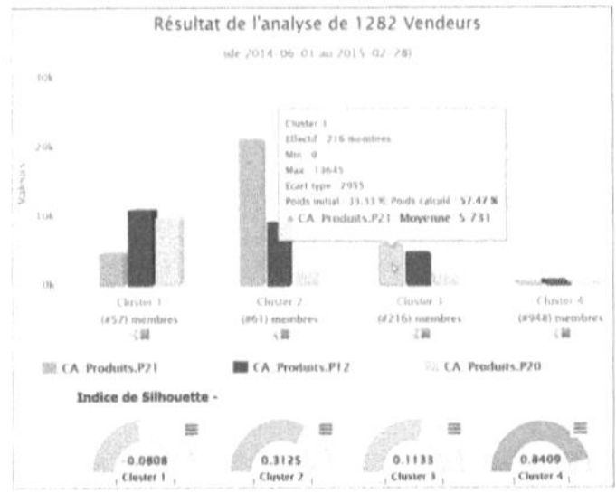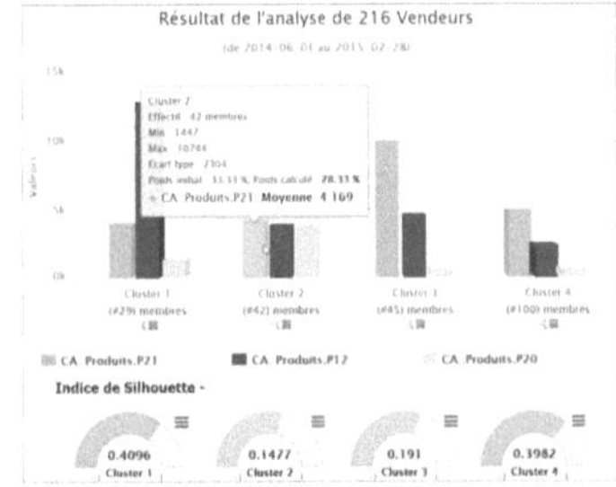

(a) Clustering sur tous les vendeurs (b) Zoom sur le cluster 3

FIG. 1: Résultats du clustering avec MAPK-Means

Nous représentons chaque cluster par un histogramme formé de trois barres de couleurs différentes associées aux attributs d'analyse choisis (1a), la hauteur de chaque barre correspondant à la valeur moyenne d'un attribut. Nous pouvons ainsi résumer un cluster résultant. Par exemple le cluster 1 regroupe les vendeurs (5.07%) caractérisés par un CA moyen sur le produit P21 de 5k€, tandis que les CA réalisés sur les deux autres produits sont deux fois plus élevés. Cette visualisation permet aussi de voir les poids calculés par MAPK-Means pour tous les attributs d'analyse, comme le poids calculé pour le CA réalisé sur le produit P21 qui est égale à 0.56, ce qui indique il est plus discriminant que les autres attributs.

En dessous des histogrammes, une visualisation sous forme de camemberts permet de voir la qualité des clusters obtenus mesurée avec l'indice de silhouette. C'est un indicateur qui permet de guider l'exploration, où une mauvaise valeur indique qu'il est important de zoomer sur le cluster concerné. Une opération d'exploration de type « zooming » correspond à re-segmenter les individus du cluster. La figure (1b) correspond aux résultats d'un zoom sur le cluster 3 du clustering initial. Les « sous-clusters » obtenus ont des profils différents, ce qui explique la faible qualité du cluster 3 de (1a).

La construction d'un arbre de décision (Fig. 2) sur les résultats du clustering (1a), permet à l'expert de mieux appréhender la sémantique des clusters générés. Par exemple, l'arbre construit indique qu'un vendeur qui réalise un CA sur le produit P21 inférieur à 14378€ et un CA sur P12 inférieur à 17.95€ appartient au cluster 4.

Représentation d'évolutions des clusters Le diagramme de flux (Fig. 3) montre finalement les évolutions des clusters de vendeurs entre juin, juillet et août. Par exemple, 92% des vendeurs

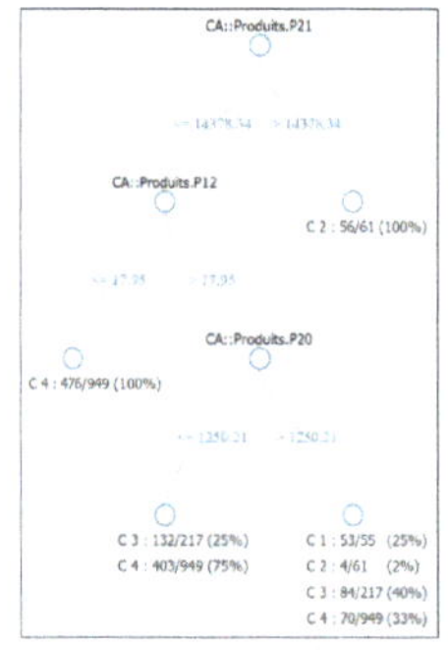

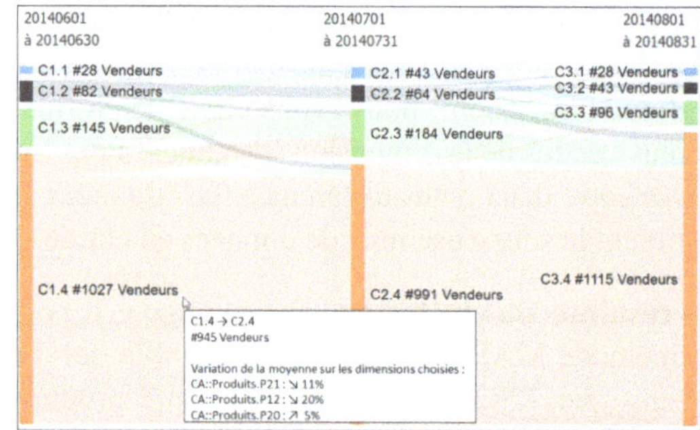

FIG. 2: Arbre de décision   FIG. 3: Évolution des clusters entre les mois de juin, juillet et août

dans le cluster 4 en juin sont restés dans le même cluster en juillet, et nous pouvons remarquer que leurs CA moyens sur P21 et P12 ont diminué, tandis que le CA sur P20 a augmenté.

4   Conclusion

Nous avons développé un prototype de clustering exploratoire pour la segmentation des clients, adapté aux experts marketing en leurs permettant divers fonctionnalités d'exploration et d'analyse grâce aux techniques de fouille de données, d'OLAP et de visualisations. En perspective, nous souhaitons enrichir cet outil par des nouvelles fonctions analytiques ainsi que par des fonctions de recommandations de paramétrage, pour améliorer la qualité d'analyse.

Remerciement : Nous remercions l'ANRT pour leur soutien financier dans le cadre d'une thèse CIFRE (2014/0658).

Références

Awasthi, P., M. Balcan, et K. Voevodski (2013). Local algorithms for interactive clustering. *CoRR abs/1312.6724*.

Balcan, M.-F. et A. Blum (2008). Clustering with interactive feedback. In *Proceedings of the 19th ALT*, ALT '08, pp. 316–328.

El Moussawi, A., A. Cheriat, A. Giacometti, N. Labroche, et A. Soulet (2016). Clustering par apprentissage de distance guidé par des préférences sur les attributs. In *EGC'2016*, Volume 30, Reims, France, pp. 333–344.

Grossi, V., A. Romei, et F. Turini (2016). Survey on using constraints in data mining. *Data Mining and Knowledge Discovery*, 1–41.

Summary

Clustering is a widely used technique for customers segmentation in the CRM domain. However, actual tools are limited because they do not take into account experts knowledge and lack of an interactive exploration. We present a prototype that allows a marketing expert to interactively explore data and analytical attributes in the search of customer profiles. Moreover, our tool allows to study the evolution of profiles over time, and provides various synthetic visualizations that support the analysis task.

Application mobile pour l'évaluation d'un algorithme de calcul de distance entre des items musicaux

Pierre-René Lhérisson[*,**] Fabrice Muhlenbach[*], Pierre Maret[*]

[*]Univ. Lyon, UJM-Saint-Etienne, CNRS,
Laboratoire Hubert Curien UMR 5516, F-42023 Saint Etienne, France
{pr.lherisson / fabrice.muhlenbach / pierre.maret}@univ-st-etienne.fr
[**]1D Lab, 5 rue Javelin Pagnon, F-42000 Saint Etienne, France
pierrerene.lherisson@1d-lab.eu

Résumé. Les systèmes de recommandation permettent de présenter à un utilisateur des éléments susceptibles de l'intéresser. La mise en place de tels systèmes dans les domaines culturels soulève souvent le questionnement de la place de la diversité, de la nouveauté, et surtout de la découverte. Nous pensons que l'être humain, bien qu'ayant ordinairement une tendance à se placer dans une zone de confort correspondant à ce qu'il connaît, apprécie occasionnellement d'être poussé à des explorations le faisant sortir de sa routine. Nous avons développé dans cette optique une méthode, basée sur la dissimilarité, qui élargit les centres d'intérêt des utilisateurs. Nous avons réussi à délimiter une zone intermédiaire entre des items « trop similaires » et des items « trop différents ». Afin de valider cette hypothèse, nous avons développé une application qui permet de tester et de valider cette méthode. Dans cet article de démonstration, nous expliquons le concept de « zone intermédiaire », nous détaillons le fonctionnement de l'application, puis nous présentons les résultats obtenus à partir des tests effectués.

1 Problématique dans les systèmes de recommandation

Les systèmes de recommandation de musiques qui se fondent sur la proximité entre les styles musicaux écoutés par les utilisateurs souffrent du problème suivant : il n'est pas possible pour ces utilisateurs d'écouter d'autres styles musicaux et de découvrir une diversité stylistique musicale susceptible de les intéresser (McNee et al., 2006). Cette recommandation peut être critiquée car elle a tendance à enfermer l'utilisateur dans une « bulle de filtre » de styles musicaux (Pariser, 2011). Une solution peut être proposée en injectant au hasard des nouveautés mais cette méthode risque de désorienter l'utilisateur en lui proposant d'écouter des items qui pourraient ne pas l'intéresser du tout. D'autres solutions triviales peuvent être proposées en relâchant légèrement la contrainte sur la distance stylistique entre les items. La difficulté consiste alors à définir l'écart convenable, la distance appropriée par rapport aux écoutes passées de l'utilisateur devant se trouver dans un intervalle avec des valeurs ne devant être ni trop proches – sous peine d'être trop similaires aux styles musicaux écoutés – ni trop lointaines – risquant d'être trop différents de l'intérêt de l'utilisateur. Nos travaux portent ainsi sur le calcul des bornes de cet intervalle et notre démonstration consiste à présenter une application d'évaluation par des êtres humains de la pertinence de cette approche : à travers des évaluations de similarité entre des musiques proposées en écoute à des utilisateurs, nous cherchons à tester notre algorithme de calcul de distance entre des items musicaux ainsi que la justesse de la définition de différentes catégories obtenues à partir de bornes établies depuis cette distance.

Suivant des valeurs de distance que nous avons calculées, nous proposons aux utilisateurs, par rapport à un artiste musical de référence, des items musicaux à des distances variées de celui-ci : des items considérés comme « proches », d'une catégorie « intermédiaire » ou « distants ». L'application présentée ici a pour objectif d'évaluer la qualité de notre procédé. Sur cette application mobile, l'utilisateur écoute un item musical n°1, dit item de référence, puis il écoute deux autres items musicaux n°2 et n°3 et il indique, à l'aide d'un curseur, la proximité qu'il ressent pour chacun des deux avec l'item n°1 de référence. Précisons qu'il ne s'agit pas pour l'utilisateur d'indiquer sa préférence entre des items musicaux mais bien de juger d'une proximité stylistique ressentie. L'exercice est répété avec le même item de référence et deux autres items musicaux. L'application permet de collecter la position du curseur pour chacune des évaluations ainsi que les titres musicaux qui ont été écoutés lors de l'exercice.

Sachant que les items musicaux n°2, 3, 4 et 5 ont été piochés au hasard dans les classes d'items musicaux issus des catégories considérées par notre algorithme de calcul comme étant « proche », « intermédiaire » ou « distant » vis-à-vis de l'item de référence, l'exploitation des valeurs collectées nous permet de comparer ce procédé avec la perception de l'utilisateur. Les positions indiquées par les utilisateurs au moyen du curseur sont enregistrées et ces valeurs nous permettent de tester l'hypothèse que les items des classes « proche », « intermédiaire » et « distant » sont bien perçus comme tels par l'utilisateur. Nous souhaitons ainsi démontrer, grâce à notre procédé, que notre perception musicale basée sur les styles n'est pas que binaire et que nous sommes capables de sélectionner des items musicaux qui sont perçus au sens du style musical comme n'étant ni vraiment proches ni vraiment distants d'un item musical donné.

2   Architecture de l'application

L'application est composée d'un serveur et d'une application cliente mobile. L'application cliente permet à l'utilisateur d'écouter des items musicaux et de situer les 2 items candidats vis-à-vis de l'item de référence à l'aide d'un curseur qu'il positionne entre « proche » et « différent » (cf. Figure 1). Le serveur comporte des parties algorithmique et de stockage et d'échange de données (cf. Figure 2). Le serveur est relié au catalogue de musiques indépendantes d'*1D touch*[1] à partir duquel sont extraits les exercices en initiant l'item musical par *genre* ou *aléatoirement* (les distances entre les genres (Diefenbach et al., 2016), les artistes et les classes sont pré-calculées). Des APIs permettent au serveur de récupérer les résultats d'une recherche d'un utilisateur dans le catalogue mondial et des extraits sonores (*Niland*[2] et *Deezer*[3]). Une API,*Blitzr*[4], permet de récupérer des informations descriptives sur les artistes et albums sélectionnés par l'utilisateur à partir de sa recherche. Ces informations sont transmises au module de calcul qui va les comparer à celles des artistes d'*1D touch* et déterminer, via les 2 bornes, les classes « proche », « intermédiaire » et « distant ».

---

1. http://1dtouch.com/
2. https://api.niland.io/doc/
3. https://developers.deezer.com/
4. https://blitzr.com/

FIG. 1 – *Capture d'écran de l'application*

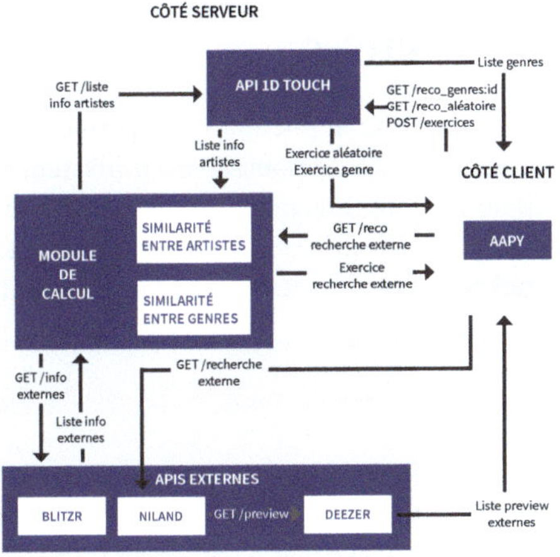

FIG. 2 – *Schéma de l'architecture de l'application*

3   Résultats

L'application est disponible sur Android et iPhone sous le nom « AAPY »[5]. Les premiers résultats opérés sur une dizaine de sujets expérimentaux, permettant de récolter un minimum de 6 tests par sujet, sont encourageants. Ces calculs montrent que nos algorithmes identifient bien des items musicaux « intermédiaires » au plan de la similarité / dissimilarité de style vis-à-vis d'un item musical donné. Un autre enseignement de nos expérimentations porte sur l'accentuation des contrastes. Nous remarquons que les utilisateurs accentuent les dissimilarités en fonction des tests que nous leur proposons. Dans leurs évaluations, ils indiquent une plus forte distance à une musique de la classe « intermédiaire » quand elle doit être comparée en face d'une musique de la classe « similaire » (situation indiquée « intermédiaire-similaire » dans le Tableau 1). A contrario, les utilisateurs indiquent une plus petite distance quand une musique

---

5. http://www.aapy.eu/

de la classe « intermédiaire » doit être comparée avec une musique de la classe « différent » (« intermédiaire-différent »).

	moyenne	écart-type
similaire	0.53	0.36
intermédiaire-similaire	0.68	0.34
intermédiaire-différent	0.54	0.35
différent	0.79	0.28

TAB. 1 – *Distances par rapport à l'item musical de référence (unités arbitraires)*

4   Conclusion et perspectives

Nous avons présenté « AAPY », une application qui permet de tester et valider une approche algorithmique ayant pour objectif de pousser un utilisateur à découvrir de nouveaux styles musicaux, et ceci en allant explorer des musiques issues d'une zone intermédiaire entre des styles trop proches et des styles trop différents. Dans le futur, nous pensons à ajouter les caractéristiques issues de signal audio pour caractériser plus finement les morceaux musicaux.

Références

Diefenbach, D., P.-R. Lhérisson, F. Muhlenbach, et P. Maret (2016). Computing the semantic relatedness of music genre using semantic web data. In *Proc. of the Posters and Demos Track of SEMANTiCS2016, Leipzig, Germany, September 12-15, 2016.*

McNee, S. M., J. Riedl, et J. A. Konstan (2006). Being accurate is not enough : How accuracy metrics have hurt recommender systems. In *CHI '06 Extended Abstracts on Human Factors in Computing Systems*, CHI EA '06, New York, NY, USA, pp. 1097–1101. ACM.

Pariser, E. (2011). *The Filter Bubble : What The Internet Is Hiding From You.* Penguin Press.

Summary

Recommender systems are used to predict what a user might like in the future. In the cultural field using those systems raises the question of diversity, novelty, and discovery. The human being is fond of stability, but he is not against breaking his routine and explore things out of his comfort zone. In this context we created a method, based on dissimilarity measure between cultural items, which expands the cultural knowledge of users. We have been able to delimit an intermediate zone between "too similar" and "too different". We have developed an application which allows us to test andvalidate this method. We explain the concept of "intermediate zone", wepresent the mobile application, its functionalities, and some tests we carried out.

A Hybrid Approach for Detecting Influencers in Social Media

Ioannis Partalas*, Cédric Lopez*, Pierre-Alain Avouac*, Matthieu Osmuk*
Domoina Rabarijaona*, Dana Popovici*, Frédérique Segond*

*Viseo R&D
Grenoble, 38000, France
firstname.lastname@viseo.com,
http://www.viseo.com

Résumé. La détection d'influenceurs dans les réseaux sociaux s'appuie générale-ment sur une structure de graphe représentant les utilisateurs et leurs interac-tions. Récemment, cette tâche a tenu compte, en sus de la structure du graphe, du contenu textuel généré par les utilisateurs. Notre approche s'inscrit dans cette lignée : des informations sont extraites du contenu textuel par des règles linguis-tiques puis sont intégrées dans un système d'apprentissage automatique. Nous montrerons le prototype développé et son interface de visualisation qui facilite l'interprétation des résultats.

1   Introduction

An influencer is a person or thing that has the power to affect people, actions or events. In-fluencer's detection concerns the problem of determining which users have the most influence in a certain social network. Such information is crucial in many research studies such as in so-ciology and information management domains. Additionally, with the frenetic growth of avai-lable data in online social network, being able to analyze and detect influential users becomes crucial as they are susceptible to express their ideas more strongly than other individuals. For example, this information could be used in marketing campaigns in order to maximize their spread (Richardson et Domingos, 2002).

Formally, the task for detecting influent users in a social network, deals with a graph $G = (V, E)$ where V represents the users in the network and E the interactions among them. Apart from the structural information, we also assume that each user produces information as textual content. Such content can induce new interactions between users through new textual content. Therefore, we consider the task of detecting influencers following two ways : analyzing the structure of social networks as well as their textual content.

Our method combines rich linguistic information along with structural properties in order to feed a machine learning model for scoring users. The work presented is part of the SOMA Eurostars project [1] which concerns the enhancement of customer relationship management sys-tems with social media analysis capabilities.

---

1. http ://www.somaproject.eu/, SOMA Eurostars program 9292/12/19892

2   Background and Related Work

Usually, influence detection is addressed by analyzing the structure, mainly using graph theory where a plethora of measures exist. In this context, the centrality measures use the structural information in order to identify the most important nodes in a network (Bonacich, 1987). Indicative measures are betweenness centrality and PageRank. Another line of work, employs propagation models which try to specify how actions are propagated across the social network (Kempe et al., 2003). For example, these actions could be the retweets of a post in Twitter.

Finally, several methods try to combine content with structural information in social networks. Weng et al. (2010) alters PageRank in order to favor certain users according to a topic. More recently Katsimpras et al. (2015) proposed a supervised random walk approach towards topic-sensitive influential nodes. Recently, Biran et al. (2012) started to explore the characteristics of communication for influence detection, adopting a machine learning approach based on features such as persuasion, agreement/disagreement, dialog patterns, and sentiments. This approach required the manual annotation of weblogs from LiveJournal and discussion forums from Wikipedia. (Cossu et al., 2016) present an overview of the features that are used to characterize influential users in Twitter.

The originality of our approach is to use linguistic rules in order to extract fine-grained information in the discourse between users. Then, this information is used as attributes in a machine learning model.

3   Influence Detection Tool

The concrete use case for the influence detection toolkit proceeds as follows : 1) The user defines a social-media source (a forum, a social network, *etc.*) to be analyzed, 2) The system collects structured (*e.g.* behavioral information) and unstructured data (texts), 3) A score of influence is attributed to each social user.

The developed system is composed by three main parts regarding the different aspects : data consumption and preprocessing, data analysis and visualization.

Data Wrangling   Regarding the collection of data to be analyzed the tool can be plugged with any social media (*e.g.* forums, blogs, Twitter, Facebook, *etc.*) with appropriate collectors and consume the data of interest. Collected data concern structural (*e.g.* gender, location), behavioral (*e.g.* number of tweets) and textual information. Textual part of the collected data s pre-processed by linguistic tools in order to extract the morphosyntactic structure.

Data Analysis   As for identifying influencers, the main challenge is the development of a hybrid system, merging linguistic and non-linguistic descriptors. A large part of this task is usually ensured by taking into account non-linguistic information that has already demonstrated good results. The use of linguistic information for detection influencers relies on the assumption that an influencer has a specific behavior which translates into linguistic terms. This is a recent consideration from the linguistic researchers community, and obtained results are encouraging (Rosenthal, 2015).

As for the non-linguistic information, we use relevant statistical information well known in the literature such as the length of messages, the number of messages posted by an author, the number of followers, *etc.* Regarding the linguistic information, we focus on the analysis of various dimensions of the discourse : intonation, writing style, rhetoric, argumentation, speech acts, relation between text and context, *etc.* All the attributes extracted are used to feed a machine learning model which will allow for scoring users based on their influence. To this end, we use state-of-the-art Random Forests mainly for their ability to leverage non-linear interactions among features as well as for their interpretability.

Visualization   The visualization module is Web-based which allows straight-forward accessibility. Specifically, one can segment the social users according to key-terms or topics of interest which will allow a fine-grained view on the set of influencers. Of course one can have global view of the detected influencers with different types of visualization. Figure 1 presents a screen of the visualization module where the top 20 users are presented in form of bubbles according to their score of influence. Figure 2 presents the interaction among users in a graph for a certain discussion. Users with higher score of influence are represented with bigger circles.

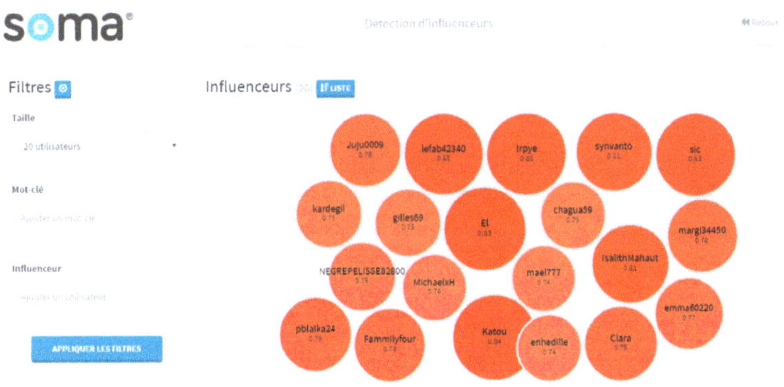

FIG. 1 – *Visualization of users using bubbles.*

Acknowledgments

This work has been supported by the SOMA Eurostars program 9292/12/19892.

Références

Biran, O., S. Rosenthal, J. Andreas, K. McKeown, et O. Rambow (2012). Detecting influencers in written online conversations. In *Proceedings of the Second Workshop on Language in Social Media*, pp. 37–45. Association for Computational Linguistics.

Bonacich, P. (1987). Power and Centrality : A Family of Measures. *American Journal of Sociology 92*(5), 1170–1182.

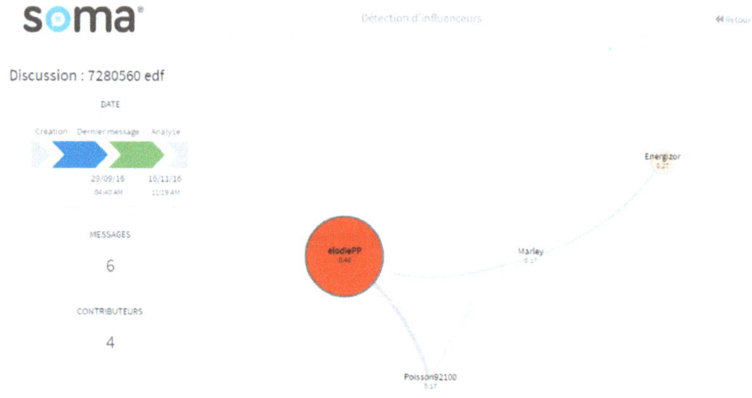

FIG. 2 – *The interaction graph of users throughout a discussion.*

Cossu, J.-V., V. Labatut, et N. Dugué (2016). A review of features for the discrimination of twitter users : application to the prediction of offline influence. *Social Network Analysis and Mining 6*(1), 25.

Katsimpras, G., D. Vogiatzis, et G. Paliouras (2015). Determining influential users with supervised random walks. In *Proceedings of the 24th International Conference on World Wide Web*, WWW '15 Companion, New York, NY, USA, pp. 787–792. ACM.

Kempe, D., J. Kleinberg, et E. Tardos (2003). Maximizing the spread of influence through a social network. In *Proceedings of the Ninth ACM SIGKDD International Conference on Knowledge Discovery and Data Mining*, KDD '03, pp. 137–146. ACM.

Richardson, M. et P. Domingos (2002). Mining knowledge-sharing sites for viral marketing. In *Proceedings of the eighth ACM SIGKDD international conference on Knowledge discovery and data mining*, pp. 61–70. ACM.

Rosenthal, S. (2015). *Detecting Influencers in Social Media Discussions*. Ph. D. thesis, Columbia University.

Weng, J., E.-P. Lim, J. Jiang, et Q. He (2010). Twitterrank : Finding topic-sensitive influential twitterers. In *Proceedings of the Third ACM International Conference on Web Search and Data Mining*, WSDM '10, pp. 261–270. ACM.

Summary

Detecting influencers in social networks generally relies on a graph structure representing the users and their interactions. Recent approached take into account, in addition to the structure of the graph, the textual content generated by the users. Along this line, our approach uses information extracted from the textual content by linguistic rules and then integrated into a machine learning system. In this work we present the developed prototype along with the visualization used in order to facilitate the interpretation of the results.

Vers une instance française de NELL : chaîne TLN multilingue et modélisation d'ontologie

Maisa Cristina Duarte*, Pierre Maret*

*Univ. Lyon, UJM-Saint-Etienne, CNRS
Laboratoire Hubert Curien UMR 5516
F-42023 Saint-Étienne, France
maisa.cristina.duarte@univ-st-etienne.fr, pierre.maret@univ-st-etienne.fr

Résumé. Nous présentons les étapes de préparation de la création d'une instance nouvelle de NELL dédiée au français. NELL est à la fois un processus de lecture et de compréhension automatique du Web et un ensemble de base de connaissances de faits en anglais, en portuguais et très prochainement en français. Cette mise en place de la nouvelle instance de NELL a donné lieu à l'amélioration de la chaîne NLP en la généralisant au multilangue, ainsi qu'au développement d'une ontologie par correspondance avec l'ontologie en anglais. Nous présenterons le processus de mise en place et de lancement de la nouvelle instance NELL Français avec l'interface de visualisation et de supervision humaine des données collectées.

1   Introduction

La lecture par machine (Machine Reading, MR) est un domaine de recherche s'intéressant à la compréhension du langage naturel (Natural Language Understanding) et qui cherche à aller au delà du traitement du language naturel. Selon les principes de (Etzioni et al., 2006) le but principal du MR est la *compréhension autonome du texte*. Considérant que la principale méthode d'apprentissage de l'humain passe par la lecture, divers projets de recherche sont dédiés à la conception de système capables d'apprendre en lisant (Clark et al., 2007).

L'approche par apprentissage permanent (Never-Ending Learning, NEL) est une technique utilisée dans des systèmes de MR. Dans ce paradigme, l'apprenant évolue de façon autonome et permanente dans le temps, et surtout il apprend progressivement pour améliorer ses performences. Le premier système d'apprentissage permanent décrit dans la literature est le système NELL, Never-Ending Language Learner (Carlson et al., 2010). NELL a démarré en janvier 2010 et lit et relit le web en anglais dans le but de collecter des faits et de peupler sa base de connaissances (KB). Une deuxième instance de NELL lit le Portugais (Duarte et Hruschka, 2014). Nous présentons dans cet article nos travaux pour la création de NELL Français et proposerons en démonstration de présenter le processus de mise en place et de visualisation des éléments collectés.

2   NELL, Never-Ending Language Learning

NELL est un système qui capitalise sur ses apprentissages pour apprendre de mieux en mieux chaque jour. Il implémente une ontologie initiale en entrée, composée de catégories et de relations, et il produit en sortie une base de connaissances qui augmente et s'améliore chaque jour.

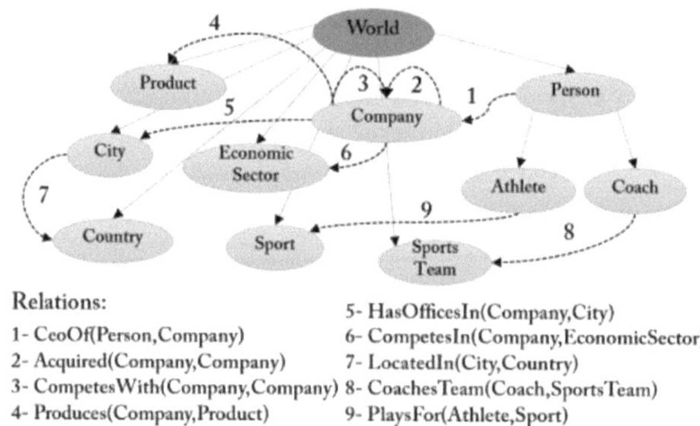

FIG. 1 – *Un extrait de l'ontologie de NELL, tiré de (Duarte et Hruschka, 2014)*

La figure 1 présente un exemple illustrant l'ontologie de NELL. Les connaissances sont décrites en termes de catégories et de relations. L'ontologie utilisée possède 276 catégories et 319 relations. A titre d'exemple, City, Person, Country, Company, etc. sont des catégories; et CeoOf(Person, Company), LocatedIn(City, Country), etc. sont des relations. Les données qui peuplent les catégories sont par exemple : City(Saint-Etienne), Person(Barack Obama), etc. ; et les relations sont LocatedIn(Paris,France), CeoOf(Sundar Pichai, Google), etc.

NELL utilise divers composants (ou sous-systèmes) tels que CPL (Coupled Pattern Learning), SEAL (Coupled SEAL), PRA (Path Ranking Algorithm), Human Advice et ConceptResolver, etc. qui sont décrits dans (Mitchell et al., 2015).

Le processus général de NELL consiste à réaliser des itérations qui exécutent en séquence : lire le web, extraire les connaissances, et calculer la confiance pour éventuellement introduire de nouvelles connaissances dans l'ontologie. Dans le but d'optimiser le processus de lecture et d'extraction de connaissances, le système d'apprentissage de NELL utilise une base de motifs pré-calculés appelée *all-pairs-data*. Cette base des *all-pairs-data* est générée par une chaîne TLN prenant en entrée le corpus Clueweb (Callan et al., 2009).

3   Développement d'une chaîne TLN multilingue et correspondances d'ontologies anglais-français

Le développement d'une chaîne TLN multilingue et la mise en place des correspondances d'ontologies sont deux étapes indépendantes nécessaires à la création de la nouvelle instance de NELL. Alors que les instances précédentes de NELL utilisaient une chaîne TLN dédié au language ciblé (anglais, portuguais), nous avons implémenté une nouvelle chaîne TLN qui est indépendante du language et qui peut être utilisée pour toutes les langues. Nous l'avons utilisée ensuite pour le français. Actuellement, la chaîne s'exécute pour créer la base des *all-pairs-data* en français en lisant le corpus Clueweb avec environ 50 million pages Web en français. Cette chaîne NLP comprend les étapes suivantes : 1) Lire une phrase dans Clueweb, introduire des balises, sauver le texte balisé ; et 2) Lire le texte balisé et extraire les occurrences et les co-occurences de catégories et de relations. Pour l'étape 1, nous avons intégré Wikifier (Carreras et al., 2014) qui permet d'une part de baliser les pages web et d'autre part d'identifier les entités nommées. Wikifier peut être utilisé pour 17 langues. Pour l'étape 2, nous avons adopté une implémentation Hadoop afin de calculer les occurrences et co-occurrences d'entités nommées et de motifs textuels, pour les catégories comme pour les relations. Ce processus mène à la création des *all-pairs-data*.

Parallèlement, nous avons réalisé une mise en correspondance d'ontologies entre l'Anglais et le Français. Il en résulte une ontologie en Français qui suit l'ontologie en Anglais [1], et qui est composée de catégories, de relations ainsi que d'exemples de ces éléments. L'ontologie en Français a été introduite dans le système NELL pour initier la nouvelle base de connaissances NELL Français (figure 2) et elle est utilisée avec les *all-pairs-data* pour le processus d'apprentissage du système.

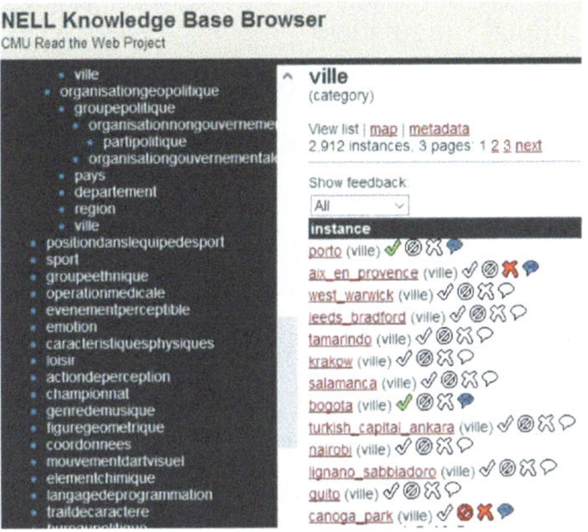

FIG. 2 – *Ontologie en Français*

La figure 2 présente la visualisation l'ontologie NELL Français qui sert aussi d'interface de supervision humaine de cette ontologie. La supervision humaine consiste à ce qu'une personne vérifie les connaissances apprises par le système et fasse un retour afin d'assister le processus d'apprentissage. Les valeurs possibles des retours sont : correct, faux, contre-exemple.

Le système est totalement configuré. Il sera présenté en même temps que le processus mené pour le mettre en place. Il reste à le mettre en production, dès que l'étape de création des *all-pairs-data* avec Clueweb sera terminée. Nous serons alors à même de lancer l'apprentissage et la supervision sur la base de connaissance NELL Français.

---

1. http ://rtw.ml.cmu.edu/rtw/kbbrowser

4　Conclusion

Dans cet article, nous avons présenté les étapes menées pour la création d'une nouvelle instance de NELL, en français. Nous pourrons présenter ces étapes ainsi que le procéssus général de production des connaissances NELL : textes sources, balisage, *all-pairs-data*, catégories et relations en français, visualisation et supervision humaine. Les impacts de ce travail sont nombreux pour l'extraction ininterrompue de connaissances en français sur le Web et leur exploitation.

Références

Callan, J., M. Hoy, C. Yoo, et L. Zhao (2009). Clueweb09 data set.

Carlson, A., J. Betteridge, B. Kisiel, B. Settles, E. R. H. Jr., et T. M. Mitchell (2010). Toward an architecture for never-ending language learning. In *Proceedings of the Twenty-Fourth Conference on Artificial Intelligence (AAAI 2010)*.

Carreras, X., L. Padró, L. Zhang, A. Rettinger, Z. Li, E. García Cuesta, Z. Agic, B. Bekavac, B. Fortuna, et T. Stajner (2014). Xlike project language analysis services. In *EACL 2014 : 14th Conference of the European Chapter of the Association for Computational Linguistics : Gothenburg, Sweden : April, 26-30, 2014 : proceedings of the conference*, pp. 9–12. Association for Computational Linguistics.

Clark, P., P. Harrison, J. A. Thompson, R. Wojcik, T. Jenkins, et D. J. Israel (2007). Reading to learn : An investigation into language understanding. In *AAAI Spring Symposium : Machine Reading*, pp. 29–35.

Duarte, M. C. et E. R. Hruschka (2014). How to read the web in portuguese using the never-ending language learner's principles. In *14th International Conference on Intelligent Systems Design and Applications*, pp. 162–167.

Etzioni, O., M. Banko, et M. J. Cafarella (2006). Machine reading.

Mitchell, T., W. Cohen, E. Hruschka, P. Talukdar, J. Betteridge, A. Carlson, B. D. Mishra, M. Gardner, B. Kisiel, J. Krishnamurthy, N. Lao, K. Mazaitis, T. Mohamed, N. Nakashole, E. Platanios, A. Ritter, M. Samadi, B. Settles, R. Wang, D. Wijaya, A. Gupta, X. Chen, A. Saparov, M. Greaves, et J. Welling (2015). Never-ending learning.

Summary

We present and will demonstrate the steps for the creation of a new instance of NELL: NELL French. We have improved the NLP pipeline to make it multilingual, and we have mapped the NELL ontology to French. We will present the whole initiation process and show how the production process works, leading to the user interface to visualize and supervise the knowledge base.

PORGY : a Visual Analytics Platform for System Modelling and Analysis Based on Graph Rewriting

Bruno Pinaud*, Oana Andrei**, Maribel Fernández***
Hélène Kirchner****, Guy Melançon*, Jason Vallet*

*Université de Bordeaux, LaBRI, France, {prénom.nom}@u-bordeaux.fr
**School of Computing Science, University of Glasgow, UK
***King's College London, UK
****Inria, France, helene.kircher@inria.fr

Abstract. PORGY is a visual environment for rule-based modelling based on port graphs and port graph rewrite rules whose application is steered by rewriting strategies. The focus of this demonstration is the visual and interactive features offered by PORGY, which facilitate an exploratory approach to model, simulate and analyse different ways of applying the rules while recording the model evolution, as well as tracking and plotting system parameters.

1 Introduction

We propose PORGY [1] (Fernández, Kirchner, and Pinaud, 2016) a general visual modelling framework (Fig. 1) based on graph rewriting (or graph rewriting) for complex systems. PORGY is based on the use of *port graphs with attributes* to represent system states. In a port graph, edges connect to nodes at specific points, called ports. Nodes, ports and edges describe system components and their relationships, while attributes encapsulate the data values associated with each entity. We use graph transformations based on port graph rewrite rules to describe the evolution of the system.

Graph transformations are usually specified by means of rules (Ehrig, Engels, Kreowski, and Rozenberg, 1997) and have been implemented in a variety of modelling tools, e.g., BioNet-Gen (Faeder, Blinov, and Hlavacek, 2009) or RuleBender (Smith, Xu, Sun, Faeder, and Marai, 2012). Such tools integrate visualisation with modelling and simulation of rule-based bio-chemical models with an emphasis on visual model exploration and integrated execution of simulations. States are represented by graphs describing the system components; their interactions are defined by rules governed by associated rate constants, which determine how frequently the rules apply. BioNetGen explicitly uses the structure of port graphs, while the other tools use graph-based structures with labels.

Generally speaking, port graph rewrite rules are graphical representations of transformations in the system, thus they provide a direct, visual mechanism to observe the system's behaviour. In addition to port graphs and rewrite rules our modelling approach includes *strategy expressions* to steer rule applications. Strategies allow using operators to combine graph

---

1. http://porgy.labri.fr

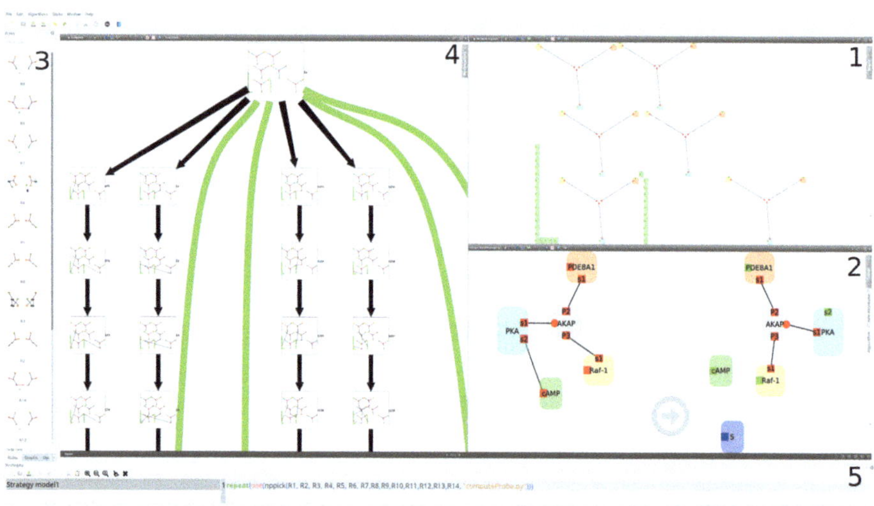

FIG. 1 – *Overview of* PORGY*: (1) editing a graph; (2) editing a rule; (3) all available rules; (4) the derivation tree, a complete trace of the computing history; (5) editing a strategy.*

rewriting rules, as well as operators to define the location where rules should, or should not, apply. Often more than one transformation is possible at a given state, in which case instead of a single transformation step, we may have several alternatives to choose from, and in turn, generate several different sequences of transformations. The various transformation sequences are organised as a tree structure, which we call *Derivation Tree* (DT).

In order to support the tasks involved in the study of a graph rewriting system, PORGY provides facilities to view each component at the same time (rules, strategy, any state of the rewritten graph, DT), to perform on-demand rewriting (strategy-based or rule-based) with drag-and-drop mechanisms, to synchronise the different views to track the evolution of system properties, to explore a DT with all possible derivations at different scales, to track the rewriting process throughout the whole DT, or to plot the evolution of a chosen parameter.

2   The PORGY Model

The design or PORGY is originally inspired from the study of biochemical systems, that is why we detail the use of PORGY for modelling a biochemical network. However, we recently used PORGY as a visual analytics tool for comparing propagation models in social networks (Fernández, Kirchner, Pinaud, and Vallet, 2016).

Elements as Port Graphs. In a port graph, nodes have explicit connection points called *ports*, edges are attached to ports; nodes, ports and edges are labelled by sets of attributes. We represent each model elements (proteins) as a node whose ports represent binding sites which can be linked to other binding sites.

Interactions (reactions) as rewrite rules. A *rewrite rule* $L \Rightarrow R$ consists of two subgraphs, L and R, linked together with a special node ($\Rightarrow$) that encodes the correspondence between the elements of L and R (Fig 1, panel 2). Let G be a port graph such that there is a port graph morphism g from L to G. By replacing the subgraph $g(L)$ of G by $g(R)$ and connecting it with the rest of the graph, we obtain a port graph G' representing a result of a *rewriting step* of G using $L \Rightarrow R$. Rewriting is intrinsically non-deterministic since several subgraphs of a port graph may be rewritten under a set of rules.

Strategy for Rule Application. A strategy consists of either a rule or a composition of operators over a rule set. Rule applications can be governed by probabilities. Beyond the different choices for rule application, many other choices have to be made to control rewriting: choose where to apply a rule in a graph, define a sequence of rules which are correlated, iterate a rule or a sequence of rules, etc. The full strategy language is presented in Fernández et al. (2016).

Derivations and Derivation Tree. A *derivation* is a sequence of rewriting steps. Each step involves the application of a rule at a specific position in the graph. Navigating along derivations helps understanding how a specific state has been reached. In general, several derivations are possible from any state, giving rise to the notion of derivation tree DT (Fig. 1, Panel 4).

3 Experimentation and analysis

PORGY has been designed with the Visual information-seeking mantra of Shneiderman (1996) in mind: *Overview first, zoom and filter, then details on demand.* PORGY is built on top of the open-source visualisation framework TULIP[2] as a set of C++11 TULIP plugins.

Overview First. To understand the behaviour of non-deterministic systems, it is often useful to execute several times the same rewrite program on the same input to look for potential variations. These can be seen as branches in the DT. Although it is often a large data structure, it provides an indexed representation of the system evolution where each node represents one system state, and an edge is the application of a rule or a strategy. PORGY allows us to analyse the derivation tree and work with it at different levels. For instance, Small Multiples (SMs) allow seeing consecutive graph states like a comic-strip.

Zoom and Filter. One may be interested in plotting the evolution of a parameter computed out of each intermediate state. An interactive scatter plot can be built as in Fig. 2. Moreover, all graphical views are synchronised. For instance, if some interesting points are selected inside the scatter plot, they are also immediately selected inside the corresponding branch of the derivation tree. The synchronisation is also valid for graph elements.

Details on Demand. We can investigate further the selected nodes by zooming in and seeing distinctly the graphs. Hovering the mouse pointer over an edge allows to see which elements were changed by the application of the rule. The modified elements are emphasised in the picture, to clearly display which ones have evolved.

4 Conclusion

We have illustrated some key features of PORGY, an open-source general-purpose modelling and analysis environment. Domain-specific versions of PORGY can be easily implemented by extending or refining the features presented here.

---

2. `http://tulip.labri.fr`

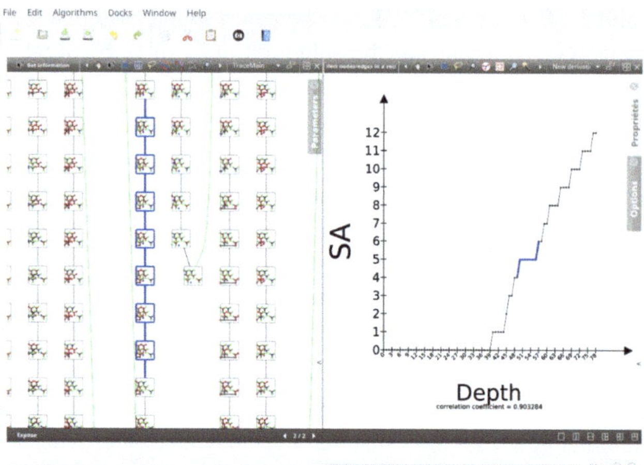

FIG. 2 – *A scatter plot showing the evolution of the* SA *protein concentration and the corresponding derivation tree. The points selected in the scatter plot (in blue) are automatically selected in the derivation tree.*

References

Ehrig, H., G. Engels, H.-J. Kreowski, and G. Rozenberg (1997). *Handbook of Graph Grammars and Computing by Graph Transformations, Volume 1-3.* World Scientific.

Faeder, J., M. Blinov, and W. Hlavacek (2009). Rule-Based Modeling of Biochemical Systems with BioNetGen. In I. V. Maly (Ed.), *Systems Biology*, Volume 500 of *Methods in Molecular Biology*, pp. 113–167. Humana Press.

Fernández, M., H. Kirchner, and B. Pinaud (2016). Strategic Port Graph Rewriting: An Interactive Modelling and Analysis Framework. Research Report, Inria.

Fernández, M., H. Kirchner, B. Pinaud, and J. Vallet (2016). Labelled Graph Rewriting Meets Social Networks. In *RTA'16*, Volume 9942 of *LNCS*, pp. 1–25. Springer.

Shneiderman, B. (1996). The eyes have it: A task by data type taxonomy for information visualizations. In *Proc. of the IEEE Symp. on Visual Languages*, pp. 336–343.

Smith, A. M., W. Xu, Y. Sun, J. R. Faeder, and G. Marai (2012). RuleBender: integrated modeling, simulation and visualization for rule-based intracellular biochemistry. *BMC Bioinformatics 13*(8).

Résumé

PORGY est un environnement interactif utilisé pour la modélisationde systèmes obtenus à partir de règles de réécriture, pilotés à l'aide de stratégies et basées sur des graphes utilisant des nœuds à ports. Cette démonstration présente quelques uns des aspects de visualisation analytique proposés par PORGY. Cette dernière facilite la modélisation du système, sa simulation ainsi que l'analyse des résultats à différentes échelles.

Analyse exploratoire de corpus textuels pour le journalisme d'investigation

Nicolas Médoc*,** Mohammad Ghoniem**
Mohamed Nadif*

*LIPADE, Université Paris-Descartes
mohamed.nadif@mi.parisdescartes.fr
**Luxembourg Institute of Science and Technology
nicolas.medoc@list.lu,
mohammad.ghoniem@list.lu

Résumé. Nous proposons un outil de visualisation analytique conçu pour et avec une journaliste d'investigation pour l'exploration de corpus textuels. Notre outil combine une technique de biclustering disjoint pour extraire des sujets de haut niveau, avec une méthode de biclustering non-disjoint pour révéler plus finement les variantes de sujets. Une vue d'ensemble des sujets de haut niveau est proposée sous forme d'une treemap, puis une visualisation hiérarchique radiale coordonnée avec une heatmap permet d'inspecter et de comparer les variantes de sujet et d'accéder aux contenus d'origine à la demande.

1 Introduction

Nous présentons un outil de visualisation analytique conçu pour faciliter l'exploration de grand corpus par des journalistes d'investigation. Ces journalistes commencent typiquement par se faire une idée générale du sujet de leur investigation, puis se concentrent sur l'identification de faits et de points de vue qui confirment ou infirment leur hypothèse de travail. Les corpus textuels sont souvent modélisés par des matrices *Termes×Documents*, construites avec la pondération *TF-IDF* sur la base des noms et des verbes lemmatisés. On peut en extraire des sujets à l'aide de `Coclus`, une technique de biclustering diagonal basé sur la modularité de graphes (Ailem et al. (2015)). On a souvent recours aux nuages de mots pour représenter un sujet décrit par un ensemble de termes associés aux documents qui en traitent. Nous les affichons dans une carte pondérée des sujets. Après avoir identifié un sujet d'intérêt, l'attention du journaliste se porte sur la compréhension de ses variantes. Il s'agit de biclusters non-disjoints mettant en relation des sous-ensembles de documents qui partagent des cooccurrences de termes. Ces variantes peuvent révéler des faits, des points de vue ou des angles d'analyse partagés par plusieurs sources. Les biclusters non-disjoints ont été visualisés de différentes manières, e.g. sous la forme d'enveloppes non-disjointes dans des diagrammes nœuds-liens, des vues matricielles et des coordonnées parallèles par Santamaría et al. (2008). Dans `BiSet`, Sun et al. (2015) utilisent des graphes bipartites chaînés avec des regroupements sémantiques pour représenter les relations de chaînage entre les biclusters. Pour fournir une vue d'ensemble claire d'un grand nombre de biclusters non-disjoints, nous proposons une visualisation hiérarchique radiale qui permet d'identifier les termes qui les rapprochent ou les distinguent.

2   Vue d'ensemble de l'outil

La vue *Weighted Topic Map* de la Figure 1 est une vue hybride combinant une treemap où chaque sujet extrait par `Coclus` est représenté par un rectangle de surface proportionnelle à son importance. Chaque rectangle contient un nuage de mots détaillant les termes du sujet. La taille et la couleur des mots reflètent respectivement leur représentativité (*TF-IDF*) et le nombre de documents où ils apparaissent. Une projection MDS calculée à partir de la matrice de similarité des biclusters de `Coclus` fournit des positions 2D qui servent à placer les rectangles de la vue *Weighted Topic Map* Ghoniem et al. (2015). Ainsi, les sujets similaires se retrouvent dans des rectangles voisins. L'indice de Jaccard est utilisé pour afficher interactivement les liens entre un sujet cible et les cinq sujets les plus similaires. L'affichage de ces liens vise à atténuer les effets du partitionnement strict de `Coclus`. Quand l'analyste sélectionne un

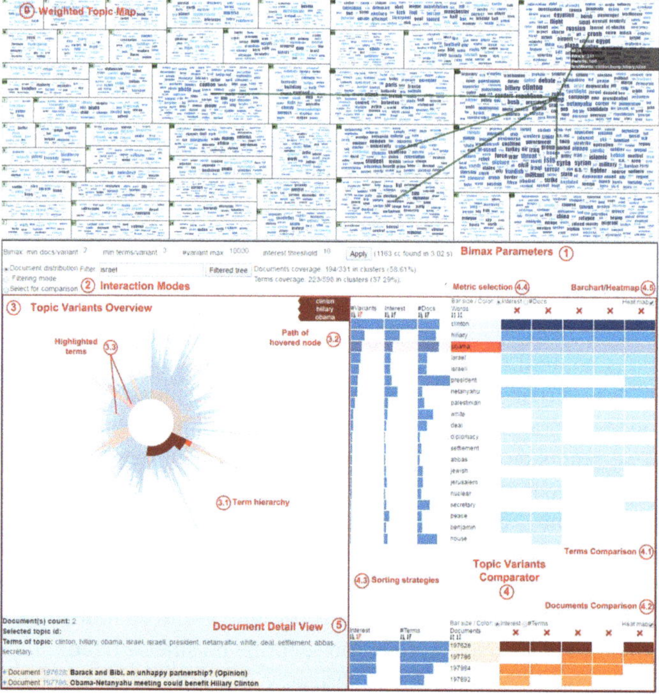

FIG. 1 – *Sujet relatif aux élections présidentielles américaines sélectionné parmi 3 992 articles de presse en ligne compilés entre le 2 et le 16 novembre 2015. Cinq variantes concernant Hillary Clinton sont placés dans le comparateur* (`https://youtu.be/rj9YrTMPClQhttps://youtu.be/rj9YrTMPClQ`).

sujet pour l'examiner, `Bimax` (Prelić et al. (2006)), un algorithme de biclustering non-disjoint à base de motifs, en extrait les variantes. Bien que l'exhaustivité de `Bimax` soit conforme aux besoins de l'analyste, cet algorithme produit une myriade de biclusters. Pour comprendre le résultat de `Bimax`, nous créons une hiérarchie de biclusters sur la base de leurs termes communs à l'aide de l'algorithme `FPTree` (Han et al. (2000)). L'arborescence qui en découle est représentée à l'aide d'une vue *Sunburst* (3.1 dans la Figure 1). Les termes les plus communs ont un degré de chevauchement plus élevé, et sont placés à proximité de la racine, alors que les termes plus spécifiques sont placés plus en périphérie. Chaque chemin allant de la racine jusqu'à une feuille, décrit les termes d'un bicluster. À mesure que l'on s'éloigne de la racine le long de ce chemin, la combinaison de termes devient plus spécifique et caractérise de moins en moins de documents. Au niveau d'une feuille, on retrouve les documents correspondant à un seul bicluster. À l'aide de cette vue et de la vue *Variant Comparator* (4), le journaliste peut se concentrer sur un aspect spécifique du sujet et afficher les liens entre les documents pertinents, pour identifier les faits et les points de vues relatifs à son hypothèse de travail. Le texte des documents est accessible via la vue *Document Detail* (5). De plus, nous fournissons plusieurs modes d'interaction permettant de filtrer les variantes par mots clés et d'analyser la dispersion de ses documents. En survolant un terme de l'arborescence, toutes ses occurrences sont surlignées en rouge (3.3 dans la Figure 1) et la séquence de termes correspondante est affichée à droite (3.2). Le comparateur de variantes permet l'analyse des termes communs et distinctifs, ainsi que la distribution des documents à travers les variantes de sujet sélectionnées. Différents critères de tri sont proposés pour faciliter l'identification des termes les plus informatifs.

Le nombre de biclusters `Bimax` augmente avec la taille et la densité des blocs extraits par `Coclus` et peut excéder les 10 000 biclusters. Pour réduire ce nombre, nous permettons à l'utilisateur de modifier les paramètres de `Bimax` : le nombre minimal de termes ou de documents par bicluster (*MinT*, *MinD*) et le nombre maximal de biclusters (*MaxB*). Comme `Bimax` s'applique à des matrices binaires, nous autorisons aussi l'utilisateur à changer le seuil de binarisation (*Thr*) appliqué à la matrice de poids *TF-IDF*. L'augmentation de ce seuil sélectionne, pour chaque document, les termes les plus représentatifs et réduit la densité et les dimensions de la matrice. La Figure 2, montre l'effet des variations des paramètres sur la hiérarchie de termes associée au sujet concernant les élections présidentielles américaines. Après chaque variation de paramètre, le nœud racine « Obama » est sélectionné systématiquement pour apprécier en orange la distribution de ses documents. Avec les paramètres par défaut ($MinT = 3$, $MinD = 4$, $Thr = 5$), seuls les premiers niveaux des 13 000 biclusters sont visibles dans la *Sunburst*. Augmenter *Thr* ou *MinT* réduit la dispersion des documents concernant « Obama », en préservant mieux la morphologie de la hiérarchie avec *Thr*. Enfin, lorsque *MinD* augmente, la cardinalité des termes des biclusters tend à décroître mais la dispersion des documents sélectionnés demeure jusqu'à ce que le nœud « Obama » disparaisse.

3   Conclusion

Cet outil adopte une approche multi-résolution pour explorer des corpus textuels. La carte pondérée des sujets aide à comprendre des dizaines de sujets rapidement et à apprécier leur importance relative, pour ensuite se focaliser sur un sujet d'intérêt. Une analyse plus fine des variantes de sujet permet d'explorer différents angles ou points de vue partagés par plusieurs documents. Nous envisageons de mener une étude utilisateur pour évaluer, à travers nos visualisations, la faisabilité des tâches en comparant `Coclus` avec `LDA`.

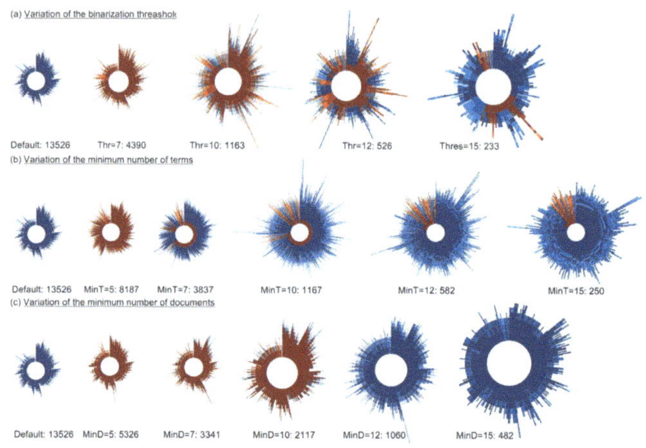

FIG. 2 – *Nombre de biclusters lorsque les paramètres de* Bimax *varient.*

Références

Ailem, M., F. Role, et M. Nadif (2015). Co-clustering Document-term Matrices by Direct Maximization of Graph Modularity. In *Proc. of the 24th ACM International on CIKM*, CIKM '15, pp. 1807–1810. ACM.

Ghoniem, M., M. Cornil, B. Broeksema, M. Stefas, et B. Otjacques (2015). Weighted maps : treemap visualization of geolocated quantitative data. In *IS&T/SPIE Electronic Imaging*, pp. 93970G–93970G. Int. Soc. for Optics and Photonics.

Han, J., J. Pei, et Y. Yin (2000). Mining Frequent Patterns Without Candidate Generation. In *Proceedings of the 2000 ACM SIGMOD International Conference on Management of Data*, SIGMOD '00, pp. 1–12. ACM.

Prelić, A., S. Bleuler, P. Zimmermann, A. Wille, P. Bühlmann, W. Gruissem, L. Hennig, L. Thiele, et E. Zitzler (2006). A systematic comparison and evaluation of biclustering methods for gene expression data. *Bioinformatics 22*(9), 1122–1129.

Santamaría, R., R. Therón, et L. Quintales (2008). A visual analytics approach for understanding biclustering results from microarray data. *BMC Bioinformatics 9*(1), 247.

Sun, M., P. Mi, C. North, et N. Ramakrishnan (2015). BiSet : Semantic Edge Bundling with Biclusters for Sensemaking. *IEEE TVCG PP*(99), 1–1.

Summary

We propose a visual analytics tool to support investigative journalists in the exploration of large text corpora. Our tool combines graph modularity-based diagonal biclustering to extract high-level topics with overlapping bi-clustering to elicit fine-grained topic variants. Our co-ordinate and multi-resolution views allows explorin high-level topics, inspecting their variants while accessing the original content on demand.

Gestion de Connaissances en Temps Réel depuis des Flux Massifs de Données et Apprentissage Automatique

Badre Belabbess*, Jérémy Lhez**
Olivier Curé***

*badre.belabbess@atos.net
**jeremy.lhez@u-pem.fr
***olivier.cure@u-pem.fr

Résumé. L'analyse en temps-réel de données massives envoyées par des capteurs a connu ces dernières années un essor important. Du fait de l'hétérogénéité de ces données, l'application de modèles de machine learning spécialement calibrés pour des cas d'usages précis a permis d'extraire et d'inférer des informations de très grandes valeurs. Néanmoins, peu de systèmes proposent une implémentation distribuée sur un vrai cluster industriel permettant de tirer profit de capacités de calcul décuplées. Nous présentons ici une démonstration de détection d'anomalie sur réseau souterrain d'eau potable en île-de-France réalisé avec notre plateforme, dénotée WAVES.

1   Introduction

Les avancées technologiques en termes de communication sans fil et de microélectronique ont mené au développement de capteurs intelligents toujours plus efficients et déployables à large échelle .Les domaines d'application se sont alors rapidement diversifiés avec, entre autres, la surveillance d'habitat (A. Rozyyev et F.Subhan (2011)), la géolocalisation d'objets communicants (S.Chauhdary (2009)) et la gestion d'environnement (L.Lee et C.Chen (2008)). Le recours intensif à ces capteurs a conduit à la génération d'un large volume de mesures dynamiques, hétérogènes et géographiquement distribuées. Si ces informations sont analysées efficacement, cela pourrait aider à inférer automatiquement de nouvelles connaissances à haute valeur ajoutée.

Le système décrit ici s'inscrit dans un projet de recherche pour le déploiement d'une solution industrielle nommée WAVES [1]. Il s'agit d'une plateforme de traitement en temps-réel de flux massifs provenant de capteurs installés sur un large réseau souterrain d'eau potable. Un de ces traitements correspond à la détection d'anomalies dans la consommation d'eau correspondant à une fuite sur le réseau. Ce projet est né de la nécessité de trouver des solutions innovantes pour réduire les déperditions d'eau qui sont estimées en moyenne à 20% du volume d'eau introduit dans le réseau [2]. Dans cette démonstration, nous présenterons l'architecture globale du

---

1. Détails sur le projet WAVES disponible à l'adresse : `http://waves-rsp.org/`

2. Rapport de l'Observatoire des services publics d'eau et d'assainissement : `www.services.eaufrance.fr/docs/synthese/rapport/Rapport_SISPEA\%202011_resume_DEF.pdf/`

module de raisonnement, puis nous détaillerons le scénario mis en jeu ainsi que les résultats obtenus.

2   Architecture

Le module de raisonnement est basé sur une architecture modulaire, scalable, distribuée sur un large cluster de machines et open-source. Le but principal du module est de créer un outil générique permettant d'extraire et d'inférer des connaissances à partir de flux de données hétérogènes dans un environnement temp-réel. Cette solution est assez flexible pour s'adapter à un large panel de cas d'usages permettant de résoudre des problèmes concrets à fort impact social, économique et environnemental.

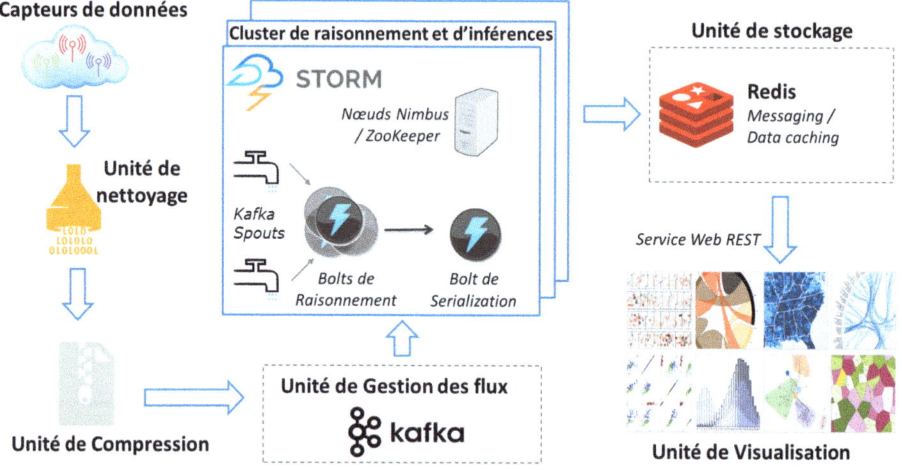

FIG. 1 – *Architecture du module de raisonnement WAVES.*

La figure 1 donne une vue d'ensemble de l'architecture sur laquelle est basé le module de raisonnement et d'inférence. Ce module traite des flux dynamiques organisés sous forme d'évènements et pris en charge par des composants distribués qui ont fait leur preuves dans les déploiements industriels d'envergure : Redis (Red) comme base de stockage en mémoire à haute vélocité, Kafka (Wang et al. (2015)) en tant que système de messagerie distribuée à haute performance, et Storm (Toshniwal et al. (2014)) comme moteur distribué de traitement de données massives à forte tolérance aux pannes.

Le workflow classique du système est le suivant :

— Les différentes mesures générées par les capteurs (e.g pression, débit, chlorine, etc) sont d'abord nettoyées par un algorithme qui élimine les valeurs aberrantes, remplace certaines données manquantes et réalise au besoin un échantillonage.

— Ces données sont ensuite compressées via un algorithme spécifique (García et al. 2014) pour réduire au maximum la taille des flux avant d'être soumises au broker Kafka pour être distribuées au composant principal de raisonnement et d'inférence.

— L'unité de transmission de données sur Storm, appelée Spout, lit ensuite les données compressées sous forme d'évènements atomiques qu'elle redistribue aux différentes unités de raisonnement, appelées Bolts, qui sont réparties sur un cluster de machines virtuelles. Les bolts appliquent durant cette étape des algorithmes d'apprentissage non supervisé dont les résultats seront stockés sur la base clé-valeur Redis puis visualisés ensuite par l'utilisateur final.

3   Scénario et Algorithme de détection d'anomalie

Le but de la démonstration est la détection d'anomalies dans le réseau d'eau potable grâce à l'analyse des données de consommation. Chaque jeu de données provient d'une zone géographique spécifique et de mesures horodatées. Ils sont divisées en secteurs de consommation constitués de quartiers ou de petites villes.La démonstration se concentrera sur la région de Versailles en île-de-France contenant 11 secteurs (environ 350.000 habitants) et comprenant 67 capteurs de débit étalés sur 900km de tuyauterie. Ces informations géographiques sont regroupées dans des fichiers de configuration, qui décrivent le réseau, les capteurs déployés (latitude/longitude), le type de mesure (pression, débit, température, etc.), et l'unité des mesures (m^3/h, °C, etc.).

L'apprentissage des modèles se fait sur des archives de données historiques sur près de deux ans. Les relèves sont rassemblées à raison d'un fichier par capteur, chaque fichier étant situé dans un répertoire en fonction du type de mesure effectuée. Les relevés se présentent sous la forme d'un couple date-mesure ; les dates seules figurent dans le cas où la mesure n'a pu être relevée.

On part du principe que les zones de consommations ou secteurs ont des périodicités dans leur consommation et que tout évènement qui sort de ces régularités est considéré comme anormal. Dans un premier temps, il s'agit de voir quels secteurs sont similaires, et sur quels jours. Ensuite, on fait une confrontation de la consommation des secteurs similaires sur 2 jours similaires (jour actuel et jour de référence). Théoriquement, on doit avoir un mélange homogène de nuages de points sur ces deux jours. Tout nuage de point ayant des évènements non balancés représente une anomalie.

Dans un premier temps, on extrait les différents profils en se basant sur des données historiques. Les méthodes d'extraction de profil sont assez simples. Pour les secteurs, il s'agit de moyenner leurs courbes de consommation journalières sur une période bien définie (6 à 8 semaines dans notre cas). On a pris soin de prendre une période pas très grande pour éviter l'impact de la variation en fonction des saisons. Ensuite, en utilise la corrélation de Pearson pour définir une mesure de similarité entre les différents profils. En ce qui concerne les jours, la courbe représentative du profil est extraite en faisant la moyenne des courbes de consommations des secteurs sur chaque jour.

Après avoir effectué les différentes étapes préliminaires, on a pu procéder à la détection d'anomalies par clustering. Pour ce faire, on a utilisé plusieurs modèles à savoir : KMeans, DBScan, Agglomerative Clustering, OPTICS et ROCK Clustering (Hari Krishna Kanagala (2016)). On a défini les paramètres de chaque modèle en s'ajustant préalablement sur des données test où on injecte nous-même des anomalies artificielles et en optimisant le taux de reconnaissance de ces anomalies. Il s'agit de trouver le modèle le plus correct possible ; leur évaluation est présentée dans le tableau 1.

Critère/Modèles	K-moyennes	Clustering Agglomératif	OPTICS	DBSCAN	ROCK
Précision	0.90	0.87	0.97	0.84	0.78
Recall	0.65	0.70	0.85	0.69	0.57
Seuil Alpha	0.60	0.80	0.75	0.80	0.78
Seuil Beta	0.45	0.54	0.32	0.44	0.78
Distance	Euclidienne	City-Block	Euclidienne	Manhattan	-

TAB. 1 – *Récapitulatif de l'évaluation des modèles*

Références

Redis, Dec 2015. `http://http://redis.io/`.

A. Rozyyev, H. et F.Subhan (2011). Indoor child tracking in wireless sensor network using fuzzy logic. *Research Journal of Information Technology. 3*, 81–92.

García, N. F., J. Arias-Fisteus, L. Sánchez, D. Fuentes-Lorenzo, et Ó. Corcho. RDSZ : an approach for lossless RDF stream compression. In *The Semantic Web : Trends and Challenges - 11th International Conference, ESWC 2014, Anissaras, Crete, Greece, May 25-29, 2014*, pp. 52–67.

Hari Krishna Kanagala, J. R. K. (2016). A comparative study of k-means, dbscan and optics. In *2016 International Conference on Computer Communication and Informatics (ICCCI)*, pp. 1–6. IEEE Computer Society.

L.Lee et C.Chen (2008). Synchronizing sensor networks with pulse coupled and cluster based approach. *Information Technology Journal. 7*, 737–745.

S.Chauhdary, A.Bashir, S. (2009). Eoatr : Energy efficient object tracking by auto adjusting transmission range in wireless sensor network. *Journal of Applied Sciences. 9*, 4247–4252.

Toshniwal, A., S. Taneja, A. Shukla, K. Ramasamy, J. M. Patel, S. Kulkarni, J. Jackson, K. Gade, M. Fu, J. Donham, N. Bhagat, S. Mittal, et D. Ryaboy (2014). Storm@Twitter. In *Proceedings of the 2014 ACM SIGMOD International Conference on Management of Data*, SIGMOD '14, New York, NY, USA, pp. 147–156. ACM.

Wang, G., J. Koshy, S. Subramanian, K. Paramasivam, M. Zadeh, N. Narkhede, J. Rao, J. Kreps, et J. Stein (2015). Building a replicated logging system with apache kafka. *Proc. VLDB Endow. 8*, 1654–1665.

Summary

The analysis of massive amounts of data sent in real-time by sensors has experienced a major development in the last few years. Due to data heterogeneity, the application of machine learning models specifically calibrated for accurate use cases allowed to extract and infer valuable information. However, few systems propose a distributed implementation on a true industrial cluster permitting of taking advantage of increased computing capabilities. Here we present a demonstration of anomaly detection on an underground drinkable water network located in île-de-France, realized with an innovative platform: WAVES.

VIPE : un outil interactif de classification multilabel de messages courts

Frank Meyer *, Sylvie Tricot *
Pascale Kuntz**, Wissam Siblini*,**

*Orange Labs - 2 av. Pierre Marzin - 22 300 Lannion, France
prenom.nom@orange.com,
**Laboratoire d'Informatique de Nantes Atlantique - Site Polytech 44300 Nantes, France
prenom.nom@univ-nantes.fr

Résumé. Nous présentons un outil interactif de classification multilabel développé au sein du groupe Orange et utilisé pour l'analyse d'opinions. Basé sur un algorithme de factorisation rapide de matrice, il permet à un utilisateur d'importer des textes courts (tweets, mails, enquêtes, ...), de définir des labels d'intérêts (« client globalement satisfait », « évoque la rapidité du débit »,...) et de proposer pour chaque texte des recommandations de labels et pour chaque label des recommandations de textes.

1   Introduction

L'analyse d'opinions est un enjeu majeur pour les entreprises qui visent à améliorer en permanence leur relation client. Aux enquêtes par sondage s'ajoutent pour l'analyse les informations extraites sur les médias sociaux. Ces informations contribuent à déterminer le degré d'engouement suscité par les offres d'entreprises, à identifier les différents points de vue et les points de convergence entre les clients, et à recueillir de l'information « fraîche » (Gauzente et al. (2012)). Cependant, l'acquisition des informations utiles est une tâche difficile car les sources complémentaires dont elles sont extraites sont hétérogènes et contiennent des données volumineuses, bruitées et non structurées. Les problèmes associés à l'analyse de ces données rendent le traitement automatique délicat en pratique et l'implication de l'utilisateur est cruciale (Keim et al. (2013)).

L'intégration de l'humain dans la boucle d'apprentissage connaît en effet un essor croissant et des systèmes de classification interactifs ont été développés pour des applications variées : e.g. classification d'images (cueFlick), sélection de fichiers (Smart Selection), classification de gestes (Wekinator), classification de documents (iCluster), tri d'alarmes (CueT). Dans ce cadre, l'utilisateur annote, via une interface adaptée, un nombre limité d'exemples et, à partir de ces quelques exemples, un algorithme d'apprentissage tente de capturer l'expertise pour apprendre un premier modèle prédictif. En fonction de sa satisfaction, l'utilisateur peut arrêter l'apprentissage ou continuer à entraîner le modèle. Les retours expérimentaux menés sur des petits échantillons d'utilisateurs semblent très prometteurs. Cependant, la plupart des systèmes existants se limitent à une classification monolabel où un seul label peut être affecté à la fois à un exemple ; ce qui est peu expressif d'autant plus que les données sont très souvent de nature multi-label. Dans le cadre de l'analyse d'opinions, il s'agit effectivement de dépasser le cadre positif/négatif pour prendre en compte des comportements plus subtils. L'apprentissage multi-label a suscité une grande attention cette dernière décennie (Zhang et Zhou (2014)) et a conduit au développement de nombreuses approches. Mais comme l'ont montré récemment Nair-Benrekia et al. (2015), peu de ces approches résistent aux contraintes d'interactivité.

Dans cette communication, nous présentons un nouvel outil VIPE (« Visual Interactive and Personalized Exploration - of data ») permettant une classification interactive multi-label de textes courts provenant de transcriptions de résultats d'enquêtes d'opinions sur le Web ou par centres d'appels, de forums spécialisés ou de Twitter. L'utilisateur définit initialement un ensemble de labels (par exemple : Efficacité, Innovation, Couverture réseau, Négatif, Positif) puis il procède à la classification manuelle d'un ensemble restreint de textes. Par exemple, il annote le tweet "ça c'est de la #4G !" en positif avec les deux labels : Efficacité et Innovation. En se basant sur l'ensemble de textes étiquetés, un algorithme d'apprentissage assiste ensuite l'agent en lui prédisant les labels les plus probables pour un ensemble de textes ou les textes les plus probables pour un label ou une combinaison sélectionnés.

2   Architecture de VIPE

VIPE est une application Web composée de 4 modules. Le **module 1** est un gestionnaire d'import des textes courts par chargement de fichiers textes et d'export des résultats de l'apprentissage. Les textes sources sont partagés entre les utilisateurs mais les labels sont du domaine privé de chacun. VIPE apprend un modèle unique sur les différentes sources et labels, mais chaque utilisateur peut uniquement annoter ou consulter les résultats pour ses propres labels. Les résultats peuvent être de trois types : *(i)* les textes correspondants à des labels donnés - sélectionnés par un ranking sur la matrice des facteurs calculée par l'algorithme de factorisation - ; *(ii)* les labels prédits pour un texte donné ; *(iii)* la matrice des scores des labels prédite pour l'ensemble des textes.

Le **module 2** est un gestionnaire de la matrice $X_{m \times n}$ de données qui contient en ligne les textes et en colonne deux informations : *(i)* une description des textes en sacs de n-grammes (matrice $X_{m \times n_1}$) et *(ii)* une description binaire de l'affectation des textes aux labels (matrice $X_{m \times n_2}$).

Le **module 3** est composé d'un serveur et d'une interface Web qui permet de manipuler les textes et d'effectuer l'étiquetage interactif (figure 1). VIPE intègre trois actions pour l'apprentissage interactif : *(i)* par correction manuelle des résultats proposés ; *(ii)* par sélection d'exemples positifs et négatifs à partir de la base de textes. Cela est fait manuellement par une requête à base de mots-clés ou en parcourant la liste de textes ; *(iii)* par ajout d'exemples virtuels grâce à une boîte de dialogue qui permet à l'utilisateur de construire un exemple et de l'étiqueter.

Le **module 4** contient l'algorithme d'apprentissage basé sur l'algorithme de factorisation de matrices Molecule. Molecule est une adaptation de l'algorithme Gravity (Takács et al. (2007)) pour les données « positive-only ». Pour rappel, la version de base Gravity factorise une matrice creuse $X_{m \times n}$ en l'approximant par la matrice de rang faible $P^T Q$ (où $P \in \mathbb{R}^{k \times m}$ et $Q \in \mathbb{R}^{k \times n}$). Les matrices P et Q sont calculées par minimisation de l'erreur quadratique moyenne (RMSE) entre $X_{m \times n}$ et $P^T Q$, sur les cellules non nulles de $X_{m \times n}$, par descente de gradient stochastique avec régularisation. Initialement la matrice $X_{m \times n_1}$ (description des

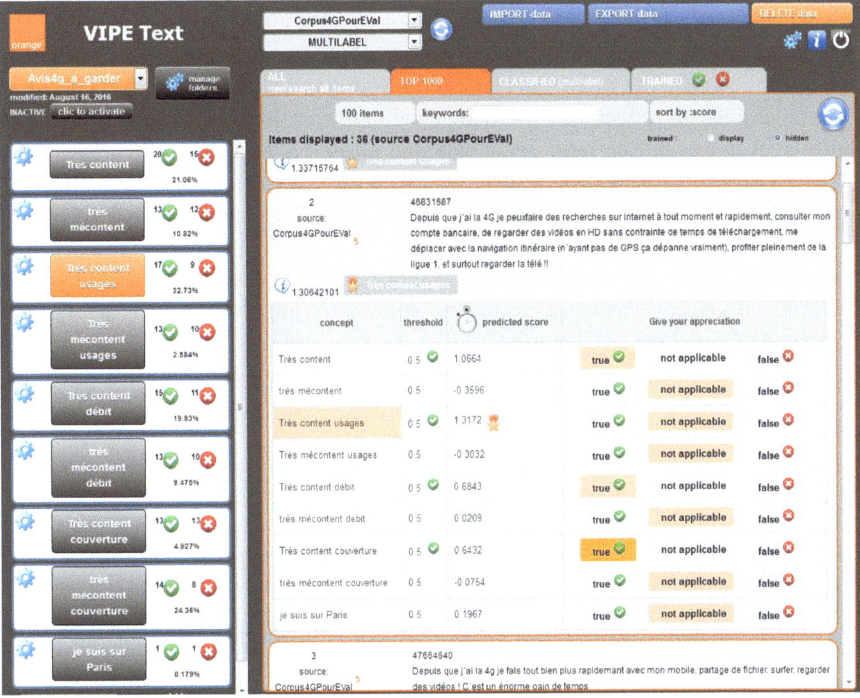

FIG. 1 – *L'interface de VIPE pour l'étiquetage des textes*

textes en n-grammes) ne contient que des 1 (« positive-only ») et la matrice $X_{m \times n_2}$ (labels) contient des 1 et des 0. Molecule ajoute des 0 virtuels à la matrice $X_{m \times n_1}$ pour équilibrer l'apprentissage : les 0 sont générés par échantillonnage aléatoire à chaque présence de 1 dans $X_{m \times n_1}$. De nombreuses comparaisons expérimentales avec différentes stratégies ont montré l'efficacité de cet échantillonnage. L'algorithme est anytime et est appliqué selon une boucle sans fin sur les données d'apprentissage (une passe dure quelques secondes pour 1 million de cellules traitées dans la matrice).

3   Usages et performances

Actuellement, VIPE est utilisé par une vingtaine d'utilisateurs au sein d'Orange, principalement dans les services marketing pour analyser les opinions sur les différents produits et services de l'entreprise. En moyenne, la phase interactive dure moins de 2 heures ; une fois la confiance établie dans l'outil, l'utilisateur exporte les résultats. VIPE produit une table avec les scores prédits. Ces derniers peuvent être utilisés pour de la classification mais aussi pour du ranking selon les objectifs de l'analyse. En mai 2016, la volumétrie des données stockées pour l'analyse d'opinions était de : 446 700 textes dans la base (m), 1 380 000 n-grammes (n_1), 156 labels (n_2), 17 900 000 (resp. 4550) cellules non vides dans la matrice $X_{m \times n_1}$ (resp. $X_{m \times n_2}$).

L'algorithme d'apprentissage Molecule a préalablement été testé sur quatre bases de tailles variées - de 6000 à 330000 lignes (m) et de 3600 à 480 000 colonnes ($n = n_1 + n_2$) - :

MovieLens IM, Netflix et deux extraits de catalogue VOD (Video On Demand) IMDB (table films/mot-clés extraite en 2012) et Orange. Les données, codées en « positive only » (binarisées selon la moyenne globale des notes dans les cas de Netflix et MovieLens), ont été partitionnées en 10 ensembles avec un processus classique de validation croisée. Les résultats avec le critère BER multi-label qui évalue le ratio des labels mal classés sont les suivants : 11.3% (Movie Lens), 12.9% (Netflix), 7.4% (IMDB), 20.2% (Orange). L'apprentissage résiste bien à la très forte parcimonie des données (au mieux, plus de 96% de valeurs manquantes).

En conclusion, VIPE est un prototype de système d'aide à la classification interactive multilabel de textes courts qui permet de gérer une volumétrie importante, avec des bonnes performances prédictives. Des améliorations de l'outil sont prévues à court terme comme, par exemple, l'ajout de fonctions d'aide au regroupement automatique pour du clustering interactif.

Références

Gauzente, C., P. Volle, et al. (2012). Développer l'intelligence client. In *Stratégie clients : Points de vue d'experts sur le management de la relation client, P. Volle (ed).* Pearson.

Keim, D. A., M. Krstajic, C. Rohrdantz, et T. Schreck (2013). Real-time visual analytics for text streams. *Computer* (7), 47–55.

Nair-Benrekia, N.-Y., P. Kuntz, et F. Meyer (2015). Learning from multi-label data with interactivity constraints : an extensive experimental study. *Expert Systems with Applications 42*(13), 5723–5736.

Takács, G., I. Pilászy, B. Németh, et D. Tikk (2007). Major components of the gravity recommendation system. *ACM SIGKDD Explorations Newsletter 9*(2), 80–83.

Zhang, M.-L. et Z.-H. Zhou (2014). A review on multi-label learning algorithms. *IEEE transactions on knowledge and data engineering 26*(8), 1819–1837.

Summary

In this article, we present VIPE, an interactive tool for visualization and multi-label classification developed at Orange Labs and used for opinion analysis. Based on a fast matrix factorization algorithm, it allows a user to import texts (tweets, emails, surveys, etc...), to define his labels of interest ("satisfied customer", "likes the 4g", etc...) and then it recommends labels for any text and texts for any label.

Veille d'Information sur le Web avec Re-Watch

Christophe Brouard*, Christian Pomot**

*Université Grenoble Alpes, LIG UMR 5217/Equipe AMA, France
Christophe.Brouard@imag.fr,
http://ama.liglab.fr/ brouard/
**Société Com&Net, 155 Cours Berriat 38028 Grenoble Cedex 1
cpomot@com-et-net.com
http://com-et-net.com

Résumé. Les algorithmes d'apprentissage automatique peuvent être utilisés pour créer des outils de recommandation qui permettent de prédire la pertinence d'un document pour une thématique de veille donnée en se basant sur les précédents jugements de pertinence donnés pour cette thématique pour d'autres documents. Ces outils de recommandation permettent de filtrer dans un flux entrant de documents ceux qui sont susceptibles d'être pertinents sans que l'utilisateur ait besoin de déterminer lui-même les mots clefs marquant l'adéquation d'un document pour un sujet de la veille. Bien que cette problématique de recherche ait été abondamment abordée, les outils de veille d'information pour le web intégrant un apprentissage en sont encore à leur balbutiements. Nous présentons ici l'application web Re-Watch permettant la définition d'un thème de veille, la sélection de sources d'information sur le web relatives à ce thème et l'adaptation des scores de pertinence des documents aux retours de l'utilisateur. L'application permet aussi, pour chaque thème, une auto-évaluation de la qualité du filtrage et une interrogation du moteur de recherche Google. Cette application encore en cours de développement est néanmoins actuellement fonctionnelle et accessible sur le web à l'url suivante : http://www.specific search.com.

1   Introduction

La veille d'information peut-être définie selon Cacaly et al. (2008) comme « un processus continu et dynamique faisant l'objet d'une mise à disposition personnalisée et périodique de données ou d'informations, traitées selon une finalité propre au destinataire, faisant appel à une expertise en rapport avec le sujet ou la nature de l'information collectée ». Plusieurs aspects importants ressortent de cette définition. D'une part, le processus est continu, c'est-à-dire qu'il sétend sur une certaine durée (typiquement plusieurs semaines, mois ou années). Or les moteurs de recherche traditionnels comme Google, Bing, Yahoo, pour citer les plus utilisés, sont conçus pour des besoins d'information ponctuels. Les fonctions de sauvegarde des informations pertinentes et des sources associées y sont notamment très rudimentaires et la récupération des résultats des précédentes sessions de recherche n'est pas aisée. D'autre part, le processus est dynamique, des informations apparaissent et disparaissent tous les jours. Or les moteurs de recherche traditionnels sont des outils dits « PULL ». Cela signifie que l'utilisateur devra inlassablement se connecter aux différents outils de recherche pour se tenir informé. Enfin, l'information est pertinente relativement à une finalité propre au destinataire qui ne correspond pas nécessairement totalement à une thématique parfaitement identifiée et associée à des mots clefs évidents. Or dans les moteurs de recherche traditionnels, tout le travail de formulation de la requête consistant à trouver les bons mots clés par reformulations successives en fonction des résultats retournés par le moteur de recherche n'est pas facilement capitalisé. Le développement d'outils dédiés à la veille d'information répondant à ces différents besoins, en mesure d'apprendre les préférences de l'utilisateur et accessibles à tous comme le sont les moteurs de recherche en est encore à ses prémices (Katakis et al., 2009), (Nanas et al., 2010).

2   Présentation générale de l'outil

L'interface de l'outil ressemble à celle d'un webmail. A gauche, on trouve les différents thèmes de veille (appelés recherches). La sélection d'une recherche déclenche l'affichage dans la partie centrale des nouveaux résultats, des résultats stockés et du paramétrage pour la recherche sélectionnée. La sélection du titre d'une nouvelle dans la liste des résultats déclenche l'affichage de son contenu dans la partie basse de l'interface (voir la figure 1).

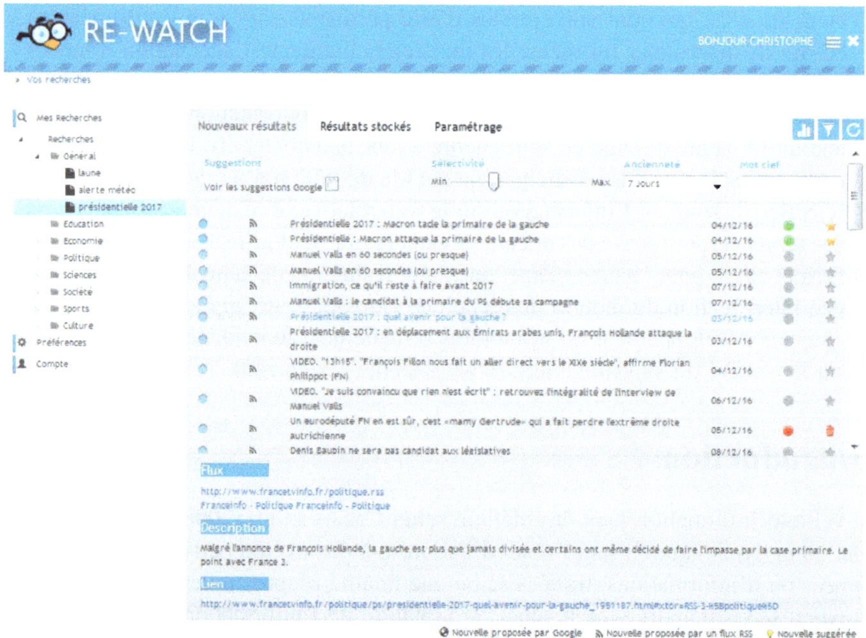

FIG. 1 – *Interface de visualisation des nouveaux résultats avec Re-Watch. L'utilisateur peut filtrer les nouvelles sur le score, le niveau d'ancienneté ou la présence de mots-clefs*

Le mode opératoire pour l'utilisation de l'outil est le suivant : l'utilisateur commence par créer une recherche en tapant quelques mots clefs et en sélectionnant parmi les sources proposées (des flux rss) celles qui lui semblent les plus pertinentes. Il indique ensuite, parmi les nouvelles informations recueillies par l'outil, celles qui selon lui, sont pertinentes et celles qui ne le sont pas. L'outil utilise cette information pour recalculer le score de pertinence des différentes nouvelles et affiche les nouvelles par ordre de pertinence.

L'utilisateur peut ensuite choisir de sauvegarder/supprimer différentes nouvelles indépendamment de ses jugements de pertinence. Les nouvelles peuvent être filtrées en indiquant une probabilité de pertinence seuil, en précisant un degré d'ancienneté (limité à un mois) et en saisissant une chaîne à trouver dans la nouvelle. A tout moment, l'utilisateur peut ajouter/supprimer des sources d'informations. L'utilisateur peut aussi demander à tout moment de voir les résultats issus d'une recherche Google et s'appuyant sur ses retours de pertinence. Enfin, il peut afficher, pour la recherche sélectionnée, le niveau de qualité de filtrage atteint après la prise en compte de ses retours de pertinence.

En plus du serveur web et du serveur de base de données présents dans toute application web, Re-Watch intègre deux autres serveurs en charge de l'apprentissage automatique. Cet apprentissage est basé sur l'algorithme Echo (Brouard, 2012). Enfin, les sources d'information surveillées ont la forme de flux RSS (tout site web peut potentiellement être transformé en un flux RSS) et des scripts exécutés régulièrement et automatiquement récupèrent les nouvelles des différents flux et mettent à jour un index.

3   Interfaçage avec l'algorithme Echo

L'application Re-Watch repose sur l'algorithme Echo (Brouard, 2012). Cet algorithme peut être appliqué à différents types de problèmes de sélection d'information, comme la recherche d'information (sélection d'un document pour une requête), la classification supervisée (sélection d'une classe pour un document) ou encore l'extension de requête (sélection d'un terme pour un ensemble de termes). Echo peut être décrit comme un système de construction et d'exploitation de réseau associatif s'appuyant sur des mécanismes neuronaux simples. La construction du réseau repose sur la règle de Hebb renforçant la connexion entre deux informations survenant simultanément (deux termes présents dans le même document par exemple), son exploitation repose sur une méthode de propagation d'activation et la mesure d'une quantité d'activation rétro-propagée vers les sources d'activation (correspondant à la notion d'écho). Il est basé sur une formalisation de la notion de pertinence qui combine les notions de spécificité et d'exhaustivité qui sont au cœur des modèles de pertinence en recherche d'information (Brouard et Nie, 2004).

L'application Re-Watch s'appuie sur deux serveurs intégrant l'algorithme Echo. Un premier serveur construit un index des sources d'information sur la base de toutes les nouvelles contenues dans la base de données (actuellement plusieurs centaines de milliers et potentiellement plusieurs millions) et le met à jour régulièrement et incrémentalement avec les nouvelles informations recueillies. Cet index permet de proposer à l'utilisateur pour un ensemble de mots-clefs saisis, les sources d'informations susceptibles de l'intéresser. Un second serveur permet, sur la base des jugements de pertinence donnés pour les nouvelles d'un thème par l'utilisateur, de calculer des scores et probabilités de pertinence du thème pour les nouvelles auxquelles aucun jugement de pertinence n'a été associé. Il permet aussi, à la demande de l'utilisateur, une évaluation de la capacité de l'algorithme à séparer les documents pertinents des non pertinents pour le thème. Il permet enfin de déterminer les meilleurs termes associés au thème, de faire une requête au moteur de recherche Google, et de calculer les scores de pertinence des résultats du moteur pour ces termes en tenant compte des retours de pertinence.

4 Conclusion

Une interface homme-machine intégrant des fonctionnalités permettant de faciliter l'activité de veille sur le web a été proposée. La réalisation d'expérimentations en conditions réelles avec différents utilisateurs véritablement engagés dans un processus de veille semble incontournable. Re-Watch est actuellement en bêta-test et nous comptons sur des retours nombreux et pertinents pour l'améliorer. Des évolutions sont en cours. Certaines concerneront notamment la mise en place de fonctionnalités relatives à l'étape de diffusion d'information facilitant le partage des résultats de la veille.

Références

Brouard, C. (2012). Document classification by computing an echo in a very simple neural network. In *IEEE International Conference on Tools with Artificial Intelligence*, pp. 735–741.

Brouard, C. et J.-Y. Nie (2004). Relevance as resonance: a new theoretical perspective and a practical utilization in information filtering. *Information Processing and Management 40*, 1–19.

Cacaly, S., Y.-F. LeCoadic, P.-D. Pomart, et E. Sutter (2008). *Dictionnaire de l'information.* Paris : A. Colin.

Katakis, I., G. Tsoumakas, E. Banos, N. Bassiliades, et I. Vlahavas (2009). An adaptive personalized news dissemination system. *Journal of Intelligent Information Systems 32(2)*, 191–212.

Nanas, N., V. Manolis, et H. Elias (2010). Personalised news and scientific literature aggregation. *Information Processing and Management 46*, 268–283.

Summary

Machine learning algorithms can be used to build recommendation tools which allow to predict document relevance for a particular topic considering previous relevance judgements given for other documents for the same topic. Although this research domain has been often studied, tools for monitoring information on the web are very rare. Here, we present the web application called Re-Watch allowing topic definition, information source selection related to the topic and relevance score adaptation to user relevance feebacks. The application provides also, for each topic, an auto-evaluation of the filter quality and an adapted query to the Google search engine. The development of the application is still ongoing however it is currently available on the web at the following url : http://www.specific search.com.

Index des auteurs

Programme de la conférence

Session 1A : Données temporelles

Session 1B : Réseaux sociaux

Session 2A : Traitement de données 3D

Session Démonstrations de logiciels

Session 3A : Apprentissage non-supervisé

Session 3B : Fouille de données

Session 3C : Prévisions et recommandation

Session 3D : Traitement des données

Session 4A : Gestion de données

Session 4B : Texte mining

Session 5A : Analyse d'images

Session 5B : Exploration et Visualisation

Résumé

La sélection d'articles publiés dans le présent recueil constitue les actes des 17e Journées Internationales Francophones Extraction et Gestion des Connaissances (EGC 2017) qui se sont déroulées à l'université de Grenoble du 23 au 27 janvier 2017. L'objectif de ces journées scientifiques est de rassembler dans un même lieu les chercheurs de disciplines connexes (apprentissage automatique, ingénierie et représentation des connaissances, statistique et analyse de données, fouille de données, systèmes d'information, bases de données, le web sémantique et les données ouvertes) et les ingénieurs qui mettent en œuvre sur des données réelles des méthodes d'extraction et de gestion des connaissances. Cette conférence est un événement majeur fédérateur de la communauté francophone en Extraction et Gestion des Connaissances et regroupe des chercheurs de nombreux pays (notamment France, Belgique, Suisse, Canada, Afrique du Nord). Le programme de la conférence comprend aussi des présentations de chercheurs invités reconnus mondialement pour leurs travaux. Les communications rassemblées dans ce volume traduisent à la fois le caractère multidisciplinaire des travaux de recherche présentés, la richesse des applications sous-jacentes et la vitalité des innovations issues de l'extraction et de la gestion des connaissances.

Summary

The collection of papers presented in this book forms the proceedings of the 17th International (French Speaking) Conference on Knowledge Discovery and Management (EGC 2017) which took place from the 23rd to the 27th of January 2017 in Grenoble, France. The goal of this scientific conference is to bring together in the same location researchers working on closely-related subject (machine learning, knowledge representation, statistics, data mining, information systems, databases, semantic Web, open data) and engineers using knowledge discovery and management methods on real-life datasets. The conference is a major scientific event within the international French speaking scientific community of these fields and gathers researchers from several countries (e.g., France, Belgium, Switzerland, Canada, North Africa). The conference program includes keynotes from worldwide known researchers. The papers compiled in this book show at the same time the multidisciplinary aspects of the fields, the abundance of the underlying applications and the vitality and the constant innovation of knowledge discovery and management.

Rédacteurs invités

Fabien Gandon est directeur de recherche en Informatique chez Inria et responsable de l'équipe de recherche Wimmics (équipe jointe Inria, I3S, CNRS, Université de Nice Sophia Antipolis). Il est également représentant d'Inria au World Wide Web Consortium (W3C) le consortium de standardisation de l'architecture du Web, où il a participé à plusieurs groupes de normalisation. Il effectue et dirige des recherches au carrefour du Web sémantique, du Web des données liées, du Web Social, de la représentation des connaissances et des systèmes d'information à base de connaissances. Dans ces domaines, Fabien est co-auteur de 2 livres, 8 chapitres, 113 articles de conférences et ateliers et 17 articles de journaux. Fabien a aussi précédemment été chercheur à l'Université de Carnegie Mellon (Pittsburgh) et a présidé des conférences internationales telles que la conférence internationale du Web (WWW) ou la conférence européenne du Web sémantique (ESWC). Voir `http://fabien.info`

Gilles Bisson est chargé de recherche au CNRS et membre de l'équipe AMA du laboratoire LIG à Grenoble. Son travail concerne le domaine de l'Apprentissage Machine et se concentre sur l'apprentissage non supervisé. Ce sujet est exploré selon trois axes principaux. Premièrement, la définition de nouveaux indices de similarité permettant d'analyser des données complexes (séquences temporelles, texte, ...). Deuxièmement, l'étude d'algorithmes de co-clustering permettant de traiter des ensembles de données multi-vues. Enfin, la création d'interfaces homme-machine (IHM) interactives permettant aux utilisateurs d'explorer les modèles appris et ainsi de mieux maîtriser le processus d'apprentissage. Ces recherches sont appliquées à différents domaines, tels que l'analyse de documents textuels, l'étude de séries temporelles et de données issue de la protéomique.